Diálogos do Novo Direito Processual Civil

Diálogos do Novo Direito Processual Civil

2019

Organizadores:

Fabíola Vianna Morais
Fabio Luiz Gomes

ALMEDINA

DIÁLOGOS DO NOVO DIREITO PROCESSUAL CIVIL

Organizadores: Fabíola Vianna Morais e Fabio Luiz Gomes
DIAGRAMAÇÃO: Almedina
DESIGN DE CAPA: FBA
ISBN: 9788584934935

Dados Internacionais de Catalogação na Publicação (CIP)
(Câmara Brasileira do Livro, SP, Brasil)

Diálogos do novo direito processual civil /
organizadores Fabíola Vianna Morais, Fabio Luiz
Gomes. -- São Paulo : Almedina, 2019.

Vários autores.
Bibliografia.

ISBN 978-85-8493-493-5

1. Processo civil 2. Processo civil - Brasil
I. Morais, Fabíola Vianna. II. Gomes, Fabio Luiz.

19-26611 CDU-347.9(81)

Índices para catálogo sistemático:

1. Brasil : Direito processual 347.9(81)
2. Brasil : Processo civil 347.9(81)

Cibele Maria Dias - Bibliotecária - CRB-8/9427

Este livro segue as regras do novo Acordo Ortográfico da Língua Portuguesa (1990).

Maio, 2019

EDITORA: Almedina Brasil
Rua José Maria Lisboa, 860, Conj.131 e 132, Jardim Paulista | 01423-001 São Paulo | Brasil
editora@almedina.com.br
www.almedina.com.br

SUMÁRIO

A Interpretação do Pedido no Código de Processo Civil

Andrea Boari Caraciola

Introdução

O Código de 2015, rompendo com a regra da interpretação restritiva do pedido, vigente à luz do Código de 1973, adota técnica interpretativa por meio da qual se permite ao juiz decodificar o pedido a partir da análise de todo o conteúdo da petição inicial, cotejando o pedido expressamente formulado e a causa de pedir deduzida em sua fundamentação.

Na ordem do dia, a necessidade de se conferir ao processo o valor efetividade, a par da segurança jurídica e da pacificação com Justiça, como um vetor e um desdobramento constitucional, a refletir os anseios da processualística contemporânea na adoção de um processo de resultados. Nessa linha, o Código de Processo Civil de 2015 imprimiu uma revisão do sistema jurídico processual, com vistas a uma mudança de perspectiva de seus escopos, a criação de novas técnicas processuais e mecanismos que lhe confiram maior efetividade, temática esta a permear as discussões e as reflexões acerca do processo na contemporaneidade. No entanto, essas discussões devem, sempre, revelar a busca de um processo que esteja compromissado com as garantias de um Estado de direito e com as bases democráticas da jurisdição.

Impõe-se à reflexão e à discussão o papel do juiz face ao mundo exterior e à produção de Justiça. Mais, impõe-se à reflexão o papel do juiz face aos limites impostos ao exercício da função jurisdicional.

Esse o cenário face ao qual se pretende discutir e problematizar a interpretação do pedido e os limites da congruência da tutela face à possibilidade de interpretação lógico-sistemática do pedido, que vem expressamente autorizada no § 2º do art. 322 do novo Código de Processo Civil: "A interpretação do pedido considerará o conjunto da postulação e observará o princípio da boa-fé".

Não se há olvidar que, se de um lado a interpretação do pedido deve se guiar e delimitar pela sua contextualização, integrando-o ao inteiro teor da petição inicial, de modo a extrair a pretensão integral da parte, de outro lado, não se há permitir a atuação judicial inadstrita aos limites impostos pela congruência da tutela, sob pena de violação à feição democrática da jurisdição. Porquanto, permitir ao magistrado inobservar os limites da demanda significa, por um lado, a ele conceder poderes para agir de ofício, bem como para extrapolar ou ultrapassar a vontade das partes e, por outro, surpreender as partes com decisão fora, além ou aquém da demanda, de sorte a macular a sentença por vícios de incongruência.

1. Adstrição aos Limites do Pedido

Postulado a informar os institutos fundamentais do direito processual civil, o princípio da congruência nos remete à necessária correlação entre o pedido e a sentença, de forma a revelar limites à atuação judicial, sendo vedado ao magistrado proferir solução distinta ou inadstrita ao pedido, em observância ao brocardo sentença conforme o libelo.

Ressaltamos que a atuação jurisdicional estatal, em regra, só poderá ser exercitada se provocada e na exata medida e limites dessa provocação. Nesse contexto, exsurge o princípio da congruência da sentença ao pedido, como limite à ingerência do Estado na órbita privada das partes, de modo a preservá-las e garanti-las contra excessos discricionários e arbitrariedades perpetradas pelo Estado-juiz.

Deve a sentença estar vinculada aos fatos discutidos em juízo, de modo a decidir tudo aquilo e somente aquilo que estiver contido no pedido deduzido, de forma que não restem áreas não resolvidas no conflito.

Enquanto pretensão projetada para o processo, o pedido surge na relação processual, em observância à inércia da jurisdição e à imparcialidade do juiz, indispensável, ademais, ao exercício do contraditório, como condição e limite à atividade jurisdicional num Estado de direito.

O autor, ao deduzir o pedido, indica os fundamentos de fato e de direito que lhe conferem substrato, e, de outro lado, o réu, ao oferecer a sua defesa, de forma idêntica e simétrica, aponta as causas que justificam a improcedência desse pedido. Conformado o pedido pela defesa, ao juiz se impõe a limitação ao deduzido em juízo[1].

Na preleção de Pontes de Miranda[2]:

> O pedido atua pelo que ele estabelece. Não precisa de aceitação do juiz, nem tampouco, de aceitação da parte contrária. E é ele que marca a largura de faixa em que estende a relação processual, até que se profira a sentença, nem além, nem fora, nem aquém dessas linhas que o *petitum* traçou.

Ao se debruçar sobre o objeto do processo, ao magistrado impõe-se analisar todos os elementos objetivos da demanda. Deve ater-se ao pedido, iluminado que surge pela causa de pedir, e também à defesa manifestada pelo réu, não sendo permitido ao magistrado se afastar dos termos em que a lide foi desenhada pelo autor e redesenhada pela participação do réu na relação processual.

E, se após a propositura da ação, algum fato constitutivo, modificativo ou extintivo do direito do autor influir na decisão da lide, caberá ao magistrado dele conhecer, *ex officio* ou a requerimento, e examiná-lo no momento de proferir a decisão final.

Dessa forma, a atuação do magistrado deve estar circunscrita aos limites do pedido, observado o *thema decidendum* proposto pelas partes, o que se nos afigura decorrente, principalmente, da incidência do princípio dispositivo, e também do contraditório e da ampla defesa.

É o pedido, pois, dirigido a um determinado provimento judicial, bem como a um determinado bem da vida, que deve ser tomado como elemento inicial para ser estabelecida a congruência. Constitui ele a especificação, a delimitação no processo da pretensão, o objeto da demanda a revelar ao Estado-juiz a vontade da parte, não obstante o magistrado também se encontre jungido à sustentação fática do pedido e a causa de resistir[3]. Daí evidenciar-se que a congruência da tutela jurisdicional não pode ser explicada, tão só, pela

[1] JORGE, Flávio Cheim. "Sentença cível." In: *Revista de Processo*. n. 104. São Paulo: Editora Revista dos Tribunais, outubro-dezembro 2001. p. 121.

[2] PONTES DE MIRANDA, Francisco Cavalcanti. *Comentários ao Código de Processo Civil*. 3ª ed. Rio de Janeiro: Forense, 1998. p. 380.

[3] OLIVEIRA, Vallisney de Souza. *Nulidade da sentença e o princípio da congruência*. São Paulo: Saraiva, 2004. p. 355.

identificação da demanda e de seus elementos, de sorte a exigir, também, a conformação do pedido pela participação em contraditório do réu[4].

Destarte, compete ao juiz considerar os fatos alegados pelas partes e que constituem a causa de pedir e a causa de resistir – e somente eles –, limitando-se a conceder, ou não, a providência judicial solicitada, sendo-lhe vedada qualquer ingerência ou concessão de ofício de outra providência que lhe pareça mais adequada[5].

Importante registrar que a congruência estará afetada se os fatos que dão substrato ao pedido e que, dessa forma, compõem a causa de pedir forem ampliados ou alterados, situação esta a modificar ou transformar a demanda.

Permite-se, pois, ao magistrado examinar todos os fatos pertencentes à causa de pedir e à causa de resistir, alegados pelas partes ou provados no curso do processo, sendo-lhe vedado, entretanto, conhecer fatos externos ao conflito, na medida, não postos em juízo, ensejariam outra ação[6].

Isso significa que, analisada a parte objetiva da demanda, ao magistrado não se permite prover por motivos outros, diversos dos consignados na causa de pedir e da causa de resistir, tampouco impor providências judiciais ou bens da vida diversos daqueles requeridos pelo autor.

Nesse contexto, uma observação se nos afigura relevante: não obstante a importância assumida pelos elementos identificadores da demanda no estudo da congruência, principalmente porque nos limites do pedido a sentença deve ser prolatada, cumpre assinalar a importância que assume a reconfiguração da demanda, ao longo do procedimento, no ato decisório. Assim, "se exige que a sentença se refira às alegações das partes: é a única forma de se ter certeza de que o princípio do contraditório foi respeitado"[7].

Assim, exsurge ao magistrado um duplo dever no exercício da função jurisdicional, qual seja, o de pronunciar-se sobre todos os pedidos formulados pelo autor, de sorte a prolatar uma sentença certa, completa, precisa e

[4] CHIOVENDA, Guiseppe. Identificazione della azioni: sulla regola ne eat iudex ultra petita partium. Saggi di diritto processuale civile. Milão: Giuffrè, 1993. p. 160.

[5] CALAMANDREI, Piero. *Direito processual civil.* Tradução de Luiz Abezia e Sandra Drina Fernandez Barbiery. Campinas: Bookseller, 1999. p. 319.

[6] ARENHART, Sérgio Cruz. Reflexões sobre o princípio da demanda. In: FUX, Luiz; NERY JUNIOR, Nelson; WAMBIER, Teresa Arruda Alvim (Orgs.). *Processo e Constituição: estudos em homenagem ao professor José Carlos Barbosa Moreira*. São Paulo: Editora Revista dos Tribunais, 2006. p. 592.

[7] WAMBIER, Teresa Arruda Alvim. *Omissão judicial e embargos de declaração.* São Paulo: Editora Revista dos Tribunais, 2005. p. 115.

determinada[8], bem como o de pronunciar-se apenas e tão só sobre os pedidos, o que implica um *non facere*, ou seja, uma abstenção pela qual se proíbe ao magistrado manifestar-se sobre coisa não demandada, restando ao magistrado, tão somente, nos termos utilizados por José Carlos Barbosa Moreira[9], "ter a virtude de silenciar sobre aquilo que não lhe compete dizer naquele momento", realizando, assim, um típico exercício de autocontenção.

Frise-se, pelo exposto, que o exercício da função jurisdicional depende, como regra, da manifestação do interessado que, dessa forma, ao exercitar o direito de ação, deve deduzir um pedido certo e de determinada natureza jurídica, exsurgindo a sentença, adstrita à pretensão deduzida em juízo, de sorte a ser desenhada a identidade entre as relações jurídicas: ao objeto do juízo postulado deve corresponder o objeto do juízo proferido, situação que implica, também, a identidade relativamente aos demais elementos da ação: partes e causa de pedir.

Ademais, não se há questionar a importância do contraditório na relação processual, de sorte que sobre a tutela jurisdicional também deve influir a defesa do réu. O autor, ao propor a demanda, transporta para o processo, pelo pedido, a pretensão material, indicando os fundamentos que conferem substrato ao seu pleito. Em contrapartida, o réu, por sua vez, ao exercitar o direito de defesa, também aponta os fundamentos que constituem a causa de resistir e que conduzem a improcedência do pedido do autor, de maneira a conformar o pedido. Não obstante a resposta estatal surgir adstrita e em

[8] Cumpre destacar a previsão contida no Código de Processo Civil de 1939 relativamente aos atributos da sentença, no dispositivo do art. 280: "A sentença, que *deverá ser clara e precisa,* conterá [...]."

[9] Trazemos à colação a preleção de José Carlos Barbosa Moreira: "A imposição da congruência significa para o juiz impossibilidade de *conceder* o que não foi pedido, mas também implica impossibilidade de *negar* o que não foi pedido" (p. 210). Mais: "O juiz deve ter a virtude da auto-contenção. Ainda que ele esteja com vontade imensa de dizer que, além de tudo, o autor não tem razão nenhuma, se se defronta com uma preliminar que o impede de passar ao mérito, deve fazer um esforço, talvez, em certos casos, sobre-humano, para guardar dentro de si aquilo que porventura lhe passe pela mente a respeito do mérito. A mesma coisa se aplica (e foi a este propósito que me permiti fazer pequena digressão) ao pedido. O juiz deve julgar todo o pedido e só o pedido, e não deve dizer absolutamente nada sobre o que não esteja contido nesse círculo". MOREIRA, José Carlos Barbosa. "Correlação entre o pedido e a sentença." In: *Revista de Processo.* n. 83. São Paulo: Editora Revista dos Tribunais, julho-setembro 1996. p. 210. No mesmo sentido, a lição de Carlos Silveira Noronha, ao tratar da correlação entre ação e sentença: "[...] o que implica no dever do juiz de prover sobre o mérito quando isso lhe for postulado, mas também o de se abster de emitir provisão sobre questão para cuja resolução não haja pedido das partes". NORONHA, Carlos Silveira. *Perfil histórico-dogmático da sentença civil.* Dissertação (Mestrado em Direito), Faculdade de Direito da Universidade de São Paulo, São Paulo, 1992. p. 81.

resposta ao pedido, o juiz, ao proferir a sentença, deverá considerar a manifestação do réu, sob pena de violação ao princípio do contraditório[10].

Significa dizer que a conduta do réu na relação processual influi no julgamento do pedido deduzido em juízo, pedido este que atua como elemento norteador e limitador da atividade judicial[11]. Outrossim, significa, ainda, que a individualização e a identificação do pedido se mostram insuficientes para aferir a congruência da tutela, situação esta que nos remete à importância da dinâmica da relação processual como elemento a ser considerado na prolação da sentença[12].

Compete ao magistrado averiguar sobre o que, exatamente, é exigida manifestação judicial, manifestação esta que deve corresponder à vontade da parte, na medida em que "A decisão do juiz não é uma atividade espontânea, mas uma atividade vinculada a um direito de tutela jurisdicional"[13], de maneira que não se permite ao magistrado escolher sobre o que deseja julgar, estando, pois, vinculado às manifestações das partes[14], devendo se pronunciar sobre o pedido – e tão somente sobre ele – conformado pelo contraditório. 2. Pedido: Limitador da Atividade Jurisdicional

Inserida a questão da congruência no contexto dos poderes do juiz, exsurge o pedido enquanto limitador da atividade jurisdicional. Dotada a jurisdição de caráter inercial, característica esta a informar plenamente os sistemas processuais modernos, exige-se, pois, provocação inicial para a sua atuação, o que se faz pela introdução em juízo da demanda, para com a qual o provimento jurisdicional deve, necessariamente, guardar simetria: o juiz deve julgar todo o pedido e tão só o pedido.

Esse é o teor do dispositivo contido no art. 490 do novo Código de Processo Civil: "O juiz resolverá o mérito acolhendo ou rejeitando, no todo ou em parte, os pedidos formulados pelas partes", dispositivo legal este que traduz ao magistrado um exercício de autocontenção face à limitação que lhe é imposta.

[10] JORGE, Flávio Cheim. "Sentença cível." In: *Revista de Processo*. n. 104. São Paulo: Editora Revista dos Tribunais, outubro-dezembro 2001. p. 121.

[11] LA CHINA, Sergio. *Diritto processuale civile*. Milão: Giuffrè, 1991. p. 582.

[12] PINTO JÚNIOR, Nilo Ferreira. *Princípio da congruência no direito processual civil*. Curitiba: Juruá, 2005. p. 41.

[13] FONSÊCA, Vitor Moreira. *A congruência da tutela jurisdicional*. Tese (Doutorado em Direito), Faculdade de Direito da Pontifícia Universidade Católica, São Paulo, 2006. p. 142.

[14] MANDRIOLI, Crisanto. Corso di diritto processuale civile. Nozioni introduttive e disposizioni generali. Torino: G. Giappichelli Editore, 2000. p. 64.

No mesmo sentido o dispositivo contido no art. 492 do mesmo diploma legal, segundo o qual "É vedado ao juiz proferir decisão de natureza diversa da pedida, bem como condenar a parte em quantidade superior ou em objeto diverso do que lhe foi demandado", norma esta que exsurge no diploma processual a especificar aquela outra, da qual emana o tema da congruência e que vem materializada no art. 141, "O juiz decidirá o mérito nos limites propostos pelas partes, sendo-lhe vedado conhecer de questões não suscitadas a cujo respeito a lei exige iniciativa da parte".

Destarte, o autor, ao fixar os limites da lide deduzindo em juízo sua pretensão processual e apresentando o pedido, delimita a esfera de atuação jurisdicional, restando o magistrado adstrito a esses limites[15].

Assim é que, tendo o dever institucional de decidir a lide, ao magistrado só é lícito decidir aquela lide que lhe foi apresentada – e não outra –, não podendo, ademais, ampliá-la ou reduzi-la, de modo que a sentença venha a decidir mais do que fora pedido ou a negar tutela jurisdicional ao decidir de forma incompleta, quiçá decidir causa estranha à deduzida.

Embora esta adstrição da sentença se dê em relação ao pedido, vale reiterar, com apoio na doutrina e na advertência de Nelson Nery Junior[16], que "por pedido deve ser entendido o conjunto formado pela causa (ou *causae*) *petendi* e o pedido em sentido estrito", isso porque, não se há de questionar, todo pedido surge na relação processual iluminado pelos fundamentos que lhe dão causa.

Impõe-se ao magistrado, por conseguinte, considerar os fatos e os fundamentos que dão sustentação ao pedido, vedada, nesse sentido, a sentença fundada em causa de pedir outra, diversa daquela narrada pela parte, sob pena de caracterização da chamada sentença *extra causa petendi*.

Nesse sentido, destaca-se a afirmação de Cândido Rangel Dinamarco[17]:

[15] Nesse sentido, a preleção de José Frederico Marques: "A inicial, como ato do processo, traz em si a descrição do litígio – da *res in iudicium deducta*. Ela é o pedido em que se transfunde a pretensão quando transportada ao processo – pedido em sentido amplo para demarcar a área da lide, fixar os seus contornos e configurar o que se denomina pretensão processual ou objeto litigioso". MARQUES, José Frederico. *Manual de direito processual civil*. 9ª ed. São Paulo: Millennium, 2003. p. 97.

[16] NERY JUNIOR, Nelson; NERY, Rosa Maria de Andrade. Código de Processo Civil comentado e legislação extravagante. 9ª ed. São Paulo: Editora Revista dos Tribunais, 2006. p. 487.

[17] DINAMARCO, Cândido Rangel. *Instituições de direito processual civil*. Vol. 1. 2ª ed. São Paulo: Malheiros, 2002. p. 188.

> A regra de *correlação entre o provimento e a demanda* exige que também sejam respeitados os limites da causa de pedir e composição subjetiva desta (autor, réu) [...]. Essa observação, contudo, não leva a incluir a causa de pedir ou os sujeitos no conceito ou no âmbito do objeto do processo. Uma coisa é definir os lindes da sentença a proferir (art. 128), que incluem os fundamentos suscetíveis de integrar a motivação da sentença; outra, saber qual a *matéria* que está sendo julgada, ou seja, qual a pretensão[18].

Assim, faz-se fundamental ressaltar: elemento objetivo da demanda, dotado que é de importância ímpar, o pedido se caracteriza por servir de parâmetro à atividade judicial, de sorte a jungir o magistrado aos limites por ele veiculados, atuando, também, como elemento a circunscrever a defesa do réu.

Nesse contexto é que se pode asseverar que tanto a ação, amplamente considerada, quanto a sentença encontram no pedido um elemento comum de identificação e circunscrição.

Desse modo, versa o pedido – iluminado pela causa de pedir – o ponto central sobre o qual o magistrado deverá atentar ao prolatar a sentença, na medida em que exterioriza os objetivos da parte perante a jurisdição, ou seja, a providência que mediante atuação judicial deseja ver concretizada, limites estes a serem em juízo observados[19].

2. Interpretação Lógico-Sistemática do Pedido

Interpretar é fixar o verdadeiro sentido e o alcance. Revelar o seu sentido não significa somente conhecer o significado das palavras, mas também significa compreender. Interpretar é, desse modo, o "ato de explicar, esclarecer, dar o significado do vocábulo, atitude ou gesto, produzir por outras palavras um

[18] Em igual sentido Araken de Assis: "Além de a conclusão (*médium concludendi*) decorrer logicamente dos fatos, o pedido precisa, a um só tempo, se originar da causa apontada e potencialmente se revelar capaz de atingir o bem da vida. Por exemplo: depois de expor um ato ilícito, se revela inadmissível o autor pedir a imissão na posse de imóvel pertencente ao réu, a título de indenização; ou, quem sabe, a determinação judicial para alterar o título dominial no álbum imobiliário, e assim por diante". ASSIS, Araken de. *Cumulação de ações*. 2ª ed. São Paulo: Editora Revista dos Tribunais, 1995. p. 217.

[19] OLIVEIRA,Vallisney de Souza. *Nulidade da sentença e o princípio da congruência*. São Paulo: Saraiva, 2004. p. 165.

pensamento exteriorizado; mostrar o sentido verdadeiro de uma expressão; extrair de frase, sentença ou norma, tudo o que na mesma se contém"[20].

Como bem explana Humberto Eco[21], "Interpretar um texto significa explicar por que essas palavras podem fazer várias coisas (e não outras) através do modo pela qual são interpretadas".

Caracteriza-se como inequívoca a imbricação do tema relativo à interpretação do pedido com o princípio da congruência. Uma vez que tanto o próprio Estado como também o legitimado passivo são destinatários do pedido, não há dúvidas de que a questão da sua interpretação atua como um norte na prolação da sentença.

Em decorrência lógica do princípio da inércia da jurisdição e do seu correlato, o princípio da demanda, bem como dos princípios do contraditório e da ampla defesa, encontra-se expressamente veiculada no sistema do Código de Processo Civil norma relativa à interpretação do pedido, norma esta que repercute no tema da congruência da tutela jurisdicional.

Não obstante essa interface, mister destacar significativa alteração implementada pelo novo Código de Processo Civil no que toca à regra de interpretação do pedido que, à luz do Código revogado, impunha ao exegeta uma interpretação restritiva. Nesse sentido, o comando contido na primeira parte do dispositivo do art. 293 do Código de 1973: "Os pedidos são interpretados restritivamente", dispositivo a revelar a preocupação do legislador processual para com o tema da adstrição.

Destacamos aqui a preleção de Sérgio Bermudes[22] sobre o mote:

> O art. 293 consagra o princípio da interpretação restritiva do pedido, o qual tem tudo a ver com o princípio da inércia da jurisdição, atividade só exercitável mediante provocação, e com o direito do réu ao contraditório e à ampla defesa, não se podendo esperar dele que se ponha ao que não ficou explícito, ou se defenda do que não foi demandado.

Assim é que, à luz do art. 293 do Código revogado, ao magistrado competia extrair, mediante a interpretação autêntica do pedido, tudo aquilo e somente aquilo que nele constar expresso: "Se deve entender pretendido (pedido)

[20] MAXIMILIANO, Carlos. Hermenêutica e aplicação do direito. 19ª ed. Rio de Janeiro: Forense, 2002. p. 7.

[21] ECO, Humberto. Interpretação e Superinterpretação. (Trad., MF.) São Paulo: Martins Fontes, 1993. p. 28-29.

[22] BERMUDES, Sérgio. *Direito processual civil: estudos e pareceres.* 2ª ed. São Paulo: Saraiva, 1994. p. 12.

pelo autor *tudo* aquilo que se encontra *declarado* na petição inicial e *nada mais* do que aquilo por ele declarado: tanto a espécie ou natureza do provimento, quanto a qualidade e quantidade do bem jurídico"[23].

Demais, quando assolado pela dúvida acerca da extensão do pedido ou da causa de pedir, o magistrado deveria atuar pautado na prudência quanto à delimitação de sua verdadeira extensão, conforme indica José Joaquim Calmon de Passos[24]:

> Interpretar restritivamente o pedido é tirar dele tudo quanto nele se contém e só o que nele se contém, sem que se possa ampliá-lo por força de interpretação extensiva ou por consideração outra qualquer de caráter hermenêutico. Compreendido no pedido só o que expressamente contiver, não o que possa, virtualmente, ser o seu conteúdo.

Isso porque, uma vez ultrapassada a real dimensão e extensão dos limites do pedido, tornam-se flagrantes as infidelidades da sentença a caracterizarem vícios de incongruência, sejam eles por ultrapetição, na medida em que forem ampliados os limites quantitativos do pedido, sejam eles por negativa de tutela jurisdicional, na medida em que forem reduzidos para aquém do devido. Vale ressaltar, ainda, as decisões caracterizadas pela extrapetição, na medida em que venham a resolver causa estranha. Tais situações, todas elas, exigem, para a adequação da decisão à vontade da parte, mecanismos de revisão, quer de natureza endoprocessual, quer de natureza autônoma.

Ocorre que o Código de 2015, alterando o art. 293 do Código de 1973, passa a dispor expressamente, no § 2º do art. 322, que "A interpretação do pedido considerará o conjunto da postulação e observará o princípio da boa-fé". E, nesse sentido, inúmeras as inquietações e as indagações a respeito da alteração implementada pelo novo Código, notadamente quando analisada a questão face ao princípio da congruência.

Estaria o novo Código a autorizar condenação sem pedido? Poderia o juiz extrair o pedido das entrelinhas e conceder ao autor aquilo que ele não pediu, embora pudesse tê-lo feito? Mais, o que se deve entender pela expressão "conjunto da postulação"? E, ainda, como o réu exercitará o contraditório

[23] CARVALHO, Milton Paulo de. *Do pedido no processo civil*. Porto Alegre: Sergio Antonio Fabris Editor, 1992. p. 192.

[24] PASSOS, José Joaquim Calmon de. *Comentários ao Código de Processo Civil*. 8ª ed. Vol. III. Rio de Janeiro: Forense, 2001. p. 249.

diante de um pedido não formulado – mas que poderia ter sido – e que pode ser objeto de tutela jurisdicional?

O legislador abandonou a regra quanto à interpretação restritiva do pedido para adotar outra, abraçada por alguns julgados do Superior Tribunal de Justiça, e que surge denominada de interpretação lógico-sistemática, interpretação esta que decodifica o pedido não apenas pelo "texto", mas sim pelo "contexto" da narração fática veiculada na inicial. Permite-se, pois, ao magistrado, extrair pedidos não expressos na petição inicial, mas que, em tese, seriam passíveis de serem deduzidos, de acordo com o conjunto da postulação, desde que em respeito ao princípio da boa-fé.

Objetiva a alteração legal conferir maior efetividade à interpretação do pedido, de modo a considerar a petição inicial em seu todo: "o pedido não deve ser extraído apenas do capítulo da petição especificamente reservado aos requerimentos, mas da interpretação lógico-sistemática das questões apresentadas pela parte ao longo da petição"[25].

Analisando alguns julgados proferidos pelo Superior Tribunal de Justiça, podemos decodificar que essa regra interpretativa quanto ao pedido já vem sendo adotada há algum tempo.

No Agravo Regimental no Recurso Especial n. 243.718/RS, de relatoria do Desembargador convocado do Tribunal de Justiça do Rio Grande do Sul, julgado em 2010, ficou consignado que:

> O pedido feito com a instauração da demanda emana de interpretação lógico-sistemática da petição inicial, não podendo ser restringido somente ao capítulo especial que contenha a denominação 'dos pedidos', devendo ser levados em consideração, portanto, todos os requerimentos feitos ao longo da peça inaugural, ainda que implícitos. Assim, se o julgador se ateve aos limites da causa, delineados pelo autor no corpo da inicial, não há falar em decisão *citra*, *ultra* ou *extra petita*[26].

Nesse sentido, destacamos o quanto decidido no Recurso Especial de n. 1.049.560/MG, de relatoria da Ministra Nancy Andrighi, também julgado em 2010 que:

> O pedido deve ser extraído da interpretação lógico-sistemática da petição inicial, a partir da análise de todo o seu conteúdo. (...) O pedido deve ser interpretado

[25] STJ, REsp 967.375, 2ª T., rel. Min. Eliana Calmon, j. 2-9-2010, v.u., *DJ* 20-9-2010.

[26] AgRg no REsp 243.718/RS, 3ª T., rel. Des. Vasco Della Giustina (Desembargador convocado do TJ/RS), j. 28-9-2010, *DJe* 13-10-2010.

como manifestação de vontade, de forma a tornar efetivo o processo, amplo o acesso à justiça e justa a composição da lide[27].

Resta aqui a indagação: ao considerar o conjunto da postulação na interpretação do pedido, poderá o juiz até mesmo conceder pedidos não expressamente veiculados pela parte, desde que decorram da sua argumentação fática e da pretensão globalmente considerada[28]?

Nesse sentido o Recurso Especial n. 1.263.234/TO, relatado pela Ministra Nancy Andrighi, julgado em 2013:

> Reconhecimento de sociedade de fato. Pedido não expresso na Inicial (...). Ausência de pedido formal de reconhecimento de sociedade de fato. (...) As consequências dessa ausência de pedido expresso, porém, devem ser interpretadas sob uma ótica mais moderna do Processo Civil, que se volta para uma efetiva prestação jurisdicional, para a justa composição da lide, para o resguardo da norma principiológica da boa-fé. (...). O STJ tem adotado cada vez mais a tese de que o pedido deve ser extraído da interpretação lógico-sistemática da petição inicial, a partir da análise de todo o seu conteúdo e a decisão que considera, de forma ampla, o pedido formulado pelas partes, não viola os CPC/1973 128 e 460, pois o pedido deve ser lido com o que se pretende com a instauração da ação (...). Assim, impõe-se o reconhecimento de que a sentença não extrapolou o pedido, visto de forma sistematizada[29].

Não obstante certos julgados do Superior Tribunal de Justiça terem reconhecido que o pedido não se extrai apenas daquilo requerido em um capítulo específico da petição inicial, mas do conjunto e do contexto fático veiculado na inicial, a partir de uma interpretação sistemática de toda a peça vestibular, e não obstante o texto expresso do § 2º do art. 322 do novo Código de Processo Civil ter incorporado tal entendimento, preocupa-nos a questão quando analisada face ao contraditório e à vedação das decisões surpresa, garantias estas asseguradas no sistema processual.

Surge aqui a indagação: como compatibilizar a regra da interpretação lógico-sistemática do pedido com a congruência da tutela jurisdicional e o

[27] REsp 1.049.560/MG, 3ª. T., rel. Min. Nancy Andrighi, j. 4-11-2010, *DJe* 16-11-2010.

[28] Favoravelmente a essa possibilidade, destacamos Guilherme Freire Teixeira. Conferir: TEIXEIRA, Guilherme Freire. Do pedido. In: BOCHENEK, Antonio César; CAMBI, Eduardo; CUNHA, José Sebastião Fagundes (Coords.). Código de processo civil comentado. São Paulo: Editora Revista dos Tribunais, 2016. p. 579.

[29] REsp 1.263.234/TO, 3ª T., Rel. Min. Nancy Andrighi, j. 11-6-2013, *DJe* 1º-7-2013.

princípio dispositivo? Mais, como compatibilizar a regra da interpretação lógico-sistemática do pedido com a garantia do contraditório e a vedação das decisões surpresa?

Em outras palavras, estaria a regra da interpretação lógico-sistemática do pedido a conceder ao Estado-juiz poderes para conferir ao autor algo por ele não demandado e, em outra medida, poderes para condenar o réu acerca de algo não contrariado, porquanto não expressamente demandado?

José Carlos Barbosa Moreira[30] faz alusão à "circunferência dentro da qual o litígio é deduzido, discutido e julgado"[31], na qual incidem os princípios da determinação do pedido, da sua interpretação e, por fim, da limitação da atividade jurisdicional aos seus exatos limites. Destarte, eventuais distorções de tais limites, ocasionadas por uma leitura ou uma interpretação inadequada do pedido, culminam por macular de incongruência a tutela jurisdicional, violando a feição democrática da jurisdição.

3. Considerações Finais

Em resposta ao exercício do direito de ação, e desde que preenchidos os requisitos legais para a prolação de sentença mérito, ao Estado-juiz corresponde, simetricamente, observado o devido processo legal, o poder-dever de prestar a tutela jurisdicional adequada, respeitados os limites subjetivos e objetivos da demanda, o que implica a impossibilidade de o juiz decidir a respeito de pessoas outras que não guardem pertinência subjetiva para com a demanda, prover por motivos diversos dos fundamentos fáticos que venham a constituir a causa de pedir, tampouco impor soluções não pedidas ou relativas a objetos, coisas ou interesses não solicitados.

Permitir ao magistrado inobservar e, por conseguinte, desrespeitar os limites da demanda significa a ele conceder poderes para agir de ofício, bem como para extrapolar ou ultrapassar a vontade das partes, culminado por atuar fora, além ou aquém da demanda, de sorte a macular de invalidades a sentença por vícios de incongruência.

[30] MOREIRA, José Carlos Barbosa. "Correlação entre o pedido e a sentença." In: *Revista de Processo*. n. 83. São Paulo: Editora Revista dos Tribunais, julho-setembro 1996. p. 208.

[31] O que nos remete à ideia de constante movimento, bem como identidade entre o ponto inicial e final da atividade jurisdicional, de sorte a revelar a necessária correlação entre sentença e pedido.

Não obstante o neoprocessualismo propugnar pela releitura dos institutos clássicos dos ramos do direito por meio da ótica constitucional, indispensável se nos afigura que os institutos processuais sejam repensados sob a ótica do atual Estado Democrático Constitucional de Direito.

Assim é que, não obstante o Código de Processo Civil de 2015 expressamente propugnar pela interpretação lógico-sistemática do pedido, permitindo ao juiz decodificar o pedido a partir do conjunto da postulação, indispensável se nos afigura que a atuação judicial esteja balizada pela congruência da tutela jurisdicional, sob pena de violação ao devido processo legal, notadamente no que atina às garantias da inércia da jurisdição, à iniciativa da parte, ao contraditório e à ampla defesa.

Caracterizado o processo enquanto instrumento destinado à atuação de pretensões, não há como se conceber o conteúdo da sentença dissociado do pedido deduzido em juízo. Mais, pela garantia do contraditório não há como se conceberem decisões judiciais que venham a surpreender às partes por consignarem matéria estranha à discussão, ao debate em juízo estabelecido, o que se faz em respeito à própria ideia de Justiça.

A repercussão do pedido no processo exige que sua interpretação se realize em conformidade com a boa-fé, vez que é a manifestação de vontade no meio social deve prevalecer. Nesse sentido, o Enunciado n. 285 do Fórum Permanente de Processualistas Civis: "A interpretação do pedido e dos atos postulatórios em geral deve levar em consideração a vontade das partes, aplicando-se o art. 112 do Código Civil".

Quando analisadas tais lições à luz do § 2º do art. 322 do novo Código e, mais, quando feita a indagação acerca da possibilidade de o magistrado conceder pretensões não expressamente deduzidas pelo autor, o que podemos aqui denominar de "pedidos ocultos", se nos afigura imperioso, à luz da necessidade de se conferir congruência à tutela jurisdicional, que o magistrado ouça as partes, a fim de que não haja desrespeito, quer ao princípio dispositivo, quer ao contraditório e à vedação das decisões surpresa, permitindo-se ao autor manifestar sua real vontade quanto à percepção daquilo que não fora expressamente demandado e, igualmente, permitindo à parte contrária contrapor-se à pretensão não expressamente formulada, mas que tende a ser objeto de tutela, observado o devido processo legal.

4. Referências

Arenhart, Sérgio Cruz, Reflexões sobre o Princípio da Demanda, in Fux, Luiz, Nery Junior, Nelson, Wambier, Teresa Arruda Alvim (Orgs.), *Processo e Constituição: Estudos em Homenagem ao Professor José Carlos Barbosa Moreira*, São Paulo, Revista dos Tribunais, 2006.

Assis, Araken de, *Cumulação de Ações*, 2ª ed., São Paulo, Revista dos Tribunais, 1995.

Bermudes, Sérgio, *Direito Processual Civil: Estudos e Pareceres*, 2ª ed., São Paulo, Saraiva, 1994.

Calamandrei, Piero, *Direito Processual Civil*, Tradução de Luiz Abezia e Sandra Drina Fernandez Barbiery, Campinas, Bookseller, 1999.

Carvalho, Milton Paulo de, *Do Pedido no Processo Civil*, Porto Alegre, Sergio Antonio Fabris Editor, 1992.

Chiovenda, Guiseppe, *Identificazione della Azioni: sulla Regola ne Eat Iudex Ultra Petita Partium. Saggi di Diritto Processuale Civile*, Milão, Giuffrè, 1993.

Dinamarco, Cândido Rangel, *Instituições de Direito Processual Civil*, vol. 1, 2ª ed., São Paulo, Malheiros, 2002.

Eco, Humberto, *Interpretação e Superinterpretação*, Tradução MF, São Paulo, Martins Fontes, 1993.

Fonsêca, Vitor Moreira, *A Congruência da Tutela Jurisdicional*. Tese (Doutorado em Direito), Faculdade de Direito da Pontifícia Universidade Católica, São Paulo, 2006.

Jorge, Flávio Cheim, "Sentença Cível", *Revista de Processo*, São Paulo, Revista dos Tribunais, nº 104, outubro-dezembro 2001.

La China, Sergio, *Diritto Processuale Civile*, Milão, Giuffrè, 1991.

Mandrioli, Crisanto, *Corso di Diritto Processuale Civile. Nozioni Introduttive e Disposizioni Generali*, Torino, G. Giappichelli Editore, 2000.

Marques, José Frederico, *Manual de Direito Processual Civil*, 9ª ed., São Paulo, Millennium, 2003.

Maximiliano, Carlos, *Hermenêutica e Aplicação do Direito*, 19ª ed., Rio de Janeiro, Forense, 2002.

Moreira, José Carlos Barbosa, "Correlação entre o Pedido e a Sentença", *Revista de Processo*, São Paulo, Revista dos Tribunais, nº 83, jul.-set. 1996.

Nery Junior, Nelson, Nery, Rosa Maria de Andrade, Código de Processo Civil *Comentado e Legislação Extravagante*, 9ª ed., São Paulo, Revista dos Tribunais, 2006.

Noronha, Carlos Silveira, *Perfil Histórico-Dogmático da Sentença Civil*, Dissertação (Mestrado em Direito), Faculdade de Direito da Universidade de São Paulo, São Paulo, 1992.

Oliveira, Vallisney de Souza, *Nulidade da Sentença e o Princípio da Congruência*, São Paulo, Saraiva, 2004.

Passos, José Joaquim Calmon de, *Comentários ao Código de Processo Civil*, vol. III, 8ª ed., Rio de Janeiro, Forense, 2001.

Pinto Júnior, Nilo Ferreira, *Princípio da Congruência no Direito Processual Civil*, Curitiba, Juruá, 2005.

Pontes de Miranda, Francisco Cavalcanti, *Comentários ao Código de Processo Civil*, 3ª ed., Rio de Janeiro, Forense, 1998.

Teixeira, Guilherme Freire, "Do Pedido", in Bochenek, Antonio César, Cambi, Eduardo, Cunha, José Sebastião Fagundes (Coords.), Código de *Processo Civil Comentado*, São Paulo, Editora dos Tribunais, 2016.

Wambier, Teresa Arruda Alvim, *Omissão Judicial e Embargos de Declaração*, São Paulo, Revista dos Tribunais, 2005.

Shifting from Exclusion to Inclusion: the Internationalization of U.S. Collective Suits

Ángel R. Oquendo

Introduction

The internationalization of business and the diversification of the population have profoundly impacted the law. Ever more often, the U.S. judiciary has had to adjudicate claims staked by foreigners, who may or may not reside in the United States, and has had to face the corresponding logistical and cultural challenges.[1] In class actions, it has additionally confronted the problem of not knowing whether its ultimate ruling would attain recognition in the event of re-litigation abroad in forums possessing a different system of collective adjudication.[2] Under these circumstances, the temptation simply to dismiss foreign absent class-members from the suit looms large.

This Article will argue that, particularly when dealing with a global class, which encompasses a sizeable proportion of non-citizens, federal courts should actually engage in intense comparative reflection in order to determine whether their counterparts in other nations would or would not enforce their judgments. Concentrating on Latin America, it will maintain that they should keep a passive claimant on board so long as his or her jurisdiction of origin could appreciate U.S. class-actions as fair and compatible with local

[1] *See, e.g.*, Sosa v. Álvarez-Machaín, 542 U.S. 692 (2004).

[2] *See, e.g.*, Anwar v. Fairfield Greenwich, Ltd., 289 F.R.D. 105, 120 (S.D.N.Y. 2013), *partially aff'd sub. nom.* Lomeli v. Sec. & Inv. Co. Bahr., 546 F App'x 37 (2d Cir. 2013) (summary order), *vacated on unrelated grounds sub. nom.* St. Stephen's Sch. v. PricewaterhouseCoopers Accountants N.V., 570 F. Appx. 37 (2d Cir. 2014) (summary order).

fundamental legal principles. A similar approach suggests itself with respect to absentees from other parts of the world.

Consequently, the Article will itself assess whether tribunals in Latin America would likely uphold a final decision in a damages class-suit lodged in the United States. In particular, it will ascertain whether they would do so if any of the absent Latin American class-members instituted an essentially identical complaint back home upon an adverse definitive determination north of the border. The discussion will consider Latin America generally but focus specifically on a representative sample of seven countries: Mexico, Brazil, Venezuela, Colombia, Panama, Peru, and Ecuador. It will determine the likelihood of judicial enforcement in the region as a whole and in these specific jurisdictions.

First, Part I will identify the filing of an essentially identical complaint back home by absentees from Latin America upon losing on the merits in the United States as the most likely—though still rather improbable—scenario in which a Latin American adjudicator might confront the question whether to enforce the judgment in a U.S. class-action. It will attribute the relative likelihood to the practical impossibility of all other options and the outweighing improbability to overarching civil-law impediments to this kind of litigation, as well as to the high chance of dismissal either for lack of jurisdiction or for expiration of the statute of limitations. In any event, the Article will conclude that a judge from the region would almost certainly reject any such action in deference to the ultimate ruling by his or her colleague in the United States.

Part II will thereafter list the following as the main conditions for execution in Latin America:

(1) Reciprocity from the State of Origin
(2) Jurisdiction of the Foreign Court over the Matter
(3) Sufficiency of Service and Defense Opportunities
(4) Finality of the Judgment
(5) Absence of Any Pending Similar Domestic Suit
(6) Respect for Areas of Exclusive National Jurisdiction
(7) Compatibility with the Public Order

Part II will underscore the presumption in favor of enforcing decisions from abroad and then show that the relevant legislation in Mexico, Brazil, Venezuela, Colombia, Panama, Peru, and Ecuador incorporates some or all of these criteria.

Next, Part III will demonstrate that a definitive determination in a U.S. class-action would meet the first six requirements. The various subdivisions of Part IV will, in turn, assert that it would satisfy the seventh too. They will define the concept of public order, which includes that of due process, and explain that the U.S. judgment would cohere with both notions. Indeed, it would rest on a number of fairness controls designed for all class actions and for those falling under Rule 23(b)(3).

Accordingly, a Latin American judge would almost surely agree with the United States Supreme Court that the opt-out regime fully comports with due process,[3] especially since Latin America imported this guaranty from the United States and preserved its central components intact. Moreover, he or she could point to any available local actions permitting, along the lines of Rule 23(b)(3), the aggregation of similar, interrelated individual claims of a large number of individuals, who acquiesce either by opting in rather informally or simply by failing to opt out. Furthermore, he or she could note that diffuse-rights suits, which resemble Rule 23(b)(2) actions and exist throughout the continent, invariably bind absentees who have in no way consented or even received individual notice. As a whole, the discussion will stress that Latin American absent class-members could not legitimately complain inasmuch as they would have free ridden on the efforts of their representatives with a chance at compensation, would have benefited from the aforementioned general and specific safeguards, and could have similarly faced preclusion in Latin America based on a suit prosecuted by someone else without their authorization.

In sum, the U.S. judiciary should, in principle, allow Latin Americans into class actions for economic compensation. Naturally, it should treat the presence of other "aliens" just as openly, conducting a comparative analysis analogous to that undertaken in this work. After all, achieving justice for all requires striving to include the traditionally excluded.

1. Concrete Scenario

This Part will imagine a concrete scenario in which an adjudicator in Latin America might have to determine whether to recognize a final decision in a U.S. class-action for damages. In the end, it will envisage one in which a Latin American

[3] *See infra* Part IV(C).

absent class-member proceeds anew back home upon losing on the merits. The concluding paragraphs will acknowledge that such a situation is unlikely to materialize. Nonetheless, they will ultimately assert that if it ever did come about, a tribunal in Latin America would almost certainly opt for recognition.

Class-action representatives suing for monetary compensation in the United States ordinarily do so under Federal Rule of Civil Procedure 23(b)(3). Hence, they must demonstrate not only "that the questions of law or fact common to class members predominate over any questions affecting only individual members" but also "that a class action is superior to other available methods for fairly and efficiently adjudicating the controversy."[4] The provision itself lists as "pertinent to these findings . . . the desirability or undesirability of concentrating the litigation of the claims in the particular forum."[5]

The federal judiciary tends to view the presence of foreigners, along with the corresponding res judicata complications, as relevant to the superiority inquiry,[6] especially to the element referred to in the last quotation.[7] Presumably, it deems a class action incorporating such persons less desirable to the extent that they may litigate again in their nations of origin upon a loss at trial and on appeal. From this perspective, the U.S. adjudicator must figure out whether judges there would defer to his or her ultimate ruling.

After examining the existing case law, the United States Court for the Southern District of New York defined the standard in *In re Vivendi*:

> Where plaintiffs are able to establish a probability that a foreign court will recognize the res judicata effect of a U.S. class[-]action judgment, plaintiffs will have established this aspect of the superiority requirement. . . . Where plaintiffs are unable to show that foreign court recognition is more likely than not, this factor weighs against a finding of superiority and, taken in consideration with other factors, may lead to the exclusion of foreign claimants from the class.[8]

[4] Fed. R. Civ. P. 23(b)(3).

[5] Fed. R. Civ. P. 23(b)(3)(C).

[6] *See, e.g., In re* Vivendi Universal, 242 F.R.D. 76, 95 (S.D.N.Y. 2007) ("[*R*]*es judicata* concerns have been appropriately grafted onto the superiority inquiry."); Cromer Finance Limited v. Berger, 205 F.R.D. 113, 134 (S.D.N.Y. 2001) ("The res judicata effect of a class action judgment is a factor that must be considered in evaluating the superiority of the class action device.").

[7] In discussing "the desirability or undesirability of concentrating the litigation of the claims in [the] particular forum," the *Vivendi* court started out by noting that the "Plaintiffs' proposed class definition encompasse[d] a significant number of foreign class members." *In re* Vivendi Universal, 242 F.R.D. at 92.

[8] *Id.* at 95 (internal quotations and citations omitted).

Prior to ascertaining whether a tribunal abroad would honor their final decisions, however, federal judges should first ask themselves under what circumstances it might confront a request to do so. They could thus offer a more reliable prediction.

Upon a ruling favorable to them, Latin American plaintiffs or absentees will pretty definitely not pursue execution in Latin America. Quite the opposite: they will undoubtedly demand compliance and, if necessary, seek enforcement in the United States. After all, a U.S. judge, in contrast to his or her Latin American counterparts, enjoys broad contempt powers,[9] can readily access the assets of defendants processed in the United States, and can enforce U.S. judgments with considerable efficiency. For similar reasons, the complainants' opponents will have little to gain from re-litigating the matter in Latin America.

If, instead, the adjudication ends up disfavoring the class, Latin American representatives or represented members of the class will probably not try to take another bite at the apple in Latin America. After all, they would run into general and specific impediments to any such attempt.[10] Generally, any such repeat litigant would usually have to (1) hire a lawyer on a non-contingency basis,[11] (2) pay the attorney's fees of the other side upon defeat,[12] (3) rely on fact- rather than notice-pleading,[13] (4) do without discovery,[14] (5) meet a higher "deep-seated[-]conviction," in lieu of a more-likely-than-not, standard

[9] *See* Ángel R. Oquendo, Latin American Law 64 (2d ed. 2011) [hereinafter Oquendo (2011)](A civil law court, in contrast to its common-law counterpart, "does not have contempt powers to enforce its orders.").

[10] *Cf.*, Anwar v. Fairfield Greenwich, Ltd., 289 F.R.D. 105, 120 (S.D.N.Y. 2013), *partially aff'd sub. nom.* Lomeli v. Sec. & Inv. Co. Bahr., 546 F App'x 37 (2d Cir. 2013) (summary order), *vacated on unrelated grounds sub. nom.* St. Stephen's Sch. v. PricewaterhouseCoopers Accountants N.V., 570 F. Appx. 37 (2d Cir. 2014) (summary order) ("The Court . . .takes into account the unlikely ability of plaintiffs from the relevant Latin American countries to bring a duplicative action in their home countries.").

[11] Oquendo (2011), *supra* note 9, at 64 (Litigants "may not enter into a contingency fee agreement with their lawyer. They must therefore pay up front and hope for a victory on the merits in order to obtain a reimbursement. . . .").

[12] *Id.* ("The trial court also orders the defeated party to reimburse the other side's attorney's fees. Litigants must therefore keep in mind that if they lose, they will have to cover their adversary's litigation expenses, as well as their own.").

[13] *See* Scott Dodson, *Comparative Convergences in Pleading Standards*, 158 U. Pa. L. Rev. 441, 443 (2010) ("Unlike civil law countries, which require detailed fact pleading and often evidentiary support at the outset, . . . Rule 8 requires only 'a short and plain statement of the claim showing that the pleader is entitled to relief,' a formula that has traditionally focused on notice rather than facts.'").

[14] *See* Oquendo (2011), *supra* note 9, at 62 ("The parties . . . do not have to go through a protracted . . . discovery phase.").

of proof,[15] (6) present the evidence before a judge instead of a jury,[16] and, as already suggested, (7) make do with judicial coercion mechanisms other than contempt.[17] In particular, he or she would face an uphill battle against dismissal either (1) for lack of jurisdiction, as typically the defendants reside and the alleged injury has taken place in the United States, or (2) because the statute of limitations has expired after an expectedly protracted U.S. class-suit, since someone who purports to repudiate the latter can hardly invoke it to stop the clock.

If any of the concerned Latin Americans insisted on lodging a complaint despite these disincentives, he or she would not, in all likelihood, survive a motion to dismiss, if not on the grounds just enumerated, then nearly certainly for reasons of res judicata, in deference to the ultimate ruling in the original litigation. Of course, the defendants would, in all probability, not take the exoneration attained in the United States to Latin America for judicial validation. On the contrary, they would, without much doubt, first sit on it: ready to interpose it against any effort by their adversaries to reignite the dispute.

The aforementioned obstacles perhaps explain why barely anyone in Latin America seems to have tried to stake a claim previously rejected in the United States under Federal Rule of Civil Procedure 23 and why the judiciary of the region appears to have seldom dealt with the issue of preclusion regarding U.S. class-actions. In 2013, the U.S. District Court for the Southern District of New York observed, in *Anwar v. Fairfield Greenwich, Ltd.*, that "the majority of Latin American courts have not specifically addressed the enforcement of United States class-action judgments."[18] The observation remains true to this day and, apparently, is an understatement. The research for this work has uncovered no opinion on point.

In any event, this Article will maintain that Latin American tribunals could only arbitrarily refuse recognition and that they would almost surely not do so. Therefore, it will wind up agreeing with the finding in *Anwar* "that courts in . . .

[15] *See* Kevin M. Clermont, *Standards of Proof Revisited*, 33 Vt. L. Rev. 469, 471 (2009) ("Instead of asking whether some fact X (say, that the defendant executed the promissory note disputed in a noncriminal, or civil, lawsuit) is more likely true than not, the Civil Law asks whether the fact is so probable as to create an inner and deep-seated conviction of its truth.").

[16] *See* Oquendo (2011), *supra* note 9, at 62 ("The parties . . . do not have to . . . prepare the case for jury trial. The judge decides both legal and factual issues.").

[17] *See supra* note 9 and accompanying text.

[18] 289 F.R.D. 105, 120 (S.D.N.Y. 2013), *partially aff'd sub. nom.* Lomeli v. Sec. & Inv. Co. Bahr., 546 F App'x 37 (2d Cir. 2013) (summary order), *vacated on unrelated grounds sub. nom.* St. Stephen's Sch. v. PricewaterhouseCoopers Accountants N.V., 570 F. Appx. 37 (2d Cir. 2014) (summary order).

Latin American countries would more likely than not recognize a class-action judgment"[19] and will indeed assess the chances at much greater than fifty percent. Obviously, the judiciary in Latin America, as elsewhere, might actually engage in arbitrariness, whether due to incompetence or bias, and conduct itself in a legally unpredictable manner. Nevertheless, it normally should not.

Of course, the parties may end up securing the Court's approval under Rule 23(e) and settling. If so, they could invoke the agreement in most Latin American jurisdictions, including the seven under examination, as a valid contract,[20] or, in six of them as res judicata,[21] against any subsequent suit. As a result, a settlement would operate as the functional equivalent of an adjudication. Accordingly, the discussion will exclusively focus on the latter but will bear upon the former mutatis mutandis.

[19] *Id.* at 119-20. *See also id.* at 120 ("[It is] more likely than not that the courts of the various [Latin American] jurisdictions would recognize, enforce, and give preclusive effect to a judgment in this action.").

[20] *See* Código Civil [Cd. Civ.] (D.F.) (Mex.) (1928), art. 2944 ("La transacción es un contrato por el cual las partes haciéndose recíprocas concesiones, terminan una controversia presente o previenen una futura."); Cd. Civ. (Venez.) (1982), art. 1713 ("La transacción es un contrato por el cual las partes, mediante recíprocas concesiones, terminan un litigio pendiente o precaven un litigio eventual."); Cd. Civ. (Colom.) (1887), art. 2469 ("La transacción es un contrato en que las partes terminan extrajudicialmente un litigio pendiente o precaven un litigio eventual."); Cd. Civ. (Pan.) (1916), art. 1500 ("La transacción es un contrato por el cual las partes, dando, prometiendo o reteniendo cada una alguna cosa, evitan la provocación de un pleito o ponen término al que habían comenzado."); Cd. Civ. (Peru) (1984), art. 1302 ("Por la transacción las partes, haciéndose concesiones recíprocas, deciden sobre algún asunto dudoso o litigioso, evitando el pleito que podría promoverse o finalizando el que está iniciado."); Cd. Civ. (Ecuador) (2005), art. 2348 ("Transacción es un contrato en que las partes terminan extrajudicialmente un litigio pendiente, o precaven un litigio eventual.").

[21] *See* Cd. Civ. (D.F.) (Mex.) (1928), art. 2953 ("La transacción tiene, respecto de las partes, la misma eficacia y autoridad que la cosa juzgada. . . ."); Cd. Civ. (Braz.) (2002), art. 840 ("É lícito aos interessados prevenirem ou terminarem o litígio mediante concessões mútuas."); Cd. Civ. (Venez.) (1982), art. 1718 ("La transacción tiene entre las partes la misma fuerza que la cosa juzgada."); Código de Procedimiento Civil [Cd. Pro. Civ.] (Venez.) (1990), art. 255 ("La transacción tiene entre las partes la misma fuerza que la cosa juzgada."); Cd. Civ. (Colom.) (1887), art. 2483 ("La transacción produce el efecto de cosa juzgada en última instancia. . . ."); Cd. Civ.(Pan.) (1916), art. 1506 ("La transacción tiene para las partes la autoridad de la cosa juzgada."); Cd. Civ. (Peru) (1984), art. 1302 ("La transacción tiene valor de cosa juzgada."); Cd. Civ. (Ecuador) (2005), art. 2362 ("La transacción surte el efecto de cosa juzgada en última instancia.").

2. Recognition Requirements

The various Latin American countries set comparable parameters for the recognition in their territory of a final judicial decision from abroad. They thus evince the influence of a regional and civil-law legislative and scholarly debate on the topic,[22] of the 1928 Private International Law Convention,[23] mainly drafted by Antonio Sánchez de Bustamante y Sirven, and of the 1979 Inter-American Convention on the Extraterritorial Validity of Foreign Judgments and Arbitral Awards.[24] Each of the nations under examination provides a case in point.[25]

The relevant regimes apply when no special treaty exists, as with the United States in each instance, and invariably rest on the presumption of enforcement. As a result, they compel a judge to enforce except upon failure to satisfy any of the following conditions:

(1) Reciprocity from the State of Origin;
(2) Jurisdiction of the Foreign Court over the Matter;
(3) Sufficiency of Service and Defense Opportunities;
(4) Finality of the Judgment;
(5) Absence of Any Pending Similar Domestic Suit;
(6) Respect for Areas of Exclusive National Jurisdiction;
(7) Compatibility with the Public Order.

[22] There has been an "intense cross-fertilization of procedural ideas in the region." Oquendo (2011), *supra* note 9, at 700. *See generally id.* at 5 ("[T]he various systems of law [in Latin America] resemble each other . . . [due to] a shared history as well as . . . an intense process of cross-fertilization."); 114 ("In the realm of public law, Latin American countries [have] . . . focused considerably on each other's law. European and North American influences often arrived *via* sister Iberian American nations. This intense cross-fertilization . . . has continued to this day.").

[23] *See* Convention on Private International Law (Bustamante Code), Feb. 20, 1928, 86 L.N.T.S. 111, O.A.S. T.S. No. 34.

[24] Inter-American Convention on Extraterritorial Validity of Foreign Judgments and Arbitral Awards, May 8, 1979, O.A.S. T.S. No. 51, 1439 U.N.T.S. 91.

[25] "Generally, the relevant Latin American countries, regardless of whether they are signatories, look to the principles embodied in the Bustamante Code and Inter-American Convention on Extraterritorial Validity of Foreign Judgments and Arbitral Awards . . . to determine whether to recognize a foreign judgment." Anwar v. Fairfield Greenwich, Ltd., 289 F.R.D. 105, 119 (S.D.N.Y. 2013), *partially aff'd sub. nom.* Lomeli v. Sec. & Inv. Co. Bahr., 546 F App'x 37 (2d Cir. 2013) (summary order), *vacated on unrelated grounds sub. nom.* St. Stephen's Sch. v. PricewaterhouseCoopers Accountants N.V., 570 F. Appx. 37 (2d Cir. 2014) (summary order).

While these criteria may vary in their specific formulation from one country to the next, they all operate essentially identically, at least for purposes of this work. In the interest of clarity, the discussion will adhere to the numbering above, rather than that of the different legal systems.

Of course, the applicable scheme will usually require certain solemnities. For instance, it may demand the translation or authentication of the original decision. This Article will not attend to these requirements. Assuming that the requesting party will have fulfilled them, it will zero in on the aforementioned conditions.

First, Chapter VI of the Mexican Federal Code of Civil Procedure regulates the "Execution of Judgments."[26] At the outset, Article 569 enunciates: "private, non-commercial, foreign judgments . . . shall be enforced and recognized in Mexico so long as they do not run counter to the local public order."[27] Hence, it presumes recognition, approaches public order as an exceptional ground of refusal, and, curiously, does not mention the other pre-requisites. Nonetheless, the latter do appear subsequently in connection with the process of executing a decision from abroad and presumably govern that of solely recognizing it too.

In particular, Article 571 imposes "conditions" on the "execution" of a judgment. It embraces every single one of those inventoried above:

(1) "[T]he tribunal may deny execution upon proof that in the country of origin, foreign judgments . . . are not executed in analogous cases."[28]
(2) "The judge or tribunal rendering the judgment must have had jurisdiction to consider and decide the matter under recognized international law rules that are compatible with those adopted by this Code."[29]

[26] Código Federal de Procedimientos Civiles [Cd. Fed. Pro. Civ.] (Mex.) (1943), Lib. IV, Título [Tít.] I, Capítulo [Cap.] VI, arts. 569-577 ("Ejecución de Sentencias"). *Cf.* Código de Procedimientos Civiles [Cd. Pro. Civ.] (D.F.) (Mex.) (1932), Tít. VII, Cap. VI ("De la Comparación Procesal Internacional"); Código de Comercio (Mex.) (1889), Lib. V, Tít. I, Cap. XXVII. ("Ejecución de Sentencias").
[27] Cd. Fed. Pro. Civ. (Mex.) (1943), art. 569 ("Las sentencias . . . privad[a]s de carácter no comercial y . . .extranjer[a]s tendrán eficacia y serán reconocidos en la República en todo lo que no sea contrario al orden público.").
[28] *Id.* art. 571 ("[E]l tribunal podrá negar la ejecución si se probara que en el país de origen no se ejecutan sentencias . . .extranjer[a]s en casos análogos.").
[29] *Id.* art. 571(III) ("Que el juez o tribunal sentenciador haya tenido competencia para conocer y juzgar el asunto de acuerdo con las reglas reconocidas en el derecho internacional que sean compatibles con las adoptadas por este Código[.]").

(3) "The defendant must have been personally notified and served so as to assure his right to a hearing and to carry out his defense."[30]
(4) "[The judgment] must constitute res judicata in the country in which [it was] pronounced, with no further ordinary appeal available."[31]
(5) "The original action may not involve a matter presently pending before a Mexican tribunal in a dispute between the same parties."[32]
(6) "[The judgment] may not stem from an in rem action."[33]
(7) "The obligation enforced by the original action may not run counter to the public order in Mexico."[34]

Somewhat typically, this provision focuses on the exclusive local jurisdiction over in rem suits.

Second, Brazil's 2015 Code of Civil Procedure features a series of "indispensable requirements,"[35] including all of those previously numbered, with the exception of the first (1):

(2) "[The foreign decision must have been] pronounced by an authority with jurisdiction."[36]
(3) "[The decision,] even if ultimately entered by default, [must have been] preceded by a regular summons."[37]
(4) "[The decision must] be effective in the country in which it was rendered,"[38] as well as "definitive."[39]

[30] *Id.* art. 571(IV) ("Que el demandado haya sido notificado o emplazado en forma personal a efecto de asegurarle la garantía de audiencia y el ejercicio de sus defensas[.]").

[31] *Id.* art. 571(V) ("Que [la sentencia] tenga[] el carácter de cosa juzgada en el país en que fue[] dictad[a], o que no exista recurso ordinario en su contra[.]").

[32] *Id.* art. 571(VI) ("Que la acción que les dio origen no sea materia de juicio que esté pendiente entre las mismas partes ante tribunales mexicanos[.]").

[33] *Id.* art. 571(II) ("Que [la sentencia] no haya[] sido dictad[a] como consecuencia del ejercicio de una acción real[.]").

[34] *Id.* art. 571(VII) ("Que la obligación para cuyo cumplimiento se haya procedido no sea contraria al orden público en México[.]").

[35] Lei [L.] 13105, Código de Processo Civil [Cd. Pro. Civ.] (Braz.) (2015), art. 963 ("requisitos indispensáveis").

[36] *Id.* art. 963(I) ("[A decisão deve ter sido] proferida por autoridade competente.").

[37] *Id.* art. 963(II) ("[A decisão deve ter sido] precedida de citação regular, ainda que verificada a revelia.").

[38] *Id.* art. 963(III) ("[A decisão deve] ser eficaz no país em que foi proferida.").

[39] *Id.* art. 961(1).

(5) "[The decision may] not run counter to Brazilian rulings with a res judicata effect."[40]
(6) "[The decision may not impinge upon the] exclusive jurisdiction of Brazil's judicial authorities."[41]
(7) "[The decision may] not offend the public order."[42]

Article 26(2) makes clear that, in contrast to other instances of international legal cooperation, the recognition of a foreign judicial determination does not ride on the submission of a diplomatic statement confirming the existence of reciprocity.[43] Moreover, Article 26(3) bans any such cooperation when it would breach "the Brazilian state's fundamental norms."[44]

Third, the 1998 Law of Private International Law controls this area in Venezuela.[45] As in Brazil, it sets forth among its "requirements" all of those originally enumerated but the first (1):

(2) "The tribunals issuing the judgments must have jurisdiction over the cause of action. . . ."[46]
(3) "The defendant must have been duly served, must have had sufficient time to appear, and must have benefited from procedural guaranties that would reasonably allow him to build a defense."[47]
(4) "The judgments must constitute res judicata according to the law of the state in which they were issued."[48]

[40] *Id.* art. 963(IV) ("[A decisão deve ter sido] não ofender a coisa julgada brasileira.").
[41] *Id.* art. 964 ("[A decisão não pode entrar em matéria de] competência exclusiva da autoridade judiciária brasileira.").
[42] *Id.* art. 963(VI) ("[A decisão deve] não conter manifesta ofensa à ordem pública.").
[43] *Id.* art. 26(2) ("Não se exigirá a reciprocidade [manifestada por via diplomática] para homologação de sentença estrangeira.").
[44] *Id.* art. 26(3) ("Na cooperação jurídica internacional não será admitida a prática de atos que contrariem ou que produzam resultados incompatíveis com as normas fundamentais que regem o Estado brasileiro.").
[45] Ley de Derecho Internacional Privado [L. Der. Int'l Priv.], Gaceta Oficial 36.511 (Venez.) (1998).
[46] *Id.* art. 53(4) ("Que los tribunales del Estado sentenciador tengan jurisdicción para conocer de la causa. . . .").
[47] *Id.* art. 53(5) ("Que el demandado haya sido debidamente citado, con tiempo suficiente para comparecer, y que se le hayan otorgado en general, las garantías procesales que aseguren una razonable posibilidad de defensa.").
[48] *Id.* art. 53(2) ("Que tengan fuerza de cosa juzgada de acuerdo con la ley del Estado en el cual han sido pronunciadas.").

(5) "No lawsuit on the same matter, between the same parties, and initiated prior to the issuance of the foreign judgment may be pending before Venezuelan tribunals."[49]

(6) "The judgments may neither impinge upon real property rights pertaining to real estate located in Venezuela nor effectively deprive Venezuela of any exclusive jurisdiction it may have over the matter at stake."[50]

(7) "Legal determinations based on... foreign law... shall produce effects in Venezuela, unless they contradict... the essential principles of the Venezuelan public order."[51]

The first five items derive from several subparts of Article 53, which bears the heading "The Validity of Foreign Judgments."[52] The seventh and last one figures as the fifth of the "General Provisions" of Chapter I,[53] recalling its Mexican analogue in its embrace of a presumptive implementation of foreign judicial decisions.

Fourth, Title XXXVI of Book Five of the Colombian Code of Civil Procedure deals with "Judgments . . . Issued Abroad."[54] It contains among its "requirements" all of the formerly listed except the second (2):

(1) "Judgments pronounced in a foreign country . . . shall have, [in the absence of a treaty,] the same force as that granted there to those issued in Colombia."[55]

(3) "[T]he defendant must have been duly served and afforded the opportunity to contest the charges, in accordance with the law of the state

[49] *Id.* art. 53(6) ("que no se encuentre pendiente, ante los tribunales venezolanos, un juicio sobre el mismo objeto y entre las mismas partes, iniciado antes que se hubiere dictado la sentencia extranjera.").

[50] *Id.* art. 53(3) ("Que no versen sobre derechos reales respecto a bienes inmuebles situados en la República o que no se haya arrebatado a Venezuela la jurisdicción exclusiva que le correspondiere para conocer del negocio.").

[51] *Id.* art. 5 ("Las situaciones jurídicas creadas de conformidad con [el] Derecho extranjero . . . producirán efectos en la República, a no ser que contradigan . . . los principios esenciales del orden público venezolano.").

[52] *Id.* art. 53 ("De la Eficacia de las Sentencias Extranjeras").

[53] *Id.* Cap. I, arts. 1-10 ("Disposiciones Generales").

[54] Decreto 1400 & 2019, Código de Procedimiento Civil [Cd. Pro. Civ.] (Colom.) (1970), Lib. V, Tít. XXXVI, arts. 693-97 ("Sentencias . . . Proferid[a]s en el Exterior").

[55] *Id.* art. 693 ("Las sentencias . . . pronunciadas en un país extranjero . . . tendrán, [de no haber un tratado,] la fuerza . . . que allí se reconozca a las proferidas en Colombia.").

of origin, all of which is presumed by virtue of the finality of the judgment."[56]

(4) "The judgment must be final under the law of the country of origin. . . ."[57]
(5) "There may be neither a pending suit nor a final judgment in Colombia on the same matter."[58]
(6) "The judgment may not involve rights pertaining to real property located on Colombian territory. . . ."[59]; nor any "matter over which Colombian judges have exclusive jurisdiction."[60]
(7) "The judgment may not run counter to Colombian laws related to the public order."[61]

Significantly, the provision takes a unique approach by starting from the premise of a suitable summons.

Fifth, Chapter III of Title VIII of the 2014 Panamanian Code of Private International Law governs "The Process of Recognition and Execution of Foreign Judgments."[62] It posits, in its Article 179, a catalogue of "requirements" comprising all of those initially numerated with the exception of the fifth (5):

(1) "In the absence of a special treaty with the state of origin, the judgment may be executed, [e]xcept in case of proof that in that state no compliance with the decisions rendered by Panamanian tribunals takes place."[63]
(2) "The judgment must have been rendered by a tribunal with jurisdiction. . . ."[64]

[56] *Id.* art. 694(6) ("Que . . . se haya cumplido el requisito de la debida citación y contradicción del demandado, conforme a la ley del país de origen, lo que se presume por la ejecutoria.").
[57] *Id.* art. 694(3) ("Que se encuentre ejecutoriada de conformidad con la ley del país de origen. . . .").
[58] *Id.* art. 694(5) ("Que en Colombia no exista proceso en curso ni sentencia ejecutoriada . . . sobre el mismo asunto.").
[59] *Id.* art. 694(1) ("Que no verse sobre derechos reales constituidos en bienes que se encontraban en territorio colombiano. . . .").
[60] *Id.* art. 694(4) ("Que el asunto sobre el cual recae, no sea de competencia exclusiva de los jueces colombianos.").
[61] *Id.* art. 694(2) ("Que no se oponga a leyes u otras disposiciones colombianas de orden público. . . .").
[62] Ley [L.] 7, Código de Derecho Internacional Privado [Cd. Der. Int'l Priv.] (Pan.) (2014), Tít. VIII, Cap. III ("Proceso de Reconocimiento y Ejecución de Sentencia Extranjera").
[63] *Id.* art. 178 ("Si no hubiera tratados especiales con el Estado en el que se haya pronunciado la sentencia, esta podrá ser ejecutada, [s]alvo prueba de que en dicho Estado no se dé cumplimiento a las dictadas por tribunales panameños.").
[64] *Id.* art. 179 (1) ("Que la sentencia haya sido dictada por un tribunal competente. . . .").

(3) "The defendant [must have been] personally served with the complaint. In other words, the proceedings abroad must have allowed him to contest the charges."[65]
(4) The "foreign judgment" must "constitute res judicata; it must be firm and final, as well as no longer subject to appeal."[66]
(6) "The judgment may not encroach upon the Panamanian judiciary's exclusive jurisdiction. Panamanian judges have exclusive jurisdiction over real estate located in Panama."[67]
(7) "The judgment may not infringe upon fundamental principles or rights under the public order of Panama."[68]

In Panama, in contradistinction to Colombia, the law apparently merely *permits* execution if reciprocity exists.

Sixth, Title IV of Book X of Peru's 1984 Civil Code addresses the "Recognition and Execution of Foreign Judgments. . . ."[69] To this end, Article 2104 catalogs seven "requirements," which mirror those proposed at the beginning of this comparative inquiry.

(1) "Reciprocity must be proven."[70]
(2) "The foreign tribunal must have had jurisdiction over the matter in accordance with the rules of private international law and with general principles on international procedural jurisdiction."[71]

[65] *Id.* art. 179 (2): "Que . . . la demanda . . . haya sido personalmente notificada al demandado. Es decir, que el proceso evacuado en el extranjero haya cumplido con el principio del contradictorio.").
[66] *Id.* art. 179 (La "sentencia extranjera" debe estar "revestida de autoridad de cosa juzgada y . . . en el resorte de su jurisdicción . . . firme y no sujeta a recurso alguno.").
[67] *Id.* art. 179 (1) ("Que la sentencia . . . no haya conculcado la competencia privativa de los tribunales panameños. Se entiende que la competencia sobre bienes inmuebles ubicados en la República de Panamá es de competencia privativa de los jueces panameños.").
[68] *Id.* art. 179 (3) ("Que la sentencia pronunciada por tribunal extranjero no conculque principios o derechos fundamentales del orden público panameño.").
[69] Cd. Civ. (Peru) (1984), Lib. X, Tít. IV ("Reconocimiento y ejecución de sentencias . . .extranjer[a]s.").
[70] *Id.* art. 2104 (8) ("Que se pruebe la reciprocidad.").
[71] *Id.* art. 2104 (2) ("Que el tribunal extranjero haya sido competente para conocer el asunto, de acuerdo a sus normas de Derecho Internacional Privado y a los principios generales de competencia procesal internacional.").

(3) "The defendant must have been served according to the law of the forum, had a reasonable amount of time to appear, and benefited from procedural guaranties to conduct his defense."[72]

(4) "The judgment must constitute res judicata under the law of the forum."[73] "The judgment may not clash with an earlier one that meets the requirements for recognition and execution established in this Title."[74]

(5) "There may be no trial pending in Peru between the same parties, on the same matter, and initiated prior to the lodging of the complaint from which the judgment ensued."[75]

(6) "The judgment may not involve matters within Peru's exclusive jurisdiction."[76]

(7) "The judgment may not run counter to the public order or to good morals."[77]

Echoing its Colombian counterpart, Article 2102 proclaims: "In the absence of a treaty with the country in which the judgment was pronounced, the judgment shall have the same effect as that given there to judgments pronounced by Peruvian tribunals."[78] Furthermore, under Article 2103: "If the judgment stems from a country that does not comply with the decisions of Peruvian tribunals, it shall have no force whatsoever in Peru."[79] Nevertheless, Article 838 of the Code of Civil Procedure declares: "The existence of reciprocity regarding the effect given abroad to judgments . . . pronounced in

[72] *Id.* art. 2104 (3) ("Que se haya citado al demandado conforme a la ley del lugar del proceso; que se le haya concedido plazo razonable para comparecer; y que se le hayan otorgado garantías procesales para defenderse.").

[73] *Id.* art. 2104 (4) ("Que la sentencia tenga autoridad de cosa juzgada en el concepto de las leyes del lugar del proceso.").

[74] *Id.* art. 2104 (6) ("Que no sea incompatible con otra sentencia que reúna los requisitos de reconocimiento y ejecución exigidos en este título y que haya sido dictada anteriormente.").

[75] *Id.* art. 2104 (5) ("Que no exista en el Perú juicio pendiente entre las mismas partes y sobre el mismo objeto, iniciado con anterioridad a la interposición de la demanda que originó la sentencia.").

[76] *Id.* art. 2104 (1) ("Que no resuelvan sobre asuntos de competencia peruana exclusiva.").

[77] *Id.* art. 2104 (7) ("Que no sea contraria al orden público ni a las buenas costumbres.).

[78] *Id.* art. 2102 ("Si no hay tratado con el país en el que se pronunció la sentencia, tiene ésta la misma fuerza que en aquel país se da a las sentencias pronunciadas por los tribunales peruanos.").

[79] *Id.* art. 2103 ("Si la sentencia procede de un país en el que no se da cumplimiento a los fallos de los tribunales peruanos, no tiene fuerza alguna en la República.").

Peru shall be presumed. Whoever denies it shall bear the burden of negative proof."[80]

Finally, Article 414 of Ecuador's Code of Civil Procedure announces, likewise, that "foreign judgments . . . shall be complied with" even "[i]n the absence of international treaties and conventions,"[81] basically treating compliance as the rule rather than the exception. It integrates only three of the seven repeatedly invoked conditions (4, 6, and 7), expressly commanding the enforcement court to ascertain:

(4) "That the judgment constitutes res judicata under the laws of the country in which it was rendered."[82]
(6) "That the judgment was rendered upon a personal cause of action."[83]
(7) That the judgment does not "contravene public law or the laws of Ecuador."[84]

The phrase "a personal cause of action" refers to suits sounding in contract, tort, or the like,[85] and thereby suggests the exclusion of those asserting real property claims.[86] Moreover, the language quoted at the very end in (7)

[80] Código Procesal Civil [Cd. Pro. Civ.] (Peru) (1993), art. 838 ("Se presume que existe reciprocidad respecto a la fuerza que se da en el extranjero a las sentencias . . . pronunciad[a]s en el Perú. Corresponde la prueba negativa a quien niegue la reciprocidad.").

[81] Código de Procedimiento Civil [Cd. Pro. Civ.] (Ecuador) (2005), art. 414 ("A falta de tratados y convenios internacionales, se cumplirán [las sentencias extranjeras].").

[82] *Id. art.* 414(a) ("Que la sentencia pasó en autoridad de cosa juzgada, conforme a las leyes del país en que hubiere sido expedida.").

[83] *Id. art.* 414(b) ("Que la sentencia recayó sobre acción personal.").

[84] *Id. art.* 414 ("no contravenir al Derecho Público o a las leyes ecuatorianas").

[85] *See* Black's Law Dictionary Online Second Edition, http://thelawdictionary.org/personal-action/ (last visited on Jan. 25, 2019) ("A personal action seeks to enforce an obligation imposed on the defendant by his contract or delict; that is, it is the contention that he is bound to transfer some dominion or to perform some service or to repair some loss.").

[86] "Personal rights," according to the influential Chilean Civil Code, "are those that may only be vindicated against certain persons. . . .Personal actions derive from these rights." Cd. Civ. (Chile) (1857), art. 578 ("Derechos personales . . . son los que sólo pueden reclamarse de ciertas personas. . . . De estos derechos nacen las acciones personales."). *See also* Cd. Civ. (Colom.) (1887), art. 666; Cd. Civ. (Ecuador) (2005), art. 596. "Real property rights," in contrast, "are those that we have over a thing, unrelated to any particular person. . . .Real actions derive from these rights." Cd. Civ. (Chile) (1857), art. 577 ("Derecho real es el que tenemos sobre una cosa sin respecto a determinada persona. . . . De estos derechos nacen las acciones reales."). *See also* Cd. Civ.(Colom.) (1887), art. 665; Cd. Civ. (Ecuador) (2005), art. 595 (same).

presumably means that the judgment may not collide with the notion of public order as reflected in Ecuadorian laws.

This Article will now examine whether a decision in the case at hand would live up to all of the referenced prerequisites. Ultimately, it will conclude that all of the jurisdictions under consideration would most likely opt for recognition. In fact, they could only arbitrarily hold otherwise. Once again, the judiciary in Latin America, just like anywhere else, might actually fall prey to such arbitrariness, whether for lack of competence or impartiality, and act legally unpredictably. Nonetheless, it normally should not.

The analysis will now turn concretely to the first six of the seven standards referred to from the start. The subsequent and penultimate Part IV will concentrate on the seventh. In order to cover all the underlying issues, it will break down into a number of sections.

3. From Reciprocity to Respect for Exclusive Local Jurisdiction

This Part will start from the premise that the plaintiffs prosecute the original complaint in the federal judicial district in which the main facts occurred and in which some of the defendants are domiciled. It will also assume a cause of action for damages that does not involve real property located in Latin America. Likewise, the discussion will rest on the final assumption that the judge adjudicates on the basis of diversity of citizenship under the law of a state that has adopted the 2005 Uniform Foreign-Country Money Judgment Recognition Act.[87]

First, Mexico, Colombia, Panama and Peru, which openly require reciprocity, should ordinarily concede that it exists. So should the remaining nations, insofar as they might incorporate the same requirement sub silentio. After all, the just cited Uniform Act establishes that tribunals "shall recognize" judicial decisions from abroad.[88] Quite predictably and consistently with its Latin American equivalents, it carves out exceptions when, inter alia, the legal system of origin lacks impartiality or "due process,"[89] "the foreign court did not have personal jurisdiction over the defendant"[90] or "over the subject matter,"[91]

[87] Unif. Foreign-Country Money Judgments Recognition Act (Unif. Law Comm'n 2005).

[88] *Id.* § 4(a).

[89] *Id.* § 4(b)(1).

[90] *Id.* § 4(b)(2).

[91] *Id.* § 4(b)(3).

"the defendant . . . did not receive notice of the proceeding in sufficient time to defend,"[92] "the judgment was obtained by fraud,"[93] "the judgment or the [[original] cause of action] is repugnant to the [local] public policy,"[94] or "the judgment conflicts with another final and conclusive judgment"[95]; though not when the foreign forum fails to recognize local judicial rulings. "A party resisting recognition of a foreign-country judgment," per Section 4(d), "has the burden of establishing that a ground for nonrecognition . . . exists."[96]

Second, the U.S. District Court would enjoy the requisite jurisdictional power over the subject matter under the law of Mexico, Brazil, Venezuela, Panama, and Peru, as well as of any other nation that might impose this prerequisite by implication. "The judge or tribunal rendering the judgment," according to Mexico's Federal Code of Civil Procedure, "must have had jurisdiction to consider and decide the matter under recognized international law rules that are compatible with those adopted by this Code."[97] Indeed, the latter, like the former, should allow the assertion of jurisdiction in the United States. In particular, they accord jurisdictional authority to the tribunal "of the defendant's domicile" in "personal actions,"[98]e.g., those sounding in contracts or torts, as well as to the tribunal "located in the place where fulfillment of the obligation was agreed upon to take place."[99] The federal judge would therefore possess jurisdiction inasmuch as he or she holds court in the state of domicile of at least one of the defendants,[100] as well as to the degree that there might have been an agreement to fulfill any related duties there.

The Brazilian Code of Civil Procedure, somewhat like its Mexican counterpart, reads: "An action based on a personal right or on a right to personal

[92] *Id.* § 4(c)(1).

[93] *Id.* § 4(c)(2).

[94] *Id.* § 4(c)(3).

[95] *Id.* § 4(c)(4).

[96] *Id.* § 4(d).

[97] Cd. Fed. Pro. Civ. (Mex.) (1943), art. 571(III) ("Que el juez o tribunal sentenciador haya tenido competencia para conocer y juzgar el asunto de acuerdo con las reglas reconocidas en el derecho internacional que sean compatibles con las adoptadas por este Código.").

[98] *Id.* art. 24(IV) ("El del domicilio del demandado, tratándose de acciones reales sobre muebles o de acciones personales, colectivas o del estado civil."). *See supra* notes 85-86 and accompanying text.

[99] *Id.* art. 24(II) ("El del lugar convenido para el cumplimiento de la obligación.").

[100] "If there were various defendants with different domiciles, the judge sitting in the domicile chosen by the plaintiff shall have jurisdiction." Cd. Pro. Civ. (D.F.) (Mex.) (1932), art. 156(IV) ("Cuando sean varios los demandados y tuvieren diversos domicilios, será competente el juez que se encuentre en turno del domicilio que escoja el actor.").

property shall be instituted in the forum of the defendant's domicile."[101] Once again, the U.S. adjudicator would have jurisdiction under this standard because some of the defending parties are domiciled in the state of the seat of her court.

Furthermore, Venezuela and Panama have legislated separately on private international law, defining specialized jurisdictional norms in this field. For instance, Articles 40 and 47 of the Venezuelan 1998 Law of Private International Law jurisdictionally empower the tribunals of the "territory" where the "facts" happened, where the "obligations were to be carried out," or where the "contracts" were executed.[102] Similarly, Chapter V of the Preliminary Title of the Panamanian 2014 Code of Private International Law bears the caption "Forum of Judicial Jurisdiction."[103] In Article 13, it confers "jurisdiction" in "torts" upon "tribunals . . . where the harm occurred"; "in personal actions" upon those "of the defendant's domicile"; and otherwise upon those "where the defendant's goods and assets are located."[104] In Peru, for its part, the 1984 Civil Code's Title IV, captioned "Recognition and Execution of Foreign Judgments . . . ,"[105] solely invokes, under Article 2104(2), international legal norms: "The foreign tribunal must have had jurisdiction over the matter in accordance with its rules of private international law and general principles on international jurisdiction."[106]

The U.S. district court would be able to exercise its jurisdictional power under these international criteria. It sits where many of the relevant alleged actions transpired and where at least one of the defendants is domiciled, if not where some of the defendants' resources are located and where some of the averred obligations should have been performed. Moreover, the judge will rule on the merits possibly upon concluding, for purposes of venue under 28 U.S.C. § 1391(b)(2), that "a substantial part of the events or omissions giving rise to the claim occurred, or a substantial part of property that is the subject

[101] L. 13105, Cd. Pro. Civ. (Braz.) (2015), art. 46 ("A ação fundada em direito pessoal ou em direito real sobre bens móveis será proposta, em regra, no foro de domicílio do réu.").

[102] L. Der. Int'l Priv., Gaceta Oficial 36.511 (Venez.) (1998), arts. 40, 47.

[103] L. 7, Cd. Der. Int'l Priv. (Pan.) (2014), Tít. Prelim., Cap. V ("Foro de Competencia Judicial").

[104] *Id.* art. 13.

[105] Cd. Civ. (Peru) (1984), Lib. X, Tít. IV ("Reconocimiento y ejecución de sentencias . . .extranjer[a] s.").

[106] *Id.* art. 2104 (2) ("Que el tribunal extranjero haya sido competente para conocer el asunto, de acuerdo a sus normas de Derecho Internacional Privado y a los principios generales de competencia procesal internacional.").

of the action is situated" in her "judicial district."[107] Finally, the application of state law will ride on a determination that the "State [has] a significant contact or significant aggregation of contacts, creating state interests, such that choice of its law is neither arbitrary nor fundamentally unfair."[108]

As to the third parameter, the summons and the trial as a whole will unfold under the Federal Rules of Civil Procedure. Consequently, they will afford each defendant suitable service and occasion vigorously to defend itself, as expressly mandated in Mexico, Brazil, Venezuela, Colombia, Panama, and Peru and as might be expected elsewhere. Obviously, none of the analyzed schemes calls, with respect to other persons, for any kind of notification or a corresponding opportunity to litigate effectively, let alone a full-fledged summons.[109] All the same, by virtue of Rules 23(c)(2)(B), 23(d)(1)(B)(iii), and 24, absent class-members will receive individual notice and have a chance to participate in the litigation.[110] As shown in Sections IV(B) and (C), they will benefit overall from a series of safeguards that completely comport with due process, as construed in Latin America, as well as in the United States.

Fourth, the ultimate decision will possess finality and amount to res judicata under U.S. law, as prescribed by all of the Latin American regimes under consideration. Ex hypothesi, the federal judiciary will finally decide the controversy, with no possibility of further appeal, by the time a tribunal south of the border confronts the request for recognition. Besides, the judgment will constitute res judicata in the terms spelled out by the Supreme Court of the United States:

> There is of course no dispute that under elementary principles of prior adjudication a judgment in a properly entertained class[-]action is binding on class members in any subsequent litigation .... Basic principles of res judicata (merger and bar or claim preclusion) . . . apply. A judgment in favor of the plaintiff class extinguishes their claim, which merges into the judgment granting relief. A judgment in favor of the defendant extinguishes the claim, barring a subsequent action on that claim.[111]

Hence, the judgment will preclude all parties and all absentees.

[107] 28 U.S.C. § 1391(b)(2) (2012).

[108] Allstate Insurance Co. v. Hague, 449 U.S. 302, 313 (1981).

[109] *See infra* Section IV(D).

[110] Fed. R. Civ. P. 23(c)(2)(B), 23(d)(1)(B)(iii), 24.

[111] Cooper v. Fed. Reserve Bank of Richmond,467 U.S. 867, 874 (1984).

Fifth, the inquiry at stake equally presupposes the absence of any pending similar domestic suit, as explicitly demanded in Mexico, Brazil, Venezuela, Colombia, and Peru and as perhaps implicitly necessitated in other nations. It zeroes in on the very first Latin American complaint, which as such would precede any competing attempts. As to the sixth standard, which all of the concerned countries embrace, the underlying controversy, as described, does not touch upon real estate located in Latin America and presumably does not impinge upon any local jurisdictional prerogatives.

4. Public Order

4.1. Definition and Overview

Latin American jurisdictions, including all seven focused on in this Article, invariably permit a tribunal to refuse to uphold a final judicial decision from abroad that runs counter to the public order. Obviously, they do not thus purport to eradicate or undermine the presumption in favor of recognition. The exception in question applies only if the judgment at stake clearly collides with vital precepts of the national legal system and polity.[112]

Drawing on the work of French scholar Henri Capitant, the Supreme Court of Panama has defined the public order in these terms: "[T]he public order encompasses norms and principles that advance the interests of individuals and guarantee societal coexistence. It contributes to social and collective welfare guided by the precepts of justice and morality that should prevail in every nation. It finds expression in the fundamental principles enshrined in our Constitution."[113] In other words, this notion comprises a series of shared

[112] *Cf.* Anwar v. Fairfield Greenwich, Ltd., 289 F.R.D. 105, 115 (S.D.N.Y. 2013), *partially aff'd sub. nom.* Lomeli v. Sec. & Inv. Co. Bahr., 546 F App'x 37 (2d Cir. 2013) (summary order), *vacated on unrelated grounds sub. nom.* St. Stephen's Sch. v. PricewaterhouseCoopers Accountants N.V., 570 F. Appx. 37 (2d Cir. 2014) (summary order) ("Therefore, the Court concludes that, where a plaintiff sufficiently demonstrates that the stated policy of a foreign country is to recognize and enforce foreign judgments, or that its law is generally inclined to favor that course of action, such a showing would create a rebuttable presumption that, absent an affirmative showing to the contrary, recognition of a particular United States judgment, even in class action litigation, does not violate a foreign country's public policy.").

[113] Corte Suprema de Justicia [Ct. Sup.] (Cuarta Sala de Negocios Generales), Sept. 11, 2008, [Grupo Capital Factoring v. Karikal Investment,] Expediente [Exp.] 852-02(Sala 4ta Negocios Generales) (Pan.) (on file with author) ("[E]l orden público comprende las normas y principios que defiende los

normative convictions that relate to the well-being of the people, individually and collectively, and that ordinarily take constitutional form.

Consequently, the public order does not amount merely to the laws currently in force. Nor does it boil down to official policy, which may stem from an isolated or tentative determination by one of the branches of government. The public order sets itself apart precisely because it usually develops over time, under the influence of numerous institutions, and impinges upon communal life in a relatively permanent manner.

Of course, the statutes and policies in force may coincide with or reflect the public order. However, they often do not. Hence, one must check for further corroboration in organic, constitutional, judicial, jurisprudential, and international sources. For example, a judge in an extradition proceeding may have to assess a foreign death penalty for consistency with the public order.[114] He or she may start by observing that the national penal code does not provide for the capital sentence and that the current administration has, as a matter of policy, opposed an amendment. Nonetheless, the adjudicator would normally also examine the local bill of rights, ratified international treaties, and so forth in order to look for the requisite denunciation—rather categorical and definitive—of this sort of punishment.

In this sense, the Mexican Supreme Court has declared:

> The public order takes the law and the case law into account and ultimately constitutes a norm that has a nullifying effect under extreme circumstances. It does not rest on a sum of purely private interests. It touches upon interests of such an importance that it ends up forbidding acts that may harm the collectivity, the state, or the nation, even if the concerned parties suffer no loss and actually acquiesce.[115]

intereses de los particulares y que garantiza la convivencia en sociedad, busca la seguridad social y colectiva, donde se destacan los principios de justicia y moral que deben regir en todo Estado; además de concebirse como los principios fundamentales estipulados en nuestra constitución.").

[114] In Argentina, for example, extradition will not "lie whenever it would run counter to . . . the public order." L. 24767 (Arg.) (1998), art. 10 (No "procederá la extradición cuando existan especiales razones de . . . orden público[.]").

[115] Suprema Corte de Justicia de la Nación [Sup. Ct.], 30 de marzo de 1933,Tesis Aislada 362355, Amparo civil directo 2785/31, Díaz Rubín Pedro y coagraviados, 3ra Sala, 5ta Época, Semanario Judicial de la Federación, Tomo XXXVII, 1835(Mex.) (on file with author) ("El orden público que tiene en cuenta la ley y la jurisprudencia, para establecer una norma sobre las nulidades radicales, no puede estar constituido por una suma de intereses meramente privados; para que el orden público esté interesado, es preciso que los intereses de que se trate, sean de tal manera importantes,

From this standpoint, a foreign judgment must clash with these crucial interests, or with the previously invoked fundamental principles, and injure the entire society in order to be incompatible with the public order.

A final decision in a class action would presumably comply with U.S. law on substance and procedure and, therefore, with almost any conceivable cardinal norm in Latin America. All the same, it might raise due process concerns because of the way in which it would preclude absent class-members. More concretely, Latin American absentees seeking a second bite at the apple back home might protest that they never explicitly agreed to the suit, let alone to its res judicata consequences.

The concept of due process, together with its strict ban on legally arbitrary deprivations of life, liberty, or property, has become a central component of the constitution and the public order everywhere in Latin America.[116] Significantly, it traveled from the United States southward, starting in the nineteenth century, and eventually reached every corner of this vast territory.[117] As a result, the inquiry into whether the preclusion, under Rule 23(c)(3)(B), of a person who has not affirmatively consented to the complaint contravenes due process would not unfold much differently north and south of the border.

In all likelihood, a tribunal in Latin America, as in the United States, would essentially pass on the fairness of the procedural setup vis-à-vis absent class-members.[118] It would probably probe: (1) into the extent to which they

que, no obstante el ningún perjuicio y aun la aquiescencia del interesado, el acto prohibido pueda causar un daño a la colectividad, al Estado o a la nación.").

[116] *See generally* Oquendo (2011), *supra* note 9, at 351 ("Since the attainment of independence in the nineteenth century, Latin American constitutions have guaranteed . . . due process.").

[117] *See, e.g., id.* at 746 ("Article 14 [of the Mexican Federal Constitution] enunciates various guaranties that echo U.S. constitutional principles such as the ban on *ex post facto* laws and due process."), 289 ("Articles 14 and 16 [of the Mexican Federal Constitution] echo the due process clauses of the U.S. Constitution's fifth and fourteenth amendments."), 789 ("Constitution (Brazil) (1988), Title II (Fundamental Rights and Guarantees), Chapter I (Individual and Collective Rights and Duties), Article 5(LIV): 'No one shall be deprived of his or her liberty or assets without due process of law.'"). The District Court on Civil and Labor Matters for the State of Nuevo Leon in Mexico has observed that "the notion of due process of law, which has its origins in Anglo-Saxon law, was exported to Mexico" and that, in this respect, "the United States and Mexico honor the same principle." Juzgado Primero de Distrito en Materias Civily de Trabajo en el Estado de Nuevo León [Juzg. 1ro Dist. Mat. Civ. &Tbj.], Oct. 19, 2010, Exp. Judicial [Jud.] 32/9009-II, 22-23 (Nuevo León) (Mex.) (2010) (on file with author) ("[E]l debido proceso legal cuyo origen es el derecho anglosajón.. . . se exportó a México.") ("[E]n Estados Unidos de América como en México se consagra el mismo principio.").

[118] *See generally id.*, at 746-68, 789-96 (Ch. XII, §§ C, E) (Due Process Case Law in Mexico and Brazil). Latin American tribunals, like their U.S. counterparts, essentially assess whether existing procedures treat concerned individuals fairly. In Melgar Castillejos v. President, for example, the

had their interests appropriately protected in the proceedings, through their representative, their class attorney, and the trial judge, (2) into the sufficiency of the notice they received, and (3) into whether they had a real possibility of preserving their right to a day in court. The next two Sections will deal with these matters in relation to class actions in general and to those specifically controlled by Rule 23(b)(3), respectively.

Furthermore, a Latin American judge would almost certainly consider comparable homegrown suits. He or she would determine whether they share those features of Rule 23(b)(3) actions alleged to infringe upon due process. Section E will first discuss regional suits that operate analogously in that they allow the vindication of a large number of similar, interrelated individual entitlements, so-called "homogenous individual rights." In the end, they instantly bind scores of people, who have assented to the litigation either by opting in, rather informally, or simply by failing to opt out. In consequence, the U.S. opt-out scheme will, in all probability, not come across as unfair even in jurisdictions that require represented persons somehow to opt in.

Finally, Subsection E(3) will analyze diffuse-rights suits, which resemble Rule 23(b)(2) actions or citizen suits and which exist in every single one of the nations under consideration, as well as all over the continent. It will

Mexican Supreme Court held that the preliminary internment of a person for mental incompetence without a hearing violates due process. It declared: "We conclude that the challenged statute could lead to confinement and appointment of a tutor when the person concerned is in full possession of all of his or her capacities. The statutory provisions clearly deny him or her the opportunity to make allegations or introduce evidence to establish his or her lucidity, for they do not entitle him or her to intervene in the process." *Id.* at 752-53. In Brazilian Union of Composers v. Villarinho, Brazil's Supreme Court reasoned along parallel lines when it struck down an organization's decision to throw out a member without allowing him to respond: "[The complainant's] expulsion ... without guaranteeing him an ample defense, cross-examination, and constitutional due process disadvantages him considerably. He can no longer exercise the copyright related to the performance of his works. Moreover, even if plaintiff had joined other similar entities, at the national or international level, the imminent disciplinary exclusion would burden him...." *Id.* at 792. Precisely in an execution proceeding, the District Court on Civil and Labor Matters for the State of Nuevo Leon in Mexico took an analogous approach in rejecting the defendant's objection to the service of process under Texas law. It stated: "This tribunal cannot question the particular mechanisms available [in the United States] to enforce the right to a hearing... for one cannot expect the summons in that nation to comport with Mexican law, only that it assure the defendant the right to fair treatment." Juzg. 1ro Dist. Mat. Civ. &Tbj., Oct. 19, 2010,Exp. Jud. 32/9009-II (Nuevo León) (Mex.) (2010) at 23 ("este juzgado no puede cuestionar los mecanismos [estadounidenses] para hacer efectiva la garantía de audiencia;... por lo que es imposible pretender que el emplazamiento en esa nación sea conforme a la legislación mexicana; lo relevante es que se asegure al demandado la garantía de trato.").

expose them as wresting the individual right to sue from an absentee without securing any kind of consent from him or her, without affording him or her personal notification, and without according him or her an opportunity to bail out. Upon stressing the irrelevance of the fact that the underlying substantive entitlement is collective instead of individual, the analysis will close with the assertion that Latin American tribunals would almost surely adjudge Rule 23(b)(3) actions, as well as these ubiquitous diffuse-rights suits, consistent with due process and the public order.

As a whole, the ensuing segments of this Part will endorse the holding in *Anwar v. Fairfield Greenwich, Ltd.*, that an adjudicator in Latin America would *not* deem a "judgment [in a Rule 23(b)(3) action] manifestly contrary to the . . . public [order]."[119] Nevertheless, they will progress from noting "the absence . . . of any authority from the relevant Latin American countries expressly stating that the enforcement of a United States opt-out class[-]action judgment would manifestly violate the public [order]"[120] to demonstrating, along the lines just delineated, that an order to enforce would indeed cohere with the public order. That is to say, a judge in Latin America would not only presume but also ascertain such coherence.

Moreover, a Latin American tribunal would most likely realize that a refusal to recognize the ultimate U.S. judicial ruling would, in practice, deprive defendants themselves of due process, as well as discriminate against them. In particular, they would have risked effective liability to absent class-members from Latin America without really attaining a corresponding, complete exoneration upon a victory on the merits. Finally, these absentees, irrespective of whether they had ever lived in or even visited the United States, could not rightfully denounce the preclusive impact on them. After all, they would have had a shot at compensation through the effort of others, would have benefited from a panoply of procedural protections, along with the right to ample information and to exit, and could have basically faced the same sweeping res judicata effect in their lands of origin.

[119] 289 F.R.D. 105, 119 (S.D.N.Y. 2013), *partially aff'd sub. nom.*Lomeli v. Sec. & Inv. Co. Bahr., 546 F App'x 37 (2d Cir. 2013) (summary order), *vacated on unrelated grounds sub. nom.* St. Stephen's Sch. v. PricewaterhouseCoopers Accountants N.V., 570 F. Appx. 37 (2d Cir. 2014) (summary order).

[120] *Id.* at 120.

4.2. Due Process and Class-action Absentees

On first impression, any judgment arrived at in the present controversy might seem to encroach upon due process insofar as it binds absent class-members who reside in Latin America, who did not appear as plaintiffs, and who merely failed to "opt out." These claimants might contend that they never really consented to this collective suit, let alone participated in it, and that they should preserve the right to re-litigate their claims upon a defeat on the merits.

Class actions exist precisely for the sake and advantage of the represented persons. Not surprisingly, the drafters and the judicial interpreters of Rule 23 have painstakingly sought to secure the entitlements of absentees. Moreover, they have done so based on the same due process concept that Latin American jurisdictions have adopted. While this process of adoption has entailed some adaptation and modification, it has not led to an alteration of the basic tenets, through which U.S. law has developed this litigation device.[121] Therefore, a judge in Latin America should deem the U.S. class-action itself and the final decision to be compatible with the local conception of due process.

Significantly, the Advisory Committee on the 1966 Amendment, which produced, in essence, the currently enforced Rule 23,[122] viewed its mission as treating fairly, or consistently with due process,[123] the totality of class members subject to preclusion by virtue of the ultimate ruling. It perceived as a main deficiency of the original version the failure to "provide an adequate guide to the proper extent of the judgments in class actions" and to "address . . . the question of the measures that might be taken during the course of the action to assure procedural fairness. . . ."[124] In response, the end product:

[121] *See generally* Oquendo (2011), *supra* note 9, at 730-96(Ch. XII).

[122] Ortiz v. Fibreboard, 527 U.S. 815, 833 (1999) ("[M]odern class action practice emerged in the 1966 revision of Rule 23."); Amchem v. Windsor, 521 U.S. 591, 613 (1997) ("Rule 23, governing federal-court class actions, stems from equity practice and gained its current shape in an innovative 1966 revision.").

[123] Clark v. Arizona, 548 U.S. 735, 771 (2006) ("[D]ue process requires" "the standard of fundamental fairness[.]"); Daniels v. Williams, 474 U.S. 327, 331 (1986) ("[T]he Due Process Clause promotes fairness. . . ."); Landon v. Plasencia, 459 U.S. 21, 34-35 (1982) ("The role of the judiciary is limited to determining whether . . . procedures meet the essential standard of fairness under the Due Process Clause. . . ."); Shaughnessy v. United States ex rel. Mezei, 345 U.S. 206, 212 (1953) ("[D]ue process of law" encompasses "traditional standards of fairness.").

[124] Fed. R. Civ. P. 23 advisory committee's note to 1966 Amendment (Difficulties with the Original Rule).

> provides that all class actions maintained to the end as such will result in judgments including those whom the court finds to be members of the class, whether or not the judgment is favorable to the class[,] and refers to the measures which can be taken to assure the fair conduct of these actions.[125]

Naturally, because the representatives appear themselves before the judge, issues of fairness arise mostly with respect to represented class-members. The Supreme Court has interpreted many of the "specifications of the Rule [as] designed to protect absentees by blocking unwarranted or overbroad class[-] definitions."[126] In this sense, it has held that the prerequisites established in subsections (a) and (b) not only "focus court attention on whether a proposed class has sufficient unity so that absent members can fairly be bound by decisions of class representatives," but also, more generally, aim at "the protection of absent class[-]members [and] serve to inhibit appraisals of the chancellor's foot kind. . . ."[127]

Indeed, Rule 23 structures the whole procedure for class actions with an eye to ensuring the fair treatment of every class member. For instance, it does not permit the plaintiffs simply to lodge a complaint and proceed but rather commands them to certify the class beforehand. In particular, they must show, inter alia, that they "will fairly and adequately protect the interests of the class."[128] As read by the highest federal tribunal, this "adequacy inquiry . . . serves to uncover conflicts of interest between named parties and the class they seek to represent."[129] Only upon certification and this specific determination may the suit go forward.

The Supreme Court has explained how these controls safeguard the absentees' well-being:

> A plaintiff class . . . cannot first be certified unless the judge, with the aid of the named plaintiffs and defendant, conducts an inquiry into the common nature of the named plaintiffs' and the absent [members'] claims, the adequacy of representation, the jurisdiction possessed over the class, and any other matters that will bear upon proper representation of the [absentees'] interest. *See, e.g.*, . . . Fed. Rule Civ. Proc. 23. Unlike a defendant in a civil suit, [an absent] class[-member]

125 Id.

126 *Amchem*, 521 U.S. at 620.

127 *Id.* at 621.

128 Fed. R. Civ. P. 23(a)(4).

129 *Amchem*, 521 U.S. at 625.

> is not required to fend for himself. . . . The court and named plaintiffs protect his interests.[130]

All in all, these checks should sufficiently guarantee that absentees will profit from the litigation.

If the complainants successfully pass the battery of preliminary tests, the tribunal must then "appoint class counsel."[131] In so doing, it "may consider any . . . matter pertinent to counsel's ability to fairly and adequately represent the interests of the class. . . ."[132] "If more than one adequate applicant seeks appointment, the court must appoint the applicant best able to represent the interests of the class."[133] Consistently, the Rule defines "Counsel's Duty" in the following terms: "Class counsel must fairly and adequately represent the interests of the class."[134]

Moreover, judges become very engaged in a class-action proceeding, more so than in an individual suit. They must constantly look after the welfare of class members. Thus:

> In conducting [the] action . . . , the court may issue orders that . . . (B) require—to protect class members and fairly conduct the action—giving appropriate notice to some or all class members of: (i) any step in the action; (ii) the proposed extent of the judgment; or (iii) the members' opportunity to signify whether they consider the representation fair and adequate, to intervene and present claims or defenses, or to otherwise come into the action. . . .[135]

It may also "impose conditions on the representative parties or on intervenors; . . . require that the pleadings be amended to eliminate allegations about representation of absent persons and that the action proceed accordingly; or . . . deal with similar procedural matters."[136]

In a parallel vein, Rule 23 compels the plaintiffs litigating under it, in contradistinction to their counterparts in an ordinary suit, to obtain judicial endorsement prior to settling, voluntarily dismissing, or compromising the

[130] Phillips Petroleum v. Shutts, 472 U.S. 797, 809 (1985).
[131] Fed. R. Civ. P. 23(g)(1).
[132] Fed. R. Civ. P. 23(g)(1)(B).
[133] Fed. R. Civ. P. 23(g)(2).
[134] Fed. R. Civ. P. 23(g)(4).
[135] Fed. R. Civ. P. 23(d)(1)(B).
[136] Fed. R. Civ. P. 23(d)(1)(C-E).

claim.[137] Furthermore, it obligates them to "file a statement identifying any agreement made in connection with [any such] proposal" and to send "notice in a reasonable manner to all class members who would be bound by the proposal."[138] "Any class member may," at this point, "object to the proposal [and] may [withdraw the objection] only with the court's approval."[139] Most importantly, "[i]f the proposal would bind class members, the court may approve it only after a hearing and on finding that it is fair, reasonable, and adequate."[140]

With these constraints, the law meticulously upholds the due process entitlements of the entire membership. In the words of the Supreme Court, it specifically manifests "concern . . . for the [absentees]" and a "continuing solicitude for their rights."[141] At the end of the day, "an absent class-action [member] is not required to do anything. He may sit back and allow the litigation to run its course, content in knowing that there are safeguards provided for his protection."[142]

To ascertain whether a class action infringes upon the entitlements of the passive class-members, a Latin American tribunal would examine the inner mechanics too. It would, most probably, understand them as effectively devised to honor absentees' entitlements. In all likelihood, the strictures in place would suffice for purposes of due process in Latin America, as in the United States.

Ultimately, defeated Latin American absent class-members, like their U.S. peers, could hardly cry "foul" ex post facto. After all, they would have free-ridden on the plaintiffs' efforts, with a chance at compensation upon a favorable ruling, and would have benefited, throughout the proceedings, from a judge, a class attorney, and a representative solicitous, by law, of their welfare in relation to the affair at hand. The judiciary in Latin America would most likely regard the entire arrangement as patently fair. In addition, it would almost certainly appreciate that this collective litigation had enabled Latin American absentees to stake their claim to begin with, without having to travel northward, familiarize themselves with the legal system, hire a lawyer, and prosecute a separate complaint in the United States.

137 Fed. R. Civ. P. 23(e).
138 Fed. R. Civ. P. 23(e)(3, 1).
139 Fed. R. Civ. P. 23(e)(5).
140 Fed. R. Civ. P. 23(e)(2).
141 Phillips Petroleum v. Shutts, 472 U.S. 797, 810 (1985).
142 Id.

4.3. Due Process and the Opt-out Regime

"Rule 23(b)(3)," which resulted from the 1966 revision and under which the proceedings would unfold, "added to the complex-litigation arsenal class actions for damages designed to secure judgments binding all class members save those who affirmatively elected to be excluded."[143] Not surprisingly, it introduced a number of supplemental parameters precisely to enhance fairness toward absentees. As noted in Part I, tribunals must verify, at the outset, "that the questions of law or fact common to class members predominate over any questions affecting only individual members, and that a class action is superior to other available methods for fairly and efficiently adjudicating the controversy."[144] They must especially assess "the class members' interests in individually controlling the prosecution or defense of separate actions. . . ."[145]

"For any class certified under Rule 23(b)(3), the court must direct to class members the best notice that is practicable under the circumstances, including individual notice to all members who can be identified through reasonable effort."[146] The Supreme Court has strictly construed this command: "Individual notice must be sent to all class members whose names and addresses may be ascertained through reasonable effort."[147] "The notice must," according to the provision itself, "clearly and concisely state in plain, easily understood language:"

- (i) the nature of the action;
- (ii) the definition of the class certified;
- (iii) the class claims, issues, or defenses;
- (iv) that a class member may enter an appearance through an attorney if the member so desires;
- (v) that the court will exclude from the class any member who requests exclusion;
- (vi) the time and manner for requesting exclusion; and
- (vii) the binding effect of a class judgment on members. . . .[148]

[143] Amchem v. Windsor, 521 U.S. 591, 614-15 (1997).
[144] Fed. R. Civ. P. 23(b)(3).
[145] Fed. R. Civ. P. 23(b)(3)(A).
[146] Fed. R. Civ. P. 23(c)(2)(B).
[147] Eisen v. Carlisle & Jacquelin, 417 U.S. 156, 173 (1974).
[148] Fed. R. Civ. P. 23(c)(2)(B)(i-vii).

The drafting Advisory Committee set forth this notification regime in order to ensure compliance with due process: "This mandatory notice . . . , together with any discretionary notice which the court may find it advisable to give . . . , is designed to fulfill requirements of due process to which the class action procedure is of course subject."[149]

In passing on the fairness of a judgment in a 23(b)(3) class-action, a Latin American tribunal would have to take into account these special measures conceived to keep an absent member abreast of any significant developments and to permit him or her to exit. It would quite certainly view them as not only very protective of absentees but also as deliberately contrived for that purpose. The efforts undertaken by the framers on this front would almost surely come across as more than sufficient in a region that essentially shares the due process concept with the United States.

The U.S. Supreme Court confronted, in *Phillips Petroleum Co. v. Shutts*, the argument "that the 'opt out' procedure . . . is not good enough, and that an 'opt in' procedure is required to satisfy the Due Process Clause of the Fourteenth Amendment."[150] For the sake of clarity, it explained that "an 'opt in' provision would require that each class member affirmatively consent to his inclusion within the class."[151] The oft-divided justices on this occasion unanimously "reject[ed] [the] contention that the Due Process Clause of the Fourteenth Amendment requires that absent [class-members] affirmatively 'opt in' to the class, rather than be deemed members of the class if they do not 'opt out.'"[152] They retorted that a tribunal "may [indeed] exercise jurisdiction over the claim of an absent[ee]"[153] and held "that the protection afforded . . . class members . . . satisfies the Due Process Clause."[154]

The Supreme Court argued that: "The interests of [absentees] are sufficiently protected by the forum . . . when those [persons] are provided with a request for exclusion that can be returned within a reasonable time to the court."[155] It elaborated its thinking as follows:

[149] Fed. R. Civ. P. 23 advisory committee's note to 1966 amendment (Subdivision (d)).
[150] Phillips Petroleum v. Shutts, 472 U.S. 797, 811 (1985).
[151] Id.
[152] *Id.* at 812.
[153] *Id.* at 811.
[154] *Id.* at 815.
[155] *Id.* at 814.

> If the forum . . . wishes to bind an absent [class-member] concerning a claim for money damages or similar relief at law, it must provide minimal procedural due process protection. The [absentee] must receive notice plus an opportunity to be heard and participate in the litigation, whether in person or through counsel. . . . The notice should describe the action and the plaintiffs' rights in it. Additionally, . . . due process requires at a minimum that an absent [class-member] be provided with an opportunity to remove himself from the class by executing and returning an "opt out" or "request for exclusion" form to the court. Finally, the Due Process Clause of course requires that the named plaintiff at all times adequately represent the interests of the absent class[-]members.[156]

The justices underscored that class members acquiesce by declining to bail out when allowed to do so.

> [T]he "opt out" procedure . . . is by no means pro forma, and . . . the Constitution does not require more to protect what must be the somewhat rare species of class member who is unwilling to execute an "opt out" form, but whose claim is nonetheless so important that he cannot be presumed to consent to being a member of the class by his failure to do so. [W]e do not think that the Constitution requires . . .sacrific[ing] the obvious advantages in judicial efficiency resulting from the "opt out" approach for the protection of [such a] raraavis. . . .[157]

Naturally, the "advantages in judicial efficiency" inure mostly to the benefit of absentees. Therefore, these individuals can scarcely repudiate the judgment as unfair to them.

In all probability, Latin American judges would reason, along the lines of their U.S. colleagues, that the safeguards in place generally for class actions and particularly for those of the opt-out kind suffice. As a consequence, they would most likely conclude that Rule 23(b)(3) class-actions, just as the comparable local suits referenced in Section E, comport with due process and, accordingly, with the public order. Once again, the same basic notion of due process should not yield different answers on the two sides of the border.

For all of these reasons, Latin American absent class-members, like their U.S. counterparts, could not subsequently remonstrate with just cause about the way in which they became part of the class. They would have learned about

[156] *Id.* at 811-12.

[157] *Id.* at 813-14.

the litigation details and had a fair chance to stay on board or jump ship. An adjudicator in Latin America should rebuff any remonstrations in this regard.

4.4. Summons and Service

Someone might argue that the Inter-American Convention on Letters Rogatory, which many Latin American countries, including all those specifically discussed in this Article, and the United States have signed, would require serving and summoning absent class-members.[158]This treaty indeed applies, by its own terms, to letters rogatory aiming at "service of process" and "summonses."[159] Nonetheless, it evidently means those that seek to serve or summon the usual addressee, namely, the defendant, and does not mention any other party or person. The Additional Protocol to the Inter-American Convention on Letters Rogatory removes any doubt on the matter by annexing Form B, which expressly speaks of "service on the defendant."[160] Consistently, Miguel Ángel Narváez Carvajal's Manual on Rogatory Letters, which principally focuses on the Inter-American system, Latin America, and Ecuador, specifies that this kind of "international judicial cooperation" enables "national judges and tribunals . . . to summon the defendant [through the] judicial organs of other states. . . ."[161]

In re Vivendi Universal supports this interpretation. The U.S. District Court for the Southern District of New York specifically refused to read into this kind of international accord a command to serve absentees in an action under Rule 23(b)(3). It held that "service of process in th[e] context [of the analogous Hague Service Convention] refers to the formal delivery of an initial pleading

[158] See generally Antonio Gidi, The Recognition of U.S. Class Action Judgments Abroad: The Case of Latin America, 37 Brook. J. Int'l L.893, 938–39 (2012).

[159] Convención Interamericana sobre Exhortos o Cartas Rogatorias, art. 2, Jan. 30, 1975, O.A.S.T.S. No. 43, 1438U.N.T.S. 287 ("notificaciones"; "emplazamientos"). The official English version speaks of "service of process" and "summonses." Inter-Am. Conv. Letters Rog., art. 2, Jan. 30, 1975, 1975 U.S.T. LEXIS 589, 1438 U.N.T.S. 287, O.A.S. T.S. No. 43.

[160] Form. B, Anexo, Protocolo Adicional a la Convención Interamericana sobre Exhortos o Cartas Rogatorias, May 8, 1979, O.A.S.T.S. No. 56, 1438 U.N.T.S. 322 ("citación al demandado"). The official English version reads "service on [the addressee] as a defendant." Form. B, Annex Add. Proto. Inter-Am. Conv. Letters Rog., May 8, 1979, 1975 U.S.T. LEXIS 589, 1438 U.N.T.S. 322; O.A.S.T.S. No. 56.

[161] Miguel Ángel Narváez Carvajal, Manual sobre exhortos y cartas rogatorias 26 (2014) ("La cooperación judicial internacional [permite a] las juezas, jueces y tribunales nacionales . . . citar al demandado [a través de los] órganos judiciales de otros Estados. . . .").

to an *opposing* party, i.e., the defendant[, and] cannot readily be thought of as a means of providing notice by plaintiff to a member of the plaintiff class."[162]

The question remains whether due process in itself, independently of international law, commands summoning absentees. A summons under Federal Rule of Civil Procedure 4 would actually inform them less comprehensively about the relevant aspects of the procedure than the notification under Rule 23(c)(2)(B)(i-vii). The former would essentially explicate the consequences of "failure to appear and defend" and "name the court and the parties," as well as "the plaintiff's attorney."[163] The latter would, as already pointed out, describe "the nature of the action," "the class certified," and "the class claims," along with the mechanics of participation and "exclusion" and "the binding effect of a class judgment."[164]

Of course, service of process would include the complaint, in addition to the summons.[165] More importantly, it would take place personally,[166] not just by mail. Neither of these advantages, however, justifies requiring the plaintiff to serve passive class-members because they will obtain enough information about the dispute anyway and may always ask for a copy of the complaint and because the notice sent to them should reliably reach them. The remaining controls under Rule 23 sufficiently guard their interests.

In *Phillips Petroleum v. Shutts*, an undivided U.S. Supreme Court rebuffed an attempt to guarantee absentees all of the due process protections of the defendants. It reasoned that a lawsuit burdens the latter differently and more heavily than the former.

> The burdens placed by a State upon an absent class-action [member] are not of the same order or magnitude as those it places upon an absent defendant. An out-of-state defendant summoned by a plaintiff is faced with the full powers of the forum State to render judgment *against* it. The defendant must generally hire counsel and travel to the forum to defend itself from the plaintiff's claim, or suffer a default judgment. The defendant may be forced to participate in extended and often costly discovery, and will be forced to respond in damages or to comply with some other form of remedy imposed by the court should it lose the suit.

[162] In re Vivendi Universal, 242 F.R.D. 76, 104 (S.D.N.Y. 2007).

[163] Fed. R. Civ. P. 4(a)(1).

[164] Fed. R. Civ. P. 23(c)(2)(B)(i-vii).

[165] Fed. R. Civ. P. 4(c)(1).

[166] Fed. R. Civ. P. 4(c)(2).

> The defendant may also face liability for court costs and attorney's fees. These burdens are substantial. . . .[167]

The justices observed that absentees did not find themselves in a situation as burdensome as that of their adversaries in the litigation.

> Besides th[e] continuing solicitude for their rights [under Rule 23], absent . . . class[-]members are not subject to other burdens imposed upon defendants. They need not hire counsel or appear. They are almost never subject to counterclaims or cross-claims, or liability for fees or costs. Absent . . .class[-]members are not subject to coercive or punitive remedies. Nor will an adverse judgment typically bind an absent [member] for any damages, although a valid adverse judgment may extinguish any of the [member's] claims which were litigated.[168]

In *Vivendi*, the tribunal rejected precisely the claim that due process entitled absentees to a full-fledged summons: "[I]t makes little sense to evaluate a class member's due process right to adequate notice in terms of whether the service requirements of Rule 4 of the Federal Rules of Civil Procedure have been satisfied."[169]

As a result, due process does not mandate serving absentees, whether in Latin America or in the United States. In general, it permits binding them with all of the Rule 23 safeguards in place. A contrary construal cannot stand.

4.5. Latin American Representative Litigation

4.5.1. In General

Latin American tribunals would have more than the grounds just discussed to reject a public order challenge to the recognition of a Rule 23(b)(3) class-action judgment. They could also point to existing homegrown suits that operate essentially as class actions. In order to hold that the latter collide with the public order, the judiciary would have to deem, most improbably, that the former do too and dismiss them summarily upon each filing.

Lately, the entire region has actually been opening up to collective litigation in general, to a greater extent than Europe. At times, it has even exceeded

167 Phillips Petroleum v. Shutts, 472 U.S. 797, 808 (1985).

168 *Id.* at 810.

169 *In re* Vivendi Universal, 242 F.R.D. 76, 104 (S.D.N.Y. 2007).

the United States in this regard.[170] In light of this trend, an adjudicator in Latin America should not find U.S. class-actions inherently aberrant or, at any rate, contrary to the public order.

This Section will first examine suits that resemble Rule 23(b)(3) actions, that have recently emerged in many Latin American nations, and that bind absentees who have either opted in rather informally or simply failed to opt out. Then, it will consider suits that call to mind Rule 23(b)(2) actions or citizen suits, that exist everywhere in the continent, and that deprive the represented collectivity's absent members, who have not assented to the litigation, of their right to sue. Judges in Latin America could invoke all of these procedural devices in adjudging a final decision on collective damages from the United States compatible with any local notion of due process. On the same basis, they could reject any contention by a Latin American absentee, whether residing north or south of the border, that he or she could not have expected—or that he or she would, in fairness, deserve an exemption from—the preclusive effect of the judgment.

4.5.2. Suits Resembling 23(b)(3) Actions

Latin America has started authorizing suits that aggregate similar, interrelated individual entitlements along the lines of Rule 23(b)(3). It usually names the underlying entitlements "homogenous individual rights." Of the seven nations under consideration, five have taken this step. Two of these five jurisdictions, Mexico and Colombia, require an individual to opt in rather informally. In contrast, the other three, Panama, Peru, and Brazil, generally include him or her unless he or she opts out.

In Mexico, the Federal Code of Civil Procedure, as revised in 2011, provides for an action for the protection of "individual rights and interests . . . pertaining to similarly situated individuals"[171] and relating to consumer matters or to the environment.[172] It grants standing to "the representative of the collectivity."[173] Concerned persons may enter the suit "by expressly informing

[170] *See generally* Ángel R. Oquendo, *Upping the Ante: Collective Litigation in Latin America*, 47 Colum. J. Transnat'l L. 248, 280 (2009) [here in after Oquendo (2009)].

[171] Cd. Fed. Pro. Civ. (Mex.) (1943), art. 581(III) ("derechos e intereses individuales . . . , cuyos titulares son los individuos agrupados con base en circunstancias comunes").

[172] *Id.* art. 578 ("en materia de relaciones de consumo de bienes o servicios, públicos o privados y medio ambiente").

[173] *Id.* art. 585(II) ("El representante común de la colectividad").

the representative by any means,"[174] perhaps even by email or orally. They will have a "right to compensation" only if they "belong to the collectivity,"[175] possibly meaning that they must present the informal expression of intent referred to. "The representative," in turn, represents "the collectivity and the members who have joined the action."[176] Article 586 echoes the U.S. Federal Rules of Civil Procedure with the following language: "The representation" undertaken by a person or an organization in any kind of collective suit "shall be adequate."[177]

In Colombia, Law 472 of 1998 purports to carry out the Constitution's mandate "to regulate group actions,"[178] which "are filed by a plurality or by a number of persons who have similarly suffered individual harm stemming from the same source."[179] "The action," pursuant to Article 3, "shall be filed exclusively to establish liability and to secure compensation for the loss."[180] Furthermore: "The judge shall ensure the respect of due process, procedural guaranties, and equality among the parties."[181]

The enactment describes the representation at stake in these terms: "In a group action, the plaintiff . . . represents the other persons, who have individually suffered as a result of the allegedly injurious actions and who therefore need not sue separately or grant power of attorney."[182] Members of the

[174] *Id.* art. 594 ("a través de una comunicación expresa por cualquier medio dirigida al representante").

[175] *Id.* ("derecho al pago que derive de la condena")("las personas que formen parte de la colectividad").

[176] *Id.* ("El representante . . .representa[] a la colectividad y a cada uno de sus integrantes que se hayan adherido . . . a la acción.").

[177] *Id.* art. 586 ("La representación . . . deberá ser adecuada.").

[178] L. 472 (Colom.) (1998), art. 1 ("La presente ley tiene por objeto regular las acciones populares y las acciones de grupo de que trata el artículo 88 de la Constitución Política de Colombia.").

[179] *Id.* art. 3 ("Son aquellas acciones interpuestas por un número plural o un conjunto de personas que reúnen condiciones uniformes respecto de una misma causa que originó perjuicios individuales para dichas personas."). *See also id.* art. 46 ("Las acciones de grupo son aquellas acciones interpuestas por un número plural o un conjunto de personas que reúnen condiciones uniformes respecto de una misma causa que originó perjuicios individuales para dichas personas.").

[180] *Id.* art. 3 ("La acción de grupo se ejercerá exclusivamente para obtener el reconocimiento y pago de indemnización de los perjuicios."). *See also id.* art. 46 ("La acción de grupo se ejercerá exclusivamente para obtener el reconocimiento y pago de indemnización de los perjuicios.").

[181] *Id.* art. 5 ("El Juez velará por el respeto al debido proceso, las garantías procesales y el equilibrio entre las partes.").

[182] *Id.* art. 48 ("En la acción de grupo el actor . . . representa a las demás personas que hayan sido afectadas individualmente por los hechos vulnerantes, sin necesidad de que cada uno de los interesados ejerza por separado su propia acción, ni haya otorgado poder.").

group may sign up with a simple communication, in writing but without the ordinarily requisite notarization:

> When the action is for injuries inflicted upon a plurality of persons and stemming from the same act or omission, . . . those who suffered harm may become part of the suit . . . by submitting a document containing their name, identifying their injury and its source, and expressing their willingness to accept the judgment and to join the group that filed the complaint. . . .[183]

In Panama, Chapter III of the 2007 Law 45, which amends Law 29 of 1996, entitles "one or more members of a group or class of persons who have suffered harm or prejudice stemming from a product or service"[184] to lodge opt-out "consumer class[-]actions."[185] "Upon admitting the complaint, the tribunal shall," under Article 172(3), "register it and publish an announcement . . . in a nationally circulating newspaper so that . . . the plaintiff and all persons who belong to the group may appear to vindicate their rights, formulate arguments or participate in the suit."[186] Significantly, Article 129(4) underscores that: "Any member who would like to exclude himself may do so until the scheduling of the preliminary hearing."[187] Article 172(6) proclaims: "The judgment shall bind all the plaintiffs that belong to the group even if they have not intervened in the process."[188]

Moreover, Panamanian Law 19 of 2008 creates a suit to vindicate homogeneous individual rights in international litigation. It incorporates into the Judicial Code Article 1421-I, which reads: "Upon a violation of similarly defined individual rights of the members of a group, collectivity, or class, the

[183] *Id.* art. 55 ("Cuando la demanda se haya originado en daños ocasionados a un número plural de personas por una misma acción u omisión, . . . quienes hubieren sufrido un perjuicio podrán hacerse parte dentro del proceso . . . mediante la presentación de un escrito en el cual se indique su nombre, el daño sufrido, el origen del mismo y el deseo de acogerse al fallo y de pertenecer al conjunto de individuos que interpuso la demanda. . . .").

[184] L. 45 (Pan.) (2007), art. 129 ("uno o más miembros, de un grupo o clase de personas que han sufrido un daño o perjuicio derivado de un producto o servicio.").

[185] *Id.* ("acciones de clase, en materia de consumo").

[186] *Id.* art. 129 (3) ("El tribunal, al acoger la demanda, la . . . publicará edicto . . . en un diario de reconocida circulación nacional, para que . . . el demandante y todas las personas pertenecientes al grupo comparezcan a hacer valer sus derechos, a formular argumentos o a participar en el proceso.").

[187] *Id.* art. 129(4) ("El miembro de la clase que desee excluirse podrá hacerlo hasta antes de que se fije fecha para la audiencia preliminar.").

[188] *Id.* art. 129(8) ("La sentencia afectará a todos los demandantes que pertenezcan a dicho grupo, aunque no hayan intervenido en el proceso.").

concerned persons themselves, their representative association, or a non-governmental organization devoted to the defense of collective entitlements shall have standing to sue for the vindication of their homogeneous individual rights."[189] The statute does not spell out (1) what notification the complainants must send to those they purport to represent, (2) whether absentees must include or exclude themselves into or out of the litigation, (3) how the proceedings will unfold, or (4) what res judicata consequences the ultimate ruling will have. Presumably, standard preclusion norms apply, foreclosing any additional litigation on the original claims.

In Peru, Article 131.1 of Law 29571, the Code of Consumer Protection and Defense, empowers the "National Institute for the Defense of Competition and for the Protection of Intellectual Property"[190] "to prosecute suits to defend the collective interests of consumers,"[191] as well as to "delegate [this] authority . . . to consumer associations,"[192] but not to individuals. Under Article 131.3, this agency "represents all concerned consumers . . . except those who declare expressly and in writing the desire not to vindicate their rights or to do so separately. . . ."[193] A non-appealable adjudication on the merits should bar all members of the group who have not opted out in this manner from litigating anew.

In addition, the Peruvian Constitutional Court has built an action to enforce homogenous individual rights under the Constitution into Article 60 of the Code of Constitutional Procedure. In 2008, it explained that in the face of "*an unconstitutional state of affairs*," characterized by "a generalized violation of the fundamental rights of different persons,"[194] "any person whose individual rights have been impinged upon may file a complaint [and] the

[189] L. 19 (Pan.) (2008), art. 1421-I ("Cuando se lesionen derechos subjetivos individuales, provenientes de origen común y tengan como titulares a los miembros de un grupo, categoría o clase, los afectados, colectivos de afectados o las organizaciones no gubernamentales constituidas para la defensa de derechos colectivos estarán legitimados para promover la acción en defensa de los derechos individuales homogéneos.").

[190] L. 29571, Código de Protección y Defensa del Consumidor (Peru) (2010), art. 105 ("Instituto Nacional de Defensa de la Competencia y de la Protección de la Propiedad Intelectual (Indecopi)").

[191] *Id.* art. 131.1 ("para promover procesos en defensa de intereses colectivos de los consumidores.").

[192] *Id.* ("delegar [esta] facultad . . . a las asociaciones de consumidores").

[193] *Id.* art. 131.3 (El Instituto "representa a todos los consumidores afectados . . . si aquellos no manifiestan expresamente y por escrito su voluntad de no hacer valer su derecho o de hacerlo por separado. . . .").

[194] Tribunal Constitucional del Perú, [Trib. Const.], Sept. 4, 2009, [Lovón Ruiz-Caro v. Ministerio de Relaciones Exteriores,]Exp. 05287-2008-PA/TC (Peru) (on file with author), § 2.3.2 ("*estado de cosas inconstitucional*") ("una violación generalizada de derechos fundamentales de distintas personas").

effects of the decision . . . may extend to other similarly situated persons. . . ."[195] According to the opinion, "[a] declaration of an unconstitutional state of affairs, essentially extends the effects of the decision to persons who were not plaintiffs, who did not otherwise participate in the suit that led to the declaration but who find themselves in precisely the same situation that was held to be unconstitutional."[196]

Obviously, Peru's justices were primarily thinking of a case in which the trial court determines that a "violation of a constitutional right"[197] has occurred. Nonetheless, they should approach the preclusive impact of a contrary determination identically in fairness to the party accused of committing the infringement. Eventually, either the judicial or the legislative branch will have to settle this question. In the meantime, the Peruvian judiciary should avoid the irony of holding that Rule 23(c)(3)(B), which does afford the defendant equitable treatment in this sense, violates due process.

In Brazil, the Public Ministry, the government, state entities, and nongovernmental organizations may institute public civil actions to address moral and pecuniary injuries to, inter alia, "(I) the environment; (II) consumers; (III) urban order; [and] (IV) goods and rights with artistic, aesthetic, historic, touristic, and scenic value."[198]The Consumer Defense Code's Title III, which generally controls these suits,[199] allows the assertion of "homogenous individual interests or rights, which stem from a common origin."[200] Article 94 calls for notice on a generalized, rather than individualized, basis. "Upon the complaint's filing," it commands, "an announcement shall be published

[195] *Id.*§ 2.5.1(a) ("[C]ada persona afectada en sus derechos en forma individual puede presentar la demanda. . . .") ("[L]os efectos de la decisión sobre un caso particular pueden extenderse a otras personas en similar situación.").

[196] *Id.*§ 2.3.2 ("La característica esencial de la declaración de una determinada situación como un *estado de cosas inconstitucional* consiste en extender los efectos de una decisión a personas que no fueron demandantes ni participaron en el proceso que dio origen a la declaratoria respectiva, pero que se encuentran en la misma situación que fue identificada como inconstitucional.").

[197] *Id.*§ 2.5.1(a).

[198] L. 7347 (Braz.) (1985), art. 1 ("(I) [o] meio ambiente; (II) [o] consumidor; (III) [a] ordem urbanística; (II) [os] bens e direitos de valor artístico, estético, histórico, turístico e paisagístico").

[199] *Id.* art. 21 ("Aplicam-se à defesa dos direitos e interesses difusos, coletivos e individuais, no que for cabível, os dispositivos do Título III da lei que instituiu o Código de Defesa do Consumidor.") ["The provisions of Title III of the law that enacted the Consumer Defense Code shall apply, to the extent relevant, to the defense of diffuse, collective, and individual rights and interests."].

[200] L. 8078, Código de Defesa do Consumidor (Braz.) (1990), art. 81(III) ("interesses ou direitos individuais homogêneos, assim entendidos os decorrentes de origem comum").

in an official periodical so that any interested individuals may intervene in the proceedings."[201]

Article 103 describes "the res judicata effect" as "[*e*]*rgaomnes*."[202] Inasmuch as the latter Latin phrase means 'concerning all,' the ultimate ruling precludes subsequent litigation by any of the represented persons. The provision adds a key qualification when it specifies that such preclusion will operate "solely for the benefit of all the victims and their survivors, in case the petitioners prevail."[203] Consequently, if the original plaintiffs lose, those they represented may re-litigate their claims.

Brazilian lawmakers thus explicitly tread the path hinted at by Peru's justices. They thus encounter the unfairness problem already discussed. In any event, Brazil's judiciary will most likely gravitate, as much as its Peruvian counterpart, toward deeming Rule 23(b)(3) actions, which treat the defendants fairly, consistent with due process. At any rate, it will very probably appreciate the various adjective safeguards, which Sections IV(B) and (C) dissected and which are mostly unavailable under Brazilian law, as sufficiently protective of the entitlements and interests of absentees.

In light of these various suits, a tribunal from any of these countries or from elsewhere in the region will tend to regard Rule 23(b)(3) actions as compatible with the public order. It should view them as comparable enough to the local suits to justify ruling that they do not contravene any of the relevant systemic principles. The differences in the details should not affect the analysis.

Of course, Latin American absent class-members seeking a second bite at the apple might press for the rejection of an adverse U.S. judgment unless the jurisdiction at the receiving end binds represented persons who have not explicitly extricated themselves from the suit. This position, which would help claimants from Mexico and Colombia, does not sound very persuasive, though. After all, it construes as decisive a contingency that does not concern the public order at all—to wit, how absentees partake in the ongoing litigation under the statutory parameters in force locally. On the one hand, the just mentioned nations, which have adopted an opt-in arrangement, could have instituted an opt-out regime instead without altering their constitutional or basic legal framework. Actually, the Mexican Congress originally considered

201 *Id.* art. 94.

202 *Id.* art. 103 ("coisa julgada") ("*erga omnes*").

203 *Id.* ("apenas no caso de procedência do pedido, para beneficiar todas as vítimas e seus sucessores").

and ultimately discarded a proposal that would have necessitated that a "member of the collectivity or group . . . request his exclusion."[204] On the other hand, countries without any legislation on point, like Venezuela and Ecuador, may very well still embrace such an approach.

Once again, judges may not resist recognition merely because the foreign statute applied differs from its domestic counterpart. They would have to ascertain, additionally, an unmistakable clash with long-standing, deep-rooted societal precepts. As in the death penalty example invoked in Section IV(A), the judicial inquiry would have to turn up a conflicting cardinal norm in the fundamental laws, constitution, ratified international treaties, etc. However, no such conflict exists vis-à-vis Rule 23(b)(3) actions.

Consistently, the United States District Court for the Southern District of New York rejected in *Anwar v. Fairfield Greenwich, Ltd.* The objection that tribunals in Spain would rely on the divergence between Spanish trans-individual suits and Rule 23(b)(3) actions to refuse to recognize the ultimate ruling in the latter type of procedure:

> Defendants fail to identify an explicit conflict with [the] public [order] that would bar recognition of the judgment. The mere fact that [local] law does not explicitly embrace a foreign legal mechanism does not mean that it would find the judgment so repugnant that it would reject it as violating [the] public [order].[205]

Absentees from Latin America could not rightfully decry the broad preclusive impact of a final decision on the merits as unfair. They could have hardly expected the U.S. class-action, about which they would have individually received detailed information, to proceed as a comparable homegrown suit, about which they would have realistically known little.

In particular, a citizen and resident of practically any state in the region, including Mexico or Colombia, could not credibly protest that he or she did not read the notifying letter and assumed that he or she had to opt into the suit as under some of the regional enactments. Nor could he or she reasonably

[204] Iniciativa que Adiciona Disposiciones al Código Federal de Procedimientos Civiles (Acciones y procedimientos colectivos), Diputado Jaime Fernando Cárdenas Gracia (Mex.) (Feb. 9, 2010), art. 554 ("Cualquier miembro de la colectividad o grupo . . . podrá pedir su exclusión. . . .").

[205] Anwar v. Fairfield Greenwich, Ltd., 289 F.R.D. 105, 118 (S.D.N.Y. 2013), *partially aff'd sub. nom.* Lomeli v. Sec. & Inv. Co. Bahr., 546 F App'x 37 (2d Cir. 2013) (summary order), *vacated on unrelated grounds sub. nom.* St. Stephen's Sch. v. PricewaterhouseCoopers Accountants N.V., 570 F. Appx. 37 (2d Cir. 2014) (summary order).

hope to escape preclusion through this protestation. Naturally, he or she could more convincingly object if his or her legal system of origin would never terminate, based on an action that he or she did not explicitly approve, his or her right to sue. Nevertheless, the Article will now show that virtually all Latin American jurisdictions permit the termination of the entitlement at issue under these circumstances.

4.5.3. Suits Resembling 23(b)(2) Actions

So-called diffuse-rights suits, which resemble Rule 23(b)(2) actions and citizen suits, have developed dramatically in Latin America in the last three decades.[206] They usually entitle any person, without a showing of individual injury, to litigate on behalf of society as a whole or a certain community for injunctive relief and frequently damages, in order to enforce diffuse or societal entitlements, such as those pertaining to the environment or collective cultural goods. The popular unconstitutionality action provides a special case in point. It empowers anybody to vindicate the polity's right to legislative or administrative adherence to the constitution and to have a given law or regulation pronounced unconstitutional prior to any application. Independently of the entitlement exercised or the remedy requested, the final decision normally precludes everybody else from prosecuting the claim anew, thereby extinguishing the previously held right to sue.

Such a suit bears critical relevance to the discussion. It actually operates more extremely than Rule 23(b)(3) actions inasmuch as it (1) binds mostly a much larger number of non-consenting individuals, (2) affords group members no individual notice at all, and (3) accords them no opportunity to opt out. In light of the pervasiveness of this sort of procedure in Latin America, a tribunal there could hardly regard a Rule 23(b)(3) judgment as unfamiliar, let alone as contrary to the public order.

Diffuse-rights suits have had a long history in Latin America. They descend from civil-law popular actions. The latter date back at least to Roman law and had from the beginning a preclusive effect on the procedural entitlements of other community members. Title 23 of Book 47 of the Justinian Code, *Corpus Juris Civilis* deals with such suits and proclaims: "If an action is repeatedly

[206] *See generally* Oquendo (2009), *supra* note 170.

brought on the same cause and on the same fact, the ordinary exception of res judicata may be raised."[207]

In the nineteenth century, the framers of Latin American Civil Codes regularly codified existing local law, which included the Law of Rome, both directly and through the Spanish *Siete Partidas*. Therefore, they implicitly incorporated the corresponding preclusion consequences when they wrote in the popular actions already in force. For example, Chile's current Civil Code, drafted by Venezuelan Andrés Bello in 1855, institutes several such suits for very specific purposes, such as (1) to protect the life of unborn children, (2) to safeguard the right of way on public roads, (3) to remove objects that hang from buildings and that may fall on passersby, or (4) to set aside a potential harm to which an indeterminate number of people are exposed.[208] This piece of legislation was adopted verbatim by seven other nations (Colombia (1860), Panama (1860, 1917), El Salvador (1860), Ecuador (1861), Venezuela (1863), Nicaragua (1871), Honduras (1880, 1906)) and heavily influenced codification in Argentina (1876) and Paraguay (1876).[209]

Since the 1990s, Latin America has experienced an explosion in this form of litigation.[210] It has embraced not only derivative and associational suits, in which shareholders or associates proceed in the name of a corporation or an association but also wide-ranging public-law actions for the enforcement of diffuse rights.[211] Constitutions and statutes all over the continent feature this

[207] Corpus Juris Civilis, 47.23.3 (534) ("*Sed si ex eadem causa saepius agatur [agetur], cum idem factum sit, exceptio vulgaris rei iudicatae opponitur.*") "If a particular matter had been disposed of in a popular action, the respondent in a subsequent action based upon the same cause of action could plead res judicata." Johan D. Van der Vyver, Actiones Populares *and the Problem of Standing in Roman, Roman-Dutch, South African and American Law*, 1978 Acta Juridica 191, 192 (1978). *Cf.* 3 William Blackstone, Commentaries*162 ("But if any one hath begun a *qui tam* or popular action, no other person can pursue it; and the verdict passed upon the defendant in the first suit is a bar to all others, and conclusive even to the king himself.").

[208] Cd. Civ. (Chile) (1857), arts. 75, 948, 2328, 2333. *See also* Cd. Civ. (Colom.) (1873), arts. 91, 1005, 2355, 2359; Cd. Civ. (Ecuador) (2005), arts. 61, 990, 2228, 2236. The Panamanian Civil Code, in turn, authorizes popular actions to enforce the ban on the exaction of compound interests and to remove or alter, as well as to recover damages caused by, a construction obstructing a public way. 625. Cd. Civ. (Pan.) (1916), arts. 994-A, 625

[209] *See* Oquendo (2011), *supra* note 9, at 437, 443 (reproducing Bernardino Bravo Lira, *Civil Codification in Iberian America and on the Iberian Peninsula (1827-1917): National v. Europeanized Law*, Fuentes ideológicas y normativas de la codificación latinoamericana (1992)). *See generally id.* at 417 ("In the nineteenth century, some countries in the region simply enacted Bello's 1857 Code *in toto*, while others drew heavily from it.").

[210] *See generally* Oquendo (2009), *supra* note 170.

[211] *See generally id.*

variety of suit, including the unconstitutionality action cited earlier. They often explicitly underscore the preclusive effect with respect to all, viz., *erga omnes*. Not surprisingly, every single one of the jurisdictions under consideration has participated in this transcontinental movement.

In Mexico, Article 580(I) of the Federal Code of Civil Procedure authorizes "collective actions . . . to enforce diffuse . . .rights and interests, understood as those held by an indeterminate . . . collectivity of factually . . . similarly situated persons."[212] It specifies that these suits, in which "the rights and interests belong to an indeterminate collectivity, . . . aim at legally compelling the defendant to repair the harm to the collectivity either by reestablishing the status quo ante or through an alternative reparation for the impairment of the collectivity's rights or interests."[213]

Significantly, an adjudication on the merits wrests the entitlement to litigate from all statutorily qualified parties. For purposes of standing under Article 588(V), for instance, "[t]he matter may not have become res judicata as a result of prior litigation."[214] In a parallel vein, Article 614 states that: "A judgment not subject to appeal shall have res judicata consequences."[215] Presumably, preclusion applies even to a different suitor. Otherwise, the judiciary would run the risk of confronting an endless sequence of identical complaints.

In Brazil, Article 5(LXXIII) of the Constitution establishes that: "Any citizen may file a popular action seeking to annul either acts harmful to public property or state action that impinges upon the principle of administrative integrity, upon the environment, or upon historical or cultural goods."[216] The regulatory enactment underscores that: "The judgment shall constitute res

[212] Cd. Fed. Pro. Civ. (Mex.) (1943), art. 580(I) ("[L]as acciones colectivas son procedentes para tutelar . . .[d]erechos e intereses difusos y colectivos, entendidos como aquéllos de naturaleza indivisible cuya titularidad corresponde a una colectividad de personas, indeterminada o determinable, relacionadas por circunstancias de hecho o de derecho comunes.").

[213] *Id.* art. 581(I) ("[De] los derechos e intereses [es] titular . . . una colectividad indeterminada" y la acción "tiene por objeto reclamar judicialmente del demandado la reparación del daño causado a la colectividad, consistente en la restitución de las cosas al estado que guardaren antes de la afectación, o en su caso al cumplimiento sustituto de acuerdo a la afectación de los derechos o intereses de la colectividad. . . .").

[214] *Id.* art. 588(V) ("[R]equisito[] de procedencia de la legitimación en la causa . . . : Que la materia de la litis no haya sido objeto de cosa juzgada en procesos previos.").

[215] *Id.* art. 614 ("La sentencia no recurrida tendrá efectos de cosa juzgada.").

[216] Const. (Braz.) (1988), art. 5(LXXIII).

judicata, *erga omnes*."[217] It excepts only "cases of dismissal for insufficiency of proof."[218] Accordingly, a final judicial decision that lies outside this exception will preclude anyone else from reigniting the controversy.

In Venezuela, Article 26 of the 1999 Constitution reads: "Any person shall have the right to vindicate his or her rights or interests, including those of a collective or diffuse nature, to defend them with effectiveness, and to secure a prompt decision on point before a court of justice."[219] The 2010 Organic Law of the Supreme Court governs this type of litigation. In its Article 146 it recapitulates succinctly: "Any person shall have the right to sue for the protection of his or her collective or diffuse rights or interests."[220] Under the terms of Article 153: "The summons shall be published in a national or regional newspaper, depending on the facts of the case, so that anyone concerned may appear in court within ten days. . . ."[221] Article 154, labeled "Tacit Notification of Concerned Individuals," warns that: "After the expiration of the deadlines set in the previous Article and upon the elapse of ten additional workdays, all concerned individuals shall be presumed to have been notified."[222] The ultimate ruling should bind all other members of the collectivity and extinguish their procedural right to prosecute the claim. In this sense, pursuant to Article 150(3), "the complaint shall be declared inadmissible . . . in case of res judicata. . . ."[223]

Moreover, the same statute also commands the Constitutional Chamber of the Supreme Court to hear "popular complaints of unconstitutionality."[224] In 2010, this institution itself explained that "the nullity action of unconstitutionality is a popular action that may be filed by any citizen, i.e., any person is, in principle, procedurally interested or qualified enough to challenge

[217] L. 4717 (Braz.) (1965), art. 18.

[218] Id.

[219] Const. (Venez.) (1999), art. 26 ("Toda persona tiene derecho de acceso a los órganos de administración de justicia para hacer valer sus derechos e intereses, incluso los colectivos o difusos, a la tutela efectiva de los mismos y a obtener con prontitud la decisión correspondiente.").

[220] Ley Orgánica del Tribunal Supremo de Justicia [L. Org. Trib. Sup.] (Venez.) (2010), art. 146 ("Toda persona podrá demandar la protección de sus derechos e intereses colectivos o difusos.").

[221] *Id.* art. 153 ("El cartel de emplazamiento será publicado en un diario de circulación nacional o regional, según el caso, para que los interesados concurran dentro del lapso de diez días. . . .").

[222] *Id.* art. 154 ("Cuando venzan los lapsos previstos en el artículo anterior, deberá dejarse transcurrir un término de diez días de despacho para que se entienda que los interesados han quedado notificados.").

[223] *Id.* art. 150(3) ("[S]e declarará la inadmisión de la demanda . . . [c]uando haya cosa juzgada.").

[224] *Id.* art. 32 ("demanda popular de inconstitucionalidad").

laws . . . through a nullity action of unconstitutionality."[225] "The effect of the judgment," according to the enactment, "shall be general in scope. . . ."[226]

In Colombia, Law 472 of 1998 controls "popular actions . . . for the protection of collective rights and interests."[227] "Popular actions," in the words of Article 9, "lie against any action or omission of the public authorities or of private persons that have violated or threaten to violate collective rights and interests."[228] Article 21 clarifies that: "The members of the community may be notified through a means of mass communication or any other effective mechanism, in view of all of the possible beneficiaries."[229] "A judgment upholding the plaintiffs' claim in a popular action may," as per Article 34, "grant an injunction, damages, . . . and an order to carry out actions necessary to reestablish the status quo ante. . . ."[230] "The judgment," under Article 35, "shall constitute res judicata with respect to the parties and the public in general."[231]

In addition, the Colombian Constitution permits "citizens" to lodge "unconstitutionality complaints . . . against laws."[232] Article 6 of the 1991 Decree 2067 cautions that: "Complaints against laws that have benefited

225 Tribunal Supremo de Justicia[Trib. Sup.] (Sala Constitucional)July 22, 2010, [Asociación Civil Súmate v. Consejo Nacional Electoral,] Sentencia[Sent.] 796, (Venez.) (on file with author) ("[L]a acción de nulidad por inconstitucionalidad es una acción popular que puede ser ejercida por cualquier ciudadano, vale decir, que toda persona tiene, en principio, la cualidad o interés procesal para la impugnación de las leyes o actos con rango de ley, por medio de la acción de nulidad por inconstitucionalidad.").

226 L. Org. Trib. Sup. (Venez.) (2010), art. 32 ("Los efectos de dicha sentencia serán de aplicación general.").

227 L. 472 (Colom.) (1998), art. 2 ("Acciones populares . . . para la protección de los derechos e intereses colectivos.").

228 *Id.* art. 9 ("Las acciones populares proceden contra toda acción u omisión de las autoridades públicas o de los particulares, que hayan violado o amenacen violar los derechos e intereses colectivos.").

229 *Id.* art. 21 ("A los miembros de la comunidad se les podrá informar a través de un medio masivo de comunicación o de cualquier mecanismo eficaz, habida cuenta de los eventuales beneficiarios.").

230 *Id.* art. 34 ("La sentencia que acoja las pretensiones del demandante de una acción popular podrá contener una orden de hacer o de no hacer, condenar al pago de perjuicios . . . y exigir la realización de conductas necesarias para volver las cosas al estado anterior. . . .").

231 *Id.* art. 35 ("La sentencia tendrá efectos de cosa juzgada respecto de las partes y del público en general.").

232 Const. (Colom.) (1991), art. 241(4) ("las demandas de inconstitucionalidad que presenten los ciudadanos contra las leyes").

from a judgment that constitutes res judicata shall be dismissed. . . ."[233] "The Constitutional Court," in its own phrasing, "takes the norms submitted to it for examination and ascertains their validity or invalidity . . . , with constitutional res judicata consequences . . . , with an *erga omnes* effect, and in a generally obligatory manner, thereby binding all persons and public authorities, with no exception whatsoever."[234] Hence, a non-appealable determination on the merits unequivocally precludes any other citizen from launching a posterior suit on the same issues.

In Panama, Law 24 of 1995, in its Article 78, proclaims: "Any person may file, under this law, an environmental public action . . . regarding not an individual or direct injury but rather a threat or injury to diffuse interests or to the interests of a collectivity."[235] Article 3(4) defines a diffuse interest as "one that is disseminated throughout a collectivity; that pertains to each member; and that does not derive from property entitlements, or concrete rights or actions."[236] Once again, a presumption of generalized preclusion should attach to these suits.

Furthermore, constitutional Article 206(1) obligates the Plenary Chamber of the Panamanian Supreme Court to "decide . . . upon the unconstitutionality of laws . . . challenged by any person on procedural or substantive grounds."[237] In 2009, the body determined that res judicata forecloses instituting an unconstitutionality complaint upon a prior one when the two "involve the same facts and grounds."[238] It deliberated thus:

[233] Decreto 2067 (Colom.) (1991), art. 6 ("Se rechazarán las demandas que recaigan sobre normas amparadas por una sentencia que hubiere hecho tránsito a cosa juzgada. . . .).

[234] Corte Constitucional de Colombia, October 21, 1998, [Zapata Londoño v. art. 20, L. 393/1997,] Sent. C-600/98 (Colom.) (on file with author), § VI.3 ("La Corte Constitucional, en lo que hace a las normas sometidas a su examen, define, con la fuerza de la cosa juzgada constitucional . . . , su exequibilidad o inexequibilidad. . . , con efectos *erga omnes* y con carácter obligatorio general, oponible a todas las personas y a las autoridades públicas, sin excepción alguna.").

[235] L. 24 (Pan.) (1995), art. 78 ("En cumplimiento de la presente Ley, toda persona podrá interponer acción pública ambiental, sin necesidad de asunto previo cuando por su naturaleza no exista una lesión individual o directa, sino que atañe a los intereses difusos o a los intereses de la colectividad.").

[236] *Id.* art. 3(4) ("aquel que se encuentra diseminado en una colectividad, corresponde a cada uno de sus miembros y no emana de títulos de propiedad, derechos o acciones concretas.").

[237] Const. (Pan.) (1972), art. 206(1) ("decidirá . . . sobre la inconstitucionalidad de las Leyes . . . que por razones de fondo o de forma impugne ante ella cualquier persona.").

[238] Ct. Sup. (Pleno), July 21, 2009, [Jované de Puy v. art. 233, Cd. Electoral,]Exp.937-08, (Pan.) (on file with author) ("contengan los mismos hechos o fundamentos").

> [T]he requirement of identity of parties—meaning that precisely the same individuals, who are bound by the decision that supposedly produced res judicata consequences, must be suing again—is often mentioned. Nonetheless, the area of constitutional law requires a certain modification because the issues transcend the legal relations among persons, touch upon purely legal matters, and produce consequences for the society as a whole, rather than exclusively for the complainants in the unconstitutionality action.[239]

As an upshot of the ultimate ruling upon the first plaintiff's prosecution, all other citizens lose their right to prosecute the claim. In the quoted paragraph, Panama's justices make explicit what the other jurisdictions normally imply, to wit, that the final decision in a collective action may preclude someone who is not, strictly speaking, a party.

In Peru, Article 40 of the Code of Constitutional Procedure announces that "any person may file for a writ of protection when a threat to or a violation of environmental or other diffuse rights that have constitutional stature is at stake. . . ."[240] The judge may approve "a declaration of nullity," "restitution of the status quo ante," or an injunction,[241] as well as "monetary compensation."[242] Article 6, for its part, stresses that "a final decision" amounts to "res judicata."[243] "The judgment" in these suits, the Peruvian Constitutional Court has written, "will have an effect on '*all other members of the collectivity who find themselves in a situation identical to that of the person who brought the action in the*

[239] *Id.* ("[S]e habla del requisito de identidad de partes, que alude a la concurrencia al proceso de los mismos sujetos vinculados con la decisión que da lugar a la supuesta cosa juzgada. Sin embargo, en este punto el hecho de tratarse de la rama constitucional produce cierta modificación, ya que en este ámbito del derecho, las cuestiones trascienden las relaciones jurídicas entre personas para versar aspectos netamente de derecho, produciendo consecuencias a todo el conglomerado social y no exclusivamente al o los promotores de la acción de inconstitucionalidad.").

[240] L. 28237, Código Procesal Constitucional [Cd. Pro. Const.] (Peru) (2004), art. 40 ("Asimismo, puede interponer demanda de amparo cualquier persona cuando se trate de amenaza o violación del derecho al medio ambiente u otros derechos difusos que gocen de reconocimiento constitucional. . . ."). "A writ-of-protection (*amparo*) action . . . shall lie against acts or omissions that stem from any authority, official, or person and that encroach upon or threatens . . . constitutionally recognized rights." Const. (Peru) (1993), art. 200(2) ("La Acción de Amparo . . . procede contra el hecho u omisión, por parte de cualquier autoridad, funcionario o persona, que vulnera o amenaza los . . . derechos reconocidos por la Constitución.").

[241] L. 28237, Cd. Pro. Const. (Peru) (2004), art. 55 ("[d]eclaración de nulidad," "[r]estitución. . . ordenando que las cosas vuelvan al estado en que se encontraban," "[o]rden y definición precisa de la conducta a cumplir").

[242] *Id.* art. 59 ("prestación monetaria").

[243] *Id.* art. 6 ("[L]a decisión final" "adquiere . . . autoridad de cosa juzgada.").

first place.' In consequence, the effect of the decision transcends the individual or group that filed the complaint."[244] Coincidentally, Peru's justices have observed that the "the class action [in the United States is] related" to "diffuse rights"[245] and that the U.S. approach to adequate representation is not "foreign to [Peru's] constitutional order."[246]

The Peruvian Code of Constitutional Procedure also regulates popular and unconstitutionality actions.[247] The former allow "any person"[248] to dispute the constitutionality or legality of administrative regulations.[249] The latter enable a group of at least "five thousand citizens"[250] to contest the constitutionality of laws.[251] A final decision on the merits in these suits "constitutes res judicata and therefore . . . has general effects."[252]

In Ecuador, Article 43 of the 1999 Environmental Management Act informs that "persons, legal entities, [and] groups of people united by a common interest and directly affected by the injurious action or omission may sue . . . for damages in relation to any sanitary or environmental harm."[253] It emphasizes that environmental rights are "collective" and "shared by the community" and explicates "diffuse interest[s]," somewhat confusingly, as "homogeneous and indivisible interests held by indeterminate groups of individuals tied by

[244] Trib. Const., Sept. 4, 2009, [Lovón Ruiz-Caro v. Ministerio de Relaciones Exteriores,]Exp. 05287-2008-PA/TC (Peru) (on file with author), § 2.5.1(a) (quoting Eduardo Ferrer Mac-Gregor, Juicio de amparo e interés legítimo: la tutela de los derechos difusos y colectivos 16 (2003)). *See also* Trib. Const., Mar. 20, 2009, [Viuda de Mariátegui v. S.U.N.A.T. & T.F., S.A.,]Exp.04878-2008-PA/TC (Peru) (on file with author),§ 2.5.1(a).

[245] Trib. Const., Oct. 18, 2006, 5270-2005-PA/TC 3 (Peru) (on file with author), ¶ 13 ("[L]a acción colectiva (*class action*) [está] relacionada con los derechos difusos.").

[246] *Id.* at 4 (¶14) ("ajena a nuestro ordenamiento constitucional").

[247] L. 28237, Cd. Pro. Const. (Peru) (2004), Tít. VI-VIII.

[248] *Id.* art. 84.

[249] *Id.* art. 76.

[250] Const. (Peru) (1993), art. 203(5).

[251] L. 28237, Cd. Pro. Const. (Peru) (2004), art. 77.

[252] *Id.* art. 82 ("tiene[] autoridad de cosa juzgada, por lo que . . . produce[] efectos generales"). *See alsoid.* art. 81 ("Las sentencias fundadas recaídas en el proceso de inconstitucionalidad . . . [t]ienen alcances generales. . . .") ("Las sentencias fundadas recaídas en el proceso de acción popular . . . [t]ienen efectos generales.").

[253] L. 77, L. Gestión Ambiental (Ecuador) (1999), art. 43 ("Las personas naturales, jurídicas o grupos humanos, vinculados por un interés común y afectados directamente por la acción u omisión dañosa podrán interponer ante el Juez competente, acciones por daños y perjuicios y por el deterioro causado a la salud o al medio ambiente incluyendo la biodiversidad con sus elementos constitutivos.").

common circumstances."[254] Presumably, res judicata principles apply, so that a firm judicial ruling bars any subsequent litigation.

Similarly, Ecuadorian unconstitutionality suits offer anybody so inclined the means to question the constitutionality of unapplied laws and regulations.[255] The Organic Act on Judicial Guaranties and Constitutional Review spells out the *erga omnes* preclusive consequences. As articulated in Article 95: "Judgments issued in the exercise of abstract constitutional review shall constitute res judicata and shall have a general and prospective effect."[256] Upon analyzing this provision, Álvaro Gutiérrez Godoy "conclude[s]—on the basis of the statute and in expectation of the necessary case-law development—that the Ecuadorian unconstitutionality declaration brings about the banishment, from the legal order, of the challenged law and the establishment of constitutional res judicata with general and prospective effect (*erga omnes* and *ex nunc*)."[257]

All of these suits bear a resemblance to Rule 23(b)(2) actions, as well as citizen suits, in that they turn on a genuinely collective assertion. While they thus diverge from Rule 23(b)(3) actions, which aggregate a number of similar, interrelated individual claims, they obviously may matter enormously to the people concerned. For example, someone may understandably care about the option to proceed against the pollution of a nearby communal lake as much as, or even more than, against the contamination of her backyard.

More importantly, the ultimate ruling in a diffuse-rights suit does deprive absent community members of an individual entitlement, namely, the right to sue. It robs them, so to speak, of their day in court. Upon a definitive judgment, absentees individually lose the right to litigate (1) on their substantive

[254] *Id.*, "Glosario de Definiciones" ("Inter[eses] Difuso[s]") ("intereses homogéneos y de naturaleza indivisible, cuyos titulares son grupos indeterminados de individuos ligados por circunstancias comunes.").

[255] *See* Const. (Ecuador) (2008), art. 436(2); L. Org. Garantías Jurisdiccionales y Control Const. (Ecuador) (2009), art. 98.

[256] L. Org. Garantías Jurisdiccionales y Control Const. (Ecuador) (2009), art. 95 ("Las sentencias que se dicten en el ejercicio del control abstracto de constitucionalidad surten efectos de cosa juzgada y producen efectos generales hacia el futuro.").

[257] Álvaro Gutiérrez Godoy, *El control constitucional en Ecuador y Colombia: un análisis comparado*, 8 Iuris Dicto: Rev. Colegio Jurisprudencia 55, 56-57 (2009) ("De lo anterior podemos concluir que, basados en la normativa y a la expectativa del necesario desarrollo jurisprudencial, para el caso ecuatoriano la declaratoria de inconstitucionalidad conlleva a la desaparición del ordenamiento jurídico de la norma acusada, haciendo tránsito a cosa juzgada constitucional, con efectos generales (*erga omnes*) y hacia el futuro (*ex nunc*).").

collective entitlements in this kind of litigation and (2) on their substantive individual entitlements in a Rule 23(b)(3) action.

For present purposes, a final decision in a diffuse-rights suit effectively differs from one in a Rule 23(b)(3) class-action only in the minimal respect just discussed: The former entails a loss of an individual procedural entitlement related to a collective substantive entitlement, the latter that of an individual procedural entitlement related to an individual substantive entitlement. Latin American judges could only arbitrarily find an infringement upon due process and the public order in one instance but not in the other. Most likely, they would not do so.

Accordingly, absentees from Latin America could not really complain. They could not truthfully say that back home they would never face preclusion through an action that they did not lodge or at least consent to. After all, a diffuse-rights suit precludes the entire citizenry in precisely this manner. And it does so ever more frequently, in virtue of its increased availability and popularity.[258]

4.6. Summary

Section A defined the concept of public order, which incorporates that of due process, and summarized the ensuing discussion. Sections B and C maintained, respectively, that a tribunal in Latin America would very probably hold that U.S. class-action judgments in general and those pronounced under Rule 23(c)(3)(B) in particular treat absent class-members fairly and cohere with these two cardinal notions. Section D then demonstrated that absentees possess no right to a summons or service. As explained in Section E's various subdivisions, the holding on fairness and coherence would find further support in the availability of homogenous-individual-rights suits, which recall Rule 23(b)(3) actions and bind absentees who have either opted in rather informally or simply failed to opt out. Moreover, it would attain definitive confirmation in the fact that Latin American analogues to Rule 23(b)(2) actions and citizen suits invariably wrest the right to sue from the represented collectivity's non-assenting absent members. At the outset, Part IV noted that a refusal of recognition would, in effect, deprive defendants themselves of due process, as well as discriminate against them. As a whole, it emphasized that absentees from Latin America, even those who have always resided there,

[258] *See generally* Oquendo (2009), *supra* note 170.

could not reject the final decision's broad res judicata impact as unfair because they would have taken a free ride on the litigation with perhaps their only realistic chance at compensation, would have benefited from a wide array of safeguards, including the right to notice and to exit, and could have faced preclusion under similar circumstances in their homeland.

5. Conclusion

The discussion started by imagining a concrete situation in which a Latin American tribunal might confront the question whether to recognize a U.S. group judgment for damages. It posited as the most likely (and yet rather improbable) scenario one in which absent class-members launch a substantively identical complaint in Latin America upon losing on the merits in the United States. In the end, these individuals will probably not embark upon a path of renewed litigation because of the overarching civil-law obstacles in the way and the high chance of dismissal either for lack of jurisdiction or for expiration of the statute of limitations. In any event, a Latin American adjudicator would, in all likelihood, dismiss any such suit in deference to the final decision of the U.S. court.

Part II listed the following as the main conditions for recognition in Latin America.

(1) Reciprocity from the State of Origin
(2) Jurisdiction of the Foreign Court over the Matter
(3) Sufficiency of Service and Defense Opportunities
(4) Finality of the Judgment
(5) Absence of Any Pending Similar Domestic Suit
(6) Respect for Areas of Exclusive National Jurisdiction
(7) Compatibility with the Public Order

It identified a presumption in favor of enforcing judgments from abroad and then showed that the relevant legislation in Mexico, Brazil, Venezuela, Colombia, Panama, Peru, and Ecuador incorporates some orall of these items.

Next, Part III demonstrated that the ultimate ruling in a U.S. class-proceeding would meet the first six requirements. Part IV and its various segments, in turn, maintained that it would satisfy the seventh too. They defined the public order, which includes due process, and explained that a collective compensation judgment from the United States would cohere with both notions. In particular, it would rest on a number of safeguards for class actions generally and for those filed under Rule 23(b)(3) specifically.

Accordingly, a Latin American judge would almost certainly agree with the U.S. Supreme Court that the opt-out regime fully comports with due process, a concept that has traveled across the border to Latin America, preserving its essential components intact. Moreover, he or she could point to regional suits permitting, along the lines of Rule 23(b)(3), the aggregation of similar, interrelated individual claims of non-parties who acquiesce either by opting in rather informally or simply by failing to opt out. Finally, he or she could note that diffuse-rights suits, which resemble Rule 23(b)(2) actions and exist throughout the continent, invariably bind absentees who have in no way consented or even received individual notice.

The judiciary in the United States should, in principle, allow Latin American citizens into large representative suits for economic indemnification. Naturally, it should approach the presence of other foreigners just as openly, conducting a comparative law analysis analogous to that undertaken in this Article. After all, the pursuit of justice for all demands the inclusion, across the board, of the traditionally excluded.

Desafios Internacionais do Direito na Internet ao Novo Código de Processo Civil

Daniel Freire e Almeida

Apresentação

As inovações apresentadas pelo novo Código de Processo Civil (CPC) proporcionaram importantes melhorias e avanços em diversos segmentos tradicionais do Direito brasileiro. Contudo, esquivou-se de abordar e considerar os novos ramos do Direito, entre eles o Direito na Internet. Igualmente, ignorou que inúmeras atividades das pessoas e das empresas, como as atividades *online*, são frequentemente internacionais.

Assim, em uma abordagem, ainda que superficial, percebe-se que os tópicos voltados para os "Limites da Jurisdição Nacional e da Cooperação Internacional" continuam basicamente os mesmos. Para o novo CPC, o mundo é o mesmo do antigo CPC de 1973[1]. Não há Internet, Comércio Eletrônico, Facebook, Uber, WhatsApp, Google ou Amazon.

Entretanto, a realidade virtual, ou digital, é outra. A natureza global da Internet oferece-nos igualmente desafios globais[2].

[1] Confronte o "Título II – Dos Limites da Jurisdição Nacional e da Cooperação Internacional" do novo Código de Processo Civil, arts. 21 e ss. BRASIL. Lei n. 13.105, de 16 de março de 2015, Código de Processo Civil. Disponível em: http://www.planalto.gov.br/ccivil_03/_ato2015-2018/2015/lei/L13105.htm. Acesso em: 12 abr. 2019.

[2] Este artigo é baseado em parte de nossa Tese de Doutorado: FREIRE E ALMEIDA, Daniel. *Um Tribunal Internacional para a Internet*. Coimbra: Faculdade de Direito da Universidade de Coimbra, 2012. *Vide* FREIRE E ALMEIDA, Daniel. *Um Tribunal Internacional para a Internet*. São Paulo: Almedina, 2015. *Vide* FREIRE E ALMEIDA, Daniel. *An International Tribunal for the Internet*. São Paulo: Almedina, 2016, disponível em: https://www.almedina.com.br/index.php?route=product/search&search=daniel%20freire%20e%20almeida.

De fato, em respeito às atividades *online,* múltiplas jurisdições podem ser acionadas, e a discussão agita-se em como o Estado pode exercer sua autoridade judicial nesse espaço. Mesmo que de forma despretensiosa, percebe-se o paradigma complexo e dinâmico desse novo segmento, com características naturalmente internacionais.

Apesar das aparências com o mundo físico, onde as questões de jurisdição e competência convivem na interação Poder Judiciário-países-cidadãos, no mundo da Internet, questões similares podem se tornar ainda mais complexas, ao depararem-se com os atributos exclusivos da Internet, de mobilidade internacional, desterritorialidade e instantaneidade.

Com efeito, a multiplicação e a pulverização das fontes de conexão à Internet tornam o fenômeno muitíssimo mais amplo que o surgido na era do rádio e da televisão, em que ao menos as fontes reprodutoras eram estáticas e conhecidas.

Em qualquer desses momentos da história, o Estado sempre conviveu com a preocupação de garantir efetiva prestação jurisdicional e, para isso, desenvolveu e aperfeiçoou constantemente seus modelos, suas legislações e seus sistemas de controle.

Entretanto, com o advento da Internet, uma eficaz judicialização encontra-se ameaçada, prejudicando os sistemas judiciais de tal forma que pode fazer com que os governos não consigam atender às legítimas necessidades de seus cidadãos por esses serviços, quando defrontados, de forma mais constante, com indivíduos ou empresas de outros países.

Em termos práticos, as pessoas podem, a partir de seu computador conectado à Internet, procurar novas e dinâmicas formas de relacionamento e contratualização com outras redes, distantes geograficamente.

Assim, com o ritmo explosivo das mudanças e na medida em que as pessoas forem utilizando cada vez mais a Internet, a rede mundial de computadores passa a alterar o relacionamento normal dos cidadãos com o Estado, esperando-se crescentes dificuldades e implicações no âmbito judicial, sendo que o debate se torna propício e decisivo. Era esta uma das tarefas no novo Código de Processo Civil. Alinhar-se aos novos desafios seria fundamental.

Em prosseguimento, o profissional moderno das letras jurídicas participa desse contexto de integração mundial, proporcionado pela sociedade digital, na medida em que julga, denuncia, patrocina ou assessora juridicamente estes mesmos eventos, facilitados pela Internet, e cada vez mais transnacionais. Portanto, torna-se primordial a compreensão dessa nova dinâmica, pretendendo-se, a partir dessas lições, contribuir-se com vistas à efetiva prestação jurídica no âmbito da Internet.

Por conseguinte, o presente trabalho objetiva levantar os principais aspectos diferenciadores proporcionados pela Internet, bem como as implicações daí decorrentes na prestação jurisdicional.

Para atingirmos tal desiderato, principiaremos pela abordagem dos traços marcantes da Internet, como a sua internacionalidade e sua desterritorialidade. Em prosseguimento, abordaremos a integração dessas características com o exercício do Poder Judicial no Ciberespaço, verificando aquilo que o Código de Processo Civil apresentou como solução (arts. 21 a 41 do CPC de 2015)[3].

Em sede final, trataremos das reflexões implicantes com o tema, passando pelos conflitos e pelas conveniências da prestação jurisdicional no ambiente da Internet. Tudo, pois, reportando os principais casos basilares julgados pelos tribunais, bem como os tópicos apontados pelos autores, e que serviriam de fundamento para nossa análise.

1. Desafios da Prestação Judicial na Internet

1.1. Introdução

Inicialmente, cabe discorrer que além das potencialidades e enormes oportunidades que encontramos na Internet, com transformações positivas na sociedade e nos mercados, este fenômeno tem colocado os estudiosos do Direito a investigar as diversas indagações promovidas neste inovador contexto do século XXI[4].

Nesse diapasão, a Internet constitui-se em uma nova dimensão de comunicação, hábil a atingir com extrema facilidade mercados antes longínquos,

[3] *Vide* o "Título II – Dos Limites da Jurisdição Nacional e da Cooperação Internacional" do novo Código de Processo Civil, arts. 21 e ss. BRASIL. Lei n. 13.105, de 16 de março de 2015, Código de Processo Civil. Disponível em: http://www.planalto.gov.br/ccivil_03/_ato2015-2018/2015/lei/L13105.htm. Acesso em: 12 abr. 2019.

[4] *Vide* BENEDEK, Wolfgang, BAUER, Veronika, KETTEMANN, Matthias. *Internet Governance and the Information Society: Global Perspectives and European Dimensions.* Utrecht: Eleven International Publishing, 2008. *Vide* ZITTRAIN, Jonathan. *The Future of the Internet – And How to Stop It.* London: Yale University Press, 2008. *Vide* Cohen, Julie. *Cyberspace As/And Space.* Columbia Law Review, Volume 107, n. 1, 2007. *Vide* GIACOMELLO, Giampiero. *National governments and control of the Internet: a digital challenge.* London: Routledge, 2005.

levantando uma imensa gama de problemas legais, como segurança eletrônica, pornografia, políticas extremistas, direitos autorais, compatibilidade das legislações nos diferentes países, privacidade, dificuldades de identificação das partes envolvidas, *fake news*, conflitos de Comércio Eletrônico, entre muitos outros[5].

A referida realidade pode ser notada pelos recentes casos judiciais relacionados ao aplicativo WhatsApp no Brasil, com bloqueios e decisões "respaldadas" no Código de Processo Civil e na Lei que instituiu o Marco Civil da Internet no Brasil[6].

Igualmente, podemos citar diversos casos judiciais envolvendo empresas internacionais da Internet, que confrontam as legislações "locais", como o CPC, feitas para uma Internet "global", como os casos do Uber, do Facebook, do Google, dos dados entre Estados Unidos da América e a União Europeia, da Apple, do Twitter, da Microsoft, do YouTube, do Alibaba, do Netflix, da Amazon, do Wikileaks, entre muitos e muitos outros.

Em todos os iniciais problemas citados, quando os interessados na utilização de um sistema jurídico para a proteção de seus Direitos procuram satisfazê-los, valem-se dos mecanismos clássicos dispostos pelo Poder Judicial, baseados na legislação nacional como o CPC. Entretanto, deparando-se com problemáticas oriundas da Internet, podem não encontrar respaldo efetivo dos mesmos mecanismos.

Nessa linha de raciocínio, a própria originalidade tecnológica dos problemas que a Internet apresenta é de molde a pôr em crise conceitos e soluções jurídicas que tinham pacificamente imperado no Direito[7].

[5] *Vide* GOLLER, Bernd, STOLL, Peter-Tobias. *Electronic Commerce and the Internet.* Berlin: Jahrbuch Für Internationales Recht, v. 41, 1998, p. 145-169. *Vide* LOUDENSLAGER, Michael. *Allowing Another Policeman on the Information Superhighway: State Interests and Federalism on the Internet in the Face of the Dormant Commerce Clause.* B.Y.U. Journal of Public Law, Volume XVII, 2003, p. 192. *Vide* KUMAR, Manish. *Constitutionalizing Email Privacy by Informational Access.* Minnesota Journal of Law, Science & Technology, Vol. 9, issue 1, 2008, p. 257 e ss.

[6] *Vide* REUTERS, "Brazil judge orders WhatsApp blocked, affecting 100 million users". Available at http://www.reuters.com/article/us-facebook-brazil-whatsapp-idUSKCN0XT1KB. Acesso em: 5 mar. 2016.

[7] Tal afirmação é consequência do fato de que os Estados, garantidores naturais da prestação jurisdicional, vem encontrando resistência desafiadora nas características que perfazem a Internet, como a sua internacionalidade, sua desterritorialidade, e que, por conseguinte, configuram ao órgão de soberania relativa incapacidade em prestar a efetiva tutela jurisdicional. Esses argumentos são aprofundados no decorrer deste artigo. *Vide* CORREIA, Miguel Pupo. Comércio Electrónico: Forma e Segurança. In: *As Telecomunicações e o Direito na Sociedade da Informação.* Coimbra: Instituto Jurídico da Comunicação, 1999, p. 224.

Nesse sentido, o presente opúsculo pretende concentrar-se na revolução que vem provocando a Internet, especificamente nos desafios ao exercício do Poder Judicial. Vamos a eles.

1.2. O Poder Judicial – Aproximação ao Tema

Preliminarmente, nas nossas primeiras aulas de Direito, aprendemos que para a harmonia de nossa sociedade devemo-nos utilizar do Estado se quisermos satisfazer nossas pretensões legais.

Historicamente, a luta para um Estado Constitucional Democrático de Direito sempre visou a garantir que os conflitos jurídicos submetidos ao Poder Judiciário seriam analisados, por meio de um processo legal, evitando-se, pois, a autotutela ou autodefesa.

De fato, com exceção do mecanismo da arbitragem, o Estado praticamente monopoliza as relações jurídicas dos cidadãos, embasado no ordenamento Constitucional, nas suas legislações, como o CPC, e na organização de seus órgãos de soberania[8].

Dessa forma, não é novidade afirmar que diversas Cartas Constitucionais asseguram, explicitamente, que não haverá falta de apreciação por parte do Poder Judiciário de lesão ou ameaça a Direito. Na mesma ordem de ideias, ao estabelecer um Código de Processo Civil, em 2015, o Brasil demonstra a mesma garantia e pretensão.

É nesse sentido que, *in exemplis*, a Constituição da República Federativa do Brasil assegura o acesso ao Direito e à tutela jurisdicional efetiva, em seu art. 5º, XXXV. Em outras palavras, estabelece que "a lei não excluirá da apreciação do Poder Judiciário lesão ou ameaça a direito". Também chamado de princípio da inafastabilidade da jurisdição, esse Direito Constitucional objetiva assegurar a possibilidade de um cidadão resolver, via Tribunal, suas demandas[9].

Mais concretamente, como salientam Calliess e Hoffmann, o que passa a ser decisivo é a efetividade do serviço judicial oferecido[10].

Contudo, o Estado, garantidor natural da prestação jurisdicional, embasado em seu ordenamento jurídico, em especial no Código de Processo Civil,

[8] *Vide* Reidenberg, Joel. *States and Internet Enforcement.* University of Ottawa Law & Technology Journal, Vol. 1, n. 213, 2004, p. 216.

[9] *Vide* em melhor exposição do tema GOMES CANOTILHO, J. J. *Direito Constitucional e Teoria da Constituição.* Coimbra: Almedina, 7ª ed., 6ª reimp., 2009, p. 276 e 496.

[10] *Cfr.* CALLIESS, Gralf-Peter, HOFFMANN, Hermann. *Judicial Services for Global Commerce – Made in Germany?* German Law Journal, Vol. 10, n. 2, 2009, p. 117.

vem encontrando resistência desafiadora nas características que perfazem a Internet, como a sua internacionalidade, sua desterritorialidade, e que, por conseguinte, configuram ao órgão de soberania relativa incapacidade em prestar a efetiva tutela jurisdicional[11].

Passemos, especificamente, a elas.

1.3. Internacionalidade

De início, uma das mais impactantes características da Internet é sua natureza internacional. De fato, a Internet é um conjunto de redes de computadores, interligadas internacionalmente, e comunicando praticamente todos os países do globo[12].

Ademais, a expansão e o desenvolvimento das novas tecnologias da informação aumentaram, significativamente, as possibilidades de contatos internacionais. A rapidez, bem como o custo reduzido (em comparação com as formas tradicionais de comunicação) da forma diferente de interação *online,* coloca as pessoas cada vez mais próximas umas das outras.

Dessa forma, os particulares transferem-se continuamente de um país para outro e, mesmo ficando na própria terra, agora com a Internet, podem estabelecer, mais facilmente, contatos culturais ou mercantis com outros indivíduos, estabelecendo relações por cima das fronteiras.

Como consequência, atualmente as pessoas estão mais conscientes da sua ligação aos outros e mais dispostas a identificar-se com questões e processos

[11] Cfr. CALLIESS, Gralf-Peter, HOFFMANN, Hermann. Judicial Services for Global Commerce – Made in Germany? German Law Journal, Vol. 10, n. 2, 2009, p. 117. Vide SPANG-HANSSEN, Henrik. Cyberspace Jurisdiction in the U.S. (From an alien's point of view). The International Dimension of Due Process. Oslo: Institutt for rettsinfomatikk, Norwegian Research Center for Computers and Law, 2001, p. 8. Cfr. Reidenberg, Joel. States and Internet Enforcement. University of Ottawa Law & Technology Journal, Vol. 1, n. 213, 2004, p. 215. *Cfr.* LOUDENSLAGER, Michael. Allowing Another Policeman on the Information Superhighway: State Interests and Federalism on the Internet in the Face of the Dormant Commerce Clause. B.Y.U. Journal of Public Law, Vol. XVII, 2003, p. 193. Cfr. Greenstein, Richard. The Action Bias in American Law: Internet Jurisdiction and the Triumph of Zippo Dot Com. Temple Law Review, Vol. 80, 2007, p. 21. Vide LESSIG, Lawrence. Reading The Constitution in Cyberspace. Emory Law Journal, n. 3, 1996, p. 40 e ss. Cfr. SEAMAN, Adrienne. E-Commerce, Jurisdiction and Choice of Law. Computers and Law, Vol. 10, n. 5, 2000, p. 28-31.

[12] Tecnicamente, cada país possui uma (ou mais) *Backbone* de Serviço Internet (coluna vertebral), interligando os pontos de presença regionais. As diversas *Backbones* são interligadas por meio de Pontos de Interconexão de Redes, que devem possuir capacidade adequada para sustentar as necessidades de uma comunicação eficiente. Em continuidade, a Internet chega até o usuário final, por provedor de acesso à Internet.

globais. Isso tem levado a uma reorientação do modo de pensar das pessoas, passando-se do nível nacional para o nível global[13].

Nessa ótica, as ações das pessoas passam a ter uma dimensão para além das fronteiras nacionais. Pela Internet, a mencionada dimensão é naturalmente internacional.

Com efeito, a Internet é transnacional, e uma nova comunidade internacional está se formando, havendo questões judiciais que se colocam em pauta. Dentro do referido contexto, os poderes judiciários em todo o mundo já começaram a perceber as dificuldades no exercício de sua autoridade[14].

A esse respeito, é de começar por dizer que o primeiro desafio encontrado pelo juiz é o de conseguir a subordinação de determinado réu, localizado no estrangeiro, em uma ação judicial iniciada em seu país.

Mesmo que os critérios de competência e jurisdição determinem a referida subordinação, aquando de uma análise do novo CPC, o estrangeiro simplesmente não teria interesse algum em aceitar a jurisdição determinada pelas regras do Direito alienígena no ambiente internacional da Internet[15].

Nesse contexto, pois, o Direito nacional está sendo desafiado pelas novas tecnologias.

As fontes de juridicidade, como o CPC, ao estabelecerem regras e medidas, prescrevem formas e procedimentos com referências nacionais, locais. Contudo, a Internet é internacional, global, e novas problemáticas e riscos estão surgindo nesse espaço.

De destacar é, a este propósito, o precursor caso que trazemos a seguir:

[13] *Vide* BENEDEK, Wolfgang, BAUER, Veronika, KETTEMANN, Matthias. *Internet Governance and the Information Society: Global Perspectives and European Dimensions.* Utrecht: Eleven International Publishing, 2008, p. 7 e ss. *Vide* AUGSBERG, Ino. *The Relevance of Network Models within the Juridic Discourse. Empirical, Sociological, and Epistemological Perspectives.* German Law Journal, Vol. 10, n. 4, 2009, p. 384. *Vide* Komaitis, Konstantinos. *Aristotle, Europe and Internet Governance.* Pacific McGeorge Global Business & Development Law Journal, Vol. 21, n. 1, 2008, p. 2. *Cfr.* KHOR, Zoe, MARSH, Peter. *Life online: The Web in 2020.* Oxford: The Social Issues Research Centre, 2006, p. 61 e ss. *Cfr.* GIDDENS, Anthony. *Sociologia.* Lisboa: Fundação Calouste Gulbenkian, 2008, p. 56. *Vide* VON BOGDANDY, Armin, DELLAVALLE, Sergio. *Universalism Renewed: Habermas' Theory of International Order in Light of Competing Paradigms.* German Law Journal, Vol. 10, n. 1, 2009, p. 6.

[14] *Cfr.* CALLIESS, Gralf-Peter, HOFFMANN, Hermann. *Judicial Services for Global Commerce – Made in Germany?* German Law Journal, Vol. 10, n. 2, 2009, p. 115.

[15] *Vide* arts. 21 e ss., no "Título II – Dos Limites da Jurisdição Nacional e da Cooperação Internacional" do novo Código de Processo Civil. BRASIL. Lei n. 13.105, de 16 de março de 2015, Código de Processo Civil. Disponível em: http://www.planalto.gov.br/ccivil_03/_ato2015-2018/2015/lei/l13105.htm. Acesso em: 4 fev. 2019.

Caso 1 – YouTube Inc vs. Renato Malzoni Filho & Daniela Cicarelli
Decisão TJ-SP 488.184-4/3 – desbloqueio do site Youtube.com.

Este foi um dos mais famosos casos brasileiros envolvendo o maior *Website* de vídeos do mundo, o YouTube. Inicialmente, no plano pertinente à questão, o Desembargador Ênio Santarelli Zuliani, da 4ª Câmara de Direito Privado do Tribunal de Justiça do Estado de São Paulo, determinou a retirada de página com o vídeo em que os autores da ação apareciam em atividades amorosas em uma praia na Espanha. Tratava-se da conhecida modelo brasileira Daniela Cicarelli, ex-esposa do mundialmente reconhecido jogador Ronaldo.

Contudo, o YouTube, inicialmente, não cumpriu a decisão, alegando considerar apenas as decisões judiciais dos Estados Unidos da América, local de sua sede.

Diante disso, e pela impossibilidade técnica dos provedores em bloquear apenas a ligação correspondente ao vídeo, o acesso ao *Website* foi bloqueado no Brasil inteiro, por decisão judicial.

Nesta sequência, conforme explicou o Desembargador em sua decisão seguinte (apenas 1 dia depois), "O bloqueio do *site* está gerando uma série de comentários, o que é natural em virtude de ser uma questão pioneira, sem apoio legislativo". Ainda, completou demonstrando sua relativa incapacidade judicante, nestes termos: "É preciso dispor que a questão não diz respeito mais ao vídeo de Cicarelli, como ficou conhecida a matéria, porque o que está em análise é a respeitabilidade de uma decisão judicial. *O Youtube não cumpre a sentença*, o que constitui ofensa ao art. 5º, XXXV, da CF, uma ameaça ao sistema jurídico. As sentenças são emitidas para serem executadas"[16].

Na mesma decisão, entretanto, ante a impossibilidade técnica de se bloquear apenas o vídeo, pela disseminação deste em diversos sufixos do *Website*, em virtude da total falta de subordinação do YouTube em acatar a decisão brasileira, e pela repercussão negativa em bloquear o acesso do *site* para todo o país, o Desembargador determinou o desbloqueio do *Website* e, consequentemente, o vídeo passou a ser visualizado no Brasil novamente, contrariando a decisão anterior do próprio magistrado. Não obstante a continuidade do caso, com decisões embasadas no ordenamento jurídico brasileiro, outros casos semelhantes demonstram a dificuldade em lidar com empresas da Internet que estão distantes das bases jurisdicionais brasileiras, mas que possuem milhões de usuários no Brasil.

[16] A decisão completa pode ser acessada em: www.lawinter.com/caso1.pdf.

Recentemente, o WhatsApp, aplicativo de mensagens baseado na Internet, trouxe à baila as mesmas discussões judiciais. Desta feita, com o novo CPC em ação. Contudo, os resultados são os mesmos. Bloqueios e desbloqueios, e a demonstração de que a Internet traz claros desafios à legislação brasileira[17].

Com efeito, a dicotomia entre a Internet/global e a Lei/nacional-local leva os governos a refletirem sobre os limites do seu alcance jurídico em relação ao autor material de um dano longínquo, mas que pela Internet está a provocar reflexos locais[18].

Infere-se, de todo o apanhado, que o ambiente internacional proporcionado pela rede mundial de computadores permite consequências aos cidadãos resultantes de atividades e ligações provenientes de pessoas e empresas que estão fora das bases jurisdicionalizadas[19].

Se por um lado constata-se o prejuízo que motivou a ação judicial, de outro visualiza-se um ambiente internacional protetor, pelo distanciamento natural do réu dos distúrbios advindos da demanda.

Conforme o caso, podemos considerar aqui que os progressos tecnológicos alavancados pela Internet tornam o mundo cada vez mais um só, unindo indivíduos e grupos por meio de relações supranacionais, a tal ponto que as soluções internas já não mais acompanham todos os problemas jurídicos contemporâneos.

[17] *Vide* REUTERS, "Brazil judge orders WhatsApp blocked, affecting 100 million users". Available at http://www.reuters.com/article/us-facebook-brazil-whatsapp-idUSKCN0XT1KB. Acesso em: 5 mar. 2016.

[18] Cfr. ZITTRAIN, Jonathan. Be careful what you ask for. Reconciling a Global Internet and Local Law. In: THIERER, Adam, CREWS, Clyde Wayne. Who rules the net?: Internet Governance and Jurisdiction. Washington: Cato Institute, 2003, p. 18. Holland, H. Brian. The Failure of the Rule of Law in Cyberspace? Reorienting the Normative Debate on Borders and Territorial Sovereignty. John Marshall Journal of Computer & Information Law, Vol. 24, 2005, p. 4 e ss. Vide BIEGEL, Stuart. Beyond Our Control?: Confronting the Limits of Our Legal System in the Age of Cyberspace. Cambridge: MIT Press, 2003, p. 101.

[19] *Vide* DIXON, Helen. *Regulate to Liberate. Can Europe Save the Internet?* New York: Foreign Affairs. September 19, 2018. Accessed September 19, 2018. Available at https://www.foreignaffairs.com/articles/europe/2018-08-13/regulate-liberate. *Vide* SEGAL, Adam. *When China Rules the Web.* New York: Foreign Affairs. September 19, 2018. Accessed September 19, 2018. Available at https://www.foreignaffairs.com/articles/china/2018-08-13/when-china-rules-web.

1.4. Desterritorialidade

De início, o princípio da territorialidade é originalmente derivado de um pressuposto de absoluto poder soberano sobre os limites territoriais do Estado.

Tradicionalmente, a jurisdição é baseada, sobretudo, no conceito de território. Uma nação tem competência para exigir o que é, bem como o que não é, boa conduta dentro de sua base geográfica.

Ainda, tem competência para fazer cumprir essas prescrições contra agentes cuja conduta ilegal tenha ocorrido no seu território. Em termos gerais, esse conceito de competência é seguido do princípio básico de que uma entidade soberana tem a autoridade legal para exercer controle dentro do seu território, com exclusão de outros Estados, autoridade para governar nesse território, e autoridade para aplicar a legislação[20].

É o que se verifica pela análise do Título II do novo CPC, denominado "Dos Limites da Jurisdição Nacional e da Cooperação Internacional"[21].

[20] *Cfr.* BRENNER, Susan, KOOPS, Bert-Jaap. *Cybercrime Jurisdiction.* Journal of High Technology Law, Vol. IV, n. 1, 2004, p. 06. *Vide* MICHAELS, Ralf. *Territorial Jurisdiction after Territoriality.* In: SLOT, Pieter, BULTERMAN, Mielle. *Globalisation and Jurisdiction.* The Hague: Kluwer Law International, 2004. p. 105 e ss.

[21] *Vide* "TÍTULO II – DOS LIMITES DA JURISDIÇÃO NACIONAL E DA COOPERAÇÃO INTERNACIONAL
CAPÍTULO I – DOS LIMITES DA JURISDIÇÃO NACIONAL
Art. 21. Compete à autoridade judiciária brasileira processar e julgar as ações em que:
I – o réu, qualquer que seja a sua nacionalidade, estiver domiciliado no Brasil;
II – no Brasil tiver de ser cumprida a obrigação;
III – o fundamento seja fato ocorrido ou ato praticado no Brasil.
Parágrafo único. Para o fim do disposto no inciso I, considera-se domiciliada no Brasil a pessoa jurídica estrangeira que nele tiver agência, filial ou sucursal.
Art. 22. Compete, ainda, à autoridade judiciária brasileira processar e julgar as ações:
I – de alimentos, quando:
a) o credor tiver domicílio ou residência no Brasil;
b) o réu mantiver vínculos no Brasil, tais como posse ou propriedade de bens, recebimento de renda ou obtenção de benefícios econômicos;
II – decorrentes de relações de consumo, quando o consumidor tiver domicílio ou residência no Brasil;
III – em que as partes, expressa ou tacitamente, se submeterem à jurisdição nacional.
Art. 23. Compete à autoridade judiciária brasileira, com exclusão de qualquer outra:
I – conhecer de ações relativas a imóveis situados no Brasil;
II – em matéria de sucessão hereditária, proceder à confirmação de testamento particular e ao inventário e à partilha de bens situados no Brasil, ainda que o autor da herança seja de nacionalidade estrangeira ou tenha domicílio fora do território nacional;

III – em divórcio, separação judicial ou dissolução de união estável, proceder à partilha de bens situados no Brasil, ainda que o titular seja de nacionalidade estrangeira ou tenha domicílio fora do território nacional.
Art. 24. A ação proposta perante tribunal estrangeiro não induz litispendência e não obsta a que a autoridade judiciária brasileira conheça da mesma causa e das que lhe são conexas, ressalvadas as disposições em contrário de tratados internacionais e acordos bilaterais em vigor no Brasil.
Parágrafo único. A pendência de causa perante a jurisdição brasileira não impede a homologação de sentença judicial estrangeira quando exigida para produzir efeitos no Brasil.
Art. 25. Não compete à autoridade judiciária brasileira o processamento e o julgamento da ação quando houver cláusula de eleição de foro exclusivo estrangeiro em contrato internacional, arguida pelo réu na contestação.
§ 1º Não se aplica o disposto no *caput* às hipóteses de competência internacional exclusiva previstas neste Capítulo.
§ 2º Aplica-se à hipótese do *caput* o art. 63, §§ 1º a 4º.
CAPÍTULO II – DA COOPERAÇÃO INTERNACIONAL
Seção I – Disposições Gerais
Art. 26. A cooperação jurídica internacional será regida por tratado de que o Brasil faz parte e observará:
I – o respeito às garantias do devido processo legal no Estado requerente;
II – a igualdade de tratamento entre nacionais e estrangeiros, residentes ou não no Brasil, em relação ao acesso à justiça e à tramitação dos processos, assegurando-se assistência judiciária aos necessitados;
III – a publicidade processual, exceto nas hipóteses de sigilo previstas na legislação brasileira ou na do Estado requerente;
IV – a existência de autoridade central para recepção e transmissão dos pedidos de cooperação;
V – a espontaneidade na transmissão de informações a autoridades estrangeiras.
§ 1º Na ausência de tratado, a cooperação jurídica internacional poderá realizar-se com base em reciprocidade, manifestada por via diplomática.
§ 2º Não se exigirá a reciprocidade referida no § 1º para homologação de sentença estrangeira.
§ 3º Na cooperação jurídica internacional não será admitida a prática de atos que contrariem ou que produzam resultados incompatíveis com as normas fundamentais que regem o Estado brasileiro.
§ 4º O Ministério da Justiça exercerá as funções de autoridade central na ausência de designação específica.
Art. 27. A cooperação jurídica internacional terá por objeto:
I – citaçao, intimaçao e notificaçao judicial e extrajudicial;
II – colheita de provas e obtenção de informações;
III – homologação e cumprimento de decisão;
IV – concessão de medida judicial de urgência;
V – assistência jurídica internacional;
VI – qualquer outra medida judicial ou extrajudicial não proibida pela lei brasileira.
Seção II – Do Auxílio Direto
Art. 28. Cabe auxílio direto quando a medida não decorrer diretamente de decisão de autoridade jurisdicional estrangeira a ser submetida a juízo de delibação no Brasil.
Art. 29. A solicitação de auxílio direto será encaminhada pelo órgão estrangeiro interessado à autoridade central, cabendo ao Estado requerente assegurar a autenticidade e a clareza do pedido.

No século XX, e principalmente no século XXI, a mobilidade permitida pelas novas tecnologias prejudicou alguns dos pressupostos que deram origem

Art. 30. Além dos casos previstos em tratados de que o Brasil faz parte, o auxílio direto terá os seguintes objetos:
I – obtenção e prestação de informações sobre o ordenamento jurídico e sobre processos administrativos ou jurisdicionais findos ou em curso;
II – colheita de provas, salvo se a medida for adotada em processo, em curso no estrangeiro, de competência exclusiva de autoridade judiciária brasileira;
III – qualquer outra medida judicial ou extrajudicial não proibida pela lei brasileira.
Art. 31. A autoridade central brasileira comunicar-se-á diretamente com suas congêneres e, se necessário, com outros órgãos estrangeiros responsáveis pela tramitação e pela execução de pedidos de cooperação enviados e recebidos pelo Estado brasileiro, respeitadas disposições específicas constantes de tratado.
Art. 32. No caso de auxílio direto para a prática de atos que, segundo a lei brasileira, não necessitem de prestação jurisdicional, a autoridade central adotará as providências necessárias para seu cumprimento.
Art. 33. Recebido o pedido de auxílio direto passivo, a autoridade central o encaminhará à Advocacia-Geral da União, que requererá em juízo a medida solicitada.
Parágrafo único. O Ministério Público requererá em juízo a medida solicitada quando for autoridade central.
Art. 34. Compete ao juízo federal do lugar em que deva ser executada a medida apreciar pedido de auxílio direto passivo que demande prestação de atividade jurisdicional.
Seção III – Da Carta Rogatória
Art. 35. (VETADO).
Art. 36. O procedimento da carta rogatória perante o Superior Tribunal de Justiça é de jurisdição contenciosa e deve assegurar às partes as garantias do devido processo legal.
§ 1º A defesa restringir-se-á à discussão quanto ao atendimento dos requisitos para que o pronunciamento judicial estrangeiro produza efeitos no Brasil.
§ 2º Em qualquer hipótese, é vedada a revisão do mérito do pronunciamento judicial estrangeiro pela autoridade judiciária brasileira.
Seção IV – Disposições Comuns às Seções Anteriores
Art. 37. O pedido de cooperação jurídica internacional oriundo de autoridade brasileira competente será encaminhado à autoridade central para posterior envio ao Estado requerido para lhe dar andamento.
Art. 38. O pedido de cooperação oriundo de autoridade brasileira competente e os documentos anexos que o instruem serão encaminhados à autoridade central, acompanhados de tradução para a língua oficial do Estado requerido.
Art. 39. O pedido passivo de cooperação jurídica internacional será recusado se configurar manifesta ofensa à ordem pública.
Art. 40. A cooperação jurídica internacional para execução de decisão estrangeira dar-se-á por meio de carta rogatória ou de ação de homologação de sentença estrangeira, de acordo com o art. 960.
Art. 41. Considera-se autêntico o documento que instruir pedido de cooperação jurídica internacional, inclusive tradução para a língua portuguesa, quando encaminhado ao Estado brasileiro por meio de autoridade central ou por via diplomática, dispensando-se a juramentação, autenticação ou qualquer procedimento de legalização.

ao modelo tradicional de jurisdição territorial. Com efeito, tornou-se muito mais fácil para alguém cometer um ato em um país sem que o autor nunca tenha saído de seu próprio local de origem[22].

Contudo, esse contexto parece não provisionar poder ao Estado para o comando de atividades na Internet, tendo em vista que muitas delas ocorrem transnacionalmente, com a participação de agentes estrangeiros, sem contatos tangíveis com o país[23].

Importa mencionar, como muito bem salienta Gomes Canotilho, que o território constitui um ponto de referência do agir estatal, com grande relevância jurídica e política. Em discurso perfeito, *in casu*, Gomes Canotilho diz que "quanto mais o direito estiver supranacionalizado ou internacionalizado tanto menos o território constituirá as margens do mundo jurídico soberano". Com efeito, complementa o autor, que "as modernas tecnologias há muito que deixaram de bater nas barreiras dos territórios estatais"[24].

Por sua vez, Rundle e Birdling argumentam que a sociedade já está tão integrada internacionalmente que a relação entre um Estado e os cidadãos já não é hierárquica, tendo em vista a queda de sua jurisdição territorial no ciberespaço[25].

Em consonância, como destaca Rasmussen, a Internet foi idealizada para permitir às pessoas utilizarem seus computadores em qualquer local[26].

Parágrafo único. O disposto no caput não impede, quando necessária, a aplicação pelo Estado brasileiro do princípio da reciprocidade de tratamento". *Cfr.* BRASIL. Lei n. 13.105, de 16 de março de 2015, Código de Processo Civil. Disponível em: http://www.planalto.gov.br/ccivil_03/_ato2015-2018/2015/lei/L13105.htm. Acesso em: 12 abr. 2019.

22 *Cfr.* BRENNER, Susan, KOOPS, Bert-Jaap. *Cybercrime Jurisdiction.* Journal of High Technology Law, Vol. IV, n. 1, 2004, p. 6.

23 Cfr. TIMOFEEVA, Yulia A. Worldwide Prescriptive Jurisdiction in Internet Content Controversies: A Comparative Analysis. Connecticut Journal of International Law, Vol. 20, 2005, p. 202. Cfr. Reidenberg, Joel. States and Internet Enforcement. University of Ottawa Law & Technology Journal, Vol. 1, n. 213, 2004, p. 215. Vide Rimmer, Matthew. Virtual Countries: Internet Domain Names and Geographical Terms. Media International Australia incorporating Culture and Policy, n. 106, 2003, p. 134.

24 *Cfr.* GOMES CANOTILHO, J. J. *Direito Constitucional e Teoria da Constituição.* Coimbra: Almedina, 7ª ed., 6ª reimp., 2009, p. 1350.

25 *Cfr.* RUNDLE, Mary, BIRDLING, Malcolm. Filtering and the International System: A question of Commitment. In: DEIBERT, Ronald, PALFREY, John, ROHOZINSKI, Rafal, ZITTRAIN, Jonathan. Access denied: the practice and policy of global Internet filtering. Cambridge: MIT Press, 2008, p. 76.

26 *Cfr.* RASMUSSEN, Terje. Techno-politics, Internet Governance and some challenges facing the Internet. Oxford Internet Institute, Research Report 15, 2007, p. 10.

Logo, dentro das referidas análises, a facilitação que proporciona a Internet quanto à mobilidade virtual torna obsoletas as regras de estabelecimento jurisdicional baseadas no território.

De outro lado, já é largamente considerado que, no âmbito do princípio da territorialidade, um Tribunal não pode valer-se de uma extraterritorialidade de sua jurisdição sobre pessoas situadas fora do território, simplesmente com base no fato de que este cidadão disponibiliza em seu *Website* imagens ou dados que violem as leis de seu Estado, e que são, inevitavelmente, acessíveis aos usuários dentro do país do Tribunal[27].

A corroborar esse raciocínio é o basilar julgado que trazemos a seguir:

Caso 2 – Bible & Gospel Trust v. WymanF. Supp. 2d –, 2005 WL 273162 (D. Minnesota)

No âmbito de uma ação por difamação, *violação de direitos autorais e interferência nos negócios*, a Corte Distrital de Minnesota-EUA recusou-se a exercer sua jurisdição sobre um *Website* baseado em Winnipeg, Manitoba-Canadá.

Os demandantes representavam uma organização religiosa, que alegou ter sido difamada pelo *site* do arguido, entre outras questões[28].

Nesse contexto, o Tribunal analisou sumariamente as normas concernentes à determinação do exercício de sua jurisdição sobre um *Website* sediado no Canadá e encerrou o caso.

E nessa mesma linha, outro caso apreciado por um Tribunal norte-americano, envolvendo uma Professora da Universidade de Oxford, na Inglaterra.

[27] *Cfr.* TIMOFEEVA, Yulia A. Worldwide Prescriptive Jurisdiction in Internet Content Controversies: A Comparative Analysis. Connecticut Journal of International Law, Vol. 20, 2005, p. 199. Vide LOUDENSLAGER, Michael. Allowing Another Policeman on the Information Superhighway: State Interests and Federalism on the Internet in the Face of the Dormant Commerce Clause. B.Y.U. Journal of Public Law, Volume XVII, 2003, p. 242 e ss. Sobre esta controvérsia, *vide* Greenstein, Richard. The Action Bias in American Law: Internet Jurisdiction and the Triumph of Zippo Dot Com. Temple Law Review, Vol. 80, 2007, p. 27 e ss.

[28] *Vide* mais sobre o caso em BROWN, Evan. *Minnesota Federal court declines to exercise personal jurisdiction over Winnipeg website operator.* Chicago. Disponível em: http://blog.internetcases.com/2005/02/04/minnesota-federal-court-declines-to-exercise-personal-jurisdiction-over-winnipeg-website-operator. Acesso em: 6 maio 2009.

Caso 3 – Oxford Round Table Inc. V. Sloan Mahone
Civil Act. n. 3:07 CV-330-H (W.D. Ken)

Nas dimensões mais relevantes, importa discorrer que o requerente, Oxford Round Table Inc. ("ORT"), é uma corporação do Kentucky que realiza conferências educacionais na Universidade de Oxford, na Inglaterra. A seu turno, a requerida, Sloan Mahone ("Mahone"), é uma acadêmica, professora associada da Universidade de Oxford. Aparentemente insatisfeita com as atividades da ORT, Mahone fez uma série de *posts* criticando a ORT em um *Website* mantido pela Chronicle of Higher Education, de Washington. A acusada também enviou *e-mails* negativos sobre a corporação para cada um dos afiliados da Universidade de Oxford na Inglaterra, e outro para um indivíduo em Illinois-EUA. Contudo, Mahone nunca esteve em Kentucky, ou fez negócios por lá. Apenas praticou as condutas descritas pela Internet, diretamente da Inglaterra.

Nesse contexto, a ORT ingressou com uma ação judicial em Kentucky--EUA. O tribunal negou provimento à ORT por falta de jurisdição em relação a uma residente na Inglaterra[29].

O que se depreende, pois, é que os demandantes, nos dois casos anteriores, nem sequer tiveram acesso a uma decisão meritória.

Essencialmente, destaca-se que decisões nesse sentido, e que representam milhares de outras no Brasil, desmotivam futuras ações judiciais. Em termos práticos, referimo-nos às muitas pessoas que nem sequer propõe uma demanda relacionada com a Internet com receio de não alcançar o réu[30].

Em breve ilustração a respeito, as cenas constantemente reproduzidas em películas, em que o fugitivo procurava chegar a outro país para se ver livre da perseguição, na Internet são absolutamente naturais. Um *bit* para lá e os Tribunais podem não alcançar, incrementando o poder individual[31]. No ciberespaço, escapar da perseguição torna-se muito mais fácil.

De outro lado, como discorre Schumacher, a Internet tem sido usada como uma plataforma de conteúdos inconstitucionais e prejudiciais para adolescentes. A legislação alemã, por exemplo, possibilita às autoridades judiciais adotarem medidas adequadas em relação ao servidor de acesso à rede, a fim de evitar o conteúdo indesejável. Contudo, o autor levanta as diversas dificuldades

[29] A decisão completa pode ser acessada em: www.lawinter.com/caso3.pdf.

[30] *Vide* CALLIESS, Gralf-Peter, HOFFMANN, Hermann. *Judicial Services for Global Commerce – Made in Germany?* German Law Journal, Vol. 10, n. 2, 2009, p. 115.

[31] *Cfr.* LESSIG, Lawrence. *Code and Other Laws of Cyberspace.* New York: Basic Books, 1999, p. 207.

enfrentadas pelas autoridades, que vão desde a limitação de sua jurisdição (*não atingindo servidores de outras regiões ou países*) até as múltiplas possibilidades técnicas de desvio dos bloqueios[32].

Aliás, é a respeito deste último ponto o direcionador caso que trazemos a seguir:

Caso 4: Bank Julius Baer & Co., a Swiss Entity; and Julius Baer Bank and Trust Co., a Cayman Island Entity, vs. Wikileaks, and Dynadot, LLC, a California Limited Liability Company.
Case n. CV08-0824 JSW – United States District Court – Northern District Of California – San Francisco Division.

Fundamentalmente, neste caso, a decisão do Tribunal californiano retirou da Internet o *Website* Wikileaks.org, dedicado à publicação anônima de documentos e denúncias de corrupção, escândalos políticos e similares. O pedido foi solicitado via Tribunal pelo banco Julius Baer, com sede na Suíça e filial nas Ilhas Cayman.

O processo originou-se pela publicação, no *Website* Wikileaks.org, de artigos e documentos que supostamente comprovariam que o banco auxiliava seus clientes a lavar dinheiro e esconder patrimônio. Entretanto, o principal demandado não foi o *Website* Wikileaks, mas seu provedor de DNS[33], Dynadot, a quem foi determinada a remoção integral do *site*, assim como o bloqueio do nome de domínio "wikileaks.org", com o intuito de impedir sua transferência para outros provedores ou servidores.

Naquela ocasião, a decisão judicial[34], porém, apenas limitou o acesso principal ao *Website*, via http://www.wikileaks.org.

Contudo, o conteúdo continuava acessível por meio de outros *sites*, em outros países, por exemplo (na época da ocorrência): http://88.80.13.160/wiki/Wikileaks, http://wikileaks.be e http://www.wikileaks.cx .

[32] Cfr. SCHUMACHER, Pascal. Fighting illegal Internet content – May access providers be required to ban foreign websites? A recent German approach. International Journal of Communications Law and Policy, Issue 8, Winter 2004, p. 11-12.

[33] O DNS (*Domain Name Server*) permite nomear os endereços da Internet, normalmente representados por números. O DNS traduz o endereço na rede que conhecemos, por exemplo, www.lawinter.com, em um endereço de protocolo da Internet (números) que o computador é capaz de reconhecer.

[34] A decisão judicial completa pode acessada em: www.lawinter.com/caso4.pdf.

Os referidos casos, demonstram a necessidade dos Estados em admitir o papel desestabilizador da Internet como um meio sem fronteiras, e que mantém as suas atividades no âmbito judicial dentro de razoáveis limites geográficos[35]. Aliás, o caso da prisão do fundador do Wikileaks, Julian Assange em 2019, que estava abrigado na embaixada equatoriana desde 2012 para evitar extradição, e que esteve diretamente envolvidoem um dos maiores vazamentos eletrônicos de documentos secretos da história mundial, demonstra que o enredo proporcionado pela Internet desafia as maiores potências do planeta.

É por demais oportuno, à guisa de conclusão nesta parte, trazermos a elogiosa opinião de Gomes Canotilho, nestes termos: "A globalização das comunicações e informações e a expansão mundial de unidades organizativas internacionais (organizações não governamentais), privadas ou públicas (mas não estatais), deslocam o papel obsidiante do "actor estatal", tornando as fronteiras cada vez mais irrelevantes e a interdependência política e económica cada vez mais estruturante".[36]

1.5. O Poder Soberano Judicial no Ciberespaço

Por primeiro, devemos observar que, durante a nossa história, a vida era geograficamente baseada em um Estado, localizado em um espaço físico determinado, com sua soberania presumida, e os cidadãos a participar social e politicamente nestes espaços, com direitos e deveres.

Com esses contornos, essencialmente, um Estado soberano é identificado classicamente quando o seu governo não é subordinado a qualquer autoridade, não reconhece nenhum poder maior de que dependam a definição e o exercício de suas competências, e só se põe de acordo com seus homólogos na construção da ordem internacional a partir da premissa de que aí vai um esforço horizontal e igualitário de coordenação no interesse coletivo. De acordo com o conceito clássico, a soberania é atributo fundamental do Estado,

[35] *Vide* DIXON, Helen. *Regulate to Liberate. Can Europe Save the Internet?* New York: Foreign Affairs. September 19, 2018. Accessed September 19, 2018. Available at https://www.foreignaffairs.com/articles/europe/2018-08-13/regulate-liberate. *Vide* SEGAL, Adam. *When China Rules the Web.* New York: Foreign Affairs. September 19, 2018. Accessed September 19, 2018. Available at https://www.foreignaffairs.com/articles/china/2018-08-13/when-china-rules-web.

[36] *Cfr.* GOMES CANOTILHO, J. J. *Direito Constitucional e Teoria da Constituição.* Coimbra: Almedina, 7ª ed., 6ª reimp., 2009, p. 1369.

e o faz titular de competências que não são ilimitadas, mas que nenhuma outra entidade as possui superiores[37].

Em outras palavras, a qualidade de poder soberano significa, para o país, o exercício de um poder supremo no plano interno e um poder independente em nível internacional. Internamente, a soberania é representada por um poder político de comando, sobre os cidadãos nacionais, em um território[38].

Fundamentalmente, a soberania é o exercício do poder de um Estado no espaço de suas fronteiras. Nesse espaço, os Estados detém a exclusividade na edição do Direito positivo e o domínio de constranger os ali reunidos "para impôr a efectividade das suas regulações e dos seus comandos" [39]. Assim, o Estado exerce sem qualquer concorrência a plenitude de suas funções judiciais.

Por outro lado, nas palavras de Gomes Canotilho, estamos hoje mergulhados em uma sociedade técnica, informativa e de risco, e as angústias constitucionais se dão, em parte, pelos fenômenos das autoestradas da informação[40].

De fato, a natureza global da Internet, bem como seu alcance global, proporcionado por uma arquitetura mundial, apresenta uma série de complexidades jurisdicionais para qualquer país que deseje exercer seu poder soberano. Ainda, esse sistema tem transformado nossas vidas e nossa sociedade na conformação dos anseios judiciais[41]. Para Rundle, os países procuram manter a soberania sobre algumas áreas da Internet, mas devem admitir a necessidade de cooperar e compartilhar o poder com outras nações[42].

Nesse sentido, é o caso precedente levantado a seguir:

37 *Cfr.* REZEK, José Francisco. *Direito Internacional Público.* São Paulo: Saraiva, 2018, p. 216.

38 Vide Citron, Danielle Keats. Minimum Contacts in a Borderless World: Voice over Internet Protocol and the Coming Implosion of Personal Jurisdiction Theory. University of California, Davis Law Review, Vol. 39, n. 4, 2006, p. 1501 e ss.

39 *Cfr.* GOMES CANOTILHO, J. J. *Direito Constitucional e Teoria da Constituição.* Coimbra: Almedina, 7ª ed., 6ª reimp., 2009, p. 90.

40 *Cfr.* GOMES CANOTILHO, J. J. *Direito Constitucional e Teoria da Constituição.* Coimbra: Almedina, 7ª ed., 6ª reimp., 2009, p. 27.

41 *Vide* FREIRE E ALMEIDA, Daniel. *Um Tribunal Internacional para a Internet.* Coimbra: Faculdade de Direito da Universidade de Coimbra, 2012. *Vide* FREIRE E ALMEIDA, Daniel. *Um Tribunal Internacional para a Internet.* São Paulo: Almedina, 2015. *Vide* FREIRE E ALMEIDA, Daniel. *An International Tribunal for the Internet.* São Paulo: Almedina, 2016, disponível em: https://www.almedina.com.br/index.php?route=product/search&search=daniel%20freire%20e%20almeida.

42 Cfr. RUNDLE, Mary. Beyond Internet Governance: The Emerging International Framework for Governing the Networked World. Harvard Law School, Berkman Center Research Publication n. 2005-16, 2005, p. 1.

Caso 5 – Yahoo, Inc. V. La Ligue Contre le Racisme et L'antisemitisme 145 F. Supp. 2d 1168, Case No. C-00-21275JF (N.D. Ca.)

Nesta ocorrência, geradora de enorme discussão acadêmica[43], a Corte Distrital dos Estados Unidos emitiu uma sentença declaratória, considerando inaplicável naquele país uma ordem de um Tribunal da França, que determinava ao Yahoo Inc. impedir que cidadãos franceses tivessem acesso a artefatos nazistas colocados à venda no *Website* de leilões *online* do Yahoo. Tudo isso, sob a ameaça de sanções contínuas ao *site* em caso de descumprimento da ordem[44].

O Tribunal entendeu que tal determinação violava as garantias oriundas da Primeira Emenda da Constituição dos Estados Unidos da América[45].

Nem mesmo princípios de *cortesia judicial internacional* possibilitaram o cumprimento da decisão do Tribunal francês, porque, segundo o Tribunal norte-americano, além de falta de *jurisdição* para tal por parte do Tribunal francês, isso seria contrário ao consagrado na Primeira Emenda da Constituição dos Estados Unidos.

Nessa mesma linha, outro caso negava-se ao cumprimento judicial oriundo do estrangeiro.

Caso 6 – Global Royalties, LTD., ET AL. V. Xcentric Ventures, LLC, et al.n. 07-956-PHX-FJM (D.Az.)

Neste julgamento, o Tribunal recusou-se a aplicar uma medida liminar emitida por um Tribunal do Canada, que determinou aos demandados, operador do

[43] *Cfr.* Reidenberg, Joel. *Technology and Internet Jurisdiction.* University of Pennsylvania Law Review, Vol. 153, 2005, p. 1952 e ss. *Cfr.* Geist, Michael. *Is There a There There? Towards Greater Certainty for Internet Jurisdiction.* Berkeley Technology Law Journal, Fall, 2001, p. 3 e ss. *Cfr.* VIELLECHNER, Lars. *The Network of Networks: Karl-Heinz Ladeur's Theory of Law and Globalization.*German Law Journal, Vol. 10, n. 4, 2009, p. 534. *Cfr.* BERMAN, Paul Schiff. *Choice of Law and Jurisdiction on the Internet. Towards a Cosmopoltan vision of Conflict of Laws: Redefining Govermental Interests in a Global era.* University of Pennsylvania Law Review, Vol. 153, 2005, p. 1877 e ss.

[44] A decisão judicial completa pode acessada em: www.lawinter.com/caso5.pdf.

[45] *Vide* The United States Constitution: "Amendment I – Congress shall make no law respecting an establishment of religion, or prohibiting the free exercise thereof; or abridging the freedom of speech, or of the press; or the right of the people peaceably to assemble, and to petition the government for a redress of grievances". Para saber mais sobre a Primeira Emenda no contexto da Internet, convidamos à leitura de ABELSON, Harold, LEDEEN, K., LEWIS, Harry. *Blown to Bits: your life, liberty, and happiness after the Digital explosion.* Boston: Addison-Wesley, 2008, p. 253 e ss. *Vide*, ainda, MAY, Randolph. Net *Neutrality Mandates: Neutering the First Amendment in the Digital Age.* I/S: A Journal of Law and Policy for the Information Society, Vol. 3, n. 1, Spring, 2007.

Website ripoffreport.com, remover as declarações difamatórias em questão em seu sítio, com o fundamento de que um Tribunal dos Estados Unidos não vai executar decisões liminares emitidas pelos tribunais estrangeiros[46].

O exposto, em qualquer das hipóteses acima mencionadas, possibilitar-nos-á verificar que, se por um lado um Tribunal recusa-se a cumprir ordens de um Tribunal estrangeiro, de outro este último tem seu Poder Judicial desafiado.

Sob os referidos ângulos, a importância desses novos fenômenos eletrônicos passa uma nova tarefa ao Estado Constitucional Democrático de Direito, no sentido de assimilar novos exercícios de soberania, principalmente no que diz respeito às qualidades de um dos seus órgãos: o Poder Judicial[47].

Aliás, também explícita é a importância de que, mesmo os poderes judiciais estando conscientes dos limites práticos de execução de sentenças ou decisões de sujeição contra as pessoas no estrangeiro (ou seja, de exercer sua jurisdição), estes sentem-se relutantes em admitir abertamente os limites de seu poder. Mas a realidade prevalece e sentenças da Internet permanecem *unenforced*[48].

Exemplos recentes, como o do Tribunal de Düsseldorf na Alemanha, que notificou um provedor de serviço de hospedagem nos Estados Unidos para bloquear um *Website* com conteúdos neonazistas, comprovam o acima alegado. O pedido não obteve sucesso[49]. Diante dessa situação, a via judicial nos Estados Unidos também não foi recomendada, tendo em vista os antecedentes

[46] A referida decisão judicial completa pode ser acessada: www.lawinter.com/caso6.pdf.

[47] *Vide* MAY, Randolph. *Charting a New Constitutional Jurisprudence for the Digital Age*. Engage, Charleston Law Review, Vol. 9, n. 3, October, 2008, p. 112. COTTIER, Thomas, HERTIG, Maya. *The Prospects of 21st Century Constitutionalism*. Max Planck Yearbook of United Nations Law, Vol. 7, 2003, p. 326/327. *Vide* GOMES CANOTILHO, J. J. *O Estado no Direito Constitucional Internacional*. Coimbra: Separata da Revista de História das Ideias, Vol. 26, 2005, p. 344 e ss. *Vide,* em uma perspectiva do Direito Humanitário, GOMES CANOTILHO, J. J. *Nova Ordem Mundial e Ingerência Humanitária (Claros-Escuros de um Novo Paradigma Internacional)*. Coimbra: Separata do Boletim da Faculdade de Direito, Vol. 71, 1995, p. 5 e ss. *Vide* GIEGERICH, Thomas. *The Is and the Ought of International Constitutionalism: How Far Have We Come on Habermas's Road to a "Well⊠Considered Constitutionalization of International Law"?* German Law Journal, Vol. 10, n. 1, 2009, p. 31 e ss.

[48] Cfr. TIMOFEEVA, Yulia A. Worldwide Prescriptive Jurisdiction in Internet Content Controversies: A Comparative Analysis. Connecticut Journal of International Law, Vol. 20, 2005, p. 220.

[49] A decisão pode ser verificada em: Bezirksregierung Düsseldorf, Disponível em: http://www.nps-brd.nrw.de/BezRegDdorf/autorenbereich/Dezernat_21/PDF/39sperrverf_022002.pdf.

jurisprudenciais de não admissibilidade, como no caso que trouxemos a respeito (Yahoo!)[50].

Princípios como a liberdade de expressão nos Estados Unidos, mas que ao mesmo tempo é considerado uma ameaça para a moralidade em outros locais, levantam a questão de ser impraticável para cada país aplicar o seu próprio regime jurídico a toda a rede. Qual é, então, a extensão de domínio jurídico de um país nesse espaço virtual[51]?

É sob tal prisma questionador, então, que as referidas situações demonstram que o exercício do Poder Judicial na Internet é uma problemática desafiadora, em especial quando baseado em um Código de Processo Civil nacional.

Não obstante o que acabamos de ilustrar, a comunicação instantânea de quantidades maciças de informação tem criado a impressão de que existe um lugar chamado "ciberespaço", uma terra sem fronteiras, onde todos os povos do mundo podem ser interligados como se fossem moradores da mesma localidade[52].

Como decorrência, pois, isso nos leva a reflexionar sobre a soberania judicial no ciberespaço. Para Lessig, o ciberespaço é um lugar. As pessoas interagem lá. Submetem-se a todo o tipo de experiências, tal como na vida real. Tais experiências não são somente isoladas, são em grupos, em comunidades, com estranhos, com pessoas que gostam ou não[53].

De fato, os internautas estão em todos os lugares, em um computador em casa, no trabalho, nos cibercafés, nos laboratórios de computadores das universidades. Por igual, as pessoas vivem lá e aqui, simultaneamente. A rede mundial de computadores trouxe-nos essa mudança. Quando as pessoas acessam a Internet, elas passam a estar, ao mesmo tempo, no espaço real e no

[50] Vide SCHUMACHER, Pascal. Fighting illegal Internet content – May access providers be required to ban foreign websites? A recent German approach. International Journal of Communications Law and Policy, Issue 8, Winter 2004, p. 10-11.

[51] *Vide* DIXON, Helen. *Regulate to Liberate. Can Europe Save the Internet?* New York: Foreign Affairs. September 19, 2018. Accessed September 19, 2018. Available at https://www.foreignaffairs.com/articles/europe/2018-08-13/regulate-liberate. *Vide* SEGAL, Adam. *When China Rules the Web.* New York: Foreign Affairs. September 19, 2018. Accessed September 19, 2018. Available at https://www.foreignaffairs.com/articles/china/2018-08-13/when-china-rules-web.

[52] Cfr. ABELSON, Harold, LEDEEN, K., LEWIS, Harry. Blown to Bits: your life, liberty, and happiness after the Digital explosion. Boston: Addison-Wesley, 2008, p. 13. Vide GREWLICH, Klaus. Conflict and good Governance in "Cyberspace" – Multi-level and Multi-actor Constitutionalisation. In: MESTMAECKER, Ernst-Joachim, ENGEL, C. Law and Economics of International Telecommunications. Baden-Baden: Nomos, 2000, p. 237-238.

[53] *Cfr.* LESSIG, Lawrence. *Code. Version 2.0.* New York: Basic Books, 2006, p. 298.

ciberespaço, trazendo consequências sobre a qual soberania judicial estariam elas submetendo-se[54].

Nessa linha de raciocínio, com a Internet ninguém vive apenas no ciberespaço, as pessoas estão no ciberespaço e no espaço físico ao mesmo tempo, sempre. Consequentemente, os cidadãos acreditam terem direitos e deveres nesse novo espaço, na medida em que afetem suas vidas, como tais[55].

Em prosseguimento, nós podemos ter uma ideia do poder da soberania para pautar o comportamento dos cidadãos, mas nossa noção é expressiva, absoluta, somente quando nós estamos num contexto de regulação ou em uma particular área de controle. O poder estatal deve ser absoluto, mas se a localidade não suporta comando, constrangimento, o poder efetivo do Estado é mínimo[56].

Em outras palavras, não existe nada mais internacional do que a Internet, e os Estados nacionais, originalmente territoriais, estão sendo desafiados no exercício de seu poder soberano nesse espaço virtual.

Para Freire e Almeida, a implementação de um "Tribunal Internacional para a Internet", baseado em tratados internacionais, é a melhor saída e a melhor técnica jurídica para lidar com os desafios jurídicos que se colocam[57].

Em continuidade, pois, nós operadores do Direito temos o desejo de saber onde as pessoas estão, quais regras serão aplicadas, qual o Poder Judicial competente para o caso. A resposta é dupla: qualquer que seja o momento em que a pessoa está no ciberespaço, ela também está aqui, no mundo real. Qualquer que seja o momento no qual a pessoa está sujeita aos constrangimentos do ciberespaço, ela também estará sujeita ao Poder Judicial do espaço real. Nós estamos sempre nos dois lugares[58].

Ocorre que tal panorama tem trazido agitação nos Tribunais, com decisões que não parecem seguir uma linha de coerência, conforme se depreende pela análise a seguir.

[54] *Vide Cohen*, Julie. *Cyberspace As/And Space*. Columbia Law Review, Vol. 107, n. 1, 2007, p. 210 e ss. *Cfr.* LESSIG, Lawrence. *Code. Version 2.0*. New York: Basic Books, 2006, p. 298.

[55] *Vide* Komaitis, Konstantinos. *Aristotle, Europe and Internet Governance*. Pacific McGeorge Global Business & Development Law Journal, Vol. 21, n. 1, 2008, p. 2. *Cfr.* LESSIG, Lawrence. *Code and Other Laws of Cyberspace*. New York: Basic Books, 1999, p. 200.

[56] *Cfr.* LESSIG, Lawrence. *Code and Other Laws of Cyberspace*. New York: Basic Books, 1999, p. 189.

[57] *Vide* FREIRE E ALMEIDA, Daniel. *Um Tribunal Internacional para a Internet*. Coimbra: Faculdade de Direito da Universidade de Coimbra, 2012. *Vide* FREIRE E ALMEIDA, Daniel. *Um Tribunal Internacional para a Internet*. São Paulo: Almedina, 2015. *Vide* FREIRE E ALMEIDA, Daniel. *An International Tribunal for the Internet*. São Paulo: Almedina, 2016, disponível em: https://www.almedina.com.br/index.php?route=product/search&search=daniel%20freire%20e%20almeida.

[58] *Cfr.* LESSIG, Lawrence. *Code. Version 2.0*. New York: Basic Books, 2006, p. 298.

Caso 7 – America Online, Inc., ("AOL") ET AL. V. eAsia, Inc, ("eAsia") et al. 2000 U.S. Dist. Lexis 10232, 106 F. Supp. 2d 848 (E.D. Va.)

Já no âmbito dos registos *online*, a demandante deste caso, a America Online ("AOL"), era a proprietária da marca "ICQ", utilizando-a na promoção de um serviço na Internet que alertava os usuários de que os outros indivíduos estão em linha, e procurava facilitar a comunicação entre os internautas via *e-mail* e bate-papo em tempo real.

O demandado eAsia, Inc. ("eAsia") é uma corporação californiana com o seu principal centro de negócios em Taiwan. A eAsia, por meio de suas subsidiárias, desenvolve *softwares* de Internet e fornece serviços relacionados com a rede mundial para os clientes de Taiwan e de outras partes da Ásia. Entre esses serviços, um deles era denominado de "ICQ", e foi registado na Network Solutions, Inc. ("NSI")., com sede na Virgínia-EUA, por meio de um procedimento totalmente *online*[59].

O Tribunal considerou que o ato de registrar um nome de domínio na NSI, que tem a sua sede na Virgínia-EUA, por si só é insuficiente para permitir ao Tribunal Federal da Virgínia de fazer valer sua jurisdição sobre o eAsia, e indeferiu o processo.

Em termos práticos e acima de tudo, não é claro aquilo que constitui a definição do exercício *jurisdicional* em casos multinacionais como os trazidos pela Internet: é o local do ato, o país de residência do autor, a localização do efeito, ou a nacionalidade do proprietário do computador que efetuou o registo? Ou todos esses de uma vez?

O novo Código de Processo Civil brasileiro não respondeu a essas questões. Em verdade, as regras que procuram solucionar os conflitos de competência e jurisdição do novo CPC são as mesmas, praticamente, de 1942, por ocasião da promulgação da Lei de Introdução ao Código Civil (que depois foi substituída pela Lei de Introdução às Normas do Direito Brasileiro, de 2010, com as mesmas diretrizes anteriores, de 1942)[60].

[59] *Vide* mais sobre o caso em SAMSON, Martin. *America Online, Inc., et al. v. Chih-Hsien Huang, et al.* USA. Disponível em: http://www.internetlibrary.com/cases/lib_case157.cfm. Acesso em: 20 abr. 2009.

[60] *Cfr.* arts. 21 e ss., no "Título II – Dos Limites da Jurisdição Nacional e da Cooperação Internacional" do novo Código de Processo Civil. BRASIL. Lei n. 13.105, de 16 de março de 2015, Código de Processo Civil. Disponível em: http://www.planalto.gov.br/ccivil_03/_ato2015-2018/2015/lei/l13105.htm. Acesso em: 4 fev. 2019.

O que se pretende, de fato, é que a via judiciária assegure a eficácia da proteção jurisdicional invocada. Como muito bem ilustra Gomes Canotilho "se a determinação dos caminhos judiciais for de tal modo confusa (ex.: através de reenvios sucessivos de competências) que o particular se sinta tão desprotegido como se não houvesse via judiciária nenhuma, haverá violação do Estado de direito e do direito fundamental de acesso ao direito e à via judiciária"[61].

Se por um lado as pessoas procuram certeza e segurança em suas atividades em linha, de outro os governos procuram formas de exercer sua soberania. Os Tribunais ainda se perguntam como devem de fato agir nesse novo contexto[62].

Muitas dessas questões afloraram, de forma mais explícita, durante as eleições presidenciais no Brasil, em 2018, quando uma avalanche de *fake news* desafiou o Tribunal Superior Eleitoral na sua capacidade em lidar com demandas modernas, rápidas e, em muitos casos, originadas por ações de internautas, ou robôs, situados em países estrangeiros.

Nessa linha de observação, Tinnevelt e Mertens afirmam que essas transformações do nosso sistema global têm um efeito importante sobre a nossa compreensão de soberania, não podendo mais esta ser vista como inalienável e indivisível[63].

Em decorrência de casos como os antes levantados, o problema para o Direito é sobre como funcionar o exercício do Poder Judicial de duas comunidades ao mesmo tempo, como aplicar preceitos ao sujeito que está em dois lugares simultaneamente, ou que realiza atividades naturalmente transnacionais[64]. Quem tem a soberania para exercer seus poderes judiciais[65]?

[61] *Cfr.* GOMES CANOTILHO, J. J. *Direito Constitucional e Teoria da Constituição.* Coimbra: Almedina, 7ª ed., 6ª reimp., 2009, p. 497.

[62] Vide LESSIG, Lawrence. The Future of Ideas. The fate of the commons in a Connected World. New York: Random House, 2001, p. 199.

[63] Cfr. TINNEVELT, Ronald, MERTENS, Thomas. The World State: A Forbidding Nightmare of Tyranny? Habermas on the Institutional Implications of Moral Cosmopolitanism. German Law Journal, Vol. 10, n. 1, 2009, p. 70.

[64] *Vide* SVANTESSON, Dan Jerker. *Borders on, or border around – the future of the Internet.* Bond University, 2006, p. 381. *Vide* LESSIG, Lawrence. *Code. Version 2.0.* New York: Basic Books, 2006, p. 299. *Vide* Rimmer, Matthew. *Virtual Countries: Internet Domain Names and Geographical Terms.* Media International Australia incorporating Culture and Policy, n. 106, 2003, p. 134.

[65] *Vide* DIXON, Helen. *Regulate to Liberate. Can Europe Save the Internet?* New York: Foreign Affairs. September 19, 2018. Accessed September 19, 2018. Available at https://www.foreignaffairs.com/articles/europe/2018-08-13/regulate-liberate. *Vide* SEGAL, Adam. *When China Rules the Web.* New York: Foreign Affairs. September 19, 2018. Accessed September 19, 2018. Available at https://www.foreignaffairs.com/articles/china/2018-08-13/when-china-rules-web.

Em síntese a respeito, os Tribunais dos Estados Unidos, do Brasil e da União Europeia se encontram em uma posição semelhante: em cada uma dessas áreas geográficas, o Direito não endereça claramente os casos envolvendo a Internet em searas multinacionais, bem como são encontradas dificuldades no exercício jurisdicional devido à limitação de suas respectivas jurisdições[66].

Assim, cada um deve lutar para adaptar o seu Direito estabelecido, com o desafio de que, na sua maioria, essas legislações foram desenvolvidas em um momento histórico anterior, sem levar em conta a Internet[67].

O debate torna-se cada vez mais acirrado quando vários cidadãos interagem pela Internet em diferentes lugares, ao mesmo tempo, e um desses lugares não admite outra soberania, como evidenciado pela atitude de alguns Tribunais. Nesse sentido, a indagação que se faz é: que tipo de objetivos e justificativas podem ser mais nobres para determinar que um país deve exercer seu Poder Judicial e outros não, ou que tipo de soberania existe no ciberespaço? Isto é algo inovador, que não tem respostas satisfatórias nas legislações por todo o mundo. Por conseguinte, a solução para esses problemas não advirá, por patente, da resposta de que tudo é igual a antes. Exigirá uma reflexão para além disso, com muito cuidado[68].

Em razão disso, e visando a solucionar essas questões, alguns *Websites* têm procurado apresentar advertências aos seus usuários em relação à jurisdição que seguirá em caso de futuros litígios.

É o que se observa pelos casos direcionadores, a seguir:

[66] *Vide* SPANG-HANSSEN, Henrik. *Cyberspace Jurisdiction in the U.S. (From an alien's point of view). The International Dimension of Due Process.* Oslo: Institutt for rettsinfomatikk, Norwegian Research Center for Computers and Law, 2001, p. 95 e ss. *Vide* Borchers, Patrick Joseph. *Internet Libel: The Consequences of a Non-rule Approach to Personal Jurisdiction.* Northwestern Law Review, Vol. 98, n. 2, 2004, p. 373. *Vide* no contexto Europeu a DIRECTIVA 2000/31/CE DO PARLAMENTO EUROPEU E DO CONSELHO, de 8 de Junho de 2000, relativa a certos aspectos legais dos serviços da sociedade de informação, em especial do comércio eletrônico, no mercado interno, transposta em Portugal pelo Decreto Lei n. 7/2004, de 7 de janeiro. Ainda, o REGULAMENTO (CE) N. 44/2001 DO CONSELHO, de 22 de dezembro de 2000, relativo à competência judiciária, ao reconhecimento e à execução de decisões em matéria civil e comercial. No Brasil, *vide* arts. 21 e ss., no "Título II – Dos Limites da Jurisdição Nacional e da Cooperação Internacional" do novo Código de Processo Civil. BRASIL. Lei n. 13.105, de 16 de março de 2015, Código de Processo Civil. Disponível em: http://www.planalto.gov.br/ccivil_03/_ato2015-2018/2015/lei/l13105.htm. Acesso em: 4 fev. 2019.

[67] *Vide* CALLIESS, Gralf-Peter, HOFFMANN, Hermann. *Judicial Services for Global Commerce – Made in Germany?* German Law Journal, Vol. 10, n. 2, 2009, p. 115-116. *Cfr.* FREER, Richard D. *American and European Approaches to Personal Jurisdiction Based Upon Internet Activ*ity. Emory University School of Law, Research Paper n. 7-15, 2007, p. 10-11.

[68] *Vide* PARÉ, Daniel. *Internet governance in transition: who is the master of this domain?* Lanham: Rowman & Littlefield, 2003, p. 7 e ss. *Cfr.* LESSIG, Lawrence. *Code. Version 2.0.* New York: Basic Books, 2006, p. 302.

Caso 8 – Victoria S. Bowen V. YouTube Inc.
2008 WL 1757578 (W.D. Wash)

Em alinhamento ao explanado, o Tribunal de Washington manteve a validade da cláusula de foro localizada nos termos de uso do YouTube, mais famoso *Website* da Internet que permite baixar vídeos. Com isso, os litígios decorrentes do uso do referido *site* deveriam ser exclusivamente realizados nos Tribunais de San Mateo County, na California-EUA[69].

Como resultado, o Tribunal de Washington declarou que faltava jurisdição sobre o réu, pois foi interposto em Washington, e não em um Tribunal situado no Condado de San Mateo, e indeferiu o processo[70].

Caso 9 – Costar Realty Information, Inc. v. Field.
F.Supp.2d-, 2009 WL 841132 (D.Md.)

Já em sede do caso oriundo da CoStar Realty Information, Inc. *versus* Field, vem a consolidar-se as decisões anteriores baseadas na confirmação de escolha da jurisdição encontrada em termos de serviço *online*[71]. Os termos de uso contêm uma cláusula que prevê que qualquer litígio sobre utilização da base de dados, *in casu*, seria realizado em Maryland[72].

O Tribunal considerou que os arguidos, residentes na Florida e no Texas, consentiram a esses termos, e que o foro selecionado era válido e executável. Portanto, o processo de utilização de senha de terceiros para acessar a base de dados da empresa foi conduzido em Maryland, local da demandante.

Ao analisarmos o Novo Código de Processo Civil, no art. 25, podemos concluir que a solução apresentada pelo CPC é a mesma acima demonstrada, conforme a seguir, *in verbis*:

[69] Vale mencionar que, recentemente, o YouTube alterou seus termos de uso para Santa Clara County, California-EUA. *Cfr.* http://www.youtube.com/t/terms .

[70] A referida decisão pode ser acessada em: www.lawinter.com/caso8.pdf.

[71] Mais sobre a escolha de cláusula de foro, *vide* SPANG-HANSSEN, Henrik. *Cyberspace Jurisdiction in the U.S. (From an alien's point of view). The International Dimension of Due Process.* Oslo: Institutt for rettsinfomatikk, Norwegian Research Center for Computers and Law, 2001, p. 80.

[72] *Vide* mais sobre o caso em BROWN, Evan. *Website terms of service provide basis for exercise of personal jurisdiction.* Chicago. Disponível em: http://blog.internetcases.com/2009/04/. Acesso em: 3 abr. 2009.

Art. 25. Não compete à autoridade judiciária brasileira o processamento e o julgamento da ação quando houver cláusula de eleição de foro exclusivo estrangeiro em contrato internacional, arguida pelo réu na contestação.

§ 1º Não se aplica o disposto no caput às hipóteses de competência internacional exclusiva previstas neste Capítulo.

§ 2º Aplica-se à hipótese do caput o art. 63, §§ 1º a 4º.

À derradeira, deve-se enfatizar que, a maioria dos usuários que acessa os *Websites* na Internet não se dá conta de que consentiu, por um simples clique, à *jurisdição* oferecida pelo *site*.

2. Diálogos Reflexivos acerca do Exercício do Poder Judicial na Internet

2.1. Introdução

A presente parte do capítulo tem endereço preciso: reflexionar sobre algumas das questões que desafiam o exercício do Poder Judicial na Internet, baseados em uma legislação como a do novo CPC[73].

Para isso, vislumbraremos os pontos considerados importantes nas problemáticas envolvendo as conveniências, as cooperações e os conflitos entre os poderes para julgar um litígio na Internet.

E com efeito, oportuno e necessário refletir sobre os principais critérios utilizados na análise dos casos restantes, relevantes para a compreensão do estudo. Por igual, sempre reportando os principais tópicos apontados pelos autores.

2.2. Conveniências, Cooperações e Conflitos de Competência Jurisdicional

É de nosso desejo, então, que a presente fase de nosso trabalho possa servir para trazer à tona, verdade que com simplicidade, alguns dos principais

[73] *Vide* arts. 21 e ss., no "Título II – Dos Limites da Jurisdição Nacional e da Cooperação Internacional" do novo Código de Processo Civil. BRASIL. Lei n. 13.105, de 16 de março de 2015, Código de Processo Civil. Disponível em: http://www.planalto.gov.br/ccivil_03/_ato2015-2018/2015/lei/l13105.htm. Acesso em: 4 fev. 2019.

itens implicantes com as *conveniências*, as *cooperações* e os *conflitos* resultantes do exercício judicial na Internet.

Como se verifica atualmente, na medida em que mais pessoas estão sujeitas a diferentes domínios espaciais, outra característica ganha importância. Sim, o comportamento através das fronteiras, ou o comportamento que gera efeitos para além das fronteiras, conduz a um conflito ou, por vezes, conveniência entre os poderes soberanos no exercício judicial.

Quanto maior a integração social ou comercial internacional, mais proeminente o problema. De fato, como salientam Calliess e Hoffmann, o comportamento tendo efeitos em muitos lugares suscita o questionamento sobre qual soberania tem o poder para judicializar[74].

O ciberespaço tem aumentado esse debate, consideravelmente[75].

Conflitos de competência começam a se tornar patentes, tanto negativamente (nenhum Estado reclama a competência) como positivamente (vários Estados alegam jurisdição, ao mesmo tempo). Como deve ser o tratamento desse fenômeno, em termos de conflitos negativos e positivos ao exercício do Poder Judicial?

Há simplesmente demasiados fatores e países envolvidos, e será difícil, na prática, decidir sobre a precedência jurisdicional. De fato, a natureza dos assuntos da Internet é que eles não ocorrem essencialmente em um lugar específico, mas sim em inúmeros locais ao mesmo tempo (ou no "ciberespaço").

Esses são alguns dos desafios a que estamos sujeitos. Essa pluralidade traduz-se em uma grande problemática, pois os conflitos comunitários ou internacionais com que nós estávamos nos deparando e as saídas legais, para tais conflitos, eram designadas para resolver problemas entre instituições e organizações, regras para grandes empresas com grandes empresas, empresas com governos, não para milhares de cidadãos (como uma única pessoa)[76].

Ainda, na medida em que as pessoas forem utilizando cada vez mais a Internet para conduzirem seus negócios ou atividades sociais, o problema

[74] *Vide* CALLIESS, Gralf-Peter, HOFFMANN, Hermann. *Judicial Services for Global Commerce – Made in Germany?* German Law Journal, Vol. 10, n. 2, 2009, p. 115-116.

[75] *Cfr.* LESSIG, Lawrence. *Code and Other Laws of Cyberspace.* New York: Basic Books, 1999, p. 192.

[76] *Vide* arts. 21 e ss, no "Título II – Dos Limites da Jurisdição Nacional e da Cooperação Internacional" do novo Código de Processo Civil. BRASIL. Lei n. 13.105, de 16 de março de 2015, Código de Processo Civil. Disponível em: http://www.planalto.gov.br/ccivil_03/_ato2015-2018/2015/lei/L13105.htm. Acesso em: 12 abr. 2019.

tende a aumentar[77]. A Internet, de fato, trouxe um aumento gigantesco de contatos e contratos em nível internacional.

Nesse passo, as regras (CPC), e os tratados internacionais para suprir conflitos entre soberanias, eram feitas para satisfazerem conflitos entre partes que corriqueiramente fazem negócios internacionais, como corporações que comercializam em dois países diferentes ou pessoas que frequentemente viajam entre dois países. Essas corporações ou pessoas podiam condicionar seu comportamento ao limite das regras, escassas, no meio em que viviam e adequando as leis aos seus objetivos[78]. Destaque, no particular, que os órgãos judicias pareciam lidar bem com um ou outro caso apenas.

Nos Estados Unidos da América, *in exemplis*, o envolvido deve possuir alguma relação física com o Estado, ser domiciliado no local, registrado na localidade para fazer negócio (no caso de empresas), ou envolver-se em um delito no Estado[79]. A seu turno, na União Europeia, algumas Convenções procuram prescrever as circunstâncias apropriadas ao exercício jurisdicional, e os Tribunais procuram *adequá-las* aos litígios *online*. Podemos citar a Convenção de Lugano relativa à competência judiciária e à execução de decisões em matéria civil e comercial, que é paralela à Convenção de Bruxelas de 1968[80].

[77] Apesar de não tratar do estabelecimento de normas adicionais de Direito Internacional Privado e de não abranger a jurisdição dos Tribunais (art. 4º), a DIRECTIVA 2000/31/CE DO PARLAMENTO EUROPEU E DO CONSELHO, incentiva, através de seu art. 17º, a Resolução extrajudicial de litígios, em caso de desacordo entre o prestador de um serviço da sociedade da informação e o destinatário desse serviço, inclusive através de meios eletrônicos adequados. Ainda, em seu art. 18º, determina aos Estados-Membros da União Europeia que os países assegurem que as ações judiciais disponíveis em Direito nacional permitam a rápida adoção de medidas. Vale mencionar que, no contexto português, o Decreto-Lei n. 7/2004, de 7 de janeiro, http://www.anacom.pt/render.jsp?contentId=159160, instrumento normativo que transpôs para o ordenamento jurídico nacional a referida Directiva, designou a ICP – Autoridade Nacional de Comunicações (ICP--ANACOM) como entidade de supervisão central na área do Comércio Eletrônico, função que cumula com a de "autoridade reguladora nacional das comunicações electrónicas e dos serviços postais". *Cfr.* DIRECTIVA 2000/31/CE DO PARLAMENTO EUROPEU E DO CONSELHO, de 8 de junho de 2000, relativa a certos aspectos legais dos serviços da sociedade de informação, em especial do comércio eletrônico, no mercado interno, transposta em Portugal pelo Decreto Lei n. 7/2004, de 7 de janeiro.

[78] *Cfr.* LESSIG, Lawrence. *Code and Other Laws of Cyberspace.* New York: Basic Books, 1999, p. 192.

[79] Vide GRAY, Tricia. Minimum Contacts in Cyberspace: The Classic Jurisdiction Analysis in a New Setting. Journal of High Technology Law, Vol. 1, n. 1, 2002, p. 88.

[80] Essas Convenções foram objeto de trabalhos de revisão pelo REGULAMENTO (CE) N. 44/2001 DO CONSELHO, de 22 de dezembro de 2000, relativo à competência judiciária, ao reconhecimento e à execução de decisões em matéria civil e comercial. Contudo, não faz referência específica sobre os aspectos particulares e desestabilizadores da Internet e do Comércio Eletrônico.

Quando essas Convenções procuram ser aplicadas aos litígios relacionados com a Internet, o *endereço físico* dos usuários continuará a ser o fator determinante para decidir quais são os Tribunais competentes[81]. *O mesmo se verifica em relação ao novo Código de Processo Civil*[82].

[81] Embora não elaborado levando em consideração as características da Internet e do Comércio Eletrônico, *vide* REGULAMENTO (CE) N. 44/2001 DO CONSELHO, de 22 de dezembro de 2000, relativo à competência judiciária, ao reconhecimento e à execução de decisões em matéria civil e comercial.

[82] *Vide* "TÍTULO II – DOS LIMITES DA JURISDIÇÃO NACIONAL E DA COOPERAÇÃO INTERNACIONAL
CAPÍTULO I – DOS LIMITES DA JURISDIÇÃO NACIONAL
Art. 21. Compete à autoridade judiciária brasileira processar e julgar as ações em que:
I – o réu, qualquer que seja a sua nacionalidade, estiver domiciliado no Brasil;
II – no Brasil tiver de ser cumprida a obrigação;
III – o fundamento seja fato ocorrido ou ato praticado no Brasil.
Parágrafo único. Para o fim do disposto no inciso I, considera-se domiciliada no Brasil a pessoa jurídica estrangeira que nele tiver agência, filial ou sucursal.
Art. 22. Compete, ainda, à autoridade judiciária brasileira processar e julgar as ações:
I – de alimentos, quando:
a) o credor tiver domicílio ou residência no Brasil;
b) o réu mantiver vínculos no Brasil, tais como posse ou propriedade de bens, recebimento de renda ou obtenção de benefícios econômicos;
II – decorrentes de relações de consumo, quando o consumidor tiver domicílio ou residência no Brasil;
III – em que as partes, expressa ou tacitamente, se submeterem à jurisdição nacional.
Art. 23. Compete à autoridade judiciária brasileira, com exclusão de qualquer outra:
I – conhecer de ações relativas a imóveis situados no Brasil;
II – em matéria de sucessão hereditária, proceder à confirmação de testamento particular e ao inventário e à partilha de bens situados no Brasil, ainda que o autor da herança seja de nacionalidade estrangeira ou tenha domicílio fora do território nacional;
III – em divórcio, separação judicial ou dissolução de união estável, proceder à partilha de bens situados no Brasil, ainda que o titular seja de nacionalidade estrangeira ou tenha domicílio fora do território nacional.
Art. 24. A ação proposta perante tribunal estrangeiro não induz litispendência e não obsta a que a autoridade judiciária brasileira conheça da mesma causa e das que lhe são conexas, ressalvadas as disposições em contrário de tratados internacionais e acordos bilaterais em vigor no Brasil.
Parágrafo único. A pendência de causa perante a jurisdição brasileira não impede a homologação de sentença judicial estrangeira quando exigida para produzir efeitos no Brasil.
Art. 25. Não compete à autoridade judiciária brasileira o processamento e o julgamento da ação quando houver cláusula de eleição de foro exclusivo estrangeiro em contrato internacional, arguida pelo réu na contestação.
§ 1º Não se aplica o disposto no *caput* às hipóteses de competência internacional exclusiva previstas neste Capítulo.
§ 2º Aplica-se à hipótese do *caput* o art. 63, §§ 1º a 4º.

CAPÍTULO II – DA COOPERAÇÃO INTERNACIONAL
Seção I – Disposições Gerais
Art. 26. A cooperação jurídica internacional será regida por tratado de que o Brasil faz parte e observará:
I – o respeito às garantias do devido processo legal no Estado requerente;
II – a igualdade de tratamento entre nacionais e estrangeiros, residentes ou não no Brasil, em relação ao acesso à justiça e à tramitação dos processos, assegurando-se assistência judiciária aos necessitados;
III – a publicidade processual, exceto nas hipóteses de sigilo previstas na legislação brasileira ou na do Estado requerente;
IV – a existência de autoridade central para recepção e transmissão dos pedidos de cooperação;
V – a espontaneidade na transmissão de informações a autoridades estrangeiras.
§ 1º Na ausência de tratado, a cooperação jurídica internacional poderá realizar-se com base em reciprocidade, manifestada por via diplomática.
§ 2º Não se exigirá a reciprocidade referida no § 1º para homologação de sentença estrangeira.
§ 3º Na cooperação jurídica internacional não será admitida a prática de atos que contrariem ou que produzam resultados incompatíveis com as normas fundamentais que regem o Estado brasileiro.
§ 4º O Ministério da Justiça exercerá as funções de autoridade central na ausência de designação específica.
Art. 27. A cooperação jurídica internacional terá por objeto:
I – citação, intimação e notificação judicial e extrajudicial;
II – colheita de provas e obtenção de informações;
III – homologação e cumprimento de decisão;
IV – concessão de medida judicial de urgência;
V – assistência jurídica internacional;
VI – qualquer outra medida judicial ou extrajudicial não proibida pela lei brasileira.
Seção II – Do Auxílio Direto
Art. 28. Cabe auxílio direto quando a medida não decorrer diretamente de decisão de autoridade jurisdicional estrangeira a ser submetida a juízo de delibação no Brasil.
Art. 29. A solicitação de auxílio direto será encaminhada pelo órgão estrangeiro interessado à autoridade central, cabendo ao Estado requerente assegurar a autenticidade e a clareza do pedido.
Art. 30. Além dos casos previstos em tratados de que o Brasil faz parte, o auxílio direto terá os seguintes objetos:
I – obtenção e prestação de informações sobre o ordenamento jurídico e sobre processos administrativos ou jurisdicionais findos ou em curso;
II – colheita de provas, salvo se a medida for adotada em processo, em curso no estrangeiro, de competência exclusiva de autoridade judiciária brasileira;
III – qualquer outra medida judicial ou extrajudicial não proibida pela lei brasileira.
Art. 31. A autoridade central brasileira comunicar-se-á diretamente com suas congêneres e, se necessário, com outros órgãos estrangeiros responsáveis pela tramitação e pela execução de pedidos de cooperação enviados e recebidos pelo Estado brasileiro, respeitadas disposições específicas constantes de tratado.
Art. 32. No caso de auxílio direto para a prática de atos que, segundo a lei brasileira, não necessitem de prestação jurisdicional, a autoridade central adotará as providências necessárias para seu cumprimento.

Logo, possibilitar-nos-á concluir que as problemáticas levantadas anteriormente prosseguirão.

Nesse passo, tais situações regulamentares levantariam a necessidade de os países elaborarem diversos e diferentes tratados para abrigar as nações envolvidas, com mecanismos rápidos de *cooperação*, e que não possibilitassem o demandado de "apagar os rastos", como se observa pelos casos abaixo (*lentidão judicial em tempos de Internet, e dificuldades de identificação do arguido*).

Art. 33. Recebido o pedido de auxílio direto passivo, a autoridade central o encaminhará à Advocacia-Geral da União, que requererá em juízo a medida solicitada.
Parágrafo único. O Ministério Público requererá em juízo a medida solicitada quando for autoridade central.
Art. 34. Compete ao juízo federal do lugar em que deva ser executada a medida apreciar pedido de auxílio direto passivo que demande prestação de atividade jurisdicional.
Seção III – Da Carta Rogatória
Art. 35. (VETADO).
Art. 36. O procedimento da carta rogatória perante o Superior Tribunal de Justiça é de jurisdição contenciosa e deve assegurar às partes as garantias do devido processo legal.
§ 1º A defesa restringir-se-á à discussão quanto ao atendimento dos requisitos para que o pronunciamento judicial estrangeiro produza efeitos no Brasil.
§ 2º Em qualquer hipótese, é vedada a revisão do mérito do pronunciamento judicial estrangeiro pela autoridade judiciária brasileira.
Seção IV – Disposições Comuns às Seções Anteriores
Art. 37. O pedido de cooperação jurídica internacional oriundo de autoridade brasileira competente será encaminhado à autoridade central para posterior envio ao Estado requerido para lhe dar andamento.
Art. 38. O pedido de cooperação oriundo de autoridade brasileira competente e os documentos anexos que o instruem serão encaminhados à autoridade central, acompanhados de tradução para a língua oficial do Estado requerido.
Art. 39. O pedido passivo de cooperação jurídica internacional será recusado se configurar manifesta ofensa à ordem pública.
Art. 40. A cooperação jurídica internacional para execução de decisão estrangeira dar-se-á por meio de carta rogatória ou de ação de homologação de sentença estrangeira, de acordo com o art. 960.
Art. 41. Considera-se autêntico o documento que instruir pedido de cooperação jurídica internacional, inclusive tradução para a língua portuguesa, quando encaminhado ao Estado brasileiro por meio de autoridade central ou por via diplomática, dispensando-se a juramentação, autenticação ou qualquer procedimento de legalização.
Parágrafo único. O disposto no caput não impede, quando necessária, a aplicação pelo Estado brasileiro do princípio da reciprocidade de tratamento". *Cfr.* BRASIL. Lei n. 13.105, de 16 de março de 2015, Código de Processo Civil. Disponível em: http://www.planalto.gov.br/ccivil_03/_ato2015-2018/2015/lei/L13105.htm. Acesso em: 12 abr. 2019.

Caso 10 – Tribunal da Comarca de Düsseldorf- Interes.: UOL – Universo Online Decisão STJ 297 – Carta Rogatória n. 297

O caso em questão comporta, em sua dimensão mais importante, a decisão do Superior Tribunal de Justiça concedendo *exequatur* à carta rogatória expedida pelo Poder Judiciário da Alemanha, para que um provedor brasileiro de acesso à Internet informasse os dados cadastrais de um de seus usuários[83].

A carta rogatória em questão foi apresentada ao STJ em 24-1-2005 e despachada somente em 26-9-2006, ou seja, mais de um ano e meio depois, o que não deixa dúvidas sobre a necessidade urgente de mecanismos mais rápidos para a obtenção dessas informações, pelo risco evidente de o arguido evadir-se. Os mecanismos tradicionais parecem não acompanhar os tempos da Internet.

O novo Código de Processo Civil ignorou que os tempos da Internet são outros. Na Internet, um ano corresponde a dez anos (ou mais) na "vida real". Neste sentido, o referido exemplo deve servir de alerta ao Supremo Tribunal Federal por ocasião do julgamento da Ação Declaratória de Constitucionalidade (ADC) nº 51. Isto porque, a manutenção de cooperação judicial internacional nos moldes tradicionais, via cartas rogatórias, em tempos de Internet, pode levar à sua ineficácia, bem como a uma eventual não concessão eficiente por parte do poder judicial norte-americano. O caso em questão trata do acesso a dados localizados no exterior, e que serviriam de prova em investigações criminais no Brasil. O imbróglio interessa diretamente a empresas como o Google, o Facebook, a Microsoft e ao WhatsApp, in exemplis. Isto porque, as empresas desejam, em tese, que os juízes nacionais somentetenham acesso a dados hospedados no exterior, e de interesse processual nacional, por meio da cooperação internacional, e não pela requisição direta a filiais ou sucursais brasileiras das referidas empresas (Vide STF, em http://portal.stf.jus.br/processos/detalhe.asp?incidente=5320379).

Caso 11 – Procuradoria da República Junto ao Tribunal Ordinário de Bolonha – Interes.: Comitê Gestor da Internet no Brasil – CGIBR – Embratel – e Terra Networks Brasil S.A. Decisão STJ 551-IT – Carta Rogatória n. 551.

Já o caso em tela diz respeito à decisão do Superior Tribunal de Justiça do Brasil, concedendo *exequatur* à carta rogatória expedida pelo Poder Judiciário da

[83] A decisão do Superior Tribunal de Justiça pode ser acessada em: www.lawinter.com/caso10.pdf.

Itália, para que um provedor de acesso situado no Brasil informasse os dados cadastrais de um de seus internautas[84].

Nota-se, porém, duas problemáticas. Em primeiro lugar, a demora no cumprimento da rogatória, que foi apresentada ao STJ em 22-2-2005 e despachada somente em 9-1-2007, ou seja, quase dois anos depois. Em segundo plano, mas não menos importante, foi que a rogatória retornou sem cumprimento, pela impossibilidade técnica apresentada pela interessada (Terra Networks), conforme despacho ministerial nestes termos: "a Terra Networks informou que não foi possível identificar o usuário que conectou a internet através do IP 200.228.37.236 em 23-2-2002 das 17:33h às 21:33h, pois na data e horários indicados eram utilizados para usuários ADSL Speedy na rede denominada ATM, rede esta alocada para a empresa Telesp – Telecomunicações de São Paulo S/A". Esclareceu ainda, que "esta tecnologia, não possui mecanismos de autenticação o que nos impede de realizar a identificação do usuário que realizou a referida conexão"[85].

Os casos evidenciam que os Tribunais não possuem os mecanismos adequados para constranger tecnicamente os arguidos, e se não levarem em consideração as características próprias da Internet, e se adequarem à realidade que se apresenta, a demanda não terá uma definição satisfatória ou mesmo justa[86].

[84] A referida decisão do Superior Tribunal de Justiça pode ser acessada em: www.lawinter.com/caso11.pdf.

[85] Vale dizer, nesse contexto, que, para proteger a privacidade de seus usuários, as companhias provedores de *e-mails* têm cuidadosamente alterado o nome dos usuários por números, no tratamento interno das informações. Exemplo: Received: from bay0-omc2-s33.bay0.hotmail.com (bay0-omc2-s33.bay0.hotmail.com [65.54.246.169]) by ns-mr33.netsolmail.com (8.13.6/8.13.6) with ESMTP id n32CxEoq029957. Delivered-To: law@1261509.1345861. Isso facilita o anonimato dos utilizadores, como evidenciado pelo caso acima.

[86] Vale relembrar nesse ponto que a DIRECTIVA 2000/31/CE DO PARLAMENTO EUROPEU E DO CONSELHO incentiva, através de seu art. 17º, a Resolução extrajudicial de litígios, em caso de desacordo entre o prestador de um serviço da sociedade da informação e o destinatário desse serviço, inclusive através de meios eletrônicos adequados. Ainda, em seu art. 18º, determina aos Estados-Membros da União Europeia que os países assegurem que as ações judiciais disponíveis em Direito nacional permitam a rápida adoção de medidas. Vale ainda mencionar que, no contexto português, o Decreto-Lei n. 7/2004, de 7 de janeiro http://www.anacom.pt/render.jsp?contentId=159160, designou a ICP – Autoridade Nacional de Comunicações (ICP-ANACOM) como entidade de supervisão central na área do comércio eletrônico, função que cumula com a de autoridade reguladora nacional das comunicações eletrônicas e dos serviços postais. *Cfr.* DIRECTIVA 2000/31/CE DO PARLAMENTO EUROPEU E DO CONSELHO, de 8 de junho de 2000, relativa a certos aspectos legais dos serviços da sociedade de informação, em especial do comércio eletrônico, no mercado interno, transposta em Portugal pelo Decreto Lei n. 7/2004, de 7 de janeiro.

Em arremate pertinente, LESSIG argumenta que as soberanias de espaço real estariam perdidas se tentassem exercer seu controle na Internet[87].

Em prosseguimento, a exigência de legitimidade no exercício da jurisdição impede os Tribunais de um Estado de exercer autoridade sobre as pessoas que têm pouca ou nenhuma relação com o país. Mas isso é potencializado pela Internet e pelo Comércio Eletrônico, em que qualquer um pode ser multinacional.

Outra questão poderia advir do comércio realizado na Internet, com consequências tributárias, por exemplo. Se o conteúdo da Internet cai dentro de uma preocupação especial ao país, como essa, a sua acessibilidade fornece por si só um *link* suficiente para justificar sua jurisdição. Aí a questão agitaria os interesses, de *conveniência*, financeiros dos países, que procurariam atrair a competência para seus respectivos Estados[88].

Como se sabe, a Internet, em contraste com as autoestradas e linhas férreas, não é um sistema construído fisicamente dentro de determinado país e sob um controle direto de um governo. A maior parte de seus componentes essenciais como base de dados, códigos de *softwares*, processadores e servidores são portáteis e digitais. Podem ser movidos facilmente, distantes apenas por cliques de *mouse*.

Aproveitando-se dessa digitalização das informações, companhias como American Express, IBM, Amazon, Google, Facebook, Apple e General Motors têm transferido suas operações computadorizadas para países como Índia, China, Irlanda ou Luxemburgo.

Mas, igualmente, isso está sendo realizado por pequenas empresas, que colocam suas estruturas em locais *offshore*. Na medida em que as facilidades de transferência vão sendo facilitadas pela digitalização de suas infraestruturas comerciais, não é difícil pensar que as companhias passem a transferir seus bens para jurisdições onde possam funcionar com custos menores e menor tributação[89].

[87] *Cfr.* LESSIG, Lawrence. *Code. Version 2.0.* New York: Basic Books, 2006, p. 304.

[88] *Vide* Bundesministerium der Justiz. *Law – Made in Germany – Global, Effektiv, Kostengünstig.* Berlin: BDJ, 2009. *Vide* THE LAW SOCIETY OF ENGLAND AND WALES. *England and Wales: The Jurisdiction of choice.* 2007. London: The Law Society, 2007. *Cfr.* CALLIESS, Gralf-Peter, HOFFMANN, Hermann. *Judicial Services for Global Commerce – Made in Germany?* German Law Journal, Vol. 10, n. 2, 2009, p. 116.

[89] Cfr. CARR, Nicholas G. The Big Switch: Rewiring the World, from Edison to Google. New York: Norton & Company, 2008, p. 180-181. Vide GREWLICH, Klaus. Conflict and good Governance in "Cyberspace"- Multi-level and Multi-actor Constitutionalisation. In: MESTMAECKER, Ernst-Joachim, ENGEL, C. Law and Economics of International Telecommunications. Baden-Baden:

Em razão disso, o exercício judicial no ciberespaço provoca competição, como levantam Calliess e Hoffmann, descrevendo as atitudes dos governos da Alemanha e da Inglaterra no sentido de promoverem seus poderes judiciais por meio de documentos oficiais[90]. Os governos (países) acreditam possuir capacidade para julgar o comportamento das pessoas, com o intuito de auferir receitas e prestar serviços públicos, posteriormente. Entretanto, a Internet possibilita-nos "mudar" de nacionalidade, na medida em que as regras forem mais ou menos satisfatórias para os nossos negócios[91].

Por outro lado, tais características novas colocam questionamentos sobre a segurança nacional e ainda com relação à soberania sobre tais companhias. Perguntas como: os países estão confortáveis com a ideia de facilidade de transferência para outras jurisdições? Os países confiam nos governos estrangeiros, alguns deles instáveis e não amigos, para salvaguardar os interesses de suas companhias e o modo de vida de seus cidadãos?[92]?

Nessa perspectiva, os governos na medida em que forem mais ou menos repressivos, aumentando ou criando novos regramentos, tornam-se competidores[93]. A corroborar com esse raciocínio, podemos mencionar que, com a Internet, é mais fácil para a empresa optar por um regime ou outro, ou, ainda, burlar a Lei, para atingir seu objetivo, com menor custo e constrangimento.

Nomos, 2000, p. 238. Vide BURK, Dan. Jurisdiction in a World Without Borders. Virginia Journal of Law and Technology, Spring, 1997, p. 1526. Vide GUTTAG, Eric. When Offshore Activities Become Infringing: Applying §271 to Activities that "Straddle" Territorial Borders. Richmond Journal of Law & Technology, Vol. XIV, Issue 1, 2007, p. 1 e ss.

[90] *Cfr.* CALLIESS, Gralf-Peter, HOFFMANN, Hermann. *Judicial Services for Global Commerce – Made in Germany?* German Law Journal, Vol. 10, n. 2, 2009, p. 116. *Vide* Bundesministerium der Justiz. *Law – Made in Germany – Global, Effektiv, Kostengünstig.* Berlin: BDJ, 2009. *Vide* THE LAW SOCIETY OF ENGLAND AND WALES. *England and Wales: The jurisdiction of choice.* 2007. London: The Law Society, 2007.

[91] *Cfr.* FREIRE E ALMEIDA, Daniel. *A Tributação do Comércio Electrónico nos Estados Unidos da América e na União Europeia.* Coimbra: Faculdade de Direito da Universidade de Coimbra, 2002, p. 81.

[92] *Vide* DIXON, Helen. *Regulate to Liberate. Can Europe Save the Internet?* New York: Foreign Affairs. September 19, 2018. Accessed September 19, 2018. Available at https://www.foreignaffairs.com/articles/europe/2018-08-13/regulate-liberate. *Vide* SEGAL, Adam. *When China Rules the Web.* New York: Foreign Affairs. September 19, 2018. Accessed September 19, 2018. Available at https://www.foreignaffairs.com/articles/china/2018-08-13/when-china-rules-web.

[93] *Vide* Bundesministerium der Justiz. *Law – Made in Germany – Global, Effektiv, Kostengünstig.* Berlin: BDJ, 2009. *Vide* THE LAW SOCIETY OF ENGLAND AND WALES. *England and Wales: The jurisdiction of choice.* 2007. London: The Law Society, 2007. *Cfr.* CALLIESS, Gralf-Peter, HOFFMANN, Hermann. *Judicial Services for Global Commerce – Made in Germany?* German Law Journal, Vol. 10, n. 2, 2009, p. 116.

No mundo real, como é mais problemático e custoso o curso de tais mudanças, os governos conseguem manter suas regras e atingir seus objetivos. No ciberespaço, as mudanças não são assim tão difíceis. Pode-se possuir um provedor de hospedagem em seu país ou alistar-se em um servidor de outro país para o qual nunca se foi antes. Isto é absolutamente possível.

Devido a esse aumento nas situações que antes eram exceções, hoje os governos e outras organizações, das quais provêm regras, são competidores no mercado. Isso mudará o conceito das empresas e dos governos no ciberespaço[94].

Um mundo de voluntários e opções, no qual as regras e os poderes judiciais não são compulsórios, mas escolhidos. Um mundo no qual o poder soberano do Estado está minimizado, fazendo com que estes passem a competir por "súditos"[95].

Por todos os títulos é que, para Freire e Almeida, a implementação de um "Tribunal Internacional para a Internet", baseado em tratados internacionais, é a melhor saída e a melhor técnica jurídica para lidar com os desafios jurídicos que se colocam[96].

2.3. Diálogos Reflexivos

Em derradeira análise sobre os desafios internacionais que coloca a Internet ao novo Código de Processo Civil, devemos ilustrar que a concisa, mas intensa história de confrontos judiciais de problemas causados pelo mundo *online* tem demonstrado uma certa sabedoria: a relutância judicial por intervenções que alteram de maneira dramática a arquitetura natural da Internet[97].

[94] Vide DOLATA, Ulrich. The Transformative Capacity of New Technologies. How Innovations Affect Sectoral Change: Conceptual Considerations. Köln: Max-Planck-Institut für Gesellschaftsforschung, 2008, p. 9 e ss.

[95] *Cfr.* CALLIESS, Gralf-Peter, HOFFMANN, Hermann. *Judicial Services for Global Commerce – Made in Germany?* German Law Journal, Vol. 10, n. 2, 2009, p. 116. *Cfr.* LESSIG, Lawrence. *Code and Other Laws of Cyberspace.* New York: Basic Books, 1999, p. 202.

[96] *Cfr.* FREIRE E ALMEIDA, Daniel. *Um Tribunal Internacional para a Internet.* Coimbra: Faculdade de Direito da Universidade de Coimbra, 2012. *Vide* FREIRE E ALMEIDA, Daniel. *Um Tribunal Internacional para a Internet.* São Paulo: Almedina, 2015. Vide FREIRE E ALMEIDA, Daniel. *Na International Tribunal for the Internet.* São Paulo: Almedina, 2016, disponível em: https://www.almedina.com.br/index.php?route=product/search&search=daniel%20freire%20e%20almeida.

[97] *Cfr.* ZITTRAIN, Jonathan. *A History of online Gatekeeping.* Harvard Journal of Law & Technology, Vol. 19, n. 2, Spring 2006, p. 253/254. O referido autor assevera, por outro lado, que os construtores dos novos *softwares* (programas de computador) poderiam ser convidados a fazê-los com habilidade suficiente para revogar ou alterar seus usos posteriores (por usuários que customizam

Por outro lado, pudemos vislumbrar que um dos desafios encontrados pelo juiz é o de conseguir a subordinação de determinado réu situado no estrangeiro em uma ação judicial iniciada em seu país.

Nesse contexto, o poder de decretar a lei e julgar litígios nem sempre se correlacionam com a possibilidade de fazer valer o julgamento. De fato, o verdadeiro alcance e poder de uma nação é medido pela possibilidade de executar sua jurisdição.

A esse propósito, tem-se observado que algumas decisões são inexequíveis, como no caso n. 1 (YouTube x Daniela Cicarelli, p. 10), que se repete em relação ao WhatsApp no Brasil, ou mesmo o Uber ao redor do mundo. Nessa mesma ordem de ideias, o Direito a uma tutela jurisdicional efetiva pressupõe o Direito de executar as decisões. Em outras palavras, de cumprimento das sentenças emanadas. Poderíamos questionar: qual é a finalidade da prescrição inútil? Produz contencioso, e nenhum resultado real.

Com efeito, o ambiente internacional proporcionado pela rede mundial de computadores permite consequências aos cidadãos resultantes de atividades e ligações provenientes de pessoas ou empresas que estão fora das bases jurisdicionalizadas. Por igual, distantes das decisões dos Tribunais.

Com certeza, a decisão de um Tribunal somente faz sentido na medida em que possa ser executada. Assim, uma sentença em regra pode ser executada se o réu ou seus bens puderem ser alcançados pelos mecanismos do país, se o réu ausente do país for extraditado em caso de processo penal, ou o país estrangeiro decidir executar a demanda98. Conforme vislumbrou-se pelos casos trazidos à tona, um desafio constante tem sido evidenciado pela não aceitação e pelo cumprimento de decisões oriundas de outras Cortes alienígenas.

A seu turno, em alguns casos, os demandantes nem sequer tiveram acesso a uma decisão meritória, pelo simples fato de que os Tribunais declinaram da competência, por manifesta falta de *interesse*.

Logo, dentro das referidas análises, observamos, em primeiro lugar, que as disputas na Internet apresentam uma baixa proporção de pessoas com uma presença ou bens no território do país, de modo que um Estado não é capaz de fazer valer o julgamento sem cooperações externas. Mas elas precisam ser rápidas. Nesse ponto, o Código de 1973 praticamente foi repetido pelo Código de 2015. Em segundo plano, ainda que seja em plano criminal, a extradição para a execução é rara, principalmente com base em tratados internacionais,

os programas para seus fins pessoais e profissionais) que tenham um efeito indesejável ou ilegal. Um futuro campo de batalha no exercício do poder no ciberespaço.

e quase nunca de um nacional do Estado, além de que é ainda menos provável de ocorrer em disputas por causa de custos e valores medianos. O terceiro ponto, nesse contexto, merece especial atenção: os países não são necessariamente obrigados a cumprir sentenças ou ordens estrangeiras, senão por força de tratados internacionais nos termos dos litígios[98], e cumprindo requisitos como devido processo legal, ser prolatada por juiz de fato competente no exercício de sua jurisdição, ser o réu devidamente citado (ausência de revelia), apresentar condições de exequibilidade, ser devidamente traduzida, apresentar legalização consular ou apostilamento, não contrariar a ordem pública, a soberania nacional e os bons costumes, entre outros[99]. Em derradeiro, o que dificultaria sobremaneira seria, ainda, a possibilidade de tais solicitações serem feitas por diferentes países, com um número grande de pessoas.

Internacionalmente, de fato, o problema é enredado e depende da cooperação por meio de convenções e da cortesia dos demais países envolvidos. Um Estado, por exemplo, não irá executar uma sentença estrangeira vista como manifestamente abusiva. Ou, ainda, quando perceba elementos que deslegitimam o Tribunal que solicita a ordem. Na mesma linha, quando a ele for impossível pela não localização do réu em questão. Ademais, essa cooperação[100] pode demandar enorme lapso temporal, e na Internet esse tempo pode ser fatal.

Como destaca Reidenberg (2004), os Estados, para cumprirem as suas responsabilidades no mundo *online*, devem encontrar maneiras de transpor os poderes de polícia para a Internet. Por exemplo, o duelo francês e norte-americano de decisões judiciais no caso que trouxemos do Yahoo! (caso de n. 5) ilustra tanto a profunda obrigação dos Estados de executar democraticamente suas escolhas políticas como a necessidade dos Estados em transpor seus poderes judiciais em assuntos em linha[101].

[98] No espaço europeu, *vide* o REGULAMENTO (CE) N. 44/2001 DO CONSELHO, de 22 de dezembro de 2000, relativo à competência judiciária, ao reconhecimento e à execução de decisões em matéria civil e comercial.

[99] Cfr. TIMOFEEVA, Yulia A. Worldwide Prescriptive Jurisdiction in Internet Content Controversies: A Comparative Analysis. Connecticut Journal of International Law, Vol. 20, 2005, p. 218.

[100] Vide TERHECHTE, Jörg Philipp. Judicial Ethics for a Global Judiciary – How Judicial Networks Create their own Codes of Conduct. German Law Journal, Vol. 10, n. 4, 2009, p. 501 e ss.

[101] *Cfr.* Reidenberg, Joel. *States and Internet Enforcement.* University of Ottawa Law & Technology Journal, Vol. 1, n. 213, 2004, p. 216.

Importa mencionar, como salientam Calliess e Hoffmann, que existe uma necessidade de reformas criativas da ordem jurídica interna a fim de reforçar o papel do Estado na prestação de serviços judiciais[102].

A seu turno, a questão de concordância dos termos de serviço dos *sites* na Internet levanta uma situação sensível, sob o ponto de vista dos internautas. Isso se dá porque, em grande parte, os usuários não observam, com o devido cuidado, seu consentimento à jurisdição oferecida pelo *Website* (*vide* a respeito o art. 25 do novo CPC). Assim, ao acessar determinado serviço, o usuário concorda, por um simples "ok", que aceita submeter-se a jurisdições longínquas e, na maioria dos casos, inatingíveis[103]. Se por um lado parece solucionar a questão dos conflitos entre os poderes judiciais, de outro cria um conflito para ele próprio, pela dificuldade em submeter litígios em locais distantes fisicamente.

Por outro lado, um ponto que importa aqui mencionar tem sido o fato de que alguns países ao redor do mundo têm, antes mesmo de qualquer procedimento judicial deliberatório, bloqueado ou filtrado conteúdos estrangeiros da Internet, restringindo o acesso à informação em assuntos que os governos consideram demasiado *sensíveis* para os cidadãos comuns. Temas como o direito à livre expressão, partidos políticos oposicionistas, direitos humanos, *blogs*, direitos das minorias, direito das mulheres, literatura, educação sexual, saúde pública, redes de relacionamento social são constantemente bloqueados por países como China, Cuba, Venezuela, Irã, Coreia do Norte, entre outros[104].

Nesse diapasão, os governos agitam as problemáticas diretamente, sem levar em consideração qualquer Poder Judicial porventura competente, desafiando-os abertamente.

Como pudemos vislumbrar, ante o examinado, a Internet é uma rede global destinada a ignorar, em vez de respeitar, as linhas geográficas. O alcance mundial da Internet está a destruir a relação entre a localização geográfica e o Poder Judiciário local na afirmação de controle sobre o comportamento *online*.

Os casos precursores levantados durante o presente trabalho demonstram a necessidade em aceitar o papel desestabilizador da Internet como um meio

[102] *Cfr.* CALLIESS, Gralf-Peter, HOFFMANN, Hermann. *Judicial Services for Global Commerce – Made in Germany?* German Law Journal, Vol. 10, n. 2, 2009, p. 118.

[103] Ademais, observa-se que a maioria dos usuários nem sequer procede à leitura dos termos de serviços.

[104] *Cfr.* DEIBERT, Ronald, PALFREY, John, ROHOZINSKI, Rafal, ZITTRAIN, Jonathan. *Access denied: the practice and policy of global Internet filtering.* Cambridge: MIT Press, 2008, p. 5 e ss. *Vide* ABELSON, Harold, LEDEEN, K., LEWIS, Harry. *Blown to Bits: your life, liberty, and happiness after the Digital explosion*. Boston: Addison-Wesley, 2008, p. 253 e ss.

sem fronteiras, e que mantém as suas atividades no âmbito judicial dentro de razoáveis limites.

No mesmo sentindo, comprovam que a problemática pode se repetir em outros Tribunais, de qualquer país, não sendo circunscritos a problemas norte-americanos, europeus ou brasileiros.

Na mesma direção, está a questionar a legitimidade[105] de um soberano para aplicar suas decisões em relação aos novos fenômenos globais. O sistema no qual funciona a Internet é indiferente para a localização física dos computadores, e não há ligação necessária entre um endereço de Internet e uma jurisdição física[106].

Em outras palavras, o usuário pode acessar de qualquer lugar uma mensagem ou uma página de Internet. As fronteiras físicas já não podem funcionar como sinalizadores aos países e é preciso informar os indivíduos das obrigações assumidas por entrar em uma nova jurisdição, porque os internautas não têm conhecimento da existência dessas fronteiras quando se movem no espaço virtual.

Por todos os títulos, não existe nada mais internacional do que a Internet, e os Estados nacionais, originalmente territoriais, estão sendo desafiados no exercício de seu poder soberano nesse espaço virtual.

Novas alternativas cosmopolitas de exercício judicial podem contribuir com vistas a contemplar os anseios de diversas pessoas que se deparam com as novas problemáticas internacionais da Internet.

Essa alteração, no sentido de uma judicialização internacional, mais eficiente e apropriada para o mundo da Internet, parece ser da maior necessidade, e ao mesmo tempo, constituir-se em um dos maiores desafios do século XXI.

3. Conclusão

A partir de todo o exposto, concluímos que, à medida que os novos meios de comunicação avançam, parece evidente que as atuais estruturas e modelos de controle judicial não estão devidamente preparadas para enfrentar um mundo cujos desafios transcendem as fronteiras nacionais.

105 *Vide* WOLFRUM, Rüdiger, Röben, Volker. *Legitimacy in International Law*. Berlin: Springer, 2008, p. 1 e ss.

106 *Cfr.* JOHNSON, David, POST, David. *Law and Borders – The Rise of Law in Cyberspace*. Stanford Law Review, Vol. 48, 1996, p. 1367 e ss.

Muitos dos processos que afetam pessoas e empresas no mundo da Internet estão além das competências dos mecanismos de exercício do Poder Judicial nacional.

Nesse contexto, crescem as necessidades no sentido de exigir novas formas de governação mundial para lidar com essas questões globais.

Nessa linha de ideias, com o aumento de usuários da Internet, e na medida em que os problemas internacionais trazidos à tona também crescem, as respostas também devem ser internacionais.

É nesse desenrolar que o Direito tradicional enfrenta desafios. A principiar pela evidente internacionalidade da Internet. Na mesma esteira de raciocínio, não há barreiras físicas para a mobilidade *online*, e as formas de controle, consequentemente, não foram elaboradas com o intuito de incidir sobre as novas atividades virtuais.

Conforme pudemos visualizar, um dos desafios encontrados pelo juiz é o de conseguir, efetivamente, a subordinação de determinado réu estrangeiro em uma ação judicial iniciada em seu país, como na Ação Declaratória de Constitucionalidade (ADC)nº 51, em julgamento no Supremo Tribunal Federal.

De outra parte, verificamos que em alguns casos os demandantes nem sequer tiveram acesso a uma decisão meritória, pelo simples fato de que os Tribunais se desviaram da competência.

Por fim e de maneira salutar, podemos admitir que, na medida em que mais pessoas estão sujeitas a diferentes domínios espaciais, conduz-se a um conflito ou, por vezes, conveniência entre os poderes soberanos no exercício judicial.

Assim, em alguns momentos, os países fazem questão de exercer seu controle, em questões de interesse, e, em outros, declinam de sua jurisdição.

No mesmo passo, percebemos que os mecanismos de cooperação internacional são demasiado lentos para os tempos da Internet, e precisam ser urgentemente aperfeiçoados.

Como detidamente visto, se por um lado as inovações apresentadas pelo novo Código de Processo Civil (CPC) proporcionaram importantes melhorias e avanços em diversos segmentos tradicionais do Direito brasileiro, de outro, contudo, esquivou-se de abordar os novos ramos do Direito, entre eles o Direito na Internet. Da mesma forma, ignorou que inúmeras atividades das pessoas e das empresas, como as atividades *online*, são frequentemente internacionais.

Logo, vislumbramos que os tópicos voltados para os "Limites da Jurisdição Nacional e da Cooperação Internacional" continuam basicamente os mesmos. Para o novo CPC, o mundo ainda é o mesmo de 1973. Não há Internet,

Comércio Eletrônico, Facebook, Uber, WhatsApp, Google ou Amazon. Entretanto, a realidade virtual, ou digital, é outra. A natureza global da Internet oferece-nos igualmente desafios globais.

Nesse sentido, em face de todo o investigado, consideramos ser necessário um novo plano nesse segmento do CPC, em virtude da atual falta de habilidade de se responder a todas as questões eletrônicas que se colocam frente aos poderes judiciais nacionais.

Tais respostas devem partir de um nível internacional, harmonizado. Tudo, pois, na direção de uma judicialização internacional, mais eficiente e apropriada para o mundo da Internet[107].

Referências

Abelson, Harold, Ledeen, K, Lewis, Harry, *Blown to Bits: your Life, Liberty, and Happiness After the Digital Explosion*, Boston, Addison-Wesley, 2008.

Augsberg, Ino, "The Relevance of Network Models within the Juridic Discourse. Empirical, Sociological, and Epistemological Perspectives", *German Law Journal*, vol. 10, nº 4, 2009.

Benedek, Wolfgang, Bauer, Veronika, Kettemann, Matthias, *Internet Governance and the Information Society: Global Perspectives and European Dimensions*, Utrecht, Eleven International Publishing, 2008.

Berman, Paul Schiff, "Choice of Law and Jurisdiction on the Internet. Towards a Cosmopolitan vision of Conflict of Laws: Redefining Govermental Interests in a Global Era", *University of Pennsylvania Law Review*, vol. 153, 2005.

Borchers, Patrick Joseph, "Internet Libel: The Consequences of a Non-rule Approach to Personal Jurisdiction", *Northwestern Law Review*, vol. 98, nº 2, 2004.

Brasil, *Lei nº 13.105, de 16 de Março de 2015, Código de Processo Civil*, Disponível em: http://www.planalto.gov.br/ccivil_03/_ato2015-2018/2015/lei/l13105.htm, Acesso em: 20 jun. 2016.

Brenner, Susan, Koops, Bert-Jaap, "Cybercrime Jurisdiction", *Journal of High Technology Law*, vol. IV, nº 1, 2004.

Bundesministerium der Justiz. *Law – Made in Germany – Global, Effektiv, Kostengünstig*, Berlin, BDJ, 2009.

Burk, Dan, "Jurisdiction in a World Without Borders", *Virginia Journal of Law and Technology*, Spring, 1997.

[107] *Vide* a proposta de FREIRE E ALMEIDA, Daniel. *Um Tribunal Internacional para a Internet.* Coimbra: Faculdade de Direito da Universidade de Coimbra, 2012. *Vide* FREIRE E ALMEIDA, Daniel. *Um Tribunal Internacional para a Internet.* São Paulo: Almedina, 2015. *Vide* FREIRE E ALMEIDA, Daniel. *An International Tribunal for the Internet.* São Paulo: Almedina, 2016, disponível em: https://www.almedina.com.br/index.php?route=product/search&search=daniel%20freire%20e%20almeida.

Calliess, Gralf-Peter, Hoffmann, Hermann, "Judicial Services for Global Commerce – Made in Germany?", *German Law Journal*, vol. 10, nº 2, 2009.

Carr, Nicholas G., *The Big Switch: Rewiring the World, from Edison to Google*, New York, Norton & Company, 2008.

Citron, Danielle Keats, "Minimum Contacts in a Borderless World: Voice over Internet Protocol and the Coming Implosion of Personal Jurisdiction Theory", University of California, *Davis Law Review*, vol. 39, nº 4, 2006.

Cohen, Julie, "Cyberspace As/And Space", *Columbia Law Review*, vol. 107, nº 1, 2007.

Constitution of The United States, 1789.

Correia, Miguel Pupo, "Comércio Electrónico: Forma e Segurança", in *As Telecomunicações e o Direito na Sociedade da Informação*, Coimbra, 1999.

Cottier, Thomas, Hertig, Maya, "The Prospects of 21st Century Constitutionalism", *Max Planck Yearbook of United Nations Law*, vol. 7, 2003.

Deibert, Ronald, Palfrey, John, Rohozinski, Rafal, Zittrain, Jonathan, *Access denied: the practice and policy of global Internet filtering*, Cambridge, MIT Press, 2008.

Diretiva 2000/31/CE do Parlamento Europeu e do Conselho, de 8 de Junho de 2000, relativa a certos aspectos legais dos serviços da sociedade de informação, em especial do comércio electrónico, no mercado interno, transposta em Portugal pelo Decreto Lei nº 07/2004, de 7 de Janeiro.

Dixon, Helen, *Regulate to Liberate. Can Europe Save the Internet?*, New York, Foreign Affairs, September 19, 2018, Accessed September 19, 2018, Available at https://www.foreignaffairs.com/articles/europe/2018-08-13/regulate-liberate.

Dolata, Ulrich, *The Transformative Capacity of New Technologies. How Innovations Affect Sectoral Change: Conceptual Considerations*, Köln, Max-Planck-Institut für Gesellschaftsforschung, 2008.

Freer, Richard D., "American and European Approaches to Personal Jurisdiction Based Upon Internet Activity", Emory University School of Law, *Research Paper*, nº 7-15, 2007.

Freire e Almeida, Daniel, *A Tributação do Comércio Electrónico nos Estados Unidos da América e na União Europeia*, Coimbra, Faculdade de Direito da Universidade de Coimbra, 2002.

Freire e Almeida, Daniel, *A Tributação do Comércio Eletrónico nos Estados Unidos da América e na União Europeia*, São Paulo, Almedina, 2015.

Freire e Almeida, Daniel, *An International Tribunal for the Internet*, São Paulo, Almedina, 2016.

Freire e Almeida, Daniel, *The Taxation of Electronic Commerce in the United States of America and in the European Union*, São Paulo, Almedina, 2016.

Freire e Almeida, Daniel, *Um Tribunal Internacional para a Internet*, Coimbra, Faculdade de Direito da Universidade de Coimbra, 2012.

Freire e Almeida, Daniel, *Um Tribunal Internacional para a Internet*, São Paulo, Almedina, 2015.

Geist, Michael, "Is There a There There? Towards Greater Certainty for Internet Jurisdiction", *Berkeley Technology Law Journal*, Fall, 2001.

Giacomello, Giampiero, *National governments and control of the Internet: a digital challenge*, London, Routledge, 2005.

Giddens, Anthony, *Sociologia*, Lisboa, Fundação Calouste Gulbenkian, 2008.

Giegerich, Thomas, "The Is and the Ought of International Constitutionalism: How Far Have We Come on Habermas's Road to a 'Well-Considered Constitutionalization of International Law'?", *German Law Journal*, vol. 10, nº 1, 2009.

Goller, Bernd, Stoll, Peter-Tobias, *Electronic Commerce and the Internet*, v. 41, Berlin, Jahrbuch Für Internationales Recht, 1998.

Gomes Canotilho, J. J., *Direito Constitucional e Teoria da Constituição*, Coimbra, Almedina, 7ª ed., 6ª reimp., 2009.

Gomes Canotilho, J. J., *Nova Ordem Mundial e Ingerência Humanitária (Claros-Escuros de um Novo Paradigma Internacional)*, Coimbra, *Separata do Boletim da Faculdade de Direito*, vol. 71, 1995.

Gomes Canotilho, J. J., *O Estado no Direito Constitucional Internacional*, Coimbra, *Separata da Revista de História das Ideias*, vol. 26, 2005.

Gray, Tricia, "Minimum Contacts in Cyberspace: The Classic Jurisdiction Analysis in a New Setting", *Journal of High Technology Law*, vol. 1, nº 1, 2002.

Greenstein, Richard, "The Action Bias in American Law: Internet Jurisdiction and the Triumph of Zippo Dot Com", *Temple Law Review*, vol. 80, 2007.

Grewlich, Klaus, "Conflict and Good Governance in 'Cyberspace' – Multi-level and Multi--actor Constitutionalisation, in Mestmaecker, Ernst-Joachim, ENGEL, C., *Law and Economics of International Telecommunications*, Baden-Baden, Nomos, 2000.

Guttag, Eric, "When Offshore Activities Become Infringing: Applying §271 to Activities that 'Straddle' Territorial Borders", *Richmond Journal of Law & Technology*, vol. XIV, Issue 1, 2007.

Johnson, David, Post, David, "Law and Borders – The Rise of Law in Cyberspace", *Stanford Law Review*, vol. 48, 1996.

Khor, Zoe, Marsh, Peter, *Life Online: the Web in 2020*, Oxford, The Social Issues Research Centre, 2006.

Komaitis, Konstantinos, "Aristotle, Europe and Internet Governance", *Pacific McGeorge Global Business & Development Law Journal*, vol. 21, nº 1, 2008.

Kumar, Manish, "Constitutionalizing Email Privacy by Informational Access", *Minneota Journal of Law, Science & Technology*, vol. 9, Issue 1, 2008.

Lessig, Lawrence, *Code and Other Laws of Cyberspace*, New York, Basic Books, 1999.

Lessig, Lawrence, *Code. Version 2.0*, New York, Basic Books, 2006.

Lessig, Lawrence, "Reading the Constitution in Cyberspace", *Emory Law Journal*, nº 3, 1996.

Lessig, Lawrence, *The Future of Ideas. The fate of the commons in a Connected World*, New York, Random House, 2001.

Loudenslager, Michael, "Allowing Another Policeman on the Information Superhighway: State Interests and Federalism on the Internet in the Face of the Dormant Commerce Clause", *B.Y.U. Journal of Public Law*, vol. XVII, 2003.

May, Randolph, "Charting a New Constitutional Jurisprudence for the Digital Age", Engage, *Charleston Law Review*, vol. 9, nº 3, October, 2008.

May, Randolph, "Net Neutrality Mandates: Neutering the First Amendment in the Digital Age", *I/S: A Journal of Law and Policy for the Information Society*, vol. 3, nº 1, Spring, 2007.

Michaels, Ralf, "Territorial Jurisdiction after Territoriality", in Slot, Pieter, Bulterman, Mielle, *Globalisation and Jurisdiction*, The Hague, Kluwer Law International, 2004.

Paré, Daniel, *Internet governance in transition: who is the master of this domain?*, Lanham, Rowman & Littlefield, 2003.

Rasmussen, Terje, "Techno-politics, Internet Governance and Some Challenges Facing the Internet", Oxford Internet Institute, *Research Report* 15, 2007.

Regulamento (CE) nº 44/2001 do Conselho, de 22 de dezembro de 2000, relativo à competência judiciária, ao reconhecimento e à execução de decisões em matéria civil e comercial.

Reidenberg, Joel, "States and Internet Enforcement", *University of Ottawa Law & Technology Journal*, vol. 1, nº 213, 2004.

Reidenberg, Joel, "Technology and Internet Jurisdiction", *University of Pennsylvania Law Review*, vol. 153, 2005.

Rezek, José Francisco, *Direito Internacional Público*, São Paulo, Saraiva, 2018.

Rimmer, Matthew, "Virtual Countries: Internet Domain Names and Geographical Terms", *Media International Australia incorporating Culture and Policy*, nº 106, 2003.

Rundle, Mary, Birdling, Malcolm, "Filtering and the International System: A question of Commitment", in Deibert, Ronald, Palfrey, John, Rohozinski, Rafal, Rundle, Mary, "Beyond Internet Governance: The Emerging International Framework for Governing the Networked World", Harvard Law School, *Berkman Center Research Publication*, nº 2005-16, 2005.

Schumacher, Pascal, "Fighting illegal Internet content – May access providers be required to ban foreign websites? A recent German approach", *International Journal of Communications Law and Policy*, Issue 8, Winter 2004.

Seaman, Adrienne, "E-Commerce, Jurisdiction and Choice of Law", *Computers and Law*, v. 10, nº 5, 2000.

Segal, Adam, *When China Rules the Web*, New York, Foreign Affairs, September 19, 2018, Accessed September 19, 2018, Available at https://www.foreignaffairs.com/articles/china/2018-08-13/when-china-rules-web.

Spang-Hanssen, Henrik, *Cyberspace Jurisdiction in the U.S. (From an alien's point of view). The International Dimension of Due Process*, Oslo, Institutt for rettsinfomatikk, Norwegian Research Center for Computers and Law, 2001.

Svantesson, Dan Jerker, *Borders On, or Border Around – the Future of the Internet*, Bond University, 2006.

Terhechte, Jörg Philipp, *Judicial Ethics for a Global Judiciary – How Judicial Networks Create their own Codes of Conduct.* German Law Journal, Volume 10, nº 04, 2009.

The Law Society of England and Wales, *England and Wales: The Jurisdiction of choice*, London, The Law Society, 2007.

Timofeeva, Yulia A., "Worldwide Prescriptive Jurisdiction in Internet Content Controversies: A Comparative Analysis", *Connecticut Journal of International Law*, vol. 20, 2005.

Tinnevelt, Ronald, Mertens, Thomas, "The World State: a Forbidding Nightmare of Tyranny? Habermas on the Institutional Implications of Moral Cosmopolitanism", *German Law Journal*, vol. 10, nº 1, 2009.

Viellechner, Lars, "The Network of Networks: Karl-Heinz Ladeur's Theory of Law and Globalization", *German Law Journal*, vol. 10, nº 4, 2009.

Von Bogdandy, Armin, Dellavalle, Sergio, "Universalism Renewed: Habermas' Theory of International Order in Light of Competing Paradigms", *German Law Journal*, vol. 10, nº 1, 2009.

Wolfrum, Rüdiger, Röben, Volker, *Legitimacy in International Law*, Berlin, Springer, 2008.

Zittrain, Jonathan, *Access denied: the practice and policy of global Internet filtering*, Cambridge, MIT Press, 2008.

Zittrain, Jonathan, "A History of online Gatekeeping", *Harvard Journal of Law & Technology*, vol. 19, nº 2, Spring, 2006.

Zittrain, Jonathan, *The Future of the Internet – And How to Stop It*, London, Yale University Press, 2008.

A Ação de Reparação de Danos no Âmbito da Atividade Notarial: Enquadramento em Face do Novo Código de Processo Civil

Diovana Barbieri

Introdução

O tema da responsabilidade civil dos notários, a despeito da grande relevância prática, não tem sido tratado com o rigor que a sua complexidade exige, de modo que, ao longo dos anos, têm sido produzidos textos jurídicos e decisões judiciais nos mais variados sentidos.

Tanto se afirma que o Estado deve ser responsabilizado pelos atos dos agentes a quem delegou fé pública[1] como se sustenta que a imputação deve ser feita com exclusividade ao profissional liberal.

Do mesmo modo, se defende que a eventual responsabilidade do Estado é solidária, como se preceitua que deve ser apenas supletiva ou subsidiária.

Há manifestações no sentido da responsabilidade independentemente de culpa do notário, como existem filiações à responsabilidade subjetiva.

Assim como se argumenta pela responsabilidade extracontratual do notário, também se posiciona pela via da responsabilidade contratual.

Com idêntica ênfase se pugna pela aplicação do Código de Defesa do Consumidor, como se opina pelo afastamento da referida lei no âmbito dos serviços notariais.

As consequências dessa falta de harmonia repercutem tanto no plano do direito material quanto no processual. No primeiro caso, leva a decisões

[1] Neste sentido, veja-se a recente decisão do STF, de 27/02/19, que julgou o Recurso Extraordinário 842.846.

contraditórias quanto ao reconhecimento ou não da obrigação de indenizar, por parte do Estado, do notário ou de ambos conjuntamente. No segundo, levanta posições diversas no que toca à competência territorial, à legitimidade de parte, ao litisconsórcio passivo e à inversão do ônus da prova.

Nessa medida, o que se pretende com este artigo é, por um lado, definir o regime jurídico substantivo aplicável à responsabilidade civil dos notários, mais especificamente dos tabeliães de notas e, por outro, abordar os aspectos processuais relevantes, destacando, principalmente, as alterações introduzidas pelo novo Código de Processo Civil.

1. Enquadramento Funcional

A atividade notarial exercida no Brasil integra o chamado sistema do notariado romano germânico ou do notariado latino.

Nesse modelo, o notário é o profissional do direito, a quem é outorgada a fé pública do Estado e delegada a função de receber, interpretar e dar forma legal à vontade das partes, o que se faz por meio da expedição de atos e documentos autênticos.

Essas características estão positivadas no direito brasileiro nos arts. 236 da Constituição Federal (CF) e 3º da Lei n. 8.935, de 18 de novembro de 1994. Aquele determina que os serviços notariais são exercidos por delegação do Poder Público, em caráter privado, e este preceitua que os notários são profissionais do direito, dotados de fé pública, a quem é delegado o exercício da atividade notarial.

Daí se retira que a natureza do labor notarial é mista: os notários são oficiais públicos, que outorgam fé aos atos e documentos, e, simultaneamente, são profissionais liberais que, por imperativo constitucional, exercem a delegação em regime privado[2].

Caracterizam-se como oficiais públicos por prestarem um serviço público[3], atribuído por meio de concurso público (art. 236, § 6º, da CF, e art. 14, I, da

[2] BENÍCIO, Hercules Alexandre da Costa, *Responsabilidade Civil do Estado Decorrente de Atos Notariais e de Registro,* São Paulo, RT, 2005, p. 170, faz a distinção entre o regime funcional interno e externo aplicável aos notários.

[3] Utilizando-se da classificação de MEIRELLES, Hely Lopes, *Direito Administrativo Brasileiro,* 40ª ed., São Paulo, Malheiros, 2014, p. 386 e ss., e PIETRO, Maria Sylvia Zanella di, *Direito Administrativo,* São Paulo, Atlas, 2014, p. 83. Trata-se de um serviço próprio do Estado, industrial e *uti singuli.*

Lei n. 8.935/94) e sujeito à fiscalização pelo Poder Judiciário (art. 236, § 1º, da CF, e art. 37 da Lei n. 8.935/94).

Qualificam-se como profissionais liberais, pois o conteúdo do serviço que prestam depende de conhecimentos científicos avançados, que lhes confere a habilitação para o exercício da sua atividade, que se dá por conta e risco próprios[4], de forma independente (art. 28 da Lei n. 8.935/94), sem vínculo de emprego e sem relação de subordinação com outrem.

A questão que se coloca, para fins de responsabilidade civil, é a de saber, diante dessa natureza funcional, qual a posição do notário relativamente à estrutura do Estado.

O primeiro aspecto a destacar é que os profissionais do notariado não compõem a administração pública direta (União, Estados e Municípios), nem mesmo a administração indireta (autarquias, fundações públicas, sociedade de economia mista, empresas públicas, concessionárias e permissionárias de serviços públicos)[5].

O segundo é que não se enquadram na concepção tradicional de agentes públicos, pois tratam-se, efetivamente, de agentes delegados. Vale por dizer que são particulares que recebem a incumbência da execução de determinada atividade, obra ou serviço público e o realizam em nome próprio, por sua conta e risco, mas segundo as normas do Estado e sob a permanente fiscalização do delegante[6].

E o terceiro é que, no que toca à regulamentação do serviço, não se verifica uma sujeição suficiente ao direito público, que justifique o posicionamento do notário nos quadros da administração. É assim porque, apesar dos notários serem delegatários da fé pública, ingressarem na função por concurso público e serem fiscalizados pelo Poder público, o regime a que estão sujeitos é preponderante de direito privado.

Basta ver que: a) são os titulares das serventias que recebem por delegação; b) atuam em seu próprio nome e não em nome do Estado; c) têm autonomia funcional e técnica; d) gerem o cartório por sua conta e risco; e) estabelecem com seus clientes uma relação de direito privado e não um contrato

[4] NASCIMENTO, Tupinambá Castro do, *Código do Consumidor Comentado,* 3ª ed., Rio de Janeiro, Aide, 1991, p. 51, In: KRIGER FILHO, Domingos Afonso, *A Responsabilidade Civil e Penal no Código de Proteção e Defesa do Consumidor,* Porto Alegre, Síntese, 2000, p. 71.

[5] PIETRO, Maria Sylvia Zanella di, *Direito Administrativo,* São Paulo, Atlas, 2014, p. 348.

[6] MEIRELLES, Hely Lopes, *Direito Administrativo Brasileiro,* 40ª ed., São Paulo, Malheiros, 2014, p. 84.

administrativo; f) têm direito à percepção dos emolumentos integrais[7], pagos pelos utentes e não pelos cofres públicos; e g) não estão sujeitos à extinção da delegação por ato discricionário do Poder Público, mas apenas por morte, aposentadoria facultativa, invalidez, renúncia ou perda[8].

Desse modo, pode-se afirmar que os notários não são representantes do Estado, não são servidores públicos e não se enquadram na acepção própria de agentes públicos[9]. Constituem, assim, uma categoria à parte nominada particulares colaboradores do Poder Público[10].

2. Enquadramento Jurídico: Direito Material

2.1. Responsabilidade Civil do Estado pela Prática de Atos Notariais

No âmbito do tema da responsabilidade civil por atos notariais, um dos pontos mais controvertidos prende-se com a existência ou não do dever de indenizar por parte do Estado, quando o notário, no exercício das suas atribuições, causa um dano ao seu cliente ou a um terceiro.

Sobre o tema, dispõe o art. 37, § 6º, da CF/88, que: "As pessoas jurídicas de direito público e as de direito privado prestadoras de serviços públicos responderão pelos danos que seus agentes, nessa qualidade, causarem a terceiros,

[7] Conforme o art. 28 da Lei n. 8.935/94. A fixação dos emolumentos deve observar as normas gerais estipuladas pela Lei n. 10.169/2000, conforme o art. 236, § 2º, da CF/88. Não obstante, entende-se que natureza jurídica dos emolumentos dos notários é de honorários profissionais e não de taxa, como sustenta parte da doutrina e da jurisprudência. Nesse sentido, em Portugal, a Portaria n. 385/2004, de 16 de abril, institui a "Tabela de Honorários e Encargos Notariais". BENÍCIO, Hercules Alexandre da Costa, *Responsabilidade Civil do Estado Decorrente de Atos Notariais e de Registro,* São Paulo, RT, 2005, p. 165, sustenta que os emolumentos não são taxa nem receita pública. MORAES, Paulo Valério dal, Os tabeliães, os oficiais registradores e o Código de defesa do Consumidor, *Revista de Direito do Consumidor,* n. 61, janeiro-março de 2007, p. 1278, entende que é preço público ou tarifa.

[8] Conforme arts. 28, 32 e 35 da Lei n. 8.934/94, de 18 de novembro.

[9] Em sentido contrário, veja STOCO, Rui, *Tratado de Responsabilidade Civil,* São Paulo, RT, 2007, p. 1034.

[10] MEIRELLES, Hely Lopes, *Direito Administrativo Brasileiro,* 40ª ed., São Paulo, Malheiros, 2014, p. 84. PIETRO, Maria Sylvia Zanella di, *Direito Administrativo,* São Paulo, Atlas, 2014, p. 416, elenca como *agente público,* na qualidade de particular em colaboração com o Poder Público, que exerce a sua atividade por sua conta e risco, de forma independente, não é remunerado pelos cofres públicos, no entanto é fiscalizado por ele. FOLLMER, Juliana, *A atividade notarial e registral como delegação do Poder Público,* Norton Editor, Porto Alegre, 2004, p. 175, p. 71-81, segue a orientação dessa autora.

assegurado o direito de regresso contra o responsável nos casos de dolo ou culpa".

Por aí se verifica que no direito brasileiro houve a consagração da responsabilidade objetiva do Estado, com base na teoria do risco administrativo. Vale por dizer que, de acordo com a primeira parte do dispositivo, o Estado é responsável, independentemente de culpa, pelos atos de seus agentes quando atuem nessa qualidade.

Não se exige que o ato seja praticado no exercício das funções, no entanto, é imprescindível que o autor seja o agente público e não o indivíduo, a título particular, sob pena de se passar para o campo da teoria do risco integral[11].

Aplicando a referida norma aos serviços notariais, tem-se que a pessoa jurídica de direito público eventualmente responsável pelo ato do notário será o Estado, pela atuação do Poder Judiciário estadual, a quem compete a delegação da atividade[12], a escolha dos agentes delegados, por meio de concurso público[13], e a fiscalização da atividade[14].

Trata-se de uma suposta responsabilidade extracontratual do Estado, uma vez que o vínculo que se estabelece com os utentes do serviço ocorre no âmbito da relação privada, entre o notário e os seus clientes, e não na esfera da administração pública. Da mesma forma, a eventual relação obrigacional que se constitua com um terceiro não usuário da serventia decorrerá da violação de deveres legais e não de obrigações contratuais assumidas previamente pelo Estado.

Pode ser uma responsabilidade por *fato próprio* do Estado, regra geral da responsabilidade civil, nas seguintes circunstâncias: 1) quando o ato lesivo é praticado pelo notário, mas atribuído ao Estado, nas hipóteses em que se conceba o profissional como parte integrante da administração pública; e 2) quando o Poder Judiciário, atuando dentro da sua competência e cumprindo o seu dever legal de: a) delegar o serviço notarial; b) escolher o notário, por meio de concurso público; e c) fiscalizar a atividade, cause um dano a terceiro.

[11] MEIRELLES, Hely Lopes, *Direito Administrativo Brasileiro*, 40ª ed., São Paulo, Malheiros, 2014, p. 742-747.

[12] BENÍCIO, Hercules Alexandre da Costa, *Responsabilidade Civil do Estado Decorrente de Atos Notariais e de Registro*, São Paulo, RT, 2005, p. 82, demonstra que a tendência jurisprudencial vai no sentido de considerar que a delegação da função notarial é feita pelo Poder Judiciário e não pelo Poder Executivo, pela maior proximidade da atividade com a função jurisdicional.

[13] Cf. art. 15 da Lei n. 8.935/94, de 18 de novembro.

[14] Cf. art. 37 da Lei n. 8.935/94, de 18 de novembro.

Também se discute uma eventual responsabilidade do Estado *por fato de terceiro*, no contexto em que o causador do dano é o próprio notário, na acepção de profissional liberal, alheio à estrutura da administração, mas por quem o Estado, apesar disso, seria supostamente responsável.

Importa analisar cada uma das teses, separadamente:

2.1.1. Responsabilidade por Atos Próprios

Os pressupostos da responsabilidade civil do Estado, por *atos próprios*, modalidade que consiste na imputação do dever de indenizar ao efetivo causador do dano, são: a) a prática do ato ilícito por agente da administração pública, que atue nesta qualidade; b) o dano; e c) o nexo de causalidade entre a conduta lesiva e o prejuízo causado[15].

No que se refere ao primeiro requisito, qual seja *a prática de ato ilícito por agente da administração*, considera-se não cumprido quando está em causa uma atuação do notário. Isso porque o oficial é um profissional liberal, que presta serviço público, em regime particular e em colaboração com a administração, de modo que não se enquadra na concepção tradicional de agente público[16].

Ademais, o *caput* do art. 37 da CF/88 refere-se à "Administração pública direta e indireta de qualquer dos Poderes da União, dos Estados, do Distrito Federal e dos Municípios (...)", pelo que a responsabilidade do Estado, regulada no seu § 6º, deve ser entendida de forma restrita aos agentes públicos que compõem a orgânica estatal, integrando a administração direta ou indireta, o que não inclui os particulares em colaboração com o Poder Público[17].

[15] MEIRELLES, Hely Lopes, *Direito Administrativo Brasileiro*, 40ª ed., São Paulo, Malheiros, 2014, p. 746, esclarece que o fato do serviço não dispensa a prova do nexo causal.

[16] PIETRO, Maria Sylvia Zanella di, *Direito Administrativo*, São Paulo, Atlas, 2014, p. 507, entende que, na qualidade de agente, mencionada no art. 37, § 6º, incluem-se todas as categorias de agente político, administrativos ou particulares em colaboração, sem interessar o título sob o qual prestam o serviço. CAVALIERI FILHO, Sergio, *Programa de Responsabilidade civil*, 5ª ed., São Paulo, Malheiros, 2003, p. 244, entende que o termo agente é amplo e inclui todo aquele que presta serviço público, seja de forma permanente, seja temporária. LEVADA, Cláudio Antônio Soares, Responsabilidade civil do notário público, *Doutrinas essenciais Responsabilidade Civil*, vol. IV, São Paulo, RT, 2010, p. 1209, afirma que os notários integram o Poder Público de forma que o Estado pode ser responsabilizado.

[17] MEIRELLES, Hely Lopes, *Direito Administrativo Brasileiro*, 40ª ed., São Paulo, Malheiros, 2014, p. 83, defende que os agentes delegados não se enquadram na acepção própria de agentes públicos, pelo que o delegante não é responsável conjunta nem solidariamente com o delegado. Para o autor, nenhuma responsabilidade deve suportar o delegante, pelos atos negociais do delegado, para a execução da obra ou do serviço, pois quem com ele contrata o faz em termos particulares, sem qualquer vinculação com o poder delegante. BENÍCIO, Hercules Alexandre da Costa,

Sendo assim, os atos praticados pelo notário não podem ser imputados à administração e, consequentemente, nenhuma responsabilidade poder-lhe-á ser atribuída, pela falta de preenchimento do primeiro pressuposto da responsabilidade civil do Estado[18].

Em termos de direito comparado, essa é a solução preconizada na Espanha, onde o sistema notarial é um dos mais avançados entre os membros do notariado latino. Para os autores locais, os perfis privatísticos da relação notário-cliente são acentuados e deixam em segundo plano a condição de oficial público[19]. De acordo com o seu entendimento, o fato de o notário não ser efetivamente um funcionário público, sujeito às normas e à organização próprias da administração, gera uma dupla e importante consequência: a de que seus atos não são atos administrativos e nem geram a responsabilidade da Administração[20]. Assim sendo, para a doutrina espanhola, não há fundamento para impor ao Estado a responsabilidade pelos danos causados pelo notário no exercício de sua função[21].

Situação diversa se verifica com relação aos atos praticados pelo Poder Judiciário, nomeadamente o ato da delegação, o da escolha por concurso público e o da fiscalização da atividade. Estes são, efetivamente, praticados por agentes públicos, de modo que podem gerar responsabilidade ao Estado, se os demais requisitos do dever de indenizar também estiverem presentes.

Responsabilidade Civil do Estado Decorrente de Atos Notariais e de Registro, São Paulo, RT, 2005, p. 170, 239 e 249, sustenta que os notários não se assemelham aos agentes públicos, mas aos delegados prestadores de serviços públicos. Afasta a responsabilidade direta e solidária do Estado, muito embora admita a responsabilidade subsidiária, em caso de insolvência do titular da serventia.

[18] Em sentido contrário, veja STOCO, Rui, *Tratado de Responsabilidade Civil,* São Paulo, RT, 2007, p. 1033.

[19] SERVER, Rafael Verdera, *La responsabilidad civil del notario,* Thompson Civitas, Navarra 2008, p. 122.

[20] HIERRO, Jose Manuel Fernández, *Responsabilidad civil de los notarios,* Disponível em: http://www.avd-zea.com/descargas/articulos/94.pdf., p. 76.

[21] Em Portugal, o Supremo Tribunal de Justiça, em 11-4-2013, Processo n. 5548/09.9TVLSNB.L1, apreciando a ação de responsabilidade civil do Estado, decorrente de uma penhora mal feita por um agente de execução, profissional que tem um enquadramento funcional similar aos notários, pois é simultaneamente oficial público e profissional liberal, entendeu que "Embora as atribuições do agente de execução não se circunscrevam às que são típicas de uma profissão liberal, envolvendo também os actos próprios de oficial público, para efeitos da responsabilidade civil emergem os aspectos de ordem privatística (...). A responsabilidade civil que aos agentes de execução for imputada, no âmbito do exercício da sua actividade, obedece ao regime geral, e não ao regime da responsabilidade civil do Estado e demais entidades públicas".

No que toca ao segundo elemento, *o dano*, não existe nenhuma especificidade, podendo ser um prejuízo emergente, um lucro cessante (art. 402 do Código Civil), uma perda material ou moral (arts. 186 do CC, 5º, V e X, da CF/88, e 6º, VI e VII, do Código de Defesa do Consumidor) por parte da vítima.

Com relação ao *nexo de causalidade*, trata-se da ligação que assegura que a falta do agente seja, efetivamente, a causa do dano sofrido pela vítima.

O seu fundamento legal encontra-se no art. 403 do CC, que determina que: "Ainda que a inexecução resulte de dolo do devedor, as perdas e danos só incluem os prejuízos efetivos e os lucros cessantes *por efeito dela direto e imediato*".

Em termos naturalísticos, a causa é toda a condição sem a qual o resultado não se teria verificado[22]. No entanto, para efeitos da responsabilidade civil, nem todas as *condições sine qua non* são legítimas para obrigar o agente a indenizar.

Isso porque o CC brasileiro, no artigo citado, quando refere que só estão incluídos nas perdas e danos os prejuízos decorrentes *direta e imediatamente* do ato do devedor, adota a chamada teoria da causalidade adequada[23].

Vale por dizer que, para impor a alguém a obrigação de reparar o dano sofrido por outrem, não basta que o fato praticado tenha sido *condição sine qua non*. É necessário, ainda, que, em abstrato ou em geral, seja uma causa adequada do prejuízo[24]. Uma causa só é adequada quando o dano é uma consequência normal, típica, provável e direta dos seus efeitos.

Para se definir a adequação ou não da causa, relativamente a uma lesão concreta, é preciso, em um juízo de razoabilidade, responder se a causa apontada é hábil a gerar o dano, se é provável que produza aquele tipo de dano e se a causa originou, de forma direta e imediata, o dano alegado.

Isso leva a que, entre duas ou mais circunstâncias, que concretamente concorreram para o dano, somente a predominante[25], a que teve uma interferência imediata e decisiva[26] na produção do resultado, é que pode ser apontada como a causa adequada.

[22] ANTUNES VARELA, João de Matos, *Das obrigações em geral*, Coimbra, Almedina, 10ª ed., vol. I, p. 882.

[23] CAVALIERI FILHO, Sergio, *Programa de Responsabilidade civil*, 5ª ed., São Paulo, Malheiros, 2003, p. 70. STJ, REsp n. 1.198.829, Relator Ministro Teori Zavascki, *DJe* 25-11-2010 e STJ, REsp n. 481.939, Relator Ministro Teori Zavascki, *DJe* 21-3-2005.

[24] ANTUNES VARELA, João de Matos, *Das obrigações em geral*, Coimbra, Almedina, 10ª ed., vol. I, p. 889.

[25] SALVO VENOSA, Silvio, *Direito Civil, Responsabilidade civil*, São Paulo, Atlas, 3ª ed., p. 39.

[26] CAVALIERI FILHO, Sergio, *Programa de Responsabilidade civil*, 5ª ed., São Paulo, Malheiros, 2003, p. 70.

Aplicando a teoria à eventual responsabilidade do Estado, pelos atos de competência do Poder Judiciário, nomeadamente a delegação, o concurso e a fiscalização da atividade, infere-se que se houver nexo de causalidade entre, por exemplo, um vício no ato da delegação da função e o dano causado ao pretenso delegatário, que ficou impedido de exercer as suas funções, o Estado poderá ser responsabilizado diretamente.

Da mesma forma, se existir nexo de causalidade entre uma falha no concurso público e o dano causado a um candidato preterido, em razão da outorga da delegação a quem não preenchia os requisitos exigidos pelo edital, poderá haver responsabilidade estatal.

Quanto a isso, parece não existir muitas dúvidas. No entanto, o que é mais comum são as tentativas de se responsabilizar a administração, de forma solidária[27] ou subsidiária[28], quando estão em causa atos ilícitos praticados pelos notários, com o argumento generalista de que, se não fosse a atuação do Estado, o ato danoso não teria sido cometido pelo profissional.

De acordo com esse raciocínio, o dano causado por uma escritura pública nula, outorgada pelo notário, não teria sido produzido se, previamente, não tivesse havido a delegação pelo Estado, permitindo que particulares prestassem serviços públicos. O dano também não teria ocorrido se o Estado tivesse escolhido bem o candidato, por meio de um concurso público rigoroso, de forma a evitar que o profissional praticasse um ato viciado. Ou, ainda, o dano não teria surgido se o Estado tivesse fiscalizado a atividade do delegatário, impedindo que atuasse com negligência, imprudência ou imperícia.

A ser assim, toda e qualquer falha, praticada por todo e qualquer notário do país, poderia ser imputada ao Estado, de forma quase automática, pelo simples fato de o Poder Judiciário estadual participar da organização da atividade. O que significa, na prática, que administração pública estaria em uma posição de seguradora universal, no âmbito de uma atividade preponderantemente privada, o que seria algo excessivo e abusivo[29].

[27] CENEVIVA, Walter, *Lei dos Notários e dos Registradores comentada,* São Paulo, Saraiva, p. 209; FOLLMER, Juliana, *A atividade notarial e registral como delegação do Poder Público,* Norton Editor, Porto Alegre, 2004, p. 118; SALVO VENOSA, Silvio, *Direito Civil, Responsabilidade civil,* São Paulo, Atlas, 3ª ed., p. 184.

[28] BENÍCIO, Hercules Alexandre da Costa, *Responsabilidade Civil do Estado Decorrente de Atos Notariais e de Registro,* São Paulo, RT, 2005, p. 170 e 249; e MORAES, Paulo Valério dal, Os tabeliães, os oficiais registradores e o Código de defesa do Consumidor, *Revista de Direito do Consumidor,* n. 61, janeiro-março de 2007, p. 1269.

[29] BENÍCIO, Hercules Alexandre da Costa, Responsabilidade Civil do Estado Decorrente de Atos Notariais e de Registro, São Paulo, RT, 2005, p. 82.

Isso não pode ser assim e, efetivamente, não é. De fato, o ato da delegação da função, a eleição dos notários e a fiscalização da atividade podem ser considerados *condições sine qua non* dos atos praticados pelos notários, porque são condições sem as quais não seria possível a prática do ato pelo agente, e, consequentemente, não teria existido o dano.

Mas isso não significa, necessariamente, que são causas adequadas de todos e quaisquer danos gerados pelos delegatários. Para que possa surgir o dever de indenizar do Estado, por ato do notário, deve existir, efetivamente, um nexo de causalidade entre o ato da delegação, da escolha e da fiscalização e o prejuízo do lesado, circunstância que não se verifica com tanta habitualidade.

Veja-se as situações mais corriqueiras que têm gerado responsabilidade civil aos delegatários da função notarial: a) outorga de testamento nulo, com a consequente perda dos bens ou dos direitos pelo herdeiro testamentário; b) não advertência de penhora sobre o bem imóvel objeto da compra e venda, com a sequencial perda do bem ou dos valores usados para o levantamento da constrição; e c) admissibilidade de procuração falsa para a transmissão de bens imóveis, quando a falsidade do documento é flagrante e visualizável por qualquer homem médio, com a posterior perda do objeto pelo legítimo vendedor.

Nesses contextos, terão os danos suportados pelas vítimas um nexo de causalidade com o ato da delegação, da eleição ou da fiscalização das serventias pelo Poder Judiciário?

Pode-se dizer que os prejuízos sofridos constituem uma consequência normal, típica, provável e direta do ato da delegação, do concurso ou da fiscalização da atividade notarial?

Ou seja, é razoável supor que o ato da delegação de funções públicas gera como consequência típica um dano consistente na perda de uma verba hereditária, pela outorga de testamento nulo? É provável que a eleição do delegatário por concurso público cause a perda de um imóvel ou do respectivo valor pecuniário, por falta de advertência da penhora? O ato da fiscalização negligente causa diretamente a perda do bem imóvel pelo dono legítimo, pela admissibilidade de procuração falsa?

Não parece.

E, não sendo evidente, não se pode dizer que, em geral, os atos de competência do Poder Judiciário são causas adequadas dos danos originados aos usuários dos cartórios ou a terceiros. O que se pode, casuisticamente, é verificar se existe um nexo de causalidade que vincule a atuação estatal ao dano, ainda que o ato imediato tenha sido perpetrado pelo notário e não pelo Poder Público.

Dos casos encontrados, as situações limítrofes verificam-se no que respeita à competência *fiscalizadora* do Poder Judiciário. Em princípio, poder-se-ia supor que daí decorreria um dever legal do Estado de revisar os atos praticados pelo notário, de forma a que qualquer erro no exercício da função representaria, concomitantemente, uma falha no dever de supervisão pelo Estado.

Mas não é assim.

O âmbito do dever de fiscalização do Estado está restrito ao aspecto deontológico, disciplinar e de organização dos serviços. É o que se vê, por exemplo, nos arts. 192 a 211 do Código de Organização e Divisão Judiciárias do Estado do Paraná. A natureza dos deveres (manter em ordem livros, papéis e documentos, atender as partes com eficiência, urbanidade e presteza, proceder de forma a dignificar a função exercida, entre outros), das proibições (agir estando impedido, atentar contra as instituições notariais e de registro, obter proveito particular em razão do cargo, entre outros) e a natureza do processo (disciplinar) excluem qualquer controle do Estado sobre a atividade do notário, em seu nível técnico.

E nem poderia ser diferente, por força do princípio da independência, que vige no sistema do notariado latino e está consagrado no art. 28 da Lei n. 8.935/94, de 18 de novembro[30], que determina que o notário é um jurista qualificado que goza de independência no exercício das suas atribuições.

Nessa medida, alegar que, em regra, há um nexo de causalidade entre a perda de um bem ou direito pela vítima e o ato do Estado, que teria incumprido o seu dever de fiscalizar, é falso. Por um lado, porque a sua competência não inclui o dever de revisar, conferir e inspecionar o conteúdo material e técnico de todos os atos atribuídos ao notário. Por outro, porque o ato negligente, imprudente ou imperito foi praticado pelo notário e esta será a verdadeira causa adequada à produção do resultado danoso.

Agora, de forma excepcional, até pode ser possível existir um liame de causalidade entre o ato fiscalizador do Poder Judiciário e o dano causado ao utente do cartório ou a um terceiro interessado. Imagine-se, por exemplo, se a Corregedoria-Geral da Justiça Estadual emite uma instrução normativa, a ser seguida pelos notários, e o profissional, em cumprimento deste dever, causa danos a outrem. Nesse caso, além da eventual exclusão da responsabilidade do notário, por estrito cumprimento de um dever legal, poderia haver a responsabilização do Estado, por fato próprio, uma vez que o ato de fiscalização

[30] REZENDE, Antonio Celso F. e CHAVES, Carlos Fernando Brasil, *Tabelionato de Notas e o Notário Perfeito*, São Paulo, Millennium, 2010, p. 32, referem como princípio da autonomia notarial.

da atividade, aqui consistente em harmonizar a prática notarial, teria sido a causa adequada do resultado produzido.

Em conclusão, entende-se que o Estado não pode ser responsabilizado pelos danos causados pelos notários, no exercício de suas funções, porque o delegatário não é um agente integrante da administração pública.

Tampouco pode ser responsabilizado, de modo direto e automático, com base no entendimento de que os atos do Poder Judiciário são, em sua generalidade, causas adequadas a produzir os danos, porque estes decorrem, direta e imediatamente, da prestação de serviços pelo notário, e não pelo Estado.

Assim, a única hipótese de imputar a responsabilidade à administração pública ocorre nos casos em que se constate que há um efetivo nexo de causalidade entre os atos da delegação da função, da eleição do delegatário por concurso público e da fiscalização da atividade e os danos suportados pelo ofendido.

2.1.2. Responsabilidade por Fato de Terceiro

Ao contrário da reponsabilidade *por fato próprio,* a responsabilidade por fato de outrem cifra-se na atribuição da responsabilidade a um terceiro que não praticou, por si, a ação ilícita, mas que mantém com o causador do dano um vínculo de subordinação, controle ou poder de direção, que justifique que responda por seus atos.

Trata-se de uma responsabilidade excepcional, visto que a regra geral do instituto da reparação de danos atribui o dever de indenizar ao efetivo agente causador do dano.

Para que seja justificável é necessário, por um lado, que exista algum vínculo jurídico entre o agente material do dano e o terceiro, do qual resulte um dever de guarda, vigilância e custódia[31] e, por outro, uma previsão legal que autorize a transferência do dever de indenizar para o patrimônio alheio.

No caso em apreço, entre o Estado e o notário, concebido como profissional liberal estranho à estrutura orgânica da administração, não há hierarquia, subordinação funcional e nem sequer dever de controle, guarda ou custódia por parte da administração. A atuação do notário é autônoma e independente, por força dos princípios que regem o notariado latino e de acordo com o art. 38 da Lei n. 8.935/94, de 18 de novembro.

[31] CAVALIERI FILHO, Sergio, *Programa de Responsabilidade civil,* 5ª ed., São Paulo, Malheiros, 2003, p. 186.

Além disso, a imposição desse dever de indenizar ao Poder Público, ao seu erário e a seus contribuintes não encontra fundamento legal. Por um lado, não está prevista na CF/88, que disciplina a responsabilidade do Estado por ato de seus próprios agentes públicos e não por profissionais liberais autônomos. Por outro, não está mencionada no art. 932 do Código Civil, que indica as situações de responsabilidade por fato de outrem. E, por fim, não aparece na legislação especial, que regulamenta a prestação de serviços notariais.

Nessa medida, não há como se falar em responsabilidade civil do Estado, *por fato de terceiro,* quando estão em causa atos funcionais praticados pelos notários.

2.1.3. Conclusão Parcial

Diante do que foi exposto, conclui-se que:

a) O Estado não deve ser responsabilizado pelos atos praticados pelos notários, *por fato próprio,* porque o notário não é agente público, por quem o Estado deva ser responsável, nos termos do art. 37, § 6º, da CF/88.

b) O Estado só poderá ser responsável, *por fato próprio,* pelos atos do Poder Judiciário que, representando uma falha no ato da delegação, no ato da eleição do notário ou no ato da fiscalização da atividade, gerem danos a terceiros, usuários ou não do serviço notarial. Mesmo nesses casos, em regra, não se consegue verificar o nexo causal entre o ato de delegação do serviço, o ato de escolha do titular ou o ato de fiscalização da atividade pelo Estado e o dano causado ao usuário ou terceiro, derivado, efetivamente, da conduta dolosa ou culposa do profissional liberal.

c) O Estado não deve ser responsável pelos atos praticados pelos notários, na modalidade de imputação *por fato de terceiros,* porque, sendo uma responsabilidade excepcional, depende de uma relação de subordinação, controle, guarda, vigilância ou custódia, além de uma previsão legal específica, ambas inexistentes nesse caso.[32]

[32] Em 27/02/19, já depois da edição deste artigo, o STF julgou o Recurso Extraordinário 842.846, e aprovou a tese de que o Estado responde objetivamente pelos atos praticados pelos Tabeliães e Registradores que, no exercício de suas funções, causem prejuízos a terceiros, assentando o dever do Estado ingressar com ação regressiva contra o responsável pela serventia nos casos em que houver dolo ou culpa do titular. Apesar desta decisão, mantém-se opinião expressa neste trabalho, em todos os seus termos.

2.2. Responsabilidade Civil do Tabelião de Notas

2.2.1. Legislação Aplicável e Regime Jurídico

a) Art. 37, § 6º, da Constituição Federal

No tópico precedente, quando foi abordada a questão da Responsabilidade Civil do Estado pelos atos notarias, indicou-se como fundamento jurídico o art. 37, § 6º, da CF/88, na sua primeira parte.

Acontece que existem estudos a sustentar que a responsabilidade civil direta dos notários também encontraria base legal neste dispositivo, quando refere que: "(...) as (pessoas jurídicas) de direito privado prestadoras de serviços públicos responderão pelos danos que seus agentes, nessa qualidade, causarem a terceiros, assegurado o direito de regresso contra o responsável nos casos de dolo ou culpa"[33].

O argumento central seria o de que os notários se enquadrariam como pessoas jurídicas de direito privado, prestadoras de serviço público e, desta sorte, responderiam objetivamente pelos danos que o seus prepostos, nessa qualidade, causassem a terceiros.

Todavia, não se concebe que essa seja a melhor opção.

Em primeiro lugar, porque se entende que o preceito não é aplicável a profissional notário. Isso porque, em termos literais, o artigo refere as pessoas jurídicas de direito privado, o que excluiria os notários por serem pessoas físicas[34].

Em segundo, porque o âmbito da incidência do § 6º do art. 37 é definido pelo *caput*, que aborda, expressamente, a administração pública direta e indireta, deixando de fora os sujeitos que não integrem esta orgânica, caso desses oficiais públicos[35].

[33] LOUREIRO, Luis Guilherme, *Registros Públicos, Teoria e Prática*, São Paulo, Método, 4ª ed., p. 8, parece sustentar a responsabilidade objetiva com base na segunda parte do § 6º do art. 37 e no art. 22 da Lei n. 8.935/94, de 18 de novembro.

[34] MEIRELLES, Hely Lopes, *Direito Administrativo Brasileiro*, 40ª ed., São Paulo, Malheiros, 2014, p. 83, inicialmente sustentava a aplicação da norma de forma restrita às pessoas jurídicas. Atualmente, mudou de opinião e admite também a responsabilização das pessoas físicas prestadoras de serviços públicos. Refere que os agentes delegados, em geral, devem responder nos termos da responsabilidade da administração pública, por falta de uma lei especial sobre a responsabilidade civil. De onde se pode concluir que, caso se referisse ao notário, e uma vez que há uma lei especial, seria esta a aplicável e não o § 6º do art. 37 da CF/88.

[35] No mesmo sentido, veja MORAES, Paulo Valério dal, Os tabeliães, os oficiais registradores e o Código de Defesa do Consumidor, *Revista de Direito do Consumidor*, n. 61, janeiro-março de 2007, p. 1268.

Por fim, porque, ainda que se pudesse sustentar que esses profissionais enquadram-se no âmbito da norma, o tema da responsabilidade civil pessoal dos notários foi tratado expressa e especificamente no art. 236 da CF/88 que, em seu § 1º, dispõe que: "Lei regulará as atividades, disciplinará a responsabilidade civil e criminal dos notários, dos oficiais de registro e de seus prepostos, e definirá a fiscalização de seus atos pelo Poder Judiciário".

O que significa que o legislador constitucional fez a opção clara de remeter a regulamentação da responsabilidade civil dos notários para uma lei, no caso concreto a Lei n. 8.935/94, de 18 de novembro, afastando deliberadamente o § 6º do art. 37 da CF/88[36].

Tendo isso em consideração, a regra geral do § 6º do art. 37 da CF/88, que trata do dever de indenizar de todas as pessoas jurídicas de direito privado prestadoras de serviço público, deixa de ser aplicável, por ter sido adaptada expressamente a um domínio particular: ao dos serviços notariais, no art. 236.

Em conclusão, se é certo que uma eventual responsabilidade do Estado, por atos notariais, deve ser analisada com base na primeira parte do § 6º do art. 37 da CF/88, não menos correto é afirmar que a responsabilidade pessoal do notário deve ser enquadrada no § 1º do art. 236 e, consequentemente, na Lei n. 8.935/94, de 18 de novembro, que o regulou.

b) Art. 22 da Lei n. 8.935/94, de 18 de Novembro

Conforme mencionado, o § 1º do art. 236 da Constituição Federal determinou ao legislador ordinário que regulasse a responsabilidade civil do notário, o que foi feito no art. 22 da Lei n. 8.935/94, de 18 de novembro.

Referido dispositivo preceitua que: "Os notários e oficiais de registro são civilmente responsáveis por todos os prejuízos que causarem a terceiros, por culpa ou dolo, pessoalmente, pelos substitutos que designarem ou escreventes que autorizarem, assegurado o direito de regresso".

A disciplina da responsabilidade civil do notário, portanto, tem por base a regra geral de que: a) os notários, dentre os quais o tabelião de notas, são responsáveis; b) são responsáveis por todos os danos causados; c) respondem por culpa ou dolo; d) quer estes danos tenham sido praticados por si, quer

[36] No mesmo sentido, veja MORAES, Paulo Valério dal, Os tabeliães, os oficiais registradores e o Código de defesa do Consumidor, *Revista de Direito do Consumidor*, n. 61, janeiro-março de 2007, p. 1268.

tenham sido cometidos por seus prepostos; e e) estando assegurado o direito de regresso dos notários em face dos seus prepostos, em caso de dolo ou culpa.

Em análise breve ao dispositivo, verifica-se que, não obstante se consiga extrair uma regra geral aplicável à matéria, não contém toda a disciplina legal necessária para a averiguação e para a imputação da responsabilidade civil ao oficial e aos seus funcionários.

Isso se diz porque há, verdadeiramente, uma afirmação da responsabilidade pessoal dos notários, *por fato próprio* e *por fato de outrem*, no entanto, não existe uma regulamentação específica nos demais aspectos, por exemplo, em qual âmbito a responsabilidade deve ser considerada (contratual ou extracontratual), quais os requisitos gerais a serem preenchidos e quais os tipos de danos que suporta.

Nessa medida, tratando-se da responsabilidade civil de um profissional liberal, que exerce a sua delegação no campo do direito privado, o regime jurídico subsidiário aplicável para colmatar essas lacunas será o CC, em geral, e os arts. 186, 289, 475, 927 e ss., em específico.

Assim, há que subsumir a atividade notarial aos preceitos citados, separando os atos do tabelião dos atos praticados pelo seus prepostos, a fim de se chegar a uma conclusão sobre a disciplina jurídica aplicável. Da mesma sorte, há que distinguir os danos causados aos usuários do serviço daqueles provocados na esfera de terceiros.

No primeiro caso, a eventual responsabilidade será averiguada no âmbito da responsabilidade contratual, uma vez que se trata de incumprimento de uma obrigação em sentido técnico, constituída na relação entre o notário e seus clientes[37]. No segundo, será apurada no campo da responsabilidade

[37] Em sentido contrário, veja STOCO, Rui, *Tratado de Responsabilidade Civil,* São Paulo, RT, 2007, p. 1040. Para VIEIRA, José Alberto, Direito do Notariado, *Tratado de Direito Administrativo Especial,* vol. II, Coimbra, Almedina 2009, p. 135 a 254, a relação entre o notário e seus clientes é de natureza jurídico pública, pelo que a responsabilidade civil seria legal. BENÍCIO, Hercules Alexandre da Costa, *Responsabilidade Civil do Estado Decorrente de Atos Notariais e de Registro,* São Paulo, RT, 2005, p. 120-121 e 233, sustenta que entre o notário e o usuário não há relação contratual, mas um vínculo especial que justificaria uma nova espécie de responsabilidade profissional. SERVER, Rafael Verdera, *La responsabilidad civil del notario,* Thompson Civitas, Navarra 2008, p. 116 e 200, afirma que, na Espanha, a tentativa de afirmar se tratar de uma responsabilidade legal não teve muito apoio da doutrina e da jurisprudência e considera que é uma responsabilidade obrigacional em sentido estrito que não perde esse caráter pelo fato de estar prevista em uma normal legal ou regulamentária, nem sequer no caso de se tratar de uma norma imperativa.

extracontratual, visto que consiste na violação de deveres legais ou de direitos absolutos de terceiros, com quem não existe vínculo obrigacional prévio[38].

Os requisitos comuns às duas modalidades de responsabilidade, no âmbito da responsabilidade subjetiva, que é a regra geral[39], são: a) ato ilícito; b) culpa;

[38] Em termos de conceito, veja ALARCÃO, Rui de, *Direito das Obrigações*, Texto elaborado pelos Drs. J. Sousa Ribeiro, J. Sinde Monteiro, Almeno de Sá e J. C. Proença, com base nas lições do Prof. Dr. Rui de Alarcão ao 3º Ano Jurídico, Coimbra, 1983, p. 205. PONTES DE MIRANDA, *Tratado de Direito Privado*, Tomo III, 3ª ed., São Paulo, RT, 1984, p. 454, entende que a responsabilidade pelos atos dos notários é negocial, não obstante exemplifica que pode ser extracontratual, por exemplo, na hipótese de ocorrer a queima de um livro de escrituras; LUCAN, Maria Angeles Párra, La responsabilidad civil de notarios y registradores, Estudio jurisprudencial, In: MARTÍNEZ, Juan Antonio Moreno, *Responsabilidad civil y su problemática actual*, Dikinson, Madrid, 2007, p. 832, entende que frente aos outorgantes existe uma responsabilidade contratual, seja porque deriva de um contrato (mandato, prestação de serviços ou prestação de serviço intelectual), seja porque existe uma relação jurídica que nasce do dever legal do notário de exercer a profissão. E que existe a responsabilidade extracontratual frente a terceiros, atingidos pelo ato, como o beneficiário de um testamento nulo ou um proprietário que viu o seu direito violado por intervenção de outra pessoa no ato, mediante a utilização de bilhete de identidade falso; USUEL, Manues Dalloz de Droit, *Manuel de la Responsabilité Notariale*, La jurisprudence en matiére de Responsabilidad Civile notariale à la lumiére de nombreuses décisions récents, Paris, Librairie Dalloz, 1962, p. 12-14, refere que o notário pode ser responsável por diversas naturezas: na qualidade de oficial público que viola as regras da sua profissão (disciplinar), responsabilidade contratual, por danos causados na execução de um contrato de mandato, e responsabilidade quase delitual ou delitual, quando, por negligência ou imprudência, causa um dano a terceiro, que não seja o seu cliente. No mesmo sentido, ANGELONI, Franco, *La responsabilitá civile del notaio*, Cedam, Padova, 1990, p. 90-110; LANZANI, Chiara, *La nuova giurisprudenza civile commentata*, a cura di Guido Alpa e Paolo Zatti, n. 6, junho de 2010, ano XXVI, p. 629. SALVATI, Giovanna Giada, *La responsabilitá del notaio*, Luiss Guido Carli, Julho 2002, p. 54, entende que o beneficiário de um testamento deve ser tutelado no confronto com o notário, como um vínculo de natureza obrigacional, mesmo que não seja cliente nem objeto do ato notarial.

[39] O elemento culpa é fonte de uma das grandes polêmicas que envolve a responsabilidade civil dos notários. Isso porque, antes da publicação da nova Lei n. 13.286, de 10 de maio de 2016, havia uma heterogeneidade de posições no que tocava à forma de conciliar o revogado art. 22 da Lei n. 8.935/94, de 18 de novembro, que não mencionava a culpa de forma expressa, com o regime do Código Civil que, em seu art. 186, impõe-la como requisito necessário. Sendo assim, havia um duplo entendimento na doutrina e na jurisprudência sustentando, por um lado, a responsabilidade objetiva e, por outro, a responsabilidade subjetiva do tabelião. O que se defendia, já nessa época, é que, no âmbito dos atos praticados pessoalmente pelo delegatário (por atos próprios), a responsabilidade subjetiva do tabelião era a única opção defensável. Em primeiro lugar, porque a ausência de menção à culpa no revogado art. 22 da Lei n. 8.935/94, de 18 de novembro, só podia ser interpretada como intenção do legislador em remeter o intérprete para as normais gerais da responsabilidade civil. E, aplicando o Código Civil, a regra base é a responsabilidade subjetiva. Além disso, nos termos da lei, a opção pelo regime da responsabilidade objetiva, por ser uma forma de responsabilização mais rigorosa e excepcional, somente é possível quando estiver "especificada em lei" e apenas é justificável quando "a atividade normalmente desenvolvida pelo autor do dano

c) dano; e d) nexo de causalidade. Pelo que, estando presentes esses pressupostos, haverá a constituição do dever de indenizar do delegatário.

c) Art. 14, § 4º, do Código de Defesa do Consumidor

A possível aferição da responsabilidade civil do notário, com base no Código de Defesa do Consumidor, é outro tema fraturante na doutrina e na jurisprudência notarial. Isso ocorre a dois níveis: em primeiro, discute-se a aplicabilidade ou não da norma consumerista à atividade[40]e, em segundo, diverge-se quanto à responsabilidade objetiva desses profissionais, regra geral do CDC, ou subjetiva, regime excepcional previsto para os profissionais liberais[41].

Para melhor compreensão da matéria, as dúvidas serão enfrentadas em momentos e campos próprios.

implicar, pela sua natureza, risco para os direitos de outrem" (art. 927 do CC). E isso não ocorre com os serviços notariais. Em segundo lugar, uma interpretação sistemática do art. 22, relativamente ao art. 28 da Lei n. 6.015/73, de 31 de dezembro, e ao art. 38 da Lei n. 9.492/97, de 10 de setembro, que regulamentam os serviços de registro de imóveis e protesto de títulos e outros documentos, respectivamente, também levava à responsabilidade subjetiva. Tendo em vista que os tabeliães de notas, de protesto e os registradores partilham o mesmo enquadramento funcional e estão sujeitos ao mesmo tratamento constitucional, que remete para a Lei n. 8.935/94, de 18 de novembro, não fazia sentido possuírem regimes diversos de responsabilidade. O terceiro argumento favorável à responsabilidade subjetiva encontra-se no direito comparado. A opção legislativa e a posição maioritária da doutrina em países importantes do notariado latino como a França, a Espanha, Portugal e a Itália vão no sentido da responsabilização do tabelionato de notas com base na culpa. Diante do exposto, a responsabilidade do tabelião de notas devia e deve ser analisada com base na responsabilidade subjetiva, por um lado, por falta de substrato jurídico para implementar a responsabilidade objetiva, e, por outro, porque a opção pela responsabilidade subjetiva é a que melhor condiz com a função, seja com relação aos demais profissionais da área, seja quanto aos demais países que adotam o sistema do notariado latino.

40 Em sentido positivo: FOLLMER, Juliana, A atividade notarial e registral como delegação do Poder Público, Norton Editor, Porto Alegre, 2004, p. 121 e BENÍCIO, Hercules Alexandre da Costa, Responsabilidade Civil do Estado Decorrente de Atos Notariais e de Registro, São Paulo, RT, 2005, p. 120-121. Em sentido negativo: CENEVIVA, Walter, Lei dos Notários e dos Registradores comentada, Saraiva, São Paulo, 2010, p. 217.

41 FOLLMER, Juliana, *A atividade notarial e registral como delegação do Poder Público*, Norton Editor, Porto Alegre, 2004, p. 121, sustenta que o notário seria órgão público e, por isso, estaria enquadrado no regime geral da responsabilidade objetiva. Em sentido contrário, BENÍCIO, Hercules Alexandre da Costa, *Responsabilidade Civil do Estado Decorrente de Atos Notariais e de Registro*, São Paulo, RT, 2005, p. 280-282.

c.1) Aplicação do Regime Protetivo do Consumidor aos Usuários da Serventia e Terceiros

A forma de saber se à atividade notarial é aplicável o regime protetivo do consumidor, previsto no Código de Defesa do Consumidor, passa por analisar se os elementos que a lei determina como componentes de uma relação de consumo, quais sejam o consumidor, o fornecedor, o produto e os serviços, estão presentes nas relações que se entabulam entre o notário e o seu usuário e entre o notário e um terceiro, com quem não possui nenhum vínculo jurídico.

A figura do *consumidor* é abordada pela lei de quatro maneiras distintas, devido à complexidade do tema[42]. A primeira definição encontra-se no art. 2º, que dispõe: "Consumidor é toda pessoa física ou jurídica que adquire ou utiliza produto ou serviço como destinatário final".

Apesar da tendência do direito comparado, nomeadamente europeu, em restringir a proteção dos sujeitos vulneráveis unicamente às pessoas físicas, no Brasil, as pessoas jurídicas, em princípio, estão abrangidas no âmbito normativo. O elemento que pode determinar uma exceção será a destinação dada ao produto ou serviço, uma vez que o artigo exige que a destinação seja final.

Esse critério legal é preenchido com base na teoria do finalismo aprofundado ou interpretação finalista aprofundada, adotada pelo STJ[43]. De acordo com esse entendimento, considera-se destino final a retirada efetiva do produto ou serviço do mercado (objetivo), com uma finalidade privada (subjetivo).

Dessa maneira, o conceito de consumidor, regra geral, fica restrito ao sujeito que adquire ou utiliza um produto para uso próprio e de sua família, estando excluído o que age com intuito de desenvolver uma atividade mercantil.

No entanto, em regime excepcional, a teoria também admite como destinatário final aquele que retira faticamente o bem ou serviço do mercado, ainda que o faça com a intenção econômica ou lucrativa[44]. Nesses casos residuais, compreendem-se no conceito de consumidoras pequenas empresas e os

[42] PELEGRINI GRINOVER, Ada; VASCONCELLOS BENJAMIN, Antonio Pinto Herman de, *et al, Código Brasileiro de Defesa do Consumidor. Comentado pelos autores do anteprojeto,* 7ª ed. rev. e ampl., Rio de Janeiro, Forense Universitária, 2001, p. 227.

[43] LIMA MARQUES, Cláudia, Contratos no Código de Defesa do Consumidor, O novo regime das relações contratuais, São Paulo, RT, 2011, p. 3.

[44] EFING, Antonio Carlos, *Fundamentos do Direito das Relações de Consumo,* Curitiba, Juruá, 2004, p. 74.

profissionais liberais[45], desde que demonstrada em concreto a sua vulnerabilidade técnica, jurídica ou econômica.

Diante disso, os usuários dos tabelionatos de notas podem ser enquadrados como consumidores, sempre e quando adquiram os serviços notariais com intuito privado ou familiar e, se a finalidade for econômica ou lucrativa, somente nas hipóteses em que se constate a sua hipossuficiência perante o titular do cartório.

Em regra, pode-se supor que um sujeito ou uma associação que outorgue uma escritura pública de compra e venda de um imóvel para habitação ou para a sede da pessoa jurídica, respectivamente, são considerados consumidores. Ao contrário, uma imobiliária ou uma construtora, que utilizem os serviços do cartório para comercializarem imóveis, não estarão incluídas no âmbito da norma.

A segunda definição de consumidor, que interessa para a atividade notarial, consta do art. 17, que assim disciplina: "Para os efeitos desta Seção, equiparam-se aos consumidores todas as vítimas do evento". A seção a que se refere a norma trata da responsabilidade pelo fato do produto ou serviço. O preceito legal indica que, nos casos de acidentes de consumo, os terceiros, ainda que não tenham participado da relação, mas que porventura tenham sido vítimas do evento danoso, são considerados consumidores por equiparação legal.

O alargamento da proteção consumerista às pessoas estranhas à relação de consumo, que sofreram prejuízo em razão dos defeitos intrínsecos ou extrínsecos do produto ou serviço, justifica-se pela importância dos bens jurídicos atingidos pelo fato do produto ou serviço, como a segurança ou a integridade física, psíquica e patrimonial dos indivíduos.

Nesse conceito estariam enquadrados os terceiros, não usuários dos serviços da serventia, mas que, por sofrerem danos decorrentes da prática de atos notariais, pelo titular, pelo interino ou pelos prepostos, seriam tidos como vítimas de acidentes de consumo. Assim, o herdeiro testamentário que ficou sem uma porção de patrimônio, por nulidade do testamento público ou o vendedor de um imóvel que perdeu a titularidade do bem, por conta de uma escritura de compra e venda outorgada com base em procuração falsa, podem ser tido como consumidores do cartório notarial em causa.

[45] STJ, REsp 48.827, Relatora Ministra Nancy Andrighi, *DJ* 22-5-2003.

Os outros dois conceitos de consumidor aparecem nos arts. 2º, parágrafo único[46], e 29[47] do CDC, e fazem referência à "coletividade que intervém nas relações de consumo" e às "pessoas expostas às práticas nele previstas". Como não têm uma aplicação significativa no âmbito da função notarial, não merecem maiores considerações.

Ante o exposto, o Código de Defesa do Consumidor brasileiro reconhece duas categorias de consumidores: os consumidores efetivos, partícipes ativos da relação de consumo (art. 2°, *caput*); e os consumidores equiparados, quais sejam as vítimas de acidente de consumo (art. 17), a coletividade (art. 2º, parágrafo único) e os sujeitos a determinadas práticas comerciais (art. 29). O consumidor de serviços notariais será, em regra, o consumidor efetivo do art. 2º, *caput*, e o consumidor equiparado, as vítimas dos acidentes de consumo do art. 17.

Com relação ao conceito de *fornecedor*, refere o art. 3º do Código de Defesa do Consumidor que é: "(...) toda pessoa física ou jurídica, pública ou privada, nacional ou estrangeira, bem como os entes despersonalizados, que desenvolvem atividades de produção, montagem, criação, construção, transformação, importação, exportação, distribuição, ou comercialização de produtos ou prestação de serviços".

A definição legal abrange qualquer pessoa física, bem como qualquer pessoa jurídica que ofereça produtos ou serviços, mediante desempenho habitual de atividade civil ou mercantil. Contempla apenas os fornecedores que atuam no mercado de consumo de maneira habitual e reiterada[48], afastando os contratos firmados entre dois consumidores não profissionais. Pode se tratar de particular ou pessoa pública, compreendendo-se, nesta hipótese, o

[46] "Equipara-se a consumidor a coletividade de pessoas, ainda que indetermináveis, que haja intervindo nas relações de consumo." O parágrafo único alargou o conceito do caput considerando a coletividade de pessoas como consumidora, a fim de dar maior abrangência à disciplina da Lei n. 8.078/90, de 15 de março, por meio da valoração jurídica do indivíduo que estabelece uma relação fática com o fornecedor, independentemente da aquisição efetiva do produto ou serviço, bem como por meio da tutela dos interesses individuais homogêneos e difusos. Trata-se de uma norma de caráter genérico, interpretativo e aplicável a todos os capítulos e seções do código

[47] "Para os fins deste Capítulo e do seguinte, equiparam-se aos consumidores todas as pessoas determináveis ou não, expostas às práticas nele previstas." De acordo com o dispositivo, considera-se consumidor qualquer pessoa exposta às práticas comerciais relativas à oferta, publicidade, práticas abusivas, cobranças de dívidas, banco de dados e cadastro de consumidores previstas nos arts. 30 a 44, bem como à proteção contratual quanto às cláusulas abusivas e contratos de adesão regulada nos arts. 46 a 54.

[48] EFING, Antonio Carlos, *Fundamentos do Direito das Relações de Consumo*, Curitiba: Juruá, 2004, p.68.

Poder Público por si mesmo, ou por intermédio da administração indireta. Da mesma forma, pode se tratar de fornecedores nacionais, estrangeiros, ou entes despersonalizados[49].

O notário é um profissional liberal, que presta serviços de natureza civil, em regime particular, de forma habitual e reiterada, pelo que se encaixa perfeitamente à definição legal de fornecedor. Ainda que se considerasse um agente público, não estaria afastado do âmbito da lei, porque o preceito também menciona expressamente o Poder Público[50].

No que toca ao *objeto* da relação consumerista, pode ser um produto ou um serviço, nos termos do art. 3º. A respeito do serviço dispõe o § 2º que: "Serviço é qualquer atividade fornecida no mercado de consumo, mediante remuneração, inclusive as de natureza bancária, financeira, de crédito e securitária, salvo as decorrentes das relações de caráter trabalhista".

O serviço diz respeito a uma atividade, uma obrigação de fazer, de realizar uma conduta que beneficie o consumidor, prestada mediante remuneração. Ao mencionar a remuneração, o CDC não se refere apenas à remuneração direta, mas inclui os casos em que o benefício do fornecedor está disseminado em outros custos apresentados ao consumidor ou existe indiretamente, por intermédio de prestações aparentemente gratuitas[51]. Assim, para a configuração dos serviços é necessário o elemento remuneração, todavia entendido como o benefício direto ou indireto recebido pelo fornecedor ou cobrado por meio de outras atividades relacionadas.

Diante desse enquadramento, o serviço prestado pelo notário pode ser objeto de uma relação de consumo, pois consiste em uma obrigação de proporcionar ao usuário certo resultado do seu trabalho intelectual, com retribuição.

Tal como foi configurado no item 1, o serviço é público. Contudo, essa natureza não impede que seja enquadrado na definição legal. Aliás, se o CDC admite expressamente o Poder Público como fornecedor, o pressuposto é que

[49] BITTAR, Carlos Alberto, em NORRIS, Roberto, *Responsabilidade civil do fabricante pelo fato do produto*, Rio de Janeiro: Forense, 1996,p. 18.

[50] FOLLMER, Juliana, *A atividade notarial e registral como delegação do Poder Público*, Norton Editor, Porto Alegre, 2004, p.122, entende que o notário, enquanto agente público, é fornecedor, nos termos do CDC.

[51] LIMA MARQUES, Cláudia, *Contratos no Código de Defesa do Consumidor, O novo regime das relações contratuais*, São Paulo, RT, 2011, p. 409 e 412, afirma que "(...) a expressão remuneração permite incluir todos aqueles contratos em que for possível identificar no sinalagma escondido (contraprestação escondida) uma remuneração indireta do serviço de consumo" e que hoje, juridicamente "a alegada gratuidade dos serviços não significa falta de remuneração".

também compreenda os serviços públicos como passíveis de configurar uma relação de consumo[52].

É certo que, atendendo à classificação dos serviços prestados pelo Estado, existem aqueles que derivam diretamente do *Ius Imperium,* são insuscetíveis de apropriação pelo setor privado (como a atividade policial e de justiça) e que, portanto, estão afastados do âmbito na norma. Mas não é esse o caso dos serviços notariais, que são executados por particulares em colaboração e não importam no poder de autoridade Estatal[53].

Relativamente à retribuição, existem atos próprios da serventia que devem ser prestados, obrigatoriamente, de forma gratuita. Todavia, isso não significa falta de remuneração. A contraprestação do notário está presente, seja de forma direta, quando existe o reembolso por algum fundo ou entidade criada para este fim, seja de forma indireta, por meio dos demais serviços atribuídos por lei, pelos quais cobra honorários.

Como exemplo da referida gratuidade, pode-se indicar a recente alteração do Código de Processo Civil que passou a referir, em seu art. 98, IX, que a gratuidade da justiça, prevista para a pessoa com insuficiência de recursos, compreende os "emolumentos devidos a notários ou registradores em decorrência da prática de registro, averbação ou qualquer outro ato notarial necessário à efetivação de decisão judicial ou à continuidade de processo judicial no qual o benefício tenha sido concedido". Apesar de serem atos isentos de emolumentos, por força da lei, configuram, ainda assim, serviços prestados pelo notário no âmbito de uma relação de consumo.

Em vista do exposto, conclui-se que:

a) A relação que se estabelece entre o notário e o usuário dos seus serviços pode ser uma relação de consumo, quando esteja presente um consumidor efetivo. Vale por dizer, uma pessoa física ou jurídica que adquira o serviço notarial para fins privados ou, de forma excepcional, que o adquira com intenção econômica, estando em uma situação de vulnerabilidade perante o profissional liberal.

[52] STJ, 3ª T., REsp n. 625.144, Relatora Ministra Nancy Andrighi, *DJ* 29-5-2006.

[53] Sobre o enquadramento dos serviços notariais na classificação geral dos serviços públicos e na abrangência do CDC, ir a MORAES, Paulo Valério dal, Os tabeliães, os oficiais registradores e o Código de defesa do Consumidor, *Revista de Direito do Consumidor,* n. 61, janeiro-março de 2007, p. 1245-1261. FELISBERTO, Bruno Miguel Costa, *Essencialidade e peculiaridades do serviço público registral e notarial,* Tese de mestrado em direito, PUCRS, Porto Alegre, 2013, p. 135 e ss., entende que o serviço público prestado pelo notário não se encaixa nesse conceito.

b) O vínculo que se firma entre o profissional e um terceiro, que não utilizou os serviços do cartório, pode ser uma relação de consumo quando este consumidor sofrer um dano derivado da atuação do notário ou do seu preposto e puder, por isto, ser equiparado à vítima de um fato do serviço.
c) Em ambos os casos, o notário atua como fornecedor, pois desenvolve uma atividade em regime privado, de forma habitual e reiterada, com intenção de receber benefícios.
d) A atividade do notário consiste em uma efetiva prestação de serviço, no âmbito do mercado de consumo, pois trata-se de uma obrigação de proporcionar ao usuário certo resultado do seu trabalho intelectual, com retribuição por meio de emolumentos.

c.2) A Responsabilidade Civil dos Notários em Face do Código de Defesa do Consumidor

Estando assente que a atividade notarial está incluída no âmbito do CDC, é mister analisar qual o regime de responsabilidade civil previsto neste diploma, pelos eventuais atos ilícitos cometidos pelos notários ou pelos seus prepostos.

A opção legislativa foi a de fixar no art. 6º, VI, a efetiva prevenção e reparação de danos patrimoniais e morais, como um dos direitos básicos do consumidor. Em seguida, disciplinar, nos arts. 12 a 17, a responsabilidade pelo fato do produto ou serviço.

Fato do produto ou do serviço é um acontecimento externo decorrente de um vício, de um defeito do produto ou do serviço que vem a causar danos que atingem a incolumidade física, psíquica ou patrimonial do consumidor.

A matéria relativa ao fato do produto ou serviço encontra-se regulada no Título I, Capítulo IV, Seção II, arts. 12 a 17, da Lei n. 8.078/90.

É aqui que se encaixa o tema da responsabilidade dos notários e seus prepostos, pelos danos patrimoniais e morais, causados aos seus usuários ou a terceiros, decorrentes de uma prestação de serviços defeituosa.

Relativamente ao serviço, que interessa para o caso, determina o art. 14 que: "O fornecedor de serviços responde, independentemente da existência de culpa, pela reparação dos danos causados aos consumidores por defeitos relativos à prestação de serviços, bem como por informações insuficientes ou inadequadas sobre sua fruição e riscos". Como se vê, o art. 14 positiva, como regra geral, a responsabilidade objetiva do fornecedor de serviços, que atua no mercado de consumo.

E essa é uma das razões por que toda a classe notarial receia a aplicação do CDC e tenta afastar a atividade da sua incidência[54]. No entanto, esse temor é infundado. Isso porque o mesmo art. 14, em seu § 4º, estabelece que: "A responsabilidade pessoal dos profissionais liberais será apurada mediante a verificação de culpa".

Trata-se de uma exceção à regra geral da responsabilidade civil objetiva, que se aplica perfeitamente aos serviços notariais porque, consoante afirmado acima, os notários desempenham a sua função pública de forma privada. O seu estatuto de profissional liberal é preponderante relativamente ao de oficial público, pelo que, a sua eventual responsabilidade dependerá da prática de um ato com negligência, imprudência ou imperícia, por determinação legal expressa[55]. O que significa, em concreto, que há uma remissão ao regime jurídico da responsabilidade civil previsto na Lei n. 8.935/94, de 18 de novembro, e no Código Civil. Ambos reconhecem a responsabilidade do notário, com base na culpa.

3. Enquadramento Jurídico: Direito Processual

3.1. Legitimidade Passiva *Ad Causam*

A legitimidade das partes para a causa é uma condição da ação que exige, em regra, que o sujeito presente em juízo seja o titular do direito subjetivo material em discussão (legitimidade ativa) ou o titular da obrigação correspondente (legitimidade passiva).

Na seara da atividade notarial, algumas questões discutíveis se colocam, nomeadamente, quanto à possibilidade de o Estado, a própria serventia e o notário que assume um cartório como sucessor do titular integrarem o polo passivo das ações de reparação de danos causados aos usuários do serviço ou a terceiros.

[54] MORAES, Paulo Valério dal, Os tabeliães, os oficiais registradores e o Código de defesa do Consumidor, *Revista de Direito do Consumidor*, n. 61, janeiro-março de 2007, p. 1271.

[55] MORAES, Paulo Valério dal, Os tabeliães, os oficiais registradores e o Código de defesa do Consumidor, *Revista de Direito do Consumidor*, n. 61, janeiro-março de 2007, p. 1272, entende que os notários e registradores não se encaixam na qualificação de profissional liberal, em razão do seu alto nível de profissionalidade e pelo fato de trabalharem como empresa. Nessa medida, sustenta que não estão sujeitos ao regime excepcional da responsabilidade subjetiva.

Quanto ao primeiro ponto, entende-se que, em vista de todas as razões abordadas no item 2.1, o Estado não tem legitimidade para compor o polo passivo de uma demanda, cujo objeto será o ressarcimento de danos praticados pelo tabelião de notas. Exceção se faça aos casos em que o Estado, pelo Poder Judiciário, possa ser responsabilizado pelos atos da delegação da função pública, da escolha do delegatário ou pela fiscalização da atividade notarial. Nessas hipóteses residuais, poder-se-á falar em litisconsórcio passivo facultativo, entre o Estado e o tabelião de notas, com base no art. 114 do novo Código de Processo Civil.

A despeito do entendimento exarado, é conhecida a posição maioritária da doutrina e da jurisprudência no sentido da legitimidade passiva do Estado[56], pelos entes da federação, por conta da sua sustentada responsabilidade direta (solidária[57]) ou, pelo menos, subsidiária[58], pelos atos próprios da serventia, praticados pelo oficial.

Relativamente à legitimidade passiva da serventia, a questão é quase uniforme no sentido de considerar que, não tendo personalidade jurídica, o cartório não pode ser sujeito das obrigações que decorrem da prática da atividade pelo notário. Isso é assim porque, tal como explicado na Introdução, o ofício notarial é desenvolvido pelo notário, em seu próprio nome, como profissional liberal, pelo que a sua exclusão do polo passivo das demandas de responsabilidade civil não poderia ser mais acertada[59].

No que toca à legitimidade passiva de um notário, que ocupe a posição de sucessor de outro, na titularidade de uma serventia, tampouco pode haver legitimidade passiva para responder pelos atos danosos praticados pelo oficial afastado das funções[60].

A justificação reside no fato de que a responsabilidade civil, em regra, é atribuída ao agente que praticou o ato danoso. Somente em regime excepcional e mediante autorização legal, inexistente no caso, é que se pode considerar

[56] STJ, REsp n. 481.939, Relator Ministro Teori Zavascki, *DJ* 21-3-2005.

[57] STJ, REsp n. 439.465, Relator Ministro Paulo Medina, *DJ* 9-12-2002.

[58] STJ, Agravo de Instrumento no REsp n. 377.074, de 23-2-2016, e REsp n. 1.163.652, Relator Herman Benjamin, *DJ* 1º-7-2010.

[59] STJ, REsp n. 1.097.995, Relator Ministro Massami Uyeda, *DJe* 6-10-2010; STJ, Agravo no REsp n. 277.313, Relator Ministro Paulo de Tarso, *DJe* 6-3-2014; e STJ, REsp n. 545.613, Relator Ministro Cesar Rocha, *DJ* 29-6-2007. No sentido de que o tabelionato é uma pessoa formal com capacidade processual, veja STJ, REsp n. 476.532, Relator Ruy Rosado, *DJ* 20-5-2003.

[60] STJ, REsp n. 696.989, Relator Ministro Castro Filho, *DJ* 27-11-2006; STJ, REsp n. 1.270.018, Relator Ministro Massami Uyeda, *DJe* 28-6-2012; STJ, REsp n. 1.044.841, Ministro Luiz Fux, *DJe* 27-5-2009; e STJ, REsp n. 852.770, Relator Ministro Humberto Martins, *DJe* 15-5-2007.

que a ofensa foi perpetrada por um sujeito, mas o dever de indenizar recairá sobre um terceiro, que responderá com o seu patrimônio.

3.2. Competência Territorial

O tema relativo à competência territorial foi o que sofreu a maior alteração com a entrada em vigor do novo Código de Processo Civil.

Isso porque o revogado art. 94 preceituava como foro comum, para a ação fundada em direito pessoal, o *domicílio do réu*; o art. 100, V, a), indicava como foro especial o do *lugar do ato ou fato*, para a ação de reparação de danos; e o mesmo art. 100, V, em seu parágrafo único, determinava o foro do *domicílio do autor* ou do local do fato para a ação de reparação de dano sofrido em razão de delito.

O que significa que, em uma ação de reparação de danos interposta contra o delegatário dos serviços notariais, tanto se defendia que o foro competente era o domicílio do réu, por se tratar de uma ação de direito pessoal[61], quanto se sustentava a competência do local do fato, por ser uma ação de reparação de danos, como se justificava que o dano decorria de delito, razão por que seria o domicílio do autor[62] ou do local do fato.

O novo CPC veio uniformizar esse entendimento, dispondo, no seu art. 53, III, f), que: "É competente o foro (...) III – do lugar, (...) f) da sede da serventia notarial ou de registro, para a ação de reparação de dano por ato praticado em razão do ofício".

Acerca dessa alteração, três considerações merecem destaque. A primeira tem a ver com o campo de aplicação desse preceito, que está restrito aos atos praticados em razão do ofício. O que quer dizer que uma eventual ação de reparação de danos contra o tabelião de notas, pela prática de atos que não se relacionem com a atividade, por exemplo, um ilícito ocorrido no âmbito de uma relação de vizinhança, estará afastada desse foro especial.

61 Posição da 31ª Vara Cível do TJSP na ação objeto do REsp n. 625.144 (STJ), relatora Ministra Nancy Andrighi, *DJ* 29-5-2006.

62 "Não discordo de que, havendo o ilícito extracontratual, que se chamaria de delito civil, teríamos a aplicação do art. 100, parágrafo único, do Código de Processo Civil. No entanto, no caso, não podemos falar em ilícito civil puro quando alguém procura um tabelião. Tal relação não é idêntica àquela de alguém que atropela no trânsito um terceiro. Existe, sim, uma relação pessoal entre o tabelião e a pessoa que se utiliza do seu serviço. Penso que o tabelião responde, como qualquer réu, no seu domicílio. Prevalece a regra geral". STJ, REsp n. 625.144, Relatora Ministra Nancy Andrighi, *DJ* 29-5-2006, p. 22.

A segunda prende-se com o fato de que a competência em razão da matéria é de natureza relativa, portanto afastável por vontade das partes. Não obstante, como a relação que se firma entre o tabelião de notas é usualmente tácita, no âmbito contratual, ou imposta pela lei, na esfera extracontratual, na prática será difícil encontrar uma cláusula de eleição de foro, na seara da atividade notarial.

A última refere-se à necessidade de interpretação do artigo dentro do sistema normativo em que está inserido. Isso porque, a despeito de o novo CPC fixar a competência no local da sede da serventia, importa relembrar que, tal como justificado no item 2.2, subitem c.1, o Código de Defesa do Consumidor aplica-se à atividade, de forma que as regras de competência definidas nesse diploma também devem ser observadas.

Dispõe o art. 101 que: “Na ação de responsabilidade civil do fornecedor de produtos e serviços (...) serão observadas as seguintes normas: I – a ação pode ser proposta no domicílio do autor”.

Nessa medida, quando a relação entre o tabelião de notas e o seu usuário ou um terceiro configurar uma relação de consumo, poderá a vítima intentar a sua ação no local da sede da serventia, se o ato foi praticado em razão do ofício, ou no domicílio do autor, sendo esta opção uma faculdade posta à disposição do consumidor[63].

3.3. Inversão do Ônus da Prova

Da mesma forma, sendo uma relação de consumo, poderá a vítima solicitar a inversão do ônus da prova, com base no art. 6º, VIII, que elenca como um dos direitos básicos do consumidor a “(...) facilitação da defesa de seus direitos, inclusive com a inversão do ônus da prova, a seu favor, no processo civil, quando, a critério do juiz, for verossímil a alegação ou quando for ele hipossuficiente, segundo as regras ordinárias de experiências”[64].

[63] STJ, REsp n. 625.144, Relatora Ministra Nancy Andrighi, *DJ* 29-5-2006, voto da relatora. Em sentido contrário: “AÇÃO DE REPARAÇÃO DE DANOS – RECONHECIMENTO INDEVIDO DE FIRMA – SERVIÇO NOTARIAL – FUNÇÃO PÚBLICA DELEGADA – AÇÃO FUNDADA EM ATO ILÍCITO -- INAPLICABILIDADE DA REGRA DE COMPETÊNCIA PREVISTA NO CÓDIGO DE DEFESA DO CONSUMIDOR E NO PARÁGRAFO ÚNICO DO ART. 100 DO CPC – RECURSO DESPROVIDO”.

[64] “Havendo verossimilhança na alegação do autor de ter efetuado o prévio pagamento dos emolumentos para o cancelamento de protesto, que chegou inclusive a ser concretizado, mas depois revertido, impõe-se ao Tabelião, nos termos do art. 6, VIII, do CDC e 333, II, do CPC, o ônus da

O requisito a demonstrar pela vítima, proponente da ação, é: a verossimilhança das alegações ou a sua hipossuficiência com relação à posição do tabelião de notas. Caso o julgador entenda que um dos elementos está presente, defere a inversão e os fatos, que deveriam ser provados pelo sujeito ofendido, passam a ter que ser demonstrados pelo notário.

3.4. Denunciação da Lide

O instituto da denunciação da lide está previsto no art. 125 do Código de Processo Civil, que determina, para o que interessa ao tema estudado, que: "É admissível a denunciação da lide, promovida por qualquer das partes: (...) II – àquele que estiver obrigado, por lei ou pelo contrato, a indenizar, em ação regressiva, o prejuízo de quem for vencido no processo".

Essa modalidade de intervenção de terceiros tem por objeto trazer ao processo um sujeito contra o qual o autor ou o réu possui um direito de regresso, a ser exercido na hipótese de ser declarado perdedor na ação principal.

No âmbito da atividade notarial, tal como exposto nos itens 2.1 e 2.2.1, subitem a, e conforme dispõem os arts. 37, § 6º, da CF/88, e 22 da Lei n. 8.935, de 18 de novembro, cabe ao Estado o direito de regresso em face do seu agente, bem como cabe ao notário o direito de regresso com relação ao seu preposto, em ambos os casos quando o responsável tenha praticado o ato por dolo ou culpa.

Assim, quando o Estado ou o tabelião de notas figurarem no polo passivo de uma demanda de reparação de danos, poderão, por força dessa realidade fática e legal, denunciar a lide ao seu agente público ou ao seu preposto, respectivamente.

Não se trata de um procedimento obrigatório, uma vez que o parágrafo único do art. 125 esclarece que, caso a denunciação seja indeferida, não permitida ou deixar de ser promovida, não há a perda do direito regressivo, ao contrário, há a garantia legal expressa de que, ainda assim, poderá ser exercido em ação autônoma[65].

prova em sentido contrário, do qual não se desincumbiu". TJRS, 1ª T. Recursal Cível, Recurso Cível n. 71004137717, Relator Pedro Luiz Pozza, *DJ* 8-8-2013.

[65] No sentido de que denunciar a lide ao agente público é um procedimento desnecessário em relação ao Estado, ver STJ, REsp n. 1.163.652, Relator Ministro Herman Benjamin, *DJe* 1º-7-2010. No sentido de que é uma faculdade do notário denunciar a lide ao seu preposto, ver STJ, REsp n. 550.095, Relator Ministro Luiz Fux, *DJ* 25-10-2004.

4. Conclusões

Em vista de todo o conteúdo apresentado, pode-se extrair as seguintes conclusões:

a) O tabelião de notas está enquadrado funcionalmente como particular em colaboração com o Poder Público.

b) O Estado, em regra, não pode ser responsabilizado por ato do tabelião de notas, porque o delegatário não é agente público. Apenas poderá ser responsável quando o Poder Judiciário, atuando dentro da sua competência de delegar o serviço notarial, eleger o delegatário ou fiscalizar a atividade, causar dano a terceiros. O que exclui, em geral, a hipótese de ser responsabilizado solidariamente, em caso de falha no serviço prestado pelo oficial, por falta de nexo de causalidade entre o dano causado à vítima e o ato do Poder Público.

c) À responsabilidade civil do tabelião de notas não se aplica o art. 37, § 6º, da CF/88. O regime está previsto no art. 22 da Lei n. 8.935/94, de 18 de novembro, no art. 14, § 4º, do CDC, e nos arts. 186, 289, 475 e 927 do CC.

d) A responsabilidade civil do tabeliães de notas é, portanto, subjetiva, e tem por regramento subsidiário o CC, tanto no que toca à responsabilidade contratual como extracontratual, bem como no que se refere à responsabilidade por *fato próprio* e *por fato de outrem.*

e) O Estado não tem, em regra, legitimidade para figurar no polo passivo nas demandas de responsabilidade civil, impetradas por danos causados pelo tabelião de notas, no exercício da atividade notarial. A ilegitimidade de parte se repete quanto ao próprio cartório e quanto ao sucessor do delegatário afastado das funções, cujo ato gerou danos aos usuários ou a terceiros.

f) O novo Código de Processo Civil estabeleceu como foro competente para as ações de responsabilidade civil o local da serventia. No entanto, por aplicação do CDC, a vítima poderá optar pelo lugar de domicílio do autor.

g) Às ações de reparação de danos no âmbito da atividade notarial, em cuja base está uma relação de consumo, aplica-se o direito à inversão do ônus da prova, previsto no CDC.

h) É facultado ao Estado e ao tabelião de notas denunciar a lide ao seu agente público ou preposto, respectivamente, quando estes responsáveis tenham causado danos a título de dolo ou culpa. Na falta de iniciativa nesse sentido, o direito regressivo poderá ser exercido em ação autônoma.

Aspectos Materiais e Processuais da Desconsideração da Personalidade Jurídica à Luz do Novo Código de Processo Civil

Lucas Mayol de Alvarenga
Enzo Baiocchi

Introdução

O novo Código de Processo Civil (Lei n. 13.105, de 16 de março de 2015)[1] trouxe numerosas e importantes alterações no direito processual civil brasileiro. Essas alterações, muitas inéditas e sem correspondência no Código de Processo Civil de 1973, têm repercussão e aplicação direta no Direito Empresarial vigente[2].

Este estudo tem como objetivo analisar o novo incidente de desconsideração da personalidade jurídica em seu duplo aspecto: material e processual. Abordaremos, inicialmente, os aspectos materiais do instituto no direito brasileiro. Nessa parte, apresentaremos uma análise crítica dos requisitos materiais previstos, principalmente, no art. 50 do Código Civil de 2002, bem como suas implicações no direito processual civil. Em um segundo momento, exploraremos os aspectos processuais, ou seja, a aplicação do instituto no âmbito da

[1] Em vigor desde 18-3-2016, cf. decisões unânimes do Pleno do Superior Tribunal de Justiça, em 2-3-2016, e do Plenário do Conselho Nacional de Justiça, em 3-3-2016.

[2] Além do incidente de desconsideração da personalidade jurídica (art. 133 e ss.), podemos citar a título de exemplo: a ação de dissolução parcial de sociedade (art. 599 e ss.); a penhora de quotas ou ações de sociedades personificadas (art. 861), incluindo a possibilidade de aquisição pela própria sociedade de quotas ou ações de sócios sem redução do capital social e com utilização de reservas, para manutenção em tesouraria (art. 861 § 1º); e o regramento mais detalhado sobre a penhora de percentual de faturamento da empresa (art. 866).

legislação processual anterior, para, ao fim, verificar as principais alterações trazidas pelo novo Código de Processo Civil. Cabe esclarecer, logo de início, que o presente estudo não tem por objetivo realizar um corte histórico sobre o desenvolvimento teórico-dogmático do instituto da desconsideração da personalidade jurídica, nem muito menos esgotar a doutrina sobre o tema. Para tanto, remetemos o leitor à vasta literatura nacional e estrangeira já existente[3].

A ênfase do estudo reside, portanto, na interpretação e na aplicação das normas que regem o instituto pelos tribunais, antes e depois do advento do CPC/2015. Isso porque o tema é de grande relevância não apenas teórica, mas também, e principalmente, prática. Trata-se de norma processual inédita no ordenamento jurídico brasileiro, objetivando prover os meios processuais adequados para a aplicação de uma norma preexistente de direito material. O novo instituto processual tem grande importância interdisciplinar, por englobar não apenas o direito processual civil, como também o direito material civil, empresarial e societário, estes últimos dois intrínsecos a qualquer tema relacionado a pessoas jurídicas, sobretudo as de natureza empresarial.

Sua relevância jurídica encontra amparo também no objetivo precípuo do novo procedimento incidental em prover a melhor efetividade aos direitos dos credores, mas com respeito aos princípios da ampla defesa e do contraditório, fornecendo a necessária segurança jurídica no manejo processual do instituto da desconsideração da personalidade jurídica, o qual, como será exposto criticamente neste estudo, era por muitas vezes aplicado de maneira inadequada. Não é por demais dizer que o tema tem também relevância no campo social e econômico. Trata-se de um instrumento eficaz que visa a dar efetividade às pretensões executórias em face de pessoas jurídicas, pretensões essas muitas vezes frustradas pelo abuso da personalidade jurídica. O respeito ao princípio do devido processo legal expõe, ainda, a sua relevância social, pois a nova norma busca evitar o desvirtuamento da autonomia patrimonial da pessoa jurídica, fraudulentamente utilizada para frustrar o eventual direito de credores, mitigando a ineficiência da prestação jurisdicional por estes pretendida.

Feitas essas primeiras considerações, o presente trabalho pretende demonstrar, ao final, que a inovação trazida pelo CPC/2015 com o inédito incidente processual aponta para uma contínua e gradativa constitucionalização do processo civil pátrio, em virtude das supracitadas relevâncias jurídica,

[3] No Brasil, cabe citar os trabalhos pioneiros de REQUIÃO, Rubens. Abuso de direito e fraude através da personalidade jurídica, *Revista dos Tribunais*, São Paulo, vol. 410, dezembro 1969, *passim*; e de COMPARATO, Fábio Konder. *O poder de controle na sociedade anônima*. São Paulo: RT, 1975, *passim*.

econômica e social, intrínsecas ao referido instituto e, sobretudo, por conta da extensa garantia aos princípios do contraditório e da ampla defesa, e a demais valores e normas fundamentais estabelecidos na Constituição Federal, tal como previsto no art. 1º do novo Código. Como afirma Alexandre Alves, "[q]ualquer medida para corrigir os desvios dos entes coletivos e assegurar a garantia da recomposição patrimonial, superando os entraves ao exercício do direito daqueles que estiverem em situação de hipossuficiência, estará de acordo com a Constituição"[4].

1. Aspectos Materiais da Desconsideração da Personalidade Jurídica

Com origem no direito anglo-saxão do final do século XIX (no caso Salomon *vs.* Salomon & Co., de 1897[5]), a chamada "doutrina da desconsideração" (*disregard doctrine* ou *disregard of legal entity*) tem como principal objetivo desconsiderar os efeitos da personificação da pessoa jurídica para atingir o patrimônio particular dos sócios ou administradores, sempre que não for possível imputar diretamente a responsabilidade com base na lei ou no contrato. Não se trata de considerar ou declarar nula a personificação, mas de torná-la momentaneamente ineficaz para determinado ato concreto, praticado com fraude em sentido amplo (à lei, ao contrato social, aos sócios, aos credores e aos terceiros de boa-fé)[6]. Assim, aplica-se a desconsideração sempre que a personalidade jurídica (e seu principal efeito de separação patrimonial) for

[4] ALVES, Alexandre Ferreira de Assumpção. A desconsideração da personalidade jurídica e o direito do consumidor: um estudo de direito civil constitucional. In: TEPEDINO, Gustavo (Coord.). *Problemas de Direito Civil-Constitucional*. Rio de Janeiro: Renovar, 2000, p. 275.

[5] Sobre um resumo do caso, v. REQUIÃO, Rubens. Abuso de direito e fraude através da personalidade jurídica, *Revista dos Tribunais*, São Paulo, vol. 410, dezembro 1969, p. 12 e ss.; na literatura mais recente, v. dentre outros NUNES, Márcio Tadeu Guimarães. *Desconstruindo a desconsideração da personalidade jurídica*. São Paulo: Quartier Latin, 2007, p. 89 e ss.; ALVES, Alexandre Ferreira de Assumpção. Fundamentos da desconsideração da personalidade jurídica no sistema jurídico da *Common Law* e sua aplicação nos direitos inglês e norte-americano – influência no Código Brasileiro de Defesa do Consumidor. In: ALVES, Alexandre Ferreira de Assumpção; GAMA, Guilherme Calmon Nogueira da (Coords.). *Temas de Direito Civil-Empresarial*. Rio de Janeiro: Renovar, 2008, p. 13 e ss.

[6] Cf. ALVES, Alexandre Ferreira de Assumpção. A desconsideração da personalidade jurídica e o direito do consumidor: um estudo de direito civil constitucional. In: TEPEDINO, Gustavo (Coord.). *Problemas de Direito Civil-Constitucional*. Rio de Janeiro: Renovar, 2000, p. 261 e ss.

um obstáculo para a responsabilização do real infrator e não for possível fazer a imputação direta[7].

O instituto da desconsideração da personalidade jurídica foi positivado pela primeira vez no ordenamento jurídico brasileiro no art. 28 da Lei n. 8.078/1990 (Código de Defesa do Consumidor)[8]. Como bem observou Guilherme da Gama, a "teoria da desconsideração da personalidade jurídica da pessoa jurídica, mesmo no âmbito das relações de consumo [...], deve ser considerada como meio de combate ao uso fraudulento ou abusivo da personalidade da sociedade [...]"[9].

A *ratio essendi* do instituto é combater, portanto, a utilização indevida, fraudulenta, da pessoa jurídica por seus membros (sócios ou administradores). Permitir-se-á a desconsideração (penetração, desestimação, penetração ou superação[10]) da personalidade jurídica, quando necessária à repressão de fraudes e à coibição do desvio de finalidade da pessoa jurídica. O instituto deve ser manejado de forma restritiva, pois se trata de medida excepcional. E isso, como visto, quando não se puder imputar diretamente a responsabilidade ao real infrator e, tão somente, quando presentes os pressupostos materiais estabelecidos na legislação em vigor.

Assim, somente no caso concreto em que forem verificados os requisitos materiais de sua incidência, e diante da impossibilidade de responsabilização direta, poderá o juiz desconsiderar os efeitos da personificação, "levantando o véu" (*lifting the corporate veil*) da personalidade jurídica, para que o ato de expropriação atinja os bens particulares dos sócios (patrimônio individual) ou, em caso de desconsideração inversa (cf. art. 133, § 2º, do CPC/2015), os da pessoa jurídica (patrimônio social). Seja qual for a hipótese de desconsideração da

[7] CAMPINHO, Sérgio. *O direito de empresa à luz do Código Civil*. 12. ed. Rio de Janeiro: Renovar, 2011, p. 80.

[8] Para uma análise crítica sobre a influência (e o "desvirtuamento") da *disregard doctrine* no Código de Defesa do Consumidor, v. ALVES, Alexandre Ferreira de Assumpção. Fundamentos da desconsideração da personalidade jurídica no sistema jurídico da *Common Law* e sua aplicação nos direitos inglês e norte-americano – influência no Código Brasileiro de Defesa do Consumidor. In: ALVES, Alexandre Ferreira de Assumpção; GAMA, Guilherme Calmon Nogueira da (Coords.). *Temas de Direito Civil-Empresarial*. Rio de Janeiro: Renovar, 2008, p. 30 e ss.

[9] GAMA, Guilherme Calmon Nogueira da (Coord.). *Desconsideração da personalidade da pessoa jurídica:* visão crítica da jurisprudência. São Paulo: Atlas, 2008, p. 23.

[10] São todas expressões sinônimas usadas pela doutrina e legislação estrangeiras para explicar o mesmo fenômeno jurídico. V., nesse sentido, ALVES, Alexandre Ferreira de Assumpção. A desconsideração da personalidade jurídica e o direito do consumidor: um estudo de direito civil constitucional. In: TEPEDINO, Gustavo (Coord.). *Problemas de Direito Civil-Constitucional*. Rio de Janeiro: Renovar, 2000, p. 258 (nota 23).

personalidade jurídica (normal ou inversa), o pedido de incidente processual deverá observar sempre os pressupostos previstos em lei (cf. art. 133, § 1º, do CPC/2015).

1.1. As Formulações Objetiva e Subjetiva acerca da Teoria da Desconsideração da Personalidade Jurídica

Segundo a doutrina[11], a correta aplicação da desconsideração da personalidade jurídica, no direito brasileiro, demanda a observação dos seguintes requisitos objetivos: a) a verificação se a pessoa jurídica em questão foi constituída regularmente; b) a verificação, no caso concreto, do abuso do direito ou da fraude perpetrados por intermédio dessa pessoa jurídica; c) a constatação do prejuízo causado a terceiro em decorrência do ato praticado pela pessoa jurídica; e, por fim, d) a impossibilidade de se aplicar a sanção de modo diverso (i.e., de se responsabilizar diretamente o real infrator). A verificação desses requisitos, no momento da aplicação do instituto da desconsideração ao caso concreto, tem por finalidade dar maior transparência e segurança jurídica, evitando a banalização do seu (mau) uso ou mesmo a sua invocação desnecessária. Trata-se, pois, de um instituto jurídico que deve ser aplicado com parcimônia e dentro de limites preestabelecidos, atendendo a requisitos objetivos, eis que configura uma medida excepcional, extraordinária.

A teoria da desconsideração da personalidade jurídica suscita grande debate doutrinário, tendo, segundo Gustavo Tepedino[12] e Fábio Ulhoa Coelho[13], surgido duas grandes correntes acerca da aplicação do instituto no âmbito do direito brasileiro: a subjetiva e a objetiva.

A formulação subjetiva é intrinsicamente ligada ao surgimento da *disregard doctrine*, uma vez que elege como pressuposto para a mitigação da autonomia patrimonial da pessoa jurídica o seu uso fraudulento ou abusivo. O principal defensor desse tipo de formulação é justamente o pioneiro na exposição do

[11] V. ALVES, Alexandre Ferreira de Assumpção. Fundamentos da desconsideração da personalidade jurídica no sistema jurídico da *Common Law* e sua aplicação nos direitos inglês e norte-americano – influência no Código Brasileiro de Defesa do Consumidor. In: ALVES, Alexandre Ferreira de Assumpção; GAMA, Guilherme Calmon Nogueira da (Coords.). *Temas de Direito Civil-Empresarial*. Rio de Janeiro: Renovar, 2008, p. 55.

[12] TEPEDINO, Gustavo. Notas sobre a desconsideração da personalidade jurídica. *RTDC*, Rio de Janeiro, vol. 30, abril-junho 2007, p. 58.

[13] COELHO, Fábio Ulhoa. *Curso de Direito Comercial*, vol. 2: Direito de Empresa. 13. ed. São Paulo: Saraiva, 2009, p. 45-46.

tema no direito brasileiro, Rubens Requião[14]. A fraude, no caso, seria o descumprimento flagrante da lei, mas com a aparência de seu cumprimento, por meio ardiloso e malicioso, enquanto que o abuso de direito significa a utilização da pessoa jurídica para fins pessoais, de forma a haver a confusão entre as pessoas dos sócios ou administradores e a pessoa jurídica.

A principal problemática acerca da formulação subjetiva da teoria em tela, sobretudo no meio processual, diz respeito à comprovação dos atos fraudulentos eventualmente cometidos pelos sócios ou administradores. Dessa forma, a fim de facilitar a verificação concreta da ocorrência do requisito da fraude, devem-se estabelecer presunções ou inversões do ônus *probandi*. Foi por meio dessa problemática instrutória apresentada pela formulação subjetiva que surgiu a formulação objetiva da teoria da desconsideração da personalidade jurídica, capitaneada por Fábio Konder Comparato[15].

De acordo com a formulação objetiva, o melhor critério para se aferir a desconsideração da personalidade jurídica não pressupõe a análise da fraude ou do abuso do direito, mas sim quando há a ocorrência de uma disfunção nas atividades da pessoa jurídica, a qual, por muitas vezes, será por fraude ou abuso de direito, mas não necessariamente. Assim, Fábio Konder Comparato afirma que tal disfunção ocorrerá sempre que "o comportamento do sócio ou a relação estabelecida torna inútil ou ineficaz a organização societária"[16]. O autor, portanto, se refere ao desvio de finalidade da pessoa jurídica e também à confusão patrimonial entre o patrimônio da pessoa jurídica e de seu controlador, que é o critério fundamental para que se aplique a citada desconsideração. Esses são justamente os requisitos estampados no art. 50 do CC/2002, cuja redação a ele se deve[17].

Embora tenha sido incorporada no Código Civil de 2002, a formulação objetiva da teoria da desconsideração não foi prevalente na doutrina e na jurisprudência brasileiras, as quais adotaram, de forma majoritária, a formulação subjetiva, no sentido de "estabelecer rígidos parâmetros para a incidência da desconsideração, a fim de que ela, que surgiu para aperfeiçoar o sistema

[14] REQUIÃO, Rubens. Abuso de direito e fraude através da personalidade jurídica. *Revista dos Tribunais*, São Paulo, vol. 410, dezembro 1969, *passim*.

[15] COMPARATO, Fábio Konder; SALOMÃO FILHO, Calixto. *O poder de controle na sociedade anônima*. 4. ed. Rio de Janeiro: Forense, 2005, *passim*.

[16] COMPARATO, Fábio Konder; SALOMÃO FILHO, Calixto. *O poder de controle na sociedade anônima*. 4. ed. Rio de Janeiro: Forense, 2005, p. 356.

[17] Cf. TEPEDINO, Gustavo. Notas sobre a desconsideração da personalidade jurídica. *Revista Trimestral de Direito Civil*, Rio de Janeiro, vol. 30, abril-junho 2007, p. 58.

jurídico, não venha a tornar-se prejudicial a ele"[18]. De toda a forma, assevera Gustavo Tepedino[19] que ambas as formulações têm sido adotadas em conjunto, admitindo-se a aplicação da desconsideração da personalidade jurídica tanto nas hipóteses de abuso e fraude (formulação subjetiva) quanto nas de confusão patrimonial e desvio de finalidade (formulação objetiva).

Cumpre destacar, ainda, que Fábio Ulhoa Coelho[20] diferencia ambas as formulações de acordo com a facilitação da prova em juízo, e expõe de forma bastante exemplificativa a possibilidade de adoção de ambas as formulações em conjunto, conforme explicitado por Gustavo Tepedino. O referido autor sustenta que, ocorrendo confusão patrimonial entre a pessoa jurídica e os seus componentes, deve haver presunção de fraude na autonomia patrimonial da pessoa jurídica, mas que, de outro lado, a desconsideração não pode deixar de ser aplicada se não houver confusão patrimonial, mas houver caracterização de fraude. Esse entendimento tem relevância na medida em que é imprescindível para a análise específica dos requisitos da aplicação material da desconsideração da personalidade jurídica, nos termos do art. 50 do CC/2002, os quais serão analisados em seguida.

1.2. Análise dos Requisitos Materiais

1.2.1. Abuso da Personalidade Jurídica Caracterizado pelo Desvio de Finalidade

Esta parte do trabalho levará em conta a desconsideração da personalidade jurídica de acordo com o Código Civil de 2002[21]. O art. 50 do CC/2002 prevê a aplicação da desconsideração da personalidade jurídica em casos de abuso. Tem-se, assim, à primeira vista, que o diploma consagrou apenas um requisito, o abuso da personalidade jurídica, mas que, em verdade, é dividido em outros

[18] ALVIM, Arruda; ALVIM, Thereza. *Comentários ao Código Civil Brasileiro*, vol. 1. Rio de Janeiro: Forense, 2005, p. 443-445.

[19] TEPEDINO, Gustavo. Notas sobre a desconsideração da personalidade jurídica. *Revista Trimestral de Direito Civil*, Rio de Janeiro, vol. 30, abril-junho 2007, p. 60.

[20] COELHO, Fábio Ulhoa. *Curso de Direito Comercial*, vol. 2: Direito de Empresa. 13. ed. São Paulo: Saraiva, 2009, p. 46.

[21] Sobre a previsão da teoria da desconsideração da personalidade jurídica na legislação pátria antes da vigência do CC/2002, incluindo os diversos requisitos materiais (tipificação legal) para a sua aplicação, v. BASTOS, Eduardo Lessa. *Desconsideração da personalidade jurídica*. Rio de Janeiro: Lumen Juris, 2003, p. 27 e ss. e 107 e ss.; na doutrina mais recente, v. TOMAZETTE, Marlon. *Curso de Direito Empresarial*, vol. 1: Teoria Geral e Direito Societário. 6. ed. São Paulo: Atlas, 2014, p. 257 e ss.

dois, posto que tal abuso pode ser caracterizado pelo desvio de finalidade ou pela confusão patrimonial.

É de se notar, porém, que, embora a redação do dispositivo tenha sido realizada por Fábio Konder Comparato[22], principal defensor da formulação objetiva da teoria da desconsideração, a inserção dos termos "abuso da personalidade jurídica" e "desvio de finalidade" vem de encontro à formulação subjetiva da referida teoria. Em outros termos, pode-se afirmar que o "abuso da personalidade jurídica" é, na verdade, o abuso de direito, e o "desvio de finalidade", a fraude, justamente os conceitos historicamente construídos na *disregard doctrine*.

Assim, é de se reafirmar as análises realizadas por Gustavo Tepedino[23] e Fábio Ulhoa Coelho[24], no sentido de que as formulações objetiva e subjetiva da teoria da desconsideração estão igualmente presentes no art. 50 do CC/2002, e devem, portanto, ser aplicadas simultaneamente. Inclusive, embora não concorde de maneira integral com a explicação para a sua incidência, Fábio Konder Comparato[25] admite que o abuso de direito e a fraude à lei são justificativas presentes para a aplicação da desconsideração da personalidade jurídica, por grande parte da doutrina e também da jurisprudência, o que vai exatamente de encontro à análise supracitada.

De toda forma, após essa breve digressão, cabe fazer uma rápida análise hermenêutica na expressão "desvio de finalidade", à luz de todo o exposto até o momento, e em harmonia com a *disregard doctrine*.

Toda pessoa jurídica, ao ser constituída (art. 45 do CC/2002), possui uma finalidade específica, de forma a se justificar a sua personificação como um ente separado de seus membros fundadores e, assim, o seu objeto social decorre da vontade daquela coletividade que a compõe, e não da vontade individual de cada um de seus membros[26]. Portanto, quando a pessoa jurídica se afasta dessa finalidade comum, sendo utilizada por seus componentes de forma a

[22] Cf. TEPEDINO, Gustavo. Notas sobre a desconsideração da personalidade jurídica. *Revista Trimestral de Direito Civil*, Rio de Janeiro, vol. 30, abril-junho 2007, p. 58.

[23] TEPEDINO, Gustavo. Notas sobre a desconsideração da personalidade jurídica. *Revista Trimestral de Direito Civil*, Rio de Janeiro, vol. 30, abril-junho 2007, p. 60.

[24] COELHO, Fábio Ulhoa. *Curso de Direito Comercial*, vol. 2: Direito de Empresa. 13. ed. São Paulo: Saraiva, 2009, p. 46.

[25] COMPARATO, Fábio Konder; SALOMÃO FILHO, Calixto. *O poder de controle na sociedade anônima*. 4. ed. Rio de Janeiro: Forense, 2005, p. 355-356.

[26] LEÃES, Luiz Gastão Paes de Barros. Desconsideração da personalidade e sucessão empresarial. *Revista de Direito Bancário e Comercial*, 2007, p. 210.

satisfazer desejos individuais, estar-se-á diante do desvio de finalidade, do qual trata o artigo.

Tal desvio de finalidade, pela leitura simples do dispositivo, não pressuporia a ocorrência de fraude; contudo, conforme já exposto, a doutrina e a jurisprudência entendem que esta deve sempre estar presente para que haja a incidência da desconsideração da personalidade jurídica, sob pena de afastamento de sua gênese e de seu objetivo primordial. Nesse sentido, tem-se que o afastamento da atividade da pessoa jurídica do objeto social não necessariamente pressuporia a permissividade da desconsideração, uma vez que não é de todo incomum verificar a ocorrência de situações nas quais as pessoas jurídicas modificam suas atividades, sem que isso necessariamente decorra de uma fraude ou abuso de direito. Portanto, para a verificação do cumprimento do requisito em tela para a desconsideração deve-se sempre atentar para a presença (ou não) da boa-fé, norteadora de todos os liames jurídicos, de forma a analisar se aquele desvio de finalidade é fraudulento ou não.

Fábio Ulhoa Coelho[27] traz um bom exemplo sobre a ocorrência do desvio de finalidade fraudulenta, a ponto de permitir a aplicação da desconsideração da personalidade jurídica: quando uma pessoa física constitui em seu nome um estabelecimento moderno para a exploração de uma atividade industrial. Posteriormente, constitui uma sociedade limitada com um irmão, que possui reduzida participação no capital social. Contudo, ao invés de integralizar as quotas de sua propriedade por meio da cessão do estabelecimento à sociedade, a pessoa física vende à pessoa jurídica o referido bem, a prazo e por garantia. Assim, ao invés de se tornar tão somente sócio, o indivíduo também se torna credor preferencial da sociedade, de forma que, sobrevindo a falência da sociedade, o seu sócio não possui qualquer prejuízo, posto que a sociedade não possuirá bens para saldar suas dívidas, exceto o referido estabelecimento, que continuará na posse do indivíduo, em razão da cláusula de garantia por ele formulado.

Percebe-se, assim, que a finalidade da pessoa jurídica foi desviada, uma vez que foi utilizada tão somente para blindar o seu sócio controlador, ou seja, sua utilização foi desviada da sua finalidade primordial, que é o desenvolvimento econômico de uma atividade qualquer. Nesse caso, poder-se-ia aplicar a teoria da desconsideração da personalidade jurídica, com base no art. 50 do CC/2002.

[27] COELHO, Fábio Ulhoa. *Curso de Direito Comercial*, vol. 2: Direito de Empresa. 13. ed. São Paulo: Saraiva, 2009, p. 36.

1.2.2. Abuso da Personalidade Jurídica Caracterizado pela Confusão Patrimonial

O art. 50 do CC/2002, consagrando a formulação objetiva sobre a teoria da desconsideração, permite a desconsideração também em casos de confusão patrimonial. A confusão patrimonial, conforme exposto por Carlos Roberto Gonçalves[28], resta configurada quando a sociedade quita dívidas do sócio, ou vice-versa, de forma que não haja uma diferenciação patrimonial entre a pessoa jurídica e seus componentes (sócios). Outra hipótese de evidente confusão patrimonial ocorre quando o sócio possui bens que se encontram registrados em nome da sociedade, ou o inverso, de forma que os dois entes, pessoa física e pessoa jurídica, para fins patrimoniais, são os mesmos.

Portanto, há tênue separação entre o que é patrimônio da pessoa jurídica e o que é patrimônio da pessoa física, o que provoca verdadeiramente a perda da responsabilidade limitada daquele sócio que se utiliza desse instrumento. Interessante ressaltar, porém, a situação descrita por Fábio Konder Comparato[29] relativa a empresas de um mesmo grupo econômico. Assevera o autor que a confusão patrimonial é inevitável nessas situações, de forma que ocorrerá em maior ou menor grau em função da atuação econômica conjunta, intrínseca a tais casos. Dessa forma, afirma que sempre restará uma tensão no que tange à aplicabilidade da teoria da desconsideração da personalidade jurídica à hipótese, o que deverá ser realizado em cada caso concreto.

Dessa forma, tendo em vista que a confusão patrimonial é um requisito de índole objetiva, ou seja, prescinde da análise da boa-fé objetiva daqueles que a praticam, de fato se torna o requisito com maior facilidade de comprovação, uma vez que pode ser verificada por meio de escrituração contábil (arts. 1.179 e ss. do CC/2002), movimentação de contas, dentre outros meios de prova, especialmente no caso de ação de exibição, integral ou parcial, dos livros empresariais e dos documentos do arquivo (arts. 420 e 421 do CPC/2015). Contudo, conforme já explicitado acima na visão de Fábio Ulhoa Coelho, não se pode deixar de lado o intuito fraudulento por meio da confusão patrimonial, sob pena de afastamento da aplicação doutrinária da *disregard doctrine*.

[28] GONÇALVES, Carlos Roberto. *Direito civil brasileiro*, vol. 1: Parte Geral. 10. ed. São Paulo: Saraiva, 2012, p. 253.

[29] COMPARATO, Fábio Konder; SALOMÃO FILHO, Calixto. *O poder de controle na sociedade anônima*. 4. ed. Rio de Janeiro: Forense, 2005, p. 376.

1.3. Aspectos Processuais da Desconsideração da Personalidade Jurídica

1.3.1. Aplicabilidade Processual da Teoria da Desconsideração da Personalidade Jurídica

A fim de dar início à análise processual acerca do tema da desconsideração da personalidade jurídica, imprescindível se faz a verificação da aplicabilidade processual do instituto, ainda durante a vigência do Código de Processo Civil de 1973. Como demonstrado no início deste trabalho, a *disregard doctrine* é uma construção jurisprudencial desenvolvida – e depois importada pela doutrina brasileira – do direito anglo-saxão e que tem suas origens no precedente inglês *Salomon v. Salomon & Co.*, de 1897. Paulatinamente, ela foi também incorporada em nossa jurisprudência, conforme exposto no detalhado e inédito estudo de Rubens Requião[30] e mais modernamente por Márcio Tadeu Guimarães Nunes[31].

Entretanto, em que pese a sua gênese ter sido eminentemente processual, até o advento da Lei n. 13.105/2015, o novo Código de Processo Civil, não existia no ordenamento jurídico brasileiro nenhuma norma processual que tratasse do procedimento específico para a sua efetivação, de forma que a sua aplicabilidade na prática forense teve de ser moldada integralmente pela doutrina e pela jurisprudência nacional.

É nesse contexto que se faz necessária a análise dessas construções processuais, a fim de compará-las posteriormente com o inédito instituto consagrado no art. 133 e ss. do CPC/2015, de modo que possamos vislumbrar, ao final deste estudo, eventuais melhorias ou retrocessos no tratamento da matéria pelo novo Código de Processo Civil. Nos capítulos a seguir, exporemos as principais discussões na doutrina sobre o tema.

[30] REQUIÃO, Rubens. Abuso de direito e fraude através da personalidade jurídica, *Revista dos Tribunais*, São Paulo, vol. 410, dez. 1969, p. 12-24.

[31] NUNES, Márcio Tadeu Guimarães. *Desconstruindo a desconsideração da personalidade jurídica*. São Paulo: Quartier Latin, 2007, p. 89-93. Sobre uma síntese da posição da jurisprudência nacional a favor e contra a aplicação da teoria no direito brasileiro, v. BASTOS, Eduardo Lessa. *Desconsideração da personalidade jurídica*. Rio de Janeiro: Lumen Juris, 2003, p. 53 ss. e 69 ss.

1.3.2. Discussão na Doutrina em Torno do Procedimento para a Desconsideração da Personalidade Jurídica: Incidente ou Ação Autônoma?

A primeira grande discussão acerca da desconsideração da personalidade jurídica, ainda durante a vigência do CPC/1973, cingia-se à questão da necessidade ou não do ajuizamento de ação autônoma para a desconsideração da personalidade jurídica. Hoje, com a entrada em vigor do CPC/2015 e a implementação do "incidente de desconsideração da personalidade jurídica", a discussão ganhou novos contornos. Porém, sob a égide da legislação processual anterior, a questão era controvertida em razão da falta de uma norma específica.

De um lado, alguns autores, como Fábio Ulhoa Coelho[32], defendiam a tese da necessidade de uma ação autônoma para a aplicação da desconsideração da personalidade jurídica a um caso concreto. Esse autor entendia necessária tal ação de modo a garantir um amplo processo cognitivo, que impedisse uma aplicação desmedida do instituto, contrária ao devido processo legal e ao contraditório. Diante disso, Fábio Ulhoa Coelho[33]afirmava que simples despachos que apliquem a desconsideração, sobretudo em processos de execução, afrontam o devido processo legal, de forma que deveria o credor, primeiramente, propor uma ação de conhecimento em face do sócio ou administrador que teria utilizado da pessoa jurídica de forma fraudulenta, citá-lo, e após a cognição exauriente e a devida comprovação da fraude, obter a sentença condenatória transitada em julgado como título executivo para postular a penhora dos bens de seu patrimônio por dívida da sociedade. Essa posição, embora não tenha prevalecido no Brasil com o CPC/2015, é adotada, por exemplo, no direito argentino[34].

[32] COELHO, Fábio Ulhoa. *Curso de Direito Comercial*, vol. 2: Direito de Empresa. 13. ed. São Paulo: Saraiva, 2009, p. 57.

[33] COELHO, Fábio Ulhoa. *A teoria da desconsideração da personalidade jurídica e o devido processo legal.* Repertório IOB de Jurisprudência: civil, processual, penal e comercial. São Paulo, n. 2, 2000, p. 45.

[34] Cf. MASCHERONI, Fernando H.; MUGUILLO, Roberto A. *Régimen jurídico del sócio.* Buenos Aires: Astrea, 1996, p. 59-60. De acordo com o art. 54 da Lei n. 19.550/1984 (*Ley General de Sociedades*), ao se aplicar a teoria da desconsideração, tem-se a personalidade jurídica da sociedade como inoponível ("inoponibilidad de la personalidad juridica"), caso reste comprovado que a atuação dela foi realizada como meio para frustrar direitos de terceiros, ou mesmo para violar a lei, a ordem pública ou a boa-fé. Assim, nesse caso, o credor demandaria diretamente o sócio, sustentando ter havido uso indevido da pessoa jurídica, e, caso comprovada a alegação, o sócio não poderá opor a existência da sociedade em sua defesa.

Uma segunda corrente, oposta à posição de Fábio Ulhoa Coelho, considerava que a desconsideração da personalidade jurídica prescindia de um processo autônomo. Dentre os defensores dessa corrente, destacam-se Eduardo Arruda Alvim e Daniel Willian Granado[35]. Tais autores afirmavam que, sendo a desconsideração da personalidade jurídica uma situação episódica, que gera efeitos somente dentro de um caso concreto, não provocando a anulação dos atos constitutivos e a consequente extinção da pessoa jurídica, a verificação dos requisitos ensejadores da desconsideração poderia ocorrer na forma incidental, ou seja, com o processo já em curso. Na visão desses autores, a propositura de uma ação nova em nada contribuiria para a celeridade do processo já em curso, além de provocar maior dispêndio ao credor, que teria de arcar com mais valores decorrentes de custas judiciais e honorários, sem se contar a própria morosidade da justiça, apenas para se verificar se estão presentes os requisitos da desconsideração ou não. Imprescindível salientar que tal corrente, em que pese considerar dispensável a propositura de uma ação autônoma de desconsideração da personalidade jurídica, sustentava que no incidente de desconsideração deveria ser observado o princípio do devido processo legal, da ampla defesa e do contraditório, permitindo a maior amplitude possível de defesa ao componente da pessoa jurídica que está sendo acusado da fraude.

Filiando-se à segunda corrente e também sustentando a defesa dos citados princípios constitucionais do processo está Cândido Rangel Dinamarco[36]. Esse autor sustentava que não poderia o suposto fraudador vir a responder por uma dívida que não é originalmente sua sem que possua oportunidade de apresentar a sua defesa. Segundo ele, a decisão judicial que desconsidere a personalidade jurídica, para ser legítima, portanto, deve oportunizar a defesa do sócio. Gilberto Gomes Bruschi[37] também afirmava não haver motivação para o ajuizamento de uma nova ação que permitisse a constrição de bens de terceiros responsáveis por atos ilícitos apenas após a ocorrência do trânsito em julgado, prestigiando, da mesma forma que os demais autores citados acima, a celeridade. Para João Batista Lopes[38], por exemplo, o ajuizamento da

[35] ALVIM, Eduardo Arruda; GRANADO, Daniel Willian. Aspectos processuais da desconsideração da personalidade jurídica. *Revista Forense*, Rio de Janeiro, vol. 412, novembro-dezembro 2010, p. 75.

[36] DINAMARCO, Cândido Rangel. *Fundamentos do processo civil moderno*. 6. ed. São Paulo: Malheiros, 2010, p. 541.

[37] BRUSCHI, Gilberto Gomes. Aspectos processuais da desconsideração da personalidade jurídica. São Paulo: Saraiva, 2009, p. 87.

[38] LOPES, João Batista. Desconsideração da personalidade jurídica no novo código civil. *Revista dos Tribunais*, São Paulo, vol. 818, dezembro 2003, p. 44.

ação autônoma tornaria a desconsideração da personalidade jurídica verdadeiramente ineficaz, diante da enorme morosidade atual da justiça brasileira. Também se filiando a esse entendimento, importante suscitar o ensinamento de Fredie Didier Jr.[39], sobretudo no que tange aos processos de execução. Segundo esse autor, nada impediria que houvesse um incidente cognitivo no processo executivo, no qual o sócio recebesse a citação e tivesse a oportunidade de apresentar defesa, usando como exemplo o concurso de credores, respeitando-se, portanto, o contraditório e a ampla defesa, de forma a haver uma real verificação dos pressupostos legais que permitam a aplicação da teoria da desconsideração da personalidade jurídica.

Relevante, ainda, expor o trabalho realizado pelo professor alagoano Pedro Henrique Pedrosa Nogueira acerca da desconsideração da personalidade jurídica no processo de execução, à luz da legislação então vigente[40]. Destaca que, em regra, o processo executivo possui contraditório mitigado, posto que as partes não seriam equânimes como no processo cognitivo, mas que o Código de Processo Civil de 1973, principalmente com as mudanças realizadas pela Lei n. 11.382/2006, dispôs sobre algumas situações nas quais há cognição dentro de um processo de execução, o que, por si só, já demonstraria a possibilidade de um incidente de desconsideração da personalidade jurídica, com contraditório e ampla defesa, no bojo de um processo executivo. O autor sustenta que o processo de execução não fica descaracterizado por possibilitar que as partes controvertam acerca dos requisitos para a desconsideração da personalidade jurídica. Rejeita também a posição de que a não participação dos componentes (sócios) da pessoa jurídica no processo de conhecimento constituiria em um óbice para que figurassem como partes posteriormente em um processo executivo, uma vez que o próprio Código de Processo Civil de 1973 apresentava situações nas quais há execução em face de indivíduos que não foram condenados, em caso de título executivo judicial, ou que não são obrigados, em casos de título executivo extrajudicial[41].

[39] DIDIER JR., Fredie. *Regras processuais no Código Civil*: aspectos da influência do Código Civil de 2002 na legislação processual. 3. ed. São Paulo: Saraiva, 2008, p. 12.

[40] NOGUEIRA, Pedro Henrique Pedrosa. A desconsideração da personalidade jurídica e a garantia do contraditório – os embargos à execução e a Lei n. 11.382. *Revista Dialética de Direito Processual*, São Paulo, vol. 48, 2007, p. 84-97.

[41] O art. 592, IV, do CPC/1973 era uma dessas situações, na qual o cônjuge casado por comunhão universal de bens poderia ser executado por dívidas do outro cônjuge, mesmo não figurando no polo passivo da ação de conhecimento que gerou o título executivo judicial ou não sendo devedor da obrigação documentada no título executivo extrajudicial.

Nesse sentido, amparado não só no art. 50 do CC/2002, mas também nos arts. 592, II, e 596, ambos do CPC/1973, Pedro Henrique Pedrosa Nogueira defendia a tese de que era possível a desconsideração da personalidade jurídica diretamente nos autos de uma ação de execução, figurando os membros da pessoa jurídica como legitimados passivos extraordinários. Para ele também era estritamente necessária a aplicação dos princípios constitucionais da ampla defesa e do contraditório para se assegurar a desconsideração da personalidade jurídica, mesmo em um processo com cognição reduzida, como é o processo de execução. Por fim, sustentava que uma das alternativas de defesa para o sócio cuja sociedade teve sua personalidade desconsiderada em uma ação de execução é a apresentação de embargos à execução, a fim de questionar a sua legitimidade como executado.

A discussão não se esgotou, contudo, a essas duas correntes antagônicas. Uma terceira corrente, capitaneada por Milton Paulo de Carvalho[42], sustentava uma posição intermediária. Vejamos.

O autor, primeiramente, expõe uma diferenciação realizada pela doutrina brasileira entre "processo incidente" e "incidente do processo". O primeiro ocorre quando há uma relação jurídica autônoma, que pode fazer coisa julgada, contudo, sua pretensão é secundária, incidindo no objeto da demanda principal, ainda que com cognição e procedimentos sumários, utilizando como exemplos os casos da ação declaratória incidental, a arguição de falsidade de documento (arts. 390 a 395 do CPC/1973) e a ação de exibição de documento. Por outro lado, o "incidente do processo" ocorreria quando a questão a ser resolvida não constitui objeto próprio a ser apreciado por sentença, de forma que não produziria coisa julgada, e o provimento que incidiria sobre a matéria principal seria tão somente utilizada como argumento de fundo para a decisão principal. Como exemplos, utiliza os mesmos já supracitados, os quais poderiam constituir tanto uma demanda autônoma, mas vinculada à principal (processo incidente), quanto uma mera declaração incidental acerca de um processo já em curso (incidente do processo)[43].

[42] CARVALHO, Milton Paulo de. Brevíssimas notas sobre o procedimento da desconsideração da personalidade jurídica. In: FUX, Luiz; NERY JR., Nelson; WAMBIER, Teresa Arruda Alvim (Coords.). *Processo e Constituição – Estudos em Homenagem ao Professor José Carlos Barbosa Moreira*. São Paulo: Revista dos Tribunais, 2006, p. 905-909.

[43] CARVALHO, Milton Paulo de. Brevíssimas notas sobre o procedimento da desconsideração da personalidade jurídica. In: FUX, Luiz; NERY JR., Nelson; WAMBIER, Teresa Arruda Alvim (Coords.). *Processo e Constituição – Estudos em Homenagem ao Professor José Carlos Barbosa Moreira*. São Paulo: Revista dos Tribunais, 2006, p. 905.

Nesse sentido, Milton Paulo de Carvalho[44] explicava que, da mesma maneira que os exemplos supracitados, a desconsideração da personalidade jurídica poderia ocorrer por meio de três procedimentos: (i) mero incidente processual, a ser resolvido por meio de decisão interlocutória (incidente do processo); (ii) ação autônoma, principal, cuja causa de pedir precípua seja o pedido de desconsideração, a ser resolvida por meio de sentença; (iii) ação incidental, secundária a uma principal, cuja causa de pedir também seja o pedido de desconsideração, mas cuja sentença apenas servirá como fundamento para a demanda principal (processo incidente). No caso de constituir um processo autônomo, o legitimado proporia a ação com a finalidade de responsabilizar sócios por obrigações ou dívidas contraídas em nome da pessoa jurídica, em função de desvio de finalidade ou confusão patrimonial, ocasião no qual o procedimento seria o comum, e visaria não a desconstituir a pessoa jurídica, mas tão somente responsabilizar os seus membros. O processo resolver-se-ia por meio de sentença, fazendo coisa julgada material, de forma que, nos termos do art. 292 do CPC/1973, o autor poderia, ainda, cumular o pedido da responsabilização do membro/sócio da pessoa jurídica com o de sua condenação. Na hipótese de se tratar de processo incidente, o autor sustentava que o caminho a ser seguido seria o previsto pelos arts. 4º, I, 5º e 325 do CPC/1973.

O processo, nesse caso, sustentava o autor, poderia ou não correr em apenso aos autos principais, sendo a eles conexo, de forma que seria resolvido também por sentença, portanto, sujeita à coisa julgada material, mas cuja natureza seria tão somente declaratória, restando a sentença condenatória apenas para o processo principal. Tal declaração, coberta pela coisa julgada material, poderia também servir como preceito para outras pretensões indenizatórias que não estivessem contidas no processo. No caso de se tratar de um mero incidente processual, afirmava que é hipótese muito comum em casos de processos executivos, nos quais a pessoa jurídica é citada para pagar ou oferecer bens à penhora, mas revela-se que ou não os possui ou que estes são insuficientes para garantir a execução, de forma que incidiria a questão da penhora de bens sob os integrantes da pessoa jurídica. Interessante ainda destacar a solução dada pelo autor na ausência de dispositivo legal que tratasse do procedimento

[44] CARVALHO, Milton Paulo de. Brevíssimas notas sobre o procedimento da desconsideração da personalidade jurídica. In: FUX, Luiz; NERY JR., Nelson; WAMBIER, Teresa Arruda Alvim (Coords.). *Processo e Constituição – Estudos em Homenagem ao Professor José Carlos Barbosa Moreira*. São Paulo: Revista dos Tribunais, 2006, p. 907.

do incidente da desconsideração da personalidade jurídica. Aqui defendeu a aplicação analógica do rito previsto nos arts. 355 a 359 do CPC/1973, o incidente de exibição de documento ou coisa, mas que a questão acabaria por ser resolvida pelo juiz, no caso concreto, que estabeleceria as regras mais adequadas para proceder com a desconsideração na hipótese de incidente processual. Por fim, sustentava que, nesse caso, o incidente seria resolvido por decisão interlocutória, a qual não estaria englobada na coisa julgada material como nas duas primeiras hipóteses[45].

Por fim, cabe destacar que Milton Paulo de Carvalho, da mesma forma que os autores Arruda Alvim e Cândido Rangel Dinamarco já citados, defendeu enfaticamente a posição de que, independentemente do procedimento a ser adotado, seja incidente do processo, processo incidente ou mesmo processo principal e autônomo, este deverá obedecer aos princípios constitucionais da ampla defesa, do contraditório e do devido processo legal, repudiando por completo a desconsideração realizada de ofício pelo juiz, ou mesmo com a inobservância dos referidos princípios, gerando graves prejuízos aos componentes da pessoa jurídica, e deturpando por completo a construção doutrinária da *disregard doctrine*[46].

De fato, analisadas as principais correntes divergentes sobre o assunto, vê-se claramente que, na vigência da legislação processual anterior, prevaleceu o entendimento majoritário no sentido de que o procedimento incidental (incidente processual) da desconsideração da personalidade jurídica seria o procedimento mais adequado. Como sabemos, o Código de Processo Civil de 2015 adotou esse mesmo entendimento, regulando o incidente de desconsideração da personalidade jurídica nos arts. 133 e ss. Trataremos desse tema no último capítulo deste estudo.

[45] CARVALHO, Milton Paulo de. Brevíssimas notas sobre o procedimento da desconsideração da personalidade jurídica. In: FUX, Luiz; NERY JR., Nelson; WAMBIER, Teresa Arruda Alvim (Coords.). *Processo e Constituição – Estudos em Homenagem ao Professor José Carlos Barbosa Moreira*. São Paulo: Revista dos Tribunais, 2006, p. 908.

[46] CARVALHO, Milton Paulo de. Brevíssimas notas sobre o procedimento da desconsideração da personalidade jurídica. In: FUX, Luiz; NERY JR., Nelson; WAMBIER, Teresa Arruda Alvim (Coords.). *Processo e Constituição – Estudos em Homenagem ao Professor José Carlos Barbosa Moreira*. São Paulo: Revista dos Tribunais, 2006, p. 909.

1.3.3. A Desconsideração da Personalidade Jurídica: Ônus da Prova, Devido Processo Legal, Contraditório e Ampla Defesa

Para a aplicação da desconsideração da personalidade jurídica, é necessária a verificação de seus requisitos materiais, tratados no capítulo anterior, qual seja: o abuso da personalidade jurídica, caracterizado pelo desvio de finalidade ou pela confusão patrimonial. Nesse sentindo, na esfera processual, tais requisitos devem ser inequivocamente comprovados, de maneira a restar incontestável a possibilidade de se adentrar ao patrimônio dos sócios ou dos administradores, fazendo-se imperiosa a análise da maneira pela qual a fraude deverá ser comprovada.

Conforme já exposto acima, apesar das divergências acerca da natureza processual do incidente de desconsideração da personalidade jurídica à luz da legislação processual então vigente, a doutrina é unânime no que tange à necessária garantia do devido processo legal, da ampla defesa e do contraditório. Assim, para a aplicação do referido instituto, Arruda Alvim e Daniel Granado[47] sustentam que deve haver prévia atividade cognitiva, independentemente da fase processual na qual será aplicada a desconsideração. É nesse processo de cognição que, utilizando-se da regra geral sobre o ônus da prova do art. 333, I, do CPC/1973, deve o autor, credor da relação obrigacional firmada com a pessoa jurídica, demonstrar cabalmente a ocorrência da fraude, a fim de se aplicar a regra excepcional da desconsideração da personalidade jurídica.

É sob esse prisma e amparado no referido dispositivo que Cândido Rangel Dinamarco[48] sustenta que a fraude é o fato constitutivo do direito do credor a se ver satisfeito, de maneira excepcional, à custa do patrimônio do sócio, restando presente nos atos fraudulentos a causa precípua para aplicação excepcional da desconsideração da personalidade jurídica. Assim, conclui-se que, sendo a boa-fé a regra geral e a presunção nos negócios jurídicos em função da imposição do art. 422 do CC/2002 aos contratantes em assumirem tal postura em todas as fases contratuais e também após a execução e extinção do contrato[49], a conduta de má-fé do sócio em se utilizar da pessoa jurídica

[47] ALVIM, Eduardo Arruda; GRANADO, Daniel Willian. Aspectos processuais da desconsideração da personalidade jurídica. *Revista Forense*, Rio de Janeiro, vol. 412, novembro-dezembro 2010, p. 79-83.

[48] DINAMARCO, Cândido Rangel. *Fundamentos do processo civil moderno*. 6. ed. São Paulo: Malheiros, 2010, p. 540.

[49] AZEVEDO, Álvaro Villaça. *Contratos: disposições gerais, princípios e extinção*. São Paulo: Quartier Latin. 2008, p. 54.

para fins ardilosos e fraudulentos, contrários ao direito, é um fato extraordinário, sendo imprescindível a sua comprovação para se reconhecer o abuso da personalidade jurídica, e, consequentemente, se permitir a desconsideração.

Aproximando-se da temática do ônus da prova, e adentrando o princípio do devido processo legal, encontra-se o entendimento de Alexandre Couto Silva[50], que corrobora a necessidade de comprovação da fraude para a efetivação da desconsideração da personalidade jurídica, mas sustenta que, uma vez comprovados os requisitos, não constitui ofensa ao devido processo legal a realização da desconsideração da personalidade jurídica de ofício, pelo juiz. O fundamento de tal posicionamento, segundo o autor, se encontraria nos arts. 125, 130, 131 e 798 do CPC/1973.

Assim, em que pese o art. 50 do CC/2002 expressamente determinar o requerimento das partes ou do Ministério Público para fins de aplicação da desconsideração da personalidade jurídica, o referido autor ainda sustenta que os supracitados dispositivos podem afastar tal determinação, permitindo a desconsideração *ex officio* pelo juiz. Contudo, não apenas pela expressa previsão do referido dispositivo do diploma civilista, mas também pelo fato de que tal posicionamento pode conceder tamanho poder discricionário ao juiz, não se pode aceitá-lo como o mais acertado.

Expondo e rechaçando posturas como a supracitada, Márcio Tadeu Guimarães Nunes[51] explora de maneira bastante direta a problemática processual que envolve a desconsideração da personalidade jurídica, sobretudo em processos executivos e/ou em fase de execução. Nesse sentido, o autor defende a tese de que a operacionalização da desconsideração, nessas hipóteses, importa em violação da Constituição Federal no que tange aos princípios do devido processo legal, do contraditório e da ampla defesa. Sua crítica está amparada no fato de que o Código de Processo Civil de 1973 dispõe como forma de defesa primordial para a fase executória da defesa a impugnação, a qual limita as matérias de defesa em favor do devedor, e também não possui efeito suspensivo. Além disso, argumenta que, ao se desconsiderar a personalidade jurídica de uma sociedade em um processo executivo ou em fase de cumprimento de sentença, estar-se-á incluindo um terceiro estranho à lide, e que, portanto, não teria participado do processo cognitivo que envolveu a formação daquele

[50] SILVA, Alexandre Couto. *A aplicação da desconsideração da personalidade jurídica no direito brasileiro*. 2. ed. Rio de Janeiro: Forense, 2009, p. 206-209.

[51] NUNES, Márcio Tadeu Guimarães. *Desconstruindo a desconsideração da personalidade jurídica*. São Paulo: Quartier Latin, 2007, p. 217-261.

título executivo, colocando-o sob risco de ver o seu patrimônio constringido sem direito a qualquer tipo de defesa prévia, ferindo de morte a Constituição Federal e os princípios supracitados[52].

Contudo, em que pese as suas críticas se basearem em algumas decisões judiciais exaradas pelo Judiciário brasileiro, o referido autor deixa de atentar para os postulados defendidos pela doutrina majoritária. Como exposto anteriormente, independentemente da fase processual, do tipo de procedimento ou processo em que se encontre, para que se efetive a desconsideração da personalidade jurídica entendemos ser necessária uma fase cognitiva. Esta tem a finalidade não só de possibilitar a verificação dos requisitos para a aplicação da desconsideração no caso concreto, mas também de oportunizar a defesa prévia daquele que poderá eventualmente postular no polo passivo da ação, a fim de, posteriormente, se considerar verdadeiramente legítima e constitucional a eventual decisão que verifique a fraude e/ou o abuso da personalidade jurídica e a desconsidere pela via judicial.

1.3.4. Da Decisão que Desconsidera a Personalidade Jurídica: o Recurso Cabível

Milton Paulo de Carvalho[53] expõe que um dos seus objetivos, ao se realizar a exposição acerca do processo incidente e o incidente do processo, seria o de averiguar o recurso cabível contra a decisão que desconsidera a personalidade jurídica. Nesse prisma, afirma que, nas hipóteses de ações autônomas ou incidentais, decididas por sentença, o recurso cabível seria a apelação cível, enquanto que, no caso de se tratar de incidente, decidido por decisão interlocutória, esta seria impugnável por meio de agravo, em sua modalidade instrumental.

Tal problemática recursal também é abordada por Arruda Alvim[54], que , conforme já exposto, se filia à corrente segundo a qual o procedimento da desconsideração da personalidade jurídica deve ser tão somente um inci-

52 NUNES, Márcio Tadeu Guimarães. *Desconstruindo a desconsideração da personalidade jurídica*. São Paulo: Quartier Latin, 2007, p. 219-220.

53 CARVALHO, Milton Paulo de. Brevíssimas notas sobre o procedimento da desconsideração da personalidade jurídica. In: FUX, Luiz; NERY JR., Nelson; WAMBIER, Teresa Arruda Alvim (Coords.). *Processo e Constituição – Estudos em Homenagem ao Professor José Carlos Barbosa Moreira*. São Paulo: Revista dos Tribunais, 2006, p. 908-909.

54 ALVIM, Eduardo Arruda; GRANADO, Daniel Willian. Aspectos processuais da desconsideração da personalidade jurídica. *Revista Forense*, Rio de Janeiro, vol. 412, novembro-dezembro 2010, p. 79-83.

dente processual, e não um processo autônomo. Dessa forma, entende que a decisão que desconsidera a personalidade jurídica tem a natureza de decisão interlocutória.

Contudo, antes de adentrar a problemática referente ao recurso cabível em face dessa decisão, o referido autor faz uma breve digressão acerca dos atos do juiz, previstos no art. 162 do CPC/1973, sobretudo acerca das diferenças entre despachos e decisões. Nesse sentido, Arruda Alvim[55] afirma, amparado nos autores Nelson Nery Jr. e Rosa Nery[56], que, embora os despachos sejam desprovidos de conteúdo decisório, e, portanto, irrecorríveis, por força do art. 504 do CPC/1973, o que qualificaria um determinado pronunciamento judicial como despacho ou decisão interlocutória, em verdade, seriam as consequências por ele geradas. Caso o despacho venha a causar algum prejuízo, independentemente da disposição legal, inegável afirmar que contra ele caberia recurso.

Nesse prisma, na hipótese da decisão que aplica a desconsideração da personalidade jurídica, os sócios e os administradores são os maiores interessados, uma vez que a consequência prática dessa decisão é a mitigação da autonomia patrimonial da pessoa jurídica, possibilitando que os efeitos de certas e determinadas relações de obrigações sejam estendidos aos bens particulares dos administradores ou dos sócios da pessoa jurídica (cf. art. 50 do CC/2002), o que, na prática, pode implicar a execução dos seus bens para a satisfação de dívidas adquiridas pela pessoa jurídica.

Assim, por óbvio, a parte interessada (sócios ou administradores) possui o interesse recursal de impugnar tal decisão. Contudo, considerando tal decisão como interlocutória, o recurso cabível seria, em regra, o agravo na forma retida, nos termos do art. 522 do CPC/1973, com as exceções esculpidas no próprio dispositivo: casos de risco de lesão grave e de difícil reparação; inadmissão da apelação; e quando a decisão agravada for relacionada aos efeitos na qual a apelação será recebida, sustentando o autor que tais exceções não são exaurientes.

[55] ALVIM, Eduardo Arruda; GRANADO, Daniel Willian. Aspectos processuais da desconsideração da personalidade jurídica. *Revista Forense*, Rio de Janeiro, vol. 412, novembro-dezembro 2010, p. 79-80.

[56] NERY JR., Nelson; NERY, Rosa. *Código de processo civil comentado e legislação extravagante*. 9. ed. São Paulo: Revista dos Tribunais, 2006, p. 724.

Assim, amparado nos ensinamentos de Athos Gusmão Carneiro[57], Arruda Alvim[58] sustenta que deverá ser interposto o agravo de instrumento se no caso concreto o agravo retido se mostrar inadequado, afirmando, portanto, que o agravo de instrumento é o recurso cabível em face da decisão que desconsidera a personalidade jurídica. Importante ressaltar que o fundamento para a interposição do agravo na modalidade instrumental, enquadrando-o nas hipóteses excepcionais do art. 522 do CPC/1973, será o risco de lesão grave e/ou de difícil reparação, sobretudo nos casos em que a desconsideração da personalidade jurídica se dá em processos de execução ou em fases de cumprimento de sentença, nos quais os bens do sócio ficarão automaticamente sujeitos à penhora, uma vez que passará a integrar a lide como executado.

Da mesma forma que a divergência doutrinária acerca da natureza do procedimento da desconsideração da personalidade jurídica, a divergência acerca do recurso cabível também acabou por ser resolvida pelo Código de Processo Civil de 2015. Como veremos mais adiante, o inciso IV, do art. 1.015, do CPC/2015 prevê expressamente que cabe agravo de instrumento contra as decisões interlocutórias que versarem sobre incidente de desconsideração da personalidade jurídica. Já o art. 136 e seu parágrafo único estabelecem que concluída a instrução, se necessária, o incidente será resolvido por decisão interlocutória, e que, se a decisão for proferida pelo relator, caberá recurso de agravo interno. Trataremos dessa matéria mais adiante.

1.4. A Jurisprudência sobre o Tema

Nos capítulos anteriores, realizamos uma breve análise da discussão na doutrina acerca da questão processual da desconsideração da personalidade jurídica à luz do CPC/1973, e pudemos verificar que inexistia qualquer norma processual que regulasse o seu procedimento. Nessa parte do trabalho, importa esclarecer como a jurisprudência, especialmente a do Superior Tribunal de Justiça, entendia a matéria e aplicava a desconsideração da personalidade jurídica ainda durante a vigência do CPC/1973[59].

[57] CARNEIRO, Athos Gusmão. *O novo recurso de agravo e outros estudos*. 2. ed. Rio de Janeiro: Forense, 1997, p. 23.

[58] ALVIM, Eduardo Arruda; GRANADO, Daniel Willian. Aspectos processuais da desconsideração da personalidade jurídica. *Revista Forense*, Rio de Janeiro, vol. 412, novembro-dezembro 2010, p. 82-83.

[59] Para um estudo detalhado sobre a jurisprudência (estudo de casos) nos tribunais estaduais (TJERJ e TJEMG) e também no STJ, com particular ênfase aos aspectos processuais e materiais, v.

O primeiro ponto a ser destacado é a questão em torno da necessidade ou não de ação autônoma para a efetivação da desconsideração da personalidade jurídica. Uma análise dos principais julgados sobre a matéria[60] permite concluir que a jurisprudência do STJ é pacífica no sentido de que a desconsideração da personalidade jurídica é medida cabível nos próprios autos da ação principal, sendo desnecessária a propositura de ação autônoma.

Assim, o STJ perfila do mesmo entendimento adotado pela doutrina majoritária como visto mais acima (Arruda Alvim, Cândido Rangel Dinamarco e Fredie Didier Jr.), no sentido de que não existe qualquer necessidade de propositura de ação autônoma para a ocorrência da desconsideração da personalidade jurídica, de forma que se faz necessária apenas a apresentação de simples petição no curso do processo, a qual dará início a um incidente processual, ainda que não previsto expressamente no CPC de 1973. Ademais, deve-se ter em mente também que o STJ, em estreita consonância com a Constituição Federal de 1988, também firmou entendimento no sentido de que a desnecessidade de propositura de ação autônoma para fins de desconsideração da personalidade jurídica não significa a mitigação das garantias da ampla defesa e do contraditório, e que a celeridade processual não pode ser alcançada com o sacrifício dos consectários inerentes ao processo justo[61].

GAMA, Guilherme Calmon Nogueira da (Coord.). *Desconsideração da personalidade da pessoa jurídica*: visão crítica da jurisprudência. São Paulo: Atlas, 2008, p. 31 e ss.

[60] V., dentre outros, BRASIL. STJ. Recurso Especial n. 331.478/RJ, Rel. Min. Jorge Scartezzini, 4ª T., julgado em 24-10-2006, publicado no *DJ* de 20-11-2006, p. 310 (Disponível em: https://ww2.stj.jus.br/processo/pesquisa/?src=1.1.3&aplicacao=processos.ea&tipoPesquisa=tipoPesquisaGenerica&num_registro=200100808290. Acesso em: 15 jan. 2016); BRASIL. STJ. Recurso Especial n. 920.602/DF, Rel. Min. Nancy Andrighi, 3ª T., julgado em 27-5-2008, publicado no *DJe* de 23-6-2008 (Disponível em: https://ww2.stj.jus.br/processo/revista/inteiroteor/?num_registro=200700154456&dt_publicacao=23/06/2008. Acesso em: 15 jan. 2016); BRASIL. STJ. Recurso Especial n. 1.034.536/MG, Rel. Min. Fernando Gonçalves, 4ª T., julgado em 5-2-2009, publicado no *DJe* de 16-2-2009 (Disponível em: https://ww2.stj.jus.br/processo/revista/inteiroteor/?num_registro=200800400537&dt_publicacao=16/02/2009. Acesso em: 15 jan. 2016).

[61] V., dentre outros, BRASIL. STJ. Recurso Especial n. 881.330/SP, Rel. Min. João Otávio de Noronha, 4ª T., julgado em 19-8-2008, publicado no *DJe* de 10-11-2008 (Disponível em: https://ww2.stj.jus.br/processo/pesquisa/?src=1.1.3&aplicacao=processos.ea&tipoPesquisa=tipoPesquisaGenerica&num_registro=200601936122. Acesso em: 15 jan. 2016); BRASIL. STJ. Recurso Especial n. 991.218/MS, Rel. Min. Antonio Carlos Ferreira, Rel. p/ acórdão Min. Raul Araújo, 4ª T., julgado em 16-4-2015, publicado no *DJe* de 13-8-2015 (Disponível em: https://ww2.stj.jus.br/processo/pesquisa/?src=1.1.3&aplicacao=processos.ea&tipoPesquisa=tipoPesquisaGenerica&num_registro=200702350560. Acesso em: 15 jan. 2016). Nesse mesmo sentido, v. recente decisão do Tribunal de Justiça do Estado de São Paulo que reconhece por um lado a possibilidade de aplicação do procedimento incidental para a desconsideração da personalidade jurídica, mas por outro reconhece

Interessante notar que, embora a observância dos princípios constitucionais da ampla defesa e do contraditório sejam postulados aplicáveis à desconsideração da personalidade jurídica, há decisões do STJ que permitem a possibilidade do contraditório e da ampla defesa diferidos[62]. Assim, a desconsideração da personalidade jurídica, como incidente processual, pode ser decretada sem a prévia citação das partes atingidas (sócios e/ou administradores), aos quais se garante o exercício postergado ou diferido do contraditório e da ampla defesa[63]. No que pese esse entendimento, cumpre esclarecer que tal prática (de postergação do contraditório e da ampla defesa após a decretação da desconsideração) não encontra amparo na legislação processual, mesmo antes do advento do Código de Processo Civil de 2015, e gera flagrante insegurança jurídica, na medida em que permite que os membros da pessoa jurídica desconsiderada passem a figurar no polo passivo da lide sem nem mesmo possuírem a oportunidade de demonstrarem que a medida excepcional não poderia sequer ter sido efetivada. Isso porque o contraditório e a ampla defesa são princípios fundamentais do processo e possuem gênese constitucional, sendo, portanto, norma maior dentro do processo civil brasileiro. Decerto que o incidente previsto no Novo Código prevenirá tal conduta por parte do Judiciário, conforme se demonstrará adiante. É importante ressaltar que tanto o STJ quanto os tribunais inferiores são bastante criteriosos quando da análise dos requisitos materiais para a efetivação da desconsideração da personalidade jurídica[64].

a necessária garantia do contraditório e da ampla defesa: BRASIL. TJSP. Agravo de Instrumento n. 2178513-34.2015.8.26.0000, Rel. Edgard Rosa, 25ª Câmara de Direito Privado, julgado em 1º-10-2015, publicado em 3-10-2015 (Disponível em: http://tj-sp.jusbrasil.com.br/jurisprudencia/263267138/agravo-de-instrumento-ai-21785133420158260000-sp-2178513-3420158260000. Acesso em: 15 jan. 2016).

[62] BRASIL. STJ. Agravo Regimental no Agravo de Instrumento n. 1.332.336/SP, Rel. Min. Raul Araújo, 4ª T., julgado em 5-11-2015, publicado no *DJe* de 25-11-2015 (Disponível em: https://ww2.stj.jus.br/processo/pesquisa/?src=1.1.3&aplicacao=processos.ea&tipoPesquisa=tipoPesquisaGenerica&num_registro=201001247844. Acesso em: 15 jan. 2016).

[63] BRASIL. STJ. Agravo Regimental no Recurso Especial n. 1523930/RS, Rel. Min. Marco Aurélio Bellizze, 3ª T., julgado em 16-6-2015, publicado no *DJe* de 25-6-2015 (Disponível em: https://ww2.stj.jus.br/processo/pesquisa/?src=1.1.3&aplicacao=processos.ea&tipoPesquisa=tipoPesquisaGenerica&num_registro=201500709769. Acesso em: 15 jan. 2016).

[64] Nesse sentido, cabe destacar, a título de exemplo, que há significativa jurisprudência no sentido de que a mera dissolução irregular de sociedade não configura por si só a efetivação do desvio de finalidade ou da confusão patrimonial, de forma que, por si só, não permite o afastamento da autonomia patrimonial da pessoa jurídica. V., dentre outros: STJ. Recurso Especial n. 1.241.873, Relator Min. João Otávio De Noronha, 3ª T., julgado em 10-6-2014, publicado no *DJe*

Divergências em torno da aplicação prática do incidente de desconsideração da personalidade jurídica, especialmente nos casos de dissolução irregular da pessoa jurídica, expõem uma problemática acerca do tema, já exposta acima, qual seja, a dificuldade da efetiva comprovação da ocorrência dos requisitos materiais, sobretudo, o desvio de finalidade. Nesse ponto, entendemos que a decisão mais acertada, a fim de que seja aplicado o referido instituto, deverá ser aquela na qual se verifique a presença da fraude na administração da pessoa jurídica, independentemente de esta ser constatada por meio da dissolução irregular, da confusão patrimonial, ou da utilização da pessoa jurídica em benefício próprio. Em outras palavras, a dissolução irregular da pessoa jurídica não necessariamente satisfará o requisito do desvio de finalidade, mas, se comprovada que foi realizada de forma fraudulenta, poderá ensejar a desconsideração da autonomia patrimonial da empresa.

Por fim, outro tema tratado de forma recorrente na jurisprudência e que agora está expressamente previsto no art. 133, § 2º, do CPC/2015 diz respeito à desconsideração da personalidade jurídica na modalidade inversa. Tal espécie de desconsideração se caracteriza pelo afastamento da autonomia patrimonial da pessoa jurídica para, contrariamente do que ocorre na desconsideração da

de 20-6-2014 (Disponível em: http://stj.jusbrasil.com.br/jurisprudencia/25155965/recurso-especial-resp-1241873-rs-2011-0048211-1-stj. Acesso em: 15 maio 2016); STJ. Agravo Regimental no Recurso Especial n. 1.386.576, Relator Min. Paulo de Tarso Sanseverino, 3ª T., julgado em 19-5-2015, publicado no *DJe* de 25-5-2015 (Disponível em: http://stj.jusbrasil.com.br/jurisprudencia/191627049/agravo-regimental-no-recurso-especial-agrg-no-resp-1386576-sc-2013-0177463-0. Acesso em: 15 maio 2016); Tribunal de Justiça do Estado do Rio Grande do Sul. Agravo de Instrumento n. 70065563090, 17ª Câmara Cível, Rel. Marta Borges Ortiz, julgado em 7-7-2015 (Disponível em: http://tj-rs.jusbrasil.com.br/jurisprudencia/207278275/agravo-de-instrumento-ai-70065563090-rs. Acesso em: 15 jan. 2016); Tribunal de Justiça do Estado de Minas Gerais. Agravo de Instrumento n. 10079990092219001, 1ª Câmara Cível, Rel. Geraldo Augusto, julgado em 16-7-2013, publicado no *DJe* de 24-7-2013 (Disponível em: http://tj-mg.jusbrasil.com.br/jurisprudencia/116056712/agravo-de-instrumento-cv-ai-10079990092219001-mg. Acesso em: 15 jan. 2016). No entanto, no sentido de que é aceitável a presunção *juris tantum* de que o encerramento irregular das atividades empresariais, se evidenciada a inexistência de patrimônio da pessoa jurídica, traduzindo assim abuso ou desvio de finalidade, autoriza a decretação da desconsideração da personalidade jurídica: Tribunal de Justiça do Distrito Federal. Agravo de Instrumento n. 20150020203460, 4ª T. Cível, Rel. Fernando Habibe, julgado em 2-12-2015, publicado no *DJe* de 14-12-2015 (Disponível em: http://tj-df.jusbrasil.com.br/jurisprudencia/267382753/agravo-de-instrumento-agi-20150020203460. Acesso em: 15 jan. 2016); Tribunal de Justiça do Estado de Rio Grande do Sul. Agravo de Instrumento n. 70067691162, 15ª Câmara Cível, Rel. Adriana da Silva Ribeiro, julgado em 14-12-2015, publicado no *DJe* de 17-12-2015 (Disponível em: http://tj-rs.jusbrasil.com.br/jurisprudencia/269293161/agravo-de-instrumento-ai-70067691162-rs. Acesso em: 15 jan. 2016).

personalidade propriamente dita, atingir a pessoa jurídica e seu patrimônio social, de modo a responsabilizá-la pelas obrigações contraídas por sócio ou administrador. Assim, o STJ firmou o entendimento de que, se a finalidade da *disregard doctrine* é combater a utilização indevida da pessoa jurídica por seus sócios e administradores, e que tal prática pode ocorrer também nos casos em que o sócio esvazia o seu patrimônio pessoal e o integraliza na pessoa jurídica, é perfeitamente possível a desconsideração inversa da personalidade jurídica a partir de uma interpretação teleológica do art. 50 do CC/2002, de modo a atingir bens da pessoa jurídica em razão de dívidas contraídas pelo sócio, desde que preenchidos os requisitos previstos no art. 50 do CC/2002[65]. Trataremos detalhadamente desse assunto no próximo capítulo.

2. O Incidente de Desconsideração da Personalidade Jurídica no Novo Código de Processo Civil

2.1. Considerações Iniciais

O novo instituto processual denominado *incidente de desconsideração da personalidade jurídica* é regulado no art. 133 e ss. do CPC/2015. O primeiro aspecto importante de nota acerca da regulação formal desse novo instituto processual diz respeito não apenas à sua natureza incidental, mas à sua inclusão no Título III, do Livro III do novo Código, que trata da intervenção de terceiros.

Como bem explica José Carlos Barbosa Moreira[66], o terceiro é aquele que não figura como parte no processo, quer nunca o tenha sido ou quer tenha deixado de sê-lo no decorrer da marcha processual, antes da prolação da decisão final. Ademais, a intervenção de terceiro, segundo Fredie Didier Jr.[67], é ato jurídico processual que permite o ingresso de um terceiro como parte de um

[65] BRASIL. STJ. Recurso Especial n. 948.117/MS, Rel. Min. Nancy Andrighi, 3ª T., julgado em 22-6-2010, *DJe* de 3-8-2010 (Disponível em: http://www.stj.jus.br/SCON/jurisprudencia/doc.jsp?livre=948117&&b=ACOR&p=false&l=10&i=8. Acesso em: 15 jan. 2016); STJ. Recurso Especial n. 1236916/RS, Rel. Min. Nancy Andrighi, 3ª T., julgado em 22-10-2013, *DJe* de 28-10-2013 (Disponível em: http://www.stj.jus.br/SCON/jurisprudencia/doc.jsp?livre=REsp+948117&&b=ACOR&p=false&t=JURIDICO&l=10&i=3. Acesso em: 15 jan. 2016).

[66] MOREIRA, José Carlos Barbosa. *Comentários ao Código de Processo Civil*, vol. 5. 10. ed. Rio de Janeiro: Forense, 2002, p. 291.

[67] DIDIER JR., Fredie. *Curso de direito processual civil*: introdução ao direito processual civil, parte geral e processo de conhecimento. 17. ed. Salvador: Jus Podivm, 2015, p. 476.

processo já em curso. Importante frisar, como observa Alexandre Câmara[68], que o terceiro só assim o é antes da intervenção, tendo em vista que esta permite o seu ingresso como sujeito do processo. O mesmo autor dispõe, ainda, que a referida intervenção pode ser voluntária, quando o terceiro comparece espontaneamente no processo, postulando sua intervenção, sendo exemplos a assistência e o recurso de terceiro, ou forçada, quando o terceiro ingressa no processo de forma independente de sua vontade e, por vezes, até contra ela, ocasião em que será citado. Como exemplos de intervenção forçada, temos a denunciação da lide, o chamamento ao processo, a intervenção do *amicus curiae*, que também pode ser voluntária, e a própria intervenção resultante do incidente da desconsideração da personalidade jurídica.

Nesse sentido, tem-se que qualquer modalidade das intervenções de terceiro constitui incidente de processo, uma vez que, nas palavras de Didier[69], o incidente processual é uma ramificação do processo originário, de forma que, nesse caso, o terceiro impõe uma modificação em um processo preexistente e passa a fazer parte dele. Dessa forma, em sendo um caso de intervenção de terceiro, por consequência lógica o procedimento para a desconsideração da personalidade jurídica se trata de incidente processual, que pode gerar ampliação subjetiva da demanda, formando-se, por força do resultado nele obtido, um litisconsórcio passivo facultativo. Portanto, como já explicitado no capítulo anterior, o novo Código de Processo Civil encerra por completo a discussão doutrinária e jurisprudencial acerca do cabimento da desconsideração da personalidade jurídica em ação autônoma ou em incidente processual.

2.2. A Garantia ao Contraditório, à Ampla Defesa e ao Devido Processo Legal

Exposta a natureza do incidente de desconsideração da personalidade jurídica, cabe trazer à baila uma das motivações por detrás da inclusão do referido incidente no bojo do novo Código de Processo Civil. Conforme explicitado, e bem exposto por Paulo Roberto Pegoraro Jr.[70], antes do advento da inédita norma do art. 133 e ss. do CPC/2015, a desconsideração vinha sendo declarada sem o prévio e amplo contraditório, que, por muitas vezes, era postergado ou

[68] CÂMARA, Alexandre Freitas. *O novo processo civil brasileiro*. São Paulo: Atlas, 2015, p. 86.

[69] DIDIER JR., Fredie. *Curso de direito processual civil*: introdução ao direito processual civil, parte geral e processo de conhecimento. 17. ed. Salvador: Jus Podivm, 2015, p. 477

[70] PEGORARO JR., Paulo Roberto. A desconsideração da personalidade jurídica no novo código de processo civil. *Revista Eletrônica de Direito Processual – REDP*, vol. 16, 2015, p. 439.

diferido, até mesmo pelo próprio Superior Tribunal de Justiça, permitindo-se a inclusão dos sócios sem que estes fossem citados, sob o pretexto de que poderiam demonstrar o prejuízo advindo do contraditório diferido mediante outro meio impugnatório a ser realizado posteriormente, como os embargos à execução, impugnação ao cumprimento de sentença ou exceção de pré-executividade.

Alexandre Câmara[71] também expõe que a prática de se postergar o contraditório e a ampla defesa tinha como base o suposto fato de que, caso se realizasse o contraditório prévio, o sócio poderia não mais possuir bens em seu patrimônio quando se efetivasse a desconsideração, de forma que esta restaria ineficaz ao credor. Porém, com o art. 137 do CPC/2015, antecipou-se essa possibilidade, de forma a prever que a oneração ou a alienação de bens realizada após a instauração do incidente não será eficaz em relação ao seu requerente, dispositivo que será mais bem tratado adiante. De toda forma, mesmo sob a vigência do CPC/1973, havia instrumentos cautelares que permitiam a apreensão dos bens dos sócios, assegurando a satisfação posterior do crédito exequendo, caso efetivada a desconsideração, de maneira que sob nenhuma hipótese seria aceitável a prática da postergação e da mitigação do contraditório e da ampla defesa.

Nesse prisma, é de se vislumbrar que o incidente em comento tenta assegurar a garantia ao contraditório e à ampla defesa, afastando a possibilidade de apreensão de bens de sócios ou da pessoa jurídica, no caso da desconsideração inversa, sem que estes participassem do processo que os responsabilizou patrimonialmente, de forma a influenciar diretamente em tal pronunciamento judicial. Assim, conforme aduz Alexandre Câmara[72], se a própria Constituição Federal, em seu art. 5º, LIV, afirma que não se pode privar o indivíduo de seus bens sem a ocorrência do devido processo legal, seria lógico afirmar que o indivíduo que se encontra na iminência de tal constrição patrimonial também possui o direito de debater a legitimidade da constrição, e se deverá fazer parte do polo passivo daquela demanda.

Pelo mesmo motivo, Teresa Arruda Wambier[73] também elogia a inclusão do referido incidente no novo Código, sustentando que não se pode permitir a prolação de uma decisão judicial que coloque um indivíduo no polo passivo

71 CÂMARA, Alexandre Freitas. *O novo processo civil brasileiro*. São Paulo: Atlas, 2015, p. 96.

72 CÂMARA, Alexandre Freitas. *O novo processo civil brasileiro*. São Paulo: Atlas, 2015, p. 96.

73 WAMBIER, Teresa Arruda Alvim *et. al.* (Coord.). *Primeiros comentários ao novo Código de Processo Civil*: artigo por artigo. São Paulo: Revista dos Tribunais, 2015, p. 252.

de uma demanda, sujeitando-o à responsabilidade patrimonial e eventuais atos de constrição sem antes ouvi-lo. Tal posicionamento está em consonância com o que estabelece o art. 9º do CPC/2015, no sentido de que nenhuma decisão poderá ser proferida sem a audiência prévia das partes, com as únicas exceções expostas no parágrafo único do referido dispositivo (tutela provisória de urgência, tutela da evidência e expedição de mandado em ação monitória), dentre as quais não se encontra a decisão que desconsidera a personalidade jurídica. É exatamente sob essa perspectiva que o art. 135 do CPC/2015 impõe a citação do sócio ou da pessoa jurídica, no caso de desconsideração na modalidade inversa, para se manifestar e requerer a produção de provas em sua defesa, de maneira a permitir o contraditório prévio e a ampla defesa, antes da sujeição desde terceiro à posição de réu ou de executado.

Leonardo Greco[74] expõe que a criação do referido procedimento certamente garante maior segurança ao requerido, ou seja, aquele cujo patrimônio se pretende atingir quando da declaração da desconsideração. Contudo, afirma que tal procedimento não impede que o credor possa obter uma tutela de urgência, *inaudita altera parte*, de forma a bloquear os bens do requerido, antes mesmo da decisão acerca do pedido de desconsideração. Ademais, sustenta que o procedimento também não resolve uma questão essencial: a preclusão das questões já decididas antes da citação do requerido, antes da decisão do incidente ou mesmo questões decididas em procedimentos anteriores e que já podem estar acobertados pela coisa julgada.

Nesse sentido, Leonardo Greco[75] afirma primeiramente que, caso se verifique um abuso tão intenso da personalidade jurídica, no qual se verifique que a pessoa jurídica e o sócio são apenas uma pessoa de fato, seria razoável que ao requerido sejam impostas a referida preclusão e a coisa julgada às quais foi submetido o réu originário. Contudo, o autor ressalta que o contraditório deve ser garantido da maneira mais ampla possível, de modo que tal princípio não restaria completamente satisfeito apenas com a participação do requerido durante o incidente. Assim, defende que, caso se verifique que o réu originário e o requerido são pessoas diversas, mas que se enquadram nas hipóteses legais da desconsideração, este terceiro que acaba por ser posteriormente incluído na demanda como parte não poderá ter reduzido o seu direito de

[74] GRECO, Leonardo. *Instituições de processo civil*: introdução ao direito processual civil, vol. 1. 5. ed. Rio de Janeiro: Forense, 2015, p. 568-569.

[75] GRECO, Leonardo. *Instituições de processo civil*: introdução ao direito processual civil, vol. 1. 5. ed. Rio de Janeiro: Forense, 2015, p. 568-569.

defesa mesmo a respeito das questões teoricamente preclusas ou cobertas pela coisa julgada. Portanto, para o citado autor, a garantia do contraditório supera a simples possibilidade de o sócio se manifestar e produzir toda a sorte de provas que impeçam a efetivação da desconsideração da personalidade jurídica, permitindo a ele que possa contrariar quaisquer pressupostos fáticos ou jurídicos que eventualmente venham a suscitar a sua responsabilidade pelas obrigações da pessoa jurídica, mesmo que tais pressupostos tenham sido objeto de decisões anteriores. Tais questões extravasariam o âmbito do procedimento da desconsideração da personalidade jurídica, de forma que, para a efetiva garantia do contraditório, devem ser nele suscitadas.

2.3. A Legitimidade para o Requerimento do Incidente de Desconsideração da Personalidade Jurídica

Em consonância com o art. 50 do CC/2002, o *caput* do art. 133 do CPC/2015 afirma expressamente que os legitimados para o requerimento da instauração do referido incidente são as partes interessadas e o Ministério Público, nos casos em que lhe couber intervir no processo. Assim, para a instauração do incidente, deve haver sempre a expressa provocação das partes ou do Ministério Público, ou seja, o incidente não poderá ser instaurado de ofício pelo juiz da causa.

No que pese a clareza na redação do dispositivo, há quem defenda a instauração de ofício. Luiz Guilherme Marinoni[76], por exemplo, sustenta que nada impede que o juiz proceda com a instauração do incidente de ofício quando o direito material não exigir a iniciativa das partes ou do *Parquet* para a ocorrência da desconsideração, tendo em vista que, segundo o autor, a legitimidade para o requerimento da instauração do incidente ficaria em segundo plano frente à sua finalidade essencial de observância do contraditório prévio.

Tal posicionamento, porém, não nos parece o mais acertado, ainda que em hipóteses nas quais a autonomia patrimonial da pessoa jurídica represente um óbice para a garantia de direitos indisponíveis, como a saúde ou a dignidade. Isso porque, tendo sido incluído no capítulo de intervenção de terceiros, a eventual inclusão do sócio, caso deferida a desconsideração, se dará em regime de litisconsórcio passivo facultativo, e não necessário, conforme

[76] MARINONI, Luiz Guilherme. *Novo código de processo civil comentado*. São Paulo: Revista dos Tribunais, 2015, p. 135.

expõe o Enunciado n. 125 do Fórum Permanente de Processualistas Civis[77]. Além disso, o próprio autor não pode se ver necessariamente obrigado a litigar em face do sócio contra a sua própria vontade, levando em conta ainda a possibilidade de que pode se ver posteriormente responsabilizado por conta de eventuais danos causados, caso haja a improcedência da desconsideração. Não bastassem tais fatos, a própria redação do dispositivo é bastante clara no sentido de que apenas as partes ou o Ministério Público são legitimados para a instauração do regime.

Teresa Arruda Alvim Wambier[78], que participou da comissão redatora do anteprojeto do novo Código, afirma que o § 1º do art. 133 permite a aplicabilidade de quaisquer dos requisitos legalmente previstos de direito material no ordenamento brasileiro, por exemplo, os estampados no art. 28 da Lei n. 8.078/90 (Código de Defesa de Consumidor), no art. 4º da Lei n. 9.605/98 (Lei de Crimes Ambientais), no art. 34 da Lei n. 12.529/2011 (Lei Antitruste), ou mesmo os pressupostos do art. 50 do CC/2002, mas que na disciplina processual não é possível, sob nenhum aspecto, a instauração de ofício deste incidente. Nesse mesmo sentido, Fredie Didier Jr.[79] e Alexandre Câmara[80] explicitam, ainda, que o dispositivo processual elimina por completo o risco de instauração de ofício do incidente em casos nos quais a legislação de direito material é silente quanto aos legitimados ao requerimento da desconsideração, como o art. 28 do Código de Defesa do Consumidor. Assim, o incidente sempre dependerá de provocação das partes ou do Ministério Público, quando justificar a sua intervenção, nos termos do art. 178 do CPC/2015.

2.4. O Cabimento do Incidente da Desconsideração da Personalidade Jurídica

Primeiramente, conforme já explicitado, e mais bem elucidado por Alexandre Câmara[81], o § 1º do art. 133 do CPC/2015 expõe que o pedido da

[77] "Há litisconsórcio passivo facultativo quando requerida a desconsideração da personalidade jurídica, juntamente com outro pedido formulado na petição inicial ou incidentemente no processo em curso." (Disponível em: http://portalprocessual.com/wp-content/uploads/2015/06/Carta-de--Vit%C3%B3ria.pdf. Acesso em: 21 jan. 2016).

[78] WAMBIER, Teresa Arruda Alvim *et. al.* (Coord.). *Primeiros comentários ao novo Código de Processo Civil*: artigo por artigo. São Paulo: Revista dos Tribunais, 2015, p. 252.

[79] DIDIER JR., Fredie. *Curso de direito processual civil*: introdução ao direito processual civil, parte geral e processo de conhecimento. 17. ed. Salvador: Jus Podivm, 2015, p. 519.

[80] CÂMARA, Alexandre Freitas. *O novo processo civil brasileiro*. São Paulo: Atlas, 2015, p. 96.

[81] CÂMARA, Alexandre Freitas. *O novo processo civil brasileiro*. São Paulo: Atlas, 2015, p. 97.

desconsideração da personalidade jurídica observará os pressupostos previstos em lei, de maneira que, ao Direito Processual, caberá tão somente regular o procedimento por meio do qual será realizada a desconsideração, cabendo, por outro lado, ao direito material a análise dos pressupostos específicos para efetuá-la, de forma que, independentemente da relação jurídica a qual se estará diante, seja ela consumerista, civilista, ambiental, concorrencial, ou qualquer outra, o procedimento será sempre o mesmo.

Antônio Pereira Gaio Júnior[82] expunha, porém, que, ainda no Projeto do Novo Código de Processo Civil, havia previsão expressa da necessidade do abuso de personalidade para a configuração do cabimento do incidente em comento, de forma que o art. 77 do Projeto de Lei n. 8.046/2010, o qual veio a se tornar a Lei n. 13.105/2015, possuía redação bastante parecida ao texto do art. 50 do CC/2002, que consagra os requisitos gerais de direito material para a declaração da desconsideração da personalidade jurídica[83]. Como sabemos, o referido dispositivo não foi incluído no texto final do CPC/2015, decisão que nos parece que tenha sido a mais acertada, pois não cabe à lei processual adentrar no âmbito do direito material, mas tão somente regular os procedimentos para a efetiva tutela jurisdicional.

Ademais, como visto nos itens anteriores, o novo Código Processual Civil positivou algo que há muito já se entendia cabível no ordenamento jurídico brasileiro, a desconsideração da personalidade jurídica na modalidade inversa, expressa no § 2º do art. 133. Tal modalidade de desconsideração ocorre quando, ao invés de se desconsiderar a personalidade jurídica da pessoa jurídica para se atingir os patrimônios de seus membros, se adentra no patrimônio da pessoa jurídica para que haja a satisfação do credor particular de um dos sócios. Assim, é o sócio que se encontra no polo passivo de uma demanda, mas é a pessoa jurídica da qual ele faz parte que será patrimonialmente responsabilizada. Conforme destacado por Fredie Didier Jr.[84] e Teresa

[82] GAIO JR., Antônio Pereira. Desconsideração da personalidade jurídica: considerações sobre o "incidente" à luz do Novo CPC – PLS 166/2010. *Revista de Processo*, vol. 220, São Paulo, junho 2013, p. 285-287.

[83] Art. 77 PL n. 8.046/2010: "Em caso de abuso da personalidade jurídica, caracterizado na forma da lei, o juiz pode, em qualquer processo ou procedimento, decidir, a requerimento da parte ou do Ministério Público, quando lhe couber intervir no processo, que os efeitos de certas e determinadas obrigações sejam estendidos aos bens particulares dos administradores ou sócios da pessoa jurídica ou aos bens da empresa do mesmo grupo econômico".

[84] DIDIER JR., Fredie. *Curso de direito processual civil*: introdução ao direito processual civil, parte geral e processo de conhecimento. 17. ed. Salvador: Jus Podivm, 2015, p. 520.

Wambier[85], tal modalidade de desconsideração é muito frequente em casos de direito de família, nos quais, no evento do divórcio ou dissolução de união estável, um dos cônjuges ou companheiros esconde seus bens em nome de pessoa jurídica da qual faz parte, de maneira a evitar a partilha daquele bem em detrimento do outro. Dessa forma, a previsão expressa de desconsideração inversa da personalidade jurídica é de todo positiva, de forma que suprime por completo mais uma lacuna existente no direito brasileiro.

Quanto à fase processual na qual é cabível a instauração do incidente de desconsideração da personalidade jurídica, o *caput* do art. 134 é bastante claro: todas as fases do processo de conhecimento, no cumprimento de sentença e na execução de título extrajudicial. Nesse prisma, é de se destacar, primeiramente, que a expressão "todas as fases do processo de conhecimento" permite concluir que o incidente seja também instaurado em sede recursal[86]. Tal possibilidade resta ainda mais expressa ao se vislumbrar o inciso VI do art. 932 do CPC/2015, que prevê a possibilidade de o relator "decidir o incidente de desconsideração da personalidade jurídica, quando este for instaurado originariamente perante o tribunal".

Portanto, não há qualquer controvérsia quanto à possibilidade de instauração do referido incidente em 2º grau de jurisdição. Contudo, Teresa Arruda Alvim Wambier[87] adverte que não seria possível a suscitação do incidente em fase de recurso especial ou de recurso extraordinário, pelo fato de que tais recursos são de competência exclusiva do Superior Tribunal de Justiça e do Supremo Tribunal Federal, conforme aduz a Constituição Federal, e que, portanto, o novo Código de Processo Civil não poderia contrariar dispositivo hierarquicamente superior. Além disso, tais recursos possuem limites muito restritos quanto ao efeito devolutivo, estando especificamente limitados à questão federal, no caso do recurso especial, ou à questão constitucional revestida de repercussão geral, no caso do recurso extraordinário, de forma que a autora entende que não seria admissível o processamento de um incidente cujos limites pudessem superar as questões neles discutidas. Dessa forma, em que pese a amplitude da expressão "todas as fases do processo de conhecimento" presente no art. 134 do CPC/2015, de fato, tal posicionamento nos afigura o mais coerente.

85 WAMBIER, Teresa Arruda Alvim *et. al.* (Coord.). *Primeiros comentários ao novo Código de Processo Civil*: artigo por artigo. São Paulo: Revista dos Tribunais, 2015, p. 252.

86 Cf. CÂMARA, Alexandre Freitas. *O novo processo civil brasileiro*. São Paulo: Atlas, 2015, p. 98.

87 WAMBIER, Teresa Arruda Alvim *et. al.* (Coord.). *Primeiros comentários ao novo Código de Processo Civil*: artigo por artigo. São Paulo: Revista dos Tribunais, 2015, p. 253.

Cabe destacar, ainda, que de acordo com o art. 1.062 do CPC/2015, o incidente de desconsideração da personalidade jurídica também se aplica aos processos de competência dos juizados especiais, embora os processos de competência dos juizados especiais, em regra, não admitam as intervenções de terceiros, por força do art. 10 da Lei n. 9.099/1995[88]. Ademais, também seria possível a concessão da tutela de urgência, de modo a permitir a antecipação dos efeitos da desconsideração, desde que efetivamente preenchidos os requisitos dispostos no art. 300 do CPC/2015.[89]

2.4.1. O Exame de Admissibilidade do Incidente de Desconsideração da Personalidade Jurídica

O § 1º do art. 134 do CPC/2015 dispõe acerca da comunicação da instauração do incidente ao distribuidor, de forma que sejam realizadas as anotações cabíveis. Contudo, deve-se atentar para o momento no qual se considera instaurado o referido incidente. Alexandre Câmara[90] e Teresa Wambier[91] destacam que a redação do artigo pode levar ao entendimento equivocado de que basta o simples requerimento do incidente para que este se considere efetivamente instaurado. Não é assim, porém. Ambos os autores, em consonância com o disposto no § 4º do art. 134, afirmam que a petição de requerimento deve preencher os pressupostos legais específicos para a desconsideração da personalidade jurídica. Em outros termos, o juiz deverá realizar um juízo de cognição sumária, analisando detidamente se as alegações do requerente são plausíveis e se é provável a existência dos requisitos necessários para a desconsideração, realizando assim um juízo de admissibilidade do referido incidente. Caso entenda presentes os pressupostos que, como visto, são determinados pelo direito material, acatará o pedido de requerimento, dando início ao procedimento; se não, rejeitará liminarmente a instauração do incidente.

[88] DIDIER JR., Fredie. *Curso de direito processual civil*: introdução ao direito processual civil, parte geral e processo de conhecimento. 17. ed. Salvador: Jus Podivm, 2015, p. 520.

[89] GRECO, Leonardo. *Instituições de processo civil*: introdução ao direito processual civil, vol. 1. 5. ed. Rio de Janeiro: Forense, 2015, p. 568-569; DIDIER JR., Fredie. *Curso de direito processual civil*: introdução ao direito processual civil, parte geral e processo de conhecimento. 17. ed. Salvador: Jus Podivm, 2015, p. 521.

[90] CÂMARA, Alexandre Freitas. *O novo processo civil brasileiro*. São Paulo: Atlas, 2015, p. 98.

[91] WAMBIER, Teresa Arruda Alvim *et. al.* (Coord.). *Primeiros comentários ao novo Código de Processo Civil*: artigo por artigo. São Paulo: Revista dos Tribunais, 2015, p. 253.

Alexandre Câmara[92] sustenta, porém, que a decisão que rejeita a instauração do referido procedimento não poderá ser proferida sem a observância do contraditório em relação ao requerente para que se adeque ao modelo constitucional do processo civil brasileiro, sendo seguramente legítima. Nesse prisma, ao receber a petição de requerimento, realizar a cognição sumária e não vislumbrar de plano a presença dos requisitos para a efetivação da desconsideração, o juiz deverá intimar o requerente novamente para se manifestar acerca da possibilidade de indeferimento da instauração do incidente, para apenas depois proferir sua decisão definitiva. E isso porque os arts. 9º e 10 do CPC/2015 vedam a prolação de decisões contra uma das partes sem a sua prévia oitiva, e também sem oportunizar a manifestação das partes.

Fredie Didier Jr.[93] aprofunda a discussão afirmando que, uma vez que o referido incidente não só possibilita a inclusão de um novo sujeito no processo, mas também amplia o seu objeto litigioso acrescendo-o com o pedido da aplicação da sanção da desconsideração da personalidade jurídica ao terceiro, não basta, para que se configure admissível o incidente, que o requerente alegue genericamente violações ao "princípio da dignidade da pessoa humana" ou ao "princípio da efetividade". Assim, salienta que, ao requerer a instauração do procedimento, a parte está verdadeiramente ajuizando uma demanda contra alguém, devendo efetivamente demonstrar a conduta ilícita praticada pelo requerido, não só para possibilitar a defesa ao acusado, mas também, e principalmente, para que se configure possível a aplicação da desconsideração, instrumento que visa a coibir a prática de tais atos ilícitos.

Ademais, insta salientar que o exame de admissibilidade não observará necessariamente a adequação formal do pedido para a instauração do incidente de desconsideração da personalidade jurídica, uma vez que o novo Código de Processo Civil não dispõe de nenhum requisito formal específico para tanto, limitando a análise, portanto, apenas aos requisitos materiais, conforme salienta Paulo Roberto Pegoraro Júnior[94]. Logo, na prática forense, caberá a apresentação de simples petição direcionada ao magistrado competente para a suscitação do referido incidente.

[92] CÂMARA, Alexandre Freitas. *O novo processo civil brasileiro*. São Paulo: Atlas, 2015, p. 100-101.

[93] DIDIER JR., Fredie. *Curso de direito processual civil*: introdução ao direito processual civil, parte geral e processo de conhecimento. 17. ed. Salvador: Jus Podivm, 2015, p. 520.

[94] PEGORARO JR., Paulo Roberto. A desconsideração da personalidade jurídica no novo código de processo civil. *Revista Eletrônica de Direito Processual – REDP*, vol. 16, 2015, p. 444.

2.4.2. A Ciência de Terceiros acerca da Instauração do Incidente

Como exposto acima, após a análise material e sumária realizada pelo magistrado, restando demonstrada a probabilidade da presença dos requisitos para a efetivação da desconsideração, este poderá ser considerado instaurado, ocasião na qual o distribuidor deverá ser comunicado para as anotações devidas, nos termos do supracitado §1º do artigo 134 do CPC/2015. Conforme explicitado por Alexandre Câmara[95] e por Teresa Wambier[96], tais anotações possuem o condão de permitir que terceiros, estranhos ao processo, tomem o conhecimento da pendência do incidente e da eventual possibilidade da desconsideração, a qual poderá levar o sócio ou a própria pessoa jurídica, no caso da desconsideração inversa, a ser responsabilizado por dívida de outrem. Tal norma visa a integrar o diploma de maneira a dar efetividade ao disposto no art. 137 do CPC/2015, que trata da ineficácia de atos havidos em fraude à execução. Assim, após a instauração do incidente e a consequente anotação deste pelo distribuidor, há a presunção relativa de que quaisquer alienações ou onerações de bens realizadas pelo requerido do incidente poderão ser consideradas fraudulentas e, caso acatado o pedido da desconsideração, consideradas ineficazes perante o requerente.

Assim, tais alienações ou onerações poderão ser tidas como atos de fraude à execução, prestigiando-se o entendimento de que só se poderia cogitar a ocorrência dessa fraude se o beneficiário da oneração ou o adquirente do bem tivesse conhecimento do processo pendente contra o requerido. Dessa forma, a inovação trazida pelo dispositivo em comento possui o objetivo precípuo de ampliar a segurança jurídica na efetuação desses negócios jurídicos, garantindo ao adquirente ou ao beneficiário a informação de que a operação que está realizando poderá ser considerada ineficaz caso consumada a desconsideração.

2.4.3. O Cabimento do Pedido de Desconsideração da Personalidade Jurídica na Petição Inicial

O § 2º do art. 134 do CPC/2015 possibilita o requerimento da desconsideração da personalidade jurídica de plano, já na petição inicial, de modo que, nesse caso, dispensar-se-á a instauração do incidente. Assim, a citação do requerido

[95] CÂMARA, Alexandre Freitas. *O novo processo civil brasileiro*. São Paulo: Atlas, 2015, p. 98-99.

[96] WAMBIER, Teresa Arruda Alvim *et. al.* (Coord.). *Primeiros comentários ao novo Código de Processo Civil*: artigo por artigo. São Paulo: Revista dos Tribunais, 2015, p. 253.

(i.e., do sócio ou, na modalidade inversa, da pessoa jurídica) será realizada originariamente, de forma que a lei dispensa a instauração do incidente pelo fato de que a demanda já terá sido proposta em face do devedor da obrigação e também do terceiro, que, embora não seja estranho à relação obrigacional original, poderá ser responsabilizado pelo pagamento. Portanto, caso acolhido o pedido de desconsideração, haverá a formação de um litisconsórcio passivo facultativo, pois nessa demanda a pretensão à desconsideração será um dos objetos da lide, de forma que o sócio ou a pessoa jurídica, no caso da desconsideração inversa, não poderá ser tratado como terceiro, mas sim como parte.

O assunto comporta ainda outras ponderações de natureza processual. Para Fredie Didier Jr.[97], por exemplo, existe a possibilidade de o autor da ação ajuizá-la em face da pessoa jurídica, formulando, de forma subsidiária, o pedido de desconsideração em face do sócio. Segundo o autor, nessa hipótese, estar-se-ia diante de um litisconsórcio eventual, previsto no *caput* do art. 326 do CPC/2015, hipótese na qual o segundo pedido, no caso, a desconsideração da personalidade jurídica, somente será examinado se não houver o acolhimento do primeiro pedido. Já segundo Paulo Pegoraro Jr.[98], existe também uma problemática acerca do requerimento da desconsideração da personalidade jurídica já na petição inicial no caso do processo de conhecimento. Esse autor afirma que, nessa hipótese, não restará demonstrada necessariamente a insolvência da pessoa jurídica, bem como deverá ser assegurada a subsidiariedade da responsabilidade do sócio. Isso porque, por força do § 1º do art. 795 do CPC/2015, "o sócio réu, quando responsável pelo pagamento da dívida da sociedade, tem o direito de exigir que primeiro sejam excutidos os bens da sociedade".

Por fim, cabe ressaltar que, no caso do requerimento de desconsideração da personalidade jurídica na petição inicial, aquele cujo patrimônio se pretende atingir, seja o sócio, seja a pessoa jurídica (na modalidade inversa), deverá, ao ser citado, contestar não apenas os requisitos fáticos para a decretação da desconsideração, mas também todos os demais pontos suscitados na exordial, considerando os princípios da eventualidade e do ônus da impugnação específica[99].

[97] DIDIER JR., Fredie. *Curso de direito processual civil*: introdução ao direito processual civil, parte geral e processo de conhecimento. 17. ed. Salvador: Jus Podivm, 2015, p. 520.

[98] PEGORARO JR., Paulo Roberto. A desconsideração da personalidade jurídica no novo código de processo civil. *Revista Eletrônica de Direito Processual – REDP*, vol. 16, 2015, p. 440.

[99] É exatamente o que dispõe o Enunciado nº 248 do Fórum Permanente de Processualistas Civis: "Quando a desconsideração da personalidade jurídica for requerida na petição inicial, incumbe ao

2.4.4. A Suspensão do Processo Principal

Uma vez instaurado o incidente de desconsideração da personalidade jurídica, o processo será suspenso, por força do que aduz o § 3º do art. 134 do CPC/2015, ressalvando-se a hipótese do § 2º do mesmo artigo, que prevê a possibilidade de requerimento da desconsideração na petição inicial, como já analisado acima. Segundo Alexandre Câmara[100], não haveria necessidade de tal ressalva, uma vez que com o requerimento de desconsideração realizado logo na petição inicial, não há a instauração do incidente. O autor esclarece, contudo, que tal ressalva possui o condão de demonstrar que, na hipótese em comento, a decisão que defere o pedido de desconsideração não necessariamente será proferida antes dos demais pedidos, podendo ser examinada em conjunto com as demais pretensões, em sede de sentença. Teresa Wambier[101] também se filia a tal entendimento, afirmando que a decisão que desconsidera ou não a personalidade jurídica poderá ser uma decisão final, de mérito, em conjunto com os demais.

A suspensão do processo, porém, será imprópria, conforme aduz Alexandre Câmara[102]. O autor elucida o fato que, em regra, a suspensão gera a paralisação total e temporária de todos os atos processuais, impossibilitando a prática de quaisquer desses atos, nos termos do art. 314 do CPC/2015. Dessa forma, se a suspensão a que se refere o § 3º do art. 133 fosse a mesma suspensão do art. 314, estar-se-ia diante de um paradoxo, posto que o processo restaria suspenso até o fim do incidente, mas este não poderia ser resolvido em função da suspensão. Nesse sentido, é evidente que a suspensão aqui tratada se refere à proibição da prática dos atos processuais que não se encontrem dentro do procedimento do incidente de desconsideração, até que este seja efetivamente decidido. Assim, todos os atos que não digam respeito à questão da desconsideração da personalidade jurídica restarão impossibilitados de serem praticados, com a ressalva dos atos urgentes, para impedir a consumação de um dano irreparável, conforme expõe o supracitado art. 314. Conforme explicitado

sócio ou a pessoa jurídica, na contestação, impugnar não somente a própria desconsideração, mas também os demais pontos da causa." (disponível em: http://portalprocessual.com/wp-content/uploads/2015/06/Carta-de-Vit%C3%B3ria.pdf; acesso em 21.01.2016).

[100] CÂMARA, Alexandre Freitas. *O novo processo civil brasileiro*. São Paulo: Atlas, 2015, p. 100.

[101] WAMBIER, Teresa Arruda Alvim *et. al.* (Coord.). *Primeiros comentários ao novo Código de Processo Civil: artigo por artigo*. São Paulo: Revista dos Tribunais, 2015, p. 254.

[102] CÂMARA, Alexandre Freitas. *O novo processo civil brasileiro*. São Paulo: Atlas, 2015, p. 100.

por Tereza Wambier[103], a suspensão do feito necessariamente findará com a decisão que defere ou não a desconsideração da personalidade jurídica, uma vez que o recurso cabível contra tal decisão é, em regra, desprovido de efeito suspensivo.

2.5. A Citação do Requerido e a Instrução Probatória

O art. 135 do CPC/2015 determina que, uma vez instaurado o incidente, ou seja, realizado o juízo de admissibilidade, o requerido (o sócio ou a pessoa jurídica) será citado – na forma do art. 238 e ss. – para apresentar sua defesa, bem como requerer a produção de provas. O prazo é de 15 (quinze) dias.

Alexandre Câmara[104] entende que o art. 135 do CPC/2015 também obrigaria o requerente, ao pleitear a desconsideração da personalidade jurídica, a indicar na petição de requerimento do incidente as provas que pretende produzir no procedimento, se eventualmente suas alegações fáticas se tornarem controvertidas após a manifestação do requerido, por força do princípio da isonomia entre as partes, de forma análoga ao determinado àquele cuja personalidade se pretende desconsiderar. Ademais, o autor sustenta ainda que o CPC/2015 estabelece a citação como meio de convocação do requerido, com todas as formalidades inerentes ao ato (arts. 238 a 259), pois a intimação não garantiria o pleno contraditório, de forma que apenas a citação garante a aquisição da posição de parte no processo, garantia esta que não ocorre no ato da intimação. Assim, a citação pode viabilizar a participação, em contraditório, daquele cuja personalidade se pretende desconsiderar, garantindo a legitimidade da decisão a ser proferida ao fim do incidente, à luz do modelo constitucional do processo civil brasileiro. Tereza Wambier[105] suscita ainda, como consequência lógica, que o ato da citação indica que o requerido é efetivamente o réu no incidente, bem como, caso acolhida a pretensão de desconsideração da personalidade jurídica, ele passará também a ser réu no processo principal no qual o incidente foi suscitado e instaurado.

[103] WAMBIER, Teresa Arruda Alvim *et. al.* (Coord.). *Primeiros comentários ao novo Código de Processo Civil*: artigo por artigo. São Paulo: Revista dos Tribunais, 2015, p. 254.

[104] CÂMARA, Alexandre Freitas. *O novo processo civil brasileiro*. São Paulo: Atlas, 2015, p. 101.

[105] WAMBIER, Teresa Arruda Alvim *et. al.* (Coord.). *Primeiros comentários ao novo Código de Processo Civil*: artigo por artigo. São Paulo: Revista dos Tribunais, 2015, p. 254.

Quanto ao prazo de 15 dias para a manifestação do requerido, Marinoni[106] entende que tal prazo é comum se houver mais de um sócio incluído no pedido, de forma que não se aplicaria a contagem do prazo em dobro, disposta no art. 229 do CPC/2015, para litisconsortes com procuradores distintos, por se tratar de um prazo próprio, ou seja, que, quando não praticado, gera a preclusão temporal do ato, impossibilitando a sua realização. Aliás, quanto à questão da preclusão, caso não apresentada a manifestação no prazo estabelecido, o requerido ficará sujeito ao efeito material da revelia, ou seja, nos termos do art. 344 do CPC/2015, haverá a presunção relativa de que as alegações fáticas do requerente são verdadeiras[107].

Cabe ressaltar, porém, que tal presunção, por apenas alcançar fatos suscitados, não garante automaticamente a ocorrência da desconsideração da personalidade jurídica, cabendo ao magistrado verificar a presença dos requisitos para tanto. De toda a forma, o requerente não terá o ônus de comprovar as suas alegações, uma vez que serão consideradas verdadeiras. Por outro lado, caso apresentada a manifestação dentro do prazo, deverá o magistrado verificar as alegações do requerente que se tornaram controvertidas, de forma que elas serão objeto da atividade probatória. No procedimento instrutório, realizado no âmbito do próprio incidente de desconsideração, serão admitidos todos os meios de prova, típicos ou atípicos, desde que legítimos, posto que a decisão que encerra o referido incidente deverá ser baseada em um juízo de certeza, em cognição exauriente, afirmando o juiz que estão ou não presentes os requisitos para a desconsideração da personalidade jurídica.

2.6. A Decisão do Incidente de Desconsideração da Personalidade Jurídica e o Recurso Cabível

O art. 136 do CPC/2015 dispõe expressamente que a decisão que encerra o incidente possui a natureza de decisão interlocutória. Porém, mesmo que assim não dispusesse a lei, tal pronunciamento judicial não se enquadra no disposto pelo § 1º do art. 203 do CPC/2015, e sim nos termos do § 2º deste mesmo dispositivo.

[106] MARINONI, Luiz Guilherme. *Novo código de processo civil comentado*. São Paulo: Revista dos Tribunais, 2015, p. 143.

[107] CÂMARA, Alexandre Freitas. *O novo processo civil brasileiro*. São Paulo: Atlas, 2015, p. 102.

Conforme explicitado acima, e como bem exposto por Fredie Didier Jr.[108], a decisão proferida no incidente de desconsideração da personalidade jurídica é uma decisão de mérito, apta a ser coberta pela coisa julgada material, tornando-se imutável e indiscutível, sendo apenas possível desconstituí-la após o trânsito em julgado, por meio de ação rescisória, nos casos elencados nos incisos do art. 966 do CPC/2015. Segundo Tereza Wambier[109], a decisão que declara a desconsideração da personalidade jurídica retroage, no mínimo, até a data de seu requerimento. A autora suscita, porém, que deve haver a análise, por meio dos elementos de prova produzidos durante o incidente, do momento no qual ocorreu o fato gerador da desconsideração, ou seja, o eventual abuso da personalidade jurídica ou a fraude perpetrada, de forma que tal decisão também poderia retroagir até o referido momento.

Cabe ressalvar a importância de a lei dispor expressamente acerca do recurso cabível contra a decisão que resolve o incidente da desconsideração da personalidade jurídica. Isso porque, no regime do novo Código de Processo Civil, as decisões interlocutórias são, em regra, irrecorríveis, com a exceção daquelas expressamente previstas na lei. Dentre essas hipóteses, encontra-se a decisão do incidente de desconsideração, a qual, encerrando por completo a discussão doutrinária antes do advento do novo Código, será atacável por meio de agravo de instrumento, tal como previsto no inciso IV do art. 1.015 do CPC/2015. Se a decisão, no entanto, for proferida por relator, cabe agravo interno, de acordo com o parágrafo único do art. 136 do CPC/2015. Sobre esta segunda hipótese falaremos mais adiante.

Pela redação do art. 1.015, IV, do CPC/2015, também se extrai o entendimento que não será agravável somente a decisão que resolve o incidente, mas também aquela que o declara inadmissível, liminarmente ou após a manifestação do requerido. Quanto às demais decisões proferidas no curso do incidente, Alexandre Câmara[110] entende serem estas irrecorríveis, por força da regra geral exposta anteriormente, mas, utilizando-se analogicamente dos §§ 1º e 2º do art. 1.009 do CPC/2015, tais decisões poderiam ser impugnadas em conjunto com a decisão final do incidente, por ocasião do recurso de

[108] DIDIER JR., Fredie. *Curso de direito processual civil: introdução ao direito processual civil, parte geral e processo de conhecimento*, 17. ed. Salvador: Jus Podivm, 2015, p. 521.

[109] WAMBIER, Teresa Arruda Alvim *et. al.* (Coord.). *Primeiros comentários ao novo Código de Processo Civil: artigo por artigo.* São Paulo: Revista dos Tribunais, 2015, p. 256

[110] CÂMARA, Alexandre Freitas. *O novo processo civil brasileiro.* São Paulo: Atlas, 2015, p. 103.

agravo de instrumento. Nesse mesmo sentido, salienta Tereza Wambier[111] que tais decisões proferidas no curso do incidente não são objeto de recurso autônomo, de modo que serão impugnadas, se for o caso, no agravo de instrumento interponível da decisão final (de mérito) do incidente.

Fredie Didier Jr.[112] esclarece que há duas outras hipóteses nas quais o recurso cabível contra a decisão que encerra o incidente da desconsideração da personalidade jurídica não será o agravo de instrumento. A primeira delas, como já adiantado, é a hipótese prevista no parágrafo único do art. 136 CPC/2015. Nesse caso, cabe agravo interno quando o incidente é suscitado em sede recursal, na qual os autos já estão tramitando no Tribunal ou quando o processo é de competência originária do referido órgão. Assim, nessa hipótese, o relator deverá atuar como o juiz de primeira instância o faria, realizando o juízo de admissibilidade do incidente e todas as demais providências após a sua instauração, inclusive a instrução probatória (cf. art. 932, I, do CPC/2015), cabendo a ele também a decisão final, por força do supracitado art. 932, VI, do CPC/2015. A segunda hipótese em que não cabe agravo de instrumento ocorre quando o incidente for decidido em sede de sentença, ocasião em que o recurso cabível será a apelação (cf. art. 1.009 do CPC/2015). Tal hipótese ocorrerá, por óbvio, quando o pedido de desconsideração for realizado na petição inicial, conforme já analisado anteriormente.

Segundo Alexandre Câmara[113], é possível ainda a instauração do incidente nos Tribunais Superiores, apenas nas hipóteses nas quais o processo originário seja também de competência destes, ou quando for suscitado em sede de recurso ordinário constitucional, ressalvada a impossibilidade da instauração do referido procedimento em sede de recurso especial e recurso extraordinário, como já exposto.

2.7. Os Efeitos da Decisão que Desconsidera a Personalidade Jurídica

A decisão que opera a desconsideração da personalidade jurídica, julgando, portanto, procedente o incidente, gera dois efeitos processuais. O primeiro deles, por óbvio, é justamente a razão da existência de tal fenômeno, qual seja, a extensão da responsabilidade patrimonial a um devedor que não é,

[111] WAMBIER, Teresa Arruda Alvim *et. al.* (Coord.). *Primeiros comentários ao novo Código de Processo Civil: artigo por artigo.* São Paulo: Revista dos Tribunais, 2015, p. 255.

[112] DIDIER JR., Fredie. *Curso de direito processual civil*: introdução ao direito processual civil, parte geral e processo de conhecimento. 17. ed. Salvador: Jus Podivm, 2015, p. 521.

[113] CÂMARA, Alexandre Freitas. *O novo processo civil brasileiro.* São Paulo: Atlas, 2015, p. 103-104.

originariamente, parte da relação obrigacional, o sócio ou a pessoa jurídica, no caso da desconsideração inversa. Em outras palavras, a decisão tem o condão de "levantar o véu" da personalidade jurídica para que o ato de expropriação atinja os bens particulares do sócio ou da própria pessoa jurídica.

Assim, processualmente falando, conforme aduz Leonardo Greco[114], o terceiro passará a ser réu da ação principal, havendo uma ampliação subjetiva da demanda e a permissão de que a atividade executiva passe a alcançar também o patrimônio desse novo réu. Dessa forma, incidirá o disposto no inciso II do art. 790 do CPC/2015, que dispõe sobre a sujeição dos bens do sócio à execução nos termos da lei, bem como o inciso VII do mesmo dispositivo, que dispõe sobre a sujeição dos bens do responsável à execução, nos casos de desconsideração da personalidade jurídica. Outro dispositivo que também expõe tal efeito é o art. 795 e os §§ 1º e 2º do mesmo diploma. Enquanto o *caput* do dispositivo enuncia a regra geral sobre a isenção de responsabilidade dos sócios pelas dívidas sociais (com a exceção dos casos previstos em lei), os parágrafos tratam da reponsabilidade subsidiária do sócio (réu) pelas dívidas da sociedade, consagrando o seu direito de, se executado, exigir que primeiro sejam excutidos os bens da sociedade, devendo para tanto nomear quantos bens da sociedade bastem para pagar o débito, desde que estes estejam situados na mesma comarca e sejam livres e desembargados.

Assim, ao ser efetuada a desconsideração, o sócio poderá requerer que a execução incida primeiramente sobre os bens da sociedade, exigindo dele a indicação destes bens, uma vez que um dos pressupostos para a efetivação do fenômeno da desconsideração é justamente a ausência de patrimônio líquido da pessoa desconsiderada para satisfazer a pretensão de seus credores.

O segundo efeito decorrente da decisão que defere o pedido de desconsideração da personalidade jurídica está estabelecido no supracitado art. 137 do CPC/2015, por meio do qual serão considerados ineficazes os atos de alienação ou oneração de bens praticados pelo sócio ou pela sociedade, no caso da desconsideração inversa, ocorridos após a citação do requerido no incidente. Tal norma deve também ser interpretada em consonância com o que dispõe o § 3º do art. 792 do mesmo diploma, que prevê que, nos casos de desconsideração da personalidade jurídica, a fraude à execução deverá ser verificada a partir da citação da parte cuja personalidade se pretende desconsiderar. Dessa forma, a oneração ou a alienação de bens será considerada como ato de fraude

[114] GRECO, Leonardo. *Instituições de processo civil*: introdução ao direito processual civil, vol. 1. 5. ed. Rio de Janeiro: Forense, 2015, p. 566-567.

à execução se forem preenchidos um dos requisitos dos supratranscritos incisos do art. 792 e o momento no qual tais atos serão assim considerados será quando da citação do responsável, e não quando da instauração do incidente.

2.8. A Responsabilidade por Danos Decorrentes de Incidente Infundado

Outro ponto importante a ser mencionado, ainda que a título conclusivo, diz respeito à responsabilidade por dano processual decorrente de instauração de incidente de desconsideração da personalidade jurídica sem fundamento. Assim, considera-se litigante de má-fé o requerente que provocar incidente manifestamente infundado, nos termos do disposto nos arts. 79 e 80, VI, do CPC/2015. Como consequência, além da aplicação da multa por litigância de má-fé prevista no art. 81, o requerente, na hipótese de requerer a desconsideração como ato de má-fé, também estará sujeita à reparação de eventuais danos por ele causados, por exemplo, a constrição cautelar dos bens do requerido[115].

3. Conclusão

O instituto da desconsideração da personalidade jurídica, historicamente construído pela tradição do *common law* anglo-saxão, tem sido paulatinamente adequado à realidade da nossa tradição de direito românico-germânica, e isso desde a sua incorporação no Código de Defesa do Consumidor em 1990 até a sua tardia positivação pelo Código de Processo Civil de 2015. Dessa forma, foram estabelecidos primeiramente os alicerces materiais para a sua aplicação, por meio da construção doutrinária e jurisprudencial, reconhecendo-se a sua importância como meio de coibição de fraudes e abusos praticados por meio da personalidade jurídica, visando a mitigação dos efeitos da autonomia patrimonial da pessoa jurídica.

Contudo, como demonstrado nesse estudo, no que pese a previsão legal desde 1990, o direito processual não acompanhou equanimemente o direito material, deixando à revelia a regulação de um procedimento que instrumentalizasse adequadamente a desconsideração da personalidade jurídica na prática forense, o qual acabou por ser completamente moldado pela doutrina e jurisprudência ao longo de quase três décadas. Tal lacuna, porém, acabou por

[115] V., dentre outros, PEGORARO JR., Paulo Roberto. A desconsideração da personalidade jurídica no novo código de processo civil. *Revista Eletrônica de Direito Processual – REDP*, vol. 16, 2015, p. 447.

gerar diversas controvérsias quanto ao melhor procedimento a ser adotado, e o mais grave, também possibilitou grave insegurança jurídica, permitindo a efetivação desregrada da excepcionalíssima desconsideração sem, muitas vezes, o devido respeito aos princípios do contraditório e da ampla defesa.

Dessa forma, o advento do incidente de desconsideração da personalidade jurídica, presente no art. 133 e ss. do novo Código de Processo Civil, representa não só um novo marco na gradual e longa (e não menos criticada[116]) adequação da *disregard doctrine* ao direito brasileiro, mas também, e principalmente, um grande avanço no direito processual pátrio, especialmente à luz das garantias do contraditório e da ampla defesa.

Nesse sentido, como demonstrado ao longo do trabalho, o referido incidente permite a ampla cognição e o exame detalhado de todos os fatos e as evidências que podem levar à desconsideração, permitindo não apenas que o magistrado tenha acesso a todas as alegações e as provas, mas que as partes possam demonstrar, de todas as maneiras legitimamente cabíveis, se deve ou não se operacionalizar a desconsideração da personalidade jurídica.

Assim, entendemos que o novo Código de Processo Civil representa um avanço no tratamento da matéria, deixando restritas margens para a perpetração de decisões injustas ou pouco fundamentadas ou mesmo para o requerimento infundado da desconsideração. E isso, não só pelos dispositivos que regulam especificamente o incidente no art. 133 e ss., mas também, e principalmente, pelos arts. 9º e 10, que consagram a regra geral de manifestação das partes no processo e da fundamentação das decisões judiciais, respectivamente, bem como também a responsabilização por litigância de má-fé do requerente que provocar incidente manifestamente infundado, nos termos do disposto nos arts. 79 e 80, VI, do CPC/2015.

Com isso, é de se verificar que o inédito incidente de desconsideração da personalidade jurídica, embora deles não trate, também permitirá um amplo debate acerca dos requisitos materiais da desconsideração da personalidade jurídica, de forma que decerto será possível melhor adequação do direito brasileiro, por meio das decisões oportunamente proferidas, à gênese do instituto

[116] Sobre as causas do "desvirtuamento" do instituto da *disregard doctrine* no direito brasileiro, v. ALVES, Alexandre Ferreira de Assumpção. Fundamentos da desconsideração da personalidade jurídica no sistema jurídico da *Common Law* e sua aplicação nos direitos inglês e norte-americano – influência no Código Brasileiro de Defesa do Consumidor. In: ALVES, Alexandre Ferreira de Assumpção; GAMA, Guilherme Calmon Nogueira da (Coord.). *Temas de Direito Civil-Empresarial*. Rio de Janeiro: Renovar, 2008, p. 2.

em comento, qual seja, o da vedação de práticas fraudulentas e abusivas por parte de sócios e pessoas jurídicas.

Sendo assim, espera-se o manejo processual balanceado, com decisões justas e equitativas, de modo a permitir a aplicação correta e justa da desconsideração da personalidade jurídica tal como previsto na legislação em vigor. Por outro lado, aplicando-se de maneira adequada a desconsideração, espera-se uma contração progressiva e profilática da perpetração das condutas fraudulentas reprimidas pelo instituto em comento, prestigiando-se assim a boa-fé nas relações contratuais e a função social da empresa.

É de se destacar também que, da análise do incidente da desconsideração é possível verificar que também permitirá uma melhor efetividade da prestação jurisdicional ao seu requerente, o credor do sócio ou da pessoa jurídica, no caso da desconsideração inversa. Isso porque, conforme demonstrado, o Novo Código dispõe de instrumentos que permitem a manutenção da liquidez daquele cujo patrimônio se pretende atingir, e de verdadeiras sanções a terceiros que adquirem, de má-fé, os bens do sócio atingido pela desconsideração, conforme dispõe o art. 137 do Novo Código de Processo Civil.

Assim, pode-se afirmar que as normas processuais que regulamentam o incidente de desconsideração da personalidade jurídica lograram êxito em conciliar os princípios constitucionais da ampla defesa, do contraditório e do devido processo legal, mas sem excluir a plena efetividade da prestação jurisdicional pretendida pelo credor, qual seja, a satisfação de seu crédito, permitindo, ainda, um melhor acertamento na verificação das fraudes a serem coibidas, as quais serão gradualmente praticadas em menor grau, justamente pela melhor efetividade em serem reveladas.

Por fim, a partir de tudo que foi exposto até aqui, é possível concluir que, levando em conta as relevâncias jurídica, social e econômica as quais tangem o presente estudo, que o Novo Diploma Processual adequou de maneira apropriada um instituto de importância ímpar ao direito brasileiro, corrigindo equívocos na sua aplicação prática no passado, preenchendo lacunas para evitar quaisquer controvérsias e inseguranças jurídicas, garantindo, por um lado, maior efetividade à pretensão dos credores, e por outro, reprimindo a utilização ardilosa e fraudulenta das pessoas jurídicas, nos casos de flagrante abuso da personalidade jurídica.

Referências

Alves, Alexandre Ferreira de Assumpção, "A Desconsideração da Personalidade Jurídica e o Direito do Consumidor: um Estudo de Direito Civil Constitucional", in Tepedino, Gustavo (Coord.), *Problemas de Direito Civil-Constitucional*, Rio de Janeiro, Renovar, 2000.

_______, "Fundamentos da Desconsideração da Personalidade Jurídica no Sistema Jurídico da *Common Law* e sua Aplicação nos Direitos Inglês e Norte-Americano – Influência no Código Brasileiro de Defesa do Consumidor", in Alves, Alexandre Ferreira de Assumpção, Gama, Guilherme Calmon Nogueira da (Coords.), *Temas de Direito Civil-Empresarial*, Rio de Janeiro, Renovar, 2008.

Alvim, Eduardo Arruda, Alvim, Thereza, *Comentários ao Código Civil Brasileiro*, vol. 1, Rio de Janeiro, Forense, 2005.

Alvim, Eduardo Arruda, Granado, Daniel Willian, "Aspectos Processuais da Desconsideração da Personalidade Jurídica", *Revista Forense*, Rio de Janeiro, vol. 412, novembro-dezembro 2010.

Azevedo, Álvaro Villaça, *Contratos: Disposições Gerais, Princípios e Extinção*, São Paulo, Quartier Latin, 2008.

Bastos, Eduardo Lessa, *Desconsideração da Personalidade Jurídica*, Rio de Janeiro, Lumen Juris, 2003.

Bruschi, Gilberto Gomes, *Aspectos Processuais da Desconsideração da Personalidade Jurídica*, São Paulo, Saraiva, 2009.

Câmara, Alexandre Freitas, *O Novo Processo Civil Brasileiro*, São Paulo, Atlas, 2015.

Campinho, Sérgio, *O Direito de Empresa* à *Luz do Código Civil*, 12ª ed., Rio de Janeiro, Renovar, 2011.

Carneiro, Athos Gusmão, *O Novo Recurso de Agravo e Outros Estudos*, 2ª ed., Rio de Janeiro, Forense, 1997.

Carvalho, Milton Paulo de, "Brevíssimas Notas sobre o Procedimento da Desconsideração da Personalidade Jurídica".

Coelho, Fábio Ulhoa, "A Teoria da Desconsideração da Personalidade Jurídica e o Devido Processo Legal", Repe*rtório IOB de Jurisprudência: Civil, Processual, Penal e Comercial*, São Paulo, n. 2, 2000.

_______, *Curso de Direito Comercial*, vol. 2, Direito de Empresa, 13ª ed., São Paulo, Saraiva, 2009.

Comparato, Fábio Konder, Salomão Filho, Calixto, *O Poder de Controle na Sociedade Anônima*, 4ª ed., Rio de Janeiro, Forense, 2005.

Didier Jr., Fredie, *Regras Processuais no Código Civil: Aspectos da Influência do Código Civil de 2002 na Legislação Processual*, 3ª ed., São Paulo, Saraiva, 2008.

_______, *Curso de Direito Processual Civil: Introdução ao Direito Processual Civil, Parte Geral e Processo de Conhecimento*, 17ª ed., Salvador, Jus Podivm, 2015.

Dinamarco, Cândido Rangel, *Fundamentos do Processo Civil Moderno*, 6ª ed., São Paulo, Malheiros, 2010.

Gaio Jr., Antônio Pereira, "Desconsideração da Personalidade Jurídica: Considerações Sobre o 'Incidente' à Luz do Novo CPC – PLS 166/2010", *Revista de Processo*, vol. 220, São Paulo, junho 2013.

Gama, Guilherme Calmon Nogueira da (Coord.), *Desconsideração da Personalidade da Pessoa Jurídica: Visão Crítica da Jurisprudência*, São Paulo, Atlas, 2008.

Gonçalves, Carlos Roberto, *Direito Civil Brasileiro*, vol. 1, Parte Geral, 10ª ed., São Paulo, Saraiva, 2012.

Greco, Leonardo, *Instituições de Processo Civil: Introdução ao Direito Processual Civil*, vol. 1, 5ª ed., Rio de Janeiro, Forense, 2015.

Leães, Luiz Gastão Paes de Barros, "Desconsideração da Personalidade e Sucessão Empresarial", *Revista de Direito Bancário e Comercial*, 2007.

Lopes, João Batista, "Desconsideração da Personalidade Jurídica no Novo Código Civil", *Revista dos Tribunais*, São Paulo, vol. 818, dezembro 2003.

Marinoni, Luiz Guilherme, *Novo Código de Processo Civil Comentado*, São Paulo, Revista dos Tribunais, 2015.

Mascheroni, Fernando H., Muguillo, Roberto A., *Régimen Jurídico del Sócio*, Buenos Aires, Astrea, 1996.

Moreira, José Carlos Barbosa, *Comentários ao Código de Processo Civil*, vol. 5. 10ª ed., Rio de Janeiro, Forense, 2002.

Nery Jr., Nelson, Nery, Rosa, *Código de Processo Civil Comentado e Legislação Extravagante*, 9ª ed., São Paulo Revista dos Tribunais, 2006.

Nogueira, Pedro Henrique Pedrosa, "A Desconsideração da Personalidade Jurídica e a Garantia do Contraditório – os Embargos à Execução e a Lei n. 11.382", *Revista Dialética de Direito Processual*, São Paulo, vol. 48, 2007.

Nunes, Márcio Tadeu Guimarães, *Desconstruindo a Desconsideração da Personalidade Jurídica*, São Paulo, Quartier Latin, 2007.

Pegoraro Jr., Paulo Roberto, "A Desconsideração da Personalidade Jurídica no Novo Código de Processo Civil", *Revista Eletrônica de Direito Processual – REDP*, vol. 16, 2015, Disponível em: http://www.e-publicacoes.uerj.br/index.php/redp/index.

Requião, Rubens, Abuso de Direito e Fraude Através da Personalidade Jurídica, *Revista dos Tribunais*, São Paulo, vol. 410, dezembro 1969.

_______, *Curso de Direito Comercial*, vol. 1, 32ª ed., revista e atualizada por Rubens Edmundo Requião, São Paulo, Saraiva 2013.

Silva, Alexandre Couto, *A Aplicação da Desconsideração da Personalidade Jurídica no Direito Brasileiro*, 2ª ed., Rio de Janeiro, Forense, 2009.

Tepedino, Gustavo, *Código Civil Interpretado Conforme a Constituição da República*, vol. 1, 2ª ed. revista e atualizada, Rio de Janeiro, Renovar, 2007.

_______, Notas sobre a Desconsideração da Personalidade Jurídica, *Revista Trimestral de Direito Civil*, Rio de Janeiro, vol. 30, abril-junho 2007.

Tomazette, Marlon, *Curso de Direito Empresarial*, vol. 1, Teoria Geral e Direito Societário, 6ª ed., São Paulo, Atlas, 2014.

Wambier, Teresa Arruda Alvim *et. al.* (Coord.), *Primeiros Comentários ao Novo Código de Processo Civil: Artigo por Artigo*, São Paulo, Revista dos Tribunais, 2015.

Wambier, Teresa Arruda Alvim (Coord.), *Processo e Constituição – Estudos em Homenagem ao Professor José Carlos Barbosa Moreira*, São Paulo, Revista dos Tribunais, 2006.

A Impugnação contra Execução contra a Fazenda Pública e as Decisões do Supremo Tribunal Federal em Sede de Controle Difuso de Constitucionalidade – Inexequibilidade do Título ou Inexigibilidade da Obrigação

Fabio Luiz Gomes

Introdução

Observa-se que o Código de Processo Civil trouxe alterações substanciais ao sistema jurídico brasileiro, dentre os quais apresenta-se a utilização das decisões do Supremo Tribunal Federal em sede de controle difuso como meio de defesa, aqui, como instrumento de inexequibilidade ou inexigibilidade da obrigação.

Portanto, os precedentes do Supremo Tribunal Federal serão utilizados como paradigmas.

No regime do CPC/1973, estabelecia-se que se configura inexigível o título judicial fundado em lei ou ato normativo declarados inconstitucionais pelo Supremo Tribunal Federal, ou fundado em aplicação da lei ou ato normativo tidas pelo Supremo Tribunal Federal como incompatíveis com a Constituição Federal[1].

[1] Art. 741 do CPC/1973.

1. Interpretação Normativa

Interpretava-se que essa decisão a que se referia o regime do CPC/1973 era somente em controle concentrado de constitucionalidade.

Contudo, nos termos do CPC atual, explicita a aplicação em decisões "em controle de constitucionalidade concentrado ou difuso"[2].

O dispositivo não deixa claro que essa decisão a que se refere em sede de controle difuso seria uma só decisão ou em casos repetitivos[3].

Nesse sentido, surgem duas possibilidades:

1. Realizar uma interpretação literal.
2. Realizar uma interpretação teleológica e sistemática.

1.1. Realizar uma Interpretação Literal

Se prevalecer a intepretação literal, o legislador infraconstitucional traria a novidade de reconhecer uma decisão judicial difuso do Supremo Tribunal Federal como instrumento hábil a considerar inexequível e inexistente um título executivo contra Fazenda Pública.

A prevalecer esse posicionamento, restariam atingidos diversos princípios constitucionais, dentre eles, destacam-se: Princípio do Devido Processo Legal, Contraditório e Ampla Defesa e Segurança Jurídica.

1.2. Realizar uma Interpretação Teleológica e Sistemática

1.2.1. Princípio do Devido Processo Legal

Nos termos desse princípio, o processo deve ser legal, justo e adequado, uma *value-oriented theory*, portanto, plasmado no princípio da justiça[4].

Aquando da elaboração normativa-legislativa, o legislador deve estabelecer normas justas e, para isso, há a necessidade de critérios materiais informadores dos direitos fundamentais.

[2] Art. 535, § 5º do CPC/2015.

[3] Como se verá, estar-se-ia a cometer um erro em se fazer uma interpretação literal do dispositivo.

[4] Cf. CANOTILHO, J. J. Gomes. *Direito Constitucional – Teoria da Constituição*. Almedina: Coimbra, 1998, p. 448 e ss.

Dessa forma, a própria lei pode ser fonte de injustiça e privar uma pessoa dos seus direitos fundamentais.

No caso vertente, uma decisão oriunda de um único processo em sede de controle difuso de constitucionalidade privaria os demais destinatários da norma da justeza da sua aplicação.

Portanto a execução restará frustrada em razão de um processo que, por mais que tenha tramitado no Supremo Tribunal Federal, não houvera sido parte o atingido.

Em conclusão, o Código de Processo Civil, neste dispositivo, seria inconstitucional por estabelecer critérios injustos e, portanto, atingir direitos fundamentais em nome de uma suposta celeridade processual.

Não há como um processo acelerado estabelecer justiça ao buscar critérios insubsistentes, como utilizar uma decisão como precedente suficiente para tornar um título executivo ineficaz e inexistente.

1.2.2. Do Contraditório e Ampla Defesa

Observa-se que, pelas razões acima, já justificaria o afastamento da interpretação literal da norma em comento.

No esteio do princípio do contraditório e ampla defesa, em que se busca a paridade processual e a simultaneidade de oportunidade.

Verifica-se que ao autorizar a extinção de um processo executório em razão da existência de uma decisão em sede de controle difuso atinge a isonomia processual, enfim a paridade de armas.

Aqui, não se trata de uma distinção necessária, mas sim injusta, pois desconstituir um título executivo com base em uma demanda da qual não fez parte, e, ainda mais absurdo, se oriundo de uma só *decisum*.

1.2.3. Da Segurança Jurídica

O princípio da segurança jurídica configura elemento constitutivo do próprio Estado de Direito[5].

Observa-se que há a formação de um título executivo, seja formado por decisão judicial, seja por título por formação legal, título este hábil a compor o quadro de atividades fundamentais para prestação da tutela jurisdicional.

Nesse sentido, o exequente possui a certeza do adimplemento da obrigação por meio do título executivo, quanto mais contra o Estado.

[5] Cf. CANOTILHO, p. 250 e ss.

No dizer de Liebman: "... pode-se dizer que é a atividade através da qual os órgãos judiciários visam a produzir coativamente um resultado prático equivalente ao que outra pessoa deveria ter produzido em cumprimento a uma obrigação jurídica"[6].

Restaria frustrada não uma decisão para esse caso específico, mas toda a execução contra Fazenda Pública, pois não se teria certeza da eficácia do título até que houvesse o cumprimento da obrigação[7].

3. Do Julgamento de Casos Repetitivos e os Recursos Extraordinário e Especial

Mais amena do que a hipótese acima, mas não menos problemática, aqui, a ineficácia ou inexistência do título seria oriunda de decisões proferidas em recursos extraordinários repetitivos.

Observa-se que os juízes, bem como os tribunais[8], deverão observar os julgamentos repetitivos[9] em recursos extraordinário e especial[10].

Verifica-se que a reclamação por descumprimento da decisão do Supremo Tribunal Federal somente poderá ser feita após o exaurimento das instâncias recursais.

Observa-se que o legislador infraconstitucional estabeleceu a possibilidade da reanálise por meio de recurso, portanto, essa decisão conflitante poderá ser modificada, e somente se não for, poderá haver reclamação.

A lógica aqui seria somente ser aplicada qualquer sanção, se cabível, ao magistrado que vier a descumprir a decisão do Supremo Tribunal Federal.

Constata-se que os títulos executivos gozam de uma presunção de exequibilidade e esta somente poderia ser retirada nos termos do rol estabelecido pela lei. Contudo, essa mesma lei deve ser justa e, conforme disposto no tópico anterior, deve respeitar o princípio do devido processo legal.

Nesse mesmo diapasão, há mecanismos de reanálise que permitem à Fazenda Pública questionar em outras instâncias a formação do título

[6] LIEBMAN, Enrico Tullio. *Manual de Direito Processual*. Tradução e notas de Cândido Rangel Dinamarco. 2ª ed. Forense, 1985, p. 204.

[7] Poder-se-ia imaginar a possibilidade de uma ação proposta pela Fazenda Pública contra exequente para reaver o pagamento, tendo como base a decisão do Supremo Tribunal Federal.

[8] Art. 927, *caput*, do CPC/2015.

[9] Art. 928, II, do CPC/2015.

[10] Art. 927, III, do CPC/2015.

executivo, tornando ele ineficaz ou inexistente. Portanto, estar-se-ia transferindo para o exequente a prova de que esse título é válido e eficaz, na medida em que o magistrado deveria extinguir a execução por haver decisão do Supremo Tribunal Federal.

Assim, os processos executivos contra a Fazenda Pública ficariam demasiadamente mitigados, com incertezas na execução, e haveria a formação de um outro procedimento injusto e desarrazoável, cabendo o ônus probatório ao exequente.

4. Conclusão

Conforme restou observado, a aplicação do dispositivo em análise levará a diversas inconstitucionalidades, dentre elas, destacam-se o Devido Processo Legal, Contraditório e Ampla Defesa e a Segurança Jurídica.

Observa-se que o casuísmo que uma decisão em controle difuso, analisado com a vertente individual, isto é, com a margem dialética de um processo em curso, produziria efeitos *erga omnes*, portanto, para quem não participou efetivamente do processo.

Essa norma configura-se injusta e gera uma extrema insegurança jurídica e, ao contribuinte, a quem se destina a norma, restaria atingido em seus direitos fundamentais.

Referências

Ávila, Humberto, *Sistema Constitucional Tributário*, São Paulo, Saraiva, 2010.

Baleeiro, Aliomar, Atualizadora Misabel Abreu Machado Derzi, *Direito Tributário Brasileiro*, Rio de Janeiro, Gen/Forense, 2013.

Campos, Diogo Leite de, Campos, Mônica Horta Neves Leite de, *Direito Tributário*, 2ª ed., Coimbra, Almedina, 2000.

Campos, Diogo Leite de, *O Sistema Tributário no Estado dos Cidadãos*, Coimbra, Almedina, 2006.

Carvalho, Paulo de Barros, *Direito Tributário Linguagem e Método*, São Paulo, Noeses, 2013.

Coêlho, Sacha Calmon Navarro, *Comentários à Constituição de 1988*, Rio de Janeiro, Forense, 2006.

Coêlho, Sacha Calmon Navarro, *Manual de Direito Tributário*, Rio de Janeiro, Forense, 2003.

Fernandes, Manuel M. Pires, *Glossário de Direito Fiscal – Temas e Soluções*, DisLivro, Lisboa.

Fontes, André, *A Pretensão – como Situação Jurídica Subjetiva*, Belo Horizonte, DelRey, 2002.

Nabais, José Casalta, *Por um Estado Fiscal Suportável – Estudos de Direito Fiscal*, vol. II, Coimbra, Almedina, 2008.

Santos, J. Albano, *Teoria Fiscal*, 2ª ed., Lisboa, Instituto Superior de Ciências Sociais e Políticas, 2013.

Schoueri, Luís Eduardo, *Direito Tributário*, São Paulo, Saraiva, 2011.

Tipke, Klaus, Lang, Joachim, *Direito Tributário (Steuerrecht)*, Tradução da 18ª ed. alemã, totalmente refeita, de Luiz Dória Furquim, vol. I, São Paulo, Sérgio Antônio Fabris Editor, 2008.

Vasques, Sérgio, *Eça e os Impostos*, Coimbra, Almedina, 2000.

Privatização do Direito Processual Civil?

Fabíola Vianna Morais

Introdução

O Código Processual Civil vigente prevê expressamente uma cláusula geral de negócio processual, a indicar a possibilidade mais ampla de autorregulação do procedimento[1].

Embora o Código de Processo Civil anterior já contivesse algumas disposições de regramento processual proveniente do exercício da autonomia privada (*ex vi* o acordo de eleição de foro, convenção sobre prazos dilatórios, convenção para suspensão do processo, convenção de arbitragem, convenção sobre a distribuição do ônus da prova), é novidade o negócio processual atípico.

A atipicidade, todavia, não exime o negócio processual como negócio jurídico que é de seguir as normas que lhe são aplicáveis, tanto do direito material quanto do direito formal. A própria norma a prever a cláusula geral de negócio processual já o restringe a interesses que admitem autocomposição, excluindo, portanto, os direitos indisponíveis, assim como submete a sua validade ao controle do juiz.

Não obstante, verifica-se por parte do Estado uma concessão fiscalizada da regulação processual pelas partes, atribuindo poder à autonomia privada, de modo a se alcançar uma tutela jurisdicional adequada ao caso concreto.

[1] Trata-se do art. 190 que dispõe: "Versando o processo sobre direitos que admitam autocomposição, é lícito às partes plenamente capazes estipular mudanças no procedimento para ajustá-lo às especificidades da causa e convencionar sobre os seus ônus, poderes, faculdades e deveres processuais, antes ou durante o processo.
Parágrafo único. De ofício ou a requerimento, o juiz controlará a validade das convenções previstas neste artigo, recusando-lhes aplicação somente nos casos de nulidade ou inserção abusiva em contrato de adesão ou em que alguma parte se encontre em manifesta situação de vulnerabilidade".

Contudo, o exercício da autonomia privada, no âmbito em que se insere, não pode levar ao comprometimento da atividade jurisdicional entendida como atividade estatal pública.

O presente artigo, então, traz à baila os critérios de validade material e formal dos negócios processuais, bem como a transformação do olhar do Estado para a autonomia privada cujo nascedouro é o direito civil e por onde começamos o trabalho.

1. Da Publicização do Direito Privado, Especialmente do Direito Civil

A ideia de publicização ou constitucionalização do direito civil remonta à Constituição de 1988, quando nela se verificou a inserção de várias normas de direito privado, repetidas em vários setores. Sobre esse tema, houve muita doutrina e jurisprudência[2]. De certa forma, a prolixidade constitucional, tendo em várias passagens o mesmo conteúdo normativo (a exemplo da propriedade privada, livre iniciativa, consumidor), embora em contextos diversos (direitos fundamentais e ordem econômica), se deve ao propósito de garantir a efetividade dos direitos – alguns conquistados, outros reafirmados – após uma temporada de ditadura militar, no sentido de assegurar aos indivíduos e ao particular, de um modo geral, a posição de sujeito de direitos perante o Estado, contra o qual passaria a exigir prestações.

Passou-se a exigir a interpretação das normas oriundas de leis infraconstitucionais à luz da Constituição Federal, de modo a garantir a observância dos preceitos de direitos fundamentais, sobretudo em razão de a ordem civil remeter a um sistema do século XIX que não cabia mais diante dos ajustes promovidos pela ordem constitucional vigente.

Esse movimento de publicização do direito privado e constitucionalização do direito civil avançou para o reconhecimento da aplicação de normas fundamentais entre particulares, de maneira a afirmar que não só ao Estado cabia a observância do Texto Fundamental na sua relação com o particular,

[2] Sendo de se citar, no Brasil, as obras de Gustavo Tepedino e Luiz Edson Fachin sobre o tema, como expoentes da constitucionalização do direito civil.

mas também que ao particular era reservado o direito de exigir do outro o cumprimento das normas fundamentais nas suas relações privadas[3].

O fenômeno da publicização do direito privado também vem acompanhado da ideia maior de proteção dos particulares e da vida privada, e, portanto, de maior intervenção do Estado na vida particular no intuito de criar-lhe maiores garantias.

Assistiu-se ao reconhecimento pelo Estado da união estável, da proteção do consumidor, do divórcio direto, da adoção, assuntos que já foram muito discutidos desde então até os dias de hoje, quando a abordagem se alargou para desafios mais recentes de reinterpretação constitucional promovida pelo ativismo judicial, como a união homoafetiva, a possibilidade de interrupção da gravidez de feto anencéfalo, dentre outros.

2. O Movimento Simultâneo de Intervenção e Afastamento do Estado na Vida Privada

No entanto e ao mesmo tempo, mais recentemente legislações e os próprios tribunais passaram a reconhecer cada vez mais que o Estado deve garantir a vida privada, as decisões privadas e, portanto, a autonomia privada.

Exemplos disso foram as transformações no tocante à extinção da necessidade prévia de separação judicial ao divórcio, à tipificação da sociedade unipessoal no Código Civil, ao reconhecimento da união homoafetiva, à possibilidade de restrição da interdição a aspectos patrimoniais, à possibilidade de inventário e divórcio extrajudiciais, à arbitragem etc.

Disso se conclui que o Estado passou a conferir aos seus indivíduos mais liberdade de atuação na vida privada. Intervém para se afastar. Garante para dizer que se tem o direito de decidir sobre a própria esfera particular de atuação.

A despeito da autonomia privada, cada vez mais alargada pelo Estado, restam intransponíveis certos limites como a indisponibilidade de determinados direitos e a esfera jurídica de terceiro. Assim, a impossibilidade de divórcio e inventário extrajudiciais quando presentes pessoas incapazes, o princípio maior do interesse do menor em situações que o envolvam, a possibilidade de arbitragem em se tratando de direitos patrimoniais disponíveis etc.

[3] Conforme Claus-Wilhelm Canaris. *Direitos Fundamentais e Direito Privado*. Almedina: Coimbra, 2006.

Portanto, de um lado, o Estado confere mais liberdade aos seus indivíduos para decidirem sobre si mesmos, entregando-lhes a direção da própria vida, e de outro, garante, de toda forma, a proteção dos direitos considerados indisponíveis.

3. A Instrumentalidade do Direito Processual perante o Direito Material

O direito processual, apesar de sua autonomia frente às outras áreas, é instrumento do direito substantivo, na medida em que visa em última análise a aplicação correta, adequada e justa das normas materiais.

Logo, o conjunto de regramentos do direito processual tem por fito a efetivação de um direito material, assim como o fim último da atividade jurisdicional é a tutela jurisdicional. Não é por outro motivo que a coisa julgada meramente formal não sossega enquanto não tiver consigo a coisa julgada material.

Sendo assim, os negócios processuais constituem instrumento para que se promova a entrega de uma tutela jurisdicional adequada, e vão mesmo ao encontro do princípio da cooperação entre os sujeitos do processo, preconizado no art. 6º do Código de Processo Civil em vigor.

4. A Característica Primordial da Tutela Jurisdicional

O Código de Processo Civil atual quer uma tutela jurisdicional efetiva, de qualidade. E para tanto cria um rol de normas que visam a garantir essa finalidade.

Isso não significa, contudo, que os fins justificam quaisquer meios, a uma porque a própria lei adjetiva geral os estabelece e limita, a duas porque e principalmente porque o processo é garantia das partes na perspectiva de que é instrumento de exercício de poder jurisdicional, cabendo, portanto, a observância de todas as normas que garantem o equilíbrio destas na atuação processual.

Dentre outras, o atual Código de Processo Civil contempla as normas dos arts. 190 e 191 que tratam da flexibilização procedimental voluntária e que têm sido denominados na doutrina como negócios processuais.

Ora, se o Estado já vinha preconizando a autonomia privada, a liberdade de o indivíduo se autodeterminar, criar as próprias regras de vida dentro dos limites já explicitados, o que há de novo nesse conteúdo?

O direito processual pertence ao ramo do direito público, haja vista que diz respeito à normatização, à regulamentação de uma atividade exclusivamente estatal – a atividade jurisdicional, a atividade de o Estado-Juiz se substituir à vontade das partes – que, fora exceções, não conseguiram fazer com que suas vontades entrassem em autocomposição, elas não conseguiram resolver o conflito por conta própria e pedem ao Judiciário a solução.

O Judiciário, por sua vez, nada mais faz que aplicar as normas do direito material destinadas ao caso através de um procedimento previsto no direito processual.

E de modo a garantir a todos igualdade de tratamento, o Estado até então dispunha das normas processuais jurisdicionais, de normas procedimentais da administração pública e da arbitragem, reconhecida, entretanto, também pelo próprio Estado através de lei.

Quando o Estado, agora, por meio do Código de Processo Civil vigente, reconhece que os litigantes ou sujeitos à jurisdição, portanto, os seus jurisdicionados, podem celebrar negócios processuais, o Estado está mais uma vez a prestigiar a autonomia da vontade, sem dúvida, a possibilidade de as partes decidirem o rumo de suas vidas, de decidirem o caminho que o Estado deve percorrer para prestar-lhes a tutela jurisdicional. As partes podem não ter interesse em prazos processuais tão dilatados, em audiências inúteis, em atos ineficazes para o seu caso concreto.

De uma certa forma, a morosidade da justiça, pelas mais variadas razões, especialmente o excesso de demanda decorrente da nossa incapacidade cultural de autocompor previamente a instauração do processo ou durante, a burocracia da máquina estatal, a precariedade dos instrumentos administrativos, associados ao excesso de leis e interpretações, o processo garantista de observância rígida do controle formal da igualdade das partes no processo, leva a uma tutela jurisdicional ineficaz.

O que se pretende, portanto, é garantir aos jurisdicionados a possibilidade de terem uma tutela jurisdicional eficaz na contramão da morosidade própria da justiça, ou seja, uma tutela jurisdicional eficaz porque célere.

Mas para isso é preciso que as partes envolvidas no conflito cheguem a um acordo sobre o novo regramento a incidir sobre o processo em que disputam. Por isso chama-se negócio processual, que requer disponibilidade do direito material em questão, acordo de vontades, agentes capazes, forma, licitude do objeto, manifestação de vontade livre.

5. Os Negócios Processuais

5.1. Conceito

Os negócios processuais são convenções celebradas entre as partes para regular o seu processo. Embora se refiram ao modo de condução do processo, nascem de um acordo de vontade. Formam-se por acordo de vontades e constituem, portanto, negócios nos moldes do direito material e executam-se como atos processuais devendo, nesse aspecto, ser observado o direito formal.

Dessa forma, há que se distinguir as regras de direito material que se aplicam aos negócios processuais, haja vista o seu nascedouro, daquelas que incidem para a sua execução tendo em conta a sua existência válida. Sendo certo que o regime jurídico aplicável é misto, porquanto não é propriamente um ato processual, mas visa a produzir efeitos num dado processo.

5.2. Negócios Processuais Expressos no Código de Processo Civil

O Código de Processo Civil já elencou alguns negócios processuais. São eles: a eleição do foro competente (art. 63); a convenção a respeito da suspensão do processo (art. 313, II); acordar a respeito do adiamento da audiência (art. 362, I); dispor sobre a distribuição diversa do ônus da prova (art. 373, §§ 3º e 4º); convencionar que a liquidação de sentença seja por arbitramento (art. 509, I); concordar em reduzir prazos peremptórios (art. 222, § 1º); fixar calendário para a prática de atos processuais (art. 191); escolha de perito comum (art. 471); audiência de saneamento e organização em cooperação com as partes (art. 357, § 3º); acordo de saneamento (art. 364, § 2º); desistência de documento cuja falsidade foi arguida (art. 432, parágrafo único).

5.3. Requisitos de Validade para o Negócio Processual

Os requisitos de validade do negócio processual acompanham os dos negócios jurídicos em geral. Dessa forma, é necessário: a) agentes capazes, que, nesse caso, diz respeito à capacidade de estar em juízo; b) forma escrita, dispensada, porém, a homologação judicial nos termos do art. 200; c) manifestação de vontade livre e expressa, sendo vedado que resulte apenas do silêncio, haja vista que o negócio processual constitui renúncia às regras preestabelecidas pelo Estado como garantidoras da igualdade das partes no processo e do acesso à justiça. No entanto, pode ser manifestada ainda que em suporte eletrônico;

d) objeto, que há de ser lícito e, em casos que envolvam questões relativas ao estado e à capacidade das pessoas, afigura-se admissível o negócio processual desde que capazes as partes.

Ressalta-se que quanto à Fazenda Pública e às pessoas integrantes da Administração Pública direta e indireta, embora elas tenham margem restrita para autocomposição, a possibilidade de celebrarem negócio processual existe na medida das disposições substanciais e processuais cogentes.

5.4. Nulidade e Anulabilidade do Negócio Processual – Efeitos

De acordo com o direito civil, a nulidade pode ser declarada de ofício pelo juiz e incidentalmente, e não se submete à preclusão, exceto casos de cognição mais alargada como hipóteses de simulação.

A anulabilidade, porque depende de manifestação da parte interessada, tem que decorrer em processo autônomo, nos termos do art. 177 do Código Civil, e não tem efeito antes de julgada por sentença.

Nesses casos, há de se atentar que o ajuizamento de ação visando a declarar ou constituir a invalidade do negócio processual deve se dar perante o juiz da causa em que foi constituído, segundo as regras da competência funcional, e causa a suspensão do processo principal por prejudicialidade.

Outrossim, salienta-se que o CPC, em seu art. 190, parágrafo único, assegura que o controle de validade dos negócios processuais pode se dar de ofício ou a requerimento das partes.

Mister observar que, em caso de litisconsórcio unitário, a anulação de uma norma do negócio processual alcança todas as demais partes (em potencial ou atual), visto que é indivisível.

Não obstante as regras de direito material que são impostas ao negócio processual como negócio jurídico que é, ele pretende regular atos processuais, e invalidar o primeiro significa invalidar em última análise o segundo. Portanto, deve se salientar que, nos termos do direito processual: a) a invalidade de um ato não prejudica outros que eventualmente sejam independentes; b) não se reconhece invalidade quando se puder decidir o mérito a favor da parte a quem aproveitaria a decretação daquela; c) aproveitam-se os atos, ainda que desconformes ao modelo legal, desde que não haja prejuízo à defesa de qualquer das partes (CPC, arts. 276 a 283).

5.5. Normas Cogentes e Negócio Processual

É necessário estabelecer qual é o limite da vontade das partes, da convenção das partes, na realização do negócio processual, visto que, embora decorra da vontade das partes e seja autorizada pela própria lei processual geral, constitui um regramento derivado do exercício da autonomia privada, mas que produz efeitos no processo que é o instrumento de uma das funções do Estado que tem como finalidade última alcançar a paz social por meio da prestação da tutela jurisdicional adequada.

Dessa forma, há de se ter em consideração não só as normas cogentes inafastáveis pela vontade das partes, como também a impossibilidade de se criar atos que comprometam ou possam comprometer a prestação jurisdicional de modo que extrapole os limites que a própria lei elegeu como adequados. Assim, o negócio jurídico não pode: excluir ou restringir a intervenção do Ministério Público, quando ditada pela Constituição Federal ou pela lei; alterar as regras cuja falta de observância leva à incompetência absoluta; dispor sobre organização judiciária; dispensar as partes (mesmo que de forma bilateral) dos deveres inerentes à litigância proba e leal; ampliar o rol das condutas caracterizadoras de litigância de má-fé; criar sanções processuais para repressão de litigância de má-fé ou de atos atentatórios à dignidade da justiça; criar recursos não previstos em lei; criar hipóteses de ação rescisória ou de outras medidas tendentes a desconstituir a coisa julgada; dispensar o requisito do interesse processual.

De outro lado, acordos que digam respeito exclusivamente às partes e que não ferem normas cogentes nem prejudicam a atividade jurisdicional como função pública podem ser celebrados no formato de negócios processuais, tais como: pacto de impenhorabilidade; acordo de redução de prazos processuais; acordo de rateio de despesas processuais; dispensa de assistente técnico; julgamento antecipado da lide convencional; acordo para retirar o efeito suspensivo da apelação; acordo para não promover a execução provisória; convenção sobre provas (estipulação prévia entre as partes sobre a ordem da oitiva das testemunhas arroladas); redução de prazos processuais; pacto de não recorrer.

Importa registrar que a previsão legal da possibilidade de se celebrar negócios processuais pode, de um lado, garantir uma prestação jurisdicional mais adequada para as partes, mas, de outro, não pode prejudicar o andamento da máquina jurisdicional nem violar normas cogentes. Dessa maneira, a prática da celebração dos negócios processuais demanda ponderação entre o significado da atividade jurisdicional para o Estado e o significado da autonomia privada para o indivíduo, ambas, porém, se encontram no que lhes há de comum interesse: a entrega de uma tutela jurisdicional célere e adequada que alcance a paz.

5.6. Paridade de Armas e Celebração do Negócio Processual

O negócio processual, por ser um negócio jurídico, e embora vise ao processo, pode abranger posições das partes antes ou durante o processo.

Não obstante, a igualdade das partes no processo deve ser controlada no momento que precede a declaração de vontade, constitutiva do negócio processual como durante o processo.

É preciso que o processo assegure não apenas o contraditório, mas a igualdade real. Pode haver, portanto, negócio processual válido entre pessoas desiguais, desde que o processo assegure a igualdade real.

Assim também, embora o negócio processual dispense a presença do advogado para sua celebração, visto que não é ato processual e, portanto, não reclama capacidade postulatória, a sua ausência pode comprometer a igualdade das partes no processo e pode significar indício de vulnerabilidade quando a parte celebra acordo de procedimento sem assistência técnico-jurídica.

Ressalta-se, contudo, que o advogado será imprescindível para a prática dos atos processuais previstos no negócio processual, salvo se a própria lei o dispensar.

5.7. Inserção Abusiva de Negócio Processual em Contrato de Adesão

No art. 190, parágrafo único, o Código de Processo Civil assegura que "de ofício ou a requerimento, o juiz controlará a validade das convenções previstas neste artigo, recusando-lhes aplicação somente nos casos de nulidade ou de inserção abusiva em contrato de adesão ou em que alguma parte se encontre em manifesta situação de vulnerabilidade". O controle da abusividade do negócio processual em contrato de adesão requer análise depurada das informações prestadas e esclarecidas pelo estipulante ao aderente aquando da celebração deste, na esteira da observância da boa-fé objetiva, bem como a verificação do estado de vulnerabilidade da parte signatária diante da situação em concreto que lhe tenha impedido de ter tomado uma decisão consciente a respeito do negócio processual.

No exercício desse controle, o Código de Processo Civil, em seu art. 63, § 3º, já determina que "antes da citação, a cláusula de eleição de foro, se abusiva, pode ser reputada ineficaz de ofício pelo juiz, que determinará a remessa dos autos ao juízo do foro de domicílio do réu".

Trata-se da relativização da Súmula 335 do Supremo Tribunal Federal, que reputa válida a cláusula de eleição de foro para os processos oriundos de contrato. Portanto, com o advento do atual Código de Processo Civil, essa súmula deve ser aplicada após análise das reais condições dos envolvidos no contrato, para além da hipótese do aderente consumidor, em favor de quem já prevalece as regras protetoras de sua vulnerabilidade e hipossuficiência. A finalidade da norma é garantir o exercício do direito de defesa, que pode ficar prejudicado pela cláusula se abusiva, assim considerada pelo Juízo.

6. Conclusão

A previsão expressa dos negócios processuais no Código Processual Civil vigente demonstra a necessidade por parte da sociedade de resultados mais céleres e mais adequados de modo a garantir a eficácia e a eficiência da tutela jurisdicional. Ao mesmo tempo, permite aos jurisdicionados um comportamento mais proativo em direção à prestação jurisdicional, na esteira do que preconiza o art. 6º a respeito do princípio da cooperação.

Verificado que a função jurisdicional ganhou sobrepeso e se tornou morosa devido ao aumento dos conflitos sociais, o legislador buscou métodos alternativos de solução. Já em momento anterior e em lei extravagante, apresentou-se a arbitragem como um dos meios saneadores de conflitos e, agora, inseriu-se na lei processual vigente a mediação e a tentativa obrigatória de conciliação como formas de escapar à justiça tardia e, por conseguinte, falha.

Obviamente, embora o legislador do Código de Processo Civil vigente tenha deixado estampada a preocupação com a entrega de uma tutela jurisdicional adequada, é pré-requisito a celeridade processual sob pena de aquela se tornar ineficaz ou ser ineficiente. Nesse diapasão, surge o negócio processual como mais um dos caminhos a uma prestação jurisdicional justa, que caiba na situação das partes.

No entanto, a autonomia das partes não pode pôr em risco a própria atividade jurisdicional diante de si mesma, seus objetivos e princípios, e perante outros jurisdicionados, e nesta medida há de ser administrada pelas partes e pelo juiz.

Pois como salientava Chiovenda, "designando um ato processual o caráter de negócio jurídico, nem por isso afirmou que o direito reconheça à vontade da parte a mesma importância que ele pode reconhecer ao direito privado".

Dessa forma, encerra-se o presente artigo respondendo à pergunta inicialmente formulada no seu título: o direito processual civil continua a ser ramo do direito público, de acordo com a divisão clássica, uma vez que cuida de matéria que diz respeito à regulação de uma atividade exclusiva do Estado, que é a jurisdicional. Entretanto, o próprio Estado confere ao particular meios de cooperar com a entrega satisfatória para todos da tutela jurisdicional por meio dos negócios processuais. Para além destes, também com a mesma força vinculativa, a mediação, a conciliação e a arbitragem, que crescem em procura e oferta.

Referências

Amaral, Francisco, *Direito Civil. Introdução*, Rio de Janeiro, Renovar, 2006.

Ascensão, José de Oliveira, *Teoria Geral*, vol. I, Coimbra, Coimbra Editora, 2001.

Azevedo, Antonio Junqueira de, *Negócio Jurídico, Existência, Validade e Eficácia*, São Paulo, Saraiva, 1974.

Bodin de Moraes, Maria Celina, "A caminho de um direito civil constitucional", in *Direito, Estado e Sociedade*, Pontifícia Universidade Católica do Rio de Janeiro, nº 1, 1991.

Bueno, Cassio Scarpinella, *Novo Código de Processo Civil Anotado*, São Paulo, Saraiva, 2015.

Canotilho, J. J. Gomes, *Direito Constitucional e Teoria da Constituição*, Coimbra, Almedina, 2003.

Chiovenda, Giuseppe, *Instituições de Direito Processual Civil*, Campinas, Bookseller, 1998.

Cunha, Leonardo Carneiro da, "O Processo Civil no Estado Constitucional e os Fundamentos do Novo Código de Processo Civil Brasileiro", in *Revista de Processo*, nº 209, São Paulo, Revista dos Tribunais, julho 2009.

Didier Jr., Fredie (Coord.), *Coleção Grandes Temas do Novo CPC*, Salvador, Jus Podvium, 2016.

________, "Princípio do Respeito ao Autorregramento da Vontade no Processo Civil, in *Negócios Processuais*, Coleção Grandes Temas do Novo CPC, Salvador, Jus Podivm, 2016, pp. 31-37.

Dinamarco, Cândido Rangel, *Instituições de Direito Processual Civil*, 2ª ed., São Paulo, Malheiros, 2004.

Diniz, Maria Helena, *Curso de Direito Civil Brasileiro*, vol. I, São Paulo, Saraiva, 2010.

Fachin, Luiz Edson, *Direito Civil: Sentidos, Transformações e Fim*, Rio de Janeiro, Renovar, 2015.

________, "Los Derechos Fundamentales en la Construccíon del Derecho Privado Contemporáneo Brasineño a partir del Derecho Civil-Constitucional", *Revista de Derecho Comparado*, nº 15, 2009, pp. 243-272.

________, *Teoria Crítica do Direito Civil*, 3ª ed., Rio de Janeiro, Renovar, 2012.

Fontes, André, *A Pretensão como Situação Jurídica Subjetiva*, Belo Horizonte, Del Rey, 2002.

Fuz, Luiz, *Curso de Direito Processual Civil*, Rio de Janeiro, Forense, 2004.

Greco Filho, Vicente, *Direito Processual Civil Brasileiro*, São Paulo, Saraiva, 2009.

Lôbo, Paulo Luiz Netto, "Constitucionalização do Direito Civil", *Revista de Informação Legislativa*, ano 36, nº 141, janeiro-março 1999, Senado Federal, Brasília.

Mitidiero, Daniel, *Colaboração no Processo Civil: Pressupostos Sociais, Lógicos e* Éticos, São Paulo, Revista dos Tribunais, 2009.

Nery Júnior, Nelson, *Princípios do Processo Civil na Constituição Federal,* São Paulo, Revista dos Tribunais, 1997.

Pinto, Carlos Alberto da Mota, *Teoria Geral do Direito Civil,* Coimbra, Coimbra Editora, 1999.

Santos, Moacyr Amaral, *Primeiras linhas de direito processual civil,* São Paulo, Saraiva, 2010.

Tepedino, Gustavo, *Temas de Direito Civil,* Rio de Janeiro, Renovar, 2000

O Marco Legal da Arbitragem no Direito Brasileiro: Anatomia do Instituto no Código de Processo Civil de 2015 e as Inovações Trazidas pela Lei n. 13.129/2015

Humberto Dalla Bernardina De Pinho

1. Considerações Iniciais

A arbitragem é uma forma alternativa de resolução de conflitos paralela à jurisdição estatal[1]. São vias distintas, autônomas e independentes, mas que se interconectam em algumas situações (que serão exploradas ao longo desta obra). Com efeito, a jurisdição é una, mas o exercício jurisdicional pode ser compartilhado, o que nos permite falar em uma rede jurisdicional colaborativa.

A tônica da arbitragem está na busca de um mecanismo mais ágil e adequado para a solução de conflitos, deixando-se de lado o formalismo exagerado do processo tradicional. Além disso, o árbitro, ao contrário do juiz – que nem sempre tem a experiência e o conhecimento exigidos para resolver certos assuntos que lhe são submetidos –, pode ser especialista na área do litígio apresentado.

Na arbitragem, surgindo divergência sobre direito de cunho patrimonial disponível, as partes maiores e capazes podem submeter o litígio ao terceiro de sua escolha (árbitro), que deverá, após regular procedimento, decidir o conflito, sendo tal decisão impositiva.

[1] Atualmente, fala-se em "MASC" (meio adequado de solução de conflito). Como já destacamos na primeira parte deste Manual, dentro da ótica de um sistema multiportas, para cada controvérsia existe uma forma mais adequada de solução. É como se existisse um cardápio de possibilidades, cuja escolha depende da análise das nuances e peculiaridades do caso concreto.

Há aqui a figura da substitutividade, com a transferência do poder de decidir para o árbitro, que funciona como juiz de fato e de direito[2].

Durante muito tempo houve intensa discussão acerca da natureza da arbitragem: se seria atividade jurisdicional ou não. Porém, a controvérsia hoje está superada, sendo inequívoca a feição jurisdicional desse método heterocompositivo de resolução de conflitos, o que será detalhado nos próximos capítulos.

De modo geral, a arbitragem pode ser convencionada antes (cláusula compromissória), ou depois (compromisso arbitral) do litígio, sendo certo, ainda, que o procedimento arbitral pode se dar pelas regras ordinárias de direito ou por equidade, conforme a expressa vontade das partes[3].

Enquanto na jurisdição estatal não existem limites subjetivos (de pessoas) ou objetivos (de matéria), na arbitragem fala-se em arbitralidade subjetiva (quem pode participar do procedimento) e arbitralidade objetiva (o que pode ser objeto da arbitragem). Além disso, a jurisdição arbitral não ostenta a característica da coercibilidade e autoexecutoriedade da jurisdição estatal[4].

De qualquer modo, a arbitragem é o método mais adequado para a solução e a deformalização de determinados tipos de conflito. Ademais, contribui, de certa forma, para desafogar o Poder Judiciário.

Em linhas gerais, a arbitragem consiste na solução do conflito por meio de um terceiro, escolhido pelas partes, com poder de decisão, segundo normas e procedimentos aceitos por livre e espontânea vontade das partes.

A arbitragem, como se costuma dizer, é um degrau a mais em relação à conciliação, especificamente na intermediação ativa, pois o árbitro, além de ouvir as versões das partes, tentar uma solução consensual e interagir com essas partes, deverá proferir uma decisão de natureza impositiva, caso o consenso não seja alcançado.

É fácil perceber, assim, a crucial diferença entre a postura do árbitro e a postura do terceiro facilitador. Enquanto o árbitro tem efetivamente o poder de decidir, o conciliador tem um limite bem definido: ele pode sugerir, admoestar as partes, tentar facilitar eventual acordo, mas não pode decidir a respectiva controvérsia.

Na prática, qual seria então a distinção entre a função do árbitro e a do juiz togado?

[2] Cf. arts. 1º e 18 da Lei n. 9.307/96.

[3] Cf. arts. 2º e 3º da Lei n. 9.307/96.

[4] Explica-se: se o árbitro profere uma sentença arbitral que é descumprida por uma das partes, não pode aplicar providências coercitivas para garantir o adimplemento. Deverá determinar a expedição de carta arbitral (art. 237 do CPC), requerendo que o Poder Judiciário dê exequibilidade à medida.

Primeiramente, vale lembrar que o legislador quis transferir ao árbitro praticamente todos os poderes que o juiz de direito detém. O art. 18 da Lei n. 9.307/96 afirma textualmente que o árbitro é juiz de fato e de direito[5], e a sentença por ele proferida não fica sujeita a recurso ou à homologação pelo Poder Judiciário.

Já o art. 31 do referido diploma legal prevê que a sentença arbitral produz, entre as partes e seus sucessores, os mesmos efeitos da sentença proferida pelos órgãos do Poder Judiciário e, sendo condenatória, constitui título executivo, estando, assim, em perfeita harmonia com o art. 515, VII, do CPC.

Com isso, por força imperativa de lei, um título que originalmente não advém de um processo judicial passa a ser tratado e equiparado a uma sentença.

Nesse sentido, tudo aquilo examinado e decidido no procedimento arbitral recebe, a rigor, o mesmo tratamento das matérias examinadas e decididas num processo judicial.

Especificamente em relação ao *quantum* de poder do juiz e do árbitro, não se pode perder de vista que uma das características principais da jurisdição estatal é a coercibilidade.

O juiz, no exercício de seu mister, tem o poder de tornar coercíveis suas decisões, caso não sejam cumpridas voluntariamente. Ele julga e impõe sua decisão.

O árbitro, assim como o juiz, julga. Ele exerce a cognição, avalia a prova, ouve as partes, determina providências, enfim, preside o processo arbitral. Contudo, não tem o poder de fazer valer suas decisões.

Assim, se uma decisão do árbitro não é voluntariamente adimplida pela parte sucumbente, não pode ele, de ofício, tomar providências concretas para assegurar a eficácia concreta do respectivo provimento emanado.

Não abordaremos aqui a opção política e constitucional do legislador ao não transferir a *coertio* ao árbitro, mas podemos afirmar que, de um lado, a opção legislativa representa uma limitação à efetivação da decisão arbitral, mas, por outro, mantém o sistema de freios e contrapesos, bem como a própria harmonia entre as funções do Estado.

Dessa forma, impede-se a transferência de uma providência cogente, imperativa, a um particular, sem o adequado controle pelo ente estatal, o que, em tese, acabaria por vulnerar o próprio Estado Democrático de Direito.

[5] Os árbitros, no exercício de suas funções, são equiparados aos funcionários públicos para fins de aplicação da legislação penal (art. 17 da Lei n. 9.307/96). O tema será detalhado mais adiante.

Assim, à luz do sistema atual, em caso de descumprimento de uma decisão arbitral, deve a parte interessada acionar o Poder Judiciário para buscar a coercibilidade da respectiva decisão arbitral.

2. Escorço Histórico

Carlos Alberto Carmona, em sua tese de doutorado, assinala que "a arbitragem era já conhecida e praticada na antiguidade, tanto para a solução de controvérsia no âmbito do direito interno como também para a solução de controvérsia entre cidades-estado da Babilônia, cerca de 3.000 anos antes de Cristo"[6].

Da mesma forma, tem-se notícia de existência da arbitragem entre os povos gregos, tanto entre particulares como entre cidades-estados, desde a celebração do Tratado de Paz entre Esparta e Atenas, em 445 a.C.

Por sua vez, o *Digesto*, na Roma Antiga, trazia a previsão da celebração de compromissos a fim de que um árbitro emitisse sua decisão. Assim, a resolução de conflitos com a intermediação de árbitros se desenvolveu durante o período de Justiniano, que tornou o procedimento mais normatizado.

Na realidade brasileira, as Ordenações Afonsinas (datadas de 1500) regulamentavam o juízo arbitral no Título 113 do Livro III. As Ordenações Manuelinas, que as sucederam, em 1521, dispunham sobre o juízo arbitral no § 7º do Título 24 e no Título 81 do Livro III. Em 1603, elas foram substituídas pelas Ordenações Filipinas, cujo Título 16 previa a exequibilidade da sentença arbitral independente de homologação e passou a distinguir entre arbitramento e juízo arbitral, regulando as atividades dos juízes árbitros (deveriam conhecer não somente das coisas e razões, mas também do Direito) e dos arbitradores (somente conheciam das coisas, sendo que, havendo alguma alegação de Direito, deveriam remetê-la aos juízes).

A Constituição Imperial de 1824, no art. 160, previu a possibilidade de instituição do juízo arbitral, norma que receberia uma regulamentação mais precisa por meio do Decreto n. 737/1850.

O Código Comercial, do mesmo ano, também se referia aos arbitradores e estabelecia o uso obrigatório da arbitragem nas causas entre sócios de sociedades comerciais durante a existência legal, liquidação ou partilha da sociedade ou companhia (arts. 294 e 348). Contudo, o referido Decreto n. 737/1850

[6] CARMONA, Carlos Alberto. *A arbitragem no Código de Processo Civil brasileiro*. Tese de doutorado, São Paulo: USP, 1990, p. 33.

acabou por restringir essa regra às causas estritamente comerciais (art. 411, § 2º). Posteriormente, ela foi definitivamente abolida pela Lei n. 1.350, de 1866[7].

A Constituição de 1891 não reproduziu o artigo previsto na Carta Imperial, mas previu o recurso à arbitragem internacional para a solução de disputas entre Estados (arts. 34 e 88).

O Código Civil de 1916 qualificou a arbitragem como negócio jurídico, uma espécie de compromisso ajustado entre as partes (arts. 1.037 a 1.048).

A segunda Constituição republicana, em 1934, transferiu para a União a competência exclusiva para legislar sobre direito processual (art. 5º, XIX, *a*) e sobre normas gerais da arbitragem comercial (art. 5º, XIX, *c*). Em 1937, permitiu-se aos Estados legislarem sobre a constituição de organizações públicas para a conciliação extrajudiciária dos litígios ou para a realização de arbitragem (art. 18).

Em 1939, por meio de decreto-lei, aprovou-se o primeiro Código de Processo Civil unificado do país. O texto tratou do *juízo arbitral* nos arts. 1.031 a 1.046.

As Constituições seguintes, seja a de 1946 (art. 4º) ou a de 1967 (art. 7º), apenas mencionaram a arbitragem como mecanismo de resolução de conflitos internacionais, entre o Brasil e outros Estados soberanos.

Importante destacar que na Constituição de 1946, que influenciou as demais cartas constitucionais até 1988, foi consagrada a garantia de que "a lei não poderá excluir da apreciação do Poder Judiciário qualquer lesão de direito *individual*" (art. 141, § 4º). Previu-se, assim, o princípio da inafastabilidade da jurisdição, cuja compatibilidade com a natureza jurisdicional do procedimento arbitral gerou bastante controvérsia, em especial quando a lei da arbitragem foi publicada em 1996.

O Código de Processo Civil de 1973 tratava do juízo arbitral nos arts. 1.072 a 1.102. Contudo, assim como ocorria no cenário internacional, a exigência de homologação judicial do "laudo" arbitral retirava a efetividade do instituto, tornando-o burocrático e lento.

Finalmente, a Lei n. 9.307/96 revogou os dispositivos do Código Civil de 1916 sobre compromisso arbitral e do Código de Processo Civil sobre o juízo arbitral, viabilizando importantes transformações no tratamento dos conflitos. Além disso, modificou a redação dos incisos VII e IX dos arts. 267 e 301 do CPC/73, respectivamente, bem como inseriu o inciso VI no art. 520

[7] PINHO, Humberto Dalla Bernardina de. *Direito Processual Civil Contemporâneo*, vol. 1, 8ª edição, São Paulo: Saraiva, 2018, p. 978.

do CPC/73[8]. A lei especial passou a regular inteiramente o instituto, disciplinando a convenção de arbitragem, nas modalidades cláusula compromissória e compromisso arbitral.

Apesar de ter ficado em segundo plano, sobretudo no período entre o advento do CPC/73 e a edição da Lei n. 9.307/96[9], a arbitragem hoje é largamente utilizada, especialmente por sua proveitosa experiência internacional.

Em 2013, foi apresentado o Projeto de Lei do Senado n. 406[10], que não se tratava de uma nova lei, mas tão somente de atualizações pontuais. Após rápida tramitação, o texto foi aprovado e remetido à Câmara dos Deputados, onde foi autuado como Projeto de Lei n. 7.108/2014, sendo a redação final votada e aprovada em março de 2015.

Em 5 de maio de 2015, o Senado rejeitou a emenda da Câmara dos Deputados (ECD 1/2015) ao referido projeto da Lei e restabeleceu o texto original, que foi aprovado, com alguns vetos, pelo Presidente em exercício, Michel Temer, em 26 de maio de 2015 (Lei n. 13.129/2015).

Na reforma de 2015, é nítida a preocupação do legislador em preservar o sistema instituído pela Lei n. 9.307/96, sem se descuidar das necessárias atualizações, a fim de compatibilizar o instituto da arbitragem com alguns institutos do diploma processual e com a jurisprudência dominante nos Tribunais Superiores.

A alteração passou a permitir, expressamente, o uso da arbitragem nas relações com a Administração Pública (art. 1º, § 1º). Regulou, ainda, a carta arbitral (art. 22-C), a fim de facilitar a comunicação entre árbitros e juízes togados. Além disso, criou solução para fixação de competência de árbitros e magistrados quando a arbitragem tivesse sido pactuada, mas ainda não instituída

[8] Para aprofundamento do tema, MACIEL, Marco, Pronunciamento em comemoração aos 10 anos da Lei 9.307/96. *Revista de* Arbitragem e Mediação, n. 9, Ano III. São Paulo, abr.-jun. 2006, p. 2.

[9] Pontes de Miranda, em seus Comentários ao Código de Processo Civil, chegou a sustentar que o juízo arbitral é "primitivo, regressivo mesmo, a que pretendem volver, por atração psíquica a momentos pré-estatais, os anarquistas de esquerda e os de alto capitalismo". Pontes de Miranda, 1977, p. 344. Em sua última versão, atualizada por Sergio Bermudes, o trecho foi suprimido em razão da edição da Lei de Arbitragem.

[10] "Ementa: Altera a Lei nº 9.307, de 23 de setembro de 1996, e a Lei n. 6.404, de 15 de dezembro de 1976, para ampliar o âmbito de aplicação da arbitragem e dispor sobre a escolha dos árbitros quando as partes recorrem a órgão arbitral, a interrupção da prescrição pela instituição da arbitragem, a concessão de tutelas cautelares e de urgência nos casos de arbitragem, a carta arbitral, a sentença arbitral e o incentivo ao estudo do instituto da arbitragem; e revoga dispositivos da Lei n. 9.307, de 23 de setembro de 1996" (http://www.camara.gov.br/proposicoesWeb/fichadetramitacao?idProposicao=606030).

(art. 22-A e B), dirimindo uma antiga discussão em relação a quem caberia analisar os pedidos de tutelas de urgência.

Ademais, regulamentou o direito de retirada do acionista dissidente que não concordar com a inserção da convenção de arbitragem no Estatuto Social das Companhias regidas pela Lei n. 6.404/76, inserindo nesse diploma o art. 136-A.

Nada obstante as inovações positivas, as alterações acabaram sendo tímidas, sobretudo após os vetos presidenciais. Criticou-se o fato de os vetos carecerem de fundamentos mais contundentes[11], e, aparentemente, atenderem a pautas corporativas.

Nesse particular, a supressão da previsão que autorizava a utilização da arbitragem nos contratos consumeristas[12] (art. 4º, § 3º) e nas relações trabalhistas[13] (art. 4º, § 4º) – o texto legal já era bastante comedido –, foi considerado um verdadeiro retrocesso[14].

Contudo, especificamente quanto à matéria trabalhista, a Lei nº 13.467, de 13 de julho de 2017, alterou a CLT em diversos pontos e trouxe de volta o dispositivo que havia sido vetado na Lei n. 13.129/2015. Dessa forma, o art. 507-A dispõe que "nos contratos individuais de trabalho cuja remuneração

[11] "Razões dos vetos: 'Da forma prevista, os dispositivos alterariam as regras para arbitragem em contrato de adesão. Com isso, autorizariam, de forma ampla, a arbitragem nas relações de consumo, sem deixar claro que a manifestação de vontade do consumidor deva se dar também no momento posterior ao surgimento de eventual controvérsia e não apenas no momento inicial da assinatura do contrato. Em decorrência das garantias próprias do direito do consumidor, tal ampliação do espaço da arbitragem, sem os devidos recortes, poderia significar um retrocesso e ofensa ao princípio norteador de proteção do consumidor' e 'O dispositivo autorizaria a previsão de cláusula de compromisso em contrato individual de trabalho. Para tal, realizaria, ainda, restrições de sua eficácia nas relações envolvendo determinados empregados, a depender de sua ocupação. Dessa forma, acabaria por realizar uma distinção indesejada entre empregados, além de recorrer a termo não definido tecnicamente na legislação trabalhista. Com isso, colocaria em risco a generalidade de trabalhadores que poderiam se ver submetidos ao processo arbitral.'"

[12] "Art. 4º (...) § 2º Nos contratos de adesão, a cláusula compromissória só terá eficácia se for redigida em negrito ou em documento apartado. § 3º Na relação de consumo estabelecida por meio de contrato de adesão, a cláusula compromissória só terá eficácia se o aderente tomar a iniciativa de instituir a arbitragem ou concordar expressamente com a sua instituição."

[13] "§ 4º Desde que o empregado ocupe ou venha a ocupar cargo ou função de administrador ou diretor estatutário, nos contratos individuais de trabalho poderá ser pactuada cláusula compromissória, que só terá eficácia se o empregado tomar a iniciativa de instituir a arbitragem ou se concordar expressamente com a sua instituição. (NR)"

[14] Nesse sentido, veja-se o texto publicado no Consultor Jurídico, logo após a sanção, em 1º de junho de 2015: http://www.conjur.com.br/2015-jun-01/vetos-presidenciais-lei-arbitragem-desqualificam-justeza-metodo. Acesso em: 10 dez. 2015.

seja superior a duas vezes o limite máximo estabelecido para os benefícios do Regime Geral de Previdência Social, poderá ser pactuada cláusula compromissória de arbitragem, desde que por iniciativa do empregado ou mediante a sua concordância expressa".

3. Arbitragem no CPC/2015: Anatomia do Instituto

O CPC/2015 traz diversos dispositivos relativos à arbitragem. Alguns representam mera repetição de regras já existentes no CPC/73, ainda que com aperfeiçoamentos no texto. Por outro lado, há também inovações, em sintonia com a Lei n. 13.129/2015.

Em linhas gerais, o CPC/2015 busca aprimorar pontos controvertidos no regime anterior, tais como a efetivação do efeito vinculante da convenção de arbitragem, a análise das medidas urgentes pré-arbitrais, a efetivação de medidas urgentes e constritivas, a ação de anulação da sentença arbitral, o cumprimento e a homologação da sentença arbitral, entre outros.

Para iniciar, vale citar o art. 3º, § 1º, do CPC/2015. O dispositivo, no *caput*, faz alusão ao princípio da inafastabilidade da jurisdição, inscrito no art. 5º, XXXV, da CF, e o respectivo § 1º apenas reforça o óbvio (a possibilidade de utilização da arbitragem). Consagra-se, definitivamente, o entendimento já manifestado pelo STF nos autos da SE 5206 (precedente acima referido) e reproduzido pelo STJ em várias oportunidades.

Ademais, fica claro que a arbitragem é chamada a ocupar seu lugar dentre as ferramentas de solução de conflitos (soluções de direito), ao lado da conciliação e da mediação, também expressamente referidas no diploma processual (art. 3º, § 3º).

Por sua vez, o art. 189, IV, assegura a confidencialidade da carta arbitral (desde que a confidencialidade estipulada na arbitragem seja comprovada perante o juízo), excepcionando o princípio da publicidade dos atos processuais. Trata-se de salutar inovação, na medida em que as arbitragens, em regra, seguem o princípio da confidencialidade, sendo esta, inclusive, uma de suas maiores vantagens. Por isso, era imperioso que tal garantia fosse estendida aos atos judiciais eventualmente praticados por solicitação do árbitro, via carta arbitral.

No art. 237, IV, o CPC/2015 trata da carta arbitral especificamente, apontando que a mesma poderá ser utilizada quando houver necessidade de realização de ato que dependa de força coercitiva.

No conceito de atos coercitivos, podem ser compreendidos atos de condução de pessoas, apreensão de bens ou pessoas, penhora física ou eletrônica, ou mesmo atos de efetivação de tutelas provisórias de urgência (cautelares ou antecipatórias).

Vale destacar que os atos podem ser praticados pelo próprio juiz (por exemplo, a penhora eletrônica) ou podem ter seu cumprimento efetivado por outrem, por ordem do magistrado (por exemplo, as obrigações de fazer, não fazer e desfazer).

O art. 260, § 3º, por sua vez, dispõe que, além dos requisitos comuns a todas as cartas, as cartas arbitrais devem conter a convenção de arbitragem e a prova de nomeação e aceitação do árbitro.

Ou seja, o ato que instrumentaliza a manifestação de vontade deve acompanhar a carta, para que o magistrado possa aferir que as partes realmente quiseram levar o exame da questão à via arbitral.

Ademais, a carta deve estar instruída com os atos de nomeação e de aceitação do árbitro. Tais documentos são imprescindíveis para conferir se o árbitro que requer a diligência tem, de fato, competência e legitimidade para postular a providência.

Não custa lembrar que no procedimento arbitral há uma extrema liberdade para a convenção de regras e atribuições dos árbitros. Daí o CPC, com acerto, ter exigido a apresentação de todos esses documentos.

A recusa ao cumprimento da carta arbitral fica sujeita ao mesmo regime da precatória, conforme o art. 267 do CPC. No ponto, não há alteração substancial em relação ao art. 209 do CPC/73, apenas a atualização da redação e a inserção da carta arbitral no regime da precatória.

Como corolário desse artigo, não caberá ao juiz apreciar o mérito da decisão arbitral cujo cumprimento se requer. Na verdade, apenas pode negar o seu cumprimento à luz das hipóteses previstas no referido art. 267.

O *caput* do novel art. 337 e seu inciso X não trazem alteração de conteúdo se comparados ao texto do CPC/73 (art. 301, IX e § 4º), isto é, manteve-se a regra de que a alegação de convenção de arbitragem deverá ser feita na contestação, juntamente com todas as matérias de defesa, em respeito ao Princípio da Concentração da Defesa ou de Eventualidade.

A nosso ver, trata-se de verdadeiro retrocesso materializado no curso do processo legislativo, na medida em que a exceção de arbitragem, anteriormente prevista no Projeto do CPC/2015 – versão da Câmara dos Deputados (PL n. 8.046/10, arts. 345 a 350) – possibilitava ao réu alegar, em petição autônoma, unicamente a convenção arbitral, sem a necessidade de adentrar nas demais matérias de defesa.

A justificativa dada no relatório do Senador Vital do Rêgo para afastar a disciplina inovadora foi a de que "não se justifica a apresentação de petição avulsa, com evidente atraso do processo, quando tais questões cabem como preliminar de contestação". Tal questionamento, todavia, não merece prosperar.

Na verdade, a exceção de arbitragem, em vez de prolongar o processo, atendia ao Princípio da Celeridade, evitando-se não só a produção de atos judiciais desnecessários, como, ainda, que o réu fosse forçado a adiantar o mérito da matéria que pretendesse deduzir no Juízo Arbitral.

De toda sorte, não obstante a falta de previsão legal dessa medida, entendemos que o réu, à luz dos princípios da eficiência (art. 8º) e da duração razoável do processo (art. 4º), pode, a qualquer momento, antes da contestação, apresentar petição informando ao juízo a preexistência de convenção de arbitragem[15]. Nesses casos, deverá o magistrado ouvir o autor, em homenagem ao contraditório, e, se for o caso, extinguir o processo sem resolução de mérito, na forma do art. 485, VII.

O § 6º do art. 337, por sua vez, cristaliza, no plano legal, entendimento já consolidado pacificamente pela doutrina e jurisprudência: a preexistência de convenção de arbitragem deve ser expressamente alegada pelo réu, não podendo ser conhecida de ofício (art. 337, § 5º). Em caso de inércia do réu, "prorroga-se" a competência do ente estatal, já que o próprio autor renunciou a via arbitral quando propôs ação diretamente no Poder Judiciário.

Nessa toada, cabe destacar outra norma processual que estimula a arbitragem. Com efeito, o art. 359 do CPC estabelece que, instalada a audiência, o juiz tentará conciliar as partes, independentemente do emprego anterior de outros métodos de solução consensual de conflitos, como a mediação e a arbitragem.

Embora seja improvável, em razão de todos os atos processuais já praticados, é possível que, no momento de abertura da AIJ, as partes rejeitem a proposta renovada de mediação ou de conciliação, mas aceitem a ideia da arbitragem.

[15] Enunciado n. 5 da I Jornada de Prevenção e Solução Extrajudicial de Litígios do Conselho da Justiça Federal: "A arguição de convenção de arbitragem pode ser promovida por petição simples, a qualquer momento antes do término do prazo da contestação, sem caracterizar preclusão das matérias de defesa, permitido ao magistrado suspender o processo até a resolução da questão" Disponível em: http://www.cjf.jus.br/enunciados/enunciado/882.

Nesse caso, deve o juiz:

a) suspender o processo pelo prazo de até seis meses, por convenção das partes, na forma do art. 313, II e § 4º; ou
b) extinguir o processo, sem resolver o mérito, assim que o juízo arbitral reconhecer sua competência, na forma do art. 485, VII, parte final.

A propósito, cabe destacar que o art. 485, VII, do diploma processual repete a redação do antigo art. 267, VII, mas acrescenta mais um caso de extinção do processo: o reconhecimento da competência por parte do juízo arbitral (Princípio da *Kompetenz-Kompetenz*)[16].

Por sua vez, o art. 515, VII, do CPC/2015 traz mera atualização de redação se comparado ao art. 475-N, IV do CPC/73, com a redação que lhe deu a Lei n. 11.232/2005, elencando a sentença arbitral como título executivo judicial.

O art. 516 repete a regra geral quanto à competência no cumprimento de sentença originada em órgão diverso (sentença estrangeira, penal condenatória e arbitral).

No seu parágrafo único, existe regra excepcional afinada com os princípios do acesso à justiça e da efetividade, de modo a se flexibilizar a competência territorial inicialmente fixada[17].

O CPC, em seu art. 960, ratifica a necessidade de homologação de decisões estrangeiras, sejam elas proferidas por juiz togado ou por árbitro. A homologação deve ser requerida ao STJ, observando-se as regras previstas nos arts. 216-A a 216-N do seu Regimento Interno.

No art. 1.012, IV, houve apenas mera correção redacional do texto do art. 520, VI do CPC/73, sem alteração de conteúdo, prevendo-se que a apelação contra sentença que julgar procedente o pedido de instituição de arbitragem não goza de efeito suspensivo.

No art. 1.015, que trata das hipóteses de cabimento do agravo de instrumento, há importante inovação. Registra-se, no ponto, que o CPC passa a trabalhar com o sistema da irrecorribilidade das decisões interlocutórias, sendo agraváveis apenas as situações excepcionais previstas no artigo – no geral, casos

[16] Nesse contexto, o princípio da competência-competência configura um pressuposto processual negativo, na medida em que o reconhecimento da competência pelo árbitro inviabiliza o prosseguimento do processo judicial.

[17] Como já destacado, as partes podem ajustar contratualmente que a fase de cumprimento da sentença arbitral será realizada em juízo específico, inclusive diferente daquele eventualmente eleito para a apreciação de tutelas de urgência.

em que a decisão poderia provocar prejuízo iminente à parte[18]. Uma dessas hipóteses é justamente a rejeição de alegação de arbitragem.

Imagine-se, por exemplo, que a arbitragem já esteja em curso e o juiz, provocado por uma das partes, rejeite a alegação formulada com base no art. 337, X. Nesse cenário, o processo prosseguiria paralelamente à arbitragem já em curso. Corria-se o risco, assim, de prolação de decisões conflitantes em dois procedimentos distintos.

Nesse particular, o STJ[19], em decisão de extrema relevância na matéria, admitiu, no passado, a possibilidade de existência de conflito de competência entre juízo de direito e juízo arbitral. Pensamos, porém, que a nova sistemática delineada pelo CPC irá desidratar a discussão quanto ao cabimento de novos de Conflitos de Competência nesse ponto, mas estes não deixarão de existir[20].

A última menção à arbitragem no CPC consta das disposições finais, mais precisamente no art. 1.061, que modifica a redação do art. 33, § 3º, da Lei n. 9.307/96, a fim de substituir a expressão "embargos do executado" por "impugnação", além de fazer a referência ao dispositivo do novo Código[21].

É uma mudança voltada a atualizar os termos processuais e conferir uniformidade ao sistema, ante o novo procedimento executivo, em vigor desde a reforma da Lei n. 11.232/2005.

Em suma, é fácil perceber a evolução e os avanços no tratamento do tema. Basta lembrar que, sob a égide do CPC/73, o "laudo" arbitral deveria ser homologado pelo juiz.

Do CPC/73 até a Lei da Arbitragem (1996) passaram-se pouco mais de 20 anos, e desta até o CPC/15 quase 20. Ou seja, em um período de 40 anos, houve uma efetiva transformação do procedimento arbitral.

Atualmente, é possível falar em um microssistema de resolução de conflitos, facultando-se ao cidadão uma verdadeira "caixa de ferramentas", que vai desde

[18] Cumpre ressaltar que tramitam, hoje, no STJ, os Recursos Repetitivos n. 1.696.396 e 1.704.520, que tratam da temática da taxatividade ou não do rol do art. 1.015 do CPC. A matéria ainda está em exame, tendo havido sucessivos pedidos de vista. Maiores detalhes em https://www.migalhas.com.br/Quentes/17,MI284858,21048-CPC15+Para+Nancy+rol+do+1015+do+CPC+e+de+taxatividade+-mitigada. Acesso em: 15 set. 2018.

[19] STJ, CC 111.230-DF, Rel. Min. Nancy Andrighi, julg. 8.5.2013, publicado no D.O. de 3.4.2014.

[20] Basta pensar, por exemplo, em eventual discussão sobre a competência do árbitro e do juiz da recuperação judicial, situação complexa em que pode haver um aparente entrelaçamento de temas. Vide STJ, CC 157.099/RJ, Rel. Min. Marco Buzzi. Red. p/ Acórdão Min. Nancy Andrighi, j. 10.10.2018.

[21] Outros ajustes técnicos e redacionais poderiam ter sido feitos, como, por exemplo, a exclusão da palavra "livre" da expressão "livre convencimento" (art. 21, § 2º), já que o CPC promoveu essa relevante alteração no art. 371.

a negociação, passando pela conciliação e mediação (judicial e extrajudicial), a arbitragem e a própria jurisdição. Todo o sistema, então, passa a ser construído em conformidade com o princípio da adequação, visando a oferecer ao jurisdicionado a providência mais apropriada para determinado tipo de conflito.

4. Considerações Finais

O Novo Código de Processo Civil, trouxe, em seu art. 3º, o comando segundo o qual a "não se excluirá da apreciação jurisdicional ameaça ou lesão a direito", enquanto o texto constitucional, em seu art. 5º, XXXV, estabelece que "a lei não excluirá da apreciação do Poder Judiciário lesão ou ameaça a direito".

Embora as expressões sejam próximas, uma leitura mais atenta revela a sutileza do comando infraconstitucional, de modo a oferecer uma garantia mais ampla, não restrita à estrutura do Poder Judiciário, a quem é entregue o dever de prestar a jurisdição, mas não como um monopólio[22].

A Jurisdição é o dever Estatal de solucionar conflitos, abarcando as modalidades chiovendiana, de atividade substitutiva[23], e carneluttiana, de resolução de conflitos[24]. Todavia, na concepção clássica, o Judiciário só se presta a resolver os conflitos na forma negativa, ou seja, pela resolução destes com a imposição de vontade do juiz, determinando um vencedor e um vencido[25].

[22] LIMA, Cláudio Vianna de. A arbitragem no tempo, o tempo na arbitragem, in *A Arbitragem na Era da Globalização*, livro coordenado pelo professor José Maria Rossani Garcez, 2ª ed. Rio de Janeiro: Forense, 1999, p. 5.

[23] CHIOVENDA, Guiseppe. *Instituições de Direito Processual Civil*. 3ª ed. vol. II. Campinas: Bookseller, 2002. p. 8: "Pode definir-se jurisdição como a função do Estado que tem por escopo a atuação da vontade concreta da lei por meio da substituição, pela atividade de órgãos públicos, da atividade de particulares ou de outros órgãos públicos, já no afirmar a existência da vontade da lei, já no torná-la, praticamente, efetiva."

[24] CARNELUTTI, Francesco. *Sistema de Direito Processual Civil*. 2ª ed. São Paulo: Lemos e Cruz, vol. 1, 2004. p. 63: "A influência que faz desdobrar o interesse externo para determinar a composição espontânea dos conflitos nem é pequena, nem pode ser desprezada. Pelo contrário, uma observação profunda sobre os regimes dos conflitos interindividuais, intersindicais e internacionais parece-me que deve levar a comprovar que, à medida em que a civilização progride, há menos necessidade do Direito para atuar a solução pacífica do conflito, não apenas porque cresce a moralidade, como também, e mais por tudo, porque aumenta a sensibilidade dos homens perante o supremo interesse coletivo".

[25] ALCALÁ-ZAMORA, Niceto y Castillo. *Estudios de teoría general del proceso*. México: Universidad Nacional Autónoma de México, 1992. Disponível em: <http://info5.juridicas.unam.mx/libros/libro.htm?l=1049>. Acesso em: 13 ago. 2015. p. 127.

Assim, quando o art. 3º do NCPC se refere a apreciação jurisdicional, vai além do Poder Judiciário e sua forma imperiosa de resolver o conflito. Na verdade, ele abre as portas para outras formas positivas de composição, buscando o dever de cooperação das partes e envolvendo outros atores.

A jurisdição, que inicialmente seria entregue exclusivamente ao Poder Judiciário, pode ser delegada para serventias extrajudiciais, ou ser exercida por câmaras comunitárias, centros e conciliadores e mediadores extrajudiciais, ou ainda se manifestar por meio da decisão arbitral.

Para tanto, vale ressaltar a posição de Leonardo Greco[26], quando indica que a jurisdição é a "função preponderantemente estatal, exercida por um órgão independente e imparcial, que atua a vontade concreta da lei na justa composição da lide ou na proteção de interesses particulares.

A jurisdição é basicamente uma função estatal. Contudo, no caminho evolutivo da humanidade, desde a Antiguidade, passando pelas Idades Média, Moderna e chegando à Contemporânea, o Estado, invariavelmente, chamou para si o monopólio da jurisdição, sistematizando-a, a partir de Luís XIV. Com isso, a jurisdição passou a ser um poderoso instrumento de imposição da autoridade das leis.

No entanto, Greco[27] admite que a jurisdição não precisa ser, necessariamente, uma função estatal.

É bem verdade que é bastante difícil desatrelar a jurisdição do Estado, sobretudo porque haverá, em maior ou menor grau, a dependência do Estado, mormente no momento de exigir o cumprimento da decisão não estatal. Por outro lado, podemos pensar no exercício dessa função por outros órgãos do Estado[28] ou por agentes privados[29].

[26] GRECO, Leonardo. *Instituições de Processo Civil*, vol. I, 5ª ed. Rio de Janeiro: Forense, 2015. p. 69.

[27] GRECO, Leonardo. Op. cit., p. 70. "a composição de litígios e a tutela de interesses particulares podem ser exercidas por outros meios, por outros órgãos, como os órgãos internos de solução de conflitos, estruturados dentro da própria Administração Pública, compostos de agentes dotados de efetiva independência, e até por sujeitos privados, seja por meio de arbitragem, seja pela justiça interna das associações".

[28] "Assim como a normatividade não é monopólio do Legislativo, a realização do justo não é monopólio do Judiciário. Há lugar para a mediação, para a arbitragem, para a negociação, para o juiz de aluguel e outras modalidades de solução dos conflitos". NALINI, José Renato. O juiz e o acesso à justiça. 2ª ed., São Paulo: Ed. RT, 2000, p. 100.

[29] "O sentido contemporâneo da palavra jurisdição é desconectado – ou ao menos não é acoplado necessariamente – à noção de Estado, mas antes sinaliza para um plano mais largo e abrangente, onde se hão de desenvolver esforços para (i) prevenir formação de lides, ou (ii) resolver em tempo razoável e com justiça aquelas já convertidas em processo judiciais". MANCUSO, Rodolfo de Camargo. A resolução dos conflitos e a função judicial no contemporâneo Estado de Direito. São Paulo: Editora Revista dos Tribunais, 2009, p. 52.

Nesta ótica, percebe-se o fenômeno da desjudicialização enquanto ferramenta de racionalização da prestação jurisdicional e ajuste ao cenário contemporâneo[30], o que leva, necessariamente, à releitura[31], atualização[32], ou ainda a um redimensionamento[33] da garantia constitucional à luz dos princípios da efetividade[34] e da adequação[35]. Aliás, já chamamos a atenção para esse fenômeno em outra oportunidade[36].

O próprio Cappelletti[37] defendeu o desenvolvimento da justiça coexistencial[38], mesmo sem a participação e controle do Estado[39], de acordo com o tipo de conflito[40].

[30] CALMON, Petrônio. Fundamentos da mediação e da conciliação. Brasília, DF: Gazeta Jurídica, 2013, p. 36.

[31] PINHO, Humberto Dalla Bernardina de. O Novo CPC e a Mediação: reflexões e ponderações. *Revista de Informação Legislativa*, ano 48, n. 190, tomo I, abr./jun. 2011, p. 219-236.

[32] "Sem embargo, para que essa expressão – acesso à Justiça – mantenha sua atualidade e aderência à realidade sócio-político-econômica do país, impende que ela passe por uma releitura, em ordem a não se degradar numa garantia meramente retórica, tampouco numa oferta generalizada e incondicionada do serviço judiciário estatal". MANCUSO, Rodolfo de Camargo. Op. cit, p. 55.

[33] PASSOS, José Joaquim Calmon de. *Direito, poder, justiça e processo* – julgando os que nos julgam. Rio de Janeiro: Forense, 1999, p. 111.

[34] PAUMGARTTEN, Michele Pedrosa; PINHO, Humberto Dalla Bernardina de. A Experiência Italo-Brasileira no uso da mediação em resposta à crise do monopólio estatal de solução de conflitos e a garantia do acesso à justiça, in *Revista Eletrônica de Direito Processual*, texto disponível em http://www.redp.com.br, vol. 8, 2011, p. 443-471.

[35] ALMEIDA, Diogo Assumpção Rezende de. O princípio da adequação e os métodos de solução de conflitos. In: *Revista de Processo*. Revista dos Tribunais: São Paulo, n. 195, ano 2010.

[36] PINHO, Humberto Dalla Bernardina de. A mediação e o Código de Processo Civil projetado, in *Revista de Processo*, ano 37, vol. 207, São Paulo: Revista dos Tribunais, 2012, p. 213-238.

[37] "Mas a temática daquilo a que chamei a 'terceira onda' vai muito mais além dessas formas de simplificação dos procedimentos e dos órgãos de justiça. Muito importante é a substituição da justiça contenciosa por aquela que denominei de justiça coexistencial, isto é, baseada em formas conciliatórias". CAPPELLETTI, Mauro. Problemas de Reforma do Processo nas Sociedades Contemporâneas, *Revista Forense* n. 318, p. 119-128. A citação encontra-se às p. 123-124.

[38] Em uma de suas mais felizes passagens, pontifica o Mauro Cappelletti: "o recente despertar de interesse em torno do acesso efetivo à Justiça levou a três posições básicas, pelo menos nos países do mundo Ocidental. Tendo início em 1965, estes posicionamentos emergiram mais ou menos em sequência cronológica. Podemos afirmar que a primeira solução para o acesso – a primeira 'onda' desse movimento novo – foi a assistência judiciária; a segunda dizia respeito às reformas tendentes a proporcionar representação jurídica para os interesses 'difusos', especialmente nas áreas da proteção ambiental e do consumidor; e o terceiro – e mais recente – é o que nos propomos a chamar simplesmente 'enfoque de acesso à justiça' porque inclui os posicionamentos anteriores, mas vai muito além deles, representando, dessa forma, uma tentativa de atacar as barreiras ao acesso de modo mais articulado e compreensivo" (CAPPELLETTI, Mauro, GARTH, Bryant [tradução de Ellen Gracie Northfleet]. *Acesso à Justiça*, Porto Alegre: Sergio Antonio Fabris, 1988, p. 31 e ss.).

A releitura do princípio da inafastabilidade da jurisdição deve ter como fundamento o conceito moderno de acesso à justiça[41], que não se limita ao acesso ao Judiciário, mas abrange a oportunidade de solucionar conflitos no âmbito privado[42], onde também devem estar garantidas a independência e a imparcialidade do terceiro que irá conduzir o tratamento do conflito[43].

Como já temos falado em diversas oportunidades[44], a via judicial deve estar sempre aberta, mas isso não significa que deva ser acessada como primeira opção. Seu uso deve ser subsidiário, de forma a evitar a sobrecarga do

[39] "Mas há outra razão que acentua a atualidade dessa forma 'coexistencial' ou 'social' de justiça: ela consiste justamente na 'privatização' dos conflitos criticada por Denti. Não sei se o ilustre Amigo é ainda da mesma opinião. Hoje, contudo, parece-me que a lição da história dos últimos anos vai precisamente no sentido da oportunidade de pôr um limite às intervenções da máquina do Estado, que com frequência se revelou demasiado lenta, formal, rígida, burocraticamente opressiva". CAPPELLETTI, Mauro. Problemas de reforma do processo civil nas sociedades contemporâneas. *Revista de Processo*, n. 65, jan./mar. 1992, p. 134.

[40] "Le recours à la médiation, se substituant à l'exercise d'actions en justice, a pris une importance considérable dans les réformes et expériences faites récemment aux Etats-Unis, au niveau local avec les tribunaux de communautés ou les Neighbordhood Justice Centers, et aussi en rapport avec la protection des intérêts diffus avec des procedes tels que l'environmental mediation". CAPPELLETTI, Mauro (org.). Accès a la justice et état-providence. Economica, Paris, 1984, p. 29.

[41] "O acesso à justiça não está vinculado necessariamente à função judicial e, muito menos, ao monopólio estatal da justiça. A terceira onda renovatória do processo civil tratou da ampliação do acesso à justiça, prestigiando métodos auto e heterocompositivos. Todavia, o Brasil ainda não alcançou essa terceira fase do processo civil, tendo em vista que prestigia somente o meio judicial de solução de conflito, confinando o acesso à justiça às portas dos tribunais, que abarrotados de processos, não garantem uma prestação jurisdicional eficiente". SANTANNA, Ana Carolina Squadri. *Proposta de reeleitura do princípio da inafastabilidade da jurisdição*: introdução de métodos autocompositivos e fim do monopólio judicial de solução de conflitos. 2014. Dissertação. Universidade do Estado do Rio de Janeiro, p. 131.

[42] SANTANNA, Ana Carolina Squadri. Op. cit., p. 127.

[43] GRECO, Leonardo. *Instituições de Processo Civil*, vol. I, 5ª ed., Rio de Janeiro: Forense, 2015. p. 71.

[44] "Somos de opinião que as partes deveriam ter a obrigação de demonstrar ao Juízo que tentaram, de alguma forma, buscar uma solução consensual para o conflito. Não há necessidade de uma instância prévia formal extrajudicial, como ocorre com as Comissões de Conciliação Prévias na Justiça do Trabalho; basta algum tipo de comunicação, como o envio de uma carta ou e-mail, uma reunião entre advogados, um contato com o 'call center' de uma empresa feito pelo consumidor; enfim, qualquer providência tomada pelo futuro demandante no sentido de demonstrar ao Juiz que o ajuizamento da ação não foi sua primeira alternativa. Estamos pregando aqui uma ampliação no conceito processual de interesse em agir, acolhendo a ideia da adequação, dentro do binômio necessidade-utilidade, como forma de racionalizar a prestação jurisdicional e evitar a procura desnecessária pelo Poder Judiciário. Poderíamos até dizer que se trata de uma interpretação neoconstitucional do interesse em agir, que adequa essa condição para o regular exercício do direito de ação às novas concepções do Estado Democrático de Direito". PINHO, Humberto Dalla Bernardina de. *A mediação no direito brasileiro*: evolução, atualidades e possibilidades no projeto do

sistema, o que leva, inexoravelmente, ao comprometimento da efetividade[45] e da celeridade[46] da prestação jurisdicional.

O princípio da inafastabilidade de jurisdição entendido como a primeira via de solução de conflito não condiz com a noção contemporânea do Estado Democrático de Direito, embora esse entendimento se mantenha ainda hoje, em alguns setores, quer seja pela tradição, ou mesmo pelo receio da perda de uma parcela de poder[47].

Por vezes, é também trazido o argumento de que fora do Poder Judiciário pode haver perda[48] considerável da qualidade das garantias constitucionais[49], ou, o que é pior, da qualidade da prestação jurisdicional[50]. Essa é uma questão

novo Código de Processo Civil. Disponível no endereço eletrônico: www.ambito-juridico.com.br. Acesso em: 11 out. 2014.

[45] MANCUSO, Rodolfo de Camargo Mancuso. Op. cit., p. 51.

[46] "Nesse contexto, demonstrada a incapacidade do Estado de monopolizar esse processo, tendem a se desenvolver outros procedimentos jurisdicionais, como a arbitragem, a mediação, a conciliação e a negociação, almejando alcançar a celeridade, informalização e pragmaticidade". SPENGLER, Fabiana Marion. *Da jurisdição à mediação.* Por uma outra cultura no tratamento de conflitos. Ijuí: Editora Ijuí, 2010, p. 104.

[47] "A inflacionada demanda por justiça é um fenômeno complexo, que parte sobretudo, de uma dependência social dos Tribunais, seja por uma cultura demandista especialmente notada em países do sistema *civil law*, seja pelo incentivo estatal, que temendo a perda do monopólio, faz o Poder Judiciário propagar a ideia de que somente ele é capaz de proporcionar uma solução eficaz dos conflitos, percebido quando se promove por exemplo, a incorporação das ADRs aos Tribunais". PINHO, Humberto Dalla Bernardina de; PAUMGARTTEN, Michele Pedrosa. *A institucionalização da mediação é a panacea para a crise do acesso à justiça?* Disponível no endereço eletrônico: www.publicadireito.com.br. Acesso em: 8 out. 2013.

[48] DENTI, Vittorio. I Procedimenti non Giudiziali di Conciliazione come Istitucioni Alternative, in *Rivista di Dirito Procesuale*, 1980, p. 410 e ss.

[49] FISS, O. M. Against Settlement, 93 *Yale Law Journal* 1073-90, May 1984. As autoras assim manifestaram sua descrença na solução alternativa dos conflitos: "I do not believe that settlement as a generic practice is preferable do judgment or should be institutionalized on a wholesale and indiscriminate basis. It should be treated, instead, as a highly problematic technique for streamlining dockets. Settlement is for me the civil analogue of plea bargaining: consent is often coerced; the bargain may be struck by someone without authority; the absence of a trial and judgment renders subsequent judicial involvement troublesome; and although dockets are trimmed, justice may not be done. Like plea bargaining, settlement is a capitulation to the conditions of mass society and should be neither encouraged nor praised" (p. 1075).

[50] Novamente, Fiss, resume suas preocupações: "To be against settlement is not to urge that parties be 'forced' to litigate, since that would interfere with their autonomy and distort the adjudicative process; the parties will be inclined to make the court believe that their bargain is justice. To be against settlement is only to suggest that when the parties settle, society gets less than what appears, and for a price it does not know it is paying. Parties might settle while leaving justice undone" (FISS, Owen M., op. cit., p. 1085).

de suma importância[51], complexa[52], e que ainda carece de maior reflexão no Brasil[53].

Assim sendo, devemos amadurecer o conceito de um Estado-juiz minimalista[54]. Nesse sentido, cabe ao juiz assumir seu novo papel de gerenciador do conflito, de modo a orientar as partes, mostrando-lhes o mecanismo mais adequado para tratar aquela lide específica[55].

No que se refere à arbitragem especificamente, não custa lembrar que o instituto está expressamente referido no art. 3º do CPC/2015, o que me parece suficiente para inserir a ferramenta dentro desse conceito mais amplo de prestação jurisdicional.

[51] COMOGLIO, Luigi Paolo. Mezzi Alternativi de Tutela e Garanzie Costituzionali, in *Revista de Processo*, vol. 99, p. 249-293.

[52] PINHO, Humberto Dalla Bernardina de. La Mediación en la Actualidad y en el Futuro del Proceso Civil Brasileño (Libro: Mediación, Arbitraje y Resolución Extrajudicial de Conflictos en el Siglo XXI, Tomo I – Mediación, organizado por: Fernández Canales, Carmen; García Villaluenga, Leticia; Vázquez de Castro, Eduardo; y Tomillo Urbina, Jorge Luis. Editorial Reus, Madrid, 2010, p. 351-366.

[53] PINHO, Humberto Dalla Bernardina de. Reflexiones sobre la mediación judicial y las garantías constitucionales del proceso. *Revista Confluencia: Análisis, Experiencias y Gestión de Conflictos*, v. 2, 2014, p. 74-88.

[54] "A segunda tensão dialéctica ocorre entre o Estado e a sociedade civil. O Estado moderno, não obstante apresentar-se como um Estado minimalista, é, potencialmente, um Estado maximalista, pois a sociedade civil, enquanto o outro do Estado, autorreproduz-se através de leis e regulações que dimanam do Estado e para as quais não parecem existir limites, desde que as regras democráticas da produção de leis sejam respeitadas. Os direitos humanos estão no cerne desta tensão: enquanto a primeira geração de direitos humanos (os direitos cívicos e políticos) foi concebida como uma luta da sociedade civil contra o Estado, considerado como o principal violador potencial dos direitos humanos, a segunda e terceira gerações (direitos econômicos e sociais e direitos culturais, da qualidade de vida, etc.) pressupõem que o Estado é o principal garante dos direitos humanos". SANTOS, Boaventura Sousa. *As tensões da modernidade*. Fórum Social Mundial. Disponível no endereço eletrônico www.susepe.rs.gov.br. Acesso em: 28 jan. 2014, p. 19.

[55] "É comum ouvir acerca do descrédito no Poder Judiciário e sobre casos de injustiça patente, a ponto de banalizar-se e crer-se tal fato como irremediável e normal, Tal situação gera um descontrole e cria maior zona de conflitos, quando muitos se aproveitam dessa morosidade para descumprir as leis, desrespeitar contratos e não cumprir deveres e obrigações, criando um ciclo vicioso no qual, quanto maior a duração do processo pelo seu excessivo número, em mais casos é o Judiciário obrigada a intervir. Entendemos que a jurisdição civil deva ficar reservada a casos extremamente necessários e nos quais a solução dependa da chancela, supervisão ou decisão estatal. A chamada jurisdição voluntária deve ser revista, assim como situações em que é injustificável a intervenção estatal, privilegiando-se as formas de solução de conflito alternativas (câmaras de conciliação, arbitragem, juizados cíveis especializados etc.)". HOFFMAN, Paulo. *Razoável duração do processo*. São Paulo: Quartier Latin, 2006, p. 23-24.

Do CPC/73 até a Lei da Arbitragem passaram-se pouco mais de 20 anos, e desta até o novo CPC quase 20. Ou seja, em 40 anos evoluímos a ponto de considerar a arbitragem como um procedimento equiparado à jurisdição.

A Lei n. 9.307/96 foi, sem dúvida alguma, um grande avanço para sua época. O CPC precisou ser modificado para que fosse mantida a unidade do sistema.

Um novo Código foi editado para, dentre outras coisas, deixar clara a opção do legislador no sentido de colocar à disposição do cidadão uma verdadeira "caixa de ferramentas", que vai desde a negociação, passando pela conciliação e mediação (judicial e extrajudicial), a arbitragem e a própria jurisdição. Tudo isso para, em conformidade com o princípio da adequação, oferecer a providência mais apropriada para aquele tipo de conflito.

Na seara arbitral, as disposições do CPC/2015 são mais do que oportunas e, certamente, serão potencializadas com a Lei n. 13.129/2015.

Com isso, esperamos que o instituto cresça, ainda mais, no tecido social, a fim de que possa ser utilizado para além das grandes disputas.

Cremos que nosso ordenamento já está preparado para viabilizar a utilização do instituto nas médias e até pequenas causas.

Não custa lembrar que a Lei n. 9.099/95 previa uma "arbitragem incidental" ao procedimento sumaríssimo, nos arts. 24 a 26[56].

A essa altura, a Lei ainda se referia ao procedimento arbitral do CPC/73, eis que a Lei dos Juizados é anterior à Lei da Arbitragem. Contudo, nunca se teve registro da aplicação prática do dispositivo.

Hoje, 20 anos depois, penso que nossa sociedade já está informada e madura o suficiente para fazer um uso livre e responsável da arbitragem sem ter que recorrer ao Poder Judiciário para tanto.

Resta agora, aos tribunais, centros e câmaras arbitrais, se estruturar para receber essa demanda, bem como aperfeiçoar seus instrumentos para assegurar a observância das garantias constitucionais.

[56] "Art. 24. Não obtida a conciliação, as partes poderão optar, de comum acordo, pelo juízo arbitral, na forma prevista nesta Lei. § 1º O juízo arbitral considerar-se-á instaurado, independentemente de termo de compromisso, com a escolha do árbitro pelas partes. Se este não estiver presente, o Juiz convocá-lo-á e designará, de imediato, a data para a audiência de instrução. § 2º O árbitro será escolhido dentre os juízes leigos. Art. 25. O árbitro conduzirá o processo com os mesmos critérios do Juiz, na forma dos arts. 5º e 6º desta Lei, podendo decidir por eqüidade. Art. 26. Ao término da instrução, ou nos cinco dias subseqüentes, o árbitro apresentará o laudo ao Juiz togado para homologação por sentença irrecorrível."

Referências

Alcalá-Zamora, Niceto y Castillo, *Estudios de Teoría General del Proceso*, México, Universidad Nacional Autónoma de México, 1992. Disponível em: http://info5.juridicas.unam.mx/libros/libro.htm?l=1049. Acesso em: 13 ago. 2015.

Almeida, Diogo Assumpção Rezende de, "O Princípio da Adequação e os Métodos de Solução de Conflitos", *Revista de Processo*, São Paulo, Revista dos Tribunais, nº 195 (2010).

Andrighi, Fátima Nancy, "Arbitragem nas Relações de Consumo", *Revista de Mediação e Arbitragem*, São Paulo, Revista dos Tribunais, vol. 09, ano 3 (abr.-jun./2006), pp. 13-21.

Cadiet, Loic, "L'Arbitrage et L'Evolution Contemporaine des Modes de Reglement des Conflits", *Revista Eletrônica de Direito Processual*, vol. XII (2013). Disponível em: www.redp.com.br. Acesso em: 20 dez. 2013.

Cahali, Francisco José, *Curso de Arbitragem*, 3ª ed., São Paulo, Revista dos Tribunais, 2013.

Cappelletti, Mauro (org.), *Accès a la Justice et État-providence*, Paris, Economica, 1984.

Cappelletti, Mauro [s/ indicação de tradutor], "Os Métodos Alternativos de Solução de Conflitos no Quadro do Movimento Universal de Acesso à Justiça", *Revista de Processo*, São Paulo: Revista dos Tribunais, vol. 74 (1994).

________. "Problemas de Reforma do Processo Civil nas Sociedades Contemporâneas", *Revista de Processo*, nº 65 (jan./mar. 1992), p. 134.

Carmona, Carlos Alberto, *Arbitragem e Processo, um Comentário à Lei 9.307/96*, 3ª ed. rev., atual. e ampl., São Paulo, Atlas, 2009.

Carneiro, Paulo Cezar Pinheiro, "O Justo Processo Arbitral e o Dever de Revelação (Disclousure) dos Peritos", *Revista Eletrônica de Direito Processual*, vol. XII (dez. 2013). Disponível em: http://www.redp.com.br.

________. "Aspectos Processuais da Nova Lei De Arbitragem", *Revista Forense*, Rio de Janeiro, vol. 93, n. 339 (jul./set. 1997), pp. 127-141.

Comoglio, Luigi Paolo, Mezzi Alternativi de Tutela e Garanzie Costituzionali, *Revista de Processo*, vol. 99, pp. 249-293.

Denti, Vittorio, I Procedimenti non Giudiziali di Conciliazione come Istitucioni Alternative, *Rivista di Dirito Procesuale*, 1980, pp. 410 e ss.

Dinamarco, Cândido Rangel. *A Arbitragem na Teoria Geral do Processo*, São Paulo, Malheiros, 2013.

Figueira Júnior, Joel Dias, *Arbitragem, Jurisdição e Execução: Análise Crítica da Lei 9.307, de 23.09.1996*, 2ª ed, São Paulo, Revista dos Tribunais, 1999.

Fiss, O. M. Against Settlement, 93 *Yale Law Journal* 1073-90, May 1984.

Gill, Judith, The Arbitrator's Role In Bringing About A Settlement – An English View, *Bulletin ASA*, Spec. Series, Nr. 26, July 2006, p. 155 ss.

Greco, Leonardo, in Publicismo e Privatismo no Processo Civil, *Revista de Processo*, São Paulo, Revista dos Tribunais, vol. 164 (2008).

Greco, Leonardo, *Instituições de Processo Civil*, 5ª ed., Rio de Janeiro: Forense, 2015, vol. I.

Grinover, Ada Pellegrini, *Novas Tendências do Direito Processual*, 2ª ed., Rio de Janeiro, Forense, 1990.

Imhoos, Christophe, Lesliens, Nouveaux entre La Médiation Et L'Arbitrage, in Gemme, *La Gestion des Conflits, Manuel pour les Praticiens*, CEDIDAC, nº 78, Lausanne, 2008.

Lima, Cláudio Vianna de. A Arbitragem no Tempo, o Tempo na Arbitragem, in *A Arbitragem na Era da Globalização*, livro coordenado pelo professor José Maria Rossani Garcez, 2ª ed., Rio de Janeiro, Forense, 1999.

Maciel, Marco, in Pronunciamento em Comemoração aos 10 Anos da Lei 9.307/96, *Revista de Arbitragem e Mediação*, n. 9, ano III, São Paulo, abr.-jun. 2006.

Mancuso, Rodolfo de Camargo, *A Resolução dos Conflitos e a Função Judicial no Contemporâneo Estado de Direito*, São Paulo, Revista dos Tribunais, 2009.

Martins, Pedro A. Batista, *Apontamentos sobre a Lei de Arbitragem: Comentários à Lei 9.307/96*. Rio de Janeiro: Forense. 2008.

Nalini, José Renato, *O Juiz e o Acesso à Justiça*, 2ª ed., São Paulo, Revista dos Tribunais, 2000.

Oliveira, Ana Perestrelo de, *Arbitragem de Litígios com Entes Públicos*, Coimbra, Almedina, 2007.

Peluso, Antonio Cezar, Richa, Morgana de Almeida [coordenadores]. *Conciliação e Mediação: Estruturação da Política Judiciária Nacional*, Rio de Janeiro, Forense, 2011.

Pinho, Humberto Dalla Bernadina de, *Mecanismos Alternativos de Solução de Conflitos: Algumas Considerações Introdutórias*. Disponível em: http://www.humbertodalla.pro.br/artigos.htm.

Pinho, Humberto Dalla Bernardina de et alli [organizador], *O Marco Legal da Mediação no Brasil*, São Paulo, Atlas, 2015.

Pinho, Humberto Dalla Bernardina de, Paumgartten, Michele Pedrosa. A Institucionalização da Mediação é a Panacea para a Crise do Acesso à Justiça? Disponível no endereço eletrônico: www.publicadireito.com.br. Acesso em: 8 out. 2013.

Pinho, Humberto Dalla Bernardina de, *Direito Processual Civil Contemporâneo*, vol. 1, 8ª ed., São Paulo, Saraiva, 2018.

Pinho, Humberto Dalla Bernardina de, La Mediación en la Actualidad y en el Futuro del Proceso Civil Brasileño, in *Mediación, Arbitraje y Resolución Extrajudicial de Conflictos en el Siglo XXI*, Tomo I – Mediación, organizado por: Fernández Canales, Carmen,García Villaluenga, Leticia,Vázquez de Castro, Eduardo, y Tomillo Urbina, Jorge Luis, Madri: Reus, 2010, pp. 351-366.

Pinho, Humberto Dalla Bernardina de, O Novo CPC e a Mediação: Reflexões e Ponderações, *Revista de Informação Legislativa*, ano 48, n. 190, tomo I (abr./jun. 2011), pp. 219-236.

________. Reflexiones sobre la Mediación Judicial y Las Garantías Constitucionales del Proceso, *Revista Confluencia: Análisis, Experiencias y Gestión de Conflictos*, vol. 2, 2014, pp. 74-88.

Salles, Carlos Alberto de, *Arbitragem em Contratos Administrativos*, Rio de Janeiro: Forense, 2012.

Santanna, Ana Carolina Squadri, *Proposta de Reeleitura do Princípio da Inafastabilidade da Jurisdição: Introdução de Métodos Autocompositivos e Fim do Monopólio Judicial de Solução de Conflitos*, Dissertação, Universidade do Estado do Rio de Janeiro, 2014, p. 131.

Santos, Boaventura Sousa, As Tensões da Modernidade, Fórum Social Mundial, Disponível no endereço eletrônico www.susepe.rs.gov.br. Acesso em: 28 jan. 2014, p. 19.

Silva, Clóvis do Couto e, O Juízo Arbitral no Direito Brasileiro, *Revista de Informação Legislativa*, n. 98, 1988, pp. 139-151.

Spengler, Fabiana Marion, *Da Jurisdição à Mediação, por uma outra Cultura no Tratamento de Conflitos*, Ijuí, Editora Ijuí, 2010.

Desconsideração da Personalidade Jurídica e o Respectivo Incidente Processual

Jorge Eustácio da Silva Frias

Introdução

A desconsideração da personalidade jurídica importa em permitir que, conquanto, como regra, o patrimônio dos sócios não se confunda com o da sociedade a que eles pertençam, em casos específicos e atendidos os requisitos legais, seja admitida, episodicamente, a confusão desses patrimônios, a fim de punir o auto do ato com aparência de lícito, mas que, na verdade, encerra a intenção de prejudicar alguém e, ao mesmo tempo, destina-se a proteger a vítima que, de outro modo, ficaria indene.

O assunto, que começou como preocupação da doutrina, veio a ser – e tem sido – debatido nos Tribunais e, diante da legislação que tem sido criada, tem-se revelado tema recorrente.

A doutrina não tem tratado da matéria de maneira uniforme, e a legislação também a vem regulando sem uniformidade, o que justifica seu enfrentamento, até porque, tendo implicações processuais, o Código de Processo Civil de 2015 veio a quebrar o silêncio que o de 1973 guardava sobre o tema.

O presente estudo enfrenta o tema começando por examinar a personalidade jurídica (item 1), tanto da pessoa natural (1.1), como da pessoa jurídica (1.2), para, em seguida, passar os olhos sobre as pessoas despersonalizadas (1.3) e sobre a capacidade para aquisição de direito, como para contração de obrigações (1.4). A seguir, enfrenta a desconsideração da personalidade jurídica (item 2), que começa por uma visão geral do tema (2.1), examina a doutrina sobre este (2.2) e trata da problemática da desconsideração inversa (2.3), para, subsequentemente, avaliar alguma legislação atual brasileira sobre a matéria (2.4). Após, passa a examinar algumas questões processuais sobre a desconsideração da personalidade jurídica (item 3), começando por fazer considerações gerais sobre o tema (3.1), seguidas do exame do processo respectivo (3.2), e conclui com o exame de medidas de urgência nessa matéria (3.3).

1. Personalidade

Personalidade é a aptidão que têm as pessoas de adquirir direitos e de contrair obrigações. Conforme o Direito posto, apenas quem tenha personalidade pode ser sujeito de direitos e pode assumir obrigações.

O termo "personalidade" origina-se de *pessoa*, sendo este último vocábulo proveniente do latino *persona, -ae*, a máscara usada pelos romanos no teatro, através da qual soava a voz do personagem. Daí, a palavra passou a designar o personagem por trás da máscara e, depois, a pessoa humana. Em sentido jurídico, é sinônimo de sujeito de direitos ou sujeito de relação jurídica[1].

A personalidade engloba os atributos da pessoa.

É o Direito que regula a aquisição e a perda da personalidade, o que não tem sido tratado uniformemente ao longo dos tempos e nos diversos sistemas jurídicos. Houve época em que só a pessoa humana tinha personalidade, algumas delas, como o escravo e a mulher, não eram dotados desse atributo, e, a partir de certo período, pessoas morais passam a ser consideradas com aptidão para adquirir direitos e contrair obrigações.

1.1. Personalidade da Pessoa Natural

No sistema brasileiro, a personalidade humana surge com seu nascimento com vida (art. 2º, CCB) e termina com sua morte (art. 6º, CCB), embora o direito nacional proteja interesses do nascituro, para a hipótese de ele vir a nascer com vida, assim como tutela alguns direitos da pessoa após sua morte (art. 12, parágrafo único, CCB). Discute-se qual a natureza dessa proteção de interesses do nascituro[2]. O que é certo é que o Código Civil quis deixar garantido que, desde a concepção, o sistema jurídico tutela os direitos que o nascituro

[1] Cf. W. Barros Monteiro, ob. cit., p. 62.

[2] Planiol e Ripert falam que, quando o Código Civil francês acolhe o adágio *infans conceptus pro nato habetur quoties de commodis ejus agitur*, reconhece uma "*personnalité anticipée*", o que permite que o reconhecimento voluntário da paternidade ou da maternidade natural produza efeitos úteis. (*Traité de Droit Civil*, Tomo I, n. 11, p. 11).

haverá de adquirir, se nascer com vida. Da mesma forma, embora a vida cesse com a morte, o Direito atribui a alguns parentes do morto legitimidade para defender seu nome e outros direitos da personalidade que ele tinha em vida e que não podem ser agora vilipendiados. Pode-se dizer que, se na proteção do nascituro há uma retroatividade – condicionada ao nascimento com vida – do direito de personalidade, na proteção ao morto ocorre uma ultra-atividade da personalidade do falecido.

Diferentemente de alguns outros sistemas, o do Código Civil Brasileiro estende a personalidade a todo o ser humano que venha a nascer com vida, ainda que por um único segundo, caso em que o infante, nesse tempo mínimo, pode receber, como transmitir direitos. Não exige o sistema brasileiro, como, p. ex., o espanhol, que a criança nascida tenha figura humana e viva por 24 horas após extraída da mãe[3], nem, como o francês, cuja doutrina ensina depender a personalidade do nascimento com vida e que a criança seja viável[4].

O sistema brasileiro atual não admite a morte civil, de modo que apenas a morte real (a expiração da vida), natural ou por acidente, é que põe fim à personalidade do finado, embora ficando a salvo a proteção de algumas projeções de sua personalidade.

O registro do nascimento não é requisito para aquisição da personalidade, mas instrumento de prova dos fatos nele mencionados (art. 217, CCB).

Sendo a personalidade atributo da pessoa humana, assim como da pessoa jurídica (como será visto no item seguinte), não a têm os animais, embora recebam eles a proteção do Direito.

1.2. Personalidade da Pessoa Jurídica

Pessoa jurídica, ou pessoa moral, é a entidade composta por pessoas que se unem para alcançar finalidades as mais diversas, ou é a massa bonitária constituída para fim especial, à qual o Direito concede personalidade jurídica. Maria Helena Diniz define-a como "a unidade de pessoas naturais ou de patrimônios

[3] A propósito, o Código Civil espanhol de 1888 estipula:
"Art. 30. Para los efectos civiles, sólo se reputará nascido el feto que tuviere figura humana y viviere veinticuatro horas enteramente despendido del seno materno".

[4] Os já referidos Planiol e Ripert afirmam que "La personnalité n'appartient qu'à l'enfant que naît *vivant* e *viable*. L'enfant mort-né n'a pas de personalité, bien qu'il a vécu d'une vie intra-utérine. L'enfant qui n'est pas capable de vivre, soit par suite d'une naissance avant terme, soit par suite d'une imperfection des organes, ne doit pas être considéré comme une personne" (*Traité de Droit Civil*, Tomo I, n. 10, p. 1).

que visa à proteção de certas finalidades, reconhecida pela ordem jurídica como sujeito de direitos e obrigações"[5].

O Direito Romano não concebia inicialmente a personalização de quem não fosse homem livre, mas logo sentiu a necessidade de considerar alguns organismos de direito público, como o Estado romano, o erário público, que agiam à maneira da pessoa natural, mas que com esta não se confundiam. Com o tempo, admitiu, dentre outros organismos, a herança jacente, as sociedades pias, os colégios sacerdotais, como sujeitos de direitos e obrigações, sem, contudo, dispor de termo especial para sua designação. Aquele avançado sistema jurídico não chegou a construir doutrina a respeito dessas entidades formadas por pessoas que se uniam para alcançar finalidade que dificilmente seria atingida individualmente, ou para designar a massa patrimonial constituída com certo propósito, mas intuiu princípios a elas aplicáveis, como o da distinção entre essas entidades e as pessoas que a compunham[6].

O Direito brasileiro distingue as pessoas jurídicas de direito público das de direito privado (art. 40, CCB), enumera umas (art. 41, CCB)[7] e outras (art. 44, CCB) e define que a existência da pessoa jurídica de direito privado começa com o registro de seu ato constitutivo, que, em alguns casos, deve ser precedido de autorização governamental (art. 45, CCB).

Por serem entidades imateriais admitidas pelo Direito, as pessoas jurídicas precisam de órgão que fale e aja por elas, que é seu representante ou, na linguagem de Pontes de Miranda[8], seu presentante, isto é, o que as torna presentes no mundo jurídico.

A vontade da pessoa jurídica não é a soma das vontades de seus sócios, mas o resultado da manifestação exteriorizada por quem a presente (represente) e, eventualmente, de quem aparente ser seu presentante (representante). Por tal representante (real ou aparente), ou representantes, a pessoa jurídica se vincula, adquirindo direitos e contraindo obrigações. Aliás, a vontade da pessoa jurídica não se confunde com a vontade individual dos sócios ou de seu representante, nos casos em que estes últimos falem por si (não pela sociedade). Todavia, é possível que alguém, em dada circunstância, interprete que a manifestação da vontade é da pessoa jurídica, quando, de fato, terá sido do representante dela, ou *vice-versa*. Será preciso que o Direito então regule a

[5] M. Helena Diniz, em nota ao art. 40 do CCB, in *Código Civil Comentado*, cit., p. 129.

[6] Cf. A. Correia & G. Sciascia, *Manual de Direito Romano*, Ed. Livros, Cadernos Ltda., § 22, p. 46-47.

[7] W. Barros Monteiro anota que a enumeração legal não esgota o elenco das pessoas jurídicas de direito público interno, a que se acrescentam as autarquias (ob. cit., p. 136).

[8] P. de Mirana, *Tratado de Direito Privado*, cit., § 97, p. 412 e ss.

situação, para assegurar o leal comércio jurídico. De regra, a boa-fé nas relações jurídicas haverá de orientar o intérprete a verificar as consequências do negócio jurídico em que surja aquela dúvida sobre quem estará contratando: a pessoa natural, pessoalmente, ou a pessoa jurídica, por aquele representante? Pode ainda ocorrer que, agindo deslealmente, o representante da pessoa jurídica, pessoalmente ou em nome desta, celebre negócios em princípio lícitos que, no entanto, visem provocar dano a alguém, caso em que será preciso avaliar se, malgrado a aparente regularidade do negócio, ou negócios em série, existe no Direito mecanismo para, de alguma forma, proteger o contratante intemerato.

1.3. Grupos Despersonalizados

O início da existência das pessoas jurídicas de direito privado, nos termos do artigo 45 do Código Civil Brasileiro, se dá com o registro de seus atos constitutivos. Pode acontecer, entretanto, que, apesar da falta desse registro, uma entidade comece a atuar informalmente como se fora uma pessoa jurídica. A falta de ato constitutivo ou do registro do contrato social, ou ainda a falta de autorização nos casos em que a lei o exija, torna aquele grupo uma entidade sem existência jurídica, mas que existe de fato. Trata-se, pois, de pessoa jurídica irregular, também chamada de fato[9], que, celebrando ajustes, relaciona-se com outros sujeitos e, assim, atua na comércio jurídico. Esse ser pode adquirir direitos não respeitados por alguém, como pode deixar de cumprir obrigações assumidas, quando então surge a necessidade de se averiguar como se deve lidar com esse fenômeno: quem estará legitimado para pleitear o direito violado e quem responderá pelo ato da entidade irregular?

Como a sociedade de fato terá surgido à margem da lei, naturalmente não foi inicialmente por esta contemplada. Mas, existindo de fato, embora irregularmente, celebrou contratos com pessoas e, tendo deixado de cumprir obrigações, um dia fora levada aos Tribunais, que tiveram que enfrentar o problema. Hoje o Código Civil Brasileiro trata delas no artigo 986, dispondo que, em geral, tais sociedades se regem pelas regras da sociedade em comum, exceto quando forem sociedades por ações em organização. Assim, os sócios

[9] J. X. Carvalho de Mendonça, cf. R. Requião, distingue as duas figuras. Para aquele, sociedade irregular é a que funciona sem observância de formalidades legais, ao passo que sociedade de fato é a que surge afetada por vício de nulidade e que, apesar de seu decreto de morte, vive enquanto não eliminada do mundo (ob. cit., p. 462).

da sociedade sem personalidade jurídica respondem subsidiariamente pelos débitos sociais.

Ao lado dessas sociedades irregulares existem entidades que são pelo Direito levadas em conta por alguma razão especial e, conquanto não tenham personalidade jurídica, podem ter, tanto quanto aquelas irregulares, capacidade para estar em juízo[10]. É o caso da massa falida, da herança jacente e vacante, do espólio, e é o caso também das sociedades irregulares. O artigo 12 do Código de Processo Civil de 1973, ampliado pelo artigo 75 do novo Código de Processo Civil, definia quem seria o representante dessas entidades, ativa e passivamente, de modo que, apesar da falta de personalidade jurídica, todas elas podiam – como continuam podendo – estar em juízo, onde serão representadas pela forma designada na lei[11].

[10] Cf. Carlos R. Gonçalves, *Direito Civil Brasileiro: Parte Geral*, n. 3.3, p. 226.

[11] Eis o que prescrevia o referido art. 12 do Código de Processo Civil de 1973:
"Art. 12. Serão representados em juízo, ativa e passivamente:
I – a União, os Estados, o Distrito Federal e os Territórios, por seus procuradores;
II – o Município, por seu Prefeito ou procurador;
III – a massa falida, pelo síndico;
IV – a herança jacente ou vacante, por seu curador;
V – o espólio, pelo inventariante;
VI – as pessoas jurídicas, por quem os respectivos estatutos designarem, ou, não os designando, por seus diretores;
VII – as sociedades sem personalidade jurídica, pela pessoa a quem couber a administração dos seus bens;
VIII – a pessoa jurídica estrangeira, pelo gerente, representante ou administrador de sua filial, agência ou sucursal aberta ou instalada no Brasil (art. 88, parágrafo único);
IX – o condomínio, pelo administrador ou pelo síndico.
§ 1º Quando o inventariante for dativo, todos os herdeiros e sucessores do falecido serão autores ou réus nas ações em que o espólio for parte.
§ 2º As sociedades sem personalidade jurídica, quando demandadas, não poderão opor a irregularidade de sua constituição.
§ 3º O gerente da filial ou agência presume-se autorizado, pela pessoa jurídica estrangeira, a receber citação inicial para o processo de conhecimento, de execução, cautelar e especial.
O CPC de 2015, aprovado pela Lei federal n. 13.105/2015, em vigor a partir de 18 de março de 2016, sobre o ponto prevê o seguinte:
Art. 75. Serão representados em juízo, ativa e passivamente:
I – a União, pela Advocacia-Geral da União, diretamente ou mediante órgão vinculado;
II – o Estado e o Distrito Federal, por seus procuradores;
III – o Município, por seu prefeito ou procurador;
IV – a autarquia e a fundação de direito público, por quem a lei do ente federado designar;
V – a massa falida, pelo administrador judicial;
VI – a herança jacente ou vacante, por seu curador;
VII – o espólio, pelo inventariante;

1.4. Capacidade para Aquisição de Direitos e Contrair Obrigações

Por terem personalidade, as pessoas naturais e as jurídicas podem adquirir direitos, como também podem assumir obrigações. Umas e outras podem derivar de ato de que não tenham participado, como podem nascer de negócio jurídico de que elas terão feito parte. Assim, as pessoas, jurídicas ou naturais, adquirem direitos sem seu concurso quando a causa da aquisição for, por exemplo, o testamento ou o ato ilícito por alguém praticado e de que elas tenham sido vítimas, mas adquirem direitos por força de negócio jurídico de que tenham feito parte, como, *v.g.*, uma doação ou qualquer outro contrato. A obrigação delas pode nascer de ato voluntário, do ato ilícito, ou, enfim, de fato jurídico, isto é, de fato qualificado que, pela lei, pode fazer nascer vínculo que importe em dever de prestar algo ou de omitir-se de certa prática[12].

Ocorrendo o inadimplemento de obrigação, a pessoa, natural ou jurídica, responde com seu patrimônio (art. 391, CCB), ficando a salvo apenas os bens que a lei exclui de excussão (art. 789, CPC/2015, com pequena variação de redação com relação ao art. 591, CPC/73).

Se o credor não dispuser de título executivo para poder alcançar o patrimônio do devedor, deverá promover ação de conhecimento, a fim de obter o título que lhe permitirá reclamar medidas executivas de satisfação de seu crédito. Com efeito, *A execução para cobrança de crédito fundar-se-á sempre em título de obrigação certa, líquida e exigível* (art. 783, CPC/2015, igual ao art. 586, CPC/73),

VIII – a pessoa jurídica, por quem os respectivos atos constitutivos designarem ou, não havendo essa designação, por seus diretores;
IX – a sociedade e a associação irregulares e outros entes organizados sem personalidade jurídica, pela pessoa a quem couber a administração de seus bens;
X – a pessoa jurídica estrangeira, pelo gerente, representante ou administrador de sua filial, agência ou sucursal aberta ou instalada no Brasil;
XI – o condomínio, pelo administrador ou síndico.
§ 1º Quando o inventariante for dativo, os sucessores do falecido serão intimados no processo no qual o espólio seja parte.
§ 2º A sociedade ou associação sem personalidade jurídica não poderá opor a irregularidade de sua constituição quando demandada.
§ 3º O gerente de filial ou agência presume-se autorizado pela pessoa jurídica estrangeira a receber citação para qualquer processo.
§ 4º Os Estados e o Distrito Federal poderão ajustar compromisso recíproco para prática de ato processual por seus procuradores em favor de outro ente federado, mediante convênio firmado pelas respectivas procuradorias".

[12] A propósito, cabe conferir Maria Helena Diniz, *Curso de Direito Civil Brasileiro*, vol. 3, n. 1, p. 23-24.

sendo o cumprimento de sentença (título judicial) uma forma de execução[13]. Já quando o credor portar título executivo, judicial ou extrajudicial, apenas precisará do concurso judicial (executivo) para, diante do inadimplemento, obter a satisfação do direito não cumprido voluntariamente pela outra parte (não mais para reconhecimento do direito incorporado no título).

Quando o devedor – aí incluído o responsável – não dispuser de bens penhoráveis que permitam ao credor satisfazer seu direito creditório, em princípio, o direito de crédito permanecerá em aberto, sem condições materiais de solução. Acontece que, em inúmeros casos, essa situação de inadimplemento decorre de práticas fraudulentas, que o Direito reprime, ou, para proteção do credor, prevê instrumentos para eliminação do entrave ao adimplemento. Quando a falta de patrimônio da pessoa natural ou jurídica tiver sido consequência de fraude que houver importado em desvio, possível será alcançar o patrimônio solvável do beneficiado pelo ato irregular ou de quem tenha agido de modo temerário. Vários mecanismos prevê o Direito para tal finalidade, como a fraude contra credores, a fraude à execução, a desconsideração da personalidade jurídica, passando esta última a ser objeto do tópico que se segue.

2. Desconsideração da Personalidade Jurídica

A desconsideração da personalidade jurídica é forma para, afastando ocasionalmente a distinção que existe entre a sociedade e as pessoas que a compõem e, como consequência, anulando a divisão patrimonial de ambas, ser atingido o patrimônio de sócio ou administrador dela, possivelmente beneficiado com a conduta que autoriza a medida. Pode também ocorrer o inverso: a pessoa natural insolvente pratica ato pelo qual, autorizado pela lei, passa a responder a sociedade por ele representada. Em grande número de situações, a medida (desconsideração da personalidade) é autorizada porque terá sido

[13] Dinamarco critica o fato de o novo CPC ter regulado o cumprimento de sentença no Livro I da Parte Especial, ao lado do processo de conhecimento, dizendo que regulou-o como se ele "tivesse uma suposta natureza cognitiva e não fosse autêntica execução" (*Instituições de DPC*, vol. I, p. 51). Adiante, anota que, pelo fato de ter encampado o sistema de cumprimento de sentença, introduzido a CPC/73 pela Lei n. 11.232/2005, o novo CPC trata do processo de conhecimento como um processo sincrético, tendo uma fase de acertamento e outra de cumprimento (que é execução de título judicial). O processo de execução tem por objeto apenas os títulos extrajudiciais. Assim – completa Dinamarco –, o novo CPC, a rigor, não deveria mais falar em processo de conhecimento, expressão que, entretanto, segue adotando com impropriedade (ob. cit., p. 82).

identificada alguma fraude, algum ato contrário ao Direito, por força do qual alguém terá sido lesado e ficará indene sem alguma reação legítima e eficaz. Em diversas hipóteses, o ato reprovável terá beneficiado a outra pessoa que seu autor represente ou que seja por ela representada. Mas isso nem sempre será requisito para a desconsideração. A prática passou a construir requisitos para, anulando a distinção feita pela lei, essa desconsideração da personalidade jurídica ocorrer, requisitos esses que a lei tratou de definir de maneiras várias.

E, seja por falta de uniformidade doutrinária, seja pela diversidade da construção legal, o instituto tem recebido tratamento muito diversificado, justificando que se avaliem com mais vagar as situações ocorrentes.

2.1. Visão Geral

É princípio de direito comumente aceito o que apregoa a distinção entre a pessoa jurídica e a pessoa dos sócios que a compõem: *societas distat a singulis*. Por força dele, distinguindo-se a sociedade da pessoa de seus sócios, o patrimônio de cada qual não se confunde com o do outro, ou outra, e, portanto, não se comunicam eles entre si. Como consequência, os débitos da sociedade devem por ela ser suportados, assim como os da pessoa de cada sócio devem ser pelo respectivo devedor solvidos e, inexistindo bem disponível que possa responder pela dívida, suporta o credor a consequência da falta patrimonial. A sociedade não haverá, pois, de responder por débitos de seus sócios, como estes não suportarão dívidas sociais. Fábio Ulhoa Coelho afirma que, por força da distinção entre sociedade e sócios, consagrado está o princípio da autonomia patrimonial, de sorte que "os sócios não podem ser considerados os titulares dos direitos ou os devedores das prestações relacionados ao exercício da atividade econômica, explorada em conjunto. Será a própria pessoa jurídica da sociedade a titular de tais direitos e a devedora dessas obrigações"[14]. Rúbens Requião apresenta como efeitos da personalidade das pessoas jurídicas a capacidade de adquirirem direitos e obrigações, sua individualidade própria, que não se confunde com a de seus sócios, a autonomia patrimonial dessas entidades e a possibilidade de modificação de sua estrutura organizacional[15]. A regra da autonomia, ou da distinção entre a pessoa jurídica e a

[14] F. Ulhoa Coelho, Curso de Direito Comercial: Direito de Empresa, cit, n. 2.3., p. 32.

[15] R. Requião, *Curso de Direito Comercial*, 1º vol., n. 220, p. 463-464.

pessoa de seus sócios, que vem do Direito romano[16], era expressa no Código Civil de 1916, cujo artigo 20 dispunha que "*As pessoas jurídicas têm existência distinta da de seus membros*". O Código Civil vigente não reproduziu o preceito, cujo princípio, entretanto, subsiste, pois, ao admitir a desconsideração da personalidade jurídica em casos especiais, o artigo 50 desse diploma consagra a teoria da distinção entre sociedade e seus sócios. No Direito atual, continua, pois, a não se confundir a pessoa jurídica com as pessoas que a compõem e, por consequência, os patrimônios dela e deles não se comunicam como regra.

O princípio vigente é, pois, o da distinção entre sociedade e seus sócios, cujos direitos e obrigações não se confundem: os direitos pessoais de cada sócio a eles pertencem, ao passo que os direitos da sociedade tocam a ela; as obrigações particulares dos sócios são de responsabilidade de cada um dos obrigados, enquanto as obrigações sociais devem ser cumpridas pela sociedade, respondendo, na medida de suas forças, o patrimônio dela – e apenas este – pelo adimplemento.

Acontece que pessoas inescrupulosas passaram a se esconder por detrás da sociedade para atingir fins ilícitos, para fraudar credores, para obter vantagem indevida, o que levou a doutrina a rever esse princípio da separação bonitária. Constatou-se então que, sob o véu da pessoa jurídica, da companhia, alguns sócios ou seus representantes obnubilavam condutas fraudulentas que causavam prejuízo aos que contratavam com a sociedade, em benefício de tais fraudadores. A doutrina passou então a proclamar que era preciso tirar esse véu que escondia o verdadeiro autor da fraude e que com a manobra acabava se beneficiando, acobertado que era pela distinção feita pelo Direito. Foi a partir de certa conscientização de que a pessoa jurídica não poderia acobertar condutas reprimidas pelo ordenamento jurídico que as fraudes assim cometidas passaram a ser corrigidas pela desconsideração da personalidade jurídica. Quando a pessoa jurídica fosse usada com desvio da finalidade social ou em fraude à lei e, beneficiando seus sócios, prejudicasse terceiros de boa-fé, essa personalidade jurídica poderia ser circunstancialmente desconsiderada, ou, como diz Sílvio Venosa, "não deve ser levada em conta a personalidade técnica, não deve ser tomada em consideração sua existência, decidindo o julgador

[16] Correia e Sciascia transcrevem trecho do Digesto, onde se prescrevia: Si quid universitati debetur, singulis non debetur: nec quod debet universitas, singuli debent (Manual de Direito Romano, § 22, p. 47).

como se o ato ou negócio houvesse sido praticado pela pessoa natural (ou outra pessoa jurídica)"[17].

Os doutrinadores têm afirmado que a doutrina, conhecida como *disregard doctrine* ou "doutrina da penetração"[18], surgiu no Direito anglo-saxônico, de onde se espraiou para outros sistemas jurídicos. Comenta-se que a primeira referência jurisprudencial a essa teoria, que pune o *disregard of legal entity* (desprezo ao ente legal) ou que dá ensejo a *lifting ou piercing the veil* (furar/transpor o véu), ocorreu nos Estados Unidos da América, num julgado de 1809, no qual, contudo, o tema foi aí ventilado apenas para reconhecer a competência federal para enfrentar matéria sobre corporações[19]. O primeiro precedente em que a doutrina veio a ser efetivamente debatida foi julgado na Inglaterra, em 1897, no caso conhecido como "Salomon *vs.* Salomon & Co.". Segundo relata Rúbens Requião, o comerciante Aaron Salomon constituíra uma sociedade com outras pessoas de sua família e então transferiu à pessoa jurídica seu fundo de comércio. Cada um dos outros sócios recebeu então uma única ação da companhia, ao passo que Aaron recebeu 20.000 ações, além de uma garantia de dez mil libras esterlinas por ter à sociedade transferido aquele seu estabelecimento. A empresa acabou falindo, tendo Aaron se habilitado como credor privilegiado, o que deixou os credores quirografários impagos. O liquidante sustentou então que a pessoa jurídica tinha sido usada por Aaron como atividade pessoal dele e por isso ele deveria, com seu patrimônio, responder pelo pagamento dos credores da empresa. A tese foi acolhida pelo juiz e pela Corte de Apelação, mas foi revertida na Câmara dos Lordes, que afastou a responsabilidade de Aaron ao argumento de que eram distintos a sociedade e seus sócios, de modo que, negando aquela comunicação patrimonial, concluiu que o patrimônio do sócio não poderia responder pela dívida da falida[20].

Na Alemanha, em tese de doutoramento do ano de 1953, Rolf Serick acabou sistematizando a teoria, que foi divulgada por diversos doutrinadores, tendo sido apresentada no Brasil pelo já mencionado Rúbens Requião, em palestra por ele realizada no ano de 1969. A partir desse comercialista brasileiro, diversos outros estudiosos deram realce ao tema, que acabou sendo

[17] S. Venosa, *Direito Civil: Parte Geral*, 1º volume, n. 14.14, p. 285.

[18] Cf. R. Requião, ob. cit., n. 218, p. 458.

[19] Cf. Suzy Elisabeth Cavalcante Koury, A Desconsideração da Personalidade Jurídica (Disregard Doctrine) e os Grupos de Empresas, p. 64.

[20] Cf. Rúbens Requião, ob. cit., 1º vol., n. 218, p. 458-459. Cabe examinar ainda dele: Abuso de Direito e Fraude Através da Personalidade Jurídica, *RT* 410, dez./1969, p. 12-24.

objeto de disposições legislativas, como a incluída no Código de Defesa do Consumidor de 1990 e no vigente Código Civil, de 2002.

2.2. A Doutrina

Como dito, foi em países do *Common Law* que se concebeu a possibilidade de episódica confusão patrimonial entre bens da sociedade e de seus membros para punir ato ilícito ou contrário ao estatuto praticado por seu sócio, quando este houvesse fraudulentamente causado dano a alguém que tivesse negociado com a pessoa jurídica. Sem extinguir a pessoa jurídica[21], sem decretar-lhe a desconstituição e sem declarar a nulidade de seu ato formativo, nos casos em que se constatasse a fraude cometida por seu representante ou administrador, desconsiderava-se a personalidade jurídica da sociedade, a fim de se alcançar o patrimônio do fraudador[22]. Rúbens Requião pondera que a aplicação dessa

[21] Maria Helena Diniz anota, em comentário ao art. 50 do CCB, que na redação original desse dispositivo, de autoria do Min. Moreira Alves, em caso de desvio de finalidade cometido por sócio com o fim de acobertar prática de ato ilícito ou abusivo, a sociedade poderia ser dissolvida (*Código Civil Comentado*, cit., p. 139).

[22] Tal distinção teórica é percebida no seguinte acórdão do Superior Tribunal de Justiça: "RECURSO ESPECIAL. DESCONSIDERAÇÃO DA PERSONALIDADE JURÍDICA. CPC/2015. PROCEDIMENTO PARA DECLARAÇÃO. REQUISITOS PARA A INSTAURAÇÃO. OBSERVÂNCIA DAS REGRAS DE DIREITO MATERIAL. DESCONSIDERAÇÃO COM BASE NO ART. 50 DO CC/2002. ABUSO DA PERSONALIDADE JURÍDICA. DESVIO DE FINALIDADE. CONFUSÃO PATRIMONIAL. INSOLVÊNCIA DO DEVEDOR. DESNECESSIDADE DE SUA COMPROVAÇÃO. 1. A desconsideração da personalidade jurídica não visa à sua anulação, mas somente objetiva desconsiderar, no caso concreto, dentro de seus limites, a pessoa jurídica, em relação às pessoas ou bens que atrás dela se escondem, com a declaração de sua ineficácia para determinados efeitos, prosseguindo, todavia, incólume para seus outros fins legítimos. 2. O CPC/2015 inovou no assunto prevendo e regulamentando procedimento próprio para a operacionalização do instituto de inquestionável relevância social e instrumental, que colabora com a recuperação de crédito, combate à fraude, fortalecendo a segurança do mercado, em razão do acréscimo de garantias aos credores, apresentando como modalidade de intervenção de terceiros (arts. 133 a 137). 3. Nos termos do novo regramento, o pedido de desconsideração não inaugura ação autônoma, mas se instaura incidentalmente, podendo ter início nas fases de conhecimento, cumprimento de sentença e executiva, opção, inclusive, há muito admitida pela jurisprudência, tendo a normatização empreendida pelo novo diploma o mérito de revestir de segurança jurídica a questão. 4. Os pressupostos da desconsideração da personalidade jurídica continuam a ser estabelecidos por normas de direito material, cuidando o diploma processual tão somente da disciplina do procedimento. Assim, os requisitos da desconsideração variarão de acordo com a natureza da causa, seguindo-se, entretanto, em todos os casos, o rito procedimental proposto pelo diploma processual. 6. Nas causas em que a relação jurídica subjacente ao processo for cível-empresarial, a desconsideração da personalidade da pessoa jurídica será regulada pelo art. 50 do Código Civil, nos casos de abuso

doutrina leva em conta que "a personalidade jurídica não constitui um direito absoluto, mas está sujeita e contida pela teoria da fraude contra credores e pela teoria do abuso de direito"[23]. Como afirma Fábio Ulhoa Coelho, "a teoria tem o intuito de preservar a pessoa jurídica e sua autonomia, enquanto instrumentos jurídicos indispensáveis à organização da atividade econômica, sem deixar ao desabrigo terceiros vítimas de fraude"[24].

Os estudiosos não são uniformes quanto às situações em que pode caber essa desconsideração da personalidade jurídica. Alguns apresentam doutrina restritiva, como Guido Alpa, que, segundo Caio Mário da Silva Pereira, admite a aplicação da doutrina do *disregard* apenas quando tiver havido abuso de direito[25]; ao passo que outros admitem sua incidência toda vez que o patrimônio social não puder suportar os débitos da sociedade, o que, conforme a primeira corrente, seria negação do princípio genérico da distinção entre sociedade e seus sócios.

Segundo o alemão Rolf Serick, para se desconsiderar a personalidade jurídica, seria preciso que tivesse havido *abuso da forma da pessoa jurídica*, entendendo-se por abuso da forma, nas palavras de Ulhoa Coelho, "qualquer ato que, por meio do instrumento da pessoa jurídica, vise frustrar a aplicação da lei ou o cumprimento de obrigação contratual, ou, ainda, prejudicar terceiros de modo fraudulento[26]. Esse abuso seria, pois, requisito para a desconsideração. Por outro lado, para se desconsiderar a personalidade jurídica, preciso seria verificar a conduta das pessoas que tiverem agido pela sociedade, que terão procedido abusivamente para obter benefício próprio em prejuízo alheio[27].

da personalidade jurídica, caracterizada pelo desvio de finalidade, ou pela confusão patrimonial. 7. A inexistência ou não localização de bens da pessoa jurídica não é condição para a instauração do procedimento que objetiva a desconsideração, por não ser sequer requisito para aquela declaração, já que imprescindível a demonstração específica da prática objetiva de desvio de finalidade ou de confusão patrimonial. 8. Recurso especial provido" (REsp 1729554/SP, Rel. Ministro Luis Felipe Salomão, 4ª T.; J. 08/05/2018, *DJe* 06/06/2018).

[23] R. Requião, ob. cit., n. 218, p. 459.

[24] F. Ulhoa Coelho, *Curso de Direito Comercial*, n. 1, p. 59.

[25] Caio Mário da S. Pereira, *Instituições*..., vol. I, n. 58-A, p. 335.

[26] F. Ulhoa Coelho, *Curso de Direito Comercial*, n. 2, p. 59.

[27] Resumindo a teoria de Serick, F. Ulhoa Coelho observa que (1) a *disregard* visa impedir a realização de ilícito em caso de abuso da forma da pessoa jurídica; anota que (2) "não é possível desconsiderar a autonomia subjetiva da pessoa jurídica apenas porque o objetivo da norma ou a causa do negócio não foram atendidos", não sendo suficiente a insatisfação do credor; e conclui que (3) "se a lei prevê determinada disciplina para os negócios entre dois sujeitos distintos, cabe desconsiderar a autonomia da pessoa jurídica que o realiza com um de seus membros para afastar essa disciplina" (ob. cit., n. 2, p. 59-60).

Conforme essa teoria, em suma, a desconsideração da personalidade jurídica inspira-se no princípio da equidade; visa preservar a moralidade obrigacional[28]. Assim, sob tal aspecto, sendo a distinção entre a pessoa jurídica e seus sócios a regra, a desconsideração pressupõe a ocorrência de fraude ou abuso de direito. Carlos Roberto Gonçalves anota que essa teoria, que exige tais elementos (fraude ou abuso) para haver desconsideração, subdivide-se em objetiva e subjetiva. Para a corrente objetiva, a confusão patrimonial revela esses elementos essenciais, enquanto para a corrente subjetiva tais elementos devem ser demonstrados no processo[29].

O já várias vezes mencionado Fábio Ulhoa Coelho pondera que a fraude e os atos abusivos são requisitos para aplicação da doutrina, sendo certo, entrementes, que, visto o ato pelo aspecto da pessoa jurídica, ele é lícito, mas, considerado o propósito do sócio que o praticou, sobressai a ilicitude da conduta[30]. E completa ele: o uso fraudulento ou abusivo da personalidade jurídica é que fundamenta a superação do princípio da distinção entre sócio e sociedade, de modo que tais elementos subjetivos devem ser comprovados para a desconsideração da personalidade jurídica. Entrementes, alguns doutrinadores, como Comparato, têm proposto, para facilitação da posição do lesado, elementos objetivos que podem revelar aquela intenção fraudulenta. A confusão patrimonial seria, pois, elemento exterior que comprovaria aquele elemento subjetivo: a fraude. Outra técnica para facilitar a demonstração desse elemento subjetivo – de difícil comprovação prática – seria, segundo o mesmo Fábio Ulhoa Coelho, a presunção de fraude ou a inversão do ônus da prova[31]. Se, entretanto, o elemento fraudulento ou o abuso tiver sido demonstrado por outra forma, a teoria se aplica também aí[32]. Este parece ser também o entendimento de Marlon Tomazette quando discorre sobre o Código Civil vigente, citado pelo já referido Carlos Roberto Gonçalves[33].

Alguma doutrina entende cabível a desconsideração da personalidade jurídica sempre que a sociedade não tiver condições econômicas para saldar seus débitos para com seus credores. Carlos Roberto Gonçalves, por exemplo,

[28] Ver, a propósito, Caio Mário S. Pereira, *Instituições ...*, vol. I, n. 58-A, p. 336.

[29] Carlos R. Gonçalves, *Direito Civil Brasileiro*, n. 5, p. 252.

[30] F. Ulhoa coelho, *Curso de Direito Comercial*, n. 2.3, p. 65-66.

[31] F. Ulhoa Coelho, ibidem, n. 3, p. 66-67.

[32] Idem, ibidem, n. 2.4, p. 66-67.

[33] Carlos R. Gonçalves, *Direito Civil Brasileiro*, n. 5, p. 252 e nota 71.

afirma que essa teoria prega que "Se a sociedade não possuir patrimônio, mas o sócio é solvente, isto basta para responsabilizá-lo por obrigações daquela"[34].

O alargamento da teoria, contudo, não poderia avançar tanto, sob pena de se anular a distinção que a lei faz entre pessoa jurídica e os seus componentes. Assim, apenas caberia desconsiderar a personalidade jurídica em caso de fraude, abuso de direito ou desvio de finalidade, não para, em todas as ocasiões em que o patrimônio social se mostre insuficiente, avançar sobre os bens dos sócios. Importaria em aplicação errônea da teoria autorizar a desconsideração sempre que a sociedade, sem ter havido fraude, abuso de direito ou desvio de finalidade, se tornasse insolvente. Isso representaria o que Ulhoa Coelho, com o propósito de criticar a aplicação da teoria de forma tão ampla e desmedida, chamou de "teoria menor"[35], com cujo nome, desde então, essa doutrina passou a ser conhecida. Para esse autor, a separação patrimonial é princípio de direito que não pode ser desprezado com o propósito de sempre satisfazer credores da sociedade, até porque isso desestimularia empreendimentos arriscados, que o empresário só realiza com investimentos às vezes custosos, desde que tenha garantia de que todo seu patrimônio pessoal não será comprometido com eventual falta de êxito da atividade empresarial. O referido comercialista afirma que, se não houver o que ele chama de *socialização das perdas* pelo insucesso da empresa, os custos dos empreendimentos seriam muito elevados, os quais seriam necessariamente repassados ao consumidor. Assim, a distinção patrimonial deve persistir como regra, só sendo desconsiderada em casos de fraude ou abuso[36-37].

[34] Idem, ibidem, n. 5, p. 251-252.

[35] F. Ulhoa Coelho, ob. cit., n. 3, p. 70.

[36] Idem, ibidem, n. 2.1, p. 60-62.

[37] O STJ teve ocasião de decidir que a doutrina da desconsideração não se aplica diante da só insuficiência patrimonial da sociedade. Considerou então que não estava aplicando o que ficou conhecido como teoria menor. Eis o precedente:

"**EMENTA**: FALÊNCIA. ARRECADAÇÃO DE BENS PARTICULARES DE SÓCIOS-DIRETORES DE EMPRESA CONTROLADA PELA FALIDA. DESCONSIDERAÇÃO DA PERSONALIDADE JURÍDICA (*DISREGARD DOCTRINE*). **TEORIA MAIOR**. NECESSIDADE DE FUNDAMENTAÇÃO ANCORADA EM FRAUDE, ABUSO DE DIREITO OU CONFUSÃO PATRIMONIAL. RECURSO PROVIDO.

1. A teoria da desconsideração da personalidade jurídica – *disregard doctrine* –, conquanto encontre amparo no direito positivo brasileiro (art. 2º da Consolidação das Leis Trabalhistas, art. 28 do Código de Defesa do Consumidor, art. 4º da Lei n. 9.605/98, art. 50 do CC/02, dentre outros), deve ser aplicada com cautela, diante da previsão de autonomia e existência de patrimônios distintos entre as pessoas físicas e jurídicas.

Os autores que têm tratado do tema têm realçado que a desconsideração da personalidade jurídica não pretende negar a distinção que existe entre sociedade e seus membros (nem poderia fazê-lo, sem ofensa ao regramento jurídico que os distingue). Trata-se, com efeito, de *desconsideração* da personalidade jurídica, não de *despersonalização*, que implica a dissolução da pessoa jurídica ou a cassação da autorização para seu funcionamento[38].O que a *disregard doctrine* faz é, considerando que a personalidade não é direito absoluto, suspender essa distinção em um caso concreto e para determinado fim, com o propósito de punir o agente fraudulento e de satisfazer a pessoa fraudada. Mais tarde, a teoria veio a ser alargada para punir não só a fraude, mas também o abuso de direito[39].

Já se disse que a desconsideração da personalidade jurídica, conforme Fábio Ulhoa Coelho, tem por pressuposto a licitude do ato, que, entretanto, se revela fraudulento por representar manobra que visa causar prejuízo[40]. Se

2. A jurisprudência da Corte, em regra, dispensa ação autônoma para se levantar o véu da pessoa jurídica, mas somente em casos de abuso de direito – cujo delineamento conceitual encontra-se no art. 187 do CC/02 –, desvio de finalidade ou confusão patrimonial, é que se permite tal providência. Adota-se, assim, a 'teoria maior' acerca da desconsideração da personalidade jurídica, a qual exige a configuração objetiva de tais requisitos para sua configuração.
3. No caso dos autos, houve a arrecadação de bens dos diretores de sociedade que sequer é a falida, mas apenas empresa controlada por esta, quando não se cogitava de sócios solidários, e mantida a arrecadação pelo Tribunal *a quo* por 'possibilidade de ocorrência de desvirtuamento da empresa controlada', o que, à toda evidência, não é suficiente para a superação da personalidade jurídica. Não há notícia de qualquer indício de fraude, abuso de direito ou confusão patrimonial, circunstância que afasta a possibilidade de superação da pessoa jurídica para atingir os bens particulares dos sócios.
4. Recurso especial conhecido e provido" (REsp 693235/MT, Rel. Min. Luís Felipe Salomão, 4ª Turma, j. 17/11/2009, *DJe* 30/11/2009).

[38] Cf. Carlos R. Gonçalves, *Direito Civil Brasileiro*, n. 5, p. 250.

[39] R. Requião, *Curso de Direito Comercial*, 1º vol., n. 218, p. 459.

[40] O já referido F. Ulhoa Coelho apresenta três exemplos de situações tiradas de casos reais e examinadas por Tribunais estrangeiros ou do país, em que as práticas em si não eram ofensivas da lei, mas representavam manobras realizadas com propósitos fraudulentos. O primeiro exemplo é representado por um comerciante em nome individual que, formando sociedade limitada com outrem, em lugar de integralizar suas quotas na sociedade, vende a ela com reserva de domínio o estabelecimento comercial que possuía. Vindo a sociedade a falir, terá ele direito de reaver o estabelecimento vendido e, ao passo que ele não experimenta prejuízo, os credores da falida certamente não encontrarão bens para receber seus haveres.
O segundo exemplo é representado por sócios de S.A. que, diante de possível condenação vultosa por ato de preposto seu, deixam de investir na pessoa jurídica, ao tempo em que abrem nova empresa, sociedade limitada, no mesmo ramo, que, devido à sua eficiência, acaba recebendo a clientela da primeira, propiciando-lhe lucros elevados. A condenação da primeira depois surgida

o ato praticado pelo sócio ou administrador da sociedade revelar-se ilícito, a lei já prevê sua responsabilidade pessoal, de modo que não haveria utilidade em se pretender a desconsideração da personalidade jurídica[41]; a hipótese é de responsabilidade pessoal dele pelo ilícito ou em responsabilidade solidária, o que tornaria irrelevante a aplicação da referida teoria.

A desconsideração da personalidade jurídica não se confunde com a fraude contra credores, nem com a fraude à execução, embora se assemelhe a esta última quanto aos efeitos: a ineficácia do ato.

A fraude contra credores exige ação pauliana, na qual se deve demonstrar o preenchimento dos requisitos legais: insolvência do devedor e *concilium fraudis* (arts. 158-159, CCB). Ocorre essa fraude quando o devedor se desfizer de seus bens, ou os onerar, com o propósito de fraudar seus credores. Na desconsideração da personalidade jurídica, alguém, pela sociedade, pratica atos aparentemente lícitos, mas que representam manobras para deixar credores sem pagamento e para o fraudador obter vantagem. Ao passo que a fraude contra credores revela-se como ato ilícito, os atos que justificam a desconsideração mostram-se em si lícitos, mas representam manobra ilícita praticada sob o manto da pessoa jurídica, destinada a causar prejuízo. Na fraude contra credores o ato é anulável e, por força da sentença, a alienação ou oneração prejudicial é desconstituída, com que o patrimônio do devedor é recomposto ao estado anterior à fraude, em virtude do que o credor poderá ter seu direito satisfeito.

Na fraude à execução, a parte de processo em curso provoca a alienação ilegal ou oneração de bens que haveriam de responder pela obrigação já definida, ou a ser reconhecida, nessa demanda. Como esse ato é ofensivo, muito mais que ao direito do credor, à própria Justiça, a fraude pode ser reconhecida incidentalmente, por iniciativa do próprio juiz, sendo o ato considerado ineficaz, de tal sorte que, se o credor for satisfeito em seus direitos sem necessidade de se alcançar o bem alienado/onerado, o ato de alienação/oneração ficará preservado. Na desconsideração da personalidade jurídica o ato criticado é lícito,

poderá não ser plenamente satisfeita, porque a tal empresa deixou de receber investimentos, restando-lhe apenas os equipamentos já então obsoletos. Não há ai prática ilegal, mas a constituição da nova sociedade terá tido o único intuito de frustrar aquele crédito.
O último exemplo envolve algumas sociedades anônimas do mesmo ramo, uma das quais, por acordo feito com os controladores das demais, adquire o direito de nomear-lhes o administrador de cada uma e, assim, acaba impondo o preço que entende aos clientes. Sem haver confusão entre as empresas, ocorre, no entanto, o domínio do mercado (F. Ulhoa Coelho, ob. cit., n. 1, p. 55-58).

[41] F. Ulhoa Coelho, ob. cit., n. 2.3, p. 65-66.

mas terá sido praticado com intenção ilícita (de causar prejuízo ou com abuso de direito), a justificar sua ineficácia. Quando em juízo se realiza a desconsideração da personalidade jurídica reconhece-se a *responsabilidade* (*Haftung*) do sócio pela *dívida* (*Schuld*) que é da sociedade (na desconsideração direta) ou a responsabilidade da sociedade por débito do sócio (na desconsideração inversa), ao tempo em que se autoriza que o patrimônio desse responsável responda por aquela obrigação específica. Assim como o fiador, em virtude de contrato, com assento neste, torna-se responsável por dívida alheia (do afiançado), na desconsideração, por força da lei (não de contrato), cujos requisitos a decisão judicial reconhece preenchidos, o terceiro (com referência à relação obrigacional) é tido como responsável por aquela obrigação do devedor, que tem o patrimônio comprometido. A distinção entre débito e responsabilidade torna-se nítida nessa figura[42], que parece ser tema de Direito material, ainda que possa ter reflexos no processo[43]. Da mesma forma que a fiança é matéria do Direito civil, cujos requisitos a lei material define, a desconsideração vem regulada por normas de Direito material (não por sua topologia, mas por seu conteúdo). Se o afiançado não cumprir a obrigação, o fiador poderá ser chamado a juízo, quando poderá, segundo as regras do Direito material, alegar a invalidade da fiança, cuja defesa, se não reconhecida, resultará em medidas constritivas para o responsável, a fim de se obter a satisfação do credor. Na desconsideração passa-se algo parecido: o prejudicado convoca o terceiro a juízo imputando-lhe situação que a lei material autoriza a atribuição a ele de responsabilidade que ele não tinha assumido e, em contraditório, decidir-se-á se a hipótese legal se verificou, caso em que reconhecerá aquela responsabilidade do terceiro e autorizará atos executivos contra ele.

Quando Rúbens Requião tratou pela primeira vez do tema no Brasil, sustentou que não seria necessário preceito legal específico para a doutrina ser aqui aplicada, pois o Direito não admite fraudes e abusos praticados por meio da pessoa jurídica, sendo a desconsideração da personalidade jurídica a forma

[42] Sobre o tema conferir, por todos, Sílvio de Salvo Venos, *Direito Civil: Teoria Geral das Obrigações e dos Contratos*, vol. II, n. 2.4, p. 20 e ss.

[43] Não parece procedente, pois, a afirmação de Mozart V. Andrade Jr. de que a desconsideração da personalidade jurídica constitui instituto processual, sendo as normas contidas no CCB e no CCB regras do direito processual material e as apresentadas no novo CPC regras meramente procedimentais ("A desconsideração da personalidade jurídica para fins de responsabilidade: uma visão dualista da *disregard doctrine*", n. 2, p. 68), tendo ele concluído que "a desconsideração da personalidade jurídica para fins de responsabilidade representa um instituto processual, integrado por normas de direito processual puro, que cuidam do procedimento de sua aplicação, e de direito processual substancial, as quais preveem as hipóteses de sua incidência" (ob. cit., n. 6, p. 74).

de combater essas práticas ilícitas[44]. Agora o Direito nacional contempla casos de desconsideração, impondo-se examinar a extensão que tem o assunto no sistema vigente (n. II.4), o que será feito após algumas palavras sobre a chamada desconsideração inversa da personalidade jurídica.

2.3. Desconsideração Inversa

Depois que se pacificou o entendimento de que a distinção entre pessoa jurídica e a pessoa dos sócios não pode ser pretexto para, à falta de patrimônio daquela, deixar indene o prejudicado por ato destes, não foi difícil reconhecer que, da mesma forma, não se poderia deixar sem reparação o dano experimentado pela vítima de ato fraudulento praticado pelo sócio sem patrimônio que tivesse transferido à sociedade de que fizesse parte os cômodos que, na verdade, seriam dele. Foi então que se passou a falar em desconsideração inversa da personalidade jurídica. Na verdade, desconsidera-se a distinção entre patrimônios do sócio e da sociedade de que ele faça parte para permitir que bens atribuídos indevidamente à pessoa jurídica, que, na realidade, pertenciam ao sócio, possam responder pelos débitos dele.

Esse tema foi ampla e profundamente tratado no acórdão que julgou o Agravo por Instrumento n. 1198103-0/0, relatado pelo Des. Pereira Calças, da 29ª Câmara de Direito Privado do Tribunal de Justiça do Estado de São Paulo, que ficou assim ementado:

> Agravo de Instrumento. Cumprimento de sentença condenatória. Deferimento de penhora "on line" de numerário existente em contas bancárias/aplicações do devedor. Frustração da penhora em face da informação da inexistência de saldo nas contas bancárias. Devedor é sócio controlador de sociedades empresárias e considerado o maior revendedor de veículos da América Latina. Pedido de aplicação da desconsideração inversa da personalidade jurídica para que a penhora recaia em saldos bancários das sociedades empresárias controladas pelo devedor. Indeferimento pelo juiz de primeiro grau. Reconhecimento da possibilidade de se declarar a desconsideração da personalidade jurídica incidentalmente na fase de execução da sentença, não se exigindo ação autônoma, mas, observando-se o contraditório, a ampla defesa e o devido processo legal. Prova de que o sócio devedor é, em rigor, "dono" da sociedade limitada e da sociedade anônima fechada, das quais é o presidente, controlador de fato, e, apesar da participação minoritária de sua esposa, ficam elas caracterizadas como autênticas sociedades unipessoais.

[44] F. Ulhoa Coelho, ob. cit., n. 2, p. 60.

> Confusão patrimonial entre sócio e sociedades comprovada. Patrimônio particular do sócio controlador constituído de bens que, na prática, mesmo que penhorados, não seriam convertidos em pecúnia para a satisfação do credor. Oferecimento de bens imóveis à penhora, que, por se situarem no Estado da Paraíba, distantes mais de 2.600 km de São Paulo, onde tramita a execução, com nítido escopo de se opor maliciosamente à execução, empregando ardis procrastinatórios, que configura ato atentatório à dignidade da justiça.
>
> Agravo provido, para deferir a desconsideração inversa da personalidade jurídica das sociedades empresárias indicadas (Limitada e S/A fechada), autorizada a penhora virtual de saldos de contas bancárias[45].

Depois de enfrentar diversas questões preliminares e de realçar, invocando lição do professor Comparato, a possibilidade de desconsiderar a personalidade jurídica incidentalmente, sem necessidade de ação autônoma, o voto condutor discorre sobre as origens da teoria da *disregard of legal entity*, sua aplicação na doutrina estrangeira, como em âmbito nacional, e conclui que, diante do caso apresentado, mostrava-se evidente que o devedor era de fato o titular de duas sociedades solventes, de modo que se impunha a penhora de direitos em nome delas para satisfação de obrigação da pessoa natural. O voto revela-se erudito e profundo, no qual se enfrentam com desenvoltura não só as questões jurídicas debatidas, senão que também a matéria fática considerada para se chegar à conclusão a que chegou. Por aí se verifica, assim, que é cabível a desconsideração da personalidade da pessoa jurídica para alcançar bens de seu sócio ou do administrador que haja praticado fraude sob o mando dela, como também é possível desconsiderar a personalidade da pessoa natural sem patrimônio, ou com patrimônio de difícil realização prática, para, diante de ato reprovado pelo Direito, alcançar o patrimônio da sociedade, aparentemente beneficiada com os atos ilícitos por aquele cometidos.

Em matéria de direito de família e de sucessões o tema tem sido bastante ventilado. Como observa Rolf Madaleno, aplica-se a teoria da *disregard* "sempre que um cônjuge, valendo-se da máscara societária, aparta-se do direito e, com propósitos ilícitos, intenta fraudar a meação de sua mulher"[46]. Assim, quando o marido, para evitar partilhar bens comuns com a esposa, de quem se separa

[45] O recurso foi extraído do Processo n. 33453/2001 da 16ª Vara Cível da Capital, tendo nele figurado como agravante Manuel Alceu Affonso Ferreira Advogados e como agravado Carlos Alberto de Oliveira Andrade, podendo ser encontrado no seguinte endereço eletrônico: https://esaj.tjsp.jus.br/cjsg/resultadoCompleta.do.

[46] R. Madaleno, A Disregard e Sua Efetivação no Juízo de Família, p. 70-71.

ou se divorcia, transfere à sociedade bens que a ele pertencem em comum, comete fraude muitas vezes acobertada por ato aparentemente regular. Neste caso, decisão judicial pode realizar aquela desconsideração para aqueles bens transferidos à sociedade serem considerados como a ele pertencentes, a fim de propiciar a partilha que a fraude cometida visava obstar. O mesmo se passa em caso de união estável, quando um dos conviventes transfere à pessoa jurídica bens com propósito de fraudar o outro[47]. Por igual, é possível realizar essa desconsideração para permitir que devedor de alimentos que não tenha patrimônio em seu nome e que, no entanto, seja sócio de pessoa jurídica com inúmeros bens, para a qual terá desviado o que tinha, possa satisfazer sua obrigação alimentar. Da mesma forma, a transferência para sociedade de bem que, por direito, seja do sócio e que é passado em nome daquela para evitar sua partilha entre herdeiros que a ele façam jus, pode ser desconsiderada e, assim, a fraude cometida não consegue o desiderato de seu mentor. Neste sentido tem sido o posicionamento do Superior Tribunal de Justiça, como se verifica do julgamento que recebeu a seguinte ementa:

> **EMENTA:** RECURSO ESPECIAL. DIREITO CIVIL E PROCESSUAL CIVIL. DESCONSIDERAÇÃO INVERSA DA PERSONALIDADE JURÍDICA. EXECUÇÃO CONTRA EMPRESA PERTENCENTE A CONGLOMERADO, CUJO SÓCIO MAJORITÁRIO OU ADMINISTRADOR ALIENOU A QUASE TOTALIDADE DAS COTAS SOCIAIS DA PRINCIPAL EMPRESA DO GRUPO PARA SUA ESPOSA. FRAUDE À EXECUÇÃO. ABUSO DA PERSONALIDADE. CONFUSÃO PATRIMONIAL. ATO ATENTATÓRIO À DIGNIDADE DA JUSTIÇA. TENTATIVA DE FRUSTRAR A EXECUÇÃO. RISCO DE INSOLVÊNCIA DO DEVEDOR. NECESSIDADE DE PERSEGUIÇÃO DE NOVAS GARANTIAS. 1. Controvérsia em torno da legalidade da desconsideração inversa da personalidade jurídica em relação à empresa recorrente no curso de execução movida contra uma das empresas integrantes do mesmo grupo econômico, mas sem patrimônio para garantia do juízo, em face da transferência pelo sócio majoritário da quase totalidade de suas cotas sociais para sua esposa, ficando somente com a participação de 0,59% na empresa recorrente. 2. A alienação maliciosa para a esposa da quase totalidade de sua participação societária pelo sócio-controlador, coexecutado na qualidade de avalista, de empresa-joia de conglomerado de empresas, integrado pela empresa coexecutada, sem patrimônio, em fraude à execução, caracteriza abuso de personalidade jurídica. 3. Legalidade da desconsideração inversa da personalidade jurídica, autorizada pelo art. 50 do Código Civil, que

47 Idem, ibidem, p. 65 e ss.

abrange, conforme a jurisprudência desta Corte, as hipóteses de ocultação ou mescla de bens no patrimônio de seus sócios ou administradores. 4. A teoria da "disregard doctrine" surgiu como mecanismo para coibir o uso abusivo da autonomia da pessoa jurídica para a prática de atos ilícitos em detrimento dos direitos daqueles que com ela se relacionam. 5. A comprovação de que a personalidade jurídica da empresa está servindo como cobertura para abuso de direito ou fraude nos negócios deve ser severamente reprimida. 6. Utilização, no caso, de uma das empresas, a mais importante, do conglomerado de empresas pertencentes ao devedor, integrado pela empresa codevedora sem patrimônio, para ocultar bens, prejudicando os credores. 7. Caracterização do abuso de personalidade jurídica, autorizando a medida excepcional. Precedentes do STJ. 8. RECURSO ESPECIAL DESPROVIDO (REsp 1721239/SP; Rel. Ministro Paulo de Tarso Sanseverino, 3ª T., J. 27/11/2018, *DJe* 06/12/1018).

Em suma, como anota o mencionado Rolf Madaleno, é possível levantar o véu societário para permitir que bens da pessoa jurídica respondam por débito da pessoa natural[48], assim como são retirados daquela companhia bens a ela transferidos com o propósito de causar prejuízo a terceiros, sempre que se constatar que, para encobrir aquele propósito fraudulento, o obrigado insolvável tiver praticado manobras reprovadas pelo sistema jurídico; ocorra isto em matéria de direito de família ou em qualquer outra órbita.

2.4. Adoção da Teoria no Direito Brasileiro

Já se disse que foi o prof. Rúbens Requião quem transplantou a doutrina da desconsideração da personalidade jurídica para o direito brasileiro, quando em conferência por ele proferida divulgou-a à classe jurídica nacional (item II.1). Proclamou ele então que, a despeito da falta de norma legal expressa, a teoria tinha aplicação no país, porque o Direito não admite a fraude, de sorte que, constatada esta, caberia sua aplicação para restabelecer a ordem jurídica violada.

Diante da resistência de alguns setores de juristas em acolher a doutrina, o legislador nacional acabou por incorporá-la em diversas regras, como será visto, sem grande profundidade, em seguida, com o único propósito de mostrar que a lei, distinguindo algumas situações, tem apresentado requisitos distintos para admitir a desconsideração da personalidade jurídica.

[48] Idem, ibidem, p. 13.

2.4.1. Código de Defesa do Consumidor

O primeiro diploma que expressamente tratou da matéria foi o Código de Defesa do Consumidor (Lei n. 8.078, de 11/09/1990)[49], que a respeito prevê o seguinte:

> Art. 28. O juiz poderá desconsiderar a personalidade jurídica da sociedade quando, em detrimento do consumidor, houver abuso de direito, excesso de poder, infração da lei, fato ou ato ilícito ou violação dos estatutos ou contrato social. A desconsideração também será efetivada quando houver falência, estado de insolvência, encerramento ou inatividade da pessoa jurídica por má administração.
>
> (...)
>
> § 5º Também poderá ser desconsiderada a pessoa jurídica sempre que sua personalidade for, de alguma forma, obstáculo ao ressarcimento de prejuízos causados aos consumidores.

Ulhoa Coelho afirma que essa lei, na verdade, aplica a doutrina da desconsideração da personalidade jurídica apenas no ponto em que leva em conta o *abuso de direito*. Quando prevê a responsabilidade do sócio que tenha agido com *excesso de poder, infração à lei, fato ou ato ilícito ou* em caso de *falência por má administração* ou por ato ilícito próprio, o caso não será de desconsideração, mas de responsabilidade por ato dele próprio. A responsabilidade do sócio, nestes casos, surge independentemente daquela desconsideração; trata-se de responsabilidade pessoal, para o que não existe nenhuma dificuldade que justifique a aplicação da teoria[50].

O referido autor critica a regra do § 5º do mencionado art. 28, que, numa interpretação literal, faria letra morta do *caput*, que reconhece a distinção entre sociedade e seus sócios, e autoriza a desconsideração nos casos ali mencionados. Concluir que a reparação dos prejuízos do consumidor caberia sempre que a sociedade não possuir bens eliminaria o instituto da pessoa jurídica. Daí por que conclui ele que o preceito deveria ser entendido como autorizador de aplicação apenas de sanções não pecuniárias ao empresário que tivesse

[49] Caio Mário da S. Pereira anota que o Direito brasileiro, antes do CDC, havia se preocupado com a repressão de abusos e irregularidades cometidos por sócios de pessoas jurídicas, como a Lei n. 6.024/74 (*Instituições*, vol. I, n. 58-A, p. 336).

[50] F. Ulhoa Coelho, *Curso de Direito Comercial*, n. 5, p. 73-74.

deixado a pessoa jurídica chegar àquele *déficit* patrimonial, como a proibição de fabricação de produto, a suspensão temporária de atividade (CDC, art. 56)[51].

Entrementes, o Superior Tribunal de Justiça tem considerado que, nas relações jurídicas de natureza civil-empresarial, aplicam-se os requisitos do Código Civil, não os do Código de Defesa do Consumidor[52].

[51] Idem, ibidem, n. 5, p. 74-74.

[52] Eis um precedente sobre o ponto:

"**EMENTA:** CIVIL. PROCESSUAL CIVIL. RECURSO ESPECIAL. RECURSO MANEJADO SOB A ÉGIDE DO NCPC. AGRAVO DE INSTRUMENTO. AÇÃO DE ROMPIMENTO CONTRATUAL E INDENIZAÇÃO POR DANOS MORAIS E MATERIAIS. FASE DE CUMPRIMENTO DE SENTENÇA. RELAÇÃO DE CONSUMO. AUSÊNCIA DE ATIVOS FINANCEIROS DA EMPRESA EXECUTADA. VIOLAÇÃO DO ART. 1.022, II, DO NCPC. NÃO CONFIGURADA. DESCONSIDERAÇÃO DA PESSOA JURÍDICA. ART. 28, § 5º, DO CDC (TEORIA MENOR) QUE NÃO EXIGE A PRÁTICA DE ATOS FRAUDULENTOS, MAS NÃO POSSUI A HIPÓTESE DE RESPONSABILIZAÇÃO DO ADMINISTRADOR. ART. 50 DO CC (TEORIA MAIOR) QUE PERMITE A RESPONSABILIZAÇÃO DO ADMINISTRADOR NÃO SÓCIO, MAS EXIGE QUE AS OBRIGAÇÕES CONTRAÍDAS TENHAM SIDO REALIZADAS COM EXCESSO DE PODER OU DESVIO DO OBJETO SOCIAL. TRIBUNAL DE ORIGEM QUE NÃO INDICOU NENHUMA PRÁTICA DE ATO IRREGULAR OU FRAUDULENTO PELO ADMINISTRADOR NÃO-SÓCIO. RESPONSABILIZAÇÃO INDEVIDA. RECURSO ESPECIAL CONHECIDO E PARCIALMENTE PROVIDO. 1. Aplicabilidade do NCPC a este recurso ante os termos do Enunciado Administrativo nº 3 aprovado pelo Plenário do STJ na sessão de 9/3/2016: Aos recursos interpostos com fundamento no CPC/2015 (relativos a decisões publicadas a partir de 18 de março de 2016) serão exigidos os requisitos de admissibilidade recursal na forma do novo CPC. 2. De acordo com a jurisprudência desta Corte, a contradição ou obscuridade remediáveis por embargos de declaração são aquelas internas ao julgado embargado, devido a desarmonia entre a fundamentação e as conclusões da própria decisão; já a omissão, que enseja o oferecimento de embargos de declaração, consiste na falta de manifestação expressa sobre algum fundamento de fato ou de direito ventilado nas razões recursais. No caso dos autos houve manifestação do Tribunal de origem, ainda que em sentido contrário ao pretendido pela parte. Violação do art. 1.022 do NCPC não configurada. 3. Esta Corte já consolidou o entendimento de que nas relações jurídicas de natureza civil-empresarial, adota-se a teoria maior, segundo a qual a desconsideração da personalidade jurídica é medida excepcional que permite sejam atingidos os bens das pessoas naturais (sócios ou administradores), de modo a responsabilizá-las pelos prejuízos que, em fraude ou abuso, causaram a terceiros, nos termos do art. 50 do CC. 4. É possível atribuir responsabilidade ao administrador não sócio, por expressa previsão legal. Contudo, tal responsabilização decorre de atos praticados pelo administrador em relação as obrigações contraídas com excesso de poder ou desvio do objeto social. 5. A responsabilidade dos administradores, nestas hipóteses, é subjetiva, e depende da prática do ato abusivo ou fraudulento. No caso dos autos, não foi consignada nenhuma prática de ato irregular ou fraudulento do administrador. 6. O art. 50 do CC, que adota a teoria maior e permite a responsabilização do administrador não sócio, não pode ser analisado em conjunto com o parágrafo 5º do art. 28 do CDC, que adota a teoria menor, pois este exclui a necessidade de preenchimento dos requisitos previstos no caput do art. 28 do CDC permitindo a desconsideração da personalidade jurídica, por exemplo, pelo simples inadimplemento ou pela ausência de bens suficientes para a satisfação do débito. Microssistemas independentes. 7. As premissas adotadas

2.4.2. Lei n. 8.884/94

Depois do Código de Defesa do Consumidor, outro diploma legal que enfrentou o tema foi a Lei n. 8.884, de 11/06/1994, que reprime infrações à ordem econômica, e cujo artigo 18 prescreve:

> Art. 18. A personalidade jurídica do responsável por infração da ordem econômica poderá ser desconsiderada quando houver da parte deste abuso de direito, excesso de poder, infração da lei, fato ou ato ilícito ou violação dos estatutos ou contrato social. A desconsideração também será efetivada quando houver falência, estado de insolvência, encerramento ou inatividade da pessoa jurídica provocados por má administração.

O mesmo Fábio Ulhoa Coelho critica a extensão com que o dispositivo legal trata a matéria. Anota que foi, exatamente, em casos de direito antitruste que a teoria da *disregard* foi aplicada nos Estados Unidos da América, mas aqui a regra brasileira incorre nos mesmos excessos do Código de Defesa do Consumidor, que referido diploma legal reproduz[53].

2.4.3. Lei n. 9.605/98

Outra lei que no Brasil enfrenta o tema foi a Lei n. 9.605, de 12/02/1998, que cuida de ações lesivas ao meio ambiente, cujo art. 4º prevê o seguinte: "Poderá ser desconsiderada a pessoa jurídica sempre que sua personalidade for obstáculo ao ressarcimento de prejuízos causados à qualidade do meio ambiente".

Mais uma vez é Fábio Ulhoa Coelho quem ressalta que não se pode interpretar o preceito por forma a anular o princípio da separação entre pessoa jurídica e seus representantes, também em matéria de composição do meio ambiente. A desconsideração só deveria caber se a sociedade empresária deixasse de receber investimentos com intuito de evitar reparação ao dano

pelo Tribunal de origem não indicaram nenhuma prática de ato irregular ou fraudulento pelo administrador não sócio. 8. Assim, não havendo previsão expressa no código consumeirista quanto à possibilidade de se atingir os bens do administrador não sócio, pelo simples inadimplemento da pessoa jurídica (ausência de bens) ou mesmo pela baixa registral da empresa executada, é forçoso reconhecer a impossibilidade de atribuição dos efeitos da desconsideração da personalidade jurídica ao administrador não sócio. 9. Recurso especial conhecido e parcialmente provido" (REsp 1658648/SP; Rel. Ministro MOURA RIBEIRO, 3ª T.; J. 07/11/2017, *DJe* 20/11/2017).

[53] Idem, ibidem, n. 5, p. 76.

ambiental, e nova pessoa jurídica fosse constituída fraudulentamente para substituir a primeira[54].

2.4.4. Código Civil Brasileiro

Se o Código Civil Brasileiro de 1916 não tratou do tema, desconhecido à época de sua elaboração, o vigente, a seu turno, dele cuida de forma muito especial. Prescreve o artigo 50 o seguinte:

> Art. 50. Em caso de abuso da personalidade jurídica, caracterizado pelo desvio de finalidade, ou pela confusão patrimonial, pode o juiz decidir, a requerimento da parte, ou do Ministério Público quando lhe couber intervir no processo, que os efeitos de certas e determinadas relações de obrigações sejam estendidos aos bens particulares dos administradores ou sócios da pessoa jurídica.

A redação do dispositivo, conforme Projeto que nessa parte foi elaborado pelo professor Moreira Alves, previa a exclusão do sócio fraudador da sociedade ou, diante da gravidade do caso, a dissolução da entidade[55].

O dispositivo, como aprovado, segundo Ulhoa Coelho, inspira-se na teoria de Fábio K. Comparado, que contribuiu para a redação final do preceito.

Para Comparato, a desconsideração, nos termos em que regulada no vigente Código Civil, constitui *método*, por força do qual "o sujeito responde por dívida própria, decorrente não de um ato mas de uma atividade abusiva. Trata-se de responsabilidade societária, que não pode ser confundida com responsabilidade civil nem tampouco com responsabilidade civil aplicada ao direito societário"[56]. Conforme esse autor, a desconsideração, nos termos

[54] F. Ulhoa Coelho, idem, n. 5, p. 76-77.

[55] Eis a redação original do preceito:
"A pessoa jurídica não pode ser desviada dos fins estabelecidos no ato constitutivo, para servir de instrumento ou cobertura à prática de atos ilícitos, ou abusivos, caso em que poderá o juiz, a requerimento de qualquer dos sócios ou do Ministério Público, decretar a exclusão do sócio responsável, ou, tais sejam as circunstâncias, a dissolução da entidade.
Parágrafo único. Neste caso, sem prejuízo de outras sanções cabíveis, responderão conjuntamente com os da pessoa jurídica, os bens pessoais do administrador ou representante que dela se houver utilizado de maneira fraudulenta ou abusiva, salvo se norma especial determinar responsabilidade solidária de todos os membros da administração" (cf. *Código Civil Comentado*, coordenado por Regina Beatriz Tavares da Silva, p. 139).

[56] F. Konder Comparato, ob. cit., p. 478-79.

do artigo 50 do Código Civil, deve ser casuística, ou seja, deve ser feita com flexibilidade, só nos casos em que se demonstrar o desvio da finalidade social[57].

Para Ulhoa Coelho, se o Direito já admitia a aplicação da teoria sem norma expressa, essa mesma teoria é que deve inspirar a interpretação do preceito legal[58]. Nesses termos, a fraude e o abuso de direito acobertados por atos da sociedade aparentemente legais é que seriam coibidos, e só quando o representante tivesse querido obter benefício próprio em prejuízo do credor é que a desconsideração poderia ter aplicação.

Sobre o tema o Conselho da Justiça Federal manifestou algumas conclusões que têm servido de parâmetro para interpretação da norma jurídica do vigente Código Civil.

O Enunciado n. 7, aprovado na Jornada de Direito Civil de 2002, prevê que a desconsideração da personalidade jurídica tem cabida apenas em caso de ato irregular, sendo ela limitada aos sócios ou administradores que dele tenham participado.

O Enunciado n. 51 define que o artigo 50 do Código Civil não altera a regra sobre o tema previstos nos diversos microssistemas.

Pelo Enunciado n. 146, aprovado na Jornada de Direito Civil de 2004, o artigo 50 referido deve ser interpretado restritivamente, ou seja, só se aplica a doutrina nele incorporada em caso de desvio de finalidade ou de confusão patrimonial.

Na IV Jornada de Direito Civil foram aprovados os Enunciados 281 a 285. Pelo primeiro (n. 281), a desconsideração não exige demonstração de insolvência da pessoa jurídica; pelo Enunciado n. 282, o mero encerramento da atividade social não é indicativo de abuso da personalidade jurídica; segundo o Enunciado n. 283, admite-se a desconsideração inversa da personalidade jurídica; pelo Enunciado n. 284 também as pessoas jurídicas de direito privado sem fins lucrativos ou de fins não econômicos podem ser atingidas pela desconsideração; e pelo Enunciado n. 285, a teoria da desconsideração pode ser invocada pela pessoa jurídica a seu favor.

Hoje parece assentado que a desconsideração da personalidade jurídica é medida excepcional, só se aplicando quando demonstrada for a prática de abuso dessa personalidade.

Neste sentido decidiu o Superior Tribunal de Justiça quando sentenciou:

[57] F. Konder Comparato, idem, p. 480.

[58] F. Ulhoa Coelho, ob. cit., n. 5, p. 77-78.

EMENTA: AGRAVO INTERNO NOS EMBARGOS DE DECLARAÇÃO NO RECURSO ESPECIAL. CIVIL. CUMPRIMENTO DE SENTENÇA. DESCONSIDERAÇÃO DA PERSONALIDADE JURÍDICA. REQUISITOS. AUSÊNCIA. INSOLVÊNCIA DA SOCIEDADE. DISSOLUÇÃO IRREGULAR. FATOS INSUFICIENTES. (...) 3. A jurisprudência do Superior Tribunal de Justiça encontra-se consolidada no sentido de que a desconsideração da personalidade jurídica é medida excepcional e está subordinada à comprovação do abuso da personalidade jurídica, caracterizado pelo desvio de finalidade ou pela confusão patrimonial. Precedentes. 4. Na hipótese, o fato de a sociedade ter sido encerrada irregularmente não pode presumir o abuso da personalidade jurídica. Precedentes. 5. Agravo interno não provido.

(AGRAVO INTERNO NOS EMBARGOS DE DECLARAÇÃO NO RECURSO ESPECIAL2015/0144916-9; Rel. Ministro RICARDO VILLAS BÔAS CUEVA; 3ª T.; J. 03/12/2018, *DJe* 06/12/2018).

No mesmo sentido é o seguinte julgado do mesmo Tribunal:

AGRAVO INTERNO NO AGRAVO EM RECURSO ESPECIAL – AÇÃO CONDENATÓRIA – CUMPRIMENTO DE SENTENÇA – DECISÃO MONOCRÁTICA QUE NEGOU PROVIMENTO AO RECLAMO. INSURGÊNCIA DO AUTOR. 1. Esta Corte Superior firmou posicionamento no sentido de que, nas relações civis-comerciais, aplica-se a Teoria Maior da desconsideração da personalidade juridical, segundo a qual é necessária a comprovação do abuso da personalidade jurídica, caracterizado pelo desvio de finalidade ou pela confusão patrimonial, não sendo suficiente para tanto a ausência de bens penhoráveis ou a dissolução da sociedade. Precedentes. 1.1. No caso em tela, a Corte de origem entendeu que a ausência de bens penhoráveis não demonstra abuso capaz de ensejar a desconsideração da personalidade da empresa demandada. Incidência das Súmulas 83/STJ e 7/STJ. 2. Agravo interno desprovido.

(AGRAVO INTERNO NO AGRAVO EM RECURSO ESPECIAL 2018/0043897-8; REL. Ministro MARCO BUZZI, 4ª T; J. 25/09/2018, *DJe* 01/10/2018).

Em suma, nessa matéria tem-se aplicado a chamada teoria maior da desconsideração, que exige comprovação de ato contrário ao Direito praticado pelo sócio, que se esconde atrás da sociedade para obter algum benefício[59].

[59] Na mesma linha, mas, no caso, autorizando a desconsideração da personalidade jurídica é o precedente do STJ que ficou assim ementado:

2.4.5. O art. 133, § 2º, do Código de Processo Civil de 2015

O art. 133, *caput*, do Código de Processo Civil de 2015 dispõe sobre a legitimação para pedir a instauração do incidente da desconsideração da personalidade jurídica, e seu § 1º remete à lei material para o requerente pleitear a medida, ou seja, para o juiz deferir a desconsideração, devem ser preenchidos os requisitos que a lei de regência prevê para o caso. E o parágrafo seguinte tem o seguinte teor: "§ 2º Aplica-se o disposto neste Capítulo à hipótese de desconsideração inversa da personalidade jurídica".

Trata-se de disposição de direito material, que passa a prever a desconsideração inversa, admitida pela doutrina e pela jurisprudência, mas até então não prevista na legislação. Não se trata, em verdade, de nova espécie de desconsideração da personalidade jurídica, com requisitos distintos das antes referidas, mas de autorização legal para, preenchidos os requisitos da lei que tenha aplicação ao caso (CDC, Lei federal n. 8.884/94, Lei federal n. 9.605/98, ou Código Civil), bens da sociedade responderem por dívida de seu sócio. Agora *legem abemus*: se ainda pudesse haver alguma dúvida, está autorizada a desconsideração inversa da personalidade jurídica, para que o patrimônio

"**EMENTA:** RECURSO ESPECIAL. DIREITO CIVIL E PROCESSUAL CIVIL. DISSOLUÇÃO DA EMPRESA DEVEDORA. DESCONSIDERAÇÃO DA PERSONALIDADE JURÍDICA. OMISSÃO E CONTRADIÇÃO INEXISTENTES. FORTES INDÍCIOS DE ABUSO DE PERSONALIDADE. RETIFICAÇÃO DE VOTO DO RELATOR, ADERINDO A PROPOSIÇÃO DO VOTO-VISTA. 1 – Controvérsia em torno da ocorrência da dissolução irregular da empresa recorrida e da possibilidade de aplicação do instituto da desconsideração da personalidade jurídica. 2 – A contrariedade da parte com a decisão não configura vício de julgamento. 3 – O encerramento das atividades ou a dissolução, ainda que irregular, da sociedade não são causas, por si só, para desconsideração da personalidade jurídica. Precedentes do STJ. 4 – Contudo, o encerramento irregular da empresa somado ao abuso da personalidade jurídica, seja pelo desvio de finalidade, seja pela confusão patrimonial, é apto a embasar o deferimento da desconsideração da personalidade jurídica da empresa, para se buscar o patrimônio individual de seu sócio na satisfação da dívida (REsp 1259066/SP, Rel. Ministra NANCY ANDRIGHI, TERCEIRA TURMA, julgado em 19/06/2012, *DJe* 28/06/2012) 5 – Peculiaridades do caso concreto que evidenciam a existência de indícios fortes do abuso de personalidade jurídica, ao realizar a liquidação voluntária entre os sócios dois meses após o vencimento da última prestação inadimplida. 6 – Tanto não bastasse, o sócio pai, em fraude à execução, tentou proceder à doação de seu imóvel ao seu filho, também sócio, ato jurídico declarado ineficaz pelo magistrado de piso, pois ocorrido um dia após a sua citação no presente cumprimento de sentença, quando incluído no polo passivo da execução. 7 – Determinação de retorno dos autos ao juízo de primeiro grau para que analise o pedido da recorrente de acordo com o entendimento desta Corte Superior, ou seja, para que se perquira acerca da existência de abuso da personalidade, caracterizado pelo desvio de finalidade ou confusão patrimonial. 8 – RECURSO ESPECIAL PARCIALMENTE PROVIDO" (REsp 1604011/PR; Rel. Ministro PAULO DE TARSO SANSEVERINO, 3ª T.; J. 25/09/2018, *DJe* 05/12/2018).

social, em dadas condições e preenchidos alguns requisitos, responda por débito do sócio ou administrador insolvente.

2.5. Consideração Conclusiva sobre a Teoria

Como visto, a doutrina não tem entendimento uniforme sobre a aplicação da teoria da desconsideração da personalidade jurídica, e, depois que a legislação passou a regular o instituto no Brasil por meio de leis de conteúdos os mais diversos, os doutrinadores seguem discordantes acerca do alcance que as regras legais devem ter. Procurou-se aqui apenas esboçar o regramento sobre o ponto, ao tempo em que se fez algum aceno para diversos enfoques que a compreensão da matéria tem ensejado.

Se o esboço da parte material realizado parece suficiente para uma visão global do tema, convém em seguida enfrentar a parte processual que o Código de Processo Civil de 2015 passou a regular, pondo fim à controvérsia sobre como materializar-se a desconsideração da personalidade jurídica.

3. O Incidente Processual da Desconsideração da Personalidade Jurídica

Neste tópico far-se-ão considerações gerais sobre a desconsideração da personalidade jurídica, em matéria processual (3.1). Em seguida, tratar-se-á especificamente do processo legal (3.2), encerrando-se o capítulo com referência à possibilidade de aplicação de medidas de urgência por ocasião do processamento do pedido de desconsideração (3.3).

3.1. Generalidades

O vigente Código de Processo Civil pretende pôr fim à divergência doutrinária, com reflexo na jurisprudência, sobre como agir em juízo para se pedir e obter a desconsideração da personalidade jurídica. Havia quem entendesse que, para essa desconsideração, cabia ao prejudicado intentar ação específica (autônoma) para tanto, quando deveria comprovar que o réu havia incidido em um fundamento legal para responder por dívida alheia. E havia os que entendiam que, no curso de processo em que o credor pretendesse essa desconsideração, poderia reclamar ao juiz do feito, que, sem nenhuma formalidade, entendendo ser caso de desconsideração, decretava-a, ficando a salvo ao prejudicado defender-se depois da constrição. José Horácio Cintra Gonçalves Pereira, que escreveu antes do Código de Processo Civil de 2015, entendia que, para aplicação da teoria dita maior sobre desconsideração da personalidade jurídica, seria preciso, conforme doutrina de Ulhoa Coelho por ele adotada, ação própria, em que seria demonstrada a fraude cometida pelo sócio. Nela este produziria sua defesa, ao final de cujo processo, por meio de sentença de mérito, o juiz definiria se seria cabível, ou não, a medida. Já quando houvesse de ter aplicação a chamada por alguns de teoria menor, para dar-se a desconsideração pela simples insatisfação do direito de crédito do exequente, a *disregard* deveria ser aplicada incidentalmente, e os embargos de terceiro seriam o instrumento adequado para o sócio atingido pela medida defender seu direito[60].

Antes de surgir a regulamentação agora expressa no novo Código de Processo Civil, afigurava-se dominante a corrente que dispensava ação autônoma para o reconhecimento da desconsideração da personalidade jurídica, como o Superior Tribunal de Justiça deixou assentado[61]. Nesse mesmo sentido também se manifestava Fábio K. Comparato[62].

Acontece que, na prática, essa desconsideração era feita sem nenhum contraditório, restando ao atingido pela medida apenas dela recorrer ou, em certas

[60] J. H. C. Gonçalves Pereira, *Dos Embargos de Terceiro*, p. 45.

[61] É de se conferir, a propósito, o seguinte precedente:

"**EMENTA:** AGRAVO REGIMENTAL NOS EMBARGOS DE DIVERGÊNCIA EM RECURSO ESPECIAL. COMERCIAL E PROCESSUAL CIVIL. FALÊNCIA. FRAUDE E CONFUSÃO PATRIMONIAL ENTRE A EMPRESA FALIDA E A AGRAVANTE VERIFICADAS PELAS INSTÂNCIAS ORIGINÁRIAS. DESCONSIDERAÇÃO DA PERSONALIDADE JURÍDICA: DESNECESSIDADE DE PROCEDIMENTO AUTÔNOMO PARA SUA DECRETAÇÃO. AGRAVO REGIMENTAL NÃO PROVIDO.

1. Tendo as instâncias ordinárias detectado a fraude e a confusão patrimonial entre as empresa falida e a empresa desconsiderada, ora agravante (cujas sócias são filhas do ex-controlador da primeira), pode ser desconsiderada a personalidade jurídica como medida incidental, independentemente de ação autônoma (revocatória). Precedentes.

2. Impossibilidade de revisão dos aspectos fáticos-probatórios que levaram à conclusão da fraude, ante o óbice da Súmula nº 7 do Superior Tribunal de Justiça.

3. Não há falar em ofensa ao devido processo legal, pois a agravante interpôs a tempo e modo devidos o recurso cabível perante o Tribunal de origem, o qual, todavia, não foi acolhido.

4. Agravo regimental não provido"

(AgRg nos EREsp 418385/SP – Rel. Min. R. Villas Bôas Cueva – 2ª Seção – j. 14/03/2012, *DJe* 16/03/2012).

No mesmo sentido consultem-se, dentre outros, o REsp 1259018/SP, Rel. Min. Nancy Andrighi – 3ª Turma – j. 09/08/2011, *DJe* 25/08/2011 e o REsp 948117/MS – Rel. Min. Nancy Andrighi – 3ª Turma – j. 22/06/2010 – *Dje* 03/08/2010.

[62] F. K. Comparato, ob. cit., p. 482.

situações, ingressar com embargos de terceiro. O Superior Tribunal de Justiça, aliás, vinha aceitando que decisão incidental permitisse a desconsideração da personalidade jurídica sem contraditório, ressalvando ao terceiro, ao tomar posterior conhecimento da medida, defender-se pelos instrumentos cabíveis[63].

Desde logo, é lícito questionar se a possibilidade de acesso aos embargos de terceiro para aquele que haveria de sofrer as consequências da desconsideração da personalidade jurídica cumpria as exigências constitucionais do *devido processo legal* (art. 5º, LIV, CF) e da *ampla defesa e contraditório* (art. 5º, LV, CF), agora encampados de modo expresso no vigente Código de Processo Civil (art. 7º). Embora tais embargos sejam ação incidental defensiva, e conquanto a doutrina processualista tenha sempre admitido o diferimento do contraditório em alguns casos (como quando a lei autorize liminares), para se reconhecer fraude, sem prévia oitiva do suposto fraudador (mediante informação sobre o conteúdo da acusação, com possibilidade de defesa ampla), tal contraditório não parecia realizar-se concretamente. Ademais, transfere-se a ele o ônus de demonstrar o que, em princípio, não seria seu, mas de quem houvesse alegado a fraude. Assim, reconhecer a fraude e permitir graves consequências patrimoniais sem antes ouvir o interessado parecia constituir infringência ao

[63] No sentido desenvolvido no texto eis um precedente:
"**EMENTA:** PROCESSO CIVIL. FALÊNCIA. EXTENSÃO DE EFEITOS. SOCIEDADES COLIGADAS. POSSIBILIDADE. AÇÃO AUTÔNOMA. DESNECESSIDADE. DECISÃO *INAUDITA ALTERA PARTE*. VIABILIDADE. RECURSO IMPROVIDO.
1. Em situação na qual dois grupos econômicos, unidos em torno de um propósito comum, promovem uma cadeia de negócios formalmente lícitos mas com intuito substancial de desviar patrimônio de empresa em situação pré-falimentar, é necessário que o Poder Judiciário também inove sua atuação, no intuito de encontrar meios eficazes de reverter as manobras lesivas, punindo e responsabilizando os envolvidos.
2. É possível ao juízo antecipar a decisão de estender os efeitos de sociedade falida a empresas coligadas na hipótese em que, verificando claro conluio para prejudicar credores, há transferência de bens para desvio patrimonial. **Inexiste nulidade no exercício diferido do direito de defesa** nessas hipóteses.
3. A extensão da falência a sociedades coligadas pode ser feita independentemente da instauração de processo autônomo. A verificação da existência de coligação entre sociedades pode ser feita com baseem elementos fáticos que demonstrem a efetiva influência de um grupo societário nas decisões do outro, independentemente de se constatar a existência de participação no capital social.
4. Na hipótese de fraude para desvio de patrimônio de sociedade falida, em prejuízo da massa de credores, perpetrada mediante a utilização de complexas formas societárias, é possível utilizar atécnica da desconsideração da personalidade jurídica com nova roupagem, de modo a atingir o patrimônio de todos os envolvidos.
5. Recurso especial não provido" (REsp 1259018/SP, Rel. Min. Nancy Andrighi – 3ª Turma – j. 09/08/2011, *DJe* 25/08/2011).

devido processo legal, que não ficava suprido pela possibilidade posterior do uso dos embargos de terceiro. O Supremo Tribunal Federal, ao que se saiba, não chegou a examinar o tema[64].

O redirecionamento de execução a terceiro por força da incidental desconsideração da personalidade jurídica vinha sendo, na vigência do Código de Processo Civil de 1973, prática comum. Sem decisão que tivesse reconhecido a fraude, entretanto, seria de se reconhecer falta de título executivo para o terceiro submeter-se ao processo executivo, o que contrariava os artigos 586 e 580 do CPC de 1973 (regras reproduzidas nos arts. 783 e 786 do atual Código de Processo Civil). Fábio Ulhoa Coelho apresentava argumento consistente: num processo de execução dirigido à sociedade, fundado em título que indicava esta como devedora, não se poderia mudar o polo passivo, sem aditamento do título. Seria preciso então refazer o título, ou, segundo tal comercialista, seria necessário processo de conhecimento para se reconhecer a obrigação do fraudador. Novo processo para o reconhecimento dessa fraude cometida pelo sócio ou diretor parecia exagero; incidentalmente, mas em contraditório, poderia ela ser reconhecida, mediante a desconsideração da personalidade jurídica da sociedade, quando a decisão a ser proferida no processo em curso passaria a constituir título que, em complemento ao outro em que se executava, o credor poderia dar sequência aos atos executivos antes inviabilizados.

No caso de execução fiscal, fundada em Certidão da Dívida Ativa (CDA) produzida pela Fazenda Pública, que a pode modificar até final processo (§ 8º do art. 2º da Lei n. 6.830/80), parecia sem propósito (e, agora, não há dúvida de que isso é impossível), sem nova CDA, dirigir a execução ao sócio que não constasse nesse título como devedor ou responsável. Assim, ou essa

[64] Nas oportunidades em que o STF foi instado a se manifestar sobre a matéria, considerou que a alegação de ofensa a princípios constitucionais não se dera de forma direta, caso em que o Recurso Extraordinário não era de ser admitido. Um desses julgados ficou assim ementado:

"**EMENTA:** DIREITO CIVIL E PROCESSUAL CIVIL. AGRAVO REGIMENTAL EM AGRAVO DE INSTRUMENTO. DESCONSIDERAÇÃO DA PERSONALIDADE JURÍDICA. OFENSA INDIRETA OU REFLEXA. ALEGAÇÃO DE VIOLAÇÃO AO ART. 5º, XXXVI, DA CONSTITUIÇÃO FEDERAL. SÚMULA STF 454. 1. É inadmissível recurso extraordinário no qual se pretende a análise de legislação infraconstitucional. Hipótese de ofensa indireta ou reflexa à Constituição Federal. 2. No mérito, a pretexto de ofensa à Constituição Federal, pretende-se a análise de legislação infraconstitucional e de cláusulas contratuais (Súmula STF 454), hipóteses inviáveis em sede extraordinária. 3. Inexistência de argumento capaz de infirmar a decisão agravada, que deve ser mantida pelos seus próprios fundamentos. 4. Agravo regimental improvido"

(AI 754834 – AgR/MG – Relatora: Min. Ellen Grace – j. 08/09/2009 – *DJe* p. 181, 24/09/2009 – 2ª Turma do STF – Ement vol. 02375-10, p. 02628).

responsabilidade será apurada administrativamente pela Fazenda, que ao final pode produzir nova CDA, ou a desconsideração da personalidade jurídica deverá ser proclamada pelo juiz, diante de provas da fraude ou do abuso de direito cometidos pelo sócio ou administrador, sempre em contraditório. Sem título executivo ou complementação judicial daquele existente, contudo, o redirecionamento da execução, que ofendia o sistema jurídico do anterior Código de Processo Civil, agora, definitivamente, contraria a nova legislação processual.

Não havia dúvida sobre a necessidade de concurso judicial para dar-se a desconsideração da personalidade jurídica. De fato, se o prejudicado nada tinha contratado com o sócio ou administrador da sociedade, mas com esta, sem expressa disposição legal que o tornasse responsável pela obrigação social, não seria ele parte legítima para demanda que envolvesse tal débito. Da mesma forma, se, por força de negócio jurídico ou por ato pessoal, a responsabilidade era da pessoa natural, sociedade por ele gerida ou por ele representada não poderia, legitimamente, responder pela respectiva dívida. O credor, sem o concurso judicial, não dispunha de título[65] contra aquele terceiro. Assim, para haver desconsideração da personalidade jurídica, ou seja, para o credor obter título (agora, sim, documento) contra o terceiro sem responsabilidade no caso, sempre se considerou preciso haver manifestação judicial que atribua ao suposto credor direito para acionar ou agir contra quem originariamente nenhuma responsabilidade teria naquele caso concreto.

A dúvida era quanto à forma de se obter esse pronunciamento judicial que o novo Código de Processo Civil veio eliminar: sem impedir a propositura de ação autônoma para se reconhecer a responsabilidade de quem normalmente não seria responsável em dada situação concreta, a forma operativa para se pedir, em processo em curso, a desconsideração da personalidade jurídica, é um simples incidente, que deve resguardar o contraditório.

Os casos mais emblemáticos em que surge disputa sobre o cabimento da medida são aqueles em que se alegue fraude ou abuso de direito – que podem se manifestar por diversas maneiras –, em virtude de cujos vícios se acoberta negócio aparentemente lícito que prejudique alguém e beneficie, muito

[65] *Título*, aqui, tem sentido de causa. Como De Plácido e Silva observa, a expressão tem diversos significados, um deles designando "A *causa*, a *origem*, ou o *fundamento jurídico* de um direito. Neste aspecto, pois, o *título* mostra-se o modo de *transmissão*, o *fundamento de aquisição*, ou a própria *causa dos direitos*: a *título gratuito*, ou a *título oneroso*" (*Vocabulário Jurídico*, vol. III, p. 377).

provavelmente, o fraudador. Nessas situações, a prova será ampla, porque os fatos autorizadores da medida dificilmente se demonstram por forma direta. Já quando a medida se justifique pela só insolvência do devedor/responsável, a única discussão envolve essa insolvência; se for insolvente o devedor, provado o fato, a desconsideração é consequência (repita-se: quando a lei adote, para a espécie, essa teoria menor). Mas aqui também, por imperativo constitucional (e agora do novo Código), será preciso dar oportunidade àquele, ou àquela, que sofrerá as consequências da desconsideração da personalidade jurídica de se defender antes de o tema ser decidido.

Desconsiderada a personalidade jurídica, permite-se que o patrimônio do fraudador responda pela dívida social, assim como se admite o pagamento do débito pessoal dele através do patrimônio social (conforme a desconsideração seja direta ou inversa). A decisão proferida no incidente de desconsideração representará título executivo contra o requerido da medida ou, no caso de esta ter sido requerida quando o credor já dispunha de título executivo contra o devedor originário, será complemento do título antes formado. Assim como o formal de partilha pode modificar sujeitos de título originário (quando atribui aos herdeiros ou a herdeiro específico o crédito incorporado em título executivo; como quando atribui a pessoa diferente do devedor originário a obrigação por ela herdada); assim como a decisão dada no incidente de habilitação de herdeiro (art. 687, CPC/2015) pode alterar as partes originárias; assim como, na obrigação condicional, o implemento de condição se prova por elemento exterior ao título originário; assim também a inclusão no processo de fraudador depende de decisão que autorize a desconsideração da personalidade. Com ela é que surge título de que o credor ainda não dispunha.

O Código de Processo Civil de 2015 agora regula a matéria, cabendo examinar o modo como o faz.

3.2. O Processo Legal

O vigente Código de Processo Civil pretendeu eliminar a divergência que reinava sobre a forma para se proceder à desconsideração da personalidade jurídica e sobre seu procedimento. Tratou do assunto em sua Parte Geral, no Livro III (dos Sujeitos do Processo), Título III (Da Intervenção de Terceiros), Capítulo IV, nos seguintes termos:

CAPÍTULO IV
DO INCIDENTE DE DESCONSIDERAÇÃO
DA PERSONALIDADE JURÍDICA

Art. 133. O incidente de desconsideração da personalidade jurídica será instaurado a pedido da parte ou do Ministério Público, quando lhe couber intervir no processo.

§ 1º O pedido de desconsideração da personalidade jurídica observará os pressupostos previstos em lei.

§ 2º Aplica-se o disposto neste Capítulo à hipótese de desconsideração inversa da personalidade jurídica.

Art. 134. O incidente de desconsideração é cabível em todas as fases do processo de conhecimento, no cumprimento de sentença e na execução fundada em título executivo extrajudicial.

§ 1º A instauração do incidente será imediatamente comunicada ao distribuidor para as anotações devidas.

§ 2º Dispensa-se a instauração do incidente se a desconsideração da personalidade jurídica for requerida na petição inicial, hipótese em que será citado o sócio ou a pessoa jurídica.

§ 3º A instauração do incidente suspenderá o processo, salvo na hipótese do § 2º.

§ 4º O requerimento deve demonstrar o preenchimento dos pressupostos legais específicos para desconsideração da personalidade jurídica.

Art. 135. Instaurado o incidente, o sócio ou a pessoa jurídica será citado para manifestar-se e requerer as provas cabíveis no prazo de 15 (quinze) dias.

Art. 136. Concluída a instrução, se necessária, o incidente será resolvido por decisão interlocutória.

Parágrafo único. Se a decisão for proferida pelo relator, cabe agravo interno.

Art. 137. Acolhido o pedido de desconsideração, a alienação ou a oneração de bens, havida em fraude de execução, será ineficaz em relação ao requerente[66].

[66] Pelo relatório final na Câmara de Deputados, o Capítulo tinha recebido a seguinte proposta de redação:
"Art. 77. Em caso de abuso da personalidade jurídica, caracterizado na forma da lei, o juiz pode, em qualquer processo ou procedimento, decidir, a requerimento da parte ou do Ministério Público, quando lhe couber intervir no processo, que os efeitos de certas e determinadas obrigações sejam estendidos aos bens particulares dos administradores ou dos sócios da pessoa jurídica ou aos bens de empresa do mesmo grupo econômico.
Parágrafo único. O incidente da desconsideração da personalidade jurídica:
I – pode ser suscitado nos casos de abuso de direito por parte do sócio;
II – é cabível em todas as fases do processo de conhecimento, no cumprimento de sentença e também na execução fundada em título executivo extrajudicial.

O Livro II da Parte Especial do vigente Código de Processo Civil regula o processo de execução, fundado em título extrajudicial (art. 771 e ss.). Tratando da responsabilidade patrimonial (Capítulo V do Título I desse livro), o artigo 795 estabelece o seguinte:

> Art. 795. Os bens particulares dos sócios não respondem pelas dívidas sociais, senão nos casos previstos em lei.
>
> (...)
>
> § 4º Para a desconsideração da personalidade jurídica, é obrigatória a observância do incidente previsto neste Código.

A regulação, como se nota, pretendeu solucionar as incertezas doutrinárias e jurisprudenciais e, tomando posição, estabeleceu a possibilidade de desconsideração como medida incidental do processo, instrumento esse que, no entanto, deverá garantir contraditório e defesa ampla a quem poderá sofrer as consequências da decisão sobre a matéria a ser decidida em tal incidente. De fato, a necessidade de citação daquele que poderá sofrer as consequências da desconsideração (art. 135) revela a preocupação com o "efetivo contraditório", que o novo Código apresenta como princípio norteador da conduta do juiz (art. 7º).

As disposições legais transcritas indicam que o referido incidente configura uma *ação incidental* por meio da qual seu autor pretende, após demonstrar que preenchidos foram os requisitos legais para a desconsideração da personalidade jurídica, obter título que reconheça a responsabilidade do réu por dívida alheia (dívida da sociedade, se o réu for o sócio/administrador, na desconsideração direta; ou dívida do sócio, se a sociedade for a ré, na desconsideração inversa), título esse que permitirá o atingimento do patrimônio da pessoa demandada nesse incidente. Não parece haver dúvida de que se trata de ação incidental, pois o mecanismo destina-se a, em processo (instrumento para atuação jurisdicional), verificar se a parte demandada pode ser responsabilizada por dívida alheia: ou seja, se a causa principal envolver, p. ex., matéria regulada pelo Direito Civil ou Comercial, o requerente do incidente apresentará fatos reveladores de "abuso da personalidade jurídica, caracterizado pelo desvio de finalidade, ou pela confusão patrimonial" (art. 50, CCB), e que, mostrando-se exíguo o patrimônio do devedor (a responsabilidade é secundária, tendo esse

Art. 78. Requerida a desconsideração da personalidade jurídica, o sócio ou o terceiro e a pessoa jurídica serão citados para, no prazo comum de quinze dias, se manifestar e requerer as provas cabíveis".

responsável o benefício de ordem previsto no § 1º do art. 795, CPC/2015), será caso de reconhecer a responsabilidade do demandado, que terá cometido aquele abuso, por aquela obrigação que não era dele. Se a demanda principal envolver relação de consumo, caberá ao requerente da desconsideração demonstrar apenas a insolvência da pessoa jurídica para cumprir a obrigação já reconhecida ou a ser reconhecida no processo (art. 28, CDC) para justificar que seu sócio ou administrador responda por aquela dívida dela (não dele).

Após contraditório pleno, em que poderá ser produzido todo tipo de provas pertinentes[67], o juiz profere sentença que dirá se foram, ou não, preenchidos os requisitos legais para a desconsideração da personalidade jurídica e, em caso positivo, na qual autorizará atos executivos contra aquele responsável (que não é devedor). Portanto, essa decisão tem alguma carga condenatória: reconhecendo a responsabilidade do réu do incidente, condena-o[68], diante

[67] Falando na necessidade de haver contraditório é o procedente seguinte, do STJ: "CIVIL E PROCESSUAL CIVIL. RECURSO ESPECIAL. AÇÃO MONITÓRIA. CONVERSÃO. CUMPRIMENTO DE SENTENÇA. COBRANÇA. HONORÁRIOS ADVOCATÍCIOS CONTRATUAIS. TERCEIROS. COMPROVAÇÃO DA EXISTÊNCIA DA SOCIEDADE. MEIO DE PROVA. DESCONSIDERAÇÃO INVERSA DA PERSONALIDADE JURÍDICA. OCULTAÇÃO DO PATRIMÔNIO DO SÓCIO. INDÍCIOS DO ABUSO DA PERSONALIDADE JURÍDICA. EXISTÊNCIA. INCIDENTE PROCESSUAL. PROCESSAMENTO. PROVIMENTO. 1. O propósito recursal é determinar se: a) há provas suficientes da sociedade de fato supostamente existente entre os recorridos; e b) existem elementos aptos a ensejar a instauração de incidente de desconsideração inversa da personalidade jurídica. 2. A existência da sociedade pode ser demonstrada por terceiros por qualquer meio de prova, inclusive indícios e presunções, nos termos do art. 987 do CC/02. 3. A personalidade jurídica e a separação patrimonial dela decorrente são véus que devem proteger o patrimônio dos sócios ou da sociedade, reciprocamente, na justa medida da finalidade para a qual a sociedade se propõe a existir. 4. Com a desconsideração inversa da personalidade jurídica, busca-se impedir a prática de transferência de bens pelo sócio para a pessoa jurídica sobre a qual detém controle, afastando-se momentaneamente o manto fictício que separa o sócio da sociedade para buscar o patrimônio que, embora conste no nome da sociedade, na realidade, pertence ao sócio fraudador. 5. No atual CPC, o exame do juiz a respeito da presença dos pressupostos que autorizariam a medida de desconsideração, demonstrados no requerimento inicial, permite a instauração de incidente e a suspensão do processo em que formulado, devendo a decisão de desconsideração ser precedida do efetivo contraditório. 6. Na hipótese em exame, a recorrente conseguiu demonstrar indícios de que o recorrido seria sócio e de que teria transferido seu patrimônio para a sociedade de modo a ocultar seus bens do alcance de seus credores, o que possibilita o recebimento do incidente de desconsideração inversa da personalidade jurídica, que, pelo princípio do *tempus regit actum*, deve seguir o rito estabelecido no CPC/15. 7. Recurso especial conhecido e provido" (REsp 1647362/SP; Rel. Ministra Nancy Andrighi, 3ª T; j. 03/08/2017, *DJe* 10/08/2017).

[68] Para Mozart V. Andrade Jr., tal sentença teria efeito meramente declaratório ("A Desconsideração da Personalidade Jurídica para Fins de Responsabilidade: Uma Visão Dualista da *Disregard Doctrine*", *RePro* 252, n. 5, p. 73-74); e os atos de constrição contra o demandado nesse incidente

da insuficiência patrimonial do devedor originário, ao cumprimento daquela obrigação, sob pena de sujeitar-se a medidas executivas (cumprimento de sentença). Ainda quando a solução do incidente ocorra por meio de decisão interlocutória, sujeita a agravo (art. 136, CPC/2016), durante a suspensão da ação principal (art. 134, § 3º, CPC/2015), terá ela essa natureza de sentença, pois decide aquela demanda secundária.

Aliás, se o pedido de desconsideração da personalidade jurídica formulado de forma autônoma for manifestado por meio de ação, não haveria razão para o apresentado incidentalmente ter outra natureza: trata-se de ação incidental de quem poderá ficar sem receber direitos dirigida em face de quem terá praticado atos em nome de outrem com aparência de legítimos, mas que se destinam a fraudar o requerente da medida. Assim como a reconvenção, agora apresentada na contestação (art. 343, CPC/2015) e a ação declaratória incidental diante de questões prejudiciais, que não foi eliminada do sistema (Enunciado n. 111 do Fórum Permanente de Processualistas Civis[69]), assim como os embargos de terceiro (art. 676) e a oposição (art. 683) constituem ações dentro de processo em curso, assim também o incidente de desconsideração da personalidade jurídica constitui uma ação, que se instaura no curso de processo, eventualmente até no curso de processo (ou fase) de execução, para que medidas executivas atinjam terceiro que só é responsável em virtude de disposição legal, cujos requisitos devem ser examinados judicialmente (se o terceiro não reconhecer essa responsabilidade voluntariamente).

Se o pedido de desconsideração incidental tem a natureza jurídica de ação, como direito subjetivo voltado contra o Estado juiz que proferirá sentença que poderá atingir a esfera jurídica do réu, as normas voltadas àquele instituto são-lhe aplicáveis. Assim, é preciso que o requerente (demandante) demonstre interesse para agir em face de parte legítima. Se aquele descrever situação que não gere desconsideração da personalidade jurídica, evidentemente faltar-lhe-á interesse para pleitear a medida. Se formular pedido em face de quem a lei não admita responsabilização por ato da sociedade, a ilegitimidade passiva constatada impedirá o processamento do pleito. Da mesma forma, as regras sobre ônus da prova (art. 373, *caput*), com possibilidade de sua inversão em determinadas situações (§ 1º do art. 373), também se aplicam ao caso.

seriam decorrência do fato de a desconsideração ser instituto processual (não de direito material), que lhe atribui responsabilidade secundária (ob. cit., n. 2, p. 62 e ss.).

[69] O referido Enunciado tem a seguinte redação:
(Arts. 19, 329, II, 503, § 1º) "Persiste o interesse no ajuizamento de ação declaratória quanto à questão prejudicial incidental".

O procedimento estabelecido para essa ação vem detalhado no vigente Código de Processo Civil.

O art. 134, *caput*, do atual Código prevê a possibilidade de o pedido de desconsideração dar-se na fase de conhecimento do processo respectivo, o que pode ocorrer até com a petição inicial (art. 134, § 2º), como na fase de cumprimento de sentença desse processo, sendo admissível também em qualquer fase do processo de execução (de título extrajudicial). Aí o legislador comete um deslize ao falar que o incidente pode ser instaurado "em todas as fases do processo de conhecimento (e) no cumprimento de sentença", como se ele não tivesse considerado o cumprimento como uma fase desse processo. No sistema do atual Código, o processo de conhecimento abarca a fase de acertamento e, quando caso, a de cumprimento da sentença (cf. Parte Especial, Livro I), de modo que não seria preciso se referir a esta, mesmo porque o cumprimento de sentença é forma de execução. Se na execução cabe a desconsideração e se as regras daquela se aplicam supletivamente ao cumprimento de sentença (art. 513, *caput*), *a fortiori* deveria caber naquela fase[70].

Esse mesmo artigo 134 parece sugerir que a desconsideração não pode ser decretada de ofício, pois a instauração do incidente exige *pedido* da parte ou do Ministério Público, quando este dever intervir no processo.

No pedido de desconsideração o requerente deve descrever os fatos que, segundo a lei de regência, serão suficientes para isso se dar, quando deverá apresentar as provas de que dispuser e, se caso, indicará outras necessárias para essa comprovação. A lei fala que o requerente deve nesse pedido "demonstrar o preenchimento dos pressupostos legais específicos para a desconsideração" (art. 134, § 4º), o que se revela exagero e, por vezes, impraticável. A prova de *desvio de finalidade* ou de *confusão patrimonial* (art. 50, CCB) pode não se mostrar disponível quando o pedido venha a ser formulado, cabendo sua produção no curso do incidente, que não pode ser indeferido pela falta dela ao início da apresentação do pedido. Essa prova deverá ser produzida em contraditório, sem prejuízo de medidas de urgência que possam revelar-se necessárias. O que a lei quis dizer, certamente, foi que, se o requerente da desconsideração não apresentar descrição de fatos com alguma verossimilhança que a lei de regência descreve como necessários para o pedido ser acolhido, o incidente sequer

[70] Aliás, Dinamarco é que chama a atenção para essas impropriedades do novo legislador, que, por ter regulado a execução de sentença (que ele chamou de cumprimento de sentença) fora do livro sobre execução, teve dificuldades para lidar com as palavras (C. R. Dinamarco, *Instituições de DPC*, vol. I, p. 50).

deve ser instaurado. Mas, se houver essa descrição, ainda que o requerente não disponha imediatamente de provas deles, o incidente deve ser instaurado, no curso do qual haverá a produção de provas pertinentes.

Recebido o pedido, no distribuidor será ele anotado e, em seguida, será encaminhado ao juízo do pleito para seu exame. Se encaminhado diretamente ao juiz do processo, admitindo-o, deverá comunicar sua existência ao distribuidor (art. 134, § 1º). Quando o pedido de desconsideração tiver sido requerido com a petição inicial, o terceiro que haverá de sofrer os efeitos dela é considerado como réu, de modo que seu nome já terá sido anotado na distribuição.

No caso de pedido formulado com a petição inicial do processo de conhecimento, não se instaura o incidente (art. 134, § 2º), porque a matéria será definida a final com a sentença[71]. Se, no entanto, requerida a desconsideração na petição inicial da execução ou com o pedido de cumprimento de sentença, o incidente deverá instaurar-se para ser definida a responsabilidade de quem não terá sido parte nesse processo.

A lei dispõe que a instauração do incidente importa na suspensão do processo (art. 134, § 3º). Quando requerida a desconsideração com a petição inicial no processo de conhecimento, não ocorre essa suspensão, porque não se instaura o incidente (art. 134, § 2º). Essa suspensão, entretanto, não tem sentido quando formulada no processo de conhecimento, depois de apresentada a petição inicial, mas antes de proferida sentença dessa fase de acertamento. Pode até haver alguma paralisação do processo para o requerido nesse pleito

[71] Parece evidente que tudo quanto ficar decidido na sentença sobre responsabilidade dos sócios e da sociedade, a partir do momento em que não couber mais recurso, não poderá vir a ser rediscutido, como, aliás, decidiu o Superior Tribunal de Justiça, ao proclamar:
"**EMENTA:** RECURSO ESPECIAL. PROCESSUAL CIVIL E CIVIL. AÇÃO DE REPARAÇÃO DE DANOS MATERIAIS. PEDIDO DE DESCONSIDERAÇÃO DA PERSONALIDADE JURÍDICA. SÓCIOS EXCLUÍDOS EXPRESSAMENTE DA LIDE, SEM APLICAÇÃO DO CÓDIGO DE DEFESA DO CONSUMIDOR, NA FASE DE CONHECIMENTO. FASE DE CUMPRIMENTO DE SENTENÇA. NOVO PEDIDO DE DESCONSIDERAÇÃO, PELA MESMA RAZÃO: ENCERRAMENTO IRREGULAR DA PESSOA JURÍDICA. INVIABILIDADE. QUESTÃO ANTERIORMENTE DECIDIDA. COISA JULGADA (CPC/73, ART. 467). RECURSO PROVIDO. 1. Na hipótese, decisão proferida na fase de conhecimento, transitada em julgado, afastara a aplicação do Código de Defesa do Consumidor e afirmara a inexistência de pressupostos processuais e materiais necessários a aplicação da teoria da desconsideração da personalidade jurídica, com base no art. 50 do Código Civil. 2. Nesse contexto, é inviável a modificação de tal entendimento, quando do cumprimento da sentença, para se aplicar agora ao caso, com base na mesma razão já antes examinada, a Teoria Menor da Desconsideração da Personalidade Jurídica e o CDC, afastados no título judicial, sob pena de ofensa à coisa julgada. 3. Recurso especial provido" (REsp 1473782/MG; Rel. Ministro Raul Araújo, 4ª T.; j. 15/08/2017, *DJe* 31/08/2017).

de desconsideração ser inteirado do pedido da outra parte e para ele se defender, mas não tem sentido definir essa responsabilidade antes da solução do pleito principal (da ação), devendo ambas as ações serem julgadas pela mesma sentença. Aliás, nesse caso, como no caso de a desconsideração ter sido reclamada na petição inicial do autor, após instrução (quando cabível), sentença única solucionará os dois pleitos: o da ação (principal) e o de desconsideração da personalidade jurídica. A suspensão do processo até o proferimento de decisão sobre a procedência, ou não, do pedido de desconsideração da personalidade jurídica só terá sentido quando a medida tiver sido reclamada na fase executiva, seja o título judicial (fase de cumprimento de sentença), seja o título extrajudicial (no processo de execução, propriamente). É que, dispondo o credor de título executivo, e inviabilizada a realização de seu direito por insuficiência patrimonial do executado, será preciso apurar se o terceiro indicado pelo exequente terá praticado ato que justifique a desconsideração e se ele tem mesmo responsabilidade, embora não sendo devedor. A suspensão do processo, contudo, não decorre tanto da necessidade de instauração do procedimento incidental, mas da falta de meios para o prosseguimento da atividade executiva.

A solução judicial para a demanda (secundária) de desconsideração da personalidade jurídica será materializada por meio de sentença, quando o pedido tiver sido formulado antes da sentença de acertamento do processo de conhecimento (quando formulado com a petição inicial, sem dúvida, porque não há suspensão do processo, mas também quando formulado depois, mas no curso da fase instrutória do processo); ou por meio de decisão interlocutória quando o pleito tiver sido formulado incidentalmente na fase de cumprimento de sentença ou na execução de título extrajudicial. É que, nesses casos, a execução deverá ter seguimento em face desse que terá sido considerado responsável por força da desconsideração da personalidade jurídica. Em consequência dessa opção legislativa, o recurso, no primeiro caso, será apelação (art. 1.009, CPC/2015), ao passo que, no segundo, será agravo por instrumento (art. 1.015, IV, CPC/2015).

O pedido de desconsideração da personalidade jurídica pode ser instaurado diretamente no Tribunal, quando a ação originária ou o recurso em tal órgão estiver em curso, competindo ao relator do feito decidir a medida (art. 932, VI, CPC/2015), contra a qual cabe agravo interno (art. 136, parágrafo único, CPC/2015). A lei não fala, mas, claro, esse pleito se processa da mesma forma que em 1º grau: pedido do interessado com descrição de fatos que a lei autoriza a desconsideração, oportunidade de defesa por parte do requerido, instrução (se caso) e decisão. Isso decorre, mais uma vez, do princípio do contraditório adotado, com clareza, pelo atual Código (art. 7º) e do que proíbe decisões surpresas (art. 9º).

A decisão que permita a desconsideração da personalidade jurídica importa em ineficácia de todas as alienações ou onerações realizadas pelo demandado em fraude à execução (art. 137, CPC/2015).

3.3. Medidas de Urgência

O atual estatuto processual, na parte específica da desconsideração da personalidade jurídica, não prevê medidas de urgência, mas parece que aqui também se aplicam os mecanismos de proteção para o processo, previstos genericamente em seu Livro V de sua Parte Geral, que regula a "tutela provisória". De fato, sendo o incidente da desconsideração da personalidade jurídica uma forma de cumular ação a uma outra já em curso, as medidas de proteção da jurisdição têm aplicação no caso. O vigente Código de Processo Civil, a propósito, é expresso: "Art. 300. A tutela de urgência será concedida quando houver elementos que evidenciem a probabilidade do direito e o perigo de dano ou o risco ao resultado útil do processo".

O § 1º desse artigo prevê a hipótese de concessão de medida urgente mediante caução, dispensável para a parte hipossuficiente, e o § 2º autoriza seu deferimento liminar ou após justificação prévia.

Por outro lado, o artigo 301, referindo-se à medida acautelatória urgente, dá exemplo das que são admissíveis, entre as quais está o protesto contra alienação de bens. Entre outras, poderá ser determinada a indisponibilidade de bem do demandado até a solução final do tema, quando outras medidas práticas podem se tornar necessárias. Em caso que envolvia arbitragem, quando se definiu quando a medida de urgência é da competência arbitral e quando será judicial, o Superior Tribunal de Justiça afirmou que o bloqueio de bens, a ser efetivado mediante arresto, pode ser medida adequada para garantia do processo (judicial ou arbitral), porque, sendo viável a desconsideração da personalidade jurídica e diante de situação de perigo, garante o resultado útil da demanda principal[72].

[72] A solução encontrada pelo STJ ficou assim resumida:
"**EMENTA:** RECURSO ESPECIAL. AÇÃO CAUTELAR DE ARRESTO (INCIDENTE SOBRE BENS DE TERCEIROS) C/C PEDIDO DE DESCONSIDERAÇÃO DA PERSONALIDADE JURÍDICA DESTINADA A ASSEGURAR O RESULTADO ÚTIL DE VINDOURA SENTENÇA ARBITRAL. 1. COMPETÊNCIA PROVISÓRIA DA JURISDIÇÃO ESTATAL PARA CONHECER

DE TUTELA DE URGÊNCIA QUE SE EXAURE A PARTIR DA INSTAURAÇÃO DA ARBITRAGEM. INOBSERVÂNCIA, NO CASO. 2. CAUTELAR DE ARRESTO INCIDENTE SOBRE BENS DE TERCEIROS, CONDICIONADA À DESCONSIDERAÇÃO DA PERSONALIDADE JURÍDICA DA EMPRESA CONTRATANTE, PARA O FIM DE ASSEGURAR O RESULTADO ÚTIL DA ARBITRAGEM. NECESSIDADE DE SUBMISSÃO DA PRETENSÃO AO JUÍZO ARBITRAL, SOB PENA DE A SENTENÇA ALI PROFERIDA NÃO LHES ALCANÇAR, A ESVAZIAR A MEDIDA ASSECURATÓRIA. 3. PEDIDO DE DESCONSIDERAÇÃO DA PERSONALIDADE JURÍDICA DA EMPRESA CONTRATANTE. COMPETÊNCIA DO JUÍZO ARBITRAL. RECONHECIMENTO. 4. RECURSO ESPECIAL PROVIDO. 1. De modo a viabilizar o acesso à justiça, caso a arbitragem, por alguma razão ainda não tenha sido instaurada, toda e qualquer medida de urgência pode ser intentada perante o Poder Judiciário, para preservar direito sob situação de risco da parte postulante e, principalmente, assegurar o resultado útil da futura arbitragem. A atuação da jurisdição estatal, em tal circunstância, afigura-se precária, destinada apenas e tão somente à análise da medida de urgência apresentada, sem prorrogação, naturalmente, dessa competência provisória. 1.1. Devidamente instaurada a arbitragem, resta exaurida a jurisdição estatal, devendo os autos serem encaminhados ao Juízo arbitral competente, que, como tal, poderá manter a liminar, caso em que seu fundamento de existência passará a ser o provimento arbitral, e não mais a decisão judicial; modificá-la; ou mesmo revogá-la, a partir de sua convicção fundamentada. **2.** O bloqueio dos bens, por meio do arresto, não encerra o propósito de antecipar os efeitos de futura decisão. Ao contrário, objetiva, em caráter provisório, assegurar o resultado útil da ação principal, resguardando a eficácia de futura e eventual execução de julgado ali proferido, a evidenciar seu caráter assecuratório, unicamente. 2.1. A cautelar de arresto, incidente sobre bens de terceiros e que tem o propósito de assegurar o resultado útil daarbitragem, afigura-se indissociável, e mesmo dependente, da pretensão de desconsiderar a personalidade jurídica da empresa devedora. Logo, a tutela de urgência assecuratória, nesses termos posta (com pedidos imbricados entre si), deveria ser submetida ao Juízo arbitral, providência, *in casu*, não levada a efeito como seria de rigor. 2.2 Os titulares dos bens sobre os quais recaiu o bloqueio não integraram a ação principal que tramitou perante o Juízo arbitral, não lhes sendo ofertada a possibilidade de exercer minimamente seu direito de defesa, compreendendo-se este não apenas como a possibilidade de ter ciência e de se manifestar sobre os atos processuais praticados, mas, principalmente, a de influir na convicção do julgador. Desse modo, se os efeitos subjetivos da sentença arbitral não lhes atingem, já que não fizeram parte da arbitragem, tampouco dela passaram a integrar, inafastável a conclusão de que o propósito acautelatório de garantir o resultado útil da demanda principal afigura-se completamente esvaziado. 3. O substrato da arbitragem está na autonomia de vontade das partes que, de modo consciente e voluntário, renunciam à jurisdição estatal, elegendo um terceiro, o árbitro, para solver eventuais conflitos de interesses advindos da relação contratual subjacente. Esse consentimento à arbitragem, ao qual se busca proteger, pode apresentar-se não apenas de modo expresso, mas também na forma tácita, afigurando possível, para esse propósito, a demonstração, por diversos meios de prova, da participação e adesão da parte ao processo arbitral, especificamente na relação contratual que o originou. 3.1 O consentimento tácito ao estabelecimento da arbitragem há de ser reconhecido, ainda, nas hipóteses em que um terceiro, utilizando-se de seu poder de controle para a realização de contrato, no qual há a estipulação de compromisso arbitral, e, em abuso da personalidade da pessoa jurídica interposta, determina tal ajuste, sem dele figurar formalmente, com o manifesto propósito de prejudicar o outro contratante, evidenciado, por exemplo, por atos de dissipação patrimonial em favor daquele. 3.2 Em tal circunstância, se prevalecer o entendimento de que o compromisso arbitral somente produz efeitos em relação às partes que formalmente o subscreveram, o processo arbitral

Como se nota, a obrigatoriedade de contraditório no incidente da desconsideração da personalidade jurídica não impede que se tomem medidas acautelatórias, se se mostrarem necessárias no caso concreto.

Mesmo antes da citação do sócio ou da sociedade, poderão ser adotadas medidas como de indisponibilidade de bens ou qualquer outras para garantir a eficácia desse procedimento incidental. O que não se pode (mesmo no sistema do CPC/73 não se podia, mas, certamente, a partir do atual Código fica vedado) é direcionar a ação ou a execução a suposto fraudador sem que a parte disponha de título para contra ele agir, título esse a se formar em contraditório efetivo. A decisão que desconsidera a personalidade jurídica é, sem dúvida, título para esse redirecionamento da demanda.

4. Conclusão

A desconsideração da personalidade jurídica é instituto que, não previsto no Código Civil de 1916, foi introduzido no sistema jurídico nacional a partir de leis extravagantes e, com coloração específica, no vigente Código Civil, cujo art. 50 previu-a para a hipótese em que houver desvio de finalidade ou confusão patrimonial.

A regra, segundo vem sendo interpretada no momento, parece ter extensão reduzida: a desconsideração da personalidade jurídica só é cabível quando

servirá de escudo para evitar a responsabilização do terceiro que laborou em fraude, verdadeiro responsável pelas obrigações ajustadas e inadimplidas, notadamente se o instituto da desconsideração da personalidade jurídica – remédio jurídico idôneo para contornar esse tipo de proceder fraudulento – não puder ser submetido ao juízo arbitral. 3.3 É preciso atentar que, com exceção de questões relacionadas a direitos indisponíveis, qualquer matéria – naturalmente, afeta à relação contratual estabelecida entre as partes –, pode ser submetida à análise do Tribunal arbitral, que a decidirá em substituição às partes, com o atributo de definitividade. O pedido de desconsideração da personalidade jurídica não refoge a essa regra, a pretexto de atingir terceiros não signatários do compromisso arbitral. 3.4 No contexto de abuso da personalidade jurídica, fraude e má-fé da parte formalmente contratante, afigura-se possível ao Juízo arbitral – desde que provocado para tanto, após cuidadosa análise da pertinência das correlatas alegações, observado o contraditório, com exauriente instrução probatória (tal como se daria perante a jurisdição estatal) –, deliberar pela existência de consentimento implícito ao compromisso arbitral por parte desse terceiro, que, aí sim, sofreria os efeitos subjetivos de futura sentença arbitral. Afinal, o consentimento formal exigido na arbitragem, que tem por propósito justamente preservar a autonomia dos contratantes (essência do instituto), não pode ser utilizado para camuflar a real vontade da parte, por ela própria dissimulada deliberadamente. 4. Recurso especial provido" (REsp 1698730/SP; Rel. Ministro Marco Aurélio Bellizze, 3ª T.; j. 08/05/2018, *DJe* 21/05/2018).

houver desvio de finalidade ou confusão patrimonial, por força de cujos atos ilícitos bens do sócio podem responder por dívida social e, inversamente, bens da sociedade respondem por débito pessoal do sócio, sempre que, sob o véu da personalidade de uma ou de outro, procure se esconder o fraudador que agir com propósito de auferir vantagem em prejuízo alheio.

Por outro lado, a regra agasalhada pelo vigente Código Civil não impede a aplicação de outras normas jurídicas especiais – constantes de microssistemas – quando as regras especiais deverem prevalecer sobre a regra geral da legislação civil. As críticas de alguns doutrinadores à extensão dessas regras especiais, procedentes ou não, e cuja compreensão deve, ou não, ter outra dimensão, decorrente de princípios que se sobrepõem à literalidade das disposições, não afeta o alcance que deve ter o Código Civil. Ou seja, não havendo comunicação entre os diversos sistemas, a aplicação de cada um deles e, assim também, a aplicação do Código Civil, segue a doutrina que se entende defluir de cada um desses sistemas.

Como se viu, os doutrinadores não adotam doutrina uniforme quanto ao tema, por isso que alguns têm da disposição legal (do Código Civil e de outros sistemas) compreensão mais restrita que outros, interpretando as mesmas disposições legais, a veem de maneira mais vasta. Isso, porém, não decorre de virtude ou de defeito da lei, mas de outros fatores diversos que influem na compreensão e na aplicação da lei[73].

O que parece oportuno aqui realçar é que o Código Civil de 2002, ao introduzir regra sobre a desconsideração da personalidade jurídica, avançou em relação ao Código revogado. Haverá doutrina que verá a regra com ressalvas, pela extensão dada ao tema (pequena, segundo alguns; grande, conforme outros); o que decorre da natural diversidade de pensamento muito mais presente na sociedade atual. Mas essas críticas não desmerecem o Código vigente, que avançou em relação ao pretérito.

Não cuidou o Código Civil de definir (o que não lhe cabia fazer) a forma para se desconsiderar a personalidade jurídica; o que o vigente Código de Processo veio regular (também com aplauso de alguns e crítica de outros). O que parece certo é que esse novo estatuto passou a exigir a instauração de incidente processual para ocorrer a desconsideração da personalidade jurídica, salvo quando ela for reclamada com a petição inicial (como pedido principal) ou no curso da fase de conhecimento do processo. Nesse incidente, observado

[73] Cf., a propósito, "Novos Paradigmas para Compreensão do Vigente Direito Processual Civil", de J. E. S. Frias, *Revista de Direito Constitucional e Internacional*, p. 191-257, vol. 72, ed. RT, ano 18, 2010.

o contraditório e a ampla defesa, é que poderá surgir a desconsideração, após o que surgirá título para a parte agir contra o fraudador, assim reconhecido por decisão judicial.

É certo que a citação prévia de quem comete fraude pode dificultar, ou atrasar, a realização do direito do lesado. No entanto, no sistema do Código de Processo Civil de 2015, são possíveis medidas acautelatórias, a serem tomadas inclusive liminarmente, desde que em seguida o contraditório amplo seja preservado.

A regulação do novo diploma processual, ainda que possa revelar algum defeito, tem a virtude de uniformizar a forma de desconsideração da personalidade jurídica, que, antes era realizada pelos mais diferentes caminhos e, em grande número de casos, com ofensa ao devido processo legal, especialmente porque não se garantia convenientemente o contraditório em face daquele que haveria de sofrer a medida. Agora existe forma a ser seguida em juízo, o que facilitará a vida dos que atuam no processo.

Referências

Andrade Junior, Mozart Vivela, A Desconsideração da Personalidade Jurídica para Fins de Responsabilidade: Uma Visão Dualista da *Disregard Doctrine*, *Revista de Processo*, São Paulo: Editora Revista dos Tribunais, ano 41, n. 252 (fev. 2016), pp. 59-77.

Bruschi, Gilberto Gomes, *Aspectos Processuais da Desconsideração da Personalidade Jurídica*, São Paulo, Juzarez de Oliveira, 2004.

Coelho, Fávio Ulhoa, *Curso de Direito Comercial: Direito de Empresa*, 16. ed., São Paulo, Saraiva, 2012.

Comparato, Fábio Konder, Salomão Filho, Calixto, *O Poder de Controle na Sociedade Anônima*, 4ª ed., Rio de Janeiro, Forense, 2005.

Correia, Alexandre, Sciascia, Gaetano, *Manual de Direito Romano*, 5ª ed., Rio de Janeiro, Livros, Cadernos Ltda.

Dinamarco, Cândido Rangel, *Instituições de Direito Processual Civil*, vol. I, 8ª ed., revista e atualizada segundo o novo CPC e de acordo com a Lei 13.256, de 4.2.2016, São Paulo, Malheiros, 2016.

Diniz, Maria Helena, *Curso de Direito Civil Brasileiro: Teoria das Obrigações Contratuais e Extracontratuais*, 28ª ed., São Paulo, Saraiva, 2012.

______ *et alii. Código Civil Comentado*, Coord. de Regina Beatriz Tavares da Silva, 8ª ed., São Paulo, Saraiva, 2012.

Fiuza, Ricardo, Silva, Regina Beatriz Tavares da (coordenação), *Código Civil Comentado*, 8ª ed., São Paulo, Saraiva, 2012.

Freitas, Elizabeth Cristina Campos Martins de, *Desconsideração da Personalidade Jurídica*, São Paulo, Atlas, 2002.

Gonçalves, Carlos Roberto, *Direito Civil Brasileiro: Parte Geral*, 10ª ed., São Paulo, Saraiva, 2012.

Koury, Suzy Elisabeth Cavalcante, *A Desconsideração da Personalidade Jurídica (*Disregard Doctrine*) e os Grupos de Empresas*, 2ª ed., Rio de Janeiro, Forense, 1998.

Madaleno, Rolf, *A* Disregard *e sua Efetivação no Juízo de Família*, Porto Alegre, Livraria do Advogado, 1999.

Maluf, Carlos Alberto Dabus *et alii. Código Civil Comentado*, Coord. de Regina Beatriz Tavares da Silva, 8ª ed., São Paulo, Saraiva, 2012.

Monteiro, Washington de Barros, *Curso de Direito Civil: Parte Geral*, vol. 1, 41. ed. rev. e atualiz. por Ana Cristina B. M. França Pinto, São Paulo, Saraiva, 2007.

Pereira, Caio Mário da Silva, *Instituições de Direito Civil*, vol. I., 22ª ed., Rio de Janeiro, Forense, 2008.

Pereira, José Horácio Cintra Gonçalves, *Dos Embargos de Terceiro*, São Paulo, Atlas, 2002.

Perin Júnior, Ecio, *Curso de Direito Falimentar e Recuperação de Empresas*, 4ª ed., São Paulo, Saraiva, 2011.

Pontes De Miranda, *Tratado de Direito Privado: Parte Geral*, Tomo I, Rio de Janeiro, Borsoi, 1954.

Requião, Rúbens, *Curso de Direito Comercial*, 1º vol., 31ª ed. revista e atualizada por Rúbens Edmundo Requião, São Paulo, Saraiva, 2012.

Silva, De Plácido e, *Vocabulário Jurídico*, vol. III (J – P), Rio de Janeiro, Cia. Editora Forense, 1984.

Silva, Leonardo Toledo da, *Análise Crítica do Art. 50 do Código Civil: Desconsideração da Personalidade Jurídica e Responsabilidade do Administrador*, Dissertação de Mestrado, Faculdade de Direito da USP, 2006.

Venosa, Sílvio de Salvo, *Direito Civil: Parte Geral*, 1º vol., 11ª ed., São Paulo, Atlas, 2011.

________. *Direito Civil: Teoria Geral das Obrigações e dos Contratos*, 2º vol., 11ª ed., São Paulo, Atlas, 2011.

Warde Júnior, Walfrido Jorge, *A Crise da Limitação de Responsabilidade dos Sócios e a Teoria da Desconsideração da Personalidade Jurídica*, Tese de Doutorado, Faculdade de Direito da USP, 2004.

Conciliação e Mediação no Novo Código de Processo Civil: Aplicabilidade no Direito Tributário

Luciano Gomes Filippo
Daiane Mendes dos Santos

> "Con la idea puesta en un horizonte en el que el Derecho sea normalmente organización del pacto y el acuerdo y sólo excepcionalmente ejercicio del poder; en un Derecho en el que el pacto sea la norma y la orden la excepción. En un Derecho cuya esencia sea el acuerdo voluntario y no la coacción. Con la idea de que la vida democrática y su organización jurídica tiene como regla general la participación y sólo como regla especial la coacción, la fuerza y la imposición. Y de que el poder judicial – el más alejado del poder de los ciudadanos o de sus representantes – reduzca su actuación al mínimo posible" (LAPATZA, José Juan Ferreiro. Solución Convencional de Conflictos en el Ámbito Tributario: una Propuesta Concreta, in TÔRRES, Heleno Taveira. Direito Tributário Internacional Aplicado, v. II, São Paulo: Quartier Latin, 2004, p. 302)

Introdução

Ao pensarmos em resolução de conflitos, logo nos deparamos com os institutos da conciliação e da mediação, que, apesar de terem sido valorizados em nosso Novo Código de Processo Civil (NCPC), não são instrumentos novos. Ao revés, o CPC de 1973 já trazia expressamente a conciliação em diversos dispositivos, como no art. 277[1], que a designava nas ações de procedimento sumário, e o art. 331, § 1º[2], que a previa na audiência preliminar do procedimento ordinário.

[1] "Art. 277. *O juiz designará a audiência de conciliação* ser realizada no prazo de trinta dias, citando-se o réu com a antecedência mínima de dez dias e sob advertência prevista no § 2º deste artigo, determinando o comparecimento das partes. Sendo ré a Fazenda Pública, os prazos contar-se-ão em dobro" (grifou-se).

[2] "Art. 331. (...) § 1º Obtida a conciliação, será reduzida a termo e homologada por sentença."

Em 1995, com a criação dos Juizados Especiais, a conciliação ganhou destaque, pois, além de uma meta[3], passou a ser uma fase imprescindível antes da audiência de instrução e julgamento. Ou seja, foi largamente difundida, tornando-se uma excelente alternativa para reduzir o excesso de demanda que por vezes obstrui o Poder Judiciário.

Em 2010, o Conselho Nacional de Justiça deu um passo a mais e regulamentou a conciliação e a mediação na Resolução n. 125, que instituiu a Política Judiciária Nacional de tratamento dos conflitos de interesses, visando assegurar a todos o direito à solução dos conflitos por meios adequados à sua natureza e peculiaridade[4].

Além disso, em 2015, o Senado aprovou uma lei especial (Lei n. 13.140) regulamentando a mediação e outros meios de solução de controvérsia no ordenamento jurídico brasileiro.

Nessa evolução, o CPC/2015 não foi diferente, pois também se preocupou em diminuir a judicialização da vida em sociedade e logo de início, no art. 3º[5], foi categórico ao imprimir a obrigação de o Estado promover a solução consensual de conflitos.

O art. 334[6], da nova lei federal, por sua vez, refere que, preenchidos os requisitos da petição inicial, o juiz designará audiência de conciliação ou de mediação. Porém, quando será marcada uma em detrimento da outra? Faz-se necessário estabelecer uma distinção entre esses institutos, que se individualizam muito mais por uma questão prática do que acadêmica.

Na audiência conciliatória, o conciliador poderá sugerir soluções para o conflito[7]– atuando nos casos em que não houver um vínculo antecedente entre as partes –, como, por exemplo, numa lide entre um consumidor e um fornecedor. De outro modo, na audiência de mediação, o mediador não poderá

[3] "Art. 2º O processo orientar-se-á pelos critérios da oralidade, simplicidade, informalidade, economia processual e celeridade, *buscando, sempre que possível, a conciliação* ou a transação" (grifou-se).

[4] Resolução n. 125/2010: "Art. 1º Fica instituída a Política Judiciária Nacional de tratamento dos conflitos de interesses, tendente a assegurar a todos o direito à solução dos conflitos por meios adequados à sua natureza e peculiaridade".

[5] "Art. 3º(...) § 2º O Estado promoverá, sempre que possível, *a solução consensual dos conflitos*" (grifou-se).

[6] "Art. 334. Se a petição inicial preencher os requisitos essenciais e não for o caso de improcedência liminar do pedido, *o juiz designará audiência de conciliação ou de mediação* com antecedência mínima de 30 (trinta) dias, devendo ser citado o réu com pelo menos 20 (vinte) dias de antecedência" (grifou-se).

[7] GARCIA, Gustavo Felipe Barbosa. Novo Código de Processo Civil, Lei 13.105/2015: Principais Modificações. Rio de Janeiro: Forense, 2015, p. 118-125.

intervir diretamente, apenas ajudará as partes a compreenderem o conflito a fim de que identifiquem sozinhas as melhores soluções – atuando nos casos em que já houver um laço anterior –, como, *v.g.*, numa lide entre vizinhos.

Em outras palavras, a audiência de conciliação será designada quando as partes forem estranhas; a de mediação, quando já houver uma relação anterior. Além disso, na primeira o conciliador poderá opinar sobre a melhor solução à lide; na segunda, o mediador apenas conduzirá de modo que as partes encontrem, por si só, o melhor desfecho. Ou seja, a diferença está na forma de atuação do conciliador e do mediador.

Nessa linha, Juliana Demarchi[8], em sua tese de doutorado, delineou que "o conciliador é uma usina de ideias, que pontua as questões a serem resolvidas e propõe alternativas viáveis para análise das partes, estimulando-as à celebração do acordo". Já, para o mediador, "o objetivo é restabelecer o diálogo entre as partes para criar condições para a negociação".

1. Os Meios Alternativos de Resolução de Litígio no Âmbito do Direito Tributário

No que diz respeito ao direito tributário, o conhecido embate entre Administração fiscal e contribuinte tem diversos efeitos perversos. Os dois principais são: desgaste do contribuinte, com a consequente limitação do cumprimento voluntário de obrigações fiscais; e a demora para receber valores discutidos na via administrativa e/ou judicial, o que traz impactos negativos para a Administração Tributária[9].

Sobre esse ponto, Heleno Taveira Tôrres afirma que os meios de resolução de controvérsias devem ser repensados e postos como condição de aumento da

[8] DEMARCHI, Juliana. *Mediação: Proposta de Implementação no Processo Civil Brasileiro.* 2007. Tese (Doutorado em Direito Processual), Faculdade de Direito, Universidade de São Paulo: São Paulo, 2007. Disponível em: <http://www.teses.usp.br/teses/disponiveis/2/2137/tde-01042008-132345/>. Acesso em: 09/04/2016.

[9] "(...) o instituto da transação traz inequívoco benefícios à Administração Pública, sobre não inviabilizar o pagador de tributos, sendo o principal deles a imediatez na recuperação de recursos, o que, de outra forma, seria de difícil obtenção, em razão do exercício do direito de defesa pelo contribuinte, na esfera administrativa e judicial" (MARTINS, Ives Gandra da Silva. "Transação Tributária Realizada nos Exatos Termos do art. 171 do Código Tributário Nacional – Inteligência do Dispositivo – Prevalência do Interesse Público em Acordo envolvendo Prestação de Serviços e Fornecimento de Material – Rigoroso Cumprimento da Legislação Complementar Federal e Municipal", *Revista Dialética de Direito Tributário*, nº 148, p. 146)

eficiência da Administração Pública. Para o autor, a eficiência deve ser refletida na "resolução de conflitos nesse domínio, cuja lentidão e excesso de procedimentos causam perdas inequívocas à Administração e aos contribuintes"[10].

Evidentemente, a utilização de meios alternativos de resolução de litígios se torna vital nos sistemas em que a litigiosidade é alta. Nesse sentido, Ferreiro Lapatza, em excelente artigo sobre o tema, identifica os principais motivos da alta litigiosidade em matéria fiscal nos dias de hoje. O sistema tributário atual é excessivamente minucioso, prolixo, casuístico e obscuro, abrangendo inúmeros regimes ou normas especiais, o que força os contribuintes e seus assessores a buscarem a aplicação da lei mais favorável, promovendo o surgimento de lacunas, contradições e interpretações díspares[11].

Mas não é só isso. Há duas grandes tendências mundiais em matéria tributária que desenvolvem poderosamente o litígio: o sistema baseado na autolançamento[12] e a utilização massiva de conceitos indeterminados, com a aplicação de presunções e ficções[13].

No caso da utilização de conceitos indeterminados, o aspecto diferencial da litigiosidade gerada pela interpretação dos textos legais tributários se refere ao fato de que, muitas vezes, ambas as partes – Administração e contribuinte – sustentam interpretação que pode ser considerada legítima[14]. Além disso,

[10] TÔRRES, Heleno Taveira. "Transação, Arbitragem e Conciliação Judicial como Medidas Alternativas para Resolução de Conflitos entre Administração e Contribuintes – Simplificação e Eficiência Administrativa", *Revista de Direito Tributário*, nº 86, p. 40 e 41.

[11] LAPATZA, José Juan Ferreiro. "Solución Convencional de Conflictos en el Ámbito Tributario: una Propuesta Concreta", In: TÔRRES, Heleno Taveira. *Direito Tributário Internacional Aplicado*, v. II, São Paulo: Quartier Latin, 2004, p. 294.

[12] RIBAS, Lídia Maria Lopes Rodrigues. "Mecanismos Alternativos na Solução de Conflitos em Matéria Tributária", *Revista Tributária e de Finanças Públicas*, nº 49, p. 49.

[13] "Y resulta igualmente, y de otro lado, claro que la utilización exagerada de términos ambiguos e imprecisos y de conceptos indeterminados en las normas tributarias; la utilización exagerada de presunciones y ficciones que cambian la realidad y la oferta de medios de prueba – por ejemplo, en las bases estimadas por la administración – que exceden a los normalmente admitidos por el resto del ordenamiento, brindan a la Administración unas posibilidades de interpretación y calificación que conducirán con frecuencia a la Administración – a asumir posiciones de conflicto al estimar y calificar de nuevo los hechos estimados y calificados antes por los contribuyentes en el desarrollo de unas labores de comprobación que es preciso intensificar en el sistema de autoliquidación, en detrimento, quizás, de las labores de investigación de hechos no declarados" (LAPATZA, José Juan Ferreiro. "*Solución Convencional de Conflictos en el Ámbito Tributario: una Propuesta Concreta*" In: TÔRRES, Heleno Taveira. *Direito Tributário Internacional Aplicado*, v. II, São Paulo: Quartier Latin, 2004, p. 295).

[14] DA SILVA, Sérgio André R. G. "Meios Alternativos de Solução de Conflitos no Direito Tributário Brasileiro", *Revista Dialética de Direito Tributário*, nº 122, p. 99.

sabe-se que as leis fiscais, através do uso de presunções e ficções, quantificam o montante devido a partir de uma série de *elementos irreais, virtuais*, uma verdadeira *fabricação de fatos*[15] que atribui ao contribuinte o ônus de provar que determinado fato não é verdadeiro. Muitas vezes, essa prova é produzida por meio de um processo litigioso.

Por seu turno, com o autolançamento, passou-se a responsabilidade de interpretar e aplicar a legislação fiscal ao contribuinte. Com isso, ao identificar, qualificar e declarar os fatos juridicamente relevantes, o contribuinte olha seus interesses e busca a todo custo obter uma economia fiscal. Por sua vez, a Administração Fiscal não concorda com a maior parte dessas reduções e busca fazer com que o contribuinte pague mais. Essa sistemática de atuação acaba por promover o conflito entre Administração e administrado. Tanto é que, nos países onde o autolançamento é mais frequente, Ferreiro Lapatza informa que os meios alternativos de resolução de litígios são mais utilizados, justamente para controlar a disseminação de litígios[16].

Diante dessa realidade, os meios convencionais de prevenção e resolução de litígios se mostraram insuficientes[17]. Foi por conta disso que se passou a

[15] EZCURRA, Marta Villar. "La Aplicación del Arbitraje a las Causas Tributarias", *Revista de Direito Tributário*, n. 86, p. 168.

[16] "En los sistemas anglosajones la mayor potencialidad conflictiva del procedimiento de gestión basado en la autoliquidación, se ha visto acompañada siempre de un sistema de resolución extrajudicial de conflictos basado en el pacto entre la Administración y el contribuyente que impide que el litigio, en un alto porcentaje, llegue a los tribunales retrasando excesivamente – en contra del interés de administración y administrado – su resolución y, en su caso, el cobro del tributo" (LAPATZA, José Juan Ferreiro. "Solución Convencional de Conflictos en el Ámbito Tributario: una Propuesta Concreta", In: TÔRRES, Heleno Taveira. *Direito Tributário Internacional Aplicado*, v. II, São Paulo: Quartier Latin, 2004, p. 295).

[17] Segundo Heleno Taveira Tôrres, o mais importante instrumento de prevenção de conflito no direito brasileiro seria a denúncia espontânea (art. 138 do CTN), por meio da qual o contribuinte – ao informar espontaneamente a existência de um crédito tributário, antes de qualquer ação fiscal – se livra da multa que recairia sobre o montante se a administração descobrisse o crédito por seus próprios meios. A compensação entre débitos e créditos do contribuinte perante a Administração fiscal também é apontada como outro importante instrumento de prevenção de litígio. Em seguida, indica-se o parcelamento de dívidas fiscais, prática corriqueira no Brasil. Geralmente, o parcelamento tem como condição a desistência da intenção de recorrer, mas oferece como vantagem a remissão parcial ou integral de juros e multa. Uma vez instaurado o conflito, a resolução se dá por meio de decisão administrativa ou judicial. Nesse caso, em alguns países, o sistema de julgamento é lento e burocrático, de maneira que a Administração fiscal somente consegue receber o imposto com anos, às vezes, décadas de atraso. Por fim, o processo de consulta ou *rescrit fiscal* também é considerado como um meio de se evitar o litígio, mas que não é muito utilizado pelos contribuintes (TÔRRES, Heleno Taveira. "Transação, Arbitragem e Conciliação Judicial como Medidas

observar com mais interesse os meios alternativos de resolução de litígios, que na maioria das vezes são analisados apenas sob duas perspectivas, conforme observado por Sérgio André R. G. da Silva[18]. A primeira diz respeito às técnicas arbitrais – caracterizadas pela participação de um terceiro no litígio. A segunda perspectiva é a da transação fiscal – já largamente utilizada em alguns ordenamentos jurídicos –, realizada diretamente entre administração e contribuinte, sem a participação de um terceiro.

No âmbito do direito tributário, muito pouco se fala sobre a utilização da conciliação e da mediação. Doutrinadores e articulistas concentram seus esforços para demonstrar as vantagens e os benefícios que advêm da aplicação da arbitragem e da transação nos litígios fiscais. Uma grande e recente novidade foi a Lei n. 13.140, de 26/06/2015, que regulamentou em seu art. 38 a utilização da mediação pela Administração fiscal.

Inicialmente, a lei preocupou-se em definir a mediação como "a atividade técnica exercida por terceiro imparcial sem poder decisório, que, escolhido ou aceito pelas partes, as auxilia e estimula a identificar ou desenvolver soluções consensuais para a controvérsia" (art. 1º, § 1º). Em seguida, traçou as regras para a aplicação da mediação no âmbito do direito tributário, dispondo da seguinte forma:

> Art. 38. Nos casos em que a controvérsia jurídica seja relativa a tributos administrados pela Secretaria da Receita Federal do Brasil ou a créditos inscritos em dívida ativa da União:
>
> I – não se aplicam as disposições dos incisos II e III do *caput* do art. 32;
>
> II – as empresas públicas, sociedades de economia mista e suas subsidiárias que explorem atividade econômica de produção ou comercialização de bens ou de prestação de serviços em regime de concorrência não poderão exercer a faculdade prevista no art. 37;
>
> III – quando forem partes as pessoas a que alude o caput do art. 36:
>
> a) a submissão do conflito à composição extrajudicial pela Advocacia-Geral da União implica renúncia do direito de recorrer ao Conselho Administrativo de Recursos Fiscais;
>
> b) a redução ou o cancelamento do crédito dependerá de manifestação conjunta do Advogado-Geral da União e do Ministro de Estado da Fazenda.

Alternativas para Resolução de Conflitos entre Administração e Contribuintes – Simplificação e Eficiência Administrativa", *Revista de Direito Tributário*, n. 86, p. 45).

[18] DA SILVA, Sérgio André R. G. "Meios Alternativos de Solução de Conflitos no Direito Tributário Brasileiro", *Revista Dialética de Direito Tributário*, nº 122, p. 90.

Parágrafo único. O disposto no inciso II e na alínea a do inciso III não afasta a competência do Advogado-Geral da União prevista nos incisos X e XI do art. 4º da Lei Complementar nº 73, de 10 de fevereiro de 1993.

Como se nota, a lei trouxe importantes limites, que não passaram imunes a críticas. Em primeiro lugar, a mediação somente poderia ser utilizada quando a controvérsia for relativa a tributos, ou seja, não poderá ser aplicada quando a discussão se tratar de multas, obrigações acessórias e questões de fato (suspensão da exigibilidade, cumprimento de requisitos para fruição de benefícios etc.).

Em segundo lugar, pode-se apontar a vedação à criação de câmaras de prevenção e resolução administrativa de conflitos com competência para "avaliar a admissibilidade dos pedidos de resolução de conflitos, por meio de composição, no caso de controvérsia entre particular e pessoa jurídica de direito público" e "promover, quando couber, a celebração de termo de ajustamento de conduta" (regrado art. 38, I, que impede a aplicação das disposições dos incisos II e III do *caput* do art. 32). Em nosso entendimento, a atuação de uma câmara de prevenção e resolução administrativa de conflitos teria grande impacto positivo na desjudicialização do direito tributário e tornaria os procedimentos de cobrança ou de regularização de um contribuinte muito mais ágeis e eficientes.

Por fim, a lei traz regras para a aplicação da mediação em litígios fiscais que envolvem órgãos ou entidades de direito público que integram a Administração federal (art. 38, III) – *v.g.*, litígios que envolvem a cobrança de tributos de empresas públicas federais –, mas não deixa claro como seria realizada a mediação entre contribuinte e Administração fiscal, ou mesmo se isso seria possível. Resta aguardar a regulamentação dessa lei por meio de decreto, para ver quais novidades de fato serão implementadas pelo Poder Executivo.

Não obstante essa lacuna do direito brasileiro, uma rápida análise do direito comparado – que pretendemos fazer no presente artigo – demonstra que conciliação[19], principalmente, é um instituto largamente aplicado em outros ordenamentos, sendo certo que se pode tirar lições positivas e bons exemplos dessa experiência.

[19] No estudo de direito comparado que fizemos, pudemos perceber que os autores, na maioria das vezes, não fazem distinção entre os institutos da mediação e conciliação, não obstante em nosso entendimento as diferenças, embora sutis, sejam marcantes. Assim, alguns formatos apresentados para a utilização da conciliação em direito tributário poderiam ser aplicados sem maiores dificuldades à mediação.

Com isso, aproveitando a reabertura de discussões processuais realizada pela entrada em vigor do novo diploma processual, entendemos como propício o momento para se revisitar o tema, de maneira que o escopo de redução da judicialização seja estendido também para as lides de natureza tributária, cuja eternização sempre gera uma insegurança institucional.

2. Dos Argumentos Utilizados para Afastar a Aplicação da Mediação e Conciliação no Âmbito dos Litígios Fiscais

As particularidades de cada ordenamento jurídico fazem com que a doutrina invoque diferentes argumentos a justificar a impossibilidade de utilizar meios alternativos para resolução de litígios no direito tributário. Os mesmos argumentos utilizados em regra para afastar o uso da arbitragem e da transação são utilizados para condenar o uso da mediação e da conciliação. Em regra, existem três argumentos principais: a indisponibilidade da dívida fiscal; a violação ao princípio da igualdade (capacidade contributiva); e a violação ao princípio da legalidade.

Sem sombra de dúvida, a violação ao princípio da indisponibilidade da dívida fiscal é o argumento mais frequentemente invocado por aqueles que pretendem afastar a utilização de todos os meios alternativos de resolução de litígios no direito tributário[20]. Como, em regra, nos procedimentos de conciliação e mediação existe a possibilidade de as partes realizarem acordo sobre o objeto do litígio[21], os referidos procedimentos não poderiam ser utilizados no direito tributário, uma vez que o agente administrativo não está autorizado a dispor do crédito tributário.

A indisponibilidade da dívida fiscal decorre de duas regras: a primeira é a que dispõe sobre a indisponibilidade do interesse público; a segunda versa sobre o caráter plenamente vinculado (à lei) do agente administrativo.

[20] Hugo de Brito Machado, por exemplo, afirma que "não se pode esquecer que o direito da Fazenda de arrecadar o tributo é um direito indisponível, pelo menos quando como tal se considere o direito do qual o agente estatal não pode abrir mão, a não ser em condições excepcionais e pela forma especialmente para esse fim estabelecida" (MACHADO, Hugo de Brito. "Transação e Arbitragem no Direito Tributário", In: SARAIVA FILHO, Oswaldo Othon de Pontes; GUIMARÃES, Vasco Branco (Orgs.) *Transação e Arbitragem no Âmbito Tributário. Homenagem ao Jurista Carlos Mário da Silva Velloso*. Belo Horizonte: Fórum, 2008, p. 22). No mesmo sentido: FIGUEIRA JUNIOR, Joel Dias. *Manual de Arbitragem*. São Paulo: RT, 1997, p. 110.

[21] No Brasil, a lei de arbitragem (Lei n. 9.307/96) determina que os árbitros devem tentar a conciliação entre as partes (art. 7º, § 2º, e art. 21, § 4º), bem como o acordo (art. 28).

Segundo Hely Lopes Meirelles, de acordo com o princípio da indisponibilidade do interesse público, "a Administração Pública não pode dispor desse interesse geral nem renunciar a poderes que a lei lhe deu para tal tutela, mesmo porque ela não é titular do interesse público, cujo titular é o Estado"[22]. Por seu turno, o interesse público é classificado em primário e secundário. De acordo com a lição de Diogo de Figueiredo Moreira Neto, o interesse público primário se relaciona com o interesse da sociedade como um todo. Já o interesse público secundário ou derivado tem natureza instrumental e serve para garantir que os primeiros sejam satisfeitos (caso dos direitos patrimoniais)[23].

A regra, para essa parte da doutrina, deve ser inteiramente aplicada à dívida fiscal, que faria parte do interesse público secundário ou derivado. Se o crédito fiscal serve de fonte financeira para que o Estado promova o bem-estar geral (interesse público primário), então os litígios que o envolvem não podem ser submetidos à conciliação e à mediação.

Por outro lado, o uso desses instrumentos estaria igualmente vedado pelo caráter plenamente vinculado da atividade ligada à Administração. Com efeito, para que o agente administrativo pudesse negociar sobre o valor da dívida fiscal no âmbito de uma conciliação, por exemplo, deveria ser permitido que ele agisse com discricionariedade, seguindo o juízo que acha melhor. Contudo, de acordo com a parcela mais expressiva da doutrina, essa possibilidade não existe em direito tributário. No Brasil, por exemplo, os arts. 3º e 142 do Código Tributário deixam claro que a atividade de cobrança do tributo é plenamente vinculada à lei. Trata-se de uma garantia que visa coibir abusos da administração, que deve seguir estritamente o comando da lei, sem autorização para fazer mais ou menos.

Dessa forma, a autoridade fiscal – ao lidar com o crédito tributário – não pode dele dispor segundo sua conveniência ou convicção pessoal. Misabel de Abreu Machado Derzi explica bem essa questão, quando afirma que "o agente da Administração Fazendária, que fiscaliza e apura os créditos tributários, está sujeito ao princípio da indisponibilidade dos bens públicos e deverá atuar

[22] MEIRELLES, Hely Lopes. *Direito Administrativo Brasileiro,* 28ª ed., São Paulo: Malheiros, 2003, p. 100.

[23] "Está-se diante de duas categorias de interesses públicos, os primários e os secundários (ou derivados), sendo que os primeiros são indisponíveis e o regime público é indispensável, ao passo que os segundos têm natureza instrumental, existindo para que os primeiros sejam satisfeitos, e resolvem-se em relações patrimoniais e, por isso, tornaram-se disponíveis na forma da lei, não importando sob que regime" (MOREIRA NETO, Diogo de Figueiredo. *Mutações do Direito Administrativo,* 3ª ed., Rio de Janeiro: Renovar, 2007, p. 278).

aplicando a lei – que disciplina o tributo – ao caso concreto, sem margem de discricionariedade"[24].

Por fim, vale ressaltar que essa é uma discussão presente nos países onde o imposto é cobrado por uma sistemática semelhante ao crédito ou obrigação civil, guardadas as devidas diferenças (que versam, principalmente, sobre a solidariedade, compensação, prescrição e decadência). Nesses países, o *crédito ou obrigação tributária* é o direito de que dispõe a Administração fiscal para realizar a cobrança do imposto.

Essa tradição é forte na Itália. Veja-se, por exemplo, a lição de Gaspare Falsitta, para quem a indisponibilidade do crédito tributário decorre da própria natureza do direito tributário[25]. Como já visto acima, o Brasil – cuja doutrina foi profundamente influenciada pelos autores italianos, assim como outros países latino-americanos, de acordo com Norma Caballero[26] –, seguiu essa mesma sistemática. O mesmo ocorre na Espanha (*principio de indisponibilidaddel crédito tributario*), segundo se colhe da lição de Miguel Ángel Martínez Lago e Leonardo García de la Mora[27]. Por fim, Portugal segue a mesma tendência, conforme relatado por Vítor Faveiro[28].

Por sua vez, a França não adotou a sistemática do "crédito tributário". A doutrina francesa recorre a argumento semelhante para explicar a proibição de utilização de meios alternativos das controvérsias fiscais, invocando o caráter de ordem pública da matéria, relacionada à ideia de soberania[29]. Assim,

[24] DERZI, Misabel de Abreu. *Direito Tributário Brasileiro* (notas de atualização). Rio de Janeiro: Forense, 2004, p. 779.

[25] "La indisponibilitàpuòderivaredallalegge o da contratto o, infine, dalla natura deldiritto. Di questoterzo tipo è la indisponibilità del credito di imposta" (FALSITTA, Gaspare. *Manuale di Diritto Tributario*, 6ª ed., Padova: CEDAM, 2008, p. 331).

[26] CABALLERO, Norma. Les Codes des Impôts en Droit Comparé. Contribution a Une Theorie de la Condification Fiscale. Paris: L'harmattan, 2011, p. 49 et ss.

[27] "El crédito tributario (...) viene determinado totalmente por la ley y es inderogable o indisponible también para la Administración, salvo por autorización expresa de la ley" (LAGO, Miguel Ángel Martínez; DE LA MORA, Leonardo García. *Lecciones de Derecho Financiero y Tributario.* 3ª ed., Madrid: Iustel, 2006, p. 264).

[28] "O princípio da indisponibilidade dos direitos tributários, conquanto não expressamente formulado nas leis constitucionais, vem sendo considerado como um pressuposto nelas ínsito" (FAVEIRO, Vítor. *O Estatuto do Contribuinte. A Pessoa do Contribuinte no Estado Social de Direito*, Coimbra: Coimbra Editora, 2002, p. 702).

[29] Veja-se, a título de exemplo, a lição de Bernard Hanotiau, para quem "a tributação é um dos atributos da soberania. Por isso, ela não está no âmbito de competência dos árbitros" (HANOTIAU, Bernard. "L'arbitrabilité", In: *Académie de Droit International de La Haye, Collected Courses of the Hague Academy of International Law*, 2003, t. 296, p. 171).

no que concerne à matéria fiscal, os limites ao uso desses meios alternativos de resolução de litígios "se explicam porque está-se aqui em presença de regras que não estatuem sobre direitos subjetivos, dos quais se poderia ou não dispor, mas que têm por objeto a organização das relações do indivíduo e da coletividade"[30].

Outro argumento frequentemente invocado para se negar a utilização de meios não convencionais de resolução de lides é a violação ao princípio da igualdade e sua vertente no direito tributário: o princípio da capacidade contributiva. Sérgio André R. G. da Silva afirma que seria mais adequado falar em violação ao princípio da generalidade da tributação[31]. Essa violação decorre da constatação de que contribuintes em situações idênticas estariam sendo tratados diversamente, toda vez que o conciliador ou mediador realizasse ou indicasse qualquer tipo de acordo ou transação que resulte em diminuição do *quantum debeatur*.

Com isso, o contribuinte que não se submete à conciliação e mediação pagaria determinado valor. Por outro lado, o contribuinte que se submetesse a esses procedimentos poderia pagar menos, em razão da efetivação de um acordo com a Administração fiscal.

Por fim, a doutrina invoca também a violação ao princípio da legalidade, uma vez que, para utilização dessas modalidades de resolução de litígios, seria necessária a edição de lei com permissão expressa, uma vez que – como já ressaltado acima – a Administração deve agir sempre em conformidade com a lei. Se não há lei que permita determinada conduta da Administração, então ela não pode ir adiante.

Como se sabe, apenas alguns países implementaram por meio de lei expressa a utilização da mediação e conciliação. Contudo, em muitos países, essas modalidades de resolução de litígios são previstas para os litígios de natureza civil e/ou administrativa, cuja inaplicabilidade para os casos relacionados à dívida fiscal é ressaltada por essa parte da doutrina.

[30] ANCEL, Pascal. "Arbitrage et Ordre Public Fiscal", *Revue de l'Arbitrage*, 2001, n. 2, p. 277.

[31] DA SILVA, Sérgio André R. G. "Meios Alternativos de Solução de Conflitos no Direito Tributário Brasileiro", *Revista Dialética de Direito Tributário*, n. 122, p. 101.

3. A Superação dos Argumentos Contrários

Heleno Taveira Tôrres relata que é de perplexidade a sensação daqueles que iniciam o estudo dos meios alternativos de resolução de litígios e se deparam com os argumentos acima descritos: "Na verdade, esta sensação decorre mais do modo equivocado como estes argumentos são apresentados do que propriamente das contingências que eles projetam sobre os princípios alegados como sendo afetados na sua construção axiológica"[32]. Como veremos abaixo, os argumentos invocados não são instransponíveis.

O primeiro argumento diz respeito ao dogma do princípio da indisponibilidade do crédito tributário, cuja "sacralização" – para utilizar expressão de Marta Villar Ezcurra – o transformou no maior óbice a sua aplicação na resolução de litígios fiscais[33]. Todavia, esse argumento deve ser afastado por duas razões diferentes. A primeira reside no fato de que a indisponibilidade do interesse público não se estende aos bens públicos secundários[34].

Os bens públicos indisponíveis são apenas os primários (aqueles diretamente relacionados com o interesse da sociedade, tais como saúde, educação, segurança etc.). Os bens secundários, por serem qualificados de receita pública derivada (destinada a financiar a promoção do interesse da sociedade), encontram-se na esfera da disponibilidade[35]. Assim, na busca pelo bem comum e visando preservar os interesses primários, a Administração pode sem nenhum problema dispor, da maneira que achar melhor, dos bens públicos secundários.

Vale registrar que na Itália esse mesmo argumento da indisponibilidade também foi suscitado para contestar o caráter transacional do *concordato*. Contudo, esse argumento foi afastado por Antonio Berliri, que chamou a atenção

[32] TÔRRES, Heleno Taveira. "Transação, Arbitragem e Conciliação Judicial como Medidas Alternativas para Resolução de Conflitos entre Administração e Contribuintes – Simplificação e Eficiência Administrativa", *Revista de Direito Tributário*, n. 86, p. 48.

[33] EZCURRA, Marta Villar. "La Aplicación del Arbitraje a las Causas Tributarias". *Revista de Direito Tributário*, n. 86, p. 167.

[34] No Brasil, a diferença entre interesse público primário e secundário já foi reconhecida pela jurisprudência (STJ, Recurso Especial nº 303.806/RO, Rel. Min. Luiz Fux, *DJ* 24/05/2005).

[35] "Não temos dúvidas neste ponto, que o crédito tributário encontra-se na subespécie dos interesses públicos secundários, isto é, relativos à arrecadação da pecúnia necessária ao investimento em interesses públicos primários, tais como educação, saúde, segurança, dentre inúmeros outros. Trata-se, pois, de receita pública derivada, portanto afeta, via de regra, ao juízo arbitral" (MONTEIRO, Alexandre Luiz Moraes do Rêgo; MORAES E CASTRO, Leonardo Freitas. "Direito Tributário e Arbitragem: uma Análise da Possibilidade e dos Óbices ao Juízo Arbitral em Matéria Tributária no Brasil." *Revista Tributária e de Finanças Públicas*, n. 88, set./out. 2009, p. 33-34).

para a confusão que se faz entre *poder tributário* e *obrigação tributária*[36]. Para o autor, está fora de dúvida que o poder de tributar é inegociável e, portanto, indisponível. Entretanto, essa proibição não se estende à dívida fiscal, cujo produto deve ser utilizado pela Administração fiscal na consecução do bem comum.

A segunda razão de improcedência desse argumento reside em que os procedimentos de mediação e conciliação não implicam necessariamente a redução do valor devido. Isso porque, em geral, a mediação e a conciliação são apenas dois meios alternativos ao Poder Judiciário. Como se sabe, ao resolver um litígio fiscal, o Poder Judiciário não propõe acordo nem transaciona sobre o valor da dívida, mas apenas realiza a subsunção do fato à norma, identificando – à luz do ordenamento – se determinada verba deve ser submetida ao imposto de renda, se houve pagamento ou se ocorreu a prescrição do débito, por exemplo.

Leonardo Freitas de Moraes e Castro e Alexandre Luiz Moraes do Rêgo Monteiro, ao se referirem à aplicação da arbitragem para resolução de litígios fiscais, retratam bem essa questão, em lição que se aplica perfeitamente aos institutos da mediação e conciliação:

> A arbitragem, portanto, não cria, majora ou extingue o crédito tributário, mas sim a decisão proferida pelo juízo arbitral veicula determinado evento vertendo-o em fato jurídico, fazendo com que se desencadeie as consequências das normas tributária. Esse evento poderá ser o pagamento, a prescrição, a decadência, o parcelamento ou a remissão, por exemplo[37].

Em outras palavras, tanto a arbitragem fiscal quanto a conciliação e a mediação não são, necessariamente, "instrumentos de negociação" da dívida. Trata-se de meios de resolução do litígio, por meio dos quais o árbitro, o mediador ou o conciliador determinarão a regra aplicável, que pode ser contra os interesses da Administração ou do contribuinte.

[36] "Sembra a noi per altroche tale affermazione risenta in gran parte, da un canto, dell'insufficiente discriminazione fra la potestà tributaria, dela quale è do tatoun ente, il potere d'acertamento e i diritti potestativi che nascono a suo favore dal verificarsidi una data fattispecie e l'obbligazione tributaria vera e propria, dela qualelostessoèiltitolare, e dall'altrodi una certa confusione tra il concetto di disponibilità di um diritto e di discrezionalitàdi um atto" (BERLIRI, Antonio. *Principi di Diritto Tributario*. Vol. II, Tome 1, Milan: Giuffrè, 1957, p. 73).

[37] MONTEIRO, Alexandre Luiz Moraes do Rêgo; MORAES E CASTRO, Leonardo Freitas. "Direito Tributário e Arbitragem: uma Análise da Possibilidade e dos Óbices ao Juízo Arbitral em Matéria Tributária no Brasil." *Revista Tributária e de Finanças Públicas*, nº 88, set./out. 2009, p. 32-33.

Além disso, grande parte dos litígios não envolve necessariamente a discussão sobre a legitimidade de um tributo ou do valor cobrado. Há muitos casos em que se discute o enquadramento em determinado regime, a suspensão da exigibilidade de um crédito, a fruição de isenção, o cumprimento de determinadas condições etc. Entendemos que todas as questões de fato poderiam ser resolvidas por meio da mediação ou conciliação, sem que haja discussão sobre o crédito tributário. Como será visto abaixo na parte em que tratarmos do direito comprado, há países que utilizam amplamente a conciliação para esse tipo de litígio.

O segundo argumento para afastar a utilização da medição e conciliação no âmbito do direito tributário é o da violação ao princípio da igualdade e sua vertente no âmbito fiscal (capacidade contributiva)[38]. Todavia, esse argumento igualmente não é válido. Em primeiro lugar, como afirmado acima, não necessariamente a dívida fiscal é negociada. É nesse sentido a doutrina de Sérgio André R. G. da Silva: "Nesse contexto, não há que se falar, de igual modo, em violação ao princípio da capacidade contributiva, uma vez que não se estará deixando de tributar a capacidade econômica manifestada pelo contribuinte, mas apenas definindo qual o comportamento tributável selecionado pelo legislador"[39].

Além disso, a posição de igualdade deve ser observada em relação àqueles que manifestam interesse em se submeter aos procedimentos de mediação e conciliação. É o mesmo caso do parcelamento com confissão de dívida e diminuição ou anistia de juros e multa. Nesse caso, o contribuinte que confessa a dívida e passa a pagar a dívida fiscal em parcelas também estaria recebendo um benefício em relação ao outro que não escolheu esse modo de pagamento. Nesse caso, a igualdade é analisada sob um ponto de vista horizontal: aqueles que escolheram o parcelamento, submetendo-se às condições previstas, devem ser comparados entre si e não em relação ao contribuinte que rejeita as condições previstas.

[38] "Otro motivo ha limitado la confianza en el arbitraje: la posible lesión del principio de igualdad tributaria. En efecto, se ha mitificado la alternativa entre igualdad y prevención convencional de conflictos, con el argumento de que cualquier pacto con la Administración está frente a otro tipo de contribuyentes, con una posición económica más débil, o que son perceptores de rentas que menos oportunidades tienen de negociar, como son las de trabajo respecto a las rentas de actividades profesionales o empresariales" (EZCURRA, Marta Villar. "La Aplicación del Arbitraje a las Causas Tributarias", *Revista de DireitoTributário*, n. 86, p. 70)

[39] DA SILVA, Sérgio André R. G. "Meios Alternativos de Solução de Conflitos no Direito Tributário Brasileiro", *Revista Dialética de Direito Tributário*, n. 122, p. 102.

Também é improcedente o último argumento invocado pelos defensores da vedação da utilização da mediação e conciliação em direito tributário (violação ao princípio da legalidade). Isso porque os referidos procedimentos são expressamente previstos na nova lei processual (art. 3º, § 3º), que não exclui nenhum ramo do direito. Com isso, pela simples análise da lei, não haveria nenhuma vedação, em que pese não existir também a autorização expressa da lei.

Todavia, em nossa opinião, a ausência de permissão legal expressa não deve ser considerada como fator proibitivo à realização da mediação e conciliação em matéria tributária. Sobre esse ponto, é de fundamental importância a lição de Lauro e Gama e Souza Júnior, para quem: "nas circunstâncias atuais, a exigência de autorização legislativa específica se afigura exageradamente legalista e deve ceder aos imperativos da eficiência administrativa".[40]

No mesmo sentido é a lição de Leonardo Freitas de Moraes e Castro e Alexandre Luiz Moraes do Rêgo Monteiro, para quem a interpretação do direito, segundo os princípios da razoabilidade e proporcionalidade, não permite que a ausência de simples autorização legal possa ser considerada um entrave à utilização dos referidos procedimentos em litígios fiscais, ainda mais quando esse mecanismo garante o respeito ao princípio da eficiência e do desenvolvimento nacional, que devem prevalecer sobre o princípio da legalidade estrita em prol do benefício da sociedade[41].

A utilização da arbitragem enfrenta praticamente os mesmos questionamentos, ante a ausência de autorização expressa para sua aplicação em litígios envolvendo interesse público. Essa discussão acabou sendo mais profícua em direito administrativo, ante a possibilidade de utilização da arbitragem principalmente nos litígios decorrentes dos contratos administrativos. Isso porque a lei brasileira de arbitragem também não prevê a utilização do mecanismo para resolução de litígios administrativos, mas doutrinadores importantes vêm afirmando a possibilidade de, mesmo diante da ausência de lei específica, utilizar a arbitragem nos casos de direito administrativo[42].

[40] Souza Júnior, Lauro e Gama e. "Sinal verde para a arbitragem nas parcerias público-privadas (a construção de um novo paradigma para os contratos entre o Estado e o investidor privado)", 29 de agosto de 2005, disponível em: www.mundojuridico.adv.br, acessado em 11/02/2013.

[41] MONTEIRO, Alexandre Luiz Moraes do Rêgo; MORAES E CASTRO, Leonardo Freitas. ""Direito Tributário e Arbitragem: uma Análise da Possibilidade e dos Óbices ao Juízo Arbitral em Matéria Tributária no Brasil." *Revista Tributária e de Finanças Públicas*, n. 88, set./out. 2009, p. 24-25.

[42] Por todos, veja-se: LEMES, Selma. *Arbitragem na Administração Pública*. São Paulo: Quartier Latin, 2007, p. 82.

Conforme apontado por Gustavo Binenbojm, o direito administrativo moderno vem passando por algumas mudanças de paradigmas. Um dos paradigmas atuais que vem passando por uma profunda alteração é a da estrita vinculação à lei. De acordo com o autor, "tal paradigma costuma ser sintetizado na negação formal de qualquer vontade autônoma aos órgãos administrativos, que só estariam autorizados a agir de acordo com o que a lei rigidamente prescreve ou faculta"[43]. A mesma vedação existiria em relação à utilização da mediação e conciliação.

Sabe-se que o princípio da legalidade busca vedar a prática de abusos por parte do Governo, assegurando a administração democrática do Estado. Contudo, para autores como Arnoldo Wald, esse entendimento inflexível que defende a integral e estrita vinculação dos atos do Estado e de entes públicos à norma posta encontra-se em estágio de relativa defasagem[44]. A proposição que modernamente se adota não mais se restringe à mera leitura e aplicação literal das leis, mas restabelece o respeito à *liberdade de buscar a justiça* como exercício do consenso[45].

Trata-se de um movimento capitaneado por uma nova geração de doutrinadores que está construindo – a exemplo do que já ocorre em outros ramos do direito – uma nova concepção do direito administrativo, voltada à superação de formalismos e focada na busca da justiça[46]. O que se propõe não é a superação do princípio da legalidade administrativa – de fundamental importância –, mas a interpretação das regras de direito em conjunto com as finalidades e os demais princípios estatuídos na Constituição Federal de 1988.

Com base nesse movimento, expressiva parte da doutrina enxerga na Lei n. 9.307/96 uma autorização legislativa genérica e suficiente para submissão da Administração pública à arbitragem. Vale registrar que essa não é uma tendência acadêmica confinada nos livros de direito. No Brasil, alguns estados pioneiros já previram no âmbito das respectivas legislações a arbitragem ou

[43] BINENBOJM, Gustavo. "Da Supremacia do Interesse Público ao Dever de Proporcionalidade: Um Novo Paradigma para o Direito Administrativo", disponível em www.mundojuridico.adv.br, acessado em 30/01/2013.

[44] WALD, Arnoldo; MORAES, Luiza Rangel de; WALD, Alexandre de Mendonça. *O Direito de Parceria e a Lei De Concessões*. 2ª ed., São Paulo: Saraiva, 2004, p. 381.

[45] MOREIRA NETO, Diogo de Figueiredo. "Arbitragem nos Contratos Administrativos", In: MOREIRA NETO, Diogo de Figueiredo. *Mutações do Direito Administrativo*. Rio de Janeiro: Renovar, 2007, p. 274.

[46] MONTEIRO, Alexandre Luiz Moraes do Rêgo; MORAES E CASTRO, Leonardo Freitas. "Direito Tributário e Arbitragem: uma Análise da Possibilidade e dos Óbices ao Juízo Arbitral em Matéria Tributária no Brasil." *Revista Tributária e de Finanças Públicas*, n. 88, set./out. 2009, p. 23.

meios extrajudiciais para resolução de controvérsias. É o caso do estado do Rio de Janeiro[47] e São Paulo[48]. O mesmo raciocínio vale para a utilização da mediação e conciliação, genericamente prevista no art. 3º, § 3º, do NCPC.

E não há dúvidas de que todas essas digressões são inteiramente aplicáveis ao direito tributário, pois – como já afirmado – não existe previsão de submissão do litígio fiscal aos procedimentos de mediação e conciliação. Não se deve negar a utilização desses meios alternativos de resolução de litígios no âmbito fiscal – com os efeitos positivos que dela decorrem –, por conta da simples ausência de lei específica, mormente quando se tem uma previsão genérica aplicável a todos os litígios.

4. A Conciliação no Direito Comparado

4.1. A Conciliação Tributária na Itália

Na Itália, existe atualmente uma conciliação que é realizada no âmbito de um processo judicial (*conciliazionegiudiziale*). Foi criada inicialmente pelo art. 48 do Decreto Legislativo n. 546, de 31 de dezembro de 1992. Posteriormente, a Lei n. 656, de 30 de novembro de 1994 (artigo 2-sexies), o Decreto Presidencial nº 636, de 26 de outubro de 1972 (art. 20-bis) e o Decreto-Lei n. 218, de 19 de junho de 1997 (art. 14) trouxeram novos contornos legislativos.

De acordo com Francesco Tesauro, o legislador não impôs nenhum limite com relação às matérias que podem ser objeto da conciliação, motivo pelo qual muitos autores aceitam que ela pode versar sobre questões de fato e de direito[49], o que é uma grande vantagem do sistema italiano. Para o autor, a conciliação encontra seu campo natural nos litígios sobre estimativas e questões de fato de solução incerta. Com relação às questões de direito, a conciliação não leva a uma solução intermediária, ou seja, ela supõe que uma parte acolha totalmente o ponto de vista da outra parte.

Nos termos do art. 20-bis, inciso 5, do Decreto Presidencial n. 636/72, uma vez encontrada a solução, a multa administrativa é reduzida a um terço

[47] Lei n. 1.481, de 21 de junho de 1989.

[48] A lei de concessões (Lei nº 7.835 de 8 de maio de 1982) previu, em seu artigo 8º, XXI, a adoção contratual de *modo amigável para solução de controvérsias*.

[49] "Il legislatore non ha esplicitatoalcun limite, e molti ne hannodesuntochelaconciliazione possa investirequalsiasi questione, de diritto e difatto" (TESAURO, Francesco. *Istituzioni di Diritto Tributario*. 9ª ed., Torino: UTET, 2009, p. 379).

do valor inicial[50]. Trata-se de um grande incentivo para que o contribuinte abandone a intenção de prosseguir com a ação judicial. Todavia, conforme ressaltado por Raffaello Lupi, a vantagem não é tão atraente, uma vez que não há nenhuma redução sobre eventual multa penal[51].

Com relação ao procedimento, a conciliação segue uma espécie de "incidente processual", podendo ser suscitada por ambas as partes antes da sentença de mérito. Em outras palavras, a conciliação somente pode ser realizada em primeira instância, não havendo outra oportunidade para tanto. Uma vez instaurado o incidente processual, a tentativa de conciliação poderá ser realizada em audiência pública ou em sede extraprocessual[52]. Neste último caso, o documento que formaliza a conciliação deve ser juntado ao processo.

A conciliação é conduzida pela Comissão Provincial (ou Municipal), que está autorizada a tomar a iniciativa de promover a conciliação entre as partes. Caso uma das partes tenha proposto um acordo não aceito pela outra parte, a Comissão poderá abrir um prazo não superior a 60 dias para formalização de outra proposta. Se a Comissão entender que a proposta de conciliação não é admissível, então o processo seguirá normalmente, com a análise do recurso pendente.

Com a conclusão da conciliação, a Administração fiscal expede um decreto de extinção do processo, com eficácia provisória de 20 dias, período no qual o contribuinte deve realizar o pagamento do montante estabelecido ou, no caso de parcelamento, da primeira parcela. Somente após o pagamento a dívida fiscal é extinta.

Conforme relatado por Ignazio Manzoni e Giuseppe Vanz, há uma discussão sobre a verdadeira natureza do instituto em tela, pois há autores que entendem se tratar de verdadeira transação ao invés de conciliação[53]. Há inclu-

[50] "In caso di conciliazione le sanzioni amministrative si applica no nella misura di un terzo del minimo delle somme dovute."

[51] "I benefici di questa procedura sul piano delle san zioni sono meno incisivi, perché non vi è alcun effeto estintivo delle sanzionipenali e quelle amministrative sono superiore a un terzo dalla somma inflittada ll'ufficio" (LUPI, Raffaello. *Diritto Tributario.* 7ª ed., Milano: Giuffrè, 2000, p. 88).

[52] "La conciliazione può avvenire solo mentre la lite pende in primo grado e può avvenire in udienza o in sede extraprocessuale" (TESAURO, Francesco. *Istituzioni di Direitto Tributario.* 9ª ed., Torino: UTET, 2009, p. 379).

[53] "Circa la natura dell'istituto in esame, valgono a nostroavviso le stesseconsiderazionisvolte in precedenzaall'accertamento con adesione. Riteniamopertanto che siano da respingerequelle-tesi che tendono a ravvisarenellaconciliazione un sorta di transazione, analoga a quella prevista dall'art. 1965 del codicecivile." MANZONI, Ignazio; VANZ, Giuseppe. *Il dirittotributario. Profiliteorici e sistematici.* 2ª ed., Torino: G. Giappichelli, 2008, p. 553.

sive quem a ela se refira como um verdadeiro "acordo transativo"[54]. Para os referidos autores, contudo, essa tese não procede, uma vez que – no procedimento de conciliação – a autoridade fiscal não faz nenhum tipo de concessão, tal como ocorre nos procedimentos de transação.

4.2. A Conciliação Tributária na França

A França é outro país que utiliza muito frequentemente o procedimento de conciliação. O assunto aqui é mais complexo, se comparado com o sistema italiano, dada a variedade dos procedimentos que o país adota. É de se registrar, desde logo, que os diferentes mecanismos de mediação utilizados na prática apresentam elevado grau de eficácia, pois menos de 1% dos litígios é levado ao Poder Judiciário[55], o que é um índice extraordinário.

Acreditamos que o estudo mais profundo sobre a utilização da conciliação no direito tributário francês foi realizado por Wuttipong Sirichantranon, que identificou diversas modalidades diferentes que são aplicadas[56], não obstante a falta de harmonização legal sobre o assunto[57]. Essa multiplicidade de instâncias amigáveis de resolução de litígios, conforme ressaltado por Wuttipong Sirichantranon, decorre do respeito que o Estado francês atribui aos direitos

[54] FERRARA, Franco Batistoni. *Conciliazionegiudiziale (diritto tributario)*. In.: *Enc. Dir., Agg.*, vol. II, Milano, 1998, p. 229.

[55] "Os diferentes mecanismos de mediação utilizados na prática demonstram sua eficácia, pois menos de 1% dos litígios são levados so Poder Judiciário" (*Médiateur Actualités. Le journal du Médiateur de la République*, 01/2008, nº 33, p. 3, disponível em: www.mediateir-republique.fr, acessado em 08/01/2013).

[56] Em 1941, foi instituído o primeiro órgão com vocação para mediação: a Comissão Departamental de Impostos Diretos e de Tributos sobre o Faturamento (CDI). Em seguida, no ano de 1948, foi criada a Comissão Departamental de Conciliação (CDC). Já em 1963, surgiu a Comissão Departamental dos Chefes dos Serviços Financeiros (CCSF). Em 1968, criou-se a Comissão de Conciliação e de Expertise Financeira (CCED). Pouco depois, em 1973, foi instituída a figura conhecida do Mediador da República. Em 1976 e 1977 foram criados, respectivamente, o Interlocutor Fiscal Departamental e a Comissão de Infrações Fiscais e Comitê do Contencioso Fiscal, Aduaneiro e Cambial. A partir da década de 2000, foram criadas mais três instituições: o Mediador do Ministério da Economia, das Finanças e da Indústria (2002), o Conciliador Fiscal Departamental (2006) e, finalmente, o Interlocutor Fiscal Único das PME e o Interlocutor Fiscal Único dos Particulares (2006) (Sirichantranon, Wuttipong. *Les modes alternatifs de règlement des litiges fiscaux*, Thèse Paris II, 2010, p. 53).

[57] "No plano nacional, a mediação é praticada há bastante tempo, apesar de não ter sido harmonizada pelo direito" (SIRICHANTRANON, Wuttipong. Op. cit., p. 52).

do administrado contra os abusos eventualmente praticados por autoridades públicas[58].

No presente estudo, abordaremos apenas as instituições mais relevantes, a saber: a Comissão Departamental de Impostos Diretos e de Tributos sobre o Faturamento (1); a Comissão Departamental de Conciliação (2); o Mediador da República (3); e, por fim, o Interlocutor Fiscal Departamental (4).

4.2.1. Comissão Departamental de Impostos Diretos e de Tributos sobre o Faturamento (CDI)

Uma das instituições mais importantes é a Comissão Departamental de Impostos Diretos e de Tributos sobre o Faturamento (CDI) – encarregada de realizar a conciliação nos litígios entre fisco e contribuinte – criada em plena guerra mundial pela Lei de 13 de janeiro de 1941, que foi modificada diversas vezes. Atualmente, a CDI é regulamentada pelos arts. 1651 e 1651-F do Código Geral dos Impostos, bem como pelos arts. 347 e 348 do anexo III do mesmo diploma, que tratam de sua composição e funcionamento. O Livro de Procedimentos Fiscais (LPF) traz também alguns dispositivos sobre seu funcionamento[59]. Vale notar que as competências da CDI foram ampliadas pelo art. 26 da lei de 30 de dezembro de 2004, que deu uma nova redação ao art. 59 A do LPF.

Trata-se de um órgão intermediário amigável e opcional, que intervém na fase pré-contenciosa, a fim de resolver amigavelmente o problema que versa sobre os impostos diretos e o imposto sobre o faturamento. Daniel Richer afirma que a CDI é uma instituição de referência, apresentada como um modelo que poderia ser transplantado para outros tipos de contencioso, uma vez que sua finalidade é preveni-lo[60].

A CDI tem uma composição mista paritária, reunida sob a autoridade de um presidente, que é um magistrado do tribunal administrativo. São integrantes da CDI funcionários de impostos que ocupem, no mínimo, postos de inspetor principal ou inspetor-divisionário, bem como representantes dos contribuintes designados por organismos profissionais.

Quando a CDI é instaurada, o contribuinte tem o direito à imparcialidade e independência dos membros que a compõem, sob pena de nulidade do

[58] SIRICHANTRANON, Wuttipong. Op. cit., p. 55.

[59] Artigos L. 59 A, L. 60, R* 1-2, R. 1-3, R* 60-1, R. 60-1 A, R* 60-2, R. 60-2 A, R* 60-3.

[60] RICHER, Daniel. Les Droits du Contribuable dans le Contentieux Fiscal. Paris: LGDJ, 1997, p. 65.

procedimento de imposição. Nesse sentido, um acórdão proferido pelo Conselho de Estado entendeu pela nulidade do procedimento, uma vez que ficou constatado que um dos membros da CDI era um inspetor-chefe de impostos que exercia funções de interlocutor departamental que, por meio de uma carta enviada ao contribuinte, tomou posição sobre o mérito do litígio (CE, 9 de março de 1990, n. 52260).

De acordo com Michel Bouvier, o art. L.59 do LPF permite à CDI qualificar juridicamente certos fatos, na medida em que está autorizada a se pronunciar sobre o caráter anormal de um ato de gestão, sobre o princípio e o montante de amortizações e de provisões, sobre o caráter das despesas dedutíveis de trabalhos imobiliários[61]. Contudo, a regra geral é que somente questões de fato podem ser apreciadas pela CDI, não obstante a determinação da fronteira entre questões de fato e de direito tenha suscitado uma abundante jurisprudência[62]. Esse princípio da incompetência da CDI para análise de questões de direito decorria da jurisprudência, mas atualmente está previsto no art. L.59 A do LPF.

Vale ressaltar que a CDI não está autorizada a propor solução para todos os litígios fiscais. Conforme sublinhado por Daniel Richer,

> as comissões departamentais apenas podem intervir nos casos delimitados pela lei. Sua avocação, em alguns casos, é uma garantia do contribuinte ou da administração, mais elas não possuem vocação universal para resolver todos os litígios capazes de opor contribuintes e administração em qualquer matéria. Sua competência é definida por um conjunto de regras que se recortam[63].

Resumidamente, a CDI intervém nos litígios que versam sobre quatro pontos diferentes: (1) o montante do faturamento decorrente de atividades industriais e comerciais, não comerciais e agrícola, determinado de acordo com a apuração real; (2) as condições de aplicação dos regimes de exoneração ou redução fiscal em favor de empresas novas; (3) a aplicação de dispositivos

[61] BOUVIER, Michel. Introduction au Droit Fiscal Général et à la Théorie de l'Impôt. 7ª ed., Paris: LGDJ, 2005, p. 120.

[62] "Em regra geral, são tidas como questões de direito as que versam sobre interpretação de um texto ou que tenham por objeto a qualificação de alguma operação (natureza jurídica da profissão exercida, apreciação da natureza anormal de um ato de gestão, existência de uma sociedade de fato), ao passo que a materialidade dos fatos, assim como a apreciação que sobre eles convém fazer, devem ser enquadrados como questões de fato" (GROSCLAUDE, Jacques; MARCHESSOU, Philippe. *Procédures Fiscales*. 4ª ed., Paris: Dalloz, 2007, p. 187).

[63] RICHER, Daniel. *Les Droits du Contribuable dans le Contentieux Fiscal*. Paris: LGDJ, 1997, p. 66.

que versam sobre verbas não dedutíveis para determinação do resultado de empresas industriais ou comerciais; (4) o valor venal de imóveis, fundos de comércio, ações, dentre outros[64].

Após analisar o dossiê e realizar audiência com a Administração e com o contribuinte, a CDI emite sua opinião (*avis*), que pode acolher a proposta daquela, deste, ou, ainda, sugerir uma solução própria. É importante registrar que a CDI não tem poder de decisão. Assim, a opinião emitida não é oponível nem à Administração, nem ao contribuinte. Contudo, se o litígio persistir e iniciar a fase contenciosa, o ônus da prova incumbe sempre à Administração (art. L.192 do LPF), independentemente do conteúdo da opinião.

O ônus da prova ficará a cargo do contribuinte somente em três hipóteses: (1) quando sua contabilidade apresentar graves irregularidades; (2) quando o contribuinte não possui registros contábeis; (3) quando o contribuinte é tributado de ofício em virtude da ausência de resposta a um pedido de esclarecimentos.

Se comparado com o Mediador da República, pode-se dizer que os procedimentos da CDI são muito mais eficazes. Segundo Daniel Richer, a CDI emite, em alguns casos, verdadeiras decisões que substituem a decisão proferida pela Administração fiscal[65]. No entanto, sob um ponto de vista estritamente jurídico, a CDI emite apenas um parecer motivado que pode ou não ser adotado pela Administração fiscal. Porém, conforme indicado por Martin Collet, a Administração, em regra, segue essas opiniões, para corrigir suas pretensões ou até desistir da cobrança em caso de opinião contrária. Em caso de opinião contrária às suas pretensões, o contribuinte pode naturalmente seguir a via contenciosa[66].

4.2.2. A Comissão Departamental de Conciliação (CDC)

A Comissão Departamental de Conciliação (CDC) é outro órgão paritário, cuja complexidade estrutural muito se assemelha à da CDI. É composta pelo diretor de serviços fiscais, três funcionários da direção geral de impostos, um notário e três representantes do contribuinte. O presidente da CDC é

[64] COZIAN, Maurice; DIBOUT, Patrick; PIERRE, Jean-Luc (dir.). Droits et Garanties du Contribuable. Evolutions et Perspectives Vingt ans Après de Rapport Aicardi. Paris: LITEC, 2008, p. 197.

[65] RICHER, Daniel. *Les Droits du Contribuable dans le Contentieux Fiscal*. Paris: LGDJ, 1997, p. 67.

[66] COLLET, Martin. *Droit Fiscal*. Paris: PUF, 2007, p. 150.

um magistrado do Poder Judiciário[67]. Foi criada pela Lei n. 48-1360, de 1º de setembro de 1948, mas atualmente é regulamentada pelos arts. 1.653 A, 1.653 B e 1.653 BA do CGI, bem como pelos arts. 349, 350 A e 350 C do anexo III do mesmo código.

A CDC é competente para analisar e emitir um parecer sobre litígios que versam sobre o Imposto sobre Grandes Fortunas (IGF), o Imposto sobre Publicidade Fundiária (nos casos mencionados pela alínea 2 do art. 667 do CGI) e sobre a insuficiência de preços ou de avaliações constatadas pela Administração, no que diz respeito à base de cálculo dos Impostos sobre Registro[68].

Sobre a delimitação das matérias submetidas à análise da CDI e da CDC, Daniel Richer indica que a repartição material das competências entre as duas comissões é estreitamente calcada sobre a repartição existente entre as duas ordens de jurisdição. É de se registrar, contudo, que há algumas matérias fiscais que não são de competência de nenhuma das duas comissões, o que não ocorre com a repartição de competências existente entre as duas ordens de jurisdição[69].

4.2.3. O Mediador da República

O Mediador da República foi criado oficialmente pela Lei n. 73-6, de 3 de janeiro de 1973. Sua tarefa é tentar solucionar, fora do âmbito contencioso, os problemas administrativos em geral, incluídos os de ordem fiscal. A instituição da mediação no direito interno foi largamente inspirada na figura do *ombudsman*, criado na Suécia em 1809.

Na época de sua criação, a França passava por uma crise relacionada com o aumento das desigualdades sociais e degradação da condição de vida das classes menos favorecidas. Com isso, as demandas judiciais cresceram a tal ponto que o Poder Judiciário já não conseguia mais resolver eficazmente os litígios. Para minimizar esse problema judicial, em 1975 – com a criação do Novo Código de Processo Civil –, foi instituída a mediação (arts.131-1 a 131-15), por meio da qual o juiz pode, após obter a aprovação das partes, designar um terceiro para ouvir as parte se seus pontos de vista, de maneira a capacitá-los a encontrar uma solução para seu conflito.

67 BOUVIER, Michel. Introduction au Droit Fscal Général et à la Théorie de l'Impôt. 7ª ed., Paris: LGDJ, 2005, p. 120.

68 COLLET, Martin. *Droit Fiscal*. Paris: PUF, 2007, p. 150.

69 RICHER, Daniel. Les Droits du Contribuable dans le Contentieux Fiscal. Paris: LGDJ, 1997, p. 68-69.

Segundo relatado por Wuttipong Sirichantranon, o Mediador da República é tido como uma instituição que, ao lado do juiz, deve assegurar o respeito efetivo dos direitos dos litigantes[70]. Em matéria de impostos, o Mediador da República garante o respeito aos princípios da justiça e da igualdade pela Administração fiscal. Mas sua atuação não se limita apenas ao âmbito judicial, intervindo em litígios já instaurados. A prevenção de litígios se insere no escopo de suas atividades. Isso ocorre também por meio do Setor Fiscal, que ajuda o contribuinte a obter informações claras sobre seus direitos e garantias[71]. Em outras palavras, ele realiza uma mediação judicial e extrajudicial, inclusive com proposições de alteração na legislação fiscal[72].

De acordo com dados estatísticos, o Mediador da República intervém com frequência em matéria de base de cálculo, cálculo e pagamento de impostos, sobretudo em litígios que decorrem da aplicação incorreta das regras fiscais pelas autoridades fiscais[73].

A ação do Mediador da República tem um duplo propósito. O primeiro é evitar o contencioso, que representa um elevado custo para os contribuintes, para a Administração fiscal e também para o sistema judiciário, já sobrecarregado com diversas outras questões. O segundo é melhorar as relações entre fisco e contribuinte, de modo a melhorar o consentimento ao imposto.

Uma das vantagens da ação do Mediador da República nas questões fiscais é sua autonomia. De acordo com as atualizações disponibilizadas no jornal de atualidades da instituição:

> O Mediador da República ocupa um lugar original no campo da mediação fiscal. Diferentemente do Mediador Fiscal, que atua sob a tutela do Ministro da Economia, e de outras instâncias administrativas de mediação, ele representa, com

[70] SIRICHANTRANON, Wuttipong. Les Modes Alternatifs de Règlement des Litiges Fiscaux, Tese em direito. Paris II, 2010, p. 56.

[71] "Diante das condições de aplicação da regulamentação fiscal, frequentemente tidas como instáveis e muito restritivas – portanto, injustas –, o setor fiscal auxilia o contribuinte a obter informações claras e a dispor de verdadeiras garantias." *Médiateur Actualités. Journal du Médiateur de la République*, março de 2011, n. 64, p. 5, disponível em: www.mediateir-republique.fr, acessado em 08/01/2013.

[72] Dentre as proposições propostas pelo Mediador da República e aprovadas, destacam-se: a autorização para o retorno de filhos menores de 25 anos, não estudantes, na declaração fiscal dos pais; a melhora do regime fiscal de viúvos com filhos não advindos do casamento com o cônjuge falecido; a instituição de igualdade de direitos entre credores e devedores de alimentos no acesso a informações fiscais, dentre várias outras.

[73] Médiateur Actualités. Journal du Médiateur de la République, janeiro de 2008, n. 33, p. 2, disponível em: www.mediateir-republique.fr, acessado em 08/01/2013.

efeito, uma autoridade independente, o que lhe permite apreciar soberanamente as possibilidades de uma intervenção, e notadamente a oportunidade de engajar uma mediação. Essa distância, tanto das partes no litígio fiscal quanto do poder político, permite que a Instituição exerça plenamente seu papel. Sua competência não se limita à proteção do contribuinte contra os desfuncionamentos da Administração. Ele tem, igualmente, vocação para intervir quando a aplicação regular de dispositivos legais e regulamentares gera uma desigualdade. Ele pode, assim, recomendar a um organismo questionado qualquer solução que permita solucionar, considerando-se a igualdade, a situação do reclamante[74].

De acordo com Wuttipong Sirichantranon, o funcionamento relativamente simples dos procedimentos de mediação permite um acesso confortável dos contribuintes. Esse acesso, todavia, não se dá de forma direta, mas por meio de um parlamentar (senador ou deputado). Além disso, nem todas as questões fiscais são tratadas pelos serviços centrais do Mediador. Isso porque seus delegados – incumbidos de agir mais diretamente no âmbito local – recebem e resolvem problemas de natureza menos complexa[75].

Outra crítica endereçada ao Mediador da República está relacionada com as dificuldades organizacionais que a instituição enfrenta. Sabe-se que as administrações são obrigadas a responder aos pedidos de informação ou de reexame formulados pelo Mediador da República ou seus delegados. Contudo, conforme relatado por Wuttipong Sirichantranon, algumas prefeituras mais modestas não têm meios necessários para cumprir as recomendações emitidas pelo Mediador, principalmente por conta do desconhecimento de algumas autoridades municipais acerca do papel desempenhado pela instituição. Disso decorre uma relativa perda de eficácia da atividade de mediação.

Além disso, de acordo com Daniel Richer, o papel do Mediador da República ainda é extremamente marginal, na medida em que os contribuintes o procuram, na maioria das vezes, após terem esgotado todas as outras vias de recurso: recurso ao interlocutor departamental, à comissão departamental, recurso gracioso ou contencioso[76]. Isso decorre, em parte, do fato de que o recurso ao mediador não interrompe o prazo para interposição dos demais recursos (Conselho de Estado, 03/11/1989, req. n. 91354, *Marchand*). A eficácia

[74] Médiateur Actualités. Journal du Médiateur de la République, janeiro de 2008, n. 33, p. 3, disponível em: www.mediateir-republique.fr, acessado em 08/01/2013.

[75] SIRICHANTRANON, Wuttipong. Les Modes Alternatifs de Règlement des Litiges Fiscaux, Tese em Direito, Paris II, 2010, p. 58.

[76] RICHER, Daniel. *Les Droits du Contribuable dans le Contentieux Fiscal.* Paris: LGDJ, 1997, p. 79.

da intervenção do Mediador da República é outro elemento que desestimula o contribuinte, uma vez que ele não emite *decisões*, mas apenas *recomendações*, sendo certo que muitos agentes administrativos ainda preferem aguardar a decisão proferida por um juiz.

4.2.4. O Interlocutor Fiscal Departamental

Durante a década de 70, a França passou por um período de dificuldades financeiras relacionadas com a primeira crise petrolífera. Muitos contribuintes, com isso, deixaram de cumprir adequadamente suas obrigações fiscais, fazendo com que o Governo intensificasse suas atividades de controle. Essa época também foi marcada por um aumento na complexidade da legislação fiscal – o que, inclusive, foi uma tendência mundial.

Diante dessas circunstâncias, houve um aumento do contencioso tributário, o que incitou a Administração fiscal a desenvolver – por um esforço de comunicação e explicação – um mecanismo de resolução de litígios que poderia nascer do procedimento de controle fiscal. Para Daniel Richer, esse é o principal objetivo buscado pela instituição do interlocutor fiscal departamental[77].

A instituição do Interlocutor Fiscal Departamental foi concebida e proposta pelo Ministro da Economia e das Finanças frente à Assembleia Nacional em 30 de abril de 1976, que a adotou. Em seguida, a Administração publicou uma nota oficial, em 18 de junho de 1976, destinada aos serviços fiscais, que determinou a designação expressa de um superior dos agentes auditores, ao qual o contribuinte poderia interpor um recurso eventual hierárquico. De acordo com Wuttipong Sirichantranon, "essa nota da Direção geral dos impostos de 18 de junho de 1976 dispõe que nenhum tributo pode ser cobrado enquanto não previsto o recurso ao interlocutor departamental"[78].

No caso de problemas relacionados com a verificação fiscal, o contribuinte pessoa física ou jurídica é obrigado a interpor o recurso hierárquico antes de se dirigir ao interlocutor departamental. Com efeito, quando há um desacordo entre o auditor e o contribuinte sobre uma auditoria fiscal externa, especialmente no que diz respeito ao exame da situação fiscal pessoal ou de auditoria

[77] RICHER, Daniel. *Les Droits du Contribuable dans le Contentieux Fiscal*. Paris: LGDJ, 1997, p. 77.

[78] SIRICHANTRANON, Wuttipong. Les Modes Alternatifs de Règlement des Litiges Fiscaux, Tese em direito, Paris II, 2010, p. 81.

de suas contas, o contribuinte pode se dirigir ao superior hierárquico para obter esclarecimentos e uma decisão sobre sua situação.

Em seguida, se as divergências persistirem após o recurso, o contribuinte pode se dirigir diretamente ao interlocutor fiscal departamental, que deverá agir conforme a Carta dos Direitos e Obrigações dos Contribuintes Fiscalizados. Conforme mencionado por Wuttipong Sirichantranon, "o recurso ao interlocutor foi previsto no âmbito dos procedimentos de fiscalização e não poderia ser utilizado, por exemplo, em caso de questionamento de uma autuação"[79].

Vale notar que o interlocutor somente pode intervir em questões de fato, ficando vedado de questionar a aplicação da regra de direito[80]. De acordo com Sophie Lambert-Wiber, na prática, o superior hierárquico do agente auditor é o chefe debrigada dos auditores[81]. Ele é o inspetor principal e o diretor dos serviços fiscais ou um de seus colaboradores que ocupam, pelo menos, o posto de diretor de divisão.

Para Daniel Richer, o recurso ao interlocutor departamental é eficiente[82]. O autor informa que um estudo realizado em 1986 revelou que mais da metade dos recursos resultaram em uma satisfação pelo menos parcial. A maioria dos contribuintes que não obtiveram ganho integral de causa ainda apresentou recurso em outra instância, seja perante a CDI ou nos serviços fiscais, no caso de uma reclamação graciosa ou contenciosa[83].

[79] SIRICHANTRANON, Wuttipong. Op. cit., p. 82.

[80] RICHER, Daniel. *Les Droits du Contribuable dans le Contentieux Fiscal.* Paris: LGDJ, 1997, p. 78.

[81] LAMBERT-WIBER, Sophie. "Les Modes Alternatifs au Règlement des Litiges Fiscaux", *Revue Les Petites Afiches,* 22 maio 2007, n. 102, p. 8.

[82] RICHER, Daniel. *Les Droits du Contribuable dans le Contentieux Fiscal.* Paris: LGDJ, 1997, p. 79.

[83] Vale registrar a opinião de Jean-Baptiste Geffroy, para quem o instituto não alcançou o sucesso apontado por Daniel Richer De acordo com Jean-Baptiste Geffroy, "o balanço dessa instituição de mediação é incerto. Um relatório realizado em nome da Comissão de Finanças da Assembleia Nacional em 1989 revela o baixo nível de utilização do interlocutor departamental: um pouco mais de 4% das operações de controle externo realizado em 1986. Na realidade, quando conhecida, a função é muito mal vista pelos contribuintes em razão da ambiguidade da posição de árbitro e de seu superior hierárquico" (GEFFROY, Jean-Baptiste. *Grands Problèmes Fiscaux Contemporains.* Paris: PUF, 1993, p. 613).

5. Conclusão

Com o presente artigo, pretendemos demonstrar as vantagens que adviriam da aplicação da mediação e conciliação para resolução de litígios fiscais. No Brasil, infelizmente, essa discussão ainda não é profícua como em outros países (com destaque para França e Itália), mas acreditamos que trazendo a questão para o centro das discussões, ainda que com a simplicidade aqui tratada, o legislador tenha mais condições e incentivos para instituir outros meios de resolução de litígios mais eficientes que contencioso atual.

Recurso como Método de Participação Eficaz em Sistemas Processuais Publicistas e o Perfil do Agravo de Instrumento no Modelo Processual Brasileiro

Marcelo Pereira de Almeida
João Bosco Won Held Gonçalves de Freitas Filho

Introdução

O presente ensaio visa discutir em que medida os recursos representam instrumental de participação eficaz na construção da decisão judicial e as mudanças levadas a efeito no recurso de agravo de instrumento desde o CPC de 1939 até o CPC de 2015, passando pelas várias reformas processuais que afetaram essa espécie recursal.

As concepções publicistas/socializadoras do processo começaram a refletir-se no sistema processual brasileiro na edição do Código de Processo Civil de 1939, responsável pela unificação da legislação processual no Brasil, antes pulverizada nos Estados da Federação.

O Ministro da Justiça do governo de Getúlio Vargas, Francisco Campos, destacou, na exposição de motivos do referido código, a necessidade de fortalecimento do papel do Estado no modelo processual, de sorte a eliminar as deficiências do sistema pautado nas ideias liberais que privilegiavam as classes mais favorecidas.

Em relação ao modelo recursal, o CPC/1939 apresentava problemas estruturais, devido à gama de recursos nele previsto, bastando dizer que, na época de sua vigência, havia nada menos de três recursos diferentes contra as decisões interlocutórias (o agravo de instrumento, o agravo no auto do processo e a carta testemunhável), cuja admissibilidade variava por critérios bastante casuísticos, bem como dois recursos diferentes contra a sentença de 1º grau (a apelação e o agravo de petição). Essa característica da estrutura recursal do CPC/39 alimentou o discurso do movimento de reformas que culminou na edição do CPC/73, que teve como um dos fundamentos de justificação o resgate à melhor técnica processual.

Na época em que entrou em vigor o Código de Processo Civil de 1973, o sistema de recursos por ele instituído foi considerado um dos seus aspectos positivos, pela sensível simplificação que representou em relação ao regime anterior. Não obstante este avanço, decorridas mais de quatro décadas de vigência do Código de 1973 e após incontáveis alterações, o seu sistema de recursos foi apontado por muitos como o grande responsável pela crise da Justiça brasileira, conforme se manifestou a Comissão de Constituição e Justiça do Senado Federal, ao analisar a Proposta de Emenda à Constituição que deu origem à Emenda Constitucional n. 45/2004.

Essa constatação acabou incentivando reformas processuais destinadas a fragmentar o modelo recursal, pois o coloca como um dos principais fatores que retardam a atividade jurisdicional, afetando sua eficiência.

Desde meados da década de 1990, sucessivas reformas na legislação processual foram levadas a efeito, no intuito de debelar os males decorrentes do aumento do volume de recursos, mas acabaram agravando ainda mais os defeitos do sistema, especialmente pelo progressivo abandono da colegialidade das decisões recursais, com o fortalecimento das possibilidades de decisões monocráticas, principalmente pela crescente invocação da jurisprudência, tema em alguma medida mitigado pelo CPC/2015.

Outro ponto atacado insistentemente pelo movimento de reformas foi o modelo de recorribilidade das decisões interlocutórias. O agravo, recurso destinado a impugnar esta espécie de decisão, foi modificado nos três blocos de reformas que o CPC de 1973 sofreu a partir da década de 1990. Na versão originária deste Código, o agravo contava com dois formatos e um regime facultativo para o seu emprego, ou seja, a parte prejudicada com a decisão interlocutória proferida poderia se valer do agravo retido nos autos ou do agravo de instrumento, conforme a sua preferência.

Com o advento da Lei n. 9.139/95, que alterou, à época, o CPC de 1973, o regime do agravo de instrumento foi modificado sensivelmente, tendo em vista que sua interposição passou a ser efetuada diretamente perante o tribunal competente para julgá-lo, facilitando o acesso do jurisdicionado prejudicado ao órgão jurisdicional que iria julgar o recurso. Esse fato, por si só, gerou um aumento significativo do número de agravos nos tribunais, pois a facilidade de acesso fez com que fosse utilizado como forma preferencial em detrimento da forma retida. Outro fator que contribuiu para a ampliação da utilização do agravo na forma de instrumento se deu com a possibilidade de se atribuir efeito suspensivo a esse recurso diretamente, sem mais ser preciso fazer uso do mandado de segurança para esse fim.

O aumento significativo do número de agravos nos tribunais, na vigência do CPC/73, passou a ser uma realidade que congestionou amplamente as pautas de julgamento e fomentou medidas para tentar equacionar esse problema e reverter esse quadro. Uma dessas medidas foi percebida com a ampliação dos poderes dos relatores para julgamentos monocráticos, levada a efeito pela Lei n. 9.756/98 que alterou o artigo 557 do CPC/73 nesta direção. Outra medida adotada ocorreu com a edição da Lei n. 10.352/2001, no segundo bloco de reformas do CPC/73, por meio do qual se sinalizou para algumas hipóteses obrigatórias de utilização da forma retida para o agravo. Medida essa pouco eficaz para gerar impactos significativos no número de agravos nos tribunais, haja vista que atingia parcela muito incipiente de casos, valendo mencionar, nesse sentido, as decisões proferidas na audiência de instrução e julgamento e as posteriores à sentença.

Após a Emenda Constitucional n. 45 de 2004, que projetou a denominada "Reforma do Poder Judiciário", fortaleceu-se o discurso de necessária otimização do sistema recursal para se alcançar os anseios do constituinte reformador em proporcionar uma prestação jurisdicional mais tempestiva e republicana. Para alcançar esses objetivos, a Comissão de Reforma do Poder Judiciário do Ministério da Justiça encaminhou uma série de projetos de leis destinados a reformar a legislação processual brasileira, sobretudo o sistema recursal e o modelo da execução cível, considerados os principais gargalos da efetiva prestação jurisdicional no sistema brasileiro.

A Lei n. 11.187/2005, primeira deste ciclo, destinou-se a alterar, no CPC/73, o modelo do agravo, para neste momento indicar que a forma definida como regra seria a retida e, somente nos casos expressamente definidos no artigo 522, alterado por esta lei, poderia se fazer uso do agravo na forma de instrumento. O intento de diminuir o emprego do agravo de instrumento foi frustrado, pois uma das hipóteses de seu cabimento era a potencialidade da decisão atacada gerar dano de difícil ou incerta reparação, o que permitia uma interpretação bem aberta.

O discurso de justificação de otimizar o sistema recursal continuou transitando nas Comissões criadas para editar o novo CPC, concretizado pela

Lei n. 13.105/2015, que na exposição de motivos insiste na necessidade de reformular o sistema recursal para melhorar a prestação jurisdicional[1].

Nesse intento foram suprimidos, inadvertidamente, dois recursos que não contribuíam para retardo algum, o agravo retido e os embargos infringentes[2]. Os filtros superpostos foram fortalecidos, principalmente com as orientações positivadas para se respeitar o modelo de precedentes criado pelo novo Código.

Dentre as diversas modificações na sistemática dos recursos em espécie, o regime do agravo de instrumento foi alterado novamente, optando o legislador a definir de modo aparentemente taxativo as decisões interlocutórias que seriam agraváveis por instrumento (art. 1.015 e parágrafo único)[3], e as demais passariam a ser reguladas por um regime de preclusão flexível, podendo estas últimas serem alvejadas na apelação (em preliminar)

[1] "Assim, e por isso, um dos métodos de trabalho da Comissão foi o de resolver problemas, sobre cuja existência há praticamente unanimidade na comunidade jurídica. Isso ocorreu, por exemplo, no que diz respeito à complexidade do sistema recursal existente na lei revogada. Se o sistema recursal, que havia no Código revogado em sua versão originária, era consideravelmente mais simples que o anterior, depois das sucessivas reformas pontuais que ocorreram, se tornou, inegavelmente, muito mais complexo" (Exposição de Motivos do Anteprojeto do Novo Código de Processo Civil, p. 13. Disponível em https://www.senado.gov.br/senado/novocpc/pdf/Anteprojeto.pdf. Acesso em: 26/03/2017 às 17:13h).

[2] A despeito da supressão dos embargos infringentes, o CPC/2015, no art. 942, criou técnica de continuidade do julgamento com a presença de outros julgadores quando o resultado de determinados recursos não for unânime.

[3] "Art. 1.015. Cabe agravo de instrumento contra as decisões interlocutórias que versarem sobre:
I – tutelas provisórias;
II – mérito do processo;
III – rejeição da alegação de convenção de arbitragem;
IV – incidente de desconsideração da personalidade jurídica;
V – rejeição do pedido de gratuidade da justiça ou acolhimento do pedido de sua revogação;
VI – exibição ou posse de documento ou coisa;
VII – exclusão de litisconsorte;
VIII – rejeição do pedido de limitação do litisconsórcio;
IX – admissão ou inadmissão de intervenção de terceiros;
X – concessão, modificação ou revogação do efeito suspensivo aos embargos à execução;
XI – redistribuição do ônus da prova nos termos do art. 373, § 1º;
XII – (VETADO);
XIII – outros casos expressamente referidos em lei.
Parágrafo único. Também caberá agravo de instrumento contra decisões interlocutórias proferidas na fase de liquidação de sentença ou de cumprimento de sentença, no processo de execução e no processo de inventário."

eventualmente interposta ou até mesmo nas contrarrazões (§ 1º do art. 1.009 do CPC/2015[4]).

Isto é, no novo regime jurídico estabelecido pelo CPC/2015 há decisões interlocutórias que são passíveis de impugnação imediata por meio da interposição de agravo de instrumento e há outras decisões interlocutórias (não agraváveis) que são atacáveis apenas posteriormente e na apelação – em preliminar (ou nas contrarrazões à apelação).

Portanto, não se afigura juridicamente aceitável falar em irrecorribilidade de algumas interlocutórias não constantes no rol do art. 1.015 do CPC/2015, na medida em que tais decisões serão passíveis de eventual impugnação na apelação (em razões, como matéria preliminar, ou contrarrazões). Entendeu por bem o legislador reduzir o campo de cabimento do agravo de instrumento.

Nesse contexto, o legislador reformador do Novo CPC elegeu uma série de hipóteses e cabimento de agravo de instrumento, consoante a previsão do rol do art. 1.015, mas deixou de fora decisões que comumente comportavam essa espécie recursal na fase cognitiva principal, tais como as decisões que, por exemplo, indeferem prova pericial e tratam da competência, embora o parágrafo único do art. 1.015 do CPC contemple a possibilidade de cabimento de agravo de instrumento para atacar quaisquer decisões interlocutórias na fase de cumprimento de sentença, liquidação, processo de execução e procedimento de inventário[5].

[4] "Art. 1.009. Da sentença cabe apelação.
§ 1º As questões resolvidas na fase de conhecimento, se a decisão a seu respeito não comportar agravo de instrumento, não são cobertas pela preclusão e devem ser suscitadas em preliminar de apelação, eventualmente interposta contra a decisão final, ou nas contrarrazões."

[5] Não obstante, há recente decisão do STJ estabelecendo interpretação restritiva das hipóteses constantes no parágrafo único do art. 1.015 do CPC. Na espécie, discutiu-se recorribilidade por meio de agravo de instrumento de provimento jurisdicional prolatado no processo de execução (envio de cálculos ao contador judicial), sendo certo que a Segunda Turma decidiu que "deve o exegeta interpretar restritivamente o dispositivo legal no sentido de que o Agravo de Instrumento não pode ser utilizado como meio de impugnação de toda e qualquer decisão interlocutória proferida no Processo de Execução, porquanto tal liberdade iria de encontro à celeridade que se espera do trâmite processual. Ademais, se, a cada decisão proferida pelo juiz *a quo*, o Tribunal de revisão for instado a se manifestar imediatamente sobre o seu acerto ou desacerto, haverá drástica diminuição na efetividade do processo" (REsp 1700305/PB, Rel. Ministro HERMAN BENJAMIN, SEGUNDA TURMA, julgado em 25/09/2018, *DJe* 27/11/2018. Decisão divulgada no Informativo de Jurisprudência n. 638, de 19 de dezembro de 2018). Aliás, registre-se que, em seu voto, o Min. Relator asseverou que o provimento do juiz que determina o envio dos autos ao contador tem natureza de decisão interlocutória e não se cuida de simples despacho.

Com essa opção, se conviverá com o anacronismo de ter uma decisão interlocutória que indefere prova ou decide sobre competência na etapa cognitiva que não é passível de interposição de agravo de instrumento e outra, na fase de liquidação, impugnável por agravo de instrumento, por exemplo.

Daí por que é necessária uma reflexão sobre a novel sistemática de cabimento de agravo de instrumento, a fim de se permitir a construção de discurso jurídico coerente e legítimo com o sistema processual estabelecido no CPC/2015, bem como os valores constitucionais.

1. Rol de Cabimento do Agravo de Instrumento: Taxativo ou Meramente Exemplificativo?

Como dito, o art. 1.015 do Código de Processo Civil de 2015 trouxe rol estabelecendo as hipóteses de cabimento do agravo de instrumento na fase cognitiva principal, de modo que, aparentemente, houve restrição ao campo de interposição desse recurso.

A propósito, ante o conteúdo da nova regra, é possível apontar algumas posições a respeito do rol das hipóteses de cabimento do agravo de instrumento. Com efeito, é admissível advogar a tese de que o rol é taxativo, mas admite interpretação ampliativa[6] ou mesmo o uso da analogia. Outro entendimento, mais liberal, é no sentido de que o rol é meramente exemplificativo[7,8]. Há ainda, numa postura interpretativa mais dogmática, os que defendem ser o rol taxativo e, por tal razão, deveria ser interpretado literalmente, não cabendo qualquer ampliação das hipóteses de cabimento do agravo de instrumento, posição que tem sido endossada, majoritariamente, pelo Tribunal de Justiça do Estado do Rio de Janeiro, por exemplo[9].

[6] DIDIER JR., Fredie; CUNHA, Leonardo Carneira da. *Curso de direito processual civil*. Vol. 3. 13. ed. Salvador: JusPodivm, 2016, p. 209.

[7] HARTMANN, Rodolfo Kronemberg. *Novo código de processo civil*. 2. ed. Niterói: Impetus, 2016, p. 758.

[8] Há alguns poucos julgados do TJERJ reconhecendo que o rol é meramente exemplificativo, em posicionamento francamente minoritário. Cf. Agravo de Instrumento n. 0035560-42.2016.8.19.0000, Relatora Desembargadora Cláudia Pires dos Santos Ferreira, 6ª Câmara Cível, julgado em 05/10/2016; Agravo de Instrumento n. 0024278-07.2016.8.19.0000, Relator CherubinHelcias Schwartz, 12ª Câmara Cível, julgado em 19/07/2016; Agravo de Instrumento n. 0032775-10.2016.8.19.0000, Relatora Desembargadora Helda Lima Meireles, 3ª Câmara Cível, julgado em 19/10/2016.

[9] Agravo de Instrumento n. 0008635-72.2017.8.19.0000, Relator Jessé Torres Pereira Júnior, 2ª Câmara Cível do TJERJ, julgamento em 22/03/2017; Agravo de Instrumento n.

Recentemente, o STJ, após afetar dois recursos especiais repetitivos de relatoria da Min. Nancy Andrighi[10], firmou tese (Tema n. 988) no sentido de que "o rol do art. 1.015 do CPC é de taxatividade mitigada, por isso admite a interposição de agravo de instrumento quando verificada a urgência decorrente da inutilidade do julgamento da questão no recurso de apelação".

O julgamento da Corte Especial, que não estava com sua composição completa, foi por maioria, de modo que os Ministros Napoleão Nunes Maia Filho, Jorge Mussi, Luis Felipe Salomão, Benedito Gonçalves, Raul Araújo e Felix Fischer acompanharam a Relatora, ao passo que os Ministros João Otávio de Noronha, Humberto Martins, Maria Thereza de Assis Moura, Og Fernandes e Mauro Campbell Marques entenderam pela taxatividade do rol do art. 1.015 CPC/2015.

Ressalte-se que a decisão da Corte Especial do STJ afastou o entendimento acerca da possibilidade de interpretação extensiva ou analógica do referido rol, mas radicou o entendimento de cabimento do agravo de instrumento, para além das hipóteses dos incisos do art. 1.015 do CPC/2015, nos casos de urgência decorrente da inutilidade do julgamento da questão na apelação.

Seja como for, defende-se no presente trabalho a admissão de outras hipóteses de cabimento do agravo de instrumento não expressamente contempladas. Ou seja, ainda que o rol de cabimento seja taxativo, deve-se admitir interpretação ampliativa, bem como o uso de analogia.

Nesse sentido é o entendimento de Fredie Didier Jr. e Leonardo Carneiro da Cunha: "as hipóteses de agravo de instrumento estão previstas em rol taxativo. A taxatividade não é, porém, incompatível com a interpretação extensiva. Embora taxativas as hipóteses de decisões agraváveis, é possível intepretação extensiva de cada um dos seus tipos".[11]

A propósito, o Superior Tribunal de Justiça já se manifestou sobre a possibilidade de interpretação ampliativa ou analógica de rol taxativo. Embora a questão não tenha sido tratada no âmbito processual, mas sim tributário,

0064827-59.2016.8.19.0000, Relatora Patrícia Ribeiro Serra Vieira, Décima Câmara Cível do TJERJ, julgamento em 22/03/2017; Agravo de Instrumento n. 0046410-58.2016.8.19.0000, Relator Gilberto Dutra Moreira, Nova Câmara Cível do TJERJ, julgamento em 06/12/2016; Agravo de Instrumento n. 0055567-55.2016.8.19.0000, Relator Luiz Roberto Ayoub, Vigésima Sexta Câmara Cível do TJERJ, julgamento em 24/10/2016; Agravo de Instrumento n. 0058453-27.2016.8.19.0000, Relator Eduardo de Azevedo Paiva, Décima Oitava Câmara Cível do TJERJ, julgamento em 01/02/2017.

[10] REsp 1696396/MT e REsp 1704520/MT.

[11] DIDIER JR., Fredie; CUNHA, Leonardo Carneira da. *Curso de direito processual civil*. Vol. 3. 13. ed. Salvador: JusPodivm, 2016, p. 209.

a *ratio decidendi* do julgado pode ser aqui aplicada. Com efeito, o STJ possui precedente[12] no sentido de que "a lista de serviços anexa ao Decreto-lei n. 406/1968, para fins de incidência do ISS sobre serviços bancários, é taxativa, admitindo-se, contudo, uma leitura extensiva de cada item, a fim de enquadrar-se serviços idênticos aos expressamente previstos". Isto é, o STJ entende que mesmo que determinada atividade não esteja elencada expressamente na lista de serviços, que é taxativa, é possível ampliar a lista por meio de interpretação extensiva.

O entendimento do STJ em matéria tributária pode ser aplicado à interpretação a respeito do rol do art. 1.015 do CPC/2015. Ou seja, ainda que se considere que o rol das hipóteses de cabimento do agravo de instrumento seja taxativo, é juridicamente aceitável ampliar suas hipóteses de cabimento em razão de interpretação extensiva ou mesmo pelo uso da analogia.

É certo que, como já dito, o novo sistema processual não consagrou regra de irrecorribilidade das interlocutórias, mas sim o diferimento de sua impugnação para o momento da apelação. Não obstante, há situações variadas em que é necessária a pronta impugnação da decisão, a fim de evitar prejuízos às partes e à própria efetividade do processo. Daí por que a interpretação de ampliação das hipóteses de cabimento do agravo de instrumento no CPC/2015 mostra-se tão relevante[13].

Para o presente ensaio, optou-se por enfrentar duas hipóteses de decisões que, a despeito de inexistência de previsão explícita no rol do art. 1.015 do CPC/2015, merecem ser impugnadas imediatamente por agravo de instrumento, de modo a não se aplicar o § 1º do art. 1.009 do CPC/2015 por evidente improficuidade. O primeiro caso é o da decisão interlocutória que indefere a produção de prova pericial (ou de qualquer outra prova). Já o segundo caso é o da decisão interlocutória que trata da competência, especialmente a decisão de declínio de competência (§ 3º do art. 64 do CPC/2015). Nos dois casos, será defendida a tese de cabimento de agravo de instrumento contra as referidas decisões.

Como se sabe, cabe ao magistrado realizar o juízo de admissibilidade das provas requeridas pelas partes (inciso II do art. 357 do CPC/2015). Embora

[12] AgRg no REsp 855.323/RJ, Rel. Ministro LUIZ FUX, PRIMEIRA TURMA, julgado em 11/09/2007, *DJ* 15/10/2007, p. 239

[13] É possível indicar diversas situações em que se afigura imprópria a disciplina do § 1º do art. 1.009 do CPC/2015, tais como as decisões interlocutórias que tratam dos seguintes temas: (i) concessão de gratuidade de Justiça; (ii) inclusão de litisconsortes; (iii) acolhimento do requerimento de limitação de litisconsortes; (iv) inversão do ônus da prova; (v) suspensão do processo; dentre outras.

o magistrado de primeira instância seja o destinatário primário da prova, não se pode ignorar, ante a existência do ônus subjetivo, o interesse e o direito da parte interessada na efetiva produção da prova, especialmente da prova pericial. Todavia, há situações em que o magistrado pode indeferir, no curso do processo, a produção da prova pericial, razão pela qual surgirá a dúvida sobre o cabimento ou não do agravo de instrumento.

Pela literalidade do art. 1.015 do CPC/2015, não há expressa previsão sobre o cabimento de agravo de instrumento contra a decisão que indefere a produção de prova (pericial) no curso da fase cognitiva propriamente dita. Apenas há duas previsões que cuidam de direito probatório, mas não são previsões genéricas, mas sim específicas, que são os incisos VI e XI do art. 1.015 do CPC, que cuidam, respectivamente, da exibição e posse de documentos e da redistribuição do ônus da prova. Não existe, pois, dispositivo específico e expresso contemplando o cabimento do agravo de instrumento contra a decisão do magistrado que indefere a produção de prova. Não obstante, a omissão não pode ser razão para o não cabimento do agravo de instrumento, já que o rol, embora taxativo, admite interpretação ampliativa e o uso da analogia.

O cabimento do agravo de instrumento contra decisão que indefere a produção de prova pericial pode ocorrer, como argumento inicial, da simples análise do parágrafo único do art. 1.015 do CPC/2015, que permite o uso do agravo de instrumento contra "decisões interlocutórias proferidas na fase de liquidação de sentença ou de cumprimento de sentença, no processo de execução e no processo de inventário".

Assim, o texto é claro ao permitir o emprego do agravo de instrumento contra (qualquer)[14] decisão interlocutória proferida na fase de liquidação de sentença. Assim, eventual indeferimento de produção de prova pericial na liquidação de sentença pelo procedimento comum (inciso II do art. 509 do CPC/2015) seria impugnável por agravo de instrumento, mas não há expressa previsão sobre o cabimento do recurso na fase de certificação de direitos (fase cognitiva propriamente dita), o que não se afigura lógico.

[14] "Na fase de liquidação de sentença, na de cumprimento de sentença, no processo de execução e no processo de inventário e partilha, **toda e qualquer** decisão interlocutória é agravável. Não há limitação. São atípicos os casos de decisões interlocutórias agraváveis, cabendo examinar, concretamente, se há interesse recursal" (DIDIER JR., Fredie. CUNHA, Leonardo Carneira da. *Curso de direito processual civil.* Vol. 3. 13. ed. Salvador: JusPodivm, 2016, p. 225) (Destacou-se). No mesmo sentido: Rodolfo Kronemberg Hartmann, para quem "(...) **qualquer** decisão interlocutória proferida na fase de liquidação de sentença, cumprimento de sentença, execução ou de inventário desafiarão este recurso" (In: *Novo código de processo civil.* 2. ed. Niterói: Impetus, 2016, p. 758).

Aliás, em razão do sincretismo processual, não se mostra coerente permitir a impugnação de decisão que indefere a produção de prova pericial em uma fase (liquidação de sentença) e não permitir em outra fase antecedente (fase cognitiva propriamente dita).

A produção de prova pericial na fase de instrução probatória do processo de conhecimento apresenta-se tão relevante (ou mais relevante) quanto a prova pericial produzida em liquidação de sentença.

Isso porque a prova pericial é espécie probatória que servirá à convicção do juiz para a formação do título judicial (sentença) em cognição exauriente, sendo certo que a liquidação da sentença tem por objetivo conferir liquidez ao título já formado. Isto é, não permitir o agravo de instrumento contra decisão que tem idoneidade para formar o título executivo e permitir para a decisão que tem relevância apenas para conferir determinado atributo ao título (liquidez)[15] constitui-se evidente *capitis diminutio*.

Além do mais, é preciso esclarecer que o cabimento de agravo de instrumento contra decisões interlocutórias proferidas no âmbito da execução (cumprimento de sentença e processo autônomo de execução) e em processo de inventário não se trata de simples opção legislativa. A razão da previsão do parágrafo único do art. 1.015 do CPC decorre, na maioria das vezes, da ausência de qualquer proveito prático na postergação da impugnação da decisão interlocutória nos casos ali elencados, razão pela qual a decisão deve ser impugnada imediatamente. Vale dizer, não haveria, na maioria das vezes, qualquer utilidade na aplicação do § 1º do art. 1.009 do CPC aos casos indicados no parágrafo único do art. 1.015 do CPC, na medida em que dificilmente interpõe-se apelação no âmbito da execução ou em processos de inventários, pois as sentenças nessas arenas limitam-se a reconhecer situações jurídicas que já foram praticadas ou efetivadas. No âmbito da execução, por exemplo, a sentença que extingue a execução, na maior parte das vezes, apenas reconhece que a obrigação foi satisfeita (inciso II do art. 924 do CPC), havendo poucas hipóteses para o manejo da apelação[16]. A propósito, na vigência do CPC/73,

[15] "Art. 783. A execução para cobrança de crédito fundar-se-á sempre em título de obrigação certa, líquida e exigível."

[16] A apelação, como instrumento típico de impugnação que tem por objetivo a reforma e invalidação da sentença, poderá ser interposta com a tradicional finalidade quando a petição inicial for indeferida (inciso I), bem como na hipótese de reconhecimento de prescrição intercorrente (inciso V). Não há, em regra, interesse recursal para interposição de apelação contra a sentença que extingue a execução quando "o executado obtém, por qualquer outro meio, a extinção total da dívida" (inciso II) ou quando "o exequente renunciar ao crédito" (inciso IV).

após a alteração promovida pela Lei n. 11.187/2005, admitia-se, pacificamente, a interposição de agravo de instrumento contra decisões interlocutórias no âmbito da execução, ainda que não estivesse tal hipótese contemplada no rol do art. 522 do CPC/73[17].

De qualquer forma, o tratamento diferenciado de cabimento do agravo de instrumento para situações idênticas, como a apresentada acima, constitui-se também evidente vulneração ao princípio da isonomia, que estabelece, no âmbito processual, que situações iguais devem receber o mesmo tratamento processual. Logo, se é cabível agravo de instrumento da decisão interlocutória que indefere a produção de prova pericial na liquidação de sentença, também deve ser admitido o cabimento do agravo de instrumento que indefere a produção de prova pericial no processo de conhecimento anteriormente à prolação da sentença.

Além do parágrafo único do art. 1.015 do CPC, outro dispositivo que, aparentemente, consagra uma incongruência com o sistema processual e também fere o princípio da isonomia é o art. 1.021 do CPC.

O dispositivo estabelece que as decisões monocráticas do relator serão atacadas por agravo interno. Da leitura do capítulo do agravo interno, não há qualquer restrição ao conteúdo da decisão, de modo que, ao que tudo indica, qualquer decisão do relator poderia ser impugnada pelo agravo interno, inclusive as decisões interlocutórias.

Assim, em processo de competência originária do Tribunal (ação rescisória, por exemplo), poderia existir a necessidade de análise de requerimento de produção de prova pericial pelo relator no curso do processo (inciso I do art. 932 do CPC[18]). Caso o relator indeferisse a produção da prova por meio de decisão interlocutória, seria possível a impugnação imediata da decisão interlocutória por meio do agravo interno, levando a matéria para a apreciação do colegiado com o objetivo de enfrentamento desse tema, ou seja, não haveria qualquer necessidade de se aguardar a prolação de acórdão sobre a questão principal e só após tratar do tema da prova em futuro recurso excepcional.

É evidente, pois, que nos termos do CPC/2015, perante os Tribunais, as decisões interlocutórias do relator que indeferem a produção de prova são impugnadas imediatamente, mas perante o juízo de primeiro grau, não. Não

[17] Nesse sentido: NEVES, Daniel Amorim Assumpção. *Manual de direito processual civil*. 4. ed. São Paulo: Método, 2012, p. 663.

[18] "Art. 932. Incumbe ao relator:
I – dirigir e ordenar o processo no tribunal, **inclusive em relação à produção de prova**, bem como, quando for o caso, homologar autocomposição das partes;"

há, todavia, qualquer motivo juridicamente aceitável para o tratamento diferenciado, o que demonstra uma ausência de unicidade do sistema recursal[19].

Ainda na análise da taxatividade ou não do rol do art. 1.015 do CPC, ressalte-se ser improfícuo aguardar a prolação de sentença para apenas posteriormente impugnar a decisão que indeferiu a produção da prova pericial, isto é, revela-se inócua a aplicação do § 1º do art. 1.009 do CPC/2015 na hipótese de indeferimento de produção de prova pericial, sendo certo que a ausência de impugnação imediata da decisão interlocutória do magistrado conspira contra os princípios da eficiência, economia processual, duração razoável do processo e da inafastabilidade do controle jurisdicional, que o Brasil adotou sem reserva.

Caso não se permita a recorribilidade imediata da decisão interlocutória de indeferimento de produção de prova pericial, na hipótese de provimento da apelação, haverá a invalidação de parte dos atos processuais praticados (inclusive da própria sentença) a fim de se permitir a produção da prova na primeira instância, o que seria desnecessário caso a matéria fosse desde logo resolvida pelo Tribunal ao apreciar o agravo de instrumento[20].

[19] Em sentido semelhante é o entendimento de Ana Claudia Rodrigues Müller, para quem há uma incoerência estrutural no CPC/2015 (MÜLLER, Ana Claudia Rodrigues. *Do rol não taxativo do agravo de instrumento no Código de Processo Civil de 2015*. Tese de Doutorado apresentada perante a Pontifícia Universidade Católica de São Paulo, 2016, p. 8-9. Disponível em https://tede2.pucsp.br/bitstream/handle/19541/2/Ana%20Cl%C3%A1udia%20Rodrigues%20M%C3%BCller.pdf. Acesso em 26/03/2017, às 11:58).

[20] Com idêntico pensamento, veja-se a lição de Daniel Neves: "Postergar para o momento de julgamento da apelação da decisão interlocutória é armar uma verdadeira 'bomba relógio' no processo. Não é difícil imaginar o estrago que o acolhimento da impugnação de decisão interlocutória nesse momento procedimental ocasiona ao procedimento, ao anular todos os atos praticados posteriormente à decisão interlocutória impugnada. **Basta imaginar um processo no qual a prova pericial for indeferida, a parte não pode agravar e alegou o cerceamento de defesa na apelação. Depois de longo lapso temporal, quando o tribunal de segundo grau finalmente enfrenta e julga a apelação, reconhece que houve um cerceamento de defesa. Voltam-se os autos ao primeiro grau para a produção da prova pericial, sendo no mínimo a sentença anulada. É realmente concernente com os princípios da economia processual e da duração razoável do processo tal ocorrência?**" (Destacou-se) (NEVES, Daniel Amorim Assumpção. *Manual de direito processual civil*. 8. ed. Salvador: JusPodivm, 2016, p. 1560). Em outra passagem da obra, o jurista assim se manifesta: "A recorribilidade somente no final do processo será um convite aos tribunais de segundo grau a fazer vista grossa a eventuais irregularidades, nulidades e injustiças ocorridas durante o procedimento". Aliás, como reconhece Ana Claudia Rodrigues Müller, na prática, "é inútil discutir a produção das provas após o fim da fase probatória" (MÜLLER, Ana Claudia Rodrigues. *Do rol não taxativo do agravo de instrumento no Código de Processo Civil de 2015*. Tese de Doutorado apresentada perante a Pontifícia Universidade Católica de São Paulo, 2016, p. 151. Disponível em https://tede2.

Sendo assim, o rol inserto no art. 1.015 do CPC/2015 não é absoluto, de sorte que o julgador deve acolher sua mitigação em hipóteses em que a decisão agravada possa ocasionar grave risco às partes ou à efetividade do próprio processo. A verdade é que as situações fáticas apresentadas pelas partes não podem se tornar reféns da letra fria do rol presente no aludido dispositivo legal.

Por outro lado, outra hipótese que vem gerando controvérsias diz respeito ao cabimento, ou não, de agravo de instrumento contra a decisão que trata da competência, mormente a decisão sobre o declínio de competência (§ 3º do art. 64 do CPC/2015). Mais uma vez, analisando-se a literalidade do art. 1.015 do CPC/2015, conclui-se que não há previsão explícita sobre o cabimento do agravo de instrumento sobre esse tema.

Todavia, seguindo-se a coerência do pensamento até aqui desenvolvido, é possível advogar a tese de interpretação ampliativa e uso de analogia a respeito das hipóteses de cabimento do agravo de instrumento.

Inicialmente, é possível também defender a aplicação analógica do parágrafo único do art. 1.015 do CPC no caso vertente. Ora, se é cabível agravo de instrumento contra qualquer decisão em liquidação de sentença e cumprimento de sentença, inclusive as que versem sobre competência, não há razão juridicamente aceitável para a exclusão quanto ao cabimento do agravo de instrumento contra a decisão que cuida da competência na fase cognitiva propriamente dita (fase principal).

Da mesma forma, não se afigura congruente a permissão de controle jurisdicional da competência no processo autônomo de execução e não permitir no processo de conhecimento, eis que cognição e execução são espécies de tutelas jurisdicionais que têm a competência como pressuposto processual para o desenvolvimento válido e regular do processo.

Ainda: causa espanto a hipótese de a parte ser titular de um título extrajudicial e ambicionar, na forma autorizada pelo art. 785 do CPC/2015[21], a obtenção de título judicial por meio de demanda cognitiva, abrindo mão da via executiva autônoma, de modo que a opção permitida pelo CPC/2015 acarretará em renúncia obrigatória à possibilidade de controle da competência

pucsp.br/bitstream/handle/19541/2/Ana%20Cl%C3%A1udia%20Rodrigues%20M%C3%BCller.pdf. Acesso em 26/03/2017, às 11:58h).

[21] "Art. 785. A existência de título executivo extrajudicial não impede a parte de optar pelo processo de conhecimento, a fim de obter título executivo judicial."

por meio de agravo de instrumento no processo de conhecimento caso haja, por exemplo, decisão de declínio de competência.

Vale dizer, será possível interposição de agravo de instrumento no processo autônomo de execução de título extrajudicial em tema de competência. Mas será inadmissível o emprego do agravo de instrumento caso a parte, com base no mesmo documento que poderia deflagrar execução autônoma, almeje – por qualquer motivo que seja – realizar a mutação do seu título extrajudicial em judicial pela propositura de ação cognitiva e tenha que impugnar, no processo de conhecimento, decisão interlocutória versando sobre competência. A exclusão do cabimento do agravo de instrumento nesse caso, além de ilógica, configura violação ao princípio da isonomia.

Argumento que também tem sido invocado para justificar o cabimento de agravo de instrumento contra as decisões que versem sobre competência é o uso da inteligência do inciso III do art. 1.015 do CPC, que permite a interposição do recurso contra a decisão interlocutória que rejeita a alegação de convenção de arbitragem.

O princípio da inafastabilidade da tutela jurisdicional (art. 5º, XXXV, da CRFB/1988, e art. 3º do CPC/2015) não exclui a possibilidade de solucionar a controvérsia por outros métodos, estatais ou não. Podem as partes, pois, renunciar à via da jurisdição estatal e pactuar a solução de futuras e/ou concretas situações litigiosas por meio da arbitragem (§ 1º do art. 3º do CPC/2015 e Lei n. 9.307/96), que será instrumentalizada pela convenção de arbitragem (cláusula compromissória ou compromisso arbitral).

Na hipótese de existência de convenção de arbitragem e caso uma das partes ingresse com demanda judicial, a parte contrária, em preliminar de contestação (inciso X do art. 337 do CPC/2015), poderá alegar a existência do pacto arbitral. Nessa toada, o juiz deverá se manifestar sobre a preliminar suscitada. Caso a acolha, o processo será extinto sem resolução do mérito (inciso VII do art. 485 do CPC), sendo cabível o recurso de apelação contra a sentença; na hipótese de rejeição da preliminar, a parte interessada poderá interpor agravo de instrumento contra a decisão interlocutória (inciso III do art. 1.015 do CPC).

Deste modo, a rejeição da aplicação da convenção de arbitragem como método de solução de (eventual ou concreto) litígio em determinado caso implica, por via de consequência, reconhecimento da competência jurisdicional para solucionar a controvérsia. Isto é, a decisão do juiz que rejeita a alegação de convenção de arbitragem acarreta a fixação da sua competência. Além disso, o CPC/2015 (§ 6º do art. 337) estabelece que a inércia do réu em alegar a existência da convenção arbitral "implica aceitação da jurisdição estatal e renúncia ao juízo arbitral".

Em verdade, qualquer provimento jurisdicional sobre a convenção de arbitragem – a respeito de sua aplicabilidade, ou não, ao caso sob análise – é, irrecusavelmente, uma decisão sobre competência, na medida em que é necessária a delimitação, pelo juiz estatal, de qual órgão deverá processar e julgar a questão controvertida, seja para estabelecer que deverá ser decidida pelo juízo arbitral, seja para determinar que a competência será do juízo estatal. O inciso III do art. 1.015 do CPC merece ser interpretado extensivamente a fim de se concluir que qualquer decisão sobre competência pode ser impugnada (imediatamente) pelo agravo de instrumento[22].

Merece análise ainda a opção do legislador em restringir o cabimento do agravo de instrumento contra decisão que cuide de competência frente aos princípios da efetividade e economia processuais, bem como em relação ao princípio da duração razoável do processo.

Não se mostra judiciosa a postergação da análise, pelo Tribunal, do tema de competência, especialmente quando se trata de competência absoluta, tendo em vista que no provimento da apelação será possível a eventual invalidação do processo[23], em evidente desprestígio aos princípios acima indicados[24].

[22] É a posição de Fredie Didier Jr. e Leonardo Carneiro da Cunha: "As hipóteses de cabimento de agravo de instrumento são *taxativas*, o que não impede a interpretação extensiva de algumas daquelas hipóteses. A decisão que rejeita a convenção de arbitragem é uma decisão sobre competência, não sendo razoável afastar qualquer decisão sobre competência do rol de decisões agraváveis, pois são hipóteses semelhantes, que se aproximam, devendo receber a devida graduação e submeter-se ao mesmo tratamento normativo" (DIDIER JR., Fredie; CUNHA, Leonardo Carneiro da. *Curso de direito processual civil*. 13. ed. v. 3, Salvador: JusPodivm, 2016, p. 216).

[23] Ressalte-se que, atualmente, há expressão previsão sobre a aplicação no processo civil brasileiro da *translatio iudicii* (§ 4º do art. 64 do CPC/2015), o que contribui, em alguma medida, para a redução das hipóteses de invalidação de decisões judiciais por incompetência.

[24] Há julgado do TJERJ reconhecendo o cabimento de agravo de instrumento contra decisão que verse sobre competência, assim ementado:

"AGRAVO DE INSTRUMENTO. DECLÍNIO DE COMPETÊNCIA EM FAVOR DE JUIZADO ESPECIAL FAZENDÁRIO. Em nada obstante a taxatividade do rol do art. 1.015, do CPC/2015 a decisão de declínio de competência se postergada para a fase recursal, trará prejuízo às partes e ao próprio Judiciário, ensejando situação que não se coaduna com os princípios da celeridade e efetividade processual. Demandante que postula a anulação de ato administrativo que o excluiu do Curso de Formação no concurso para provimento de Guarda Municipal, sob a justificativa de desequilíbrio entre o número de vagas regulares e o número de vagas destinadas a cotas raciais e indígenas. Demanda que exige dilação probatória. Valor atribuído à causa que extrapola, e muito, o valor equivalente a 60 salários mínimos. Precedentes desta Câmara. DECISÃO QUE SE REFORMA. PROVIMENTO DO RECURSO PARA FIXAR A COMPETÊNCIA DA 2ª VARA

Por fim, revela-se absolutamente incongruente permitir-se a impugnação imediata de decisão interlocutória do relator sobre competência, por meio de agravo interno (art. 1.021 do CPC/2015) perante os Tribunais, e não aplicar a mesma lógica (impugnação imediata por meio de agravo de instrumento) nas decisões sobre o mesmo tema na primeira instância.

2. Princípio da Taxatividade Recursal e a Extensão das Hipóteses de Cabimento de Agravo de Instrumento

Sabe-se que o regime jurídico recursal brasileiro é regido pelo princípio da taxatividade recursal, significando que apenas a lei processual – editada pela União (art. 22, I, da CRFB[25]) – pode criar espécies recursais. Isto é, um recurso só pode ser qualificado como tal se houver previsão normativa[26]. Além disso, também é manifestação do princípio da taxatividade recursal a noção de que apenas a lei processual pode cuidar e criar pressupostos de admissibilidade dos recursos, de modo a especificar cabimento, tempestividade, regularidade formal etc.[27]. Logo, ante o corolário do princípio da taxatividade recursal, não seria possível cogitar da ampliação das hipóteses de cabimento de qualquer recurso, por exemplo[28].

Dessa forma, analisando-se de forma rígida a manifestação acima indicada do princípio da taxatividade recursal, seria possível enxergar que apenas as

DE FAZENDA PÚBLICA PARA PROCESSAMENTO E JULGAMENTO DO FEITO" (Agravo de Instrumento n. 0046381-08.2016.8.19.0000, Relator Desembargador André Emílio Ribeiro von Melentovytch, 21ª Câmara Cível, julgado em 16/03/2017).

[25] "Art. 22. Compete privativamente à União legislar sobre: I – direito civil, comercial, penal, processual, eleitoral, agrário, marítimo, aeronáutico, espacial e do trabalho;"

[26] Em razão disso, é inaceitável qualquer tentativa de afastar a natureza recursal dos embargos de declaração, ante a explícita previsão normativa do inciso IV do art. 994 do CPC/2015.

[27] Em sentido semelhante, é o entendimento de Leonardo Greco, que, ao analisar o princípio da taxatividade, salientou que "na verdade o exercício do direito de recorrer não é viável sem a regulamentação legal que defina perante quem o recurso deve ser interposto, em que prazo, quais as decisões que por meio dele podem ser impugnadas, quais as questões cujo exame pode provocar e a que órgão caberá julgá-lo" (GRECO, Leonardo. Princípios de uma teoria geral dos recursos. *Revista Eletrônica de Direito Processual*, Vol. V, p. 5-62, 2010, p. 26. Disponível em http://www.e-publicacoes.uerj.br/index.php/redp/article/view/22961/16437. Acesso em 25/03/2017 às 22:52h).

[28] Nesse sentido, Leonardo Greco, para quem não admite "recurso por analogia" (GRECO, Leonardo. Princípios de uma teoria geral dos recursos. *Revista Eletrônica de Direito Processual*, Vol. V, p. 5-62, 2010, p. 26. Disponível em http://www.e-publicacoes.uerj.br/index.php/redp/article/view/22961/16437. Acesso em 25/03/2017 às 22:52h).

hipóteses contempladas expressamente pelo art. 1.015 do CPC/2015 poderiam ser impugnadas imediatamente por meio do agravo de instrumento, ao passo que as outras decisões interlocutórias não indicadas no referido rol deveriam ser atacadas após a prolação da sentença, por meio de apelação (em preliminar) ou contrarrazões, na forma do § 1º do art. 1.009 do CPC/2015.

Não obstante, é possível reconhecer hipóteses de mitigação do princípio da taxatividade recursal, especificamente sobre hipótese de cabimento de determinados recursos e em situações pontuais.

Hipótese bastante conhecida e que merece destaque ocorreu em relação aos embargos de declaração no âmbito do CPC/73, que teve suas hipóteses de cabimento ampliadas por força de entendimento jurisprudencial, a despeito da previsão aparentemente fechada do então art. 535.

Explica-se: após a redação dada pela Lei n. 8.950/94, o art. 535 do CPC/73 passou a estabelecer que os embargos de declaração seriam cabíveis quando houvesse "na sentença ou no acórdão, obscuridade ou contradição" (inciso I). Além disso, seria cabível o recurso quando fosse "omitido ponto sobre o qual devia pronunciar-se o juiz ou tribunal" (inciso II).

Isto é, o então art. 535 do CPC/73 indicou apenas três tipos de vícios que poderiam ser atacados pelos embargos de declaração (omissão, obscuridade e contradição), não contemplando a existência de erro material como matéria a ser apreciada. Ademais, o texto do CPC/73 apontou que apenas determinadas espécies de provimentos jurisdicionais poderiam ser objeto do recurso (sentença e acórdão), sendo omisso, por exemplo, em relação às decisões interlocutórias.

A despeito da redação do dispositivo, firmou-se pacífico entendimento[29] sobre o emprego dos embargos declaratórios contra decisões interlocutó-

[29] Cabe ressaltar que o entendimento firmado a respeito do cabimento de embargos de declaração contra as decisões interlocutórias encontrou resistência em Leonardo Greco. Veja-se o entendimento do jurista: "Recentemente assistimos no Brasil a uma violação desse princípio com a extensão jurisprudencial da admissibilidade de embargos de declaração contra decisões interlocutórias. Ora, o art. 535 somente prevê esses embargos para esclarecimento de sentenças ou acórdãos, não de decisões interlocutórias do juízo de primeiro grau. O argumento para justificar essa extensão é o de que também as decisões interlocutórias podem apresentar omissão, obscuridade ou contradição e que a sua complementação ou o seu esclarecimento podem dificultar a continuidade do processo. Ocorre que, à falta de previsão legal, nada impede que o juiz em decisão subsequente, complemente ou esclareça a decisão interlocutória omissa, obscura ou contraditória. O que não é possível é admitir que os embargos de declaração que foram estruturados para impugnar decisões finais dos juízos de primeiro grau e, por isso, suspendem a execução da decisão e interrompem o prazo para a interposição de qualquer outro recurso, sejam utilizados para atacar decisão interlocutória,

rias[30], bem como permitia-se também o uso de embargos de declaração nas hipóteses de erro material[31]. Aliás, a tese firmada acabou sendo encampada pelo CPC/2015, permitindo o uso dos declaratórios também contra qualquer decisão judicial e nas hipóteses de erro material[32].

A indicação do exemplo dos embargos de declaração na sistemática do CPC/73 serve para justificar que as hipóteses de cabimento do agravo de instrumento à luz do CPC/2015 podem ser perfeitamente ampliadas em determinadas situações, permitindo-se, pois, a flexibilização do princípio da taxatividade recursal.

No julgamento dos REsps 1696396/MT e 1704520/MT, afetados pelo STJ como representativos da controvérsia, cujo objeto diz respeito à ampliação do cabimento do agravo de instrumento, firmou-se a tese de que o rol disposto no artigo 1.015 do CPC seria de taxatividade mitigada, comportando a interposição do referido recurso em outras hipóteses, uma vez verificada a necessidade no caso concreto, diante da inutilidade da impugnação pela apelação ou contrarrazões de apelo.

prejudicando a marcha do processo e interrompendo o prazo para a interposição do recurso cabível" (GRECO, Leonardo. Princípios de uma teoria geral dos recursos. *Revista Eletrônica de Direito Processual*, vol. V, p. 5-62, 2010, p. 27. Disponível em http://www.e-publicacoes.uerj.br/index.php/redp/article/view/22961/16437. Acesso em 25/03/2017 às 22:52h).

30 "PROCESSUAL CIVIL – DECISÃO INTERLOCUTÓRIA – EMBARGOS DE DECLARAÇÃO: CABIMENTO – AGRAVO DE INSTRUMENTO TEMPESTIVO – ART. 165 DO CPC NÃO PREQUESTIONADO – SÚMULA 211/STJ. 1. Aplica-se o enunciado da Súmula 211/STJ se, não obstante a oposição de embargos declaratórios, o Tribunal deixa de manifestar-se especificamente sobre a tese defendida. **2. Segundo a jurisprudência do STJ, são cabíveis embargos declaratórios contra qualquer decisão judicial**, ficando, consequentemente, interrompido o prazo para interposição de outros recursos, exceto se aviados intempestivamente (art. 538 do CPC). 3. Recurso especial conhecido em parte e, nessa parte, provido" (REsp 768526/RJ, Rel. Ministra ELIANA CALMON, SEGUNDA TURMA, julgado em 20/03/2007, *DJ* 11/04/2007 p. 230).

31 "PROCESSUAL CIVIL. EMBARGOS DE DECLARAÇÃO. INEXISTÊNCIA DAS HIPÓTESES PREVISTAS NO ART. 535, INCISOS I E II, DO CPC. 1. Os embargos de declaração são cabíveis somente para sanar vícios de omissão, obscuridade ou contradição contida no julgado, ou ainda, para sanar erro material, hipóteses inexistentes no caso dos autos. 2. Suposto equívoco quanto ao conhecimento do recurso caracteriza, se muito, erro de julgamento, irreparável pela via dos aclaratórios.

3. Embargos de declaração rejeitados" (EDcl no AgRg nos EAg 1118017/RJ, Rel. Ministro CASTRO MEIRA, CORTE ESPECIAL, julgado em 02/05/2012, *DJe* 14/05/2012).

32 "Art. 1.022. Cabem embargos de declaração **contra qualquer decisão judicial** para:

(...)

III – corrigir **erro material**."

No acórdão, foi possível constatar que o entendimento firmado pela Corte, que passou a permitir a utilização do agravo de instrumento em hipóteses não contempladas no artigo 1.015 do CPC, não se deu pela interpretação extensiva ou analógica, mas pela vertente do interesse recursal, uma vez que, segundo a tese firmada, o cabimento do agravo passaria a ser possível, caso se constatasse a inutilidade da impugnação em momento posterior.

É importante ressaltar que, mantendo-se a coerência com as reflexões desenvolvidas nesse espaço, parece que tanto a interpretação extensiva e / ou analógica e a tese firmada pelo STJ nos recursos afetados se mostram mais salutares à efetivação do direito fundamental do acesso à justiça. Porém, cabe ao intérprete em cada caso concreto justificar, com denso ônus argumentativo, que a taxatividade prevista no elenco do artigo 1.015 do CPC viola, expressamente, a Constituição, tendo em vista a nítida intenção do legislador em optar por rol taxativo.

No referido julgamento, o STJ chegou a tocar nos dois pontos em que a taxatividade mencionada contrariaria o texto constitucional, mas essa abordagem foi feita de forma pueril e periférica (*obter dicta*), não constando na *ratio decidend* do acórdão.

O primeiro ponto, já mencionado, diz respeito à violação do artigo 5º, XXXV, da Constituição, que consagra a forma mais ampla de acesso à tutela jurisdicional efetiva, podendo-se inferir que este direito compreende meios eficazes e imediatos para se buscar a correção dos provimentos judiciais.

O segundo ponto se refere à cláusula da vedação do retrocesso. Isso significa que, se a Constituição estabelece como princípio fundamental o dever do Estado de promover medidas para que a sociedade se desenvolva e tenha seus direitos preservados, só será legítimo ao Estado avançar nas medidas destinadas a este fim e, isso, obviamente, afeta os métodos direcionados à efetivação desses direitos, sobretudo o processo.

Como derradeira observação, registre-se que o posicionamento firmado no referido julgamento deverá ter observância obrigatória, por força no artigo 927, III, do CPC, haja vista a instituição de um sistema de pronunciamentos judiciais vinculantes pelo legislador do Código, cujo pilar central está no artigo 927.

3. Conclusão

Parece que o legislador não foi feliz na opção eleita para o formato da recorribilidade das decisões interlocutórias, pois a experiência demonstrou ao longo da história que, ao definir hipóteses muito fechadas e restritivas para recursos, abre-se espaço para a utilização do mandado de segurança. A eleição do legislador por rol taxativo das hipóteses de cabimento do agravo de instrumento foi, pois, contraproducente e contrária ao comando constitucional do acesso efetivo à justiça.

Ainda que o rol das hipóteses de cabimento seja taxativo, é possível ampliar o emprego do agravo de instrumento, na medida em que há situações em que a impugnação imediata é a única saída para evitar prejuízo às partes e à própria efetividade do processo, como, por exemplo, em relação às decisões que indeferem prova pericial ou que declinam da competência, conforme definido no julgamento dos REsps 1696396/MT e 1704520/MT, afetados pelo STJ como representativos da controvérsia.

Este discurso do movimento reformista, embora escorado na necessidade de otimizar o sistema recursal para proporcionar maior efetividade ao processo jurisdicional e que culminou nas reformas implementadas, na realidade destina-se a atingir resultados estatísticos. Constata-se que essas reformas não foram capazes de inibir, por exemplo, a cultura demandista por parte do Estado e também dos particulares, tendo sido eficazes apenas na instituição de filtros superpostos destinados a obstar o acesso às instâncias recursais, que somente beneficiam a consecução das metas quantitativas dos tribunais superiores.

Referências

Allorio, Enrico, "Sul Doppio Grado del Processo Civile", in *Studi in Onore di Enrico Tullio Liebman*, Milano, Giuffrè, 1979, v. III.

Barbosa Moreira, José Carlos, *Comentários ao* Código de *Processo Civil*, 11ª ed., Rio de Janeiro, Forense, 2004, v. V.

Cappelletti, Mauro, "Parere Iconoclastico sulla Riforma del Processo Civile", in *Giurisprudenza Italiana*, Torino, UTET, 1969, v. 4, pp. 81-88.

Comoglio, Luigi Paolo, "I Modelli di Garanzia Costituzionale del Processo", *Rivista Trimestrale di Diritto e Procedura Civile*, Milano, Giuffrè, 1991.

Didier Jr., Fredie, Cunha, Leonardo Carneira da, *Curso de Direito Processual Civil*, vol. 3, 13ª ed., Salvador, JusPodivm, 2016.

Fagundes, M. Seabra, *Dos Recursos Ordinários em Matéria Civil,* Rio de Janeiro, Forense, 1946.

Greco, Leonardo, "Princípios de uma Teoria Geral dos Recursos", *Revista Eletrônica de Direito Processual,* vol. V (2010), pp. 5-62. Disponível em http://www.e-publicacoes.uerj.br/index.php/redp/article/view/22961/16437. Acesso em: 25/03/2017 às 22:52h.

Hartmann, Rodolfo Kronemberg, *Novo* Código de *Processo Civil,* 2ª ed., Niterói, Impetus, 2016.

Jorge, Flávio Cheim, *Teoria Geral dos Recursos Cíveis,* 4ª ed., São Paulo, RT, 2009.

Laspro, Oreste Nestor de Souza, *Duplo Grau de Jurisdição,* São Paulo, RT, 1993.

Mendonça Lima, Alcides de, *Introdução aos Recursos* Cíveis, 2ª ed., São Paulo: RT, 1976.

Moniz De Aragão, Egas Dirceu, "Demasiados Recursos?", *RePro,* São Paulo, RT, n. 136 (2006).

Müller, Ana Claudia Rodrigues, *Do Rol Não Taxativo do Agravo de Instrumento no Código de Processo Civil de 2015.* Tese de Doutorado apresentada perante a Pontifícia Universidade Católica de São Paulo, 2016. Disponível em https://tede2.pucsp.br/bitstream/handle/19541/2/Ana%20Cl%C3%A1udia%20Rodrigues%20M%C3%BCller.pdf. Acesso em 26/03/2017, às 11:58h.

Neves, Daniel Amorim Assumpção, *Manual de Direito Processual Civil,* 4ª ed., São Paulo, Método, 2012.

________. *Manual de Direito Processual Civil,* 8ª ed., Salvador, JusPodivm, 2016.

Perrot, Roger, "Le Principe du Double Degré de Juridiction et Son Evolution en Droit Judiciarie Privé Français", in *Studi in Onore di Enrico Tullio Liebman,* Milano, Giuffrè, 1979, v. III.

Provinciali, Renzo, *Delleimpugnazione in Generale,* Napoli, Morano, 1962.

Silveira de Oliveira, Bruno, "O Duplo Grau de Jurisdição: Princípio Constitucional?" *RePro,* São Paulo, RT, n. 162 (2008).

Wambier, Teresa Arruda Alvim, "Restrições Indevidas ao direito de recorrer", *RePro,* São Paulo: RT, n. 130 (2005).

Breves Considerações sobre Ajustes Necessários no Procedimento dos Juizados Especiais Cíveis para Adequação ao Código de Processo Civil de 2015

Marcia Cristina Xavier de Souza

Introdução

O procedimento sumário, que já foi o procedimento mais célere e concentrado do processo de conhecimento, durante a vigência do CPC/73, não está previsto na Lei n. 13.105/2015 (Novo Código de Processo Civil), que somente contempla o procedimento comum (antigo ordinário) e os procedimentos especiais.

Uma das propostas apresentadas no Anteprojeto do Novo Código de Processo Civil era a da obrigatoriedade dos Juizados Especiais Cíveis, o que poderia levar as causas que atualmente são propostas perante a justiça comum, seguindo o procedimento sumário, a seguir o procedimento da justiça especial.

Contudo, apesar de não ser nova a pretensão de tornar obrigatório o rito dos Juizados Especiais (objeto de diversos projetos de alteração da Lei n. 9.099/95), essa pura e simples alteração da lei pode significar um descumprimento do princípio do acesso à justiça, na medida em que as diferenças entre os dois processos não desaparecerão com as alterações legislativas até agora propostas.

Este trabalho visa a fazer uma breve análise das causas que, à escolha do autor, podem ser resolvidas observando-se o procedimento sumário ou o procedimento sumaríssimo dos Juizados Especiais Cíveis, e quais seriam os óbices para o processo, com a extinção do procedimento sumário e a obrigatoriedade do procedimento dos Juizados Especiais.

1. Do Procedimento Sumário

Desde a época do Direito Romano existiam procedimentos diferenciados do procedimento ordinário, mais breves, apesar de plena e exauriente cognição.

Como nos dá notícia Calmon de Passos, o procedimento sumário existiu no Direito Canônico, nas Ordenações, esteve presente no Regulamento n. 737, de 1850, e em alguns Códigos de Processo Civil estaduais, como o da Bahia, de Minas Gerais, do Rio de Janeiro, do Rio Grande do Sul, do Ceará, de São Paulo e de Sergipe[1].

O Código de Processo Civil de 1939, contudo, não previu a existência de um procedimento sumário, que somente foi restabelecido pela revogada lei processual civil (arts. 275 a 281 da Lei n. 5.869, de 1973). A doutrina afirmava que a razão da criação do procedimento sumaríssimo se deveu à obediência aos ditames da Emenda Constitucional n. 1, de 1969, que o previa. Tal entendimento, contudo, é negado por Leonardo Greco, para quem:

> A criação desse procedimento tinha nítido intuito político de causar impacto favorável na opinião pública em relação à elaboração de uma nova codificação processual, através da adoção de um procedimento rápido que facilitaria o acesso à justiça de muitos cidadãos[2].

O procedimento, originariamente denominado sumaríssimo, foi renomeado como sumário, por força da Lei n. 9.245/95, uma das que procedeu a grandes reformas do Código de Processo e que se iniciaram em 1994. A referida lei, além de alterar a denominação do procedimento (de sumaríssimo para sumário), também introduziu alterações no rito, como a diminuição de causas que deveriam obedecê-lo; modificou a forma de elaboração da petição inicial; introduziu uma audiência preliminar de conciliação, entre outras.

A criação dos Juizados Especiais Cíveis, pela Lei n. 9.099/95, com competência para as mesmas causas que poderiam seguir o procedimento sumário, foi tida como uma possibilidade de esvaziamento deste, por ser um procedimento gratuito, célere, com eventual dispensa de patrocínio por advogados, além de ser opcional para o autor[3].

[1] PASSOS, J. J. Calmon de. *Comentários ao Código de Processo Civil*, vol. III, p. 17-18.

[2] GRECO, Leonardo. *Instituições de Processo Civil*, vol. II, p. 391.

[3] Cassio Scarpinella Bueno chega a afirmar que tal esvaziamento "só pode ser entendido como legítima decorrência da opção política que, desde a Constituição Federal, fez o legislador mais recente" (*Curso Sistematizado de Direito Processual Civil*, vol. 2, tomo I, p. 415).

2. Da Opção do Autor para Escolher entre o Procedimento Sumário e Rito dos Juizados Especiais Cíveis

Com a promulgação da Lei n. 9.099/95 (que instituiu os Juizados Especiais Cíveis), grande foi a discussão sobre a faculdade de o autor poder escolher entre ajuizar as causas perante a justiça especializada ou perante a justiça comum, utilizando-se o procedimento sumário.

Essa discussão foi fruto de dois fatores: 1) a Lei n. 7.244/84 (que instituiu os Juizados de Pequenas Causas, antecedentes dos Juizados Especiais Cíveis, e que foi posteriormente revogada pela Lei n. 9.099/95) era expressa em considerar o procedimento previsto para os Juizados de Pequenas Causas como de escolha do autor (art. 1º), enquanto tal dispositivo não foi reproduzido na lei revogadora; 2) a norma que determina o procedimento é cogente, não tendo qualquer das partes poder ou faculdade sobre ele.

Contudo, apesar de acirradas discussões sobre o tema[4], prevaleceu a tese da faculdade em favor do autor, a fim de que se pudesse ampliar o acesso à justiça àqueles que dela sempre foram alijados, e levando em consideração a diminuição de diversas garantias fundamentais do processo no rito especial dos Juizados Especiais (por exemplo, dispensa eventual de advogados, proibição de qualquer intervenção de terceiros, não permissão para produção de prova técnica, drástica redução das modalidades de impugnação das decisões judiciais etc.). Entretanto, como bem observado por alguns dos doutrinadores que negavam a facultatividade do rito, a opção é apenas do autor, visto que o réu não a tem e, eventualmente, poderia ser prejudicado pela falta das garantias do processo que o autor teria optado por não ter[5].

Destarte, para as causas cujo valor não exceda a 40 (quarenta) salários mínimos e para aquelas enumeradas no inc. II do art. 275 do CPC de 1973,

[4] Entendendo ser faculdade do autor a escolha dos procedimentos: Cândido Rangel Dinamarco, *Instituições de Direito Processual Civil*, vol. III, p. 775; Joel Dias Figueira Júnior e Maurício Antonio Ribeiro Lopes, *Comentários à Lei dos Juizados Especiais Cíveis e Criminais*, p. 79; e Araken de Assis, *Procedimento Sumário*, p. 36-37. Em sentido contrário, ver, por todos, Horácio Wanderlei Rodrigues ("Lei n. 9.099/95: a obrigatoriedade da competência e do rito", *Revista da Ajuris*, n. 167, p. 186) e Luis Felipe Salomão ("Inconstitucionalidade da opção do autor para ingressar nos Juizados Especiais", *Revista dos Tribunais*, n. 746, p. 73). E, como há previsão constitucional para a criação dos Juizados, sua competência é absoluta, não importando se em relação à matéria ou ao valor, pois esta é determinada pela menor complexidade das causas, conforme o art. 98, inc. I, da Constituição Federal (Antônio César Bochenek, *Competência cível da justiça federal e dos juizados especiais cíveis*, p. 207).

[5] Estas garantias são bem explicadas por Leonardo Greco, em seu trabalho, "Garantias fundamentais do processo: o processo justo", *Estudos de Direito Processual*, p. 225-286.

poderia o autor optar entre fazer uso do procedimento sumário ou do procedimento sumaríssimo. No dizer de Cândido Rangel Dinamarco,

> A indisponibilidade do *procedimento* tem sua razão de ser na ordem pública, mas não se pode tolher a cada um a liberdade de optar ou deixar de optar por uma *tutela jurisdicional diferenciada*, que é coisa diferente: não se pode impor ao demandante uma espécie processual que, se de um lado lhe oferece vantagens, de outro impõe restrições cognitivas que talvez não lhe convenham. O demandante é o único árbitro dessa conveniência[6].

Contudo, tal opção não é tão abrangente como a princípio pode parecer. A justiça especial dos Juizados tem limitações profundas e que não dizem respeito apenas a questões procedimentais, como se verá adiante.

3. Da Obrigatoriedade dos Juizados Especiais Cíveis e da Extinção do Procedimento Sumário

Praticamente desde a entrada em vigor da Lei n. 9.099/95 vem se verificando uma grande tendência em tornar seu processo obrigatório para as partes. Diversos projetos de lei nesse sentido tramitam ou tramitaram no Congresso Nacional e esse posicionamento se fortaleceu com o advento das Leis n. 10.259/2001 e 12.153/2009, que instituíram os Juizados Especiais Federais e os Juizados da Fazenda Pública, respectivamente.

Ambas as leis determinam a obrigatoriedade de observância de seus processos e ritos nas causas de sua competência[7], o que, em termos práticos, significa que a Justiça Federal e as Varas de Fazenda Pública estaduais só são competentes para todas as causas que tenham como partes-rés a União, os Estados, o Distrito Federal, os Territórios e os Munícipios e suas respectivas autarquias, fundações e empresas públicas, desde que limitado o valor da causa a 60 (sessenta) vezes o salário mínimo nacional e que não se compreendam entre aquelas expressamente proibidas de serem propostas perante os Juizados.

Nesse diapasão, na fase anterior à elaboração da redação dos dispositivos, uma das decisões acerca das proposições temáticas tomada pela Comissão de

[6] DINAMARCO, Cândido Rangel. *Instituições de Direito Processual Civil*, vol. III, p. 775.

[7] Lei n. 10.259/2001, art. 3º, § 3º: "No foro onde estiver instalada Vara do Juizado Especial, a sua competência é absoluta". E Lei n. 12.153/2009, art. 2º, § 4º: "No foro onde estiver instalado Juizado Especial da Fazenda Pública, a sua competência é absoluta".

juristas encarregada de elaborar o Anteprojeto do Novo Código de Processo Civil, em 2009, presidida pelo Ministro Luiz Fux, foi a de "f) Estabelecer a competência absoluta dos Juizados Especiais". Como a questão da competência dos Juizados Especiais não é tema afeto ao Código de Processo Civil, provável consequência dessa tomada de posição seria a extinção do procedimento sumário no Anteprojeto (o que restou consagrado no NCPC).

De acordo com a Lei n. 13.105/2015, que instituiu o NCPC, existem dois procedimentos no Processo de Conhecimento: um comum (antigo ordinário) e os procedimentos especiais. Tal situação, destarte, tornaria obrigatório o ajuizamento de certas causas pelo rito especial, previsto na Lei n. 9.099/95, uma vez que há incompetência absoluta das Varas Cíveis para as causas cujas matérias devem ser propostas perante os Juizados Especiais Cíveis, conforme o art. 3º, incs. II a IV, da referida Lei.

Contudo, a extinção do Procedimento Sumário traz algumas consequências mais graves do que a inicialmente desejada pela Comissão de juristas, a maioria delas referente às peculiaridades do processo dos Juizados Especiais Cíveis (proibição para algumas pessoas serem partes, autoras ou não; limites quanto ao valor da causa; proibição de intervenção de terceiros; restrição a algumas provas e recursos etc.).

A primeira delas refere-se à expressa remissão feita no inc. II do art. 3º da Lei n. 9.099/95, ao art. 275, inc. II, do CPC de 1973, que o art. 1.063 do NCPC tenta resolver provisoriamente:

> Art. 1.063. Até a edição de lei específica, os juizados especiais cíveis previstos na Lei n. 9.099, de 26 de setembro de 1995, continuam competentes para o processamento e julgamento das causas previstas no art. 275, inciso II, da Lei n. 5.869, de 11 de janeiro de 1973.

Apesar da tentativa de solução para o ajuizamento das causas previstas no art. 275, inc. II, do CPC de 1973, o dispositivo acima não soluciona o problema das causas que, previstas em leis extravagantes, seguem o procedimento sumário, mas não podem seguir o procedimento dos JECs (art. 275, inc. II, alínea *h*, do CPC de 1973)[8]. E não se resolve, tampouco, com a determinação do art. 1.049, e seu parágrafo único, do NCPC:

[8] O tema é melhor desenvolvido por Marcia Cristina Xavier de Souza. Da extinção do procedimento sumário e da obrigatoriedade dos Juizados Especiais Cíveis, in SOUZA, Marcia Cristina Xavier de e RODRIGUES, Walter dos Santos. *O Novo Código de Processo Civil*: o projeto do CPC e os desafios

> Art. 1.049. Sempre que a lei remeter a procedimento previsto na lei processual sem especificá-lo, será observado o procedimento comum previsto neste Código.
>
> Parágrafo único. Na hipótese de a lei remeter ao procedimento sumário, será observado o procedimento comum previsto neste Código, com as modificações previstas na própria lei especial, se houver.

A solução prevista no artigo supracitado não resolve o problema: a sumarização do procedimento para as causas mencionadas no art. 275, inc. II, alínea *h*, do CPC de 1973 existe pelas necessidades específicas de cada causa[9]. Assim, por terem peculiaridades que incompatibilizam seu ajuizamento perante os JECs, também não poderiam seguir o procedimento comum, que é o mais longo e complexo dos procedimentos.

4. Algumas Alterações Necessárias no Processo dos Juizados Especiais Cíveis para Assimilação Efetiva das Causas Previstas no art. 275, inc. II, do CPC de 1973

Tornar o processo e o procedimento dos Juizados Especiais obrigatórios e, principalmente, utilizá-los em substituição ao procedimento sumário não se resolverá apenas com a extinção deste último. Substanciais alterações deverão ser feitas na Lei n. 9.099/95 para que, efetivamente, as causas elencadas no inc. II do art. 275 do CPC de 1973 possam ser julgadas perante a justiça especial. Optou-se por fazer uma breve análise de algumas das mais importantes alterações, tendo consciência de que este trabalho não tem a pretensão de exaurir o tema.

4.1. Do Valor da Causa

A Lei n. 9.099/95 é a única que tem limite fixado em 40 (quarenta) vezes o maior salário mínimo nacional, ao contrário da maioria das normas em que o

das garantias fundamentais, p. 229-246. No mesmo sentido: Fernando da Costa Tourinho Neto e Joel Dias Figueira Júnior, *Juizados Especiais Estaduais Cíveis e Criminais*, p. 155-156.

[9] São causas que seguiam o rito sumário, por expressa determinação legal: a) adjudicações compulsórias (art. 16, *caput*, do Decreto-lei n. 58/37); b) retificações de grafia de registro de pessoas físicas (art. 110, § 2º, da Lei n. 6.015/73); c) ação de discriminação de terras devolutas da União (art. 20 da Lei n. 6.383/76); d) ação de usucapião especial (art. 5º, *caput*, da Lei n. 6.969/81); f) ação revisional de aluguel (art. 68, *caput*, da Lei n. 8.245/91).

patamar alcança 60 (sessenta) vezes o salário mínimo, incluindo aí o extinto procedimento sumário cível e o atual procedimento sumário trabalhista (Lei 9.957/2000, que introduziu os arts. 852-A a I ao Decreto-lei n. 5.452/43)[10].

Então, para fins de sistematização, a uniformização do valor para as causas de menor complexidade cível se impõe. É incompreensível que ainda se mantenha um valor em desconformidade com os outros procedimentos e que já se tornou, sob certo aspecto, um padrão.

4.2. Da Capacidade de ser Parte e da Capacidade de estar em Juízo

A lei processual civil permite que qualquer pessoa, física ou jurídica, possa figurar no polo ativo ou passivo de uma demanda, ainda que não tenha personalidade jurídica (ver art. 75 do CPC), e tal capacidade é estendida inclusive às chamadas pessoas formais e aos entes despersonalizados. Também a capacidade para estar em juízo é plena, desde que os incapazes sejam assistidos ou representados por quem de direito (arts. 70 e 71 do CPC c/c arts. 3º e 4º do Código Civil).

Os Juizados Especiais Cíveis, por seu turno, foram concebidos para ser, nas palavras de Cândido Rangel Dinamarco, a "justiça do cidadão", entendido este como a pessoa física capaz. Permitir que pessoas jurídicas figurassem no polo ativo da demanda poderia levá-los a se tornar "balcão de cobrança" em face das pessoas naturais, o que deveria ser evitado.

No processo dos Juizados Especiais Cíveis, portanto, não podem ser partes o incapaz, o preso, as pessoas jurídicas de direito público, as empresas públicas da União, a massa falida e o insolvente civil (art. 8º, *caput*, da Lei n. 9.099/95).

Para essas pessoas, elencadas no *caput* do art. 8º da Lei n. 9.099/95, então, nunca houve qualquer possibilidade de escolha: suas demandas obrigatoriamente sempre tiveram que ser levadas para a justiça comum e o processo deveria seguir o procedimento sumário.

[10] Em verdade, até mesmo no processo de conhecimento previsto no CPC de 1973 (em suas diversas fases) e no processo de execução, se verifica que o valor de 60 (sessenta) vezes o maior salário mínimo nacional é tomado como padrão para se identificar pequenas causas que dispensam procedimentos mais elaborados. Ver, por exemplo, a dispensa do reexame necessário sempre que a causa tiver valor não excedente ao aqui referido (art. 475, § 2º); a dispensa de caução na execução provisória (art. 475-O, § 2º, inc. I) e a dispensa de publicação de editais quando os bens penhorados alcançarem o dito valor (art. 686, § 3º).

A questão dos incapazes[11], contudo, merece maior atenção.

Como a finalidade dos Juizados Especiais é a obtenção de soluções de conflitos por meio da conciliação ou da transação, incapazes não poderiam ser aceitos por não poderem dispor de seus direitos. Entretanto, nas demandas propostas perante os Juizados Especiais Federais e os da Fazenda Pública, há o entendimento de que incapazes podem ser autores (apesar de a finalidade destes ser também a da obtenção de soluções conciliatórias ou por meio da transação)[12], notadamente porque a grande maioria das causas versa sobre Direito Previdenciário. Para tanto, atuarão representados ou assistidos por quem de direito e a intervenção do Ministério Público se fará obrigatória.

A obrigatoriedade do processo dos Juizados Especiais não permitir que incapazes sejam partes é violação do princípio da isonomia, justamente perante pessoas que mais necessitam de proteção[13].

Uma solução a ser adotada pode ser a alteração do § 2º do art. 8º da Lei n. 9.099/95, que permite que as pessoas físicas relativamente incapazes possam ser autoras nos Juizados Especiais, independentemente de representação (e, dizem alguns doutrinadores, sem que haja necessidade de intervenção do Ministério Público, em que pese a redação do art. 11)[14].

A proibição de pessoas jurídicas serem autoras nos JECs também era uma realidade até a promulgação da Lei n. 9.841/99, conhecida como Estatuto da Microempresa. Como meio de fomentar suas atividades, entre outros benefícios, permitiu-se que as microempresas pudessem figurar no polo ativo dos Juizados Especiais Cíveis (art. 38).

Com a revogação dessa lei pela Lei Complementar n. 123/2006, além da microempresa, também as empresas de pequeno porte foram autorizadas

[11] Os arts. 3º e 4º do Código Civil tiveram sua redação alterada pela Lei n. 13.146/2016 (Estatuto da Pessoa com Deficiência). Assim, somente são absolutamente incapazes os menores de 16 anos e são relativamente incapazes os maiores de 16 e menores de 18 anos; os ébrios habituais e os viciados em tóxico; os que, por causa transitória ou permanente, não puderem exprimir sua vontade; e os pródigos.

[12] Tanto é assim que os procuradores públicos têm a permissão de dispor dos direitos da Fazenda Pública (arts. 10, parágrafo único, da Lei n. 10.259/2001 e 8º da Lei n. 12.153/2009).

[13] Neste sentido, ver os arts. 79 a 83 da Lei n. 13.146/2015.

[14] O referido dispositivo legal concede capacidade processual às pessoas de idades compreendidas entre os 18 e os 21 anos, o que correspondia, sob a égide do Código Civil de 1916, aos relativamente incapazes. Com a entrada em vigor do Código Civil de 2002, e passando a maioridade a se iniciar aos 18 anos, o entendimento majoritário é no sentido de que nenhum incapaz pode ser autor. Entretanto, observando-se a *ratio legis*, tal entendimento deve ser revisto, notadamente em face da extinção do procedimento sumário.

a litigar como autoras nos Juizados Especiais Cíveis (art. 74). Tanto na Lei n. 10.259/2001 (Lei dos Juizados Especiais Federais) quanto na Lei n. 12.153/2009 (Lei dos Juizados Especiais da Fazenda Pública) não houve necessidade de alteração, uma vez que originariamente já previam a possibilidade de micro e pequenas empresas serem autoras (arts. 6º, inc. I, e 5º, inc. I, respectivamente).

Por fim, em 2009, a Lei n. 12.126 alterou a redação do § 1º do art. 8º da Lei n. 9.099/95, passando a permitir que as pessoas jurídicas qualificadas como Organização da Sociedade Civil de Interesse Público, nos termos da Lei n. 9.790, de 23 de março de 1999, e as sociedades de crédito ao microempreendedor, nos termos do art. 1º da Lei n. 10.194, de 14 de fevereiro de 2001.

Apesar do considerável aumento da lista de pessoas legitimadas a serem autoras nos Juizados Especiais Cíveis, ainda estão proibidas as pessoas jurídicas de médio ou grande porte. Para elas, se não alterada a redação do art. 8º da Lei n. 9.099/95, restará apenas a via da justiça comum para solucionar os mesmos litígios que as demais pessoas resolverão através do procedimento especial. Como tais pessoas têm maiores possibilidades de acesso à justiça, não se vislumbra qualquer quebra do princípio da isonomia em não lhes permitir serem autoras na justiça comum.

Mais preocupante se torna a questão referente aos condomínios e ao espólio. Uma vez que não se enquadram no elenco taxativo de pessoas legitimadas a atuarem no polo ativo dos Juizados Especiais (quaisquer que sejam eles), sofrem forte resistência por parte da doutrina e dos tribunais.

Em outro trabalho, já se criticou tal proibição, não só levando em consideração a competência dos Juizados Especiais para julgar causas que somente poderiam ser promovidas pelo condomínio (art. 275, inc. II, alínea *b*, do CPC de 1973 c/c art. 3º, inc. III, da Lei n. 9.099/95), mas também porque se estaria diante de uma violação dos princípios da isonomia e do acesso à justiça.

Injustificável que se permita que pessoas jurídicas de direito privado, com fins lucrativos, possam ser autoras nos Juizados Especiais, enquanto duas pessoas formais, sem fins lucrativos[15], e que basicamente têm por finalidade a administração conjunta de patrimônios, estejam alijadas de resolverem seus

[15] Joel Dias Figueira Júnior afirma que condomínio (bem como entidades beneficentes, assistenciais ou sociedades sem fins lucrativos) é um ente *hipossuficiente* (grifo do autor), o que justificaria sua atuação no polo ativo dos Juizados Especiais (*Juizados Especiais Estaduais Cíveis e Criminais*: comentários à Lei 9.099/1995, p. 210).

litígios de forma célere, gratuita e informal, apenas porque se obedece a uma interpretação literal do texto legal[16].

Com a extinção do procedimento sumário, a disparidade se torna mais gritante. Anteriormente, os condomínios ainda mantinham a possibilidade de utilizarem esse rito mais concentrado, uma vez que, apesar de opiniões favoráveis, em regra os tribunais não aceitam condomínios como autores nos Juizados Especiais[17]. Sem o procedimento sumário, ter-se-ão pessoas jurídicas de direito privado (com ou sem fins lucrativos) atuando nos Juizados e pessoas formais sem fins lucrativos utilizando-se do procedimento comum, para causas de menor complexidade cível.

Outro ponto de extrema importância diz respeito à permissão de a parte, pessoa física, não comparecer à sessão de conciliação e se fazer representar por outra com poderes especiais para transigir. No CPC de 1973 tal representação era possível no procedimento ordinário (art. 331, *caput*) e no procedimento sumário (art. 277, § 2º). Também existe tal possibilidade nos Juizados Especiais Federais (art. 10 da Lei n. 10.259/2001), omissa a Lei n. 12.153/2009. O CPC/2015, ao criar a audiência de conciliação ou de mediação, após o ajuizamento da demanda e antes da resposta do réu (nos mesmos moldes do rito dos Juizados Especiais), também contempla essa possibilidade (art. 334, § 10º)[18].

Porém, no rito da Lei n. 9.099/95 não existe tal possibilidade, o que dificulta em muito o acesso à justiça de pessoas com dificuldades de locomoção, entre outras. Na hipótese de se tornar obrigatório o rito dos Juizados Especiais e que este venha a ser utilizado para todas as causas que atualmente seguem o procedimento sumário, mister se faz que seja permitido às partes não comparecerem pessoalmente. De novo, viola-se o princípio da isonomia, tendo em vista que as pessoas jurídicas têm a possibilidade de se fazerem representar por prepostos que sequer as integram (ver art. 9º, § 4º, da Lei n. 9.099/95) e aqueles para quem foram criados os Juizados (pessoas físicas capazes, ou

[16] SOUZA, Marcia Cristina Xavier de. *Juizados Especiais Fazendários*, p. 96. Em sentido contrário à legitimidade ativa dos condomínios: ROCHA, Felippe Borring. *Manual dos Juizados Especiais Cíveis Estaduais*: teoria e prática, p. 75.

[17] Esta assertiva pode ser corroborada com uma rápida pesquisa nas páginas da Internet dos tribunais de justiça do país. O FONAJE, em seu enunciado n. 09, permite aos condomínios serem autores nos Juizados Especiais, mas não tem força vinculante. Então, o que se verifica na prática forense é a predominância da proibição. Ver, por exemplo, o Enunciado 4.3 do X Encontro de Juízes de Juizados Especiais Cíveis e Turmas Recursais do Estado do Rio de Janeiro.

[18] O art. 95 da Lei n. 13.146/2015 (EPD) veda que se exija "o comparecimento de pessoa com deficiência perante os órgãos públicos quando seu deslocamento, em razão de sua limitação funcional e de condições de acessibilidade, imponha-lhe ônus desproporcional e indevido (...)".

o cidadão, nos dizeres de Cândido Rangel Dinamarco) são alijados de tal prerrogativa.

Uma possibilidade de solução, contudo, vislumbra-se com a prática de atos eletrônicos no âmbito dos Juizados Especiais Cíveis. O § 3º do art. 385 do CPC permite a tomada de depoimento de parte por videoconferência, desde que ela resida em comarca diversa daquela onde tramita a causa. Nada impediria que esse ato pudesse ser praticado também nas situações em que a parte estivesse de algum modo impossibilitada ou tenha grande dificuldade de locomoção (como acontece com idosos, por exemplo).

Para tanto, o Poder Judiciário deveria deslocar pessoal e material até o local onde se encontrasse a parte e ali seria tomado o seu depoimento ao vivo[19].

4.3. Da Intervenção de Terceiros

As intervenções de terceiros não eram plenamente aceitas no procedimento sumário (segundo o art. 280 do CPC de 1973, somente eram cabíveis a assistência, o recurso de terceiro prejudicado e a intervenção fundada em contrato de seguro). Já o art. 10 da Lei n. 9.099/95 proíbe qualquer forma de intervenção, ao contrário do art. 14, § 7º, da Lei n. 10.259/2001 (que permite a intervenção do *amicus curiae* no procedimento de uniformização de jurisprudência perante os Juizados Especiais Federais).

Como já foi analisado alhures, não havia uma razão específica para a proibição de intervenção de terceiros no procedimento sumário, enquanto nos Juizados Especiais Cíveis se justifica pela necessidade de manter-se a celeridade e a simplicidade do procedimento[20], ainda que significasse quebra da isonomia. Contudo, essa violação do princípio da igualdade das partes se justifica na medida em que as causas ajuizadas perante os procedimentos sob análise, pela sua maior simplicidade (do ponto de vista do direito material), não deveriam necessitar de atos processuais mais complexos para se alcançar um resultado satisfatório.

Isso se justifica mais acentuadamente quando estas intervenções de terceiro levam à discussão de outra relação material, como ocorre na oposição (transformada em causa que segue o procedimento especial, conforme os

[19] Sobre o tema, ver SOUZA, Marcia Cristina Xavier de. "Do processo eletrônico instituído pelo NCPC e seu impacto nos Juizados Especiais Cíveis", p. 220.

[20] SOUZA, Marcia Cristina Xavier de. *Juizados Especiais Fazendários*, p. 103; e THEODORO JR, Humberto. *Curso de Direito Processual Civil*, p. 436.

arts. 682 a 686 do CPC) ou na denunciação da lide (arts. 125 a 129 do CPC). A nomeação à autoria foi extinta, mas a solução para a indicação errônea da parte passiva se dá com a determinação de que o autor deve substituir a parte ilegítima, caso o réu se defenda e prove sua ilegitimidade, e não apenas em situações que envolvam detentores de coisas alheias (arts. 338 e 339 do CPC), o que é perfeitamente aplicável ao processo dos Juizados Especiais Cíveis.

Quanto à assistência (arts. 119 a 124 do CPC), sua proibição se refere à possibilidade de perda da simplicidade e da celeridade com eventual impugnação à intervenção. Também discussões sobre os limites de atuação do assistente simples poderiam tornar o procedimento especial mais complexo do que o aceitável.

Porém, no que tange à manutenção da intervenção fundada em contrato de seguro (espécie de denunciação da lide criada pela experiência forense para permitir a intervenção de seguradora principalmente em causas que versem sobre ressarcimento por danos causados em acidentes de veículos terrestres – art. 275, inc. II, alínea *d*, c/c art. 280 do CPC de 1973), vislumbra-se real utilidade na sua manutenção[21]. Principalmente, levando-se em consideração a finalidade do instituto, que é liberar o réu do pagamento da dívida, que será arcada pela seguradora, contratualmente responsável pelo ressarcimento dos danos. E, em ações promovidas perante os Juizados Especiais, notadamente quando o réu é pessoa física, a certeza de recebimento pela seguradora apresenta-se como uma rápida e eficaz solução do litígio a favor do autor (e sem prejudicar o réu).

Quanto ao recurso de terceiro prejudicado (art. 996 do CPC), em que pese a notória finalidade de evitar outra demanda para discutir eventual prejuízo de terceiro sofrido em processo alheio, não se coaduna com os princípios da simplicidade e da informalidade dos Juizados Especiais (art. 2º da Lei n. 9.099/95).

Os arts. 133 a 137 do CPC regulamentam o procedimento da desconsideração da personalidade jurídica, dando-lhe a natureza jurídica de intervenção de terceiros e permitindo que ele seja instaurado nos JECs (art. 1.062 do CPC). Em que pese a extrema importância e utilidade desse incidente para a resolução dos conflitos levados aos Juizados, em sua esmagadora maioria sobre relações consumeristas, não se pode desconsiderar o seu impacto no procedimento sumaríssimo.

[21] Neste sentido: ROCHA, Felippe Borring. *Manual dos Juizados Especiais Cíveis Estaduais*: teoria e prática, p. 88.

O procedimento do incidente de desconsideração da personalidade jurídica terá que ser adaptado ao procedimento especial para que neste possa ser utilizado. Haverá, provavelmente, necessidade de patrocínio por advogado, uma vez que o autor, sem conhecimento jurídico, não saberá manejá-lo. Por outro lado, o incidente leva à suspensão do processo (art. 134, § 2º, do CPC), salvo se for requerido na petição inicial. A partir daí, com a citação do terceiro (sociedade ou sócio, conforme a desconsideração pedida seja direta ou inversa), abre-se o prazo para manifestação deste, com possibilidade de produção de provas contrárias ao requerimento (art. 135 do CPC). Por fim, a decisão final do incidente será atacável por agravo de instrumento (art. 1.015, inc. IV, do CPC), recurso não cabível em sede de JEC.

Como se verifica, essa intervenção é ainda mais complexa do que as tradicionalmente previstas no CPC e proibidas em sede dos JECs. Sua adequação ao rito especial será um desafio a ser vencido.

Com relação à intervenção do *amicus curiae*, diversas questões ainda estão por merecer maiores esclarecimentos, mas alguns pontos podem ser aqui levantados. Tal figura é aceita no procedimento de uniformização de jurisprudência perante os Juizados Especiais Federais (art. 14, § 7º, da Lei n. 10.259/2001), sendo que o dispositivo correspondente na Lei n. 12.153/2009 foi vetado (art. 18, § 4º). Como o art. 47 da Lei n. 9.099/95 foi vetado, sequer existe o instituto da uniformização de jurisprudência perante esse órgão da justiça estadual[22].

A possibilidade de intervenção do *amicus curiae*, nas causas simples e/ou de pequeno valor dos Juizados, comprometeria em muito a celeridade e a simplicidade do rito, razão pela qual se justifica a sua não permissão.

4.4. Da Tutela Provisória

Uma das grandes novidades introduzidas pelo CPC/2015 foi a extinção do processo cautelar. Em seu lugar, bem como substituindo a tutela antecipada (art. 273 do CPC de 1973), foi criada a tutela provisória (arts. 294 a 311 do CPC).

[22] Por tal motivo, o Superior Tribunal de Justiça tem permitido a utilização do instituto da reclamação, "destinada a dirimir divergência entre acórdão prolatado por juízes de Turma Recursal dos Juizados Especiais estaduais e a jurisprudência do Superior Tribunal de Justiça, conforme dispõe a Resolução n. 12/2009-STJ", enquanto não criada a Turma de Jurisprudência.

Em verdade, o que foi feito no atual CPC foi a simplificação dos procedimentos: da mesma forma como nos JECs, a parte que necessitar de uma tutela de urgência (cautelar ou antecipada) ou de uma tutela de evidência não precisará dar início a um novo processo ou ter que identificar, detalhadamente, a que tipo de tutela de urgência faz referência em seu requerimento[23].

Destarte, por não se constituir essa alteração em verdadeira novidade no sistema dos JECs, que nunca contou com um processo cautelar (o que jamais foi empecilho para que os juízes deixassem de conceder tutelas de urgência requeridas pelos autores), pareceria, à primeira vista, não haver maiores dificuldades.

Contudo, dois podem ser os obstáculos a serem vencidos para as tutelas de urgência nos JECs.

A primeira diz respeito ao procedimento para requerer as tutelas de urgência antecedente (arts. 305 a 309 do CPC/2015), equivalentes, principalmente, às tutelas cautelares preparatórias (art. 796 do CPC de 1973). Como não havia previsão de processo cautelar no processo especial dos JECs, não se cogitava de requerimento ou concessão de tutelas cautelares a não ser no curso do processo. Com a extinção do processo cautelar, passa o autor a poder requerer, antes do início de formular o pedido principal, qualquer tutela de urgência.

Em apertada síntese, o procedimento se inicia com o pedido de tutela de urgência, eventual efetivação desta, citação do réu e eventual defesa. Em até 15 ou 30 dias (conforme seja pedida tutela antecipada ou cautelar, respectivamente), deverá o autor aditar a petição inicial com o pedido principal, sob pena de perda de eficácia da medida.

Ou seja, o processo se desenvolve em duas fases, sendo a primeira para o procedimento da tutela de urgência e o segundo para a tutela principal.

A segunda dificuldade está na estabilização da tutela de urgência antecipada requerida antecedentemente. Se, requerida e efetivada a tutela, o réu, citado, não recorrer[24], esta se estabilizará, até que seja reformada, revista ou invalidada por ação a ser proposta em até dois anos da ciência da decisão concessiva da tutela (art. 304, e §§, do CPC).

[23] É bem verdade que o CPC de 1973, no § 6º do art. 273, já previa a fungibilidade entre as tutelas cautelar e antecipada, quando havia dúvida quanto à específica tutela de urgência necessária ao autor.

[24] Para alguns autores, a impugnação do réu também poderá se dar através de contestação (ver, por todos, MARINONI, Luiz Guilherme; ARENHART, Sérgio Cruz; e MITIDIERO, Daniel. *O Novo Processo Civil*, p. 244).

Desta forma, vislumbra-se uma incompatibilidade entre os procedimentos da tutela provisória antecipada e o procedimento dos Juizados Especiais Cíveis. Assim sendo, somente são cabíveis os requerimentos incidentes de tutela provisória, seja ela de urgência ou de evidência[25].

4.5. Do Procedimento

Em regra, quaisquer espécies de provas são admitidas para se apurar os fatos alegados nas causas que correm perante o rito especial dos Juizados. Contudo, a menor complexidade das questões ali discutidas impõe que apenas provas cujos procedimentos se adequem à sua sistemática devam ser ali produzidas.

Destarte, tanto no extinto procedimento sumário quanto nos Juizados Especiais Federais e os da Fazenda Pública há a previsão da produção de prova pericial[26], o que não é possível na sistemática da Lei n. 9.099/95[27]. Isto se dá porque, apesar de menos complexas, a maioria das causas levadas aos Juizados Públicos dizem respeito a questões previdenciárias que necessitam, por óbvio, da produção de prova pericial.

Assim, nos Juizados Especiais Cíveis, propugna-se por uma menor complexidade também no campo probatório. Porém, tal afirmação é contraditada pelo próprio rol de causas que tanto podem seguir o rito sumário quanto o especial. Notadamente quando envolvem ressarcimentos de danos, haverá eventual necessidade de produção técnica.

Quando o litígio versa sobre ressarcimento por danos em imóveis urbanos ou rústicos, por exemplo, difícil a prova do dano sem um profissional técnico. Ainda que se possa argumentar que é possível a produção de prova documental preconstituída, não se pode negar ao autor (e ao réu) a possibilidade de ter um laudo preparado por profissional técnico isento, nomeado pelo juiz, ainda que o resultado deva ser apresentado em prazo mais reduzido do que no procedimento comum (antigo ordinário).

Uma pequena alteração procedimental poderia servir como solução do problema, permitindo-se o requerimento de produção pericial na sessão de conciliação, apresentado o laudo na audiência de instrução e julgamento

[25] Neste sentido: ROCHA, Felippe Borring. *Manual dos Juizados Especiais Cíveis Estaduais*: teoria e prática, p. 176.

[26] Art. 12 da Lei n. 10.259/2001 e art. 10 da Lei n. 12.153/2009.

[27] O art. 35 da Lei n. 9.099/1995 não permite a produção de prova pericial nos moldes tradicionais e complexos do CPC de 1973 (arts. 420 e seguintes) ou do NCPC (arts. 464 e seguintes). Destarte, tem-se entendido que existe a possibilidade de perícia informal nos Juizados Especiais Cíveis.

subsequente. Em verdade, essa solução poderia ser obtida através da utilização do negócio jurídico processual.

O art. 190 do CPC permite ao juiz e às partes adaptar o procedimento conforme as necessidades do caso concreto. Essa previsão vinha ao encontro da tendência de alguns ordenamentos jurídico-processuais europeus, de matiz romano-germânica, de adotar a "contratualização" do procedimento.

> Art. 190. Versando o processo sobre direitos que admitam autocomposição, é lícito às partes plenamente capazes estipular mudanças no procedimento para ajustá-lo às especificidades da causa e convencionar sobre os seus ônus, poderes, faculdades e deveres processuais, antes ou durante o processo.
>
> Parágrafo único. De ofício ou a requerimento, o juiz controlará a validade das convenções previstas neste artigo, recusando-lhes aplicação somente nos casos de nulidade ou de inserção abusiva em contrato de adesão ou em que alguma parte se encontre em manifesta situação de vulnerabilidade.

Consiste tal técnica em definir-se o procedimento a ser adotado na causa concreta[28], a partir de um acordo entre as partes, levando à possibilidade de adotarem-se técnicas específicas e evitarem-se atos desnecessários para a causa concreta.

Não se pode olvidar, ainda, da possibilidade de convenção entre as partes e o juiz, quando ficariam definidas datas e atos a serem observados, inclusive com previsão de término do processo. Com isso, todos os sujeitos do processo teriam em mãos um calendário processual, previamente acordado entre todos e que somente poderia ser mudado com igual acordo, ou mediante força maior, conforme dispõe o art. 191 do CPC. Também aqui há um esforço em fazer o Poder Judiciário transitar entre outras áreas do conhecimento humano, como a administração e a economia, por exemplo[29].

[28] Conforme o Enunciado 21 do FPPC: "São admissíveis os seguintes negócios, dentre outros: acordo para realização de sustentação oral, acordo para ampliação do tempo de sustentação oral, julgamento antecipado da lide convencional, convenção sobre prova, redução dos prazos processuais". E o Enunciado 257 do FPPC: "O art. 190 autoriza que as partes tanto estipulem mudanças do procedimento quanto convencionem sobre os seus ônus, poderes, faculdades e deveres processuais" (Encontro do Fórum Permanente de Processualistas Civis, 2015).

[29] Ver, por todos, ANDRADE, Érico. "As novas perspectivas do gerenciamento e da 'contratualização' do processo", *Revista de Processo*, n. 193, p. 176-192. E, em sentido contrário, apesar de ser obra bem anterior, MOREIRA, José Carlos Barbosa. "O neoprivatismo no processo civil", *Revista de Processo*, n. 122, p. 9-21.

> Art. 191. De comum acordo, o juiz e as partes podem fixar calendário para a prática dos atos processuais, quando for o caso.
> § 1º O calendário vincula as partes e o juiz, e os prazos nele previstos somente serão modificados em casos excepcionais, devidamente justificados.
> § 2º Dispensa-se a intimação das partes para a prática de ato processual ou a realização de audiência cujas datas tiverem sido designadas no calendário.

Através desse negócio jurídico processual poderão as partes, com ou sem a participação do juiz, determinar a produção de prova pericial[30], dispensar a realização de audiência de instrução e julgamento, outorgar legitimidade extraordinário a terceira pessoa[31] etc.

A instituição do calendário processual, contudo, vai demandar do juiz e das partes uma maior colaboração entre si[32]. Por outro lado, as partes, quando não assistidas por um advogado, podem não compreender bem o novo instituto e dele não fazer uso. Incumbirá aos juízes, portanto, mais do que nunca, dirigir o processo[33] atentando para as peculiaridades inerentes ao Sistema dos Juizados, adaptando-as às exigências do CPC e do processo moderno.

5. Breve Conclusão

O Brasil está vivendo uma avalanche de alterações legislativas concomitantemente. Algumas delas são mais do que benvindas, dado que as relações sociais são mais dinâmicas do que o legislador e o mundo tem vivido vertiginosas mudanças de menos de 30 anos para cá.

Uma dessas mudanças advém das novas tecnologias, que nos permitem tomar contato com realidades e culturas diferentes da nossa no mesmo instante em que os fatos ocorrem. Entretanto, dois fatores há que se considerar antes de acolher em nosso direito experiências alienígenas: primeiro, há que se considerar nossas tradições e cultura; até que ponto as experiências de outros ordenamentos jurídicos, ainda que da mesma tradição romano-germânica que

[30] Por exemplo, poderão as partes requerer ao juiz a produção de prova pericial, escolhendo, de comum acordo, o perito (art. 471 do CPC), também sendo objeto de acordo o pagamento de seus honorários.

[31] DIDIER JR, Fredie. *Curso de Direito Processo Civil*: Teoria geral do processo e processo de conhecimento, vol. I, p. 350.

[32] Art. 6º do CPC: "Todos os sujeitos do processo devem cooperar entre si para que se obtenha, em tempo razoável, decisão de mérito justa e efetiva".

[33] MENEZES, Gustavo Quintanilha Telles de. "A atuação do juiz na direção do processo", p. 194-215.

a nossa, se adequam à nossa realidade; segundo, há que se dar tempo para avaliar a efetividade de alterações anteriores, antes de se proceder a novas.

Assim é que, por exemplo, enquanto em alguns países, os Juizados Especiais, em regra, não permitem que pessoas jurídicas sejam autoras, no Brasil se verificou a necessidade de alterar tal garantia, como forma de incentivar a realização de negócios pelas micro e pequenas empresas.

Outro aspecto a considerar é a estrutura do nosso Poder Judiciário. É notório que os Juizados Especiais estão superlotados de demandas para as quais não consegue dar solução em tempo inferior, muitas das vezes, ao do próprio procedimento comum (antigo ordinário).

Daí que, se os Juizados absorverem todas as demandas sem opção do autor, poderá haver um colapso no Judiciário, se não houver a devida adequação para a nova realidade.

Aparentemente, contudo, esta é a tendência, desde o início introduzida nos Juizados Especiais Públicos. Entretanto, antes de implantá-la nos Juizados Estaduais, mister se faz que se analisem os óbices e as consequências dessa escolha legislativa e política, sob pena de, em vez de ampliar o acesso à justiça, retornar-se aos tempos da litigiosidade contida, de que nos falava Kazuo Watanabe.

Por outro lado, a tendência é a de exigir-se uma atuação cada vez mais ativa do juiz na condução do processo, sem deixar de lado o incremento da participação das partes não só na solução do litígio levado ao Poder Judiciário, mas também no próprio procedimento.

Diante de tantas contradições e pontos de choque, espera-se do legislador que não atue de forma açodada, mas também não deixe de considerar a celeridade e não fira as garantias fundamentais do processo, insculpidas ou não na Constituição Federal, como o devido processo legal, a segurança jurídica, a isonomia entre as partes, a dignidade da pessoa humana e a duração razoável do processo.

6. Referências

Andrade, Érico, "As Novas Perspectivas do Gerenciamento e da 'Contratualização' do Processo", in *Revista de Processo*, n. 193, vol. 36, São Paulo, Revista dos Tribunais, 2011, pp. 167-200.

Assis, Araken de, *Procedimento Sumário*, São Paulo, Malheiros, 1996.

Bochenek, Antônio César, *Competência* Cível da *Justiça Federal e dos Juizados Especiais* Cíveis, São Paulo, Revista dos Tribunais, 2004.

Bueno, Cassio Scarpinella, *Curso Sistematizado de Direito Processual Civil*, vol. 2, tomo I, São Paulo, Saraiva, 2007.

Carneiro, Athos Gusmão, *Do Rito Sumário na Reforma do CPC*: Lei n. 9.245, de 26.12.1995, São Paulo, Saraiva, 1996.

Didier Jr., Fredie, *Curso de Direito Processo Civil*: Introdução ao Direito Processual Civil, Parte Geral e Processo de Conhecimento, vol. I, 17ª ed., Salvador, Juspodivm, 2015.

Dinamarco, Cândido Rangel, *Instituições de Direito Processual Civil*, vol. III, 3ª ed., São Paulo, Malheiros, 2003.

Figueira Jr., Joel Dias e Lopes, Maurício Antonio Ribeiro, *Comentários à Lei dos Juizados Especiais Cíveis e Criminais*, 2ª ed., São Paulo, Revista dos Tribunais, 1997.

Fórum Permanente de Processualistas Civis, *Enunciados do Fórum Permanente de Processualistas Civis*: Carta de Florianópolis/SC, março de 2017. Salvador, JusPodivm, 2018.

Greco, Leonardo, "Garantias Fundamentais do Processo: o Processo Justo", in *Estudos de Direito Processual*, Campos dos Goytacazes, Faculdade de Direito de Campos, 2005, pp. 225-286.

Greco, Leonardo, *Instituições de Processo Civil*, vol. II, 3ª ed., Rio de Janeiro, Forense, 2015.

Marinoni, Luiz Guilherme, Arenhart, Sérgio Cruz e Mitidiero, Daniel, *O Novo Processo Civil*, 2ª ed., São Paulo, Revista dos Tribunais, 2016.

Menezes, Gustavo Quintanilha Telles de, "A Atuação do Juiz na Direção do Processo", in Fux, Luiz (coordenador), in *O Novo Processo Civil Brasileiro (direito em expectativa)*: Reflexões acerca do Projeto do Novo Código de Processo Civil, Rio de Janeiro, Forense, 2011.

Moreira, José Carlos Barbosa, "O Neoprivatismo no Processo Civil", in *Revista de Processo*, n. 122, vol. 30, São Paulo, Revista dos Tribunais, 2005, pp. 9-21.

Passos, José Joaquim Calmon de, *Comentários ao Código de Processo Civil*, vol. III, 6ª ed., Rio de Janeiro, Forense, 1991.

Rocha, Felippe Borring, *Manual dos Juizados Especiais Estaduais*: Teoria e Prática, 8ª ed., São Paulo, Atlas, 2016.

Rodrigues, Horácio Wanderlei, "Lei nº 9.099/95: a Obrigatoriedade da Competência e do Rito", in *Revista da Ajuris*, vol. 67, Porto Alegre, Ajuris, jul. 1996, pp. 186-193.

Salomão, Luis Felipe, "Inconstitucionalidade da Opção do Autor para Ingressar nos Juizados Especiais", in *Revista dos Tribunais*, n. 746, São Paulo, Revista dos Tribunais, dez. 1997, pp. 73-77.

Souza, Marcia Cristina Xavier de, "Da Extinção do Procedimento Sumário e da Obrigatoriedade dos Juizados Especiais Cíveis", in Souza, Marcia Cristina Xavier de e Rodrigues, Walter dos Santos, in *O Novo Código de Processo Civil*: o Projeto do CPC e os Desafios das Garantias Fundamentais, Rio de Janeiro, Elsevier, 2012, pp. 229-246.

Souza, Marcia Cristina Xavier de, "Do Processo Eletrônico Instituído pelo NCPC e seu Impacto nos Juizados Especiais Cíveis", in Redondo, Bruno Garcia, Santos, Welder Queiroz dos, Silva, Augusto Vinícius Fonseca e Valladares, Leandro Carlos Pereira, *Juizados Especiais*, Coleção Repercussões do Novo CPC, vol. 7, Salvador: Juspodivm, 2015, pp. 213-222.

Souza, Marcia Cristina Xavier de, *Juizados Especiais Fazendários*, Rio de Janeiro, Lumen Juris, 2010.

Theodoro Jr., Humberto, *Curso de Direito Processual Civil*, vol. III, 44ª ed., Rio de Janeiro, Forense, 2012.

Tourinho Neto, Fernando da Costa e Figueira Jr., Joel Dias, *Juizados Especiais Estaduais Cíveis e Criminais*: Comentários à Lei n. 9.099/1995, 8ª ed., São Paulo, Saraiva, 2017.

O Novo Código de Processo Civil e Temas de Interesse da Advocacia Pública

Sérgio Luiz Pinheiro Sant'Anna

1. Introdução

Uma Comissão de doze juristas, sendo relatora a jurista Dra. Teresa Arruda Alvim Wambier e Presidente o Ministro Luiz Fux, foi responsável por elaborar uma das legislações mais importantes do país, o então Projeto de Novo Código de Processo Civil, tendo os seus trabalhos se iniciado em 2009. Sua temática foi objeto de inúmeros debates em Seminários, Palestras e Audiências Públicas, antes da tramitação final junto ao Congresso Nacional durante o ano de 2015, para vigência após a vacatio legis, em 18 de março de 2016.

Nestes eventos, a Comissão ouviu críticas, debateu propostas e recebeu sugestões de juristas, advogados, magistrados, defensores públicos, promotores públicos, advogados públicos, professores e membros da sociedade civil interessados no aperfeiçoamento da prestação jurisdicional.

Embora quaisquer mudanças em uma legislação dessa importância preocupe a toda a sociedade civil pela sua própria dimensão, é fundamental compreender que a filosofia dessa nova legislação processual não foge dos princípios democráticos incluídos na Carta Fundamental, onde se poderia destacar o devido processo legal, o contraditório, a ampla defesa, o princípio do juiz natural e a celeridade. Destaca-se, ainda, a independência, imparcialidade e autonomia do Membro do Poder Judiciário para solucionar conflitos, e a valorização do advogado como indispensável à administração da justiça e na defesa dos interesses dos seus constituintes, além da própria valorização profissional de advogados públicos e privados através da previsão dos honorários advocatícios.

Em que pese a manutenção da matriz principiológica vinculada aos fundamentos constitucionais, no plano da sistemática processual constata-se uma série de mudanças, alterações e novidades no conteúdo dos dispositivos inseridos, sendo que muitas questões suscitarão controvérsias no seu entendimento ou na sua efetividade, em especial perante os Tribunais.

O presente artigo acadêmico tem o objetivo de apresentar breves considerações sobre algumas temáticas de interesse dos advogados públicos que, pela primeira vez, foram reunidas em um Título à parte para estabelecer tópicos pertinentes às lides em que os Entes da Administração Pública compõem a relação processual e, em especial, aos membros da advocacia pública.

Pude acompanhar o debate de algumas dessas propostas, além de outras apresentadas e não contempladas, em razão da iniciativa do Centro de Estudos da então União dos Advogados Públicos Federais do Brasil (UNAFE), atualmente Associação Nacional dos Advogados Públicos Federais (ANAFE), através do seu Diretor à época, o Procurador Federal Dr. Galdino Siqueira, por ser este articulista um dos delegados desta associação no Rio de Janeiro naquele período.

A UNAFE conseguiu introduzir três dispositivos no Senado Federal, a saber, a emenda que possibilitou a inserção do Título VI pertinente à Advocacia Pública, contemplada nos arts. 182 e 183; a garantia da limitação da responsabilização do Advogado Público exclusivamente por dolo ou fraude no exercício das funções, nos termos da previsão do parágrafo único do art. 182, o que fortalece suas prerrogativas; e, finalmente, a previsão do § 6º do art. 77 sobre os deveres das partes e de seus procuradores, onde fica ressalvada a não aplicação do disposto nos §§ 2º a 5º do citado artigo, já que eventual responsabilidade disciplinar será apurada pelo respectivo órgão de classe ou corregedoria. Essa posição reforça, inclusive, o papel fiscalizador das Corregedorias e órgãos de controle interno da Advocacia Pública, bem como a própria Ordem dos Advogados do Brasil, através dos seus respectivos Conselhos.

A sistemática democrática através do debate de ideias possibilitou que outras três propostas fossem acolhidas junto à Câmara dos Deputados. A inclusão do § 3º do art. 242 é das mais significativas, já que trata da citação dos entes federativos da Administração Direta e Indireta, através do órgão de Advocacia Pública responsável pela respectiva representação judicial; na mesma linha foi a inclusão do § 3º do art. 269, no qual a intimação dos entes federativos da Administração Direta e Indireta, através do órgão de Advocacia Pública responsável pela representação judicial. Destaca-se que essas duas inclusões fortalecem a defesa institucional da advocacia pública na representação judicial do ente público.

Finalmente, foi acolhida a proposta de inclusão do inciso IV no art. 782, que trata dos títulos executivos extrajudiciais, ao reforçar os instrumentos de transação referendados pelos componentes das Funções Essenciais à Justiça, a saber, o Ministério Público, a Defensoria Pública, a Advocacia Pública, os Advogados, além de conciliador ou mediador credenciado pelo Poder Judiciário.

Essas propostas foram debatidas e formalmente apresentadas em Audiências Públicas ocorridas pelo Brasil, sendo que no Rio de Janeiro as propostas foram debatidas em, pelo menos, duas oportunidades, no Instituto dos Advogados Brasileiros (IAB) e na Escola de Magistratura do Rio de Janeiro (EMERJ), juntamente com outros especialistas e interessados, e junto às Casas Legislativas federais, sendo, naturalmente, objeto de sistematização na fase de redação para posterior aprovação.

Sem dúvida, em virtude do acúmulo de informações e da riqueza deste debate, foi subscrito o texto correspondente ao Título V: Do Ministério Público; Título VI: Da Advocacia Pública e Título VII: Da Defensoria Pública, ressaltando, igualmente, a importância do Advogado Privado, também Função Essencial à Justiça pela previsão constitucional, contemplado pelos dispositivos processuais, sendo de forma específica o Título I: Das Partes e dos Procuradores.

2. Breves Comentários aos Princípios Norteadores do Novo Código de Processo Civil

Em virtude de minha área profissional ser a Advocacia Pública Federal e minha atividade docente se inserir no Direito Público, em especial o Direito Constitucional e o Direito Administrativo, este artigo acadêmico objetiva analisar artigos pertinentes ao interesse da advocacia pública, já que os demais artigos acadêmicos desta obra, certamente, abordarão outros aspectos relevantes na análise do Novo Código de Processo Civil.

As temáticas dispostas no Capítulo I: Das Normas Fundamentais do Processo Civil, do Título Único: Das Normas Fundamentais e da Aplicação das Normas Processuais, do Livro I: Das Normas Processuais Civis, já delimitam a inequívoca conexão da Constituição Federal com princípios da nova sistemática do Novo Código de Processo Civil, já na sua gênese, eis que tem fundamento no debate democrático das ideias e da troca de experiência no campo acadêmico e no campo profissional.

Na análise do seu art. 1º, percebe-se a conexão do Novo Código de Processo Civil com as normas fundamentais, dispostas na Carta Política de 1988, estabelecendo-se uma lógica ordenada e dependente, porque existe uma relação de subordinação e hierarquia nos princípios.

Vários desses dispositivos fundamentais que estabelecem essa relação estão previstos no art. 5º da Constituição Federal, podendo-se admitir, portanto, relação de conexão com as cláusulas pétreas, nos termos da previsão do inciso IV do § 4º do art. 60, devendo, desta forma, ser observado por todos os interessados na prestação jurisdicional, em particular o Magistrado que vai conduzir a relação processual.

A previsão estabelecida no art. 2º consagra a necessidade de iniciativa da parte para provocação da relação processual, implicando a responsabilidade da continuidade dos atos por impulso oficial, ou seja, as serventias devem dar o devido andamento ao feito com base nos princípios constitucionais, em especial a razoável duração do processo. Amplia-se a vertente clássica do Direito brasileiro de atuação do Poder Judiciário, mediante provocação, cabendo um papel importante de partícipe do processo como mediador dos conflitos ao buscar uma solução razoável e que contemple, na medida do possível, o interesse das partes.

O art. 3º se reporta de forma clara ao dispositivo constitucional da ameaça ou lesão a direito, agora no plano da previsão infraconstitucional, o que reforça o fortalecimento das garantias fundamentais e a importância do Poder Judiciário. Os parágrafos do citado artigo reforçam a importância de meios de solução consensual de conflitos, tais como arbitragem, na forma da previsão legal, a conciliação e mediação, que deve ser estimulada por juízes, advogados, defensores públicos e membros do Ministério Público, inclusive no curso do processo judicial, o que possibilita a celeridade e a diminuição do número de processos em trâmite.

A análise do art. 4º demonstra que o princípio constitucional da celeridade foi definido nesta legislação como um direito do cidadão e do litigante, devendo ser um compromisso de todos os envolvidos no sistema.

O art. 5º trata de uma questão importante, a saber, o princípio da boa-fé processual, o que pressupõe que todas as partes litigantes deverão estar em consonância com esse princípio, evitando, desta forma, despachos e atos protelatórios, recursos desnecessários, enfim, prestigiando a concatenação lógica da sistemática processual em consonância com o objetivo final da prestação jurisdicional.

O art. 6º parece estar em conexão com o art. 5º, ao tratar da cooperação que deverá nortear a atuação de todas as partes no processo, em busca da solução de mérito e em respeito à razoável duração do processo.

O art. 7º ressalta uma necessária condução igualitária de tratamento e de exercício dos direitos, o que implica nesta condução uma responsabilidade do Magistrado, com especial ênfase para o princípio constitucional do contraditório.

A previsão do art. 8º cria uma finalidade social para o processo, na medida em que o seu condutor, o Magistrado, deverá atender aos fins sociais e às exigências do bem comum, com promoção da dignidade da pessoa humana. Tudo com observância nos princípios da proporcionalidade, razoabilidade, legalidade, publicidade e eficiência. Importante destacar que se compromete a prestação jurisdicional a partir de uma dimensão de garantia dos direitos fundamentais do cidadão, aliados a um serviço público de qualidade no qual se destacam alguns princípios do Direito Constitucional e do Direito Administrativo.

O art. 9º consagra, com algumas exceções destacadas em incisos, que não se proferirá decisão contra uma das partes sem que ela seja previamente ouvida, o que estabelece conexão com o contraditório e ampla defesa a partir do devido processo legal.

No art. 10, e com base nos princípios acima preceituados, existe a previsão de que o Juiz não pode decidir, em grau algum de jurisdição, com base em fundamento a respeito do qual não se tenha dado às partes oportunidade de se manifestar, ainda que se trate de matéria sobre a qual deva decidir de ofício. Importante destacar que o legislador derivado houve por bem incluir as diversas jurisdições em que os conflitos poderão se apresentar e que deverão nortear a condução e a decisão do Magistrado, o que propicia maior segurança jurídica para as partes.

Na previsão do art. 11, com as devidas exceções do segredo de justiça, todos os julgamentos dos órgãos e instâncias componentes do Poder Judiciário serão públicos com a devida fundamentação de todas as respectivas decisões, sob pena de nulidade, já que não teria sido observada a necessidade de publicização desse ato.

A análise interpretativa dos dispositivos acima demonstra que existe clara conexão de princípios entre a Constituição Federal e a lei processual que fundamentam essa nova sistemática, pautada em bases sólidas de proteção ao cidadão.

No Estado Democrático de Direito, é fundamental que essa relação seja o norte para a atuação do Poder Judiciário, cuja atividade-fim da prestação jurisdicional deve ser célere, fundamentada, justa e pautada em princípios que objetivem o bem-estar da sociedade e a defesa das garantias individuais e coletivas.

3. Breves Comentários ao Título da Advocacia Pública

A definição da Defesa dos Entes Públicos ficou melhor definida na previsão do art. 182, ao alcançar os entes do sistema federativo que compõem a Administração Direta e Indireta, nos seguintes termos:

> Art. 182. Incumbe à Advocacia Pública, na forma da lei, defender e promover os interesses públicos da União, dos Estados, do Distrito Federal e dos Municípios, por meio da representação judicial, em todos os âmbitos federativos, das pessoas jurídicas de direito público que integram a administração direta e indireta.

Ficou claro para o legislador a inclusão das Autarquias, inclusive Agências Reguladoras, e Fundações, enquanto entes da Administração Pública, bem como o fato de que a representação judicial do órgão público deve ser decorrente da sua condição de Advogado Público, detentor do munus e do interesse de agir decorrente do cargo que ocupa, na defesa do órgão público.

No art. 183, a previsão da prerrogativa do prazo em dobro não pode ser considerada como privilégio, porque o interesse público exige uma maior e mais adequada possibilidade de defesa, que, muitas vezes, depende de informações dos órgãos públicos que não são tão rápidas, bem como o aspecto quantitativo pertinente ao número de Ações Judiciais em trâmite, e qualitativo pertinente ao mérito do que está se requerendo.

Outro fator importante é a previsão do critério da chegada dos Autos do Processo para a repartição pública ou a utilização dos meios eletrônicos, nos termos da previsão interna de cada Tribunal, assegurando garantias para a defesa do ente público para o início da contagem do prazo, além da previsão de prazos, mediante disposição expressa de legislações específicas.

> Art. 183. União, os Estados, o Distrito Federal, os Municípios e suas respectivas autarquias e fundações de direito público gozarão de prazo em dobro para todas as suas manifestações processuais, cuja contagem terá início a partir da intimação pessoal.

§ 1º A intimação pessoal far-se-á por carga, remessa ou meio eletrônico.

§ 2º Não se aplica o benefício da contagem em dobro quando a lei estabelecer, de forma expressa, prazo próprio para o ente público.

Finalmente, o art. 184 retrata uma situação de penalidade igualmente aplicada aos outros membros integrantes das Funções Essenciais à Justiça.

A prevalência da prestação jurisdicional é retratada como prioridade, sendo passível de sanções, inclusive junto às respectivas Corregedorias e Conselhos da OAB, se o advogado público agir com dolo ou fraude, devendo prevalecer a ética e respeito profissional ao longo da prestação jurisdicional.

Art. 184. O membro da Advocacia Pública será civil e regressivamente responsável quando agir com dolo ou fraude no exercício de suas funções.

4. Breves Comentários sobre Alguns Temas de Interesse da Advocacia Pública

É importante entender que algumas previsões do Novo Código de Processo Civil constituem em inequívoco avanço para a Advocacia Pública, onde se poderia destacar, em síntese, o Título da Advocacia Pública, a limitação da responsabilização civil do membro da Advocacia Pública apenas quando na hipótese de dolo ou fraude, a proibição de cominação de multa ao advogado público por descumprimento judicial, a responsabilização do advogado público que deve ser apurada por órgão de controle interno ou órgão de classe e a previsão dos honorários, que vem desde o início dessa proposta de novo CPC, em 2010.

De uma maneira geral, a suspensão de prazos judiciais entre os dias 20 de dezembro e 20 de janeiro possibilitará a realização de um pleito antigo, ou seja, a possibilidade de férias aos advogados públicos e privados.

O então Presidente do Conselho Federal da OAB, Dr. Marcus Vinicius Furtado Coelho, assim se manifestou sobre essa temática:

> Agora os advogados de todo o país terão direito ao merecido descanso sem terem de se preocupar com a perda de audiências ou de prazos. Essa é uma grande conquista da advocacia brasileira e faz justiça com profissionais que atuam cotidianamente com inúmeras responsabilidades, como a liberdade, os direitos e o patrimônio da sociedade. Função que merece todo o cuidado por parte dos profissionais da advocacia.

O Novo Código de Processo Civil reconheceu a importância da previsão de Títulos específicos, destacando-se as Partes e Procuradores, no Título I; os Juízes e Auxiliares da Justiça, no Título IV; o Ministério Público, no Título V; a Advocacia Pública, no Título VI; e a Defensoria Pública, no Título VII, contemplando o Poder Judiciário e as Funções Essenciais à Justiça.

Dentre as previsões incluídas no Código de Processo Civil e que são diretamente ligadas à advocacia pública ou aos entes federativos, consta o art. 33, pertinente ao Auxílio Direto, no qual consolida a participação da advocacia pública, neste caso a federal, na Cooperação Internacional:

> Art. 33. Recebido o pedido de auxílio direto passivo, a autoridade central o encaminhará à Advocacia-Geral da União, que requererá em juízo a medida solicitada.

O art. 51, que trata do foro para tramitação das ações, se constituindo numa possibilidade efetiva de pacificação da matéria a partir de uma visão mais flexível, bem como o parágrafo único pertinente à situação da União como demandada:

> Art. 51. É competente o foro de domicílio do réu para as causas em que seja autora a União.
>
> Parágrafo único. Se a União for a demandada, a ação poderá ser proposta no foro de domicílio do autor, no de ocorrência do ato ou fato que originou a demanda, no de situação da coisa ou no Distrito Federal.

O art. 75, I e IV, disciplina a representação dos entes federativos, e penso que neste tópico poderia ter ficado mais claro a referência às carreiras da Advocacia-Geral da União, não tendo o legislador mencionado o membro da advocacia pública federal, como ocorreu nos incisos II e III com os Procuradores de Estado e Município, respectivamente, mas se optou pela redação mais aberta em relação aos seus respectivos representantes em juízo em virtude de existirem quatro carreiras na área federal, Advogados da União, Procuradores da Fazenda Nacional, Procuradores do Banco Central e Procuradores Federais.

Ressalta-se, ainda, a possibilidade de convênio a ser firmado entre Estados e o Distrito Federal para prática de ato processual, nos termos da previsão do § 4º do art. 75, nos seguintes termos:

> Art. 75. Serão representados em juízo, ativa e passivamente:
>
> I – a União, pela Advocacia-Geral da União, diretamente ou mediante órgão vinculado;
>
> II – o Estado e o Distrito Federal, por seus procuradores;
>
> III – o Município, por seu Prefeito ou procurador;
>
> IV – a autarquia e a fundação de direito público, por quem a lei do ente federado designar;
>
> (...)
>
> § 4º Os Estados e o Distrito Federal poderão ajustar compromisso recíproco para prática de ato processual por seus procuradores em favor de outro ente federado, mediante convênio firmado pelas respectivas procuradorias.

Outro ponto relevante é que a previsão do art. 77 prevê deveres das partes e de seus procuradores, e daqueles que participem do processo, com a previsão expressa no § 6º, que poderá implicar a necessidade de apuração da infração pelas instâncias da Advocacia-Geral da União, Procuradoria dos Estados e Distrito Federal e dos Municípios, além da Ordem dos Advogados do Brasil, nos termos seguintes:

> Art. 77. (...)
>
> § 6º Aos advogados públicos ou privados e aos membros da Defensoria Pública e do Ministério Público não se aplica o disposto nos §§ 2º a 5º, devendo eventual responsabilidade disciplinar ser apurada pelo respectivo órgão de classe ou corregedoria, ao qual o juiz oficiará.

Outro ponto importante foi o reconhecimento do direito à percepção de honorários aos advogados públicos. A regra geral do § 2º do art. 85 estabelece o percentual mínimo de 10% e máximo de 20% sobre o valor da condenação, do proveito econômico obtido ou, não sendo possível mensurar, o valor atualizado da causa.

Nas causas contra a Fazenda Pública, o § 3º do art. 85 aplicou uma tabela específica, com percentuais decrescentes e em consonância com o valor da condenação econômica ou proveito econômico baseado em números de salários mínimos.

Essa tabela gradativa de honorários para as causas em que a Fazenda Pública for parte é uma medida justa e de equilíbrio face aos valores que podem ser altos e causarão um prejuízo ao Erário. Nesse caso, valoriza-se o trabalho do profissional dentro de um parâmetro baseado em equilíbrio e de interesse público. A previsão dos honorários de sucumbência devidos ao advogado e não à parte vencedora contemplou pleito histórico dos advogados públicos, nos seguintes termos da previsão do art. 85, em seu § 19:

> Art. 85. A sentença condenará o vencido a pagar honorários ao advogado do vencedor.
>
> (...)
>
> § 3º Nas causas em que a Fazenda Pública for parte, a fixação dos honorários observará os critérios estabelecidos nos incisos I a IV do § 2º e os seguintes percentuais:
>
> I – mínimo de dez e máximo de vinte por cento sobre o valor da condenação ou do proveito econômico obtido até 200 (duzentos) salários mínimos;
>
> II – mínimo de oito e máximo de dez por cento sobre o valor da condenação ou do proveito econômico obtido acima de 200 (duzentos) salários mínimos até 2.000 (dois mil) salários mínimos;
>
> III – mínimo de cinco e máximo de oito por cento sobre o valor da condenação ou do proveito econômico obtido acima de 2.000 (dois mil) salários mínimos até 20.000 (vinte mil) salários mínimos;
>
> IV – mínimo de três e máximo de cinco por cento sobre o valor da condenação ou do proveito econômico obtido acima de 20.000 (vinte mil) salários mínimos até 100.000 (cem mil) salários mínimos;
>
> V – mínimo de um e máximo de três por cento sobre o valor da condenação ou do proveito econômico obtido acima de 20.000 (vinte mil) salários mínimos acima de 100.000 (cem mil) salários mínimos.
>
> (...)
>
> § 19º Os advogados públicos perceberão honorários de sucumbência, nos termos da lei.

A importância dos honorários é destacada em matéria do Conjur, assinada por Hélio Vieira da Costa e Zênia Cernov:

> A sucumbência não tem natureza jurídica pública, não se origina de verba pública, seu repasse aos procuradores públicos não lhe transmuda sua natureza, e não se insere no conceito de remuneração. Se não é pública em sua origem, igualmente não pode ser considerada pública em sua destinação.

Essa previsão permitiu o reconhecimento da igualdade dos advogados públicos federais à grande maioria dos membros da advocacia pública estadual e de parcela significativa dos Municipais, em especial de importantes

Municípios, além dos advogados privados, na percepção dos valores de honorários sucumbenciais devidos pela parte vencida à parte vencedora a serem arbitrados pelo Magistrado, a título de atuação profissional na defesa do seu constituinte, consagrando princípio clássico da atividade profissional.

Cumpre destacar, ainda, a previsão do art. 174 e incisos, ao prever a mediação de conflitos por parte dos órgãos públicos, sendo importante registrar a experiência da Advocacia-Geral da União, que tem uma regulamentação interna de Câmara de Conciliação e Solução de Conflitos, que objetiva buscar a resolução de demandas entre órgãos públicos federais, evitando a proliferação de Ações Judiciais e a redução de demandas judiciais.

> Art. 174. A União, os Estados, o Distrito Federal e os Municípios criarão câmaras de mediação e conciliação, com atribuições relacionadas à solução consensual de conflitos no âmbito administrativo, tais como:
>
> I – dirimir conflitos envolvendo órgãos e entidades da administração pública;
>
> II – avaliar a admissibilidade dos pedidos de resolução de conflitos, por meio de conciliação, no âmbito da administração pública;
>
> III – promover, quando couber, a celebração de termos de ajustamento de conduta.

A contagem de prazo em dias úteis prevista no art. 219 é de especial relevância para a administração pública, pela quantidade de Ações Judiciais em trâmite junto às instâncias do Poder Judiciário. Espera-se que essa previsão seja ampliada em todas as áreas e instâncias do Poder Judiciário, já tendo sido objeto de aplicação na Justiça Trabalhista, onde os prazos já são naturalmente reduzidos.

> Art. 219. Na contagem do prazo em dias, estabelecido por lei ou pelo juiz, computar-se-ão somente os dias úteis.

No que tange à citação, importante ressaltar regra geral do art. 242, § 3º, nos seguintes termos:

> Art. 242. A citação será pessoal, podendo, no entanto, ser feita na pessoa do representante legal ou do procurador do réu, do executado ou do interessado.
>
> (...)
>
> § 3º A citação da União, dos Estados, do Distrito Federal, dos Municípios e de suas respectivas autarquias e fundações de direito público será realizada perante o órgão de Advocacia Pública responsável por sua representação judicial.

No que tange à intimação, importante, igualmente, ressaltar regra geral do art. 269, § 3º, nos seguintes termos:

> Art. 269. A intimação é o ato pelo qual se dá ciência a alguém dos atos e dos termos do processo.
>
> (...)
>
> § 3º A intimação da União, dos Estados, do Distrito Federal, dos Municípios e de suas respectivas autarquias e fundações de direito público será realizada perante o órgão de Advocacia Pública responsável por sua representação judicial.

No que é pertinente ao Capítulo V: Do Cumprimento de Sentença que Reconheça a Exigibilidade de Obrigação de Pagar Quantia Certa pela Fazenda Pública, nos termos da previsão do Capítulo V, do Título II: Do Cumprimento da Sentença, ressaltam-se a intimação da Fazenda Pública, os prazos judiciais e as possibilidades de impugnação da execução, na seguinte regulamentação do art. 535:

> Art. 535. A Fazenda Pública será intimada na pessoa de seu representante judicial, por carga, remessa ou meio eletrônico, para, querendo, no prazo de 30 (trinta) dias e nos próprios autos, impugnar a execução, podendo arguir:
>
> I – falta ou nulidade da citação se, na fase de conhecimento, o processo correu à revelia;
>
> II – ilegitimidade de parte;
>
> III – inexequibilidade do título ou inexigibilidade da obrigação;
>
> IV – excesso de execução ou cumulação indevida de execuções;
>
> V – incompetência absoluta ou relativa do juízo da execução;
>
> VI – qualquer causa modificativa ou extintiva da obrigação, como pagamento, novação, compensação, transação ou prescrição, desde que supervenientes ao trânsito em julgado da sentença.
>
> (...)
>
> § 2º Quando se alegar que o exequente, em excesso de execução, pleiteia quantia superior à resultante do título, cumprirá à executada declarar de imediato o valor que entende correto, sob pena de não conhecimento da arguição.
>
> (...)

No que tange à Execução, ressalto o art. 784, que possibilita a caracterização como títulos executivos extrajudiciais chancelados por Membro ou representante do Poder Judiciário e das Funções Essenciais à Justiça, e mesmo as certidões de dívida ativa da Fazenda Pública da União, dos Estados, do Distrito Federal e dos Municípios, no seguinte teor:

Art. 784. São títulos executivos extrajudiciais:

(...)

IV – o instrumento de transação referendado pelo Ministério Público, pela Defensoria Pública, pela Advocacia Pública, pelos advogados dos transatores ou por conciliador ou mediador credenciado por tribunal;

(...)

IX – a certidão de dívida ativa da Fazenda Pública da União, dos Estados, do Distrito Federal e dos Municípios, correspondente aos créditos inscritos na forma da lei; (...).

5. Conclusão

Em conclusão aos breves comentários sobre pontos relevantes de interesse da advocacia pública no Novo Código de Processo Civil, o primeiro ponto a ser destacado é o aspecto democrático nos debates, o que possibilitou o feedback, a troca de ideias e experiências profissionais entre os interessados e atores envolvidos.

O segundo ponto a ser abordado é a clareza da redação que dispõe sobre a titularidade dos honorários sucumbenciais, ou seja, a sua destinação ao patrono da causa. Merece especial destaque, porque havia uma enorme lacuna em relação aos membros da advocacia pública federal, principalmente, já tendo sido aprovada legislação específica que criterizou o seu recebimento.

O terceiro ponto é relacionado à solução e mediação dos conflitos, o que permite a celeridade e a possibilidade de acordo na solução das controvérsias. Na advocacia pública federal, a experiência da solução de conflitos através da Câmara de Conciliação entre órgãos públicos federais tem evitado demandas judiciais entre entes da Administração Pública Federal Direta e Indireta, diminuindo o número de litígios e possibilitando o entendimento entre interesses diversos e variados.

O quarto ponto a ser destacado é a necessidade de fundamentação das decisões judiciais por parte do Magistrado, o que possibilita uma clareza maior dos pressupostos normativos que estão sendo utilizados ao longo do conjunto de atos processuais que ensejarão a solução dos conflitos.

O quinto ponto é o da celeridade processual para a solução das controvérsias, evitando a procrastinação do processo, bem como permite uma conexão com o princípio da segurança jurídica, enquanto norteador de decisões coerentes, fundamentadas e elaboradas com base em princípios.

Acrescento, ainda, o sexto ponto, que é pertinente aos Títulos relacionados às Funções Essenciais à Justiça, em especial o pertinente à Advocacia Pública, em que regras e princípios são objeto de previsão específica.

As propostas inseridas no Novo Código de Processo Civil contribuíram para o fortalecimento da Advocacia Pública e dos seus membros, reconhecendo o seu patamar de Função Essencial à Justiça prevista no texto constitucional, bem como a possibilidade de acesso à justiça com a certeza da efetividade da prestação jurisdicional.

Nesse contexto é o magistério de Cintra, Grinover e Dinamarco:

> Falar da instrumentalidade nesse sentido positivo, pois, é alertar para a necessária efetividade do processo, ou seja, para a necessidade de ter-se um sistema processual capaz de servir de eficiente caminho à "ordem jurídica justa". Para tanto, não só é preciso ter consciência dos objetivos a atingir, como, também conhecer e saber superar os óbices econômicos e jurídicos que se antepõem ao livre acesso à justiça.

Entendo que o aperfeiçoamento do sistema processual não se esgotou com o Novo Código de Processo Civil, mas, pelo contrário, deve ser debatido, discutido, aprofundado e interpretado de forma sistemática e em consonância com todos os princípios constitucionais e administrativos abordados neste artigo acadêmico e na defesa da cidadania.

6. Referências

Barbosa Moreira, José Carlos, "O futuro da Justiça: Alguns Mitos", in Revista de Processo, vol. 102, abr.-jun. 2001, pp. 228-237.

Cintra, Antonio Carlos de Araújo, Grinover, Ada Pelegrini e Dinamarco, Cândido Rangel, Teoria Geral do Processo, 27ª ed., São Paulo, Malheiros Editores, 2009, p. 45.

Passos, José Joaquim Calmon de, Comentários ao Código de Processo Civil, vol. 3, 8ª ed., Rio de Janeiro, Forense, 1998.

Rossi, Fernando et al. (coord.), O Futuro do Processo Civil no Brasil: uma Análise Crítica ao Projeto do Novo CPC, Belo Horizonte, Fórum, 2011.

Entrevistas

Coelho, Marcus Vinicius Furtado, "Entrevista à Agência Senado de 22 de dezembro de 2014".

Costa e Cernov, "Advogados Públicos Têm Direito a Honorários de sucumbência", in Consultor Jurídico, publicado em 28 mar. 2014, disponível em <HTTP://www.conjur.

com.br/2014-mar-28/stf-oab-reconhecem-direito-advogados-publicos-honorários--sucumbencia>, acesso em 23 mar. 2015.

Wambier, Teresa Arruda Alvim, "Novo CPC Vem para Minimizar Insegurança Jurídica, diz Teresa Arruda Alvim", in Revista Consultor Jurídico, 20.01.2015, disponível em <HTTP://www.conjur.com.br/2015-jan-20/cpc-minimizar-a-insegurança-jurídica--teresa-arruda-alvim>, acesso em 24.03.2015.

O *Trust* da *Common Law* Utilizado como Ferramenta de Garantia em Comparação com Instrumentos Equivalentes do Novo Código de Processo Civil

Verônica Scriptore Freire e Almeida

1. Introdução

O *trust* é uma noção fundamental do Direito Inglês, sendo apontado como a principal criação da equidade, transformando-se hoje em um instrumento amplamente almejado por ambos os sistemas jurídicos (*Civil* e *Common Law*) em razão de sua adaptabilidade às mais variadas situações da vida humana.

No Brasil ainda não foi estabelecida uma legislação sobre o *trust*[1]. Entretanto, observamos que a sua utilização ocorre através da transferência de ativos para algum país que legalmente permite a constituição do instituto[2].

[1] Este artigo tem por base a nossa Tese de Doutoramento, apresentada à Faculdade de Direito da Universidade de Coimbra (Fev. 2016), em Portugal, aprovada com Distinção por unanimidade pelos oito membros do Júri de Doutoramento, conferindo o título de Doutora em Direito, área de especialização em Ciências Jurídico-Económicas. Em nossa Tese intitulada *A Implementação do Instituto dos* Trusts *no Direito Brasileiro*, após analisarmos a utilização do *trust* em mais de 26 importantes países do mundo, e demonstrarmos as vantagens práticas de sua utilização também no Direito brasileiro, apresentamos, ao final, um projeto de lei com 92 artigos. O entendimento alcançado é que o *trust* é um moderno e importante instrumento de gestão dos mais variados tipos de negócios e fundamental na integração jurídica e econômica nos negócios globais. *Vide* FREIRE E ALMEIDA, Verônica Scriptore. *A Implementação do Instituto dos* Trusts *no Direito Brasileiro*. 2016, vol. I (683 f.) e vol. II (703 f). Tese (Doutorado em Direito – Área de especialização em Ciências Jurídico-Económicas). Faculdade de Direito da Universidade de Coimbra, Portugal, 2016.

[2] O *Trust* é legalmente permitido nos Estados Unidos da América, Reino Unido, Austrália, Singapura, China, Japão, Canadá, Índia, Chipre, Itália, Portugal (Zona Franca da Madeira), França, Bélgica, Luxemburgo, Holanda, Malta, África do Sul, Liechtenstein, República de San Marino, Suíça, entre outros.

Sobretudo, entre as diversas finalidades para as quais o *trust* é utilizado globalmente, é um instrumento destacado na constituição de garantias nos negócios internacionais.

Dessa forma, objetivamos com este artigo demonstrar as funcionalidades do *trust* como negócio jurídico autêntico e fundamental na constituição de garantia dos mais variados tipos de negócios, em breve comparação com os instrumentos utilizados no Direito brasileiro.

Alcançaremos o resultado de que o *trust* da *Common Law*, quando utilizado como ferramenta de garantia, é mais eficiente do que os instrumentos de garantia permitidos no Direito brasileiro. Isso ocorre em razão da morosidade do processo para se efetivar o direito do credor, que, ainda com as alterações recentes do Código de Processo Civil[3], continua a ser um desafio.

2. Conceito e Estrutura do *Trust*

Em geral, a definição do *trust* pode ser retirada na compreensão de sua estrutura constitutiva.

Nesses termos, consideramos que o *trust* é uma relação jurídica criada pelo instituidor (*settlor*), que transfere bens ou direitos para um gestor (*trustee*) administrar em benefício do beneficiário. É de suma importância ressaltar que a propriedade legal dos bens, objeto do *trust*, é transferida efetivamente para o(s) *trustee(s)*[4].

Destaca-se que tal transferência se dá em virtude da confiança (*trust*) que o *settlor* deposita no *trustee*[5]. Portanto, existe um obstáculo trazido nesse direito de propriedade do *trustee*, barreira esta de ordem moral e ética[6]. Dessa forma, o *trustee* deverá administrar tais bens no benefício de outrem. Os atos do

[3] *Vide* BRASIL. Lei n. 13.105, de 16 de Março de 2015, Código de Processo Civil. Disponível em: <http://www.planalto.gov.br/ccivil_03/_ato2015-2018/2015/lei/l13105.htm>. Acesso em: 20-6-2016.

[4] Neste ponto, Mennel(2007) destaca, *in verbis*: "A trust arises when the owner of property separates the benefits from the burdens of ownership by giving them to different people". *Cfr.* MENNEL, L. Robert. *Wills and Trusts in a Nutshell.* Minnesota: West Group, 2007, p. 186.

[5] Ainda, Wald (1995) complementa que a titularidade da propriedade se desdobra em duas pessoas, sem que haja condomínio. *Cfr.* WALD, Arnoldo. Algumas considerações a respeito da utilização do "trust" no Direito brasileiro. *Revista dos Tribunais*, São Paulo, v. 34, n. 99, Jul.-Set. 1995, p. 109.

[6] *Cfr.* DAVID, René. *Os Grandes Sistemas do Direito Contemporâneo*. São Paulo: Martins Fontes, 2002, p. 398.

trustee e a amplitude deles dependem do que for estabelecido pelo *settlor* no ato constitutivo do *trust*[7].

A estrutura dos *trusts* pode ser dividida em objetiva e subjetiva. Nesse sentindo, a estrutura subjetiva dos *trusts* indica seus sujeitos: o *settlor*, o *trustee* e o beneficiário. Por sua vez, a estrutura objetiva dos *trusts* traduz-se na articulação de suas principais características.

Para Santisteban (2008), *in verbis*: "La estructura de la figura es extraordinariamente simple y esa simplicidad es precisamente la que hace que resulte útil en situaciones muy diversas"[8].

Além disso, complementa Wai Lau (2011), *in verbis*:

> Trusts are ubiquitous among common law jurisdictions and Anglo-Saxon economies. They can be used to structure many aspects of modern socio-economic life: from marriage settlements to divorce settlements; from caring for young children to carrying out the wishes of testators; from securitizing assets to organizing insolvencies; and from investing mutual funds to divesting real estate holdings[9].

Tal praticabilidade é, sem dúvida, de fundamental importância para o âmbito da *praxis* jurídica internacional.

Nessa linha, os sujeitos envolvidos no *trust* formam a estrutura básica do instituto: o *settlor*, o *trustee* e o beneficiário.

Contudo, embora seus elementos subjetivos apontem a existência de três sujeitos, um *trust* pode ser plenamente estruturado por duas partes principais. Dessa forma, a existência dos três distintos sujeitos não é condição *sine qua non* de existência do instituto. Assim, um sujeito poderá desempenhar mais de um papel na estrutura do *trust*, podendo, por exemplo, o *settlor* ser também o beneficiário do *trust*, ou ser o próprio *trustee*.

[7] *Vide* nossa Tese de Doutoramento, mais precisamente na Secção IV, Capítulo II, Parte I, quando discorremos sobre os Aspectos Fundamentais da Administração do *Trust*. *Cfr.* FREIRE E ALMEIDA, Verônica Scriptore. *A Implementação do Instituto dos* Trusts *no Direito Brasileiro*. 2016, vol. I (683 f.) e vol. II (703 f). Tese (Doutorado em Direito – Área de especialização em Ciências Jurídico--Económicas). Faculdade de Direito da Universidade de Coimbra, Portugal, 2016.

[8] Cfr. SANTISTEBAN, Sonia Martín. La figura del trust en los Estados Unidos de América –Sus aplicaciones en el derecho de família. Barcelona: Revista para Análisis del Derecho, 2008, p. 8.

[9] Cfr. WAI LAU, Ming. The Economic Structure of Trusts — Towards a Property-based Approach. New York: Oxford University Press, 2011, p. 1.

A partir dessa estrutura básica, o *trust* proporciona a possibilidade de numerosas variantes em relação aos poderes e funções de cada uma das partes envolvidas[10].

O *settlor* é o instituidor do *trust* e, portanto, é o proprietário inicial dos bens ou direitos que serão destinados ao *trust* no momento de sua constituição[11]. Além do próprio *settlor*, também tem legitimidade para constituir o *trust* o seu procurador, desde que autorizado expressa e especificamente para isso[12]. Em ambos os casos, trata-se, aqui, de um ato unilateral de vontade, no qual o *settlor* estipula as condições e cláusulas que regerão o *trust*, escolhe o *trustee*, determina seus beneficiários e os benefícios destes, e, por fim, realiza a transferência dos bens ou direitos, necessária para sua constituição[13].

Conforme já mencionado, a estrutura subjetiva dos *trusts* poderá conter apenas dois sujeitos, não invalidando sua constituição. Logo, poderá o *settlor* acumular mais de um papel, inclusive pode ser *trustee* do seu próprio *trust*[14].

Logo, poderá, em vez de *trustee*, acumular o papel de beneficiário, exclusivo ou não[15]. Nesse caso, a constituição do *trust* configura a opção do *settlor* por uma administração especializada de seus bens ou direitos, por um *trustee* profissional[16]. Destaca-se, aqui, que o *trust*, onde o *settlor* também é beneficiário, designa-se de *grantor trust*[17].

[10] Cfr. SANTISTEBAN, Sonia Martín. La figura del trust en los Estados Unidos de América –Sus aplicaciones en el derecho de família. Barcelona: Revista para Análisis del Derecho, 2008, p. 4.

[11] *Cfr.* MENNEL, L. Robert. *Wills and Trusts in a Nutshell.* Second Edition. Minnesota: Thomson West, 2007, p. 216. *Vide* PANICO, Paolo. *International Trust Laws.* Oxford: Oxford University Press, 2010, p. 13-14.

[12] *Cfr.* HAYTON, D. J. *The Law of Trusts.* London: Sweet e Maxwell, 1998, p. 121.

[13] *Vide* THOMAS, Geraint; HUDSON, Alastair. *The Law of Trusts.* New York: Oxford University Press, 2010, p. 12; MOJA, Andrea. *Il Trust nel diritto civile e tributario.* San Marino: Maggioli Editore, 2009, p. 39; TRIPET, François. *Trust Patrimoniaux Anglo-Saxons et Droit Fiscal Français.* Paris: Litec, 1989, p. 7; HUDSON, Alastair. *Understanding Equity & Trusts.* Australia: Cavendish Publishing, 2004, p. 14.

[14] *Cfr.* HAYTON, D. J. *The Law of Trusts.* London: Sweet e Maxwell, 1998, p. 121. *Vide* THOMAS, Geraint; HUDSON, Alastair. *The Law of Trusts.* New York: Oxford University Press, 2010, p. 12.

[15] *Cfr.* LUPOI, Maurizio. *Trusts.* Milano: Giuffrè Editore, 2001, p. 269.

[16] *Cfr.* REUTLINGER, Mark. *Wills, Trusts, and Estates, Essential Terms and Concepts.* Second Edition. New York: Aspen Publishers, 1998, p. 155. *Vide* VAZ TOMÉ, Maria João; CAMPOS, Diogo Leite de. *A Propriedade Fiduciária (*Trust*), Estudo para a sua Consagração no Direito Português.* Coimbra: Almedina, 1999, p. 41; LUPOI, Maurizio. *Trusts.* Milano: Giuffrè Editore, 2001, p. 158.

[17] *Cfr.* REUTLINGER, Mark. *Wills, Trusts, and Estates, Essential Terms and Concepts.* Second Edition. New York: Aspen Publishers, 1998, p. 155. Sempre que o *settlor* constituir um *Trust* e também for o *trustee*, ou em não sendo o *trustee*, conservar muitos direitos sobre a administração do *Trust*, ele será chamado de *grantor* e, neste caso, sua responsabilidade tributária é consideravelmente maior. *Cfr.*

Aliás, também se admite ao *settlor* acumular o papel de *trustee* e beneficiário concomitantemente. Contudo, nesse caso, não pode o *settlor* ser o único beneficiário do *trust*, uma vez que uma pessoa não pode ter direitos contra si mesma[18].

Com efeito, o *trust* é criado justamente pela separação entre a propriedade legal e a propriedade benéfica dos bens. Logo, se o *settlor* for o *trustee* e também o único beneficiário, o *trust* perde a sua função constitutiva[19].

Em situação oposta, quando o *settlor não desempenha nenhuma outra colocação na estrutura subjetiva do trust*, ele tende a desaparecer como sujeito do *trust*. Isso ocorre após o momento em que ele realiza a transferência dos bens ou direitos ao *trustee*, com a intenção de criar um *trust*. Nascem, então, os deveres fiduciários do *trustee* em relação a esses bens ou diretos, para o benefício dos beneficiários escolhidos pelo *settlor* e a realização dos propósitos do *trust*[20].

Nesse sentido, Penner (2010) explica, *in verbis*:

> And just like any other transfer or creation once the act of transfer or creation is complete, the interest in the property belongs to the recipient, and that is the end of it as far as the transferor is concerned. Thus the settlor cannot think of

FREIRE E ALMEIDA, Verônica Scriptore. *A Tributação dos* Trusts. Coimbra: Almedina, 2009. Nessa linha, nos EstadosUnidos, de acordo com Day (2009), *in verbis*: "the trust is treated for income tax purposes as if the grantor is the direct owner of the trust assets". *Cfr.* DAY, Sally E. *Creative Ways of Achieving Grantor Trust Status*. In: The Tax Adviser, USA, p. 593 -595, september 2009, p. 594. *Vide* ainda: NEVIUS, Alistair M. Intentionally Defective Grantor Trusts. The Tax Adviser, *Journal of Accounlancy*, November 2008, p. 104; TAX YEAR IN REVIEW 2009. Grantor Trusts – Conversion to grantor trust is not taxable to grantor. In: Trusts & Estates, january 2010, p. 12-14.

18 *Cfr.* HAYTON, D. J. *The Law of Trusts*. London: Sweet e Maxwell, 1998, p. 128.

19 *Cfr.* REUTLINGER, Mark. *Wills, Trusts, and Estates, Essential Terms and Concepts*. Second Edition. New York: Aspen Publishers, 1998, p. 155. Neste quadro, onde o *settlor* é o *trustee* e, além disso, um dos beneficiários do *Trust*, Mennel (2007) faz uma interessante comparação entre o *settlor* e o fundador de uma empresa, onde explica que o fundador, tal como o *settlor*, uma vez que a empresa é formada, deixa de existir como tal, mas que, todavia, pode continuar participando na estrutura empresarial como diretor ou como acionista da companhia. Dessa mesma forma é que o *settlor* poderia ser, então, um dos beneficiários ou *trustee*, além de ser o próprio instituidor. *Cfr.* MENNEL, L. Robert. *Wills and Trusts in a Nutshell*. Minnesota: West Group, 2007, p. 216 e 217. *Vide*, ainda, VAZ TOMÉ, Maria João; CAMPOS, Diogo Leite de. *A Propriedade Fiduciária (*Trust*), Estudo para a sua Consagração no Direito Português*. Coimbra: Almedina, 1999, p. 40.

20 *Cfr.* PENNER, J. E. *The Law of Trusts*. Seventh Edition.Londres: Oxford University Press, 2010, p. 18. *Vide* também MENNEL, L. Robert. *Wills and Trusts in a Nutshell*. Minnesota: West Group, 2007, p. 217; HUDSON, Alastair. *Understanding Equity & Trusts*. Australia: Cavendish Publishing, 2004, p. 16.

the trust property as still really his. He cannot get is back, for he is legally out of the picture[21].

Em sequência, destaca-se que o *settlor* poderá ser pessoa singular ou coletiva, e, principalmente, deverá ser ele o verdadeiro titular dos bens ou direitos, ou estar devidamente autorizado para transferi-los[22]. Com efeito, em caso contrário, ele deve ao menos estar legalmente habilitado para realizar licitamente essa transferência ao *trustee* com a devida observância das formalidades legais exigidas para cada tipo de bem ou de direito[23].

Nesse contexto, deve o *settlor* possuir capacidade genérica necessária para a prática dos atos concernentes à constituição do *trust*: a transferência dos bens ao *trustee* e a inequívoca declaração de vontade em constituir o *trust*[24]. Assim, o *settlor* deve ter capacidade para contrair direitos e obrigações, e, portanto, aptidão para declarar legalmente e de forma precisa a sua pretensão em instituir o *trust*[25].

É mister salientar, aqui, que ao organizar um *trust* o *settlor* poderá optar pela retenção de alguns poderes e/ou direitos em relação à administração do *trust*, sem que isso o torne um beneficiário ou um *trustee* propriamente dito[26].

[21] *Cfr.* PENNER, J. E. *The Law of Trusts*. Fifth Edition. Londres: Oxford University Press, 2010, p. 18.

[22] *Cfr.* VAZ TOMÉ, Maria João; CAMPOS, Diogo Leite de. *A Propriedade Fiduciária (*Trust*), Estudo para a sua Consagração no Direito Português*. Coimbra: Almedina, 1999, p. 40.

[23] *Cfr.* MENNEL, L. Robert. *Wills and Trusts in a Nutshell*. Minnesota: West Group, 2007, p. 217. *Vide* ainda VAZ TOMÉ, Maria João; CAMPOS, Diogo Leite de. *A Propriedade Fiduciária (*Trust*), Estudo para a sua Consagração no Direito Português*. Coimbra: Almedina, 1999, p. 41. Por igual, recomendamos MARTIN, Jill E. *Modern Equity*. Fifteenth Edition. London: Sweet & Maxwell, 1997, p. 73.

[24] *Cfr.* MENNEL, L. Robert. *Wills and Trusts in a Nutshell*. Minnesota: West Group, 2007, p. 217. Complementa Martin (1997) que um acordo feito por um menor de 18 anos é anulável. Por outro lado, poderá o menor ser beneficiário de um *Trust*. *Cfr.* MARTIN, Jill E. *Modern Equity*. Fifteenth Edition. London: Sweet & Maxwell, 1997, p. 73 a 75. Da mesma forma, no Brasil e em Portugal, o negócio jurídico será anulável, se for realizado por menor de 18 anos. *Cfr.* DINIZ, Maria Helena. *Curso de Direito Civil Brasileiro – Teoria Geral do Direito Civil*. vol. 1. São Paulo: Saraiva, 2008, p. 436. No Direito português, *vide* PINTO MONTEIRO, António; MOTA PINTO, Paulo. *Teoria Geral do Direito Civil*. Coimbra: Coimbra Editora, 2005, p. 222.

[25] Cfr. PENNER, J. E. The Law of Trusts. Seventh Edition. Londres: Oxford University Press, 2010, p. 16. Complementa Moffat (2005), in verbis: "capacity to create a trust of property is co-extensive with power to dispose of a legal or equitable interest in that property". Cfr. MOFFAT, Graham. Trusts Law-Text and Materials. New York: Cambridge University Press, 2005, p. 116. Vide ainda PETTIT, Philip H. Equity and the Law of Trusts. Oxford: Oxford University Press, 2009, p. 45.

[26] *Cfr.* HAYTON, D. J. *The Law of Trusts*. London: Sweet e Maxwell, 1998, p. 127. *Vide* PANICO, Paolo. *International Trust Laws*. Oxford: Oxford University Press, 2010, p. 15.

Em alinhamento, explica Penner (2010) que o *settlor*, além do amplo poder de revogação, poderá reservar para si poderes menores, tais como o poder de substituir os *trustees*, ou o poder de decidir no futuro a propriedade ou benefícios que caberá a cada beneficiário. Porém, ressalta o autor que tais poderes devem constar expressa ou implicitamente nos termos do *trust*[27]. Em geral, o poder de revogação, modificação ou de controle do *settlor* sobre o *trust* lhe garante valiosos poderes[28].

Para Watter (2009), a manutenção de muitos poderes administrativos pelo *settlor* pode acarretar a correspectiva diminuição dos deveres fiduciários do *trustee* para com os beneficiários do *trust*, principalmente, em relação ao dever de prestar contas[29].

Nessa linha, importante mencionar que quanto mais poderes e direitos o *settlor* mantiver sobre o *trust*, maior será a sua responsabilidade tributária em relação a ele. Logo, muitos podem preferir manter pouca ou nenhuma influência sob o *trust* constituído[30].

Depois de termos discorrido sobre o papel do *settlor* na estrutura subjetiva do *trust*, é hora de conhecermos a figura do *trustee*.

O *trustee* é a pessoa que, na relação do *trust*, detém e administra a propriedade do *trust* para o benefício de outrem. Nesse sentido, é o *trustee* quem adquire a propriedade legal dos bens constituídos em *trust*, designada, originariamente, por *legal ownership*[31].

[27] *Cfr.* PENNER, J. E. *The Law of Trusts.* Seventh Edition. Londres: Oxford University Press, 2010, p. 18. *Vide* JACOB, Nicholas; GRAHAM, Lawrence. *The legal realities of reserved powers trusts.* Trusts & Trustees, United Kingdom, p. 25-31, June 2006, p. 27-28. *Vide* adicionalmente KING, Michael. *Out, damned trustee! out, I say!.* Trusts & Trustees, United Kingdom, v. 19, n. 1, p. 16-22, february 2013.

[28] Nesse sentido, indicamos a leitura de MENNEL, L. Robert. *Wills and Trusts in a Nutshell.* Minnesota: West Group, 2007, p. 218; VAZ TOMÉ, Maria João; CAMPOS, Diogo Leite de. *A Propriedade Fiduciária (*Trust*), Estudo para a sua Consagração no Direito Português.* Coimbra: Almedina, 1999, p. 41; CHALHUB, Melhim Namem. *Trust.* Rio de Janeiro: Renovar, 2001, p. 43; MOFFAT, Graham. *Trusts Law: Text And Materials.* New York: Cambridge University Press, 2005, p. 15; WATERS, Donovan. *Settlor control — what kind of a problem is it?.*Trusts & Trustees, vol. 15, n. 1, March 2009, p. 12; O'HAGAN, Patrick. *The reluctant settlor — property, powers and pretences.* Trusts & Trustees, United Kingdom, v. 17, n. 10, p. 905 - 919, november 2011.

[29] *Cfr.* WATERS, Donovan. *Settlor control — what kind of a problem is it?.* Trusts & Trustees, United Kingdom, v. 15, n. 1, p. 12-17, march 2009, p. 14.

[30] *Cfr.* JACOB, Nicholas; GRAHAM, Lawrence. *The legal realities of reserved powers trusts.* Trusts & Trustees, United Kingdom, p. 25-31, June 2006, p. 28. Nesse sentido convidamos à leitura de FREIRE E ALMEIDA, Verônica Scriptore. *A Tributação dos* Trusts. Coimbra: Almedina, 2009.

[31] *Cfr.* REUTLINGER, Mark. *Wills, Trusts, and Estates, Essential Terms and Concepts.* Second Edition. New York: Aspen Publishers, 1998, p. 146. *Vide* MOJA, Andrea. *Il Trust nel diritto civile e tributario.* San Marino: Maggioli Editore, 2009, p. 42.

De fato, perante terceiros o *trustee* passa a ser o verdadeiro dono dos bens ou direitos em *trust*, como se pleno proprietário fosse. Porém, o *trustee* não pode usufruir de tal propriedade, devendo administrá-la em prol dos beneficiários do *trust*, seguindo, com rigor, as cláusulas inseridas no ato constitutivo[32].

Com efeito, pode-se dizer que uma particularidade comum a todos os *trustees* é justamente a de que ele é titular de um direito de propriedade, que lhe é atribuído por ato *inter vivos* ou *mortis causa* e, ao mesmo tempo, titular de um dever fiduciário para exercer esse direito de propriedade em benefício de terceiros, ou na realização de determinada finalidade[33].

Em sequência, já vimos que estruturalmente se permite que o *trust* seja constituído de apenas dois sujeitos principais. Logo, poderá o *trustee* ser também o *settlor* ou o beneficiário do *trust*[34].

Em termos gerais, o *trustee* pode ser qualquer pessoa, singular ou coletiva, e deverá ter capacidade para o exercício de seus direitos e deveres[35].

Essencialmente, destaca-se que, embora ainda existam *trustees* individuais, hodiernamente o *trustee* exerce sua função como pessoa coletiva, através de empresas constituídas com personalidade jurídica distinta, formando uma

[32] *Vide* STUBER, Walter Douglas. A Legitimidade do "Trust" no Brasil. *Revista dos Tribunais*, São Paulo, v. 28, n. 76, p. 103-108, out-dez, 1989; WALD, Arnoldo. Algumas considerações a respeito da utilização do "trust" no Direito brasileiro. *Revista dos Tribunais*, São Paulo, v. 34, n. 99, Jul.-Set. 1995, p. 109.

[33] *Cfr.* SANTISTEBAN, Sonia Martín. *El instituto del trust en los sistemas legales continentales y su compatibilidad con los principios de civil law*. Navarra: Editora Aranzadi, 2005, p. 57. Nessa linha, Molly (2010) explica, *in verbis*: "It is thus axiomatic that a trustee must perform — and, on an account being taken, it is taken as read that he has performed — the trusts honestly and in good faith for the benefit of the beneficiaries. It is likewise axiomatic that a trustee must give, and it is taken as read that he has given, 'single-minded loyalty' to the beneficiaries, to the trust purposes, and to the trust estate". *Cfr.* MOLLOY, Tony. *Trustees of controlling share holdings who take directorships or senior executive posts in the company*. Trusts & Trustees, United Kingdom, v. 16, n. 9, p. 741-749, october 2010, p. 741–742.

[34] *Cfr.* MENNEL, L. Robert. *Wills and Trusts in a Nutshell*. Minnesota: West Group, 2007, p. 220. *Vide*, também, BOGERT, George Taylor. *Law of Trusts*. St. Paul: West Publishing Company, 1921, p. 273.

[35] Nesse sentido, explica Martin (1997) que no Direito Inglês um menor não pode ter a propriedade legal da terra, e a Lei da Propriedade Act 1925, s. 20, prevê que a nomeação de um menor para ser um *trustee* em relação a qualquer *trust* será nula. *Cfr.* MARTIN, Jill E. *Modern Equity*. Fifteenth Edition. London: Sweet & Maxwell, 1997, p. 487. Nesse sentido, segundo explicam Pinto Monteiro e Mota Pinto (2005), a capacidade de exercício ou capacidade de agir é idoneidade para atuar juridicamente, exercendo direitos e cumprindo deveres, adquirindo direitos ou assumindo obrigações, por ato próprio ou exclusivo ou mediante um representante voluntário ou procurador, isto é, um representante escolhido pelo próprio representado. Já a capacidade de exercício de direitos é reconhecida aos indivíduos que atingem a maioridade. *Cfr.* PINTO MONTEIRO, António; MOTA PINTO, Paulo. *Teoria Geral do Direito Civil*.Coimbra: Coimbra Editora, 2005, p. 195.

Trust Company ou utilizando a estrutura de um Banco com essas finalidades fiduciárias[36].

Resta explicarmos sobre o derradeiro sujeito que forma a estrutura subjetiva do *trust*, o *beneficiário*. Destaca-se que um comum termo também utilizado para fazer referência ao beneficiário do *trust* é "*cestui que trust*"[37].

Inicialmente, podemos apontar que o beneficiário é a pessoa que receberá os benefícios do *trust*[38]. De certa forma, poderíamos dizer que é a razão de sua constituição. Afinal, é pensando nos benefícios proporcionados pela estrutura dos *trusts* e na proteção jurídica e econômica dos beneficiários que leva o *settlor*, muitas vezes, a procurar uma administração especializada dos seus bens ou direitos.

Explica Reutlinger (1998) que o beneficiário é a pessoa que é intitulada para receber os benefícios da propriedade segurada em *trust* e a quem os deveres do *trustee* são devidos[39].

Fundamentalmente, o beneficiário do *trust* é designado pelo *settlor*, expressamente, no ato constitutivo do *trust*. Nesse passo, devemos acrescentar que os benefícios do *trust* podem ser conferidos pelo *settlor* para um ou para vários beneficiários. Ainda, ao constituir um *trust*, o *settlor* pode optar por indicar propósitos a serem cumpridos ou finalidades caritativas (*charitable trust*), sem indicar nenhum beneficiário em específico[40].

[36] *Cfr.* REUTLINGER, Mark. *Wills, Trusts, and Estates, Essential Terms and Concepts.* Second Edition. New York: Aspen Publishers, 1998, p. 146. *Vide* MENNEL, L. Robert. *Wills and Trusts in a Nutshell.* Minnesota: West Group, 2007, p. 218. Igualmente, *vide* HAUSER, Barbara R. Corporate trustees: a fresh look at the value-added for generational transitions. Trusts & Trustees, United Kingdom, p. 13-17, February 2006, p. 13.

[37] De fato, uma expressão equivalente, "*cestui que use*", era utilizada nos primórdios do desenvolvimento legal do instituto.

[38] *Cfr.* MENNEL, L. Robert. *Wills and Trusts in a Nutshell.* Second Edition. Minnesota: Thomson West, 2007, p. 225.

[39] *Cfr.* REUTLINGER, Mark. *Wills, Trusts, and Estates, Essential Terms and Concepts.* Second Edition. New York: Aspen Publishers, 1998, p. 157. *Cfr.* MOJA, Andrea. *Il Trust nel diritto civile e tributario.* San Marino: Maggioli Editore, 2009, p. 51. *Vide* ainda: HUDSON, Alastair. *Understanding Equity & Trusts.* Australia: Cavendish Publishing, 2004, p. 52.

[40] *Vide* BANCONE, Vincenzo. *Trust ed enti non commerciali.* San Marino: Maggioli Editore, 2009, p. 98. Complementa Satinsteban (2008), *in verbis:* "Ahora bien, nota común a cualquier trust es la segregación de patrimonios bajo la titularidad de una misma persona y la existencia de un patrimonio afecto a un fin (que puede ser el de beneficiar a sujetos concretos o cumplir una determinada finalidad –purpose trusts)". *Cfr.* SANTISTEBAN, Sonia Martín. *La figura del trust en los Estados Unidos de América – Sus aplicaciones en el derecho de família.* Barcelona: Revista para Análisis del Derecho, 2008. *Vide* ainda: PANICO, Paolo. *International Trust Laws.* Oxford: Oxford University Press, 2010, p. 18; GARDNER, Simon. *An Introduction to the Law of Trusts.* New York: Oxford University Press, 2010, p. 6.

Em relação à capacidade legal do beneficiário, qualquer pessoa natural capaz de conservar o *equitable interest* poderá ser beneficiária do *trust*. Aqui, também, podemos incluir as pessoas coletivas de Direito Público ou Privado.

Em sequência, indubitavelmente, o beneficiário deve ser determinado ou determinável[41]. Logo, ao constituir um *trust* o *settlor* deve ser claro em relação aos seus beneficiários[42]. Assim sendo, o beneficiário do *trust* deve ser definido ou, ao menos, identificável no instrumento do *trust*. De fato, deve restar claro quem está e quem não está incluído entre os beneficiários e, desta forma, quem pode impor o cumprimento dos termos do *trust*[43].

Em sequência, escolhidos os beneficiários e apontados os benefícios, geralmente, logo após a criação do *trust*, os beneficiários são comunicados da existência do *trust* pelo *trustee*[44]. Uma vez informados, cada beneficiário poderá manifestar sua aceitação por escrito, através de um documento formal. Na prática, entretanto, a aceitação do beneficiário é presumida[45].

Entre os múltiplos aspectos em que se manifesta a flexibilidade dos *trusts*, um deles é certamente a possibilidade de designar os beneficiários e a participação deles nos benefícios. Logo, pode o *settlor* estipular o valor dos benefícios, o prazo inicial e final, impor condições suspensivas ou resolutórias[46].

[41] Em complemento, é possível que o *settlor* se resguarde de poderes no *trust instrument* para adicionar ou remover beneficiários, ou confira esse poder ao *trustee*, indicando pelo menos a classe de possíveis beneficiários. *Vide* STANFORD-TUCK, Michael. *How to juggle beneficiaries: the power to add or remove*. Trusts & Trustees, United Kingdom, v. 17, n. 7, p. 695-703, august 2011, p. 696.

[42] *Cfr.* MOJA, Andrea. *Il Trust nel diritto civile e tributario*. San Marino: Maggioli Editore, 2009, p. 49.

[43] *Cfr.* PENNER, J. E. *The Law of Trusts*. Seventh Edition. Londres: Oxford University Press, 2010, p. 243; REUTLINGER, Mark. *Wills, Trusts, and Estates, Essential Terms and Concepts*. Second Edition. New York: Aspen Publishers, 1998, p. 157. *Vide* complementarmente: RAMJOHN, Mohamed. *Cases & Materials on Trusts*. Austrália: Cavendish Publishing, 2004, p. 7; HANKS, Liza Weiman; ZOLLA, Carol Elias. *The Trustee's Legal Companion*. USA: Delta Printing Solutions, 2010, p. 31; PETTIT, Philip H. *Equity and the Law of Trusts*. Oxford: Oxford University Press, 2009, p. 30.

[44] *Cfr.* MENNEL, L. Robert. *Wills and Trusts in a Nutshell*. Minnesota: West Group, 2007, p. 227. *Vide* VAZ TOMÉ, Maria João; CAMPOS, Diogo Leite de. *A Propriedade Fiduciária (*Trust*), Estudo para a sua Consagração no Direito Português*. Coimbra: Almedina, 1999, p. 47.

[45] *Cfr.* KOZUSKO, Donald; VETTER, Stephen. *United States – Trusts, Topical Analyses*. Amsterdam: IBFD, 2011, section 1.2.1. *Vide* ainda: HANKS, Liza Weiman; ZOLLA, Carol Elias. *The Trustee's Legal Companion*. USA: Delta Printing Solutions, 2010, p. 48.

[46] Nesse quadro, explica Santisteban (2008), *in verbis*: "Algunas de las inquietudes o expectativas de quien recurre a un estate planner son de tipo económico, como evitar el procedimiento sucesorio del probate y sus consiguientes costes, reducir la carga fiscal, conseguir una adecuada gestión patrimonial, proteger los bienes frente a futuros acreedores. Otras muchas son de carácter asistencial, o en general de carácter familiar, como evitar la pérdida de ayudas sociales, asegurar el bienestar económico de familiares dependientes, ordenar la sucesión hereditaria del modo más

Após o *settlor* atribuir aos beneficiários direitos sobre a *trust property*, deve o *trustee* seguir exatamente o estabelecido no ato constitutivo do *trust*, seguindo, pois, à risca as instruções conferidas pelo *settlor*.

Nesse contexto, cabe aos beneficiários a legitimidade ativa para obrigar a execução dos termos do *trust*[47]. Em complemento, no que *concerne* ao *Charitable Trust*, tal poder é conferido às autoridades públicas competentes[48].

Um aspecto importante atinente à propriedade equitativa do beneficiário no *trust* é que, na maioria dos casos, seu interesse é ligado ao fundo fiduciário, designadamente o *trust fund*[49].

Em breve menção a respeito, um "fundo" é um conjunto de bens ou direitos, mantidos sob o mesmo título, embora cada item individual dentro desse fundo possa mudar[50].

Normalmente, o *trustee* possui um poder para alterar o conteúdo desse fundo, sendo este considerado um dos atos de gestão, com vistas a tornar o fundo produtivo para o benefício dos beneficiários. Sobre tal prisma, então, em regra, o beneficiário não tem um determinado direito a qualquer um dos bens em específico do fundo, havendo um direito equitativo sobre o fundo em si[51].

eficaz posible. Pero la mayoría de las veces, ambos tipos de motivaciones están presentes en mayor o menor medida". *Cfr.* SANTISTEBAN, Sonia Martín. *La figura del trust en los Estados Unidos de América – Sus aplicaciones en el derecho de família*. Barcelona: Revista para Análisis del Derecho, 2008, p. 10.

47 Assim sendo, por exemplo, o beneficiário que tiver direitos fixos sobre os rendimentos do *Trust* terá o direito de receber os pagamentos gerados pelos investimentos realizados pelo *trustee*. Logo, ele possui um direito contra o *trustee* de exigir tal pagamento, e, consequentemente, o *trustee* tem o dever de pagar a renda a ele. *Cfr.* PENNER, J. E. *The Law of Trusts*. Seventh Edition. Londres: Oxford University Press, 2010.

48 Cfr. PENNER, J. E. The Law of Trusts. Seventh Edition. Londres: Oxford University Press, 2010, p. 452; SANTISTEBAN, Sonia Martín. El instituto del trust en los sistemas legales continentales y su compatibilidad com los principios de civil law. Navarra: Editora Aranzadi, 2005, p. 56. THOMAS, Geraint; HUDSON, Alastair. The Law of Trusts. New York: Oxford University Press, 2010, p. 142.

49 Cfr. WAI LAU, Ming. The Economic Structure of Trusts — Towards a Property-based Approach. New York: Oxford University Press, 2011, p. 127.

50 Nesse sentido, Wai Lau (2011) explica *in verbis*: "A fund is a pool of assets, the composition of which changes from time to time". *Cfr.* WAI LAU, Ming. *The Economic Structure of Trusts — Towards a Property-based Approach*. New York: Oxford University Press, 2011, p. 128.

51 *Cfr.* PENNER, J. E. *The Law of Trusts*. Seventh Edition. Londres: Oxford University Press, 2010, p. 28-29. No mesmo sentido, é a opinião de Wai Lau (2011), ao discorrer, *in verbis*: "In the case of a trust, the trustee usually has the power to sell trust assets; it is this crucial power that gives the trust assets the dynamic and fluctuating characteristics of a fund". *Cfr.* WAI LAU, Ming. *The Economic Structure of Trusts — Towards a Property-based Approach*. New York: Oxford University Press, 2011, p. 129.

Acrescente-se que os beneficiários podem doar, vender ou dispor de seus interesses benéficos, desde que seja referente aos seus próprios interesses equitativos na *trust property*, e não aos interesses dos demais beneficiários[52].

Após explanarmos sobre a estrutura subjetiva dos *trusts*, os tópicos que se seguem descrevem a estrutura objetiva do instituto.

A estrutura objetiva do *trust* é formada por elementos essenciais que, juntamente com os elementos subjetivos analisados, conferem validade à constituição do *trust*.

A declaração de vontade do *settlor* é requisito indispensável à válida constituição dos *express trusts*[53]. Em regra, não se exige obediência a determinada forma para considerar adequada a manifestação de vontade do *settlor*[54].

Excetuam-se, aqui, os casos onde o *settlor* manifestar sua vontade de criar um *trust* com efeitos apenas após a sua morte, chamado de *testamentary trust*[55], e, por igual, nos casos onde o *settlor* constituir o *trust* com bens imóveis, sendo, aqui, exigida a forma escrita[56].

Por evidente, em razão de, normalmente, não se exigir nenhuma formalidade para a criação de um *trust inter vivos*, o *settlor* deve manifestar sua vontade de forma clara e objetiva. Dessa forma, não será considerada sua intenção secreta, pois que, aqui, pode ser presumida a sua incerteza em relação à criação do *trust*[57].

[52] *Cfr.* HAYTON, D. J. *The Law of Trusts*. London: Sweet e Maxwell, 1998, p. 156.

[53] Por outro lado, a constituição dos *resulting* ou *constructive trusts* independe da declaração de vontade do *settlor*, pois são hipóteses em que por força de lei, obrigatoriamente, o *Trust* é criado. *Cfr.* REUTLINGER, Mark. *Wills, Trusts, and Estates, Essential Terms and Concepts*. Second Edition. New York: Aspen Publishers, 1998, p. 155.

[54] Nessa linha, destaca-se que o *settlor* normalmente constitui um *Trust* pela simples manifestação de sua intenção em criá-lo. *Cfr.* MARTIN, Jill E. *Modern Equity*. Fifteenth Edition. London: Sweet & Maxwell, 1997, p. 75.

[55] Segundo a s.9, do *Wills Act 1837, in verbis*: "No will shall be valid unless — (a) it is in writing, and signed by the testator, or by some other person in his presence and by his direction; and (b) it appears that the testator intended by his signature to give effect to the will; and (c) the signature is made or acknowledged by the testator in the presence of two or more witnesses present at the same time; and (d) each witness either— (i) attests and signs the will; or (ii) acknowledges his signature, in the presence of the testator (but not necessarily in the presence of any other witness), but no form of attestation shall be necessary". *Cfr.* UK. *Wills Act 1837*. Disponível em: <http://www.legislation.gov.uk/ukpga/Will4and1Vict/7/26/section/9>. Acesso em: 14-12-2011.

[56] *Cfr.* UK. *Law of Property Act 1925, s. 50 (1) (b)*. Disponível em: <http://www.legislation.gov.uk/ukpga/Geo5/15-16/20>. Acesso em: 15-12-2011. *Vide* ainda: REUTLINGER, Mark. *Wills, Trusts, and Estates, Essential Terms and Concepts*. Second Edition. New York: Aspen Publishers, 1998, p. 159; MARTIN, Jill E. *Modern Equity*. Fifteenth Edition. London: Sweet & Maxwell, 1997, p. 76.

[57] *Cfr.* MENNEL, L. Robert. *Wills and Trusts in a Nutshell*. Minnesota: West Publishing Company, 2007, p. 205; VAZ TOMÉ, Maria João; CAMPOS, Diogo Leite de. *A Propriedade Fiduciária (*Trust*), Estudo para a sua Consagração no Direito Português*. Coimbra: Almedina, 1999, p. 37.

Uma forma clara de manifestação de vontade do *settlor*, por exemplo, é a efetiva transferência de benefícios ao beneficiário e do correspondente título legal da propriedade ao *trustee*, caso o próprio *settlor* não seja o *trustee*. De fato, é possível que o *settlor*, através de palavras ou atos, capazes e suficientes, demonstre a intenção de indicar um terceiro, ou a si mesmo, como *trustee* de uma propriedade para alguém[58].

Na prática, todavia, o *settlor* manifesta expressamente a sua intenção em instituir um *trust*, e o documento que contém os termos detalhados do *trust* é chamado de *trust instrument*[59].

Oportuno novamente mencionar aqui que o *settlor* deve ter capacidade de fato e de direito para manifestar validamente sua vontade em criar o *trust*. Ainda, devem ser ausentes os vícios de consentimento, ou seja, o erro, o dolo e a coação[60].

Aliás, especial consideração assume a menção feita por Penner (2010), ao dizer que um *express trust* é criado pelo *settlor* no efetivo uso de seu poder de propriedade sobre um bem ou direito, e explica que "ter poder" significa ter capacidade para adquirir direitos e gerar obrigações[61].

Podemos dizer que a *res* é todo bem ou direito, determinável e alienável, que integra o patrimônio de um *trust*[62]. São bens ou direitos que fazem parte do patrimônio de alguém que resolve colocá-los em *trust* para que, de alguma forma, revertam em benefício para si próprio ou para terceiros. Trata-se, então, da propriedade detida pelo *trustee* para administrá-la em prol dos beneficiários[63].

[58] Dessa forma, deve restar clara a intenção de "criar o *Trust*", não satisfazendo a "geral intenção" de beneficiar alguém. *Cfr.* MARTIN, Jill E. *Modern Equity*. Fifteenth Edition. London: Sweet & Maxwell, 1997, p. 76.

[59] *Cfr.* MARTIN, Jill E. *Modern Equity*. Fifteenth Edition. London: Sweet & Maxwell, 1997, 76. *Vide* MATTHAMS, Paul J. *Fundamental Aspects of the Trust Deed*. In: KAPLAN, Alon. *Trusts in Prime Jurisdictions*. London: Globe Law and Business, 2010, p. 507-519.

[60] *Vide* MARTIN, Jill E. *Modern Equity*. Fifteenth Edition. London: Sweet & Maxwell, 1997, p. 92; SALOMÃO NETO, Eduardo. *O Trust e o Direito Brasileiro*. São Paulo: LTr, 1996, p. 25; CHALHUB, Melhim Namem. *Trust*. Rio de Janeiro: Renovar, 2001, p. 39.

[61] *Cfr.* PENNER, J. E. *The Law of Trusts*. Londres: Oxford University Press, 2010, p. 16-17.

[62] *Cfr.* VAZ TOMÉ, Maria João; CAMPOS, Diogo Leite de. *A Propriedade Fiduciária (*Trust*), Estudo para a sua Consagração no Direito Português*. Coimbra: Almedina, 1999, p. 39; *Vide* MENNEL, L. Robert. *Wills and Trusts in a Nutshell*. Minnesota: West Group, 2007, p. 209.

[63] *Cfr.* REUTLINGER, Mark. *Wills, Trusts, and Estates, Essential Terms and Concepts*. Second Edition. New York: Aspen Publishers, 1998, p. 214.

Logo, para que exista o *trust*, é requisito essencial a existência de um bem ou direito, com valor patrimonial e possível de ser individualizado[64].

A *trust property* pode ser formada por dinheiro, investimentos, terrenos ou edifícios, ou, ainda, outros ativos como, por exemplo, pinturas, joias, ou qualquer outro tipo de bem móvel. De fato, poderá ser objeto do *trust* qualquer bem ou direito, tangível ou intangível, real ou obrigacional[65].

Nessa linha, o dinheiro e os investimentos mantidos em um *trust* são também chamados de *capital* ou *fundo*. Logo, podem produzir renda, como juros de poupança ou dividendos de ações. Por igual, os terrenos e edifícios podem gerar uma renda. Da mesma forma, os ativos podem ser vendidos e, então, produzir ganhos para o *trust*[66].

A esse propósito, Reutlinger (1998) ressalta, *in verbis*: "Any recognized and transferable property interest will suffice, although it must be in existence before the trust can come into being"[67].

Devemos acrescentar que o *settlor* deve, no ato constitutivo do *trust*, identificar adequadamente quais serão os bens ou direitos que formarão o patrimônio do *trust*[68]. Somente com a identificação apropriada desses bens é que o *trust* se torna exequível[69].

64 *Cfr.* VAZ TOMÉ, Maria João; CAMPOS, Diogo Leite de. *A Propriedade Fiduciária (*Trust*), Estudo para a sua Consagração no Direito Português*. Coimbra: Almedina, 1999, p. 39. *Vide* MENNEL, L. Robert. *Wills and Trusts in a Nutshell*. Minnesota: West Publishing Company, 2007, p. 209.

65 *Cfr.* MENNEL, L. Robert. *Wills and Trusts in a Nutshell*. Second Edition.Minnesota: West Publishing Company, 2004, p. 196. Em complemento, Bogert (1921), *in verbis*: "In general, any right, interest, or thing which may be the subject of property may be granted in trust. Every kind of vested right which the law recognizes as valuable may be transferred in trust. This property may be land, money, a patent right, growing crops, a promissory note, a claim against a bank, an equitable interest, a ship in construction, or unaccrued rents and profits." *Cfr.* BOGERT, George Taylor. *Law of Trusts*. St. Paul: West Publishing Company, 1921, p. 251.

66 *Cfr.* UK. *HM Revenue & Customs*. Disponível em: <http://www.hmrc.gov.uk/trusts/intro/basics.htm>. Acesso em: 13-12-2012.

67 Nesse sentido, a *trust property* deve existir antes do início do *Trust*. Por exemplo, um *Trust* não pode ser validamente constituído se tiver sua *res* composta com o produto da venda de uma propriedade que será alienada somente em um momento futuro. *Cfr.* REUTLINGER, Mark. *Wills, Trusts, and Estates, Essential Terms and Concepts*. Second Edition, New York: Aspen Publishers, 1998, p. 158.

68 *Cfr.* REUTLINGER, Mark. *Wills, Trusts, and Estates, Essential Terms and Concepts*. Second Edition. New York: Aspen Publishers, 1998, p. 158. VAZ TOMÉ, Maria João; CAMPOS, Diogo Leite de. *A Propriedade Fiduciária (*Trust*), Estudo para a sua Consagração no Direito Português*. Coimbra: Almedina, 1999, p. 40.

69 *Cfr.* BOGERT, George Taylor. *Law of Trusts*. St. Paul: West Publishing Company, 1921, p. 251.

Por fim, o direito equitativo do beneficiário pode estar vinculado a uma propriedade específica ou ao fundo fiduciário. Nesse sentido, quando vinculado ao *trust fund*, seu direito liga-se ao todo, e não a uma determinada propriedade[70].

Para o mesmo foco de estudos, superada a compreensão mínima a respeito da *trust property* e da declaração de vontade do *settlor* em constituir um *trust*, urge que se proceda à análise, seguidamente, da transferência da *trust property* para a esfera jurídica do *trustee*, para que, somente então, o *trust* tenha seu início[71].

Com efeito, alguns passos são necessários para a criação válida do *trust*, a partir do momento em que o *settlor* resolve criar um. Fundamentalmente, após ele determinar a *trust property* e nomear o *trustee*, é necessária a transferência da propriedade legal dos bens ou direitos ao *trustee*[72]. Somente a partir daí o *trustee* pode desempenhar a sua função adequadamente, gerando, inclusive, efeitos perante terceiros, com os quais ele possivelmente negociará[73].

Desde já deve ser mencionado que, no *trust* criado por testamento, e, consequentemente, constituído somente após a morte do *settlor*, a mesma pessoa pode ser nomeada como testamenteiro[74] e como *trustee*. Porém, onde as funções são exercidas por pessoas diferentes, a transferência da propriedade ao *trustee* fica pendente, temporariamente, com o testamenteiro[75].

Nessa linha, lembramos, por propício, que o *settlor* deve ser o verdadeiro proprietário dos bens ou direitos que constituirão o patrimônio do *trust*, ou, ao menos, deve estar legalmente habilitado para realizar licitamente essa

[70] *Cfr.* PENNER, J. E. *The Law of Trusts*. Fifth Edition. Londres: Oxford University Press, 2010, p. 29. *Vide* WAI LAU, Ming. *The Economic Structure of Trusts — Towards a Property-based Approach*. New York: Oxford University Press, 2011, p. 128.

[71] *Cfr.* MATTEI, Ugo; HANSMANN, Henry. The functions of trust law: a comparative legal and economic. *New York University Law Review*, p. 434-479, 1998, p. 438.

[72] *Cfr.* MENNEL, L. Robert. *Wills and Trusts in a Nutshell*. Minnesota: West Publishing Company, 2007, p. 202.

[73] *Cfr.* MARTIN, Jill E. *Modern Equity*. Fifteenth Edition. London: Sweet & Maxwell, 1997, p. 498. Neste ponto, explicam Vaz Tomé e Campos (1999) que o funcionamento do *Trust* exige a pertinência dos bens ou direitos à esfera jurídica do *trustee*. Em verdade, de outro modo, este não poderia celebrar negócios jurídicos com terceiros que tivessem os bens ou direitos constituídos em *Trust* por objeto. *Cfr.* VAZ TOMÉ, Maria João; CAMPOS, Diogo Leite de. *A Propriedade Fiduciária (*Trust*), Estudo para a sua Consagração no Direito Português*. Coimbra: Almedina, 1999, p. 37.

[74] No Direito inglês, trata-se do *personal representative*. *Cfr.* LUPOI, Maurizio. *Trusts*. Milano: Giuffrè Editore, 2001, p. 164; UK. *HM Revenue & Customs. HMRC Inheritance Tax: Customer Guide*. Disponível em: <http://www.hmrc.gov.uk/cto/customerguide/page4.htm#1>. Acesso em: 8-2-2012.

[75] *Cfr.* MARTIN, Jill E. *Modern Equity*. Fifteenth Edition. London: Sweet & Maxwell, 1997, p. 492.

transferência ao *trustee*, com a devida observância das formalidades legais exigidas para cada tipo de propriedade[76].

Nesse contexto, Martin (1997) esclarece:

- que, no Direito Inglês, a transferência da propriedade legal sobre um bem imóvel deve ser realizada através de escritura, por sua vez, os direitos autorais devem ser transferidos por escrito;
- igualmente os bens móveis devem ser transferidos por escrito, através de uma escritura típica de doação, se não houver a entrega da posse do bem ao *trustee*. Por outro lado, será satisfatória a intenção do *settlor* em doar, se houver a efetiva entrega da posse do bem ao *trustee*;
- na mesma linha, a letra de câmbio deve ser transferida por endosso; e
- por fim, as ações de uma companhia devem ser transferidas pela forma adequada, eletronicamente ou através de emissão de certificados, porém, o registo sempre deverá ser feito para que seja transmitida a propriedade legal[77].

Urge trazer-se a contexto a divisão dos direitos sobre a propriedade entre o *trustee* e o beneficiário.

Conforme já indicado, o *trustee* adquire a propriedade legal dos bens constituídos em *trust*, enquanto o beneficiário adquire os direitos benéficos sobre a mesma propriedade, a *equitable ownership*[78]. Ainda, lembramos, por necessário, que, quando existirem vários *trustees*, eles adquirem a propriedade como

[76] *Cfr.* MENNEL, L. Robert. *Wills and Trusts in a Nutshell.* Minnesota: West Group, 2007, p. 217. No mesmo sentido, explicam Leite de Vaz Tomé e Campos (1999) que o *settlor* poderá ser pessoa singular ou coletiva, e, principalmente, deverá ser ele o verdadeiro titular dos bens ou direitos, ou estar devidamente autorizado para os transferir. VAZ TOMÉ, Maria João; CAMPOS, Diogo Leite de. *A Propriedade Fiduciária (*Trust*), Estudo para a sua Consagração no Direito Português.* Coimbra: Almedina, 1999, p. 41. No mesmo sentido: MOFFAT, Graham. *Trusts Law-Text and Materials.* New York: Cambridge University Press, 2005, p. 116; MARTIN, Jill E. *Modern Equity.* Fifteenth Edition. London: Sweet & Maxwell, 1997, p. 73.

[77] *Cfr.* MARTIN, Jill E. *Modern Equity.* Fifteenth Edition. London: Sweet & Maxwell, 1997, p. 115. *Vide* ainda: LUPOI, Maurizio. *Trusts.* Milano: Giuffrè Editore, 2001, p. 164.

[78] *Cfr.* REUTLINGER, Mark. *Wills, Trusts, and Estates, Essential Terms and Concepts.* Second Edition. New York: Aspen Publishers, 1998, p. 146. *Vide* HUDSON, Alastair. *Understanding Equity &Trusts.* Australia: Cavendish Publishing, 2004, p. 16; SANTISTEBAN, Sonia Martín. *La figura del trust en los Estados Unidos de América – Sus aplicaciones en el derecho de família.* Barcelona: Revista para Análisis del Derecho, 2008, p. 8.

joint tenants. Dessa forma, na morte de um *trustee*, a propriedade transfere-se automaticamente aos demais, e nunca aos seus sucessores[79].

Ante o até aqui examinado, perceba-se que, uma vez a propriedade tendo sido validamente transferida aos *trustees*, o *trust* é constituído, e o *settlor* finaliza seu papel no *trust*, sendo, portanto, incapaz de recuperar a propriedade transmitida[80].

Excetuam-se, aqui, os casos em que o *settlor* também for o *trustee* ou um dos beneficiários do *trust*. Ainda, os casos em que o *settlor* se reservar, no ato constitutivo do *trust*, de direitos de revogação ou de quaisquer outros direitos que o conserve vinculado ao *trust*.

Por fim, a transferência da *trust property* ao *trustee* acende a formação de um patrimônio separado[81], incapaz de ser atingido por credores do *trustee*, do *settlor* ou do beneficiário. Tal patrimônio somente poderá ser eventualmente alcançado por dívidas do próprio *trust*.

3. O *Trust* e sua Compatibilidade com o Direito Brasileiro – Breves Noções

A compatibilidade dos *trusts* da *Common Law* pode ser vislumbrada ao considerarmos que a natureza dicotômica da propriedade não é estranha à tradição da *Civil Law*. De fato, a propriedade dualística já existia na história do período romano clássico, no dote ou no instituto *peculium castrense*[82].

[79] *Cfr.* MARTIN, Jill E. *Modern Equity*. Fifteenth Edition. London: Sweet & Maxwell, 1997, p. 492.

[80] *Cfr.* MARTIN, Jill E. *Modern Equity*. Fifteenth Edition. London: Sweet & Maxwell, 1997, p. 117. *Vide* HUDSON, Alastair. *Understanding Equity & Trusts*. Australia: Cavendish Publishing, 2004, p. 16; THOMAS, Geraint; HUDSON, Alastair. *The Law of Trusts*. New York: Oxford University Press, 2010, p. 25.

[81] A corroborar com esse raciocínio, podemos mencionar Santisteban (2008), *in verbis*: "Y sólo asi se entiende, también, el que, a pesar de que los bienes puedan seguir bajo la titularidad de una misma persona, el ostentarlos en calidad de trustee impide que los bienes se confundan con el resto del patrimonio personal de su titular y con ello que puedan ser embargados por deudas personales de su titular. Segregación y afectación a un fin son los dos elementos indiscutibles de cualquier trust". *Cfr.* SANTISTEBAN, Sonia Martín. *La figura del trust en los Estados Unidos de América – Sus aplicaciones en el derecho de família*. Barcelona: Revista para Análisis del Derecho, 2008, p. 8.

[82] Nesse sentido, Bolgár (1953), *in verbis*: "This exhibits a long and flexible evolution of property rights in response to current social needs in the romanic as well as in the english legal system, which cannot in reason be expunged by authoritarian efforts, however pretentious, to oversimplify the concept of property in terms of autonomous, absolute, abstract power, such as appear in the Corpus Iuris Civilis of Justinian and code civil of Napoleón. The premise takes the nominalistic

Ressalta-se que, sob a Idade Média, elaborou-se um conceito distinto de propriedade, em oposição ao exclusivismo dos romanistas. Sob o feudalismo, admitiu-se a superposição de domínios de densidades diferentes, paralelos uns aos outros. Distinguiu-se, mormente, o *dominium directum*, que pertencia ao senhor, e o *dominium utile*, pertinente ao vassalo[83].

Nessa sequência, o conceito de propriedade exclusiva ressurgiu após a revolução francesa, que aboliu os privilégios da nobreza. Além disso, não podemos esquecer a distinção entre *dominio* e *possessio*, pela qual os direitos reais sobre um imóvel podem ser convenientemente divididos[84].

Esclarece, nesse ponto, Salomão Neto (1996) que, além de institutos como o da enfiteuse, o Direito Romano foi por longo tempo marcado pela dualidade de direitos de propriedade/titularidade, e que circunstâncias históricas de caráter conjuntural, e não qualquer incompatibilidade de caráter jurídico, afastaram a dualidade dos direitos de propriedade/titularidade dos sistemas de base romanistas[85].

abstraction for the norm". *Cfr.* BOLGÁR, Vera. Why No Trusts in the Civil Law?. *The American Journal of Comparative Law*, v. 2, n. 2 (Spring, 1953), p. 204-206; WALD, Arnoldo. *Direito Civil – Direito das* Coisas. 13ª Edição. São Paulo: Saraiva, 2012, pp. 146-149. *Vide* também WOLKMER, Antonio Carlos. *Fundamentos de História do Direito*. Belo Horizonte: Editora Del Rey, 2008, p. 138.

83 *Cfr.* WALD, Arnoldo. *Direito Civil – Direito das* Coisas. 13ª Edição. São Paulo: Saraiva, 2012, p. 149.

84 Esclarece Bolgár (1953), in verbis: "Moreover, as Levy has demonstrated, during the vulgarization of Roman Law, the case law of the provinces, governed by social and economic rather than legal considerations, progressively operated with unconcern for traditional niceties. Gone were the strict analytical distinctions of classical jurisprudence; iura in re aliena, servitus, usufructus were considered to be varieties of dominium, which lost the sense of exclusive title. Forms of co-existing ownership developed: the corporation-bound property of the collegium, the emphyteusis on the imperial domain, and the bona materna shared by the surviving father and his children. The words possessio and dominiun were indifferently used to describe legal ownership or factual control; either might indifferently used to describe legal ownership or aius in re aliena, as well as actual enjoyment". Vide BOLGÁR, Vera. Why No Trusts in the Civil Law?. The American Journal of Comparative Law, v. 2, n. 2 (Spring, 1953), p. 206.

85 O autor ainda menciona fatos históricos que comprovam a existência da dupla propriedade no Direito Romano. *Cfr.* SALOMÃO NETO, Eduardo. *O* Trust *e o Direito Brasileiro*. São Paulo: LTr, 1996, p. 69. Nesse sentido, explica Bolgár (1953) que o Direito Romano distinguiu dois tipos de propriedade: a quiritária, protegida pelo Direito Civil, e a pretoriana, baseada em criação jurisprudencial dos magistrados, na aplicação da equidade. Na evolução do Direito Romano, a força motriz foi o longo conflito entre os patrícios e plebeus, refletida na distinção entre o *ius quiritium* e os *ius honorarium*. O primeiro compreendeu os direitos originais do *ius civile*; e o último foi desenvolvido pelos flexíveis remédios pretorianos que, na sua aplicação, reduziu o direito quiritário a um *nudum ius*, sem apreciação benéfica da propriedade. De fato, o proprietário quiritário exercia um *nudum ius*, enquanto o *bonitário* exercia praticamente todos os direitos, exceto o da alienação. A propriedade bonitária poderia se transformar em quiritária por usucapião (verificou-se nessa

No mesmo quadro de análise, não podemos deixar de mencionar aqui que existem antecedentes comparáveis ao *trust* no Direito Romano, como a *enfiteuse*, a *fiducia cum amico*,a *fiducia cum creditore e o fideicomisso.*

No Direito brasileiro, a enfiteuse conserva os mesmos caracteres da era romana. Pode ser conceituada como sendo o direito real sobre coisa imóvel alheia que autoriza o enfiteuta a exercer, restritiva e perpetuamente sobre a coisa imóvel, todos os poderes do domínio, mediante pagamento ao senhorio de uma renda anual. Na enfiteuse, o enfiteuta tem o uso, gozo e a disposição restrita do bem[86].

A constituição da enfiteuse foi proibida no Código Civil brasileiro de 2002, sob o argumento de que é inútil prejudicar a livre circulação de riquezas. O novo Código Civil brasileiro, com o escopo de extingui-las, paulatinamente, passou a tratá-las nas disposições transitórias, subordinando as enfiteuses ainda existentes às disposições do Código Civil anterior (1916)[87].

Em prosseguimento, também devemos indicar que no Direito Romano já se conhecia o negócio fiduciário[88]. A *fiducia* romana é construída através de uma atribuição real, geralmente da propriedade, limitada por um pacto obrigacional – pacto fiduciário, no qual o cessionário deve devolver a propriedade

época o surgimento das defesas da posse *interditos possessórios* e do *usucapião*). Posteriormente, quando as províncias foram incorporadas pelo Senado, surgiu ainda outra espécie de propriedade, a provincial. Com Justiniano, desaparece a distinção entre as diversas espécies de propriedade. Surge, então, em um período pós-clássico, um novo conceito unitário de domínio, caracterizado pela exclusividade. *Cfr.* BOLGÁR, Vera. Why No Trusts in the Civil Law?. *The American Journal of Comparative Law*, v. 2, n. 2 (Spring, 1953), p. 204-206. No mesmo sentido, *vide*: MAX, Kaser. *Direito Romano Privado.* Lisboa: Fundação Calouste Gulbenkian, 1999, p. 137-141.

86 *Cfr.* DINIZ, Maria Helena. *Curso de Direito Civil Brasileiro – Direito das Coisas.* vol. 4. São Paulo: Saraiva, 2008, p. 365; WALD, Arnoldo. *Direito Civil – Direito das Coisas.* 13ª Edição. São Paulo: Saraiva, 2012, p. 46; VENOSA, Silvio de Salvo. *Direito Civil - Direitos Reais.* vol. V. 8ª Edição. São Paulo: Atlas, 2008, p. 409; PEREIRA, Caio Mario da Silva. *Instituições de Direito Civil – Direitos Reais.* vol. IV. 19ª Edição. Rio de Janeiro: Forense, 2005, p. 251-272; MONTEIRO, Washington de Barros. *Curso de Direito Civil – Direito das Coisas.* 37ª Edição. São Paulo: Saraiva, 2003, p. 257-261; RODRIGUES, Silvio. *Direito Civil – Direito das Coisas.* vol. 5. 28ª Edição. São Paulo: Saraiva, 2006, p. 365.

87 *Cfr.* DINIZ, Maria Helena. *Curso de Direito Civil Brasileiro – Direito das Coisas.* vol. 4. São Paulo: Saraiva, 2008, p. 365. *Vide* VENOSA, Silvio de Salvo. *Direito Civil - Direitos Reais.* vol. V. 8ª Edição. São Paulo: Atlas, 2008, p. 405-406; PEREIRA, Caio Mario da Silva. *Instituições de Direito Civil – Direitos Reais.* vol. IV. 19ª Edição. Rio de Janeiro: Forense, 2005, p. 251-272.

88 *Cfr.* LIMA, Otto de Souza. *Negócio Fiduciário.* Faculdade de Direito da Universidade de São Paulo, 1959, p. 3; MARTINS COSTA, Judith. Os Negócios Fiduciários (Considerações sobre a possibilidade de acolhimento do *Trust* no Direito Brasileiro). *Revista de Jurisprudência do Tribunal de Justiça do Estado do Rio Grande do Sul*, v. 17, n. 48, p. 54-79, março 1990, p. 58-59.

plena do imóvel ao cedente. As manifestações da *fiducia* no Direito Romano eram separadas em dois grupos: *fiducia cum amico* e *fiducia cum creditore*[89].

A *fiducia cum amico* era justamente um acordo de confiança em que o fiduciante alienava seus bens a um amigo, com a condição de lhe serem restituídos quando terminassem circunstâncias aleatórias, muitos semelhantes às que originaram o *use*, tais como o risco de perecer em guerra, viagem, ou perdas em razão de acontecimentos políticos[90].

Por sua vez, a *fiducia cum creditore* tinha caráter assecuratório ou de garantia, pois o devedor vendia seus bens ao credor, sob a condição de recuperá-los se, dentro de certo prazo, efetuasse o pagamento do débito[91]. A fidúcia *cum creditore* foi uma das primeiras formas do direito de garantia[92].

Observa-se, pois, que nessas duas espécies mencionadas havia uma transferência de um bem ou direito para alcançar determinado fim, com a obrigação do adquirente de restituir o bem ou direito ao alienante, depois de cumprido o objetivo almejado[93].

[89] *Cfr.* FIGUEROA, Dante. Civil law trusts in latinamerica: is the lack of trusts an Impediment for expanding business opportunities in latinamerica?. *Arizona Journal of International & Comparative Law*, v. 24, n. 3, 2007, p. 703; PAIS DE VASCONCELOS, Pedro. *Contratos Atípicos*. Coimbra: Almedina, 2009, p. 267. Interessante, neste ponto, distinguir entre a fidúcia romana e a fidúcia germânica. A distinção entre a fidúcia romana e a fidúcia germânica reside na posição jurídica do beneficiário. A titularidade da coisa fiduciada não é plena e encontra-se vinculada à finalidade da fidúcia. As limitações conferidas ao direito de propriedade do fiduciário revestem-se de natureza real. Nesse sentido, em vez de transmissão plena e incondicionada do direito, tinha-se uma transmissão sujeita a uma condição resolutiva. Assim, ao contrário do sistema romano, o bem voltaria ao fiduciante mesmo com prejuízo de terceiros a quem o fiduciário, indevidamente, o tivesse transferido. Seria ineficaz qualquer forma de utilização do bem diversa da estabelecida no ato constitutivo da fidúcia. *Cfr.* VAZ TOMÉ, Maria João; CAMPOS, Diogo Leite de. *A Propriedade Fiduciária (*Trust*), Estudo para a sua Consagração no Direito Português*. Coimbra: Almedina, 1999, p. 201; LUZ, Odília Ferreira da. Negócio Fiduciário e Negócio Indireto e Negócio Simulado, uma Tentativa de Distinção. *Revista da Faculdade de Direito da UFPR*, v. 15, 1972, p. 249; MARINO, Francisco Paulo de Crescenzo. Notas sobre o negócio jurídico fiduciário. *Revista Trimestral de Direito Civil*, ano 5, v. 20, p. 35-64, outubro-dezembro 2004, p. 40-43.

[90] *Cfr.* DINIZ, Maria Helena. *Curso de Direito Civil Brasileiro – Direito das Coisas*. São Paulo: Saraiva, 2008, p. 365. *Vide* LIMA, Otto de Souza. *Negócio Fiduciário*. Faculdade de Direito da Universidade de São Paulo, 1959, p. 95-101.

[91] *Vide* LIMA, Otto de Souza. *Negócio Fiduciário*. Faculdade de Direito da Universidade de São Paulo, 1959, p. 102-108; VIEIRA CURA, António Alberto. *Fiducia cum creditore: Aspectos gerais*. Separata do volume XXXIV do suplemento ao Boletim da Faculdade de Direito da Universidade de Coimbra, 1990, p. 4.

[92] *Cfr.* WALD, Arnoldo. Algumas considerações a respeito da utilização do "trust" no Direito brasileiro. *Revista dos Tribunais*, São Paulo, v. 34, n. 99, p. 105-120, jul.-set. 1995, p. 108.

[93] *Cfr.* CHALHUB, Melhim Namem. *Negócio Fiduciário*. São Paulo: Renovar, 2009, p. 11.

Também aqui o ponto fulcral ao cumprimento do pactuado era a boa-fé (*fides*) do fiduciante. Com efeito, durante os primeiros tempos, na fidúcia romana, o fiduciário recebia um ilimitado poder jurídico sobre a coisa, sendo certo que, se dispusesse da coisa arbitrariamente, descumprindo o *pactum fiduciae*, não se dava ao fiduciante senão o direito de haver a reparação das perdas e danos[94].

Tais institutos foram abolidos com Justiniano e, por via de consequência, não foram adotados pelos códigos subsequentes filiados ao sistema romano[95].

Nesse sentido, pois, não foram adotados pelo Código Civil brasileiro de 1916. Contudo, em 1965 (Lei n. 4.728/65), ante a necessidade de constituir uma estrutura que conferisse garantia aos negócios da época (mercado de capitais), introduziu-se, no sistema jurídico brasileiro, a *alienação fiduciária em garantia*, nos moldes da *fiducia cum creditore* do Direito Romano[96].

Finalmente, perceba-se que a segurança nas relações jurídicas sempre foi uma preocupação dos direitos (*Civil* e *Common Law*), razão pela qual os direitos de garantia surgiram em uma fase de desenvolvimento do crédito, em que as garantias para este o tornaram indispensáveis no sistema jurídico vigente. Nesse sentido, embora a *fiducia cum amico e cum creditore* tenham desaparecido, novas formas contratuais de garantia surgiram no Direito Civil, tais

[94] *Cfr.* CHALHUB, Melhim Namem. *Negócio Fiduciário*. São Paulo: Renovar, 2009, p. 13. Depois, passou a existir uma ação pretoriana, "*in factum*" contendo a cláusula "*ut iter bonos bene agier oportet et sine fraudatione*". *Cfr.* PAIS DE VASCONCELOS, Pedro. *Contratos Atípicos*. Coimbra: Almedina, 2009, p. 268. Ainda, destaca-se que, em certo sentido, a diferença entre a *common law* e a *equity* correspondeu à existente no Direito Romano, entre o tradicional Direito Civil (*ius civile*), de um lado, e, de outro, o *ius gentium*, comum aos romanos e aos estrangeiros, e o Direito Pretoriano, surgido nos tribunais para corrigir as eventuais iniquidades do Direito escrito. *Cfr.* WALD, Arnoldo. Algumas considerações a respeito da utilização do "trust" no Direito brasileiro. *Revista dos Tribunais*, São Paulo, v. 34, n. 99, p. 105-120, jul.-set. 1995, p. 108;VIEIRA CURA, António Alberto. *Fiducia cum creditore: Aspectos gerais*. Separata do volume XXXIV do suplemento ao Boletim da Faculdade de Direito da Universidade de Coimbra, 1990, p. 8; SARLUCA, Ettore. *Il negozio fiduciario ed il trust*. Università Degli Studi Di Napoli Federico II, 2006, p. 58; MARINO, Francisco Paulo de Crescenzo. *Notas sobre o negócio jurídico fiduciário*. *Revista Trimestral de Direito Civil*, ano 5, v. 20, p. 35-64, outubro-dezembro 2004, p. 42-43.

[95] *Cfr.* CHALHUB, Melhim Namem. *Negócio Fiduciário*. São Paulo: Renovar, 2009, p. 13.

[96] *Cfr.* DINIZ, Maria Helena. *Curso de Direito Civil Brasileiro – Direito das Coisas*. vol. 4. São Paulo: Saraiva, 2008, p. 365; PAIS DE VASCONCELOS, Pedro. *Contratos Atípicos*. Coimbra: Almedina, 2009, p. 269; VENOSA, Silvio de Salvo. *Direito Civil – Direitos Reais*. vol. V. 8ª Edição. São Paulo: Atlas, 2008, p. 383; CAMPOS, Diogo Leite de. A Alienação em Garantia. *Revista Doutrinária*, Instituto Ítalo-Brasileiro de Direito Privado e Agrário Comparado. Rio de Janeiro: Lumen Juris, p. 63-77, 2000, p. 75.

como o penhor, o comodato, a hipoteca, a alienação fiduciária em garantia, a anticrese e o penhor.

Contudo, pretende-se demostrar que o *trust* da *Common Law* utilizado como ferramenta de garantia é mais eficiente do que os instrumentos de garantia permitidos no Direito brasileiro. Isso ocorre em razão da morosidade do processo para se efetivar o direito do credor, que, ainda com as alterações recentes do Código de Processo Civil, continua a ser um desafio.

4. O *Trust* como Ferramenta de Garantia

Entre as diversas finalidades dos *trusts,* nosso objetivo, no presente artigo, é destacar a sua utilização como forma de constituição de garantia, no âmbito das instituições financeiras e dos negócios empresariais[97]. Com efeito, a relevância desse tipo de *trust* é observada principalmente nos contextos comercial e financeiro.

Em alinhamento, salienta Santisteban (2005), *in verbis*:

> El security trust, empleado sobre todo por bancos y empresas, puede constituir se ad hoc para garantizar una operación concreta y un acredor específico, o como una estructura permanente destinada a perdurar en el tiempo y a abarcar diferentes operaciones, pero denominador común a todas las formas de security trust es el proporcionar una segura garantía de recuperación del crédito a favor de los credores[98].

Sob a forma de garantia, o *settlor* atribui o título legal de vários ativos para o *trustee,* a fim de garantir uma obrigação que tem para com ele. Uma vez que todas as obrigações sejam cumpridas, o *trustee* irá transferir os ativos de volta ao *settlor.*

Por outro lado, se no vencimento da obrigação garantida o *settlor* estiver em mora, permite-se ao *trustee* a venda de tais ativos, para que ele retire do produto da venda o que lhe é devido pelo *settlor.* Vale ressaltar que o valor que exceder o pagamento da obrigação deve ser necessariamente devolvido ao *settlor.*

[97] *Cfr.* VAZ TOMÉ, Maria João; CAMPOS, Diogo Leite de. *A Propriedade Fiduciária (*Trust*), Estudo para a sua Consagração no Direito Português.* Coimbra: Almedina, 1999, p. 313.

[98] Cfr. SANTISTEBAN, Sonia Martín. El instituto del trust en los sistemas legales continentales y su compatibilidad con los principios de civil law. Navarra: Editora Aranzadi, 2005, p. 182.

Economicamente, o *trust* aqui vem a substituir o penhor, com a vantagem de não implicar, necessariamente, a desapropriação do devedor.

Um tipo de *trust* frequentemente utilizado é o chamado *quist close trust*. Aqui, o *trust* possui como principal finalidade a constituição de garantias.

Quando um ativo é conferido a alguém para uma finalidade específica e esse alguém, por qualquer motivo, desvia-se dessa finalidade, o cedente poderá ter de volta o ativo[99]. Em outras palavras, o "devedor" se compromete, em harmonia com as normas que regem o *trust*, a segregar os ativos emprestados dos seus ativos particulares, que formam, pois, a *trust property*. Além disso, ele se obriga a utilizar o empréstimo de uma forma particular e previamente combinada[100].

Trata-se de uma forma de realização de empréstimos garantidos. Muitas vezes surge em uma transação comercial, em que uma pessoa empresta uma soma de dinheiro (ou outras coisas de valor) para outra pessoa apenas para uma finalidade específica. Se o propósito não for, por qualquer motivo, realizado, a pessoa que recebeu o dinheiro é legalmente obrigada a devolver o dinheiro para o "credor" em vez de usá-lo para qualquer outro fim.

Da mesma forma, a prática comercial muitas vezes ocasiona o depósito bancário de certa quantia em dinheiro para dar prosseguimento a determinadas operações, como forma de garantir o cumprimento de obrigações.

Nesse caso, o recurso aos *trusts* tranquiliza o credor que o devedor está temporariamente despojado da posse do bem que constitui sua garantia, e assegura a ambas as partes que o objeto da garantia não é suscetível de ser executado por terceiros, sejam credores do devedor, da instituição financeira ou do próprio credor. Adicionalmente, na medida em que a função de garantia

[99] *Vide* HAYTON, David. *Economic and Financial Analysis of Commercial and Private Trusts in the United Kingdom*, p. 2. In: Trusts and their Commercial Counter parts in Continental Europe – The Hayton Report – A Report for the Association of Corporate Trustees. January 2002. Disponível em: <http://www.trustees.org.uk/>. Acesso em: 31-7-2012. *Vide* ainda: PENNER, J. E. *The Law of Trusts*. Seventh Edition. Londres: Oxford University Press, 2010, p. 186; HUDSON, Alastair. *Equity & Trusts*. Australia: Cavendish Publishing, 2010, p. 963; MOFFAT, Graham. *Trusts Law-Text and Materials*. New York: Cambridge University Press, 2005, p. 771; HAYTON, David. *The Uses of Trusts in the Commercial Context*. In: KAPLAN, Alon. *Trusts in Prime Jurisdictions*. London: Globe Law and Business, 2010, p. 631.

[100] *Vide* NATHAN, Barrie Lawrence. In Defence of The Primary Trust: Quist close Revisited. *Trusts & Trustees, United Kingdom*, v. 18, n. 2, february 2012, p. 126; MOLYANSKY, Michael. Reining in the Quist close Trust: a Response to Twinsectra v. Yardley. Trusts & Trustees, United Kingdom, v. 16, n. 7, p. 558-568, august 2010.

vem acompanhada com a função de gestão do *trustee*, o *trust* pode servir para proporcionar uma ótima rentabilidade ao montante depositado[101].

O motivo fulcral da opção pelo uso do *trust* é a segurança de que o credor poderá recuperar o dinheiro não utilizado pela outra parte, se ela se tornar insolvente. Assim, se o devedor for insolvente, o dinheiro do credor é reembolsável e não disponível para pagar outros credores do devedor[102].

Nesse contexto, por fim, se o *trust* falhar porque o objetivo do *trust* não pode ser cumprido, surgirá um *resulting trust*[103], e os ativos reverterão para a pessoa que, originalmente, adiantou o crédito, e a pessoa que mantém os ativos será tratada como *trustee*.

Sob a égide da legislação brasileira, é possível alcançar alguns efeitos semelhantes aos dos *trusts* criados com finalidade de garantia através da Alienação Fiduciária em Garantia. Do ponto de vista econômico e jurídico, trata-se de uma ferramenta útil para conferir a garantia de uma obrigação[104].

A título introdutório, Wald (2012) define a alienação fiduciária como um negócio jurídico em que uma das partes (fiduciante) aliena a propriedade de

[101] Cfr. SANTISTEBAN, Sonia Martín. El instituto del trust en los sistemas legales continentales y su compatibilidad con los principios de civil law. Navarra: Editora Aranzadi, 2005, p. 184; VAZ TOMÉ, Maria João; CAMPOS, Diogo Leite de. A Propriedade Fiduciária (Trust), Estudo para a sua Consagração no Direito Português. Coimbra: Almedina, 1999, p. 312.

[102] Vide HAYTON, David. Economic and Financial Analysis of Commercial and Private Trusts in the United Kingdom, p. 02. In: Trusts and their Commercial Counterparts in Continental Europe – The Hayton Report – A Report for the Association of Corporate Trustees. January 2002. Disponível em: <http://www.trustees.org.uk/>. Acesso em: 31-7-2012. Vide HUDSON, Alastair. Equity & Trusts. Australia: Cavendish Publishing, 2010, p. 986; NATHAN, Barrie Lawrence. In Defence of The Primary Trust: Quist close Revisited. Trusts & Trustees, United Kingdom, v. 18, n. 2, february 2012, p. 126; SMOLYANSKY, Michael. Reining in the Quist close Trust: a Response to Twinsectra v. Yardley. Trusts & Trustees, United Kingdom, v. 16, n. 7, p. 558-568, august 2010.

[103] O *resulting trust* revela-se naquela situação onde uma pessoa que recebe determinada propriedade é obrigada a manter esse bem em *trust* para a pessoa que lhe transferiu tal propriedade. Com efeito, o interesse benéfico dessa propriedade retorna à pessoa que lhe transferiu originariamente. Aqui, os *trusts* são constituídos automaticamente, pois, independentemente da vontade real do *settlor*, surgem em virtude de lei. *Cfr.* MARTIN, Jill E. *Modern Equity*. Fifteenth Edition. London: Sweet & Maxwell, 1997, p. 229; CHAMBERS, Robert. *Resulting Trusts*. New York: Oxford University Press, 1997, p. 1. *Vide* PEARCE, Robert; STEVENS, John; BARR, Warren. *The Law of Trusts and Equitable Obligations*. New York: Oxford University Press, 5 edition, 2010, p. 266-267.

[104] *Vide*, por exemplo: ASSUMPÇÃO, Márcio Calil; CHALHUB, Melhim Namem. *A propriedade fiduciária e a recuperação de empresas*. Revista do Advogado, São Paulo, Ano XXIX, n. 105, p. 135-141, set. 2009.

uma coisa móvel ou imóvel ao financiador (fiduciário), até que se extinga o contrato pelo pagamento ou pela inexecução[105].

Em breve análise comparatística, Vaz Tomé e Campos (1999) explicam que, nos negócios fiduciários, a transferência da propriedade serve única e exclusivamente para o objetivo de garantir uma dívida, ao passo que nos *trusts* também se objetiva a administração dos bens alheios por parte do fiduciário[106].

Além disso, complementa Chalhub (2009) que o elemento "confiança" é desnecessário à realização do contrato de alienação fiduciária, pois a lei sempre protege o fiduciante contra qualquer espécie de abuso[107].

No Brasil, a alienação fiduciária de bens móveis foi introduzida pelo art. 66 da Lei n. 4.728/65, com alterações incluídas pela Lei n. 10.931, de 2004. Por sua vez, a Lei n. 9.514/97 introduziu a alienação fiduciária em relação aos bens imóveis[108].

Nessa sequência, podem-se constituir, sob a égide da legislação brasileira, duas espécies de propriedade fiduciária de bens móveis para fins de garantia[109].

Primeiramente, e com aplicação geral, a propriedade fiduciária é prevista no art. 1.361 do Código Civil brasileiro, nestes termos: "Considera-se fiduciária a propriedade resolúvel de coisa móvel infungível que o devedor, com escopo de garantia, transfere ao credor".

Já a alienação fiduciária de coisa fungível e a cessão fiduciária de direitos sobre bens móveis, bem como sobre títulos de crédito em geral, encontram fundamento legal no art. 66-B da Lei n. 4.728/65 (artigo incluído pela Lei n. 10.931, de 2 de agosto de 2004)[110]. Nesse caso, a propriedade fiduciária serve, exclusivamente, para garantia de créditos constituídos no âmbito do mercado financeiro e de capitais, bem como do fisco e da previdência social.

[105] *Cfr.* WALD, Arnoldo. *Direito Civil – Contratos em Espécie.* 19ª Edição. São Paulo: Saraiva, 2012, p. 52. *Vide* também: VENOSA, Silvio de Salvo. *Direito Civil – Direitos Reais.* Volume V. 8ª Edição. São Paulo: Atlas, 2008, p. 383; ROQUE, Sebastião Roque. *Da Alienação Fiduciária em Garantia.* São Paulo: Ícone Editora, 2010, p. 13-14.

[106] *Cfr.* VAZ TOMÉ, Maria João; CAMPOS, Diogo Leite de. *A Propriedade Fiduciária (*Trust*), Estudo para a sua Consagração no Direito Português.* Coimbra: Almedina, 1999, p. 200.

[107] *Cfr.* CHALHUB, Melhim Namem. *Negócio Fiduciário.* São Paulo: Renovar, 2009, p. 132.

[108] *Vide* DANTZGER, Afranio Carlos Camargo. *Alienação fiduciária de coisa imóvel.* Revista Forense, Rio de Janeiro, v. 416, Ano 108, p. 3-42, julho-dezembro de 2012, p. 4-5.

[109] *Vide* PEREIRA, Caio Mario da Silva. *Instituições de Direito Civil – Direitos Reais.* Volume IV. 19ª Edição. Rio de Janeiro: Forense, 2005, p. 421-440.

[110] *Cfr.* CHALHUB, Melhim Namem. *Negócio Fiduciário.* São Paulo: Renovar, 2009, p. 155. *Vide* VENOSA, Silvio de Salvo. *Direito Civil – Direitos Reais.* 8ª Edição. São Paulo: Atlas, 2008, p. 388-392; MONTEIRO, Washington de Barros. *Curso de Direito Civil – Direito das Coisas.* 37ª Edição. São Paulo: Saraiva, 2003, p. 246-248.

De qualquer forma, o contrato de alienação fiduciária de bens móveis é o título constitutivo da propriedade fiduciária. Nesses termos, a propriedade fiduciária constituída é uma propriedade limitada pelas restrições que sofre em seu conteúdo, considerada a finalidade para a qual foi criada, tendo sua duração vinculada ao escopo do negócio[111].

Em ambos os casos, o devedor conserva a posse do bem alienado, sendo a propriedade adquirida pelo credor resolúvel e onerada com encargo[112].

Efetivado o pagamento, operam-se automaticamente os efeitos da condição convencionada no contrato de alienação fiduciária, revertendo a propriedade do bem ao patrimônio do devedor-fiduciante (Código Civil, art. 1.359)[113].

Por outro lado, se vencida a dívida, e não for paga, fica o credor obrigado a vender, judicial ou extrajudicialmente, a coisa a terceiros. A venda só pode ser realizada após a consolidação da propriedade no credor, que se verifica após cinco dias da execução da liminar de busca e apreensão do bem[114]. Dessa forma, o processo é mais lento do que na utilização do *trust* para fins de garantia.

Por sua vez, a alienação fiduciária de bens imóveis objetiva, mormente, o fomento ao comércio de imóveis com pagamento parcelado[115].

Diferentemente da hipoteca, que é um direito real sobre coisa alheia, trata-se de um direito real sobre coisa própria. Em suma, desdobra-se a posse,

[111] *Vide* VENOSA, Silvio de Salvo. *Direito Civil – Direitos Reais*. Volume V. 8ª Edição. São Paulo: Atlas, 2008, p. 393; GONÇALVES, Carlos Roberto. *Direito Civil Brasileiro – Direito das Coisas*. Volume V. 3ª Edição. São Paulo: Saraiva, 2008, p. 406-407.

[112] *Vide* DANTZGER, Afranio Carlos Camargo. *Alienação fiduciária de coisa imóvel*. Revista Forense, Rio de Janeiro, v. 416, Ano 108, p. 3-42, julho-dezembro de 2012, p. 3-14.

[113] *Cfr.* CHALHUB, Melhim Namem. *Negócio Fiduciário*. São Paulo: Renovar, 2009, p. 172.

[114] *Vide* Art. 56, § 1º, da Lei n. 10.931, de 02 de Agosto de 2004 (BRASIL) – Lei que dispõe sobre o patrimônio de afetação de incorporações imobiliárias, Letra de Crédito Imobiliário, Cédula de Crédito Imobiliário, Cédula de Crédito Bancário. MONTEIRO, Washington de Barros. *Curso de Direito Civil – Direito das Coisas*. 37ª Edição. São Paulo: Saraiva, 2003, p. 249.

[115] Nesse contexto, interessante mencionar o conceito de alienação fiduciária fornecido pelo artigo 22 da Lei n. 9.514/ 97, *in verbis*: "*Art. 22. A alienação fiduciária regulada por esta Lei é o negócio jurídico pelo qual o devedor, ou fiduciante, com o escopo de garantia, contrata a transferência ao credor, ou fiduciário, da propriedade resolúvel de coisa imóvel*". BRASIL. LEI Nº 9.514, DE 20 DE NOVEMBRO DE 1997. Dispõe sobre o Sistema de Financiamento Imobiliário, institui a alienação fiduciária de coisa imóvel e dá outras providências. Disponível em:http://www.planalto.gov.br/ccivil_03/LEIS/L9514.htm. Vide VENOSA, Silvio de Salvo. Direito Civil – Direitos Reais. Volume V. 8ª Edição. São Paulo: Atlas, 2008, p. 394-395; DANTZGER, Afranio Carlos Camargo. Alienação fiduciária de coisa imóvel. Revista Forense, Rio de Janeiro, v. 416, Ano 108, p. 3-42, julho-dezembro de 2012, p. 3-14; CHALHUB, Melhim Namem. Alienação Fiduciária de Bens Imóveis. Revista de Direito Imobiliário, Ano 30, n. 63, p. 82-111, jul.-dez. 2007.

ficando o credor-fiduciário com a posse indireta, e o devedor-fiduciante com a posse direta do imóvel.

Em se tratando de bens imóveis, para a hipótese de falta de pagamento do financiamento, cabe ao oficial do competente registo de imóveis as diligências de notificação para a purgação da mora; não purgada a mora, certificará esse fato e promoverá os assentamentos necessários à consolidação da propriedade em nome do credor-fiduciário. Segundo disposição do art. 27 da Lei n. 9.514/97, o credor deve promover a realização de dois leilões, sendo que o segundo somente será necessário se no primeiro for oferecido um valor inferior ao do imóvel. Por fim, deve o credor entregar ao devedor o valor que sobejar, após dedução da dívida e das despesas realizadas.

As ações judicias decorrentes da alienação fiduciária de bens imóveis são basicamente: aquela que confere ao credor-fiduciário a reintegração de posse, uma vez não pago o débito pelo devedor-fiduciante; e, por outro lado, a ação de obrigação de fazer contra o credor-fiduciário, que se negar a dar quitação ao fiduciante, após o pagamento de seus débitos[116].

Enfim, em semelhança aos *trusts*, na alienação fiduciária garante-se ao credor que os bens móveis ou imóveis não serão atingidos no caso de falência do devedor-fiduciante. Igualmente, a propriedade fiduciária não agrega a massa falida do credor-fiduciário[117].

Por sua vez, o *penhor* é um direito real de garantia que recai, em regra, sobre coisas móveis que ficam de posse do credor a fim de evitar a destruição ou desvio dos bens onerados.

Em casos especiais, pode recair sobre imóveis por acessão, como, por exemplo, as máquinas fixadas no solo (penhor industrial) e a colheita (penhor agrícola). O penhor pode ser legal ou convencional, e necessariamente deve ser seguido da tradição dos bens dados em garantia ao credor[118].

Já a *hipoteca* é o direito real de garantia que o credor exerce sobre o preço venal do imóvel, no caso de não ser pago, na ocasião determinada, o débito

[116] *Cfr.* CHALHUB, Melhim Namem. *Negócio Fiduciário.* São Paulo: Renovar, 2009, p. 273. *Vide* também: DINIZ, Maria Helena. *Curso de Direito Civil Brasileiro – Direito das Coisas.* Volume 4. São Paulo: Saraiva, 2008, p. 559-602; ROQUE, Sebastião Roque. *Da Alienação Fiduciária em Garantia.* São Paulo: Ícone Editora, 2010, p. 161-164.

[117] *Vide* os Artigos 19, § 3º, e 119, inciso IX, da Lei de Falências n. 11.101, de 9 de Fevereiro de 2005.

[118] *Cfr.* WALD, Arnoldo. *Direito Civil – Direito das Coisas.* 13ª Edição. São Paulo: Saraiva, 2012, p. 347. *Vide* VENOSA, Silvio de Salvo. *Direito Civil – Direitos Reais.* Volume V. 8ª Edição. São Paulo: Atlas, 2008, p. 552-540; GONÇALVES, Carlos Roberto. *Direito Civil Brasileiro – Direito das Coisas.* Volume V. 3ª Edição. São Paulo: Saraiva, 2008, p. 529-550.

garantido. O imóvel fica na posse do devedor no período de carência do débito, ou seja, até o vencimento deste e a execução do bem[119].

Por fim, a *anticrese* é um direito real de garantia, acessório de um direito de crédito que é o principal – estando vinculado a um imóvel cuja renda pode servir para amortizar a dívida ou pagar os juros do capital. O credor anticrético usufrui do imóvel até o pagamento da dívida. Aqui não existe direito à venda do imóvel para obter o pagamento da dívida. Contudo, tem o credor o direito de reter a coisa, e fruir os rendimentos dela, até a completa amortização de sua dívida[120].

Destaca-se que é nula a cláusula que autoriza o credor pignoratício, anticrético ou hipotecário a ficar com o objeto da garantia, se a dívida não for paga no vencimento. Entretanto, após o vencimento, poderá o devedor dar a coisa em pagamento da dívida (Código Civil, art, 1.422). Nesses casos, o credor hipotecário e o pignoratício têm o direito de excutir a coisa hipotecada ou empenhada.

Para Campos (2000), posição com a qual concordamos, as garantias tradicionais sofrem sérias limitações. No caso do penhor, por exemplo, se exige o desapossamento, além da proibição do pacto comissório. Para o autor, a obrigação que impende sobre o credor de fazer vender a coisa e pagar-se pelo resultado da venda acarreta-lhe inconvenientes sérios, assim como para o devedor[121].

Logo, diferentemente do que observamos nos *trusts* constituídos para fins de garantia, em que os bens ou direitos já se encontram em nome do *trustee* e, vencida a dívida, pode o *trustee* se apropriar do bem ou vendê-lo. Confere-se, pois, maior flexibilidade e agilidade aos fins para o qual foi constituído, além de evitar despesas com taxas judiciais, e a desvalorização real do bem.

[119] *Cfr.* WALD, Arnoldo. *Direito Civil – Direito das Coisas.* 13ª Edição. São Paulo: Saraiva, 2012, p. 368. *Vide* VENOSA, Silvio de Salvo. *Direito Civil – Direitos Reais.* Volume V. 8ª Edição. São Paulo: Atlas, 2008, p. 547-554; GONÇALVES, Carlos Roberto. *Direito Civil Brasileiro – Direito das Coisas.* Volume V. 3ª Edição. São Paulo: Saraiva, 2008, p. 559-561.

[120] *Cfr.* WALD, Arnoldo. *Direito Civil – Direito das Coisas.* 13ª Ed. São Paulo: Saraiva, 2012, p. 363. *Vide* GONÇALVES, Carlos Roberto. *Direito Civil Brasileiro – Direito das Coisas.* Volume V. 3ª Edição. São Paulo: Saraiva, 2008, p. 607-611.

[121] Em complemento, Campos (2000) muito bem explica que a coisa é vendida às pressas, sem se escolher a devida oportunidade, sem negociações prévias, e sabendo de antemão o adquirente do "estado de necessidade" do vendedor, resultando na venda a preço vil, susceptível de todos os enganos, em prejuízo do credor, do devedor ou de ambos. *Cfr.* CAMPOS, Diogo Leite de. *A Alienação em Garantia.* Revista Doutrinária, Instituto Ítalo-Brasileiro de Direito Privado e Agrário Comparado. Rio de Janeiro: Lumen Juris, p. 63-77, 2000, p. 64.

Além disso, outra diferença observada é que o credor pignoratício tem o direito de se apropriar dos frutos da coisa empenhada que se encontra em seu poder (Código Civil, art. 1.433, V). Lembramos que, nos *trusts*, não pode o *trustee* se apropriar do rendimento da *trust property*, salvo cláusula que o autorize.

5. Considerações Finais

Para se concretizar o direito do credor, nos instrumentos jurídicos de garantia previstos no direito brasileiro, devem ser observadas as regras constantes no direito processual civil.

O novo Código de Processo Civil (Lei n. 13.105, de 2015) estabelece normas que buscam maior celeridade do processo em comparação com a legislação anterior[122].

Por exemplo, para a propositura da ação de busca e apreensão no caso da alienação fiduciária em garantia de bens móveis (instrumento amplamente utilizado no direito brasileiro), é fundamental a constituição em mora do devedor. Nesse sentido, agora será considerada válida a citação por carta registrada não se exigindo que a assinatura seja realizada pelo próprio devedor. De fato, essa alteração tem a finalidade de tornar a citação por carta registrada mais célere, segundo o que dispõe o novo art. 248 do CPC (antes se exigia que a assinatura fosse do próprio devedor, dificultando a citação nessa modalidade, e consequentemente a constituição de mora do devedor). Assim, após a constituição do devedor em mora, é possível propor a ação de busca e apreensão, para somente após ocorrer a venda do bem.

Outra alteração interessante que ganha destaque no novo CPC diz respeito ao procedimento das tutelas de urgência, que poderá ser realizado durante as férias forenses (arts. 214, II, e 215, III). Claramente, essa alteração permite que os processos sejam distribuídos e analisados durante o recesso, conferindo maior celeridade.

Contudo, como sabemos, todo o processo deve ser seguido. Logo, para a concessão da liminar, deverão estar presentes os requisitos básicos da petição inicial, os requisitos das tutelas de urgência, além de outros requisitos. Dessa forma, muito diferente do que ocorre no *trust*, em que o bem já se encontra consolidado em nome do *trustee*. Claramente, isso evita que a demora do processo

[122] *Vide* BRASIL. Lei n. 13.105, de 16 de Março de 2015, Código de Processo Civil. Disponível em: <http://www.planalto.gov.br/ccivil_03/_ato2015-2018/2015/lei/l13105.htm>. Acesso em: 20-6-2016.

inviabilize o negócio, uma vez que, quando for autorizada a venda do bem, este pode já se encontrar em péssimo estado de conservação e desvalorização, não alcançando um valor suficiente para reembolsar os prejuízos do credor.

Pudemos constatar, a partir da estrutura básica do *trust*, que ele é um instrumento jurídico adaptável aos mais diferentes tipos de negócios, despertando um grande interesse prático, oportuno aos vários setores da economia. De fato, embora o *trust* seja um instituto tipicamente ligado ao sistema da *Common Law*, nas últimas décadas passou a assumir maior importância, não só nos países de colonização inglesa ou que sofreram a sua influência diretamente, mas, principalmente, nos países de origem *Civil Law*. Isto é, em grande parte, possibilitado pela movimentação de bens, capitais, serviços e pessoas, com o concomitante aumento no número de transações, envolvendo a necessidade de constituição de garantias.

Por tudo quanto analisado, e em razão das inúmeras vantagens da introdução do instituto, é que defendemos sua ampla implementação no Direito brasileiro[123].

Referências

Assumpção, Márcio Calil e Chalhub, Melhim Namem, "A Propriedade Fiduciária e a Recuperação de Empresas", in *Revista do Advogado*, ano XXIX, n. 105, São Paulo, set. 2009, pp. 135-141.

Bancone, Vincenzo, *Trust Edenti non Commerciali*, San Marino, Maggioli Editore, 2009.

Bantekas, Ilias, *Trust Funds under International Law*: Trustee Obligations of the United Nations and International Development Banks, UK, Asser Press, Cambridge University Press, 2009.

[123] O presente *working paper* tem por base a nossa Tese de Doutoramento, apresentada à Faculdade de Direito da Universidade de Coimbra (Fev. 2016), em Portugal, aprovada com Distinção por unanimidade pelos oito membros do Júri de Doutoramento, conferindo o título de Doutora em Direito, Área de especialização em Ciências Jurídico-Económicas. Em nossa Tese intitulada "*A Implementação do Instituto dos Trusts no Direito Brasileiro*", após analisarmos a utilização do *trust* em mais de 26 importantes países do mundo, e demonstrarmos as vantagens práticas de sua utilização também no Direito brasileiro, apresentamos, ao final, um projeto de lei com 92 artigos. O entendimento alcançado é que o *trust* é um moderno e importante instrumento de gestão dos mais variados tipos de negócios e fundamental na integração jurídica e econômica nos negócios globais. Neste sentido, convidamos à leitura de: FREIRE E ALMEIDA, Verônica Scriptore. *A Implementação do Instituto dos Trusts no Direito Brasileiro*. 2016, Vol. I (683 f.) e Vol. II (703 f.). Tese (Doutorado em Direito – Área de especialização em Ciências Jurídico-Económicas). Faculdade de Direito da Universidade de Coimbra, Portugal, 2016.

Barlow, Francis, "The Flexibility of Family Trusts", in *Trusts & Trustees*, vol. 19, n. 3 e 4, United Kingdom, April-May 2013, pp. 255-258.

Bogert, George Taylor, *Law of Trusts*, St. Paul, West Publishing Company, 1921.

Bolgár, Vera, "Why No Trusts in the Civil Law?", in *The American Journal of Comparative Law*, vol. 2, n. 2, Spring, 1953.

Campos, Diogo Leite de, "A Alienação em Garantia", in *Revista Doutrinária*, Instituto Ítalo-Brasileiro de Direito Privado e Agrário Comparado, Rio de Janeiro, Lumen Juris, 2000, pp. 63-77.

Chalhub, Melhim Namem, *Negócio Fiduciário*, São Paulo, Renovar, 2009.

________, *Trust*, Rio de Janeiro, Renovar, 2001.

Chambers, Robert, *Resulting Trusts*, New York, Oxford University Press, 1997.

Dantzger, Afranio Carlos Camargo, "Alienação Fiduciária de Coisa Imóvel", in *Revista Forense*, vol. 416, ano 108, Rio de Janeiro, pp. 3-42, jul.-dez. 2012, pp. 4-5.

David, René, *Os Grandes Sistemas do Direito Contemporâneo*, São Paulo, Martins Fontes, 2002.

Day, Sally E., "Creative Ways of Achieving Grantor Trust Status", In *The Tax Adviser*, USA, September 2009, pp. 593-595.

Diniz, Maria Helena, *Curso de Direito Civil Brasileiro*: Direito das Coisas, vol. 4, São Paulo, Saraiva, 2008.

Figueroa, Dante, "Civil Law Trusts in Latinamerica: is the Lack of Trusts an Impediment for Expanding Business Opportunities in Latinamerica?", in *Arizona Journal of International & Comparative Law*, vol. 24, n. 3, 2007.

Freire e Almeida, Verônica Scriptore, "A Capacidade Contributiva dos Sujeitos Envolvidos no *Trust*", in Freire e Almeida, Daniel, Luiz Gomes, Fabio e Catarino, João Ricardo, *Garantias dos Contribuintes no Sistema Tributário*: Livro em Homenagem ao Professor Doutor Diogo Leite de Campos, São Paulo, Saraiva, 2013.

Freire e Almeida, Verônica Scriptore, *A Implementação do Instituto dos* Trusts *no Direito Brasileiro*, 2016, vol. I (683f) e vol. II (703f), Tese (Doutorado em Direito, Área de especialização em Ciências Jurídico-Económicas), Faculdade de Direito da Universidade de Coimbra, Portugal, 2016.

Freire e Almeida, Verônica Scriptore, *A Tributação dos* Trusts, Coimbra, Almedina, 2009.

Freire e Almeida, Verônica Scriptore, "O *Trust* nos Estados Unidos da América e suas Funções", in *Revista do Instituto de Pesquisas e Estudos*, vol. 42, 2005, pp. 199-218.

Freire e Almeida, Verônica Scriptore, "Os *Trusts* e seus aspectos fiscais no Direito Português", in Freire e Almeida, Verônica Scriptore, Freire e Almeida, Daniel e Luiz Gomes, Fabio, *Panorama do Direito no Terceiro Milénio*: Livro em Homenagem ao Professor Doutor Diogo Leite de Campos, Coimbra, Almedina, 2013.

Freire e Almeida, Verônica Scriptore, "Powers, Duties and Responsabilities of Trustees in the Administration of Trusts", in *Lawinter Review*, vol. 1, 2010, pp. 31-97.

Freire e Almeida, Verônica Scriptore, "Report on the 1985 Hague Convention", in *Lawinter Review*, vol. 1, 2010, pp. 298-314.

Gardner, Simon, *An Introduction to the Law of Trusts*, New York, Oxford University Press, 2010.

Gonçalves, Carlos Roberto, *Direito Civil Brasileiro*: Direito das Coisas, vol. V, 3ª ed., São Paulo, Saraiva, 2008.

Graziadei, Michele, Mattei, Ugo e Smith, Lionel, *Commercial Trusts in European Private Law*, Cambridge, Cambridge University Press, 2005.

Hanks, Liza Weiman e Zolla, Carol Elias, *The Trustee's Legal Companion*, USA, Delta Printing Solutions, 2010.

Hauser, Barbara R., "Corporate Trustees: a Fresh Look at the Value-added for Generational Transitions", in *Trusts & Trustees*, United Kingdom, February 2006, pp. 13-17.

Hayton, D. J., *The Law of Trusts*, London, Sweet e Maxwell, 1998.

HCCH, "Convention on the Law Applicable to Trusts and on their Recognition", disponível em <http://hcch.e-vision.nl/index_en.php?act=conventions.text&cid=59>, acesso em 19.07.2011.

Hower Dennis R. e Kahn, Peter, *Wills, Trusts, and Estates Administration*, New York, Delmar Cengage Learning, 2012.

Hudson, Alastair, *Understanding Equity & Trusts*, Australia: Cavendish Publishing, 2004.

Jacob, Nicholas e Graham, Lawrence, "The Legal Realities of Reserved Powers Trusts", in *Trusts & Trustees*, United Kingdom, June 2006, pp. 25-31.

King, Michael, "Out, Damned Trustee! out, I say!", in *Trusts & Trustees*, United Kingdom, vol. 19, n. 1, February 2013, pp. 16-22.

Kötz, Hein, "The Hague Convention on the Law Applicable to Trust and their Recognition", in Kaplan, Alon, *Trusts in Prime Jurisdictions*, 3ª ed., London, Globe Law and Business, 2010.

Kozusko, Donald e Vetter, Stephen, *United States*: Trusts, Topical Analyses, Amsterdam, IBFD, 2011, section 1.2.1.

Lima, Otto de Souza, *Negócio Fiduciário*, Faculdade de Direito da Universidade de São Paulo, 1959.

Lupoi, Maurizio, *Trusts*, Milano, Giuffrè Editore, 2001.

Luz, Odília Ferreira da, "Negócio Fiduciário e Negócio Indireto e Negócio Simulado, uma Tentativa de Distinção", in *Revista da Faculdade de Direito da UFPR*, vol. 15, 1972.

Marino, Francisco Paulo de Crescenzo, *Notas sobre o Negócio Jurídico Fiduciário*.

Martin, Jill E., *Modern Equity*, Fifteenth Edition, London, Sweet & Maxwell, 1997.

Martins Costa, Judith, "Os Negócios Fiduciários: Considerações sobre a Possibilidade de Acolhimento do *Trust* no Direito Brasileiro", in *Revista de Jurisprudência do Tribunal de Justiça do Estado do Rio Grande do Sul*, vol. 17, n. 48, março 1990, pp. 54-79.

Mattei, Ugo e Hansmann, Henry, "The Functions of Trust Law: a Comparative Legal and Economic", in *New York University Law Review*, 1998, pp. 434-479.

Max, Kaser, *Direito Romano Privado*, Lisboa, Fundação Calouste Gulbenkian, 1999.

Mennel, L. Robert., *Wills and Trusts in a Nutshell*, Minnesota, West Group, 2007.

Moffat, Graham, *Trusts Law*: Text And Materials, New York, Cambridge University Press, 2005.

Moja, Andrea, *Il Trust nel Diritto Civile e Tributario*, San Marino, Maggioli Editore, 2009.

Molloy, Tony, "Trustees of Controlling Shareholdings who Take Directorships or Senior Executive Posts in the Company", in *Trusts & Trustees*, vol. 16, n. 9, United Kingdom, October 2010, pp. 741-749.

Molyansky, Michael, "Reining in the Quistclose Trust: a Response to Twinsectra v Yardley", in *Trusts &Trustees*, vol. 16, n. 7, United Kingdom, August 2010, pp. 558-568.

Monteiro, Washington de Barros, *Curso de Direito Civil*: Direito das Coisas, 37ª ed., São Paulo, Saraiva, 2003.

Nathan, Barrie Lawrence. "In Defence of The Primary Trust: Quistclose Revisited", in *Trusts & Trustees*, vol. 18, n. 2, United Kingdom, February 2012.

Nevius, Alistair M., "Intentionally Defective Grantor Trusts", in *The Tax Adviser, Journal of Accounlancy*, November 2008.

O'Hagan, Patrick, "The Reluctant Rettlor-Property, Powers and Pretences", in *Trusts& Trustees*, vol. 17, n. 10, United Kingdom, November 2011, pp. 905-919.

Pais de Vasconcelos, Pedro, *Contratos Atípicos*, Coimbra, Almedina, 2009.

Palumbo, Giovanni, "Trusts in Italian Tax Treaties with the United Kingdom and the United States of America", in *Trusts & Trustees*, vol. 4, United Kingdom, December 1996, pp. 20-23.

Panico, Paolo, *International Trust Laws*, Oxford, Oxford University Press, 2010.

Pearce, Robert, Stevens, John e Barr, Warren, *The Law of Trusts and Equitable Obligations*, 5 edition, New York, Oxford University Press, 2010.

Penner, J. E., *The Law of Trusts*, Seventh Edition, London, Oxford University Press, 2010.

Pereira, Caio Mário da Silva, *Instituições de Direito Civil*: Direitos Reais, vol. IV, 19ª ed., Rio de Janeiro, Forense, 2005.

Pettit, Philip H., *Equity and the Law of Trusts*, Oxford, Oxford University Press, 2009.

Pinto Monteiro, António e Mota Pinto, Paulo, *Teoria Geral do Direito Civil*, Coimbra, Coimbra Editora, 2005.

Ramjohn, Mohamed, *Cases & Materials on Trusts*, Australia, Cavendish Publishing, 2004.

Reutlinger, Mark, *Wills, Trusts, and Estates, Essential Terms and Concepts*, Second Edition, New York, Aspen Publishers, 1998.

Rodrigues, Silvio, *Direito Civil*: Direito das Coisas, vol. 5, 28ª ed., São Paulo, Saraiva, 2006.

Roque, Sebastião, *Da Alienação Fiduciária em Garantia*, São Paulo, Ícone Editora, 2010.

Salomão Neto, Eduardo, *O* Trust *e o Direito Brasileiro*, São Paulo, LTr, 1996.

Santisteban, Sonia Martín, *El Instituto del* Trust *en los Sistemas Legales Continentales y Sucompatibilidad con los Principios de Civil Law*, Navarra, Editora Aranzadi, 2005.

Santisteban, Sonia Martí, *La Figura del* Trust *en* los *Estados Unidos de América – sus Aplicaciones el Derecho de Familia*, Barcelona, Revista para Análisis del Derecho, 2008.

Scott, Austin Wakeman e Fratcher, William Franklin, *The Law of Trusts*, UK, Little, Brown, 198.

Stanford-Tuck, Michael, "How to Juggle Beneficiaries: the Power to Add or Remove", in *Trusts & Trustees*, vol. 17, n. 7, United Kingdom, August 2011, pp. 695-703.

Stuber, Walter Douglas, "A Legitimidade do 'Trust' no Brasil", *Revista dos Tribunais*, vol. 28, n. 76, São Paulo, out.-dez. 1989, pp. 103-108.

Thomas, Geraint e Hudson, Alastair, *The Law of Trusts*, New York, Oxford University Press, 2010.

Tripet, François, *Trust Patrimoniaux Anglo-Saxons et Droit Fiscal Français*, Paris, Litec, 1989.

UK. *HM Revenue & Customs*, disponível em <http://www.hmrc.gov.uk/trusts/intro/basics.htm>, acesso em 13.12.2012.

UK. *Law of Property Act 1925*, s. 50 (1) (b), disponível em <http://www.legislation.gov.uk/ukpga/Geo5/15-16/20>, acesso em 15.12.2011.

UK. *WillsAct 1837*, disponível em <http://www.legislation.gov.uk/ukpga/Will4and-1Vict/7/26/section/9>, acesso em 14.12.2011.

Vaz Tomé, Maria João e Campos, Diogo Leite de, *A Propriedade Fiduciária (*Trust*), Estudo para a sua Consagração no Direito Português,* Coimbra, Almedina, 1999.

Venosa, Silvio de Salvo, *Direito Civil*: Direitos Reais, vol. V, 8ª ed., São Paulo, Atlas, 2008.

Vieira Cura, António Alberto, "Fiducia *cum Creditore*: Aspectos Gerais", *Separata do volume XXXIV do Suplemento ao Boletim da Faculdade de Direito da Universidade de Coimbra*, 1990.

Wai Lau, Ming, *The Economic Structure of Trusts*: Towards a Property-Based Approach, New York, Oxford University Press, 2011.

Wald, Arnoldo, "Algumas Considerações a Respeito da Utilização do "trust" no Direito Brasileiro", *Revista dos Tribunais,* vol. 34, n. 99, São Paulo, jul.-set. 1995.

Wald, Arnoldo, *Direito Civil*: Contratos em Espécie, 19ª ed., São Paulo, Saraiva, 2012.

Wald, Arnoldo, *Direito Civil*: Direito das Coisas, 13ª ed., São Paulo, Saraiva, 2012.

Waters, Donovan, "Settlor control: what kind of a problem is it?", in *Trusts & Trustees*, vol. 15, n. 1, United Kingdom, March 2009, pp. 12-17.

Wolkmer, Antonio Carlos, *Fundamentos de História do Direito,* Belo Horizonte, Editora Del Rey, 2008.

Novo Processo Civil, Velha Execução, Mesmos Problemas

Wilson José Witzel

1. Introdução

As reformas para melhoria do processo de execução judicial civil não trouxeram o alento desejado e o processamento deste momento processual ainda padece de graves problemas, cujo impacto na economia traz grandes inconvenientes, pelo fato de tornar antieconômico o ingresso de ações de execução de títulos executivos extrajudiciais e monitórios, não só pelo custo no processamento, mas principalmente pela demora, o que torna insustentáveis tais cobranças, causando prejuízos aos atores da atividade econômica e encarecendo as operações pelos vários setores da atividade financeira. Outra não é a situação da dívida fiscal, que ainda se utiliza da vetusta lei de execução fiscal da década de 1980.

A União, a título de exemplo, inicialmente começou a deixar de ajuizar execuções fiscais até o valor de R$ 10.000,00 (dez mil reais), e desde a Portaria da Fazenda Nacional n. 75/12, esse valor passou a ser de R$ 20.000,00 (vinte mil reais), e as instituições financeiras estabeleceram um patamar acima de R$ 20.000,00 (vinte mil reais), não se sabendo ao certo qual o impacto dessas renúncias no orçamento federal ou privado, mas certamente é considerável. Hoje, na execução fiscal esse patamar está em 1 (um) milhão de reais – abaixo disso a Procuradoria não vai movimentar o processo. Nas relações entre particulares, há grande reflexo dessa morosidade.

Algumas observações ainda são fruto de pesquisas informais com agentes do mercado financeiro, empresas de recuperação de créditos e nossa sensibilidade pelo exercício da magistratura em varas de execução fiscal e varas cíveis federais, além de debates em grupos de estudos com magistrados da justiça estadual, federal, trabalhista e profissionais que atuam na execução de títulos executivos.

Os números aparentam coadjuvar nossas afirmações, conforme se pode ver no quadro abaixo, em que a execução é apontada como a principal questão a ser enfrentada em relação à prestação jurisdicional:

Tabela 4: Taxa de congestionamento por tipo de processo, ano 2017

Classificação	Taxa de Congestionamento
Conhecimento Criminal	73,0%
Conhecimento Não-Criminal	60,5%
Total Conhecimento	**62,5%**
Execução Fiscal	91,7%
Execução Extrajudicial não fiscal	85,0%
Execução Judicial Não-Criminal	70,7%
Execução Penal Não-Privativa de Liberdade	67,0%
Execução Penal Privativa de Liberdade	88,5%
Total Execução	**86,4%**
Total Geral	**72,1%**

Fonte: CNJ/Justiça em Números 2018, p. 125.

Diante desse quadro preocupante, que antecedeu o novo Código, o resultado não mudou, apenas se agravou. A proposta de desjudicialização parcial da execução civil, com inspiração ao que tem sido feito no direito estrangeiro e em algumas situações na legislação pátria, como o divórcio, separação e inventários, passou longe da comissão.

2. Impacto da Execução no Sistema Judicial

Vislumbra-se atualmente que o processamento da execução civil sobrecarrega a estrutura judicial sobremaneira e, em razão da falta de sistematização dos incidentes e má qualidade das informações que chegam em juízo, tornam o tempo de tramitação e processamento totalmente indefinido e muito custoso, seguindo uma metodologia protecionista e baseada em ideias ditas liberais, não mais compatíveis com o Estado democrático de direito:

Figura 101: Total de execuções fiscais pendentes, por tribunal, em 2017

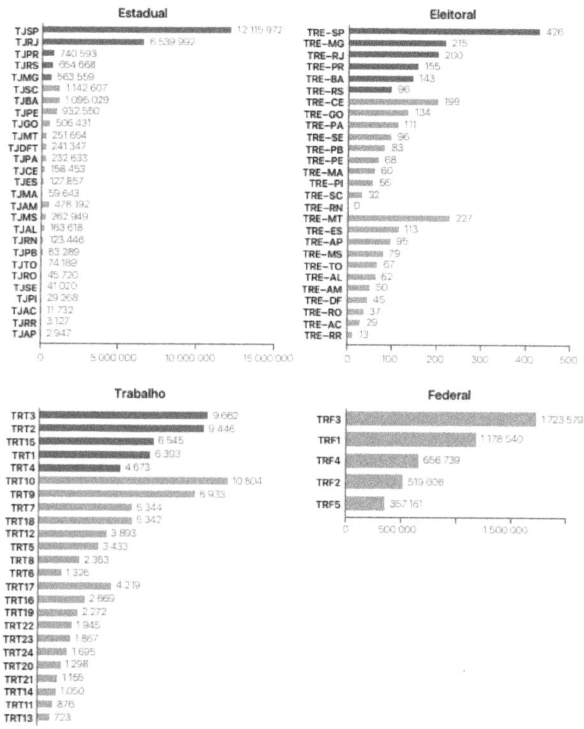

Fonte: CNJ/Justiça em Números 2018, p. 126.

Diante desse quadro, seria o caso de se analisar uma modalidade de gestão pré-processual da dívida ativa, criando-se uma estrutura interna para o serviço da dívida ou terceirizando essa atividade, semelhante ao que já vem ocorrendo com o serviço da dívida pelas instituições privadas, e posteriormente uma revisão dos incidentes na execução civil, que atualmente a torna insolúvel ou tão demorada quanto o processo de conhecimento.

O tema proposto surgiu em razão de nossa experiência forense no exercício da atividade judicante e advocacia pública na busca pela gestão eficiente dos atos processuais e procedimentos cartorários, sempre com o objetivo de atender à efetividade da prestação jurisdicional executiva, em menor tempo e com menor custo.

Apesar das tentativas de mudanças, ainda não se conseguiu lograr o êxito desejado, como demonstram os números do CNJ sobre a estagnação dos processos na fase de execução, o acúmulo imenso dos processos de execução fiscal, monitórios e todos os incidentes.

Com mais força, após a constatação trazida por duas pesquisas realizadas com o objetivo de avaliar os problemas de funcionamento da justiça[1], sentimos a necessidade de aprofundar mais nesse tema, com foco nas rotinas que antecedem o ajuizamento dos processos, produzindo uma nova modalidade de tratamento da dívida ativa mediante a utilização de técnicas de negociação, mantendo-se uma estrutura de *call-center* e acompanhamento da dívida de forma a prover o credor de canais de contato com os devedores. Na pesquisa realizada pelo IPEA e em depoimentos colhidos junto a juízes de execução fiscal, o maior problema é a localização do devedor[2].

O recente relatório do CNJ sobre a execução fiscal traz o seguinte retrato[3]:

> Dessa forma, o processo judicial acaba por repetir etapas e providências de localização do devedor ou patrimônio capaz de satisfazer o crédito tributário já adotadas pela administração fazendária ou pelo conselho de fiscalização profissional sem sucesso, de modo que chegam ao Judiciário justamente aqueles títulos cujas dívidas já são antigas, e por consequência, mais difíceis de serem recuperadas.

A execução civil não é diferente, semelhante ao processo de conhecimento, possui vários desvios ou incidentes, em que um simples pedido de arresto *on-line*, nos casos em que o devedor não é citado, art. 830 do NCPC e antigo art. 655-A do CPC, passa por um calvário burocrático, que vai desde a vista ao exequente sobre a negativa de citação, peticionamento requerendo o arresto, distribuição, juntada, conclusão, minuta para o órgão centralizador do BACEN, assinatura eletrônica da minuta pelo juiz, impressão da minuta, juntada aos autos, verificação do resultado, impressão e juntada aos autos do resultado, confecção de termo de arresto/penhora, nova conclusão e assinatura do juiz, vista ao exequente e publicação de edital para intimação do arresto, contagem de prazo para impugnação e, finalmente, caso não haja impugnação, o numerário arrestado será entregue ao exequente, que normalmente tem

[1] As pesquisas foram realizadas pela FGV (encomendada pelo Ministério da Justiça) e IPEA (encomendada pelo CNJ). A primeira tratou da Análise da Gestão e Funcionamento dos Cartórios Judiciais e a segunda do Custo Unitário do Processo de Execução Fiscal na Justiça Federal.

[2] A etapa da citação é o principal gargalo, mais importante unidade de custo e elemento fundamental para o sucesso da ação, segundo Alexandre Cunha, participante do projeto. "A quantidade de ações que sobrevivem à etapa de citação é muito baixa. 47,4% das vezes a Justiça não consegue localizar o devedor". Disponível em: <http://www.ipea.gov.br/portal/index.php?option=com_content&id=12782&Itemid=6>. Acesso em: 14-5-2014.

[3] Disponível em: <http://www.cnj.jus.br/files/conteudo/arquivo/2016/10/b8f46be3dbbff344931a933579915488.pdf>. Acesso em: 23-4-2017.

que provocar por petição a elaboração do alvará para levantamento. Mais uma vez, teremos uma juntada, conclusão, deferimento pelo juiz, confecção do alvará, conclusão, assinatura pelo juiz e, se for na capital do Rio de Janeiro, o Banco do Brasil mandará um portador para recolher o alvará, que deverá ser sacado em uma enorme fila na agência centralizadora localizada no fórum central. Com as devidas adequações, isso se repete no restante do Brasil em todos os cartórios.

O relato acima, se convertido em tempo de processamento em uma vara da capital do Rio de Janeiro, certamente deverá durar em torno de dois anos, com muito otimismo, e nada indica que algo mudará com a entrada em vigor do novo Código de Processo Civil, cuja norma semelhante, em seus arts. 830 e seguintes, que prevê a possibilidade de arresto imediato pelo oficial de justiça, mas de bens móveis, nada mencionando sobre o arresto *on-line*, que deve ser prioritário e realizado pelo juiz.

A burocratização cartorária, a falta de sistematização e racionalidade dos procedimentos tornam inviável a execução judicial, que atualmente goza de total descrédito. Por outro lado, o exequente público, que se vale somente da via judicial, não tentou de forma eficiente receber seu crédito e, quando o prazo prescricional está quase no curso final de cinco anos após o lançamento, ocorre o ajuizamento e a dívida se eterniza sem solução, caindo a responsabilidade sobre o judiciário que "não conseguiu localizar o devedor".

Acreditamos que uma gestão eficiente, que pode ser feita pelo próprio exequente em procedimento prévio ao ajuizamento, mantendo-se negociação constante para parcelamentos, equipe treinada para essa atividade, verificação dos bens passíveis de penhora, avaliação pelos próprios advogados ou órgãos credenciados para execução e desconcentração dos atos jurisdicionais para maior capilaridade da atividade cartorária, possam resultar em significativa melhora.

O que de fato devemos buscar para dar efetividade ao processo de execução no Brasil é uma mudança radical de rumos na condução dos atos de gestão, negociação e expropriação dos bens, com menos intervenção jurisdicional e maior descentralização da prática dos atos processuais por particulares, sejam advogados ou credenciados, como leiloeiros e corretores, bancos, agências de recuperação de créditos etc.

O sistema europeu, em especial na Espanha, França, Portugal e Alemanha, já avançou muito nesse sentido. Precisamos agora encontrar nosso caminho, compatibilizando os avanços de outros países com nosso sistema judicial.

3. Estrutura Emperrada

O Poder Judiciário no Brasil está organizado em graus de jurisdição e por especialidade, ficando uma parte da competência para as justiças da União e outra parte para os Estados (conforme tabela acima exposta, elaborada pelo CNJ) e todos os ramos utilizam como norma processual um único Código de Processo Civil, uma única legislação de execução fiscal, mas mesmo assim, diante dessa diversidade de órgãos judiciais, verificamos que não há uniformidade na realização dos atos e procedimentos processuais.

Parte da doutrina entende que isto é saudável, porém, uma simples amostra desse problema pode ser percebida na execução de leilões judiciais, em que o arrematante, ao arrematar o bem móvel, mais especificamente veículos automotores, ou imóvel, passa por uma série de dificuldades para transferir a propriedade para seu nome, haja vista que em geral cada órgão do Poder Judiciário tem sua maneira própria de agir, ficando o usuário do serviço judicial sem saber exatamente quanto tempo terá que aguardar para obter a propriedade. Em alguns casos relatados por usuários, as cartas de arrematação levam meses ou anos para serem confeccionadas, o que torna os leilões pouco atrativos e derruba o preço final, geralmente pela metade do valor da avaliação, que normalmente está defasada e leva a uma redução ainda maior, resultando em ações ou embargos a arrematação com alegação de preço vil e a desistência do arrematante, causando enorme impacto nos custos do processo e baixa atratividade.

Observamos, em nossa prática judicante, que os leilões presididos por magistrado e que apresentem de forma clara como será a transferência da propriedade, avaliações recentes e rápida solução de outras penhoras incidentes são mais atrativos e resultam positivamente. Nesse caso há uma normatização do ato processual de arrematação e de todo o procedimento de leilão. Ressalte-se que na pesquisa realizada pelo IPEA, do total de processos de execução fiscal pesquisados, apenas 2,6% das ações de execução fiscal resultam em algum tipo de leilão judicial e apenas 0,2% gera recursos suficientes para satisfazer o débito[4].

Noutro giro, uma pesquisa realizada pela FGV buscou analisar a organização e funcionamento internos dos cartórios e como essas estruturas afetam o andamento dos processos, verificando nas entrevistas preliminares para

[4] Material disponível em: <http://www.ipea.gov.br/portal/images/stories/PDFs/comunicado/110331_comunicadoipea83.pdf>, p. 5.

orientar o início da investigação e que especialmente interessa a este trabalho, que cartórios mais antigos tendem a sedimentar rotinas de trabalho que se perpetuam mais por costume do que por algum critério de racionalidade organizacional e cartórios em que os juízes passam períodos curtos tendem a funcionar pior do que aqueles em que o juiz, por estar lotado mais tempo, assume a gestão do cartório. Essas premissas já sinalizam que será necessário algum tipo de normatização em nível nacional, estadual ou regional para se evitar as oscilações constantes nos padrões de realização dos atos e procedimentos cartorários e a desjudicialização parcial, além da gestão eficiente, poderá trazer maior capilaridade e sedimentação dos procedimentos, como acontece atualmente com registro de imóveis, que tem um padrão nacional pela especialização da atividade cartorária.

Especificamente em relação à execução civil, é preciso rediscutir a formatação do processo e seus procedimentos, retirando a carga dos atos ordinários de dentro dos cartórios e trazendo apenas os incidentes, que ocorrem com pequena frequência. É preciso expurgar da execução a tradição conservadora e burocratizada dos atos de expropriação, com forte carga dos ideais da revolução burguesa que cercou os bens dos particulares de tal forma, para a realidade da época, que hoje não mais se justifica, para, com base nos dados já pesquisados, tratar de uma reforma direcionada, como afirma Desirê Bauermann[5]:

> Exemplo de reforma processual bem-sucedida ocorreu na Espanha, cujo judiciário até meados do ano 2000 vivia situação caótica, com completa descrença da população no seu funcionamento e imparcialidade. Para reverter essa situação negativa que cercava o Judiciário, determinou o Conselho Geral do Poder Judiciário espanhol a realização de ampla pesquisa sobre o Judiciário como um todo, através da qual foram colhidos dados estatísticos sobre o processo e, com base neles, foram determinadas as mudanças a serem realizadas.
>
> A colheita desses dados possibilitou, por exemplo, a alteração da legislação processual para permitir que a execução provisória fosse realizada sem necessidade de prestação de caução pelo credor, ante a constatação de que a maioria das sentenças proferidas pelo juízo de 1º grau era mantida em sede de apelação.

Outro fator importante para as reformas é oferecer infraestrutura adequada para que as mudanças sejam implementadas. Esse problema foi verificado em Portugal, que promoveu inovadora reforma da fase executiva, todavia não

[5] BAUERMANN, Desirê. Execução: Sugestões para nova reforma. *Revista de Direito Processual da UERJ*, v. V, p. 704-705, 2010.

colheu bons resultados, principalmente em decorrência da falta de infraestrutura e preparo de pessoal para dar cumprimento à nova legislação. O próprio Secretário de Estado da Justiça português, discursando perante a Assembleia da República para defender proposta de nova alteração no Código de Processo Civil daquele país[6], admitiu claramente que tão importante como uma boa legislação são as condições necessárias à sua aplicação, e concluiu, ante o caso por eles verificado, que as grandes reformas legislativas de nada adiantam para resolver os problemas da Justiça se não forem acompanhadas das condições necessárias à sua aplicação.

4. Soluções

Seria oportuno uma comissão que se dedicasse a análise da natureza dos atos e procedimentos cartorários realizados pelas procuradorias e serviço da dívida, com uma proposta de diferenciação das normas processuais em graus de flexibilização, levando-se em consideração os princípios do processo civil materializados ou não na Constituição e em leis processuais.

Essa proposta de classificação permitirá discutir sua normatização em nível nacional ou regional devido a peculiaridades locais dependendo do grau de flexibilização em que se enquadra a norma, retirando do cerne do Poder Judiciário e das Procuradorias os atos meramente burocráticos de expropriação e levando apenas os incidentes mais graves para as decisões judiciais, dotando as procuradorias de meios eficientes de gestão com acompanhamento e negociação constante da dívida, levando ao judiciário apenas quando necessária a realização de atos de expropriação.

A pesquisa poderá demonstrar que a utilização de uma gestão eficiente no serviço da dívida trará retorno muito maior que a simples execução descuidada e sem tratamento das informações levadas ao judiciário. Em um segundo momento, por ocasião da sistematização poderemos demonstrar que o ato fundamental consagrado na sentença ou na autonomia de vontade, nos casos de títulos extrajudiciais, deve ser prestigiado e ter eficácia imediata com a iniciativa e prática dos atos ordinários de execução por parte do exequente e somente merecerá a intervenção do juiz quando provocado mediante um incidente, cujo estudo e sistematização também devem ser enfrentados.

[6] Documento disponível em: <www.portugal.gov.pt/portal/PT/governos>. Acesso em: 29-5-2007.

5. A Necessidade de Reorganização do Poder Judiciário para dar Efetividade ao Processo de Execução

Especificamente em relação ao processo de execução por quantia certa, há uma dezena de atos bastante específicos que devem ser realizados após a formação da coisa julgada ou ingresso de uma execução de título extrajudicial, que muitas vezes não apresenta a necessária liquidez, abrindo novamente o debate sobre os juros a serem observados, correção monetária, abrangência do julgado etc. Gerando inúmeros incidentes, muitas vezes externos aos processos, como nos casos de embargos a arrematação ou adjudicação.

Definida a quantia, passa-se a outra fase, a expropriação dos bens, com a penhora, lavratura do termo de penhora, avaliação, depósito, possível adjudicação, venda por iniciativa particular e finalmente o leilão, que possui complicado rito e atos a serem realizados: decisão determinando o leilão, publicação do edital, divulgação por parte do leiloeiro, intimação das partes para a hasta pública, elaboração do auto de arrematação, decisão em eventual embargos de arrematação, para finalmente o participante de um leilão conseguir levantar o bem. Sem falar nos inúmeros problemas para a transferência e baixa de restrições em vários órgãos do poder judiciário.

Evidentemente que se não houver um juízo especializado, juízes e servidores, munidos da vontade e técnicas apuradas para que tudo dê certo e em tempo razoável, tudo estará fadado ao insucesso e ao descrédito, continuando o Poder Judiciário a ser o paraíso dos devedores, não importa quantas multas sejam criadas, a exemplo do art. 523 do CPC. Não obstante, tenho dúvidas se há viabilidade financeira, técnica e de logística para atender a essa estrutura, o que sinaliza para uma descentralização.

A formatação da execução precisa ser revista, principiando pela necessidade de especialização de juízes e servidores nos grandes centros urbanos em varas privativas para a execução, semelhante aos juízos de execução fiscal criados para a execução de processos envolvendo créditos públicos, com total revisão do processo de execução.

É bem verdade que temos percebido que mesmo com a especialização não houve grandes avanços na cobrança do executivo fiscal, ao que parece no presente, por nossa experiência pessoal à frente de uma das varas de execução fiscal federal, pela falta de aprimoramento das técnicas e manutenção de hábitos e entendimentos que emperram o processo de execução. Em nosso caso, após muita discussão em nosso grupo de estudo originado na disciplina de tutela executiva da obrigação de pagar quantia certa, tendo à frente os professores Marcelo Abelha e Flávio Cheim, no programa de mestrado da Universidade Federal do Espírito Santo, decidimos buscar a inovação necessária, mas os avanços são mínimos diante da estrutura procedimental e cultura judicial atual.

6. A Experiência da 3ª Vara de Execução Fiscal do Estado do Espírito Santo

Na tentativa de colocar em prática alguns de nossos estudos sobre o processo de execução em razão de nossa titularidade à frente de uma vara de execução fiscal, buscamos aprimorar a realização dos leilões após a realização da penhora, sendo certo que o ato de penhora está a exigir cuidados muito especiais, em razão de ser realizado por servidores ocupantes do cargo de oficial de justiça e que na sua grande maioria não possuem qualquer treinamento ou qualificação para o exercício dessa tarefa, apenas formação em Direito.

Decidimos que após a realização de qualquer penhora o devedor será intimado, no mesmo ato, para a interposição de embargos, no prazo de trinta dias, que não virá acompanhado do efeito suspensivo, adotando-se o disposto no art. 739 do antigo CPC. Esse procedimento libera o acesso pleno à justiça e permite que os bens penhorados sejam imediatamente levados a leilão e convertidos em dinheiro, principalmente nos casos de bens perecíveis.

Para atender a essa demanda estabelecemos uma rotina de realização de leilões mensais, com a nomeação do leiloeiro indicado pelo exequente como órgão auxiliar do juízo, que tem a responsabilidade de preparar o edital, fazer a publicação e intimar os executados, expedindo o mandado para ser cumprido pessoalmente ou por meio de seus prepostos. Nesse ponto buscamos inspiração no direito estrangeiro europeu, que, como já se disse, retira do juiz os atos de execução não decisórios.

O leiloeiro recebe uma designação pelo juiz do processo para expedir o edital, reavaliar os bens, expedir os mandados e intimar pessoalmente os executados e os demais interessados[7] para o dia do leilão, cujo ato será realizado em audiência presidida pelo magistrado federal, momento em que todas as questões envolvendo o ato de leilão deverão ser resolvidas na respectiva audiência, em que ao final será lavrado o auto de arrematação na mesma assentada da audiência de leilão, iniciado o prazo para embargos à

[7] Credores com privilégio de penhoras de créditos trabalhistas anteriores, por exemplo.

arrematação, sendo certo que o arrematante já levará consigo a ordem de entrega do bem móvel, haja vista que no caso de bem imóvel será necessário o recolhimento do ITBI para a liberação da carta de arrematação e transferência de domínio.

Desta forma acreditamos que os leilões no processo de execução fiscal terão a necessária celeridade e a secretaria do juízo será desonerada da confecção de vários editais, mandados e atos processuais, que passam a ser parte da rotina do leiloeiro e seus empregados, tudo em troca da remuneração fixada pela venda do bem. Não tivemos qualquer discussão sobre tais procedimentos. Ressaltando que essa experiência demonstrou que a descentralização é um grande caminho.

Outra prática que certamente deverá ser implementada e com ótimos resultados é a possibilidade de se dar maior amplitude ao disposto no art. 133 da Constituição Federal do Brasil, em que se diz que os Advogados são essenciais à administração da justiça, o que nos permite dizer que é possível nomear o próprio advogado para o cumprimento de ordens de tutela antecipada ou liminares e até penhoras, poupando tempo, recursos humanos e financeiros, reservando-se aos oficiais de justiça para situações mais especiais, envolvendo riscos e atividade policial.

Isto demonstra que o processo de execução pode ser remodelado sem a necessidade de novas leis, apenas revendo nossas práticas e modificando nossos hábitos e rotinas, com a melhor sistematização dos procedimentos.

7. Desoneração dos Atos Cartorários

Muito se tem discutido sobre a execução fiscal e possíveis novas reformas, especialmente sobre a possibilidade da implantação da execução fiscal administrativa e transação fiscal, que hoje tramitam na Câmara dos Deputados pelos PL n. 5.080/2009, PL n. 5.081/2009 e o PLC n. 469/2009, tudo isso em razão da suposta lentidão do sistema atual de execução fiscal.

Apesar do enorme esforço para formulação das propostas, a resistência tem sido grande por parte dos principais atores do processo executivo, pela OAB, que apresentou parecer contrário assinado por grandes estudiosos sobre o tema, alegando afronta à Constituição, cujo argumento central é o afastamento do Poder Judiciário para a prática dos atos de transferência patrimonial forçada sem o crivo prévio do juiz, e pelos Procuradores da Fazenda, que realizaram assembleia, organizada em 2008 em seu Sindicato, posicionando-se pela rejeição do projeto, em razão, principalmente, do possível aumento de trabalho sem a devida contraprestação[8].

O impasse é grande e até o presente a situação que já estava crítica agrava-se a cada dia com o acúmulo gigantesco do acervo de títulos a serem executados e imenso volume de processos em andamento e suspensos, aguardando o momento de serem extintos pela prescrição, causando enorme prejuízo para o Estado e para os cidadãos que cumprem com suas obrigações.

Tivemos a oportunidade de apresentar um profundo estudo sobre a medida cautelar fiscal[9], que poderia ser um grande instrumento para assegurar execuções futuras, porém o que falta em verdade é estrutura adequada para o tratamento das informações sobre os devedores e seus bens, que venha a facilitar a negociação, parcelamento e cobrança efetiva.

Não há como melhorar o retorno dos créditos inadimplentes sem melhorar a estrutura de cobrança, recursos humanos capacitados e técnicas de negociação.

Em recente pesquisa realizada pelo IPEA[10] foi constatado que grande parte do trabalho na execução fiscal está na dificuldade de localização do devedor e no moroso procedimento de citação, grande responsável pela gigantesca taxa de congestionamento apresentada pelo relatório do CNJ.

Diante desse quadro preocupante, é preciso encontrar uma saída, que alguns sinalizam como sendo a desjudicialização da execução, solução que terá, como já se disse, forte resistência por parte da comunidade jurídica, OAB, Procuradores e certamente da magistratura federal, pelo menos esta tem sido a sinalização da maioria dos juízes federais em grupos de estudos de que temos participado.

Após uma pesquisa de campo, informal, visitando empresas especializadas na recuperação de créditos, em razão de preparação para o Doutorado e para este projeto, exatamente sobre o tema da Desjudicialização, encontramos uma

[8] <http://direito-publico.jusbrasil.com.br/noticias/2084352/oab-e-contra-execucao-fiscal-administrativa>.

[9] <http://www.dominiopublico.gov.br/download/teste/arqs/cp136451.pdf>.

[10] "Quanto à taxa de sucesso dos meios empregados para a citação, pode-se afirmar que 46,2% das tentativas de citação por AR (aviso de recebimento) são exitosas, contra 47,1% das tentativas de citação por oficial de justiça e 53,8% das tentativas de citação por edital. Contrariamente ao senso comum, a taxa de sucesso das tentativas de citação por oficial de justiça não é significativamente diferente do índice nas tentativas de citação por AR. Igualmente surpreendente é que a taxa de sucesso das tentativas de citação por edital seja de apenas 53,8%. Como o emprego destes instrumentos só não é exitoso quando este contém algum erro ou imprecisão e precisa ser republicado, uma taxa de sucesso tão baixa indica que há quantidade bastante expressiva de equívocos na publicação." Relatório do IPEA/2011, p. 21.

grande estrutura de comunicação e gerenciamento de informações, que pode ser uma possível solução para esse impasse, desonerando a prática desnecessária de atos cartorários. A implementação de técnicas hoje empregadas por essas empresas, que tem obtido elevado grau de retorno, mantendo taxas de inadimplência abaixo de 5% da carteira de clientes, poderia trazer resultados mais imediatos e melhorar a qualidade das informações para uma possível execução.

Analisando a estrutura atual da Fazenda para a cobrança do crédito fiscal, em comparação com o modelo privado, pode-se afirmar que falta ao Estado um mecanismo de apoio para a cobrança, posto que a Secretaria da Receita Federal e a grande maioria das procuradorias municipais e estaduais limitam-se a encaminhar avisos de cobrança para os devedores e, após alguns anos sem sucesso, encaminham a cobrança para inscrição em dívida ativa, e a Procuradoria, também por falta de estrutura, limita-se a formalizar a execução sem informações precisas sobre a situação do devedor e seus bens, o que resulta no processamento ineficaz por anos com a suspensão e arquivamento até a prescrição quinquenal.

A atuação de uma estrutura intermediária poderá resultar em grande desoneração da atividade cartorária e impor significativa melhoria do andamento processual.

8. Leilão e Cessão

Outra hipótese interessante pode ser o leilão com cessão dos créditos públicos, especialmente em relação aos processos que estão suspensos e os créditos não ajuizáveis. Sobre a cessão de créditos, o Senado da República editou a Resolução n. 33/2006, que autorizava a cessão para cobrança da dívida ativa dos Municípios a instituições financeiras, que foi objeto de ADIn proposta pela Associação Nacional dos Procuradores da Fazenda e ainda tramita no e. STF, na relatoria do Min. Teori Zavaski.

A ideia de se fazer uma cessão dos créditos pode ser muito interessante para capilarizar a cobrança, que passa dos Entes da Federação para empresas privadas, com pagamento do crédito de forma mais imediata. Evidente que essa proposta depende de alteração legislativa, cujo projeto de lei poderá ser desenvolvido após uma audiência pública.

A cessão poderá atingir créditos ajuizados e que estão suspensos aguardando prescrição.

9. CNJ e Propostas para a Desjudicialização

O CNJ, na gestão do Ministro Joaquim Barbosa, realizou uma audiência pública para debater a eficiência do primeiro grau de jurisdição e o problema do congestionamento da execução fiscal, com propostas para o aperfeiçoamento legislativo.

Excelentes propostas foram apresentadas, mas nada avançou, e novas reuniões e seminários têm sido realizados sem que os resultados sejam efetivos.

10. Conclusões

A nova fase do positivismo, com a inauguração do denominado pós-positivismo e neoconstitucionalismo, permitindo ao juiz maior amplitude na interpretação da lei em conformidade com a Constituição e os princípios fundamentais, publicizando o processo e dando ao juiz mais ferramentas para participar ativamente do debate judicial, exige mudanças de postura também no processo de execução, libertando-o das amarras do sistema de códigos herdado do Estado liberal.

Essa mudança de postura aliada à mudança de hábitos e rotinas, aperfeiçoando a máquina judiciária, certamente será a receita perfeita para o encurtamento da fase de execução ou de qualquer processo de execução por título executivo extrajudicial, trazendo maior credibilidade ao judiciário perante o povo.

SOBRE OS AUTORES

Andrea Boari Caraciola – Pós-doutora em Direitos Humanos pelo *Ius Gentium Conimbrigae* – Centro de Direitos Humanos da Faculdade de Direito de Coimbra, Doutora em Direito Processual Civil pela PUC/SP, Mestre em Direito pela Universidade Presbiteriana Mackenzie, professora adjunta de Direito Processual Civil da Universidade Presbiteriana Mackenzie. Membro do IBDP e do CEAPRO. Advogada em São Paulo.

Ángel R. Oquendo – Professor da Universidade de Connecticut (EUA). Ph.D. em Filosofia pela Universidade de Harvard e J.D. em Direito pela Universidade de Yale. Professor convidado em várias instituições de ensino. Autor de diversas obras jurídicas.

Daiane Mendes dos Santos – Mestranda em Direito pela Universidade Federal do Rio de Janeiro (UNIRIO), especialista em Direito Civil pela Universidade Cândido Mendes (UCAM), graduada em Direito pela Pontifícia Universidade Católica do Rio Grande do Sul (PUCRS) e Advogada atuante no Rio de Janeiro/RJ.

Daniel Freire e Almeida – Professor de Direito Internacional, Direito na Internet e Relações Internacionais no Programa de Pós-Graduação Stricto Sensu – Doutorado e Mestrado em Direito Internacional da Universidade Católica de Santos – São Paulo – Brasil. Pós-Doutor em Direito Internacional pela Georgetown University (Washington-DC-Estados Unidos da América) – 2015-2017. Mestre e Doutor em Direito Internacional pela Faculdade de Direito da Universidade de Coimbra, Portugal. Tese de Doutorado: "Um Tribunal Internacional para a Internet" (2008-2012). Advogado e Consultor Jurídico Internacional no Brasil, Estados Unidos da América e União Europeia.

Diovana Barbieri – Doutorado pela Universidade de Salamanca (2015) e Mestrado em Ciências Jurídico Civilísticas pela Universidade de Coimbra (2004). Participou em projeto de pesquisa europeu denominado Fundamental Rights and Private Law (2006) e foi bolsista, em regime de exclusividade, pela Fundação para a Ciência e Tecnologia – Ministério da Ciência, Tecnologia e Ensino Superior de Portugal (2009-2013). Autora de diversas obras jurídicas.

Enzo Baiocchi – Professor Adjunto de Direito Comercial na Faculdade de Direito da Universidade do Estado do Rio de Janeiro (UERJ) e na Faculdade Nacional de Direito da Universidade Federal do Rio de Janeiro(UFRJ). Professor permanente no programa de mestrado em Direito da Universidade Cândido Mendes (UCAM). Professor colaborador no programa de pós-graduação *stricto sensu* da Academia da Propriedade Intelectual, Inovação e Desenvolvimento do Instituto Nacional da Propriedade Industrial (INPI). Doutor e Mestre em Direito pela Faculdade de Direito da *Ludwig-Maximilians-Universität* de Munique, com pós-doutorado no *Max Planck Institute for Comparative and International Private Law* de Hamburgo. Advogado e consultor no Rio de Janeiro.

Fabíola Vianna Morais – Mestre em Direito Civil pela Universidade de Coimbra. Foi pesquisadora bolsista convidada do Instituto Max-Planck. Professora de Direito Civil na Universidade Federal Fluminense (UFF). Consultora Jurídica. Autora de diversas obras jurídicas.

Fabio Luiz Gomes – Doutorando e Mestre em Direito Público pela Universidade de Coimbra. Pesquisador bolsista convidado do Instituto Max-Planck. Advogado e Consultor Jurídico. Assessor Jurídico Chefe Tributário e Cível da Companhia Estadual de Água e Esgoto – CEDAE, Professor em Graduação e Pós-graduações de Direito, especialmente UNILASALLE. Autor e coordenador de diversas obras jurídicas.

Humberto Dalla Bernardina de Pinho – Professor Associado de Direito Processual Civil na UERJ, e Professor Titular na Estácio. Mestrado (1997) e Doutorado (2000) na UERJ. Pós-doutor (2003) pela University of Connecticut School of Law, instituição na qual é também Martin-Flynn Global Law Professor (2015/2018). É Promotor de Justiça no Estado do Rio de Janeiro (desde 1995). É Diretor Acadêmico da Escola do Ministério Público do Rio de Janeiro (2000/2002; 2014/2016). É Professor visitante da Uconn Law School, EMERJ,

FGV e ENAM, entre outras. Tem formação em mediação básica e avançada pela Harvard Law School/PIL – Program of Instruction for Lawyers (junho de 2004). Autor de diversas obras jurídicas.

João Bosco Won Held Gonçalves de Freitas Filho – Mestre em Direito pela Universidade Estácio de Sá; Professor de Direito Processual Civil da graduação e da pós-graduação na Universidade Estácio de Sá (UNESA); Professor de Direito Processual Civil na UNIABEU e no CEJURIS. Membro do Instituto Brasileiro de Direito Processual – IBDP. Advogado.

Jorge Eustácio da Silva Frias – Doutor em Direito pela USP. Mestre em Direito pela Universidade de Coimbra. Advogado e Professor. Desembargador aposentado pelo Tribunal de Justiça do Estado do Mato Grosso do Sul. Autor de diversas obras jurídicas.

Lucas Mayol de Alvarenga – Bacharel em Direito pela Faculdade Nacional de Direito da Universidade Federal do Rio de Janeiro (UFRJ). Advogado, na área de contencioso cível estratégico, do escritório Dannemann Siemsen no Rio de Janeiro.

Luciano Gomes Filippo – Doutor em Direito Público pela Universidade Sorbonne Panthéon-Assas (Paris II) e Mestre em Direito Tributário pela mesma Instituição. Membro da Associação Francesa de Doutores em Direito (AFDD). Pesquisador do Centro de Administração e Políticas Públicas (CAPP) do Instituto Superior de Ciências Sociais Políticas (ISCSP), da Universidade Técnica de Lisboa (UTL) e da Fundação para a Ciência e a Tecnologia (FCT), do Ministério da Ciência, Tecnologia e Ensino Superior de Portugal. Conselheiro da Revista Eletrônica da ABDF. Advogado no Rio de Janeiro e em São Paulo.

Marcelo Pereira de Almeida – Pós- doutorando em Direito Processual – UERJ; Doutor em Ciências Jurídicas e Sociais – UFF; Advogado; Professor Colaborador do PPGD – UNESA; Professor Permanente do PPGD – UCP; Professor de Direito Processual Civil – EMERJ; Professor Adjunto de Teoria Geral do Processo e Direito Processual da UFF; Membro do Instituto Brasileiro de Direito Processual – IBDP; Membro da Associação Brasileira de Direito Processual.

Marcia Cristina Xavier de Souza – Professora Adjunta de Introdução ao Direito Processual e de Direito Processual Civil da FND/UFRJ e do Mestrado em Direito da Faculdade de Guanambi/BA. Coordenadora e líder do LEMAJ – Laboratório de Estudos de Meios Adequados de Justiça da FND/UFRJ. Mestre e Doutora em Direito pela Universidade Gama Filho.

Sérgio Luiz Pinheiro Sant'Anna – Doutorado em Ciência Política (2013) e Mestrado em Ciência Política pela Universidade Federal Fluminense (2007). Atualmente é docente da Universidade Cândido Mendes desde o ano de 2001, membro do Instituto dos Advogados Brasileiros (IAB) e do Instituto Brasileiro de Advocacia Pública (IBAP). Autor de diversas obras jurídicas. Procurador Federal.

Verônica Scriptore Freire e Almeida – Doutora e Mestre em Direito Econômico pela Faculdade de Direito da Universidade de Coimbra, em Portugal. Advogada e Consultora Jurídica Internacional. Professora titular de Direito Empresarial na graduação da Universidade Santa Cecília. Professora permanente no Programa de Pós-Graduação Stricto Sensu – Mestrado em Direito da Saúde, da Universidade Santa Cecília. Professora titular de Direito e Relações Internacionais no IBMEC. Autora de diversas obras jurídicas.

Wilson José Witzel – Governador do Estado do Rio de Janeiro (2019-2022). Juiz Federal (2001-2019). Defensor Público (1998-2001). Professor. Mestre em Processo Civil. Doutorando em Ciência Política.